인지언어학의 지평

- 이론, 개념 그리고 새로운 방향 -

I

The Routledge Handbook of Cognitive Linguistics
1st Edition

The Routledge Handbook of

Cognitive Linguistics

인지언어학의 지평

– 이론, 개념 그리고 새로운 방향 –

I

쉬 웬Xu Wen · 존 테일러John R. Taylor 엮음

임태성 옮김

한국문화사

한국문화사 인지언어학 시리즈

인지언어학의 지평 I

이론, 개념 그리고 새로운 방향

1판 1쇄 발행 2026년 1월 16일

원　　제 | The Routledge Handbook of Cognitive Linguistics
엮 은 이 | Xu Wen · John R. Taylor
옮 긴 이 | 임태성
펴 낸 이 | 김진수
펴 낸 곳 | 한국문화사
등　　록 | 제1994-9호
주　　소 | 서울시 성동구 아차산로49, 404호(성수동1가, 서울숲코오롱디지털타워3차)
전　　화 | 02-464-7708
팩　　스 | 02-499-0846
이 메 일 | hkm7708@daum.net
홈페이지 | http://hph.co.kr

ISBN 979-11-6919-375-7 94700
979-11-6919-374-0 (세트)

옮긴이의 말

중국 서남대학교의 쉬 웬(Xu Wen) 교수와 뉴질랜드 오타고대학교의 존 테일러(John R. Taylor) 교수는 각각 인지언어학과 화용론, 인지문법 연구에서 국제적으로 널리 알려진 학자들이다. 이들이 함께 편집한 『인지언어학 라우틀리지 핸드북』은 인지언어학의 쌓아온 이론적 기반과 핵심 개념, 그리고 새로운 연구의 지평을 폭넓고 체계적으로 그려낸 저작이다. 이 책은 총 4부로 구성되어 있으며, (1) 인지언어학의 이론과 방법론, (2) 핵심 주제와 개념, (3) 다른 학문과의 접점, (4) 새로운 연구 경향을 다루고 있다. 언어와 마음을 주제로 한 학제 간 연구에 초점을 맞추며, 인지언어학의 현재와 미래를 동시에 조망한다. 한국 독자들이 이처럼 방대한 학문 지형도를 원서로 직접 접하기에는 언어적 장벽이 크다. 그래서 번역을 통해 학문적·교육적 접근성을 넓히고자 이 작업을 시작하게 되었다.

이미 국내에서는 인지언어학 분야의 주요 개론서와 핸드북들이 여러 권 번역·출간되어 있다. 예를 들어, Evans & Green의 『인지언어학의 기초Cognitive Linguistics: An Introduction』(2006, 임지룡·김동환 옮김, 2008), Geeraerts & Cuyckens(Eds.)의 『인지언어학 옥스퍼드 핸드북The Oxford Handbook of Cognitive Linguistics』(2007, 김동환 옮김, 2011), Littlemore & Taylor(Eds.)의 『인지언어학 블룸즈버리 핸드북The Bloomsbury Companion to Cognitive Linguistics』(2014, 김동환 옮김, 2018), Dąbrowska & Divjak(Eds.)의 『인지언어학 핸드북Handbook of Cognitive Linguistics』(2015, 임지룡·김동환 옮김, 2018), Dancygier(Ed.)의 『인지언어학 케임브리지 핸드북The Cambridge Handbook of Cognitive Linguistics』(2017, 김동환·이승주 옮김, 2020) 등이 있다. 이들 저서는 인지언어학의 기초나 특정 영역을 깊이 있게 다룬 중요한 참고서들이지만, 본서는 최신 연구 성과와 다학문적 시각을 폭넓게 포괄하면서 이론·응용·방법론의 균형 잡힌 구성을 갖추었다는 점에서 차별된다.

이 책을 번역하게 된 계기는 2021년으로 거슬러 올라간다. 당시 김동환 선생님과의 인연을 통해 이 책을 접하게 되었고, 처음에는 단순히 공부 삼아 페이지를 넘기기 시작했지만, 읽을수록 인지언어학의 세계가 눈앞에서 입체적으로 펼쳐졌다. 각 장은 마치 새로운 대륙을 여행하듯, 생소하면서도 흥미로운 개념과 주제를 보여주었다. 그렇게 혼자 즐기던 독서가 어느 순간 '이 길을 다른 사람들에게도 보여주고 싶다'는 생각으로 바뀌었다. 이 방대한 지식의 지도를 한국어로 옮긴다면, 더 많은 연구자와 학생들이 그 길을 함께 걸을 수 있을 것이라는 확신이 들었다. 결국 개인적인 탐구는 번역이라는 실천으로 이어졌고, 마침내 전권을 우리말로 옮기기로 결심했다. 그 여정은 단순히 책을 읽는 시간을 넘어, 학문에 대한 이해와 애정을 손끝으로 빚어내는 긴 여행이었다.

이처럼 방대한 내용을 옮기는 일은 마치 긴 다큐멘터리를 회차별로 시청하며 동시에 자막을 제작하는 일과 같았다. 각 장의 내용을 정확하게 전달하기 위해 용어를 엄밀히 검토하고, 원문의 학술적 함의를 국내 독자들이 이해하기 쉽도록 풀어내는 과정에서 수차례의 토론과 수정이 이어졌다. 그 과정에서 인지언어학뿐만 아니라 신경과학, 인류학, 교육학 등 인접 학문에 대한 시야도 넓힐 수 있었다.

이 책의 한국어판 출간을 기꺼이 허락해 주신 쉬 웬 교수와 존 테일러 교수님께 깊이 감사드린다. 출판을 위해 애써주신 한국문화사의 김진수 대표님, 원고 편집을 맡아준 유동근 대리님께 진심으로 감사드린다. 아울러 이 책에서 발견될 수 있는 모든 오류와 오역에 대한 책임은 전적으로 역자에게 있음을 밝힌다. 이 책이 한국 인지언어학 연구자와 학생들에게 학문적 길잡이가 되고, 새로운 연구와 교육의 촉매제가 되기를 바란다. 앞으로도 학계와 현장을 잇는 다리 역할을 하는 번역 작업을 계속 이어갈 수 있기를 소망한다.

2026년 1월 1일

임태성

한국어판 저자 서문

It is with great pleasure and sincere appreciation that I introduce the Korean edition of *The Routledge Handbook of Cognitive Linguistics*. Since its original publication, this handbook has aimed to present a panoramic view of Cognitive Linguistics—its basic theories and hypotheses, central topics, interface between Cognitive Linguistics and other fields or disciplines, and new directions. By bringing together contributions from leading scholars all over the world, the volume aspires to serve both as a reference for specialists and as an inspiration for new generations of linguists interested in the cognitive approach to language.

Cognitive Linguistics, as a new paradigm of linguistics, has profoundly changed the way we understand language, revealing how linguistic patterns reflect the workings of human thought and cognition. I am truly delighted that Korean readers can now explore these ideas in their own language. I believe this translation will further promote cross-cultural dialogue and contribute to the advancement of Cognitive Linguistics within Korea's vibrant academic community.

I would like to express my heartfelt gratitude to Professor Taesung Lim of Keimyung University for his remarkable dedication and intellectual commitment in translating this handbook into Korean. Professor Lim, an accomplished scholar in Korean Linguistics and an innovator in educational development, has approached this translation with both linguistic precision and pedagogical insight. His careful and thoughtful work ensures that the Korean edition remains faithful to the original while being accessible and meaningful to its readers.

On a more personal note, I wish to thank Professor Lim not only for his professional excellence but also for his collegial spirit and friendship. His willingness to take on this challenging project demonstrates both his academic generosity and his deep engagement with the field of Cognitive Linguistics.

It is my sincere hope that this Korean edition will inspire students, teachers, and researchers alike, fostering new ideas and dialogues that bridge languages, cognition, and cultures.

Xu Wen & John R. Taylor

이 책의 한국어판을 소개하게 됨을 매우 기쁘게 생각하며, 이에 깊은 감사의 뜻을 전합니다. 본 핸드북은 초판 출간 이후 인지언어학의 기본 이론과 가설, 핵심 주제, 타 학문 분야와의 접점, 그리고 향후 연구 방향을 포괄적으로 조망하는 것을 목표로 해왔습니다. 세계 각국의 대표적 연구자들이 참여한 이 핸드북은 인지언어학을 전문적으로 탐구하는 학자들에게 신뢰할 수 있는 참고서로 기능할 뿐 아니라, 인지적 관점에서 언어를 연구하고자 하는 미래 세대의 언어학자들에게 영감을 제공하고자 집필된 것입니다.

새로운 언어학적 패러다임으로서 인지언어학은 언어에 대한 우리의 이해 방식을 심층적으로 변화시켰으며, 언어적 양상 속에 인간 사고와 인지의 작동 원리가 어떻게 반영되는지를 분명히 보여주었습니다. 이제 한국의 독자들이 자국어로 이와 같은 학술적 성과를 탐구할 수 있게 된 것은 매우 뜻깊은 일이며, 본 한국어판이 한국 학계의 활발한 연구와 논의를 촉진하고, 문화 간 학술 교류 및 인지언어학의 발전에 기여하리라 확신합니다.

본서를 한국어로 옮기는 과정에서 탁월한 헌신과 학문적 열정을 바탕으로 수고해 주신 계명대학교 임태성 교수님께 깊은 사의를 표합니다. 한국어학 분야의 저명한 학자이자 교육 혁신에 기여해 온 학자로서, 임태성 교수님은 번역 과정 전반에 걸쳐 언어학적 정밀성과 교육적 통찰을 결합하여 원문의 의미를 정확히 전달하는 동시에 한국어 독자들에게 학문적으로 적합하고 이해 가능한 형태로 완성해 주셨습니다.

아울러, 개인적인 차원에서도 임태성 교수님의 전문적 역량뿐 아니라 동료 연구자로서의 신뢰와 우정에 감사드립니다. 어려운 작업을 기꺼이 맡아 주신 것은 학술 공동체에 대한 관대한 헌신과 인지언어학 분야에 대한 깊은 열정을 보여주는 일이라 생각합니다.

이 책이 학생, 교사, 연구자를 비롯한 모든 독자에게 학술적 자극을 제공하여, 언어·인지·문화 간 새로운 담론과 연구의 장을 열어갈 수 있기를 진심으로 기대합니다.

2025. 10. 31.

쉬 웬과 존 테일러

감사의 글

이번 프로젝트와 같이 대규모 작업은 편집자로서 결코 쉬운 일이 아니었지만, 훌륭한 집필진 덕분에 축복과도 같은 경험이었다. 모든 집필자들의 열정적인 노력과 협력에 깊이 감사의 뜻을 표한다. 이들의 헌신적인 지원 없이는 이 핸드북이 세상에 나올 수 없었을 것이다.

특히 인지언어학 분야의 선도적인 전문가들이 이 책의 집필에 기꺼이 참여해 주시고, 많은 도움과 귀중한 제안을 아낌없이 제공해 주셨다. 한스 보아스(Hans C. Boas), 허버트 콜스턴(Herbert L. Colston), 샤를 포스빌(Charles Forceville), 더크 기어레츠(Dirk Geeraerts), 레이첼 지오라(Rachel Giora), 클란테스 그로만(Kleanthes K. Grohmann), 토마스 호프만(Thomas Hoffmann), 리처드 허드슨(Richard Hudson), 프란시스코 호세 루이즈 데 멘도자 이바네즈(Francisco José Ruiz de Mendoza Ibáñez), 졸탄 쾨벡세스(Zoltán Kövecses), 기테 크리스티안센(Gitte Kristiansen), 얀 누이츠(Jan Nuyts), 클라우스-우베 팬더(Klaus-Uwe Panther), 군터 라덴(Günter Radden), 크리스 신하(Chris Sinha), 순 보크 스테펜센(Sune Vork Steffensen), 셔먼 윌콕스(Sherman Wilcox) 교수님들께 진심으로 감사의 말씀을 드린다.

또한, 라우틀리지 출판사의 제브 수드리(Ze'ev Sudry)와 헬레나 파킨슨(Helena Parkinson)에게도 특별히 감사를 표한다. 출판 과정에서 발생한 여러 차례의 지연에도 불구하고, 지속적인 지원과 조언을 아끼지 않고, 깊은 이해를 보여주셨다. 마지막으로, 쉬(Xu) 교수의 학생 보조원인 웨이꾸오 씨(Weiguo Si), 위신 취(Yuxin Qu), 씨롱 왕(Xinglong Wang), 보 리(Bo Li)에게도 깊은 감사의 뜻을 전한다. 원고의 서식 작업과 준비를 훌륭히 수행해 준 덕분에 이 책을 완성할 수 있었다.

차례

그림 차례

표 차례

도입
인지언어학: 회고와 전망

1. 서론

인지언어학은 "사고의 본질과 그것이 언어로 표현되는 방식에 대한 과학적 연구"이다(Lakoff 2004: 123). 이 분야는 1970년대에 등장하기 시작했으며, 1980년대부터 점점 더 활발하게 연구되고 있다. 1987년에는 인지언어학 분야의 중요한 두 권의 저서가 출간되었다. 조지 레이코프(George Lakoff)의 『인지 의미론: 언어에서 본 인간의 마음Women, Fire, and Dangerous Things: What Categories Reveal about the Mind』과 로널드 래내커(Ronald W. Langacker)의 『인지문법의 토대Foundations of Cognitive Grammar』 1권이 그것이다. 그리고 1989년 봄, 독일 뒤스부르크에서 제1회 국제인지언어학회가 열렸고, 1990년에는 『인지언어학Cognitive Linguistics』 저널과 함께 국제인지언어학협회(ICLA)가 설립되어 "광범위하며, 자의식적인 지적 운동으로 인지언어학의 탄생을 알렸다"(Langacker 1990: ix).

인지언어학은 언어학의 새로운 패러다임으로, 크게 '거시적 인지언어학'(소문자 c)과 '미시적 인지언어학'(대문자 C)으로 구분할 수 있다. 인간의 언어를 정신적 현상으로 보는 모든 언어 이론은 거시적 인지언어학에 속한다. 예를 들어, 노엄 촘스키(Noam Chomsky)의 생성문법과 레이 재킨도프(Ray Jackendoff)의 개념적 의미론이 이 범주에 포함된다. 이 핸드북의 초점인 인지언어학은 문법의 본질, 의미의 중요성 그리고 언어와 인간의 인지 사이의 관계를 다룬다는 점에서 촘스키적 전통과 다르다. 촘스키적 전통은 언어 이론에서 의미론과 화용론의 역할을 무시하고 통사론의 우위성을 강조하는 경향이 있다. 반면, 인지언어학 이론은 의미론과 용법(또는 화용론)을 기반으로 하며, 의미를 언어학 연구의 핵심으로 간주한다. 촘스키 전통의 또 다른 주요 특징은 언어

지식이 다른 인지 기능과 독립적이라고 가정한다는 점이다. 이는 통사론의 자율성과 언어의 모듈성을 주장하는 것으로 이어진다. 반면, 인지언어학은 언어가 자율적이지 않다고 본다. 대신에 언어적 인지를 일반적인 인간 인지와 분리할 수 없는 하나의 부분으로 생각한다.

인지언어학은 언어적 행위를 설명하기 위해 언어 외적 잠재력을 언급하는 데 근본적인 관심을 가지지만, 기능언어학과는 다소 차이가 있다. 인지언어학은 물리적 세계에서 인간 신체화의 이해를 돕는 언어의 역할에 초점을 맞추는 반면, 기능언어학은 의사소통에서의 언어 사용을 반영하는 언어 구조를 면밀히 조사한다. 또한, 인지언어학은 언어 구조로 표상되는 개념적 실체들의 관계를 강조하는 반면, 기능언어학은 자연 담화 데이터를 활용하는 경우가 많다.

인지언어학에는 두 가지 주요 목적이 있다. 첫째, 기억, 범주화, 은유, 환유, 주의, 상상력 등의 인지적 메커니즘이 언어적 행위에서 어떻게 사용되는지를 연구하는 것이다. 둘째, 관용구와 비유언어를 포함하여 가능한 한 광범위한 언어 현상을 포괄하는 심리적으로 실행 가능한 언어 모형을 개발하는 것이다.

인지언어학은 하나의 단일 언어 이론이 아니다. 오히려 인지과학, 인지신경과학, 철학, 인지심리학, 게슈탈트 심리학, 인류학, 뇌 과학, 문화학, 언어와 정신 연구 등 다양한 분야의 함의나 성과를 채택한 이론, 접근법, 학파, 운동, 관점 또는 패러다임이다. 이를 통해 새로운 관점을 추가함으로써 언어학 연구의 과학성을 향상시키고 있다.

인지언어학은 일반화 언명과 인지적 언명(Lakoff 1990)의 두 가지 주요 언명으로 정의된다. 일반화 언명은 인간 언어의 모든 측면에 적용되는 보편적인 원리와 관련이 있고, 인지적 언명은 다른 학문에서 밝혀진 마음과 뇌에 대한 지식과 일치하는 방식으로 인간 언어를 설명하는 데 초점을 둔다. Lakoff(1990)는 "운이 좋다면 이러한 언명이 맞물려 우리가 추구하는 일반화 언명이 인지적으로 실제가 된 것을 볼 수 있을 것이다. 그렇지 않다면, 인지적 언명이 우선시된다. 즉, 우리는 인지적으로 실제적인 일반화에 관심이 있다"라고 말했다. 이 두 가지 언명은 음운론, 형태 통사론, 의미론, 화용론 등 언어의 핵심 영역 연구와 인지언어학의 학제 간 연구 방향을 제시한다.

인지언어학은 언어와 마음의 연구를 이끄는 주요 원칙과 기본 가설을 제시한다.

- 언어는 자율적 인지 능력이 아니라 인간 인지의 중요한 부분이다.
- 인간 언어는 형태가 관습적으로 의미(즉, 구문)와 쌍을 이루는 상징적 단위들로 이루어진 개방형 목록이다.
- 의미는 언어의 핵심이다.

- 의미 구성은 개념화이다.
- 의미 구조는 개념적 구조이다.
- 개념적 구조는 신체화된다.
- 의미 표상은 백과사전적이다.
- 문법에는 의미가 있다.
- 언어 지식은 기본적으로 언어 사용에서 나온다.

이러한 가설과 원칙은 인지언어학의 범위와 내용을 규정하며, 인간 언어와 인지의 상호작용을 탐구하는 데 중요한 지침이 된다.

2. 인지언어학 연구의 주요 내용

인지언어학적 패러다임의 연구는 위에서 제시한 공통된 기본 원칙과 가설을 바탕으로 다양한 관점과 방향을 가지고 있다. 여기에는 다음과 같은 측면이 포함된다.

2.1. 현상학 기반의 연구

이러한 관점의 연구는 주로 에드먼드 후설(Edmund Husserl)이 제안한 현상학에 기반하고 있다. 현상학의 중요한 슬로건 중 하나는 "사물 자체로 돌아가자(auf die Sachen selbst zurueckgehen)"이다. 이는 모든 선입견을 버리고 사물 그 자체를 직접적으로 탐구해야 한다는 뜻이다. 철학자 토마스 네이글(Thomas Nagel)은 "박쥐가 된다는 것은 어떤 느낌인가?What is it like to be a bat?"(1974)라는 유명한 명제를 던졌으며, 이는 신체화가 중요하다는 것을 시사한다. 언어의 경우, 이는 언어를 이해하는 데 신체적 경험이 필수적임을 의미한다.

현상학에 기반한 인지언어학 연구는 주로 원형이론, 원형의미론, 어휘망 이론, 개념적 은유 이론, 개념적 환유 이론, 신체화된 실재론, 그리고 인지화용론 등으로 구성된다. 이 모든 영역에서 큰 성과가 이루어졌다. 이러한 성과들은 언어학 연구뿐만 아니라 문화, 사회, 정치, 예술, 종교 등 다양한 분야에도 적용되고 있다.

2.2 게슈탈트 심리학 기반의 인지언어학 연구

후설의 현상학에 영향을 받은 게슈탈트 심리학(Gestalt Psychology)은 비정신적이고 비육체적인 중립적 경험, 즉, 현상학적 경험에 주목해야 한다고 본다. 이러한 현상학적 경험의 관찰에서는 지각적 요소로 분석되지 않고, 현상이 있는 그대로 파악되어야 하며, 전체 또는 게슈탈트(gestalt)로 이해되어야 한다. 게슈탈트 심리학에 기반한 인지언어학 연구는 래내커의 인지문법, 구문문법, 그리고 레너드 타미(Leonard Talmy)의 인지의미론을 중심으로 이루어진다. Langacker(1987/1991)의 연구는 고전적이며 치밀하고 심도 있는 연구로 평가받는다. 그의 아이디어는 Taylor(2002)의 인지언어학 입문서에 포함되어 있다. 구문문법은 Fillmore, Kay & O'Connor(1988)의 초기 연구에서 발전하였고, 이후 레이코프와 아델 골드버그(Adele E. Goldberg)의 인지적 구문문법(Cognitive Construction Grammar, CCxG), 윌리엄 크로프트(William Croft)의 급진적 구문문법(Radical Construction Grammar, RCG), 벤자민 베르겐(Benjamin K. Bergen)의 신체화된 구문문법(Embodied Construction Grammar, ECG), 루크 스틸(Luc Steels)의 유동적 구문문법(Fluid Construction Grammar, FCG), 그리고 이반 새그(Ivan Sag)와 로라 미카엘리스(Laura Michaelis)의 기호 기반 구문문법(Sign-Based Construction Grammar, SB.C.G) 등 다양한 구문적 접근이 제안되었다. 일반적으로 래내커의 인지문법은 '상징 단위'가 구문문법의 '구문'과 본질적으로 동일하다는 점에서 구문문법으로 이해될 수 있다. 구문문법 이론은 언어 습득, 전산언어학, 번역 연구 등 여러 분야에 광범위하게 적용되고 있다.

2.3 인지 담론과 시학 연구

인지언어학에 대한 초기 연구는 주로 어휘와 구문의 의미론에 초점을 맞추었으며, 화용론과 담화에 대한 관심은 상대적으로 부족했다. 하지만 언어의 어휘-통사적 구조가 인간의 인지 구조 및 처리 과정과 체계적으로 관련되어 있다는 점에서, 담화에서 언어가 어떻게 구성되는지를 탐구하는 것은 인지 구조와 처리 과정을 이해하는 데 중요한 통찰력을 제공한다. 현재 담화에 대한 인지적 연구는 중요한 추세로 자리 잡고 있다(Tenbrink 2020). 이 분야의 연구는 질 포코니에(Gilles Fauconnier)의 정신공간 이론, 개념적 혼성 이론, 인지문체론, 인지시학, 인지서사학, 텍스트 세계 및 담화 표현 등을 포함한다.

Lakoff & Turner(1989)가 인지시학에 대한 선구적인 연구를 시작한 이후, 인지시학은 지난

30년 동안 큰 발전을 이루었다. Stockwell(2002), Gavins & Steen(2003), Brône & Vandaele(2009)와 같은 많은 단행본과 연구서가 출판되었다. 인지시학의 중요한 개념인 시적 은유는 이 분야에서 주목받는 핵심 개념 중 하나이다. 가장 놀라운 발견 중 하나는 대부분의 시적 언어가 일상적인 개념적 은유에 기반을 두고 있다는 사실이다. 문학 작품에서 창의적인 문학 은유의 사용 빈도는 경험 기반의 개념적 은유보다 사용 빈도가 현저히 낮은 것으로 나타났다. 이러한 이유로, 인지시학 연구에서 개념적 은유 이론은 핵심적인 역할을 담당하고 있다.

2.4 인지적 사회언어학 연구

언어학의 '사회적 전환' 이후, 언어가 사회적 세계와 밀접한 관련이 있다는 공통된 합의가 이루어졌다. 따라서 인간 언어의 연구는 언어의 사회적 차원을 반영해야 한다. 인지언어학의 '사회적 전환'은 인지적 사회언어학과 사회적 인지언어학이라는 두 가지 분과로 나뉘게 되었다.

인지적 사회언어학은 최근 빠르게 성장하고 있는 언어 연구 분야로, 인지언어학과 사회언어학의 융합으로 주목받고 있다. 인지언어학의 가장 중요한 신조 중 하나는 '의미는 언어의 전부'라는 것이다(Langacker 1987: 12). 우리가 알고 있듯이, 의미는 고립되어 존재하지 않으며, 특정 사회의 화용적 환경에서 실현된다. Geeraerts *et al.*(2010)이 지적했듯이, "의미는 사람들의 상호작용을 통해 생성되고 전달되므로, 인지언어학에서는 언어의 정의와 기본 구조를 단순히 인지적 관점에 국한하지 않고, 사회적이고 문화적 맥락에서의 인지를 포함하는 것으로 본다".

인지적 사회언어학 연구는 주로 언어에 대한 용법 기반의 인지적 접근, 인지적 어휘 변이 연구, 인지적 이념 연구, 문화의 인지모형, 언어의 문화 모형 이론, 언어 정책, 사회 정치 시스템 연구 등의 주제를 다룬다.

반면, 사회적 인지언어학 또는 사회인지 언어학(Croft 2009, Wen 2019)은 사회적 인지 이론에 기초하여 인간 언어를 체계적으로 연구한다. 이 분야는 주로 언어 지식의 표현, 언어 습득, 언어 사용(언어 생산 및 처리 포함), 언어 변화 또는 진화가 (신체화된) 사회적 인지의 영향을 받는 방식에 관심을 가지고 있으며, 인지언어학의 발전을 위한 새로운 관점을 제공한다.

2.5 인지적 심리언어학 연구

인지적 심리언어학은 인지언어학, 심리언어학, 그리고 언어 습득 연구를 통합한 새로운 학문 분야이다. 이 분야에서는 언어 처리, 영상도식, 비유 언어의 이해, 언어 습득, 언어 습득의 용법 기반 이론, 어휘망의 증가 등 여러 주제에 많은 관심을 기울여 왔다. 인지언어학의 관점에서 보면, 우리의 지식 대부분은 명제적 지식이 아니라 상상적 지식이다. 영상도식은 사고와 추론의 근본적인 기반이 되며, 영상도식이 무엇이며 어떻게 형성되고, 사고 구성에서 어떤 역할을 하는지를 묻는 질문은 인지언어학의 핵심 주제 중 하나이다.

비유 언어에 대한 이해는 은유, 환유, 아이러니 등과 같은 발화 이해와 관련된 인지적 심리언어학의 주요 내용이다(Gibbs 1994, Turner 1996). 용법 기반 및 구문 지향적 언어 습득 연구는 제1 및 제2언어 습득 분야에서 의미 있는 진전을 이루었다. 이 분야의 많은 성과는 Tomasello(2003), Achard & Niemeier(2004), Goldberg(2006), Robinson & Ellis(2008) 등의 연구에서 확인할 수 있다.

2.6 인지적 역사언어학과 언어의 대조적 연구

인지적 역사언어학은 인지언어학과 역사언어학을 결합한 분야로, 인지언어학 이론을 체계적으로 활용하여 역사적 및 통시적 언어 문제를 다루는 것을 목표로 한다. 이 분야는 주로 통시의미론, 통시적 구문문법, (탈)문법화, 주관화 등의 연구를 포함한다. Geeraerts(1997)의 통시적 원형 의미론 연구는 혁신적이었으며, 그는 의미론적 진화의 전형적인 특징과 동기, 메커니즘을 탐구하기 위해 원형이론을 과학적 패러다임으로 제안하였다. 문법화 및 주관화와의 결합은 인지적 통시언어학의 중요한 주제로, 이와 관련된 연구는 풍부한 성과를 이루어냈다. 구문화 및 구문적 변화에 대한 Traugott & Trousdale(2013)과 Hilpert(2013)의 연구는 구문의 본질과 통시적 구문 문법에 대한 귀중한 통찰력을 제공했다(Traugott 2014, Barðdal, Smirnova, Sommerer & Gildea 2015, Hoffmann 2019, Sommerer & Smirnova 2020).

대조적 언어 연구에 대한 인지적 접근은 인지언어학의 이론을 문화 간 의미론, 문화언어학, 인지적 언어유형론 등 다양한 언어적 맥락에 적용하고 있다. 인지언어학의 틀 안에서 문화 간 의미론과 인지적 언어유형론에 대한 연구는 최근 발전을 통해 심도 있게 살펴볼 가치가 있다.

2.7 응용 인지언어학 연구

응용 인지언어학은 그 이름에서 알 수 있듯이, 인지언어학을 활용하여 실제 언어 문제를 해결하는 것을 목표로 하는 연구 분야이다. 현재 응용 인지언어학은 이념, 언어 습득, 언어 교육학, 번역, 사전학 등 다양한 분야에 중점을 두고 있다. 일반적으로 응용 인지언어학 연구는 두 가지 주요 방향으로 나뉜다. 한편으로는 인지언어학의 이론과 방법론을 활용해 언어 및 사회 문제를 해결하고, 다른 한편으로는 사회적 및 언어적 현상을 인지언어학 이론으로 검토하고 분석하는 틀로 활용된다. 따라서 응용 인지언어학은 학문적, 실질적 가치를 모두 지닌 유망한 연구 분야로 간주된다. Tabakowska(1993), Pütz *et al.*(2001), Holme(2004), Tyler *et al.*(2005), Caballero(2005), De Knop & De Rycker(2008), Littlemore(2009), Tyler(2012), Bielak & Pawlak(2013), Rojo & Ibarretxe-Antuñano(2013) 등의 연구는 응용 인지언어학의 설득력 있는 성과를 보여준다.

3. 이 책의 소개

전 세계 인지언어학자들이 참여한 이 핸드북은 인지언어학의 다양한 측면을 다루며, 세 가지 핵심 주제를 중심으로 구성되어 있다. 첫째, 인지언어학의 기본 이론, 가정 및 방법론, 둘째, 인지언어학의 핵심 주제 및 개념, 셋째, 인지언어학과 다른 학문 간의 접점이다. 이 핸드북은 총 4부로 구성되어 있으며, '이론에서 실제 사용, 그리고 학제 간 연구'라는 원칙을 기반으로 구성되었다. 특히 언어와 마음을 주제로 한 다학제적 연구에 중점을 두고 있다. 1부는 인지언어학의 기본 이론과 가설에 대한 전반적인 개요를 다룬다. 2부에서는 인지언어학의 핵심 주제를 심도 있게 다룬다. 3부에서는 인지언어학과 타 학문 간의 상호작용에 초점을 맞추고, 4부에서는 인지언어학의 새로운 경향에 대해 논의한다. 각 장은 주제의 본질과 중요성을 고려하여 체계적으로 구성되었다.

제1부: 기본 이론과 가설

제1부는 인지언어학의 기본 이론과 가설을 소개하며, 이를 깊이 있게 성찰한다.

제1장(더크 기어레츠)에서는 원형성, 방사망 네트워크, 개념적 은유, 개념적 환유, 틀의미론 및 문법적 해석 메커니즘 등 언어적 의미 분석을 위한 인지언어학의 다양한 기술적 모형을 소개한다. 이 장에서는 이러한 접근법 간의 상호 보완성을 설명하고, 관점, 동적 의미, 그리고 경험적 의미

개념에서의 공통점을 분석한다. 그러나 여전히 해결되지 않은 문제로는 인지에 대한 심리학적 개념과 사회·역사적 개념 간의 관계, 인지의미론의 방법론적 한계, 그리고 다양한 기술적 모형을 이론적으로 통합하는 방법 등이 있다.

제2장(크리스티아누 브로키아스)에서는 인지문법의 주요 특징과 발전을 설명한다. 이 장은 이른바 문법-어휘 연속체에 초점을 맞추는 것으로 시작한다. 이어서 주요 인지 능력과 인지모형에 대해 논의한다. 주요 인지 능력에는 연상, 범주화, 자동화, 해석, 참조점 능력, 가상성이 포함된다. 인지모형으로는 무대 모형, 당구공 모형, 그리고 통제 주기가 있다. 이후 문법 범주와 역할의 개념적 특성을 소개하고, 전통적인 계층적 구성이 언어 사용의 역동성을 설명하는 데 적합하지 않다는 점을 논의한다.

제3장(한스 보아스)에서는 1980년대와 1990년대에 캘리포니아 버클리 대학교에서 개발된 구문문법과 그 자매 이론인 틀의미론에 대한 개요를 제공한다. 이 장은 먼저 구문문법과 틀의미론의 역사적 배경을 설명하며, 특히 1960년대 후반 찰스 필모어(Charles Fillmore)의 사례 문법 연구와의 연관성을 강조한다. 이어서 1997년에 설립된 버클리 프레임넷 프로젝트에 대한 논의로 넘어가며, 이는 영어 동사, 명사, 형용사, 전치사의 원자가 패턴에 대한 정보를 포함하는 영어 사전 데이터베이스 구축을 목표로 했다. 이 장은 구문문법의 주요 원칙을 논의하며, 어휘-통사 연속체, 논항 구조 구문, 구문적 계통, 말뭉치 데이터, 생산성, 빈도 등 다양한 주제를 어떻게 다루는지를 분석한다. 또한, 구문주의적 통찰이 문법학에 어떻게 적용되었는지를 검토하고, 구문학이라는 구체적인 접근 방식으로 이어지는 과정을 설명한다. 마지막으로 구문의 유형학, 구문 간 상호작용, 구문 분석을 위한 체계적 방법 등 아직 해결되지 않은 문제들을 논의한다.

제4장(토마스 호프만)에서는 다중양상적 구문문법을 다룬다. 인간의 의사소통은 본질적으로 다중양상적이며, 사람들은 얼굴을 맞대고 대화할 때 언어뿐만 아니라 제스처와 자세, 표정 등을 통해 의도와 정보를 함께 전달한다. 이 장에서는 구문문법이 이러한 다중양상적 의사소통 능력의 기반이 되는 창의적인 온라인 처리 과정을 어떻게 설명하는지를 살펴본다.

제5장(클리프 고다드)에서는 애나 비에르즈비츠카(Anna Wierzbicka)가 창안한 자연 의미적 메타언어 접근법을 소개한다. 이 접근은 상호 번역이 가능한 기본 어휘를 사용해 의미를 설명하며, 인지언어학에서 가장 생산적이고 유연한 방법론 중 하나로 간주된다. 이 장에서는 의미적 소수, 의미적 분자, 의미적 형판 및 설명 등의 핵심 개념을 소개하고, 40년에 걸친 이 이론의 발전사를 개괄한다. 또한 문화적 화용론, 어휘의미론, 사전 문법에서의 적용 사례를 제시한다.

제6장(리처드 허드슨)에서는 단어 문법을 다룬다. 이 이론은 인간이 언어를 포함한 다양한 지식을

동일한 인지 메커니즘으로 처리한다는 점에서 인지언어학과 공통점을 갖는다. 그러나 이 이론은 지식 구조에 대해 독특한 가정을 바탕으로 한다. 언어는 원자 노드로 구성된 단일 통합 네트워크이며, 문장 구조는 전통적인 트리 구조가 아니라 풍부한 종속성 구조로 파악된다. 기본 논리는 관계 개념과 개체를 포함하는 분류 체계에 적용된 기본 상속 원리에서 출발한다. 이 분류법은 일반 지식으로 위로 확장되며, 아래로는 토큰과 수행의 '하위 토큰'으로 전개된다. 이러한 하위 토큰은 종속성 구조와 상호작용하여 각 종속 관계에 대한 표제어의 새로운 토큰을 생성함으로써 종속성과 구 구조 사이의 새로운 절충안을 제공한다. 이와 같은 인지적 가정은 논리의미론, 어휘의미론, 학습, 처리, 사회언어학적 구조에 대한 통찰로 이어진다.

제7장(레이첼 지오라)에서는 기본값 가설에 기반한 은유적, 풍자적, 은유적 풍자 구문을 다룬다. 이 가설을 검증하기 위해 9건의 실험과 7건의 말뭉치 기반 연구가 수행되었다. 기본값은 자극에 대한 무조건적이고 자동적인 반응으로 정의된다. 자극이 기본값으로 해석되기 위해서는 새롭고, 의미적 이상이나 내부 부조화와 같은 단서가 없어야 하며, 맥락 정보가 요구되지 않는다. 풍자를 기본값으로 유도하려면 긍정적인 개념을 부정하는 방식의 강한 약화가 포함되어야 하며, 은유를 유도하기 위해서는 부정 표시가 필요하다. 이러한 연구 결과는 해당 구문들이 기본값으로 은유적이거나 풍자적으로 해석됨을 보여준다. 이러한 경향은 영어, 러시아어, 독일어에서도 동일하게 나타났다.

제2부: 인지언어학의 핵심 주제

제2부에서는 인지언어학의 주요 핵심 주제에 대한 개요를 제공한다. 이 부는 '신체화'라는 기본 개념으로 시작해, '언어적 공감각'이라는 흥미로운 주제로 확장된다.

제8장(쉬 웬과 찬중 지앙)에서는 인지언어학 또는 2세대 인지과학의 초석인 '신체화'에 대해 다룬다. 인류의 인지 과정은 뇌뿐만 아니라 몸과 실제 세계에서도 실현된다. 개념은 신체의 물리적 제약 속에서 형성된다. "인지과학 분야에서 신체화는 일상적인 상황 속에서 인지가 어떻게 행위자 자신의 신체가 수행하는 역할을 이해하는지를 의미한다"(Gibbs 2005: 1). 신체화는 본질적으로 다학제적인 개념으로, 인지과학, 철학, 심리학, 사회학, 언어학 등 다양한 학문 분야에서 중요한 주제로 논의된다. 또한 인지언어학의 기초가 되며, 인지언어학은 언어가 일반 인지와 구별되지 않고, 언어 역시 신체화된 일반 인지로 간주한다. 이 장에서는 언어의 기본이 되는 개념화, 언어 처리, 언어 발달, 언어 변화 등 다양한 측면에서 인지언어학이 밝혀낸 언어적 신체화의 내용을 살펴

본다.

제9장(데니스 테이)에서는 추상적 개념 표현의 기본 구성요소를 형성하는 영상도식에 대해 다룬다. 영상도식은 감각 양식을 통합하고, 다양한 언어 현상을 지지하는 추론 구조를 형성한다. 이 개념은 철학, 심리학, 인지과학, 문화 연구 등 여러 분야에서 논의되고 있으며, 인지문법, 힘 역학, 개념적 은유와 같은 주요 인지언어학 이론에서도 중심적인 역할을 한다. 현대의 응용 분야에는 언어 습득, 문학 및 담화 분석, 디자인, 심리 상담 등이 포함된다. 이 장은 앞서 언급한 측면을 중심으로 영상도식에 대한 포괄적 개관을 제공한다.

제10장(쉬 웬과 정링 푸)에서는 범주와 범주화에 대해 다룬다. 고전 이론, 원형이론, 관점 이론, 이상화된 인지모형 이론 등 네 가지 범주화 이론의 발전 과정, 장점, 한계를 개괄적으로 설명한다. 또한, 범주화 층위를 도입하여 범주화 구조와 다른 수준 간의 상호작용을 설명하고, 중국어 사례를 통해 범주의 동적 변화 과정인 탈범주화를 논의한다. 마지막으로 퍼지 언어 이론, 번역 연구, 언어 학습 및 교육에서의 범주화 적용에 대해서도 다룬다.

제11장(졸탄 쾨벡세스)에서는 Lakoff & Johnson(1980, 1999)에 의해 제안된 '표준' 개념적 은유 이론의 주요 특징을 설명하고, Kövecses(2020)에서 제안된 확장된 개념적 은유 이론을 다룬다. 이 확장된 이론은 두 가지 측면에서 표준 관점과 구별된다. 첫째, 단순한 인지 이론이 아니라 강력한 맥락적 구성요소를 포함한다. 둘째, 각 개념적 은유는 영역 또는 틀 수준의 단일 수준에서만 작동하는 것이 아니라 영상도식, 영역, 틀 및 정신공간의 네 가지 계층적 수준에서 동시에 작동한다고 본다.

제12장(루이즈 데 멘도자)에서는 환유를 다룬다. 환유는 초기에는 은유와 함께 논의되었으나, 이후 발화행위 및 문법적 전환 등에서 환유의 독립적인 역할이 점차 주목받고 있다. 최근에는 환유에 대한 연구가 증가하고 있지만, 다양한 설명을 통합할 수 있는 이론적 틀은 아직 부족하다. 이 장은 환유의 본질과 범위를 분석하고, 기존 통찰을 통합하여 해결되지 않은 현상을 설명할 수 있는 포괄적 틀을 제시한다.

제13장(월터 드 멀더)에서는 힘 역학에 대해 다룬다. 이 개념은 레너드 타미(Leonard Talmy)가 개발한 것으로, 사역의 의미뿐만 아니라 힘의 작용과 상호작용을 표현하거나 은유적으로 분석할 수 있는 다양한 동사 및 표현을 포함하는 도식적인 개념 체계를 의미한다.

제14장(제키 하마완드)에서는 해석 현상을 탐구하고 언어에서 해석이 갖는 의미를 강조한다. 인지언어학에서 언어 항목의 사용은 담화의 의사소통 요구와 관련하여, 해당 표현에 부여된 특정한 해석에 의해 결정된다. 해석은 화자가 상황을 다양한 방식으로 개념화하는 인지 능력을 가리킨

다. 화자는 언어적 자원을 활용해 개념화를 여러 방식으로 표상할 수 있으며, 각 표현은 동일한 내용을 전달하면서도 고유한 해석을 제공한다. 이 장의 목표는 동일한 개념적 내용을 공유하는 표현들이 단순한 동의어가 아님을 밝히는 데 있다. 이는 화자가 같은 내용을 설명하기 위해 선택한 해석 방식이나 차원이 다르기 때문이며, 각 해석은 독자적인 의미와 이미지적 특징을 부여한다.

第15장(찬중 지앙과 쿤 양)에서는 개념과 개념화에 대해 논의한다. 이 두 용어는 자주 함께 사용되지만, 인지언어학에서의 정의는 종종 명확하지 않다. 이 장은 먼저 개념의 존재론적 지위, 구조, 기원, 언어와의 관계 등 주요 쟁점에 대한 인지언어학적 관점을 제시한다. 이어서 개념화의 본질과 속성을 설명하기 위해 여섯 가지 매개변수를 제시하며, 개념화는 심리적 요인과 사회적 요인 모두를 고려하여 분석될 수 있다. 이 장은 인지언어학이 이 두 문제를 어떻게 다루어 왔는지를 간략히 개관한다.

第16장(군터 라덴)에서는 도상성에 대한 최근 연구를 검토하고, 도상성의 세 가지 주요 유형을 논의한다. 도상성은 기호의 형태와 의미 간 유사성을 기반으로 하는 관계이다. 예를 들어, cuckoo(뻐꾸기)와 같은 이미지적 도상성은 형태와 의미 사이의 직접적인 유사성을 나타낸다. I came, I saw, I conquered(왔노라, 보았노라, 이겼노라)와 같은 도식적 도상성은 단어 배열이 시간의 흐름을 반영한다. crash(충돌)와 같은 연상적 도상성은 단어가 유사한 의미망 속의 다른 단어들과 연결됨으로써 도상성을 형성한다.

第17장(클라우스-우베 팬더)에서는 언어 이론에서 동기화가 설명적 개념임을 주장한다. 이 장은 이론적 활용과 대비되는 일상 개념을 간략히 소개하며 시작된다. 이어서 고대에서 현대 언어학에 이르기까지 동기화 개념의 역사적 전개를 선택적으로 조명한다. 찰스 퍼스(Charles C. Peirce)의 기호 삼분법(상징, 색인, 도상)에 근거하여, 언어 내적 동기와 언어 외적 동기 요인을 구분하는 모형이 제안된다. 각 동기화 유형이 어떻게 작동하는지는 영어 예시를 중심으로 설명된다.

第18장(레나타 잉겔스와 마르 가라차나 카마레로)에서는 언어 변화를 다룬다. 언어 변화는 의사소통의 효율성과 성공을 추구하는 개별 언어 사용자들의 창의적 사용이 집단적으로 고착화된 결과로 이해된다. 지난 수십 년 동안, 이러한 변화 과정의 원인을 설명하기 위한 다양한 이론이 제시되어 왔다. 이 장에서는 대표적인 세 가지 접근법, 즉 문법화, 어휘화, 구문화 이론 간의 차이점과 공통점을 분석한다.

第19장(리젤로테 브렘스)에서는 문헌에서 발견되는 상호주관성에 대한 다양한, 때로는 상충하는 정의를 비판적으로 정리한다. 일반적으로 상호주관성은 화자가 청자의 주의를 고려하여 언어적으로 표현하는 방식과 관련된다. 이 장에서는 청자 유형, 수용자의 반응 및 담화 내 태도에 따라 상호주관적 의미의 하위 유형(태도, 반응, 텍스트 기반)에 대한 유형론을 제시한다. 더불어 주관성 및 (상호) 주관화와의 관계를 확장하고, 이 개념에 대한 형식적 인식 기준도 함께 제안한다.

제20장(프랭크 브리사드)에서는 배경화 개념을 다룬다. 배경화는 특정 유형의 실례를 선택하여 담화 내 참조를 형성하는 인지적·의미론적 과정이다. 배경화 술어는 명사절이나 한정절과 같은 문법 구조를 구성하는 데 필수적이다. 이는 발화 사건, 참여자, 상황 등을 '주관적으로' 배경화하고, 지시어와의 최소한의 인식론적 관계를 형성한다. 배경화는 다양한 문법 형태로 실현될 수 있으며, 보통 직시적·정량적 표현을 통해 나타난다. 인간의 기본적인 인지 기능으로서 배경화는 일관된 담화와 성공적인 의사소통을 위해 보편적이며 필수적인 요소로 간주된다.

제21장(살바토레 아타르도)에서는 유머를 인지언어학적으로 분석한다. 이 장은 유머의 이론적 기원을 탐구하고, 틀 이론 및 스크립트 의미론과의 연관성과의 연관성을 강조하면서 일반적인 언어 유머 이론과의 차이점을 밝힌다. 틀 전이, 혼성, 우월성, 은유 등 다양한 인지적 메커니즘이 유머 생성에 작용하지만, 유머 고유의 메커니즘은 따로 존재하지 않는다고 본다. 유머는 진지한 의사소통에서 작용하는 인지적 메커니즘이 '재활용'되는 현상으로 설명된다. 이 장은 또한 신체화된 인지, 문체 및 구문문법, 유머 연구 간의 연결 가능성을 탐색하며, 이 분야의 향후 연구 방향을 제시한다.

제22장(프란체스카 스트릭 리버스, 추런 황과 찌아찌위엔 씨웅)에서는 언어적 공감각을 다룬다. 언어적 공감각은 bitter voice(쓴 목소리)와 같이 서로 다른 감각 양식이 결합된 표현으로 구성된다. 이 장은 공감각을 일종의 은유로 간주하며, 공감각의 정의에 대한 이론적 논쟁을 검토한다. 이어서 공감각적 감각 조합에 대한 선호도를 다룬 연구들을 정리하며, 여러 언어에서 bitter voice와 같이 청각이 공감각적 대상이 되는 경우는 많지만, 근원 감각으로 사용되는 경우는 드물다는 사실을 제시한다. 마지막으로, 이러한 언어 간 강한 선호 경향과 언어별 차이는 지각적, 문화적, 언어적 요인들이 복합적으로 작용한 결과로 설명될 수 있음을 제안한다.

제3부: 인지언어학과 다른 분야 또는 학문 간의 접점

제3부는 14장으로 구성되며, 인지언어학과 다양한 학문 및 실천 분야 간의 상호작용을 탐구한다.

제23장(크리스 신하)에서는 언어, 문화, 인지 연구의 역사, 주요 이론적 쟁점, 연구 방법 및 핵심 주

제를 살펴본다. 언어학뿐만 아니라 인류학과 심리학의 기여를 요약하며, 이 분야의 학제 간 성격을 강조한다. 또한, 인류학과 인지언어학 전통에서 문화언어학의 발전을 추적하고, 언어 상대성 이론의 역사와 현재 상태, 확장된 신체화를 기반으로 한 최신 접근 방식을 논의한다. 색, 공간과 시간, 자아와 정체성과 같은 주요 주제에 대한 최근 연구 동향도 요약된다.

第24장(허버트 콜스턴)에서는 인지언어학적 관점에서 비유 언어를 분석한다. 인지언어학은 인간 언어 기능에 대한 이론과 모형이 인지 기능과 일치한다는 전제에 기반하며, 이는 비유 언어의 설명에 중요한 이론적 기반을 제공해 왔다. 특히 은유에 대한 설명이 가장 널리 알려져 있으며, 관용구, 속담, 환유 등도 포함된다. 최근 연구에서는 관용구를 원형적 설명 방식을 통해 해석하고, 언어적 아이러니나 과장법을 지각적 대비 및 구별성의 개념으로 설명한다. 이 장은 비유 언어 설명에 인지언어학 이론이 어떻게 적용되어 왔는지를 살펴보고, 이 접근이 새로운 연구 가능성을 열 수 있음을 제안한다. 동시에, 비유 언어의 생성 및 이해에 영향을 미치는 다양한 인지 기능으로의 확장 필요성에 대한 비판적 논의도 포함된다.

第25장(얀 누이츠)에서는 인간이 새로 습득한 정보를 양상, 시제, 서법 유형 등의 차원에 따라 어떻게 분류하고, 이 정보가 장기적 세계 지식으로 어떻게 구조화되는지를 다룬다. 이러한 의미 차원이 계층적 체계에서 어떻게 구성되는지를 설명하고, 그 이면에 작용하는 기본 인지 원리를 탐색한다. 또한, 이 체계가 통시적 의미 변화와 (상호) 주관화 과정에서 어떤 역할을 하는지에 대해서도 논의한다.

第26장(마르코 마조네)에서는 인간 의사소통에서 맥락이 어떻게 작용하는지를 분석하는 인지화용론을 소개한다. 폴 그라이스(Paul Grice)는 이해를 추론 기반의 의도 인식으로 설명하며, 이 분야의 기초를 마련했다. 이 장은 그라이스의 이론을 설명하고, 댄 스퍼버(Dan Sperber)와 디어드리 윌슨(Deirdre Wilson)의 적절성 이론이 그라이스의 이론을 어떻게 확장시켰는지를 설명한다. 또한, 추론 기반의 화용 이론에 대한 비판을 소개하고 이에 대한 반론을 제시한다. 나아가, 기존 패턴 인식이 의도 추론의 구성요소로 포함될 수 있음을 주장하며, 그라이스와 존 오스틴(John L. Austin)의 이론이 수렴될 가능성도 제안한다.

第27장(제론 밴델)에서는 인지시학의 주요 개념과 문제를 개관하고, 시적 은유 이론을 중심 사례로 삼는다. 첫째, 아리스토텔레스의 시적 은유 개념과 개념적 은유 이론을 비교한다. 둘째, 상호작용 이론, 적절성 이론, 혼성 이론, 양방향성 이론, 부류 포함 가설 등 다양한 인지적 관점을 소개하고 이를 시작 이론과 연결지어 설명한다. 셋째, 시학 연구에서의 형식적 측면을 논의하고, 넷째, 향후 연구를 위한 학제 간 분석 틀을 제안한다. 마지막으로, 시적 은유에 대한 논의를 인지 시학의 연구 목적과 연결한다.

제28장(울리케 슈뢰더)에서는 인지언어학과 담화 연구 간의 주요 흐름을 정리한다. 이 장은 지난 30년 동안 담화 연구가 겪은 두 가지 중요한 전환을 중심으로 서술된다. 첫째는 맥락적, 사회언어학적, 문화적, 개인차에 대한 인식 확대, 둘째는 음성 자료와 다중양상적 데이터에 대한 관심 증가로, 실제 언어 사용에 대한 분석으로의 전환이다. 이 장에서는 은유, 환유, 혼성, 구문, 관점, 담화 모형 등의 주제를 중심으로, 각 영역의 연구 발전 사례를 개관한다.

제29장(셔먼 윌콕스와 로시오 마르티네즈)에서는 수어 언어학에 대한 개요를 제공한다. 미국 수어에 대한 간략한 설명을 통해 수어 언어학의 연구 배경을 소개하고, 주요 연구 주제로 도상성, 은유, 환유, 정신공간, 문법화, 증거성, 서법, 지시 등을 다룬다. 마지막 절에서는 수어와 제스처의 관계를 중심으로 두 가지 주제를 고찰한다. 첫째는 제스처가 수어로 통합되는 과정, 둘째는 일부 수어가 언어와 제스처의 융합 형태로 간주될 수 있다는 주장이다.

제30장(율리우스 해세머와 비토 에볼라)에서는 제스처 연구에서 발견되는 기능적 및 형식적 측면에 초점을 맞추어 인지언어학과의 관계를 강조한다. 이 분석은 제스처의 범주화뿐만 아니라 제스처의 의미 형성과 '제스처 음운론'이라는 새로운 분석 영역의 필요성을 제시한다. 마지막으로, 인간-컴퓨터 상호작용 분야에서 인지언어학이 나아갈 수 있는 방향을 간략히 언급하며 장을 마무리한다.

제31장(카이룽 씨아오)에서는 인지적 관점에서의 번역 연구를 탐색한다. 전통적인 번역 연구의 언어학적 접근은 규범 중심적이며 언어 전달에만 집중한다는 비판을 받아왔다. 반면 인지언어학은 번역을 인간의 개인적·인지적 활동으로 보고 새로운 해석을 제안한다. 이 분야는 혁신적인 이론적 틀, 분석 도구, 연구 방법론을 통해 인지 번역학의 발전에도 기여하고 있다. 앞으로의 연구는 이론의 정교화, 인지언어학과 경험적 연구 간의 상호작용, 그리고 번역 인지의 모형화를 위한 인지과학과의 통합을 더욱 진전될 것이다.

제32장(딜린 류와 쩡-홍 싸이)에서는 인지언어학이 언어 교육학에 어떻게 이론적 통찰과 실천적 방향을 제공할 수 있는지를 검토한다. 이 장은 (i) 인지언어학적 관점이 반영된 언어 교육학의 역사적 배경, (ii) 인지언어학을 교육학에 적용할 때의 핵심 주제 및 쟁점, (iii) 현재의 주요 연구 성과, (iv) 교육 현장에서의 권장사항, (v) 이 분야의 미래 발전 방향을 체계적으로 다룬다.

제33장(한 뤄)에서는 제2언어 습득 연구에 인지언어학을 어떻게 적용할 수 있는지를 논의한다. 최근 학계에서는 인지언어학의 기본 원칙이 제2언어 습득을 설명하는 데 매우 적합하다는 데 일정한 합의가 이루어지고 있다. 특히, 용법 기반 접근은 양 분야를 연결하는 핵심 개념이다. 이 장은 먼저 인지언어학의 주요 이론들과 그 교육적 적용 가능성을 분석한 후, 용법 기반 습득 이론을

바탕으로 한 제2언어 교육 모델을 소개한다. 마지막으로 향후 연구를 위한 제안을 덧붙인다.

제34장(에스라 압델자헤르)에서는 『롱맨 언어 활성기Longman Language Activator』의 도입부터 프레임넷과 메타넷의 구축에 이르기까지, 인지언어학 이론과 디지털 사전 편찬 간의 교차점을 개괄한다. 이 장은 다의어 처리, 감각적 의미 구분, 관용 표현 정의 등의 문제를 인지적 및 사전 편찬적 관점에서 분석한다. 또한 인지이론이 사전의 새로운 기능을 설계하고 적용하는 과정에서 어떻게 활용되는지를 설명하고, 현재 이 분야에서 널리 사용되는 방법론들을 소개한다. 마지막으로 실증적 자료와 조화를 이루는 인지이론의 통합이 향후 연구의 중요한 방향임을 제안한다.

제35장(나탈리아 파나센코)에서는 로망스어, 게르만어, 슬라브어의 약용식물 명칭을 분석하며, 인지언어학의 기본 개념과 방법론이 해당 분야에 어떻게 적용되는지를 소개한다. 저자는 인지언어학의 다양한 이론과 학파를 제시하며, 여러 언어 사례를 통해 명의학과 인지 분석이 어떻게 결합되는지를 보여준다. 특히 은유와 환유라는 정보 처리 메커니즘을 통해 인간의 인지 활동이 식물 관련 어휘 체계에 반영되는 양상을 강조한다.

제36장(사디아 벨키르)에서는 인지언어학과 속담 연구의 상호작용을 다룬다. 이 장의 핵심 목표는, Lakoff & Johnson(1980), Lakoff & Tuner(1989)의 초기 개념적 은유 이론과 Kövecses(2005)의 문화 인지 이론이 속담 분석에서 갖는 한계를 보완하기 위해, 문화 간 인지언어학적 접근 방식을 제안하는 데 있다. 우선 인지언어학의 기본 이론을 개관하고, 기존 은유 이론에서 속담 연구와 관련된 몇 가지 이론적 문제를 논의한다. 이후, 문화적 변이와 은유적 개념 구조를 고려한 인지적 분석을 제시하며, 북아프리카 카바일어, 아랍어, 프랑스어, 영어의 동물 관련 속담을 비교·대조하여 근원-목표영역의 예를 제시한다.

제4부: 인지언어학의 새로운 경향

제4부는 인지언어학의 최신 흐름과 학문적 확장 가능성을 탐색한다. 새로운 경향을 예측하고 정리하는 일은 본질적으로 도전적인 과제이지만, 학문의 진화를 이해하고 미래 방향을 제시하는 데 있어 충분히 가치 있는 시도이다. 여기에서는 '사회적 전환'과 '양적 전환' 외에도, 인지적 신경언어학, 인지적 진화언어학, 통시적 구문문법, 다중양상적 인지언어학, 인지적 생물언어학, 급진적 신체화된 생태언어학, 인지적 언어유형학 등 인지언어학의 주요 확장 분야들을 검토한다.

제37장(뤼트비크 데사이와 니콜라스 리카디)에서는 언어의 인지적 신경과학을 다룬다. 언어의 신경학적 기초에 대한 연구는 오랜 역사를 가지고 있으며, 현대 신경과학적 방법을 활용한 최근 연구 성과

가 풍부하다. 이 장은 역사적 배경에서 시작하여, 언어 체계의 주요 측면에 대한 신경학적 기초를 이해하는 데 있어 최근의 진전을 개괄적으로 살펴본다. 실어증에 대한 설명 이후, 신경 영상 및 병변 연구 기반의 의미론, 언어 지각 및 생성, 문장 이해 및 생성, 그리고 읽기 및 쓰기에 관련된 뇌 체계의 주요 구성요소를 간략히 설명한다. 이 연구는 언어의 뇌 기반에 대한 이해에서 이루어진 중요한 발전과 여전히 남아 있는 미해결 문제들을 강조한다.

제38장(가보르 죄리)에서는 인지언어학 이론이 인간 진화에서 언어의 출현과 어떻게 관련되는지를 논의한다. 이 장은 언어의 본질, 구조 및 기능에 대한 인지언어학적 접근이 언어 진화 연구에 어떤 도움을 주는지를 살펴본다. 반면, 언어의 기원에 대한 진화론적 접근이 인지언어학적 신조에 어떻게 기여하고 상호 연관성을 가지는지도 탐구한다. 인지언어학 이론은 인간 인지와 언어의 기원을 다윈의 진화론 및 문화 진화론과 연결 짓는다.

제39장(더크 노엘과 티모시 콜먼)에서는 통시적 차원의 구문문법을 다룬다. 통시적 구문문법은 인지언어학의 한 분야로, 언어 변화를 연구하는 데 있어 구문적 언어 변화에 대한 이론적 관점과 구문과 구문의 발달을 추적하는 기술적 접근을 포함한다. 이 장은 핵심적인 개념적 장치를 조사하고, 이 분야의 아직 젊은 역사를 간략히 정리하며, '구문화'와 '구문적 변화'의 이론적 구분을 비판적으로 논의한다. 생산성 및 도식성의 변화, 통시적 구문 기호론, 구문의 소멸, 구문적 네트워크의 연결성 변화, 접촉에 의한 구문적 변화 등에 대한 연구를 소개한다. 마지막으로, 이 장은 통시적 구문문법에서 말뭉치 연구가 가지는 인지적 타당성에 대한 방법론적 고찰로 마무리된다.

제40장(샤를 포스빌)에서는 다중양상성에 대해 다룬다. 의사소통이 다양한 기호적 자원을 활용한다는 점은 명백하다. 그러나 인문학 연구는 그동안 언어적 표현에만 집중해 왔다. '다중양상성'은 이러한 편향을 개선하기 위해 시각, 음악, 소리 등이 의미 형성에 어떻게 기여하는지를 조사하는 다양한 접근 방식과 이론을 포괄하는 용어이다. 이 새로운 분야의 발전 방향이 점차 명확해지고 있다. 이 장은 다중양상성에 대한 여러 관점을 간략히 살펴보고, 무엇이 양상으로 간주되어야 하는지에 대한 까다로운 문제를 다루며, 신생 학문의 발전을 위해 방향을 제안한다.

제41장(클란테스 그로만과 마리아 캄바나로스)에서는 언어의 생물학적 기초를 탐구한다. 생물언어학은 전반적으로 언어의 생물학적 토대를 중요시한다. 이 장은 다섯 가지 '근본 질문'의 형태로 구성된 생물언어학적 접근의 기본 원칙을 간략히 설명한다. 일반적으로 생물언어학은 언어에 대한 생성적 연구로 해석되지만, 생물언어학은 생성문법의 또 다른 용어가 아니며, 그렇게 되어서는 안 된다. 따라서 언어 연구에 대한 생물언어학적 접근은 특히 인지언어학과 관련하여 근본 질문을 조사하고 분석함으로써 더 넓은 관점을 제공할 것이다. 이 장에서 제시된 참신한 요소는 '거시적'

및 '미시적' 인지언어학에 대한 정기적인 언급이다. 마지막으로, 비교 생물언어학의 언어 병리학의 관계를 탐구하는 특정 연구 의제를 제시한다.

제42장(순 보크 스테펜센과 스티븐 코울리)에서는 진화론, 생태언어학, 인지과학을 연결하는 내용을 다룬다. 저자들은 방법론을 바탕으로, 혁신이 정신적 내용이 아니라 인간 삶의 세계 즉, 확장된 생태학에서 언어가 제한된 이해와 행동에 어떻게 얽히는지를 추적한다. 따라서 환경에 대한 담화에 초점을 맞춘 연구는 실천이 언어에 미치는 영향과 밀접하게 연결되어 있다. 실제로 이해, 말, 행동은 진화의 미래에서 핵심 요소가 된다. 결론적으로, 생태언어학자들은 생물 생태학적 인식을 높이는 데 노력해야 할 뿐만 아니라, 피터 핀케(Peter Finke)의 표현을 빌리자면 지구의 생명체에 유리한 과학 문화를 구축하기 위해 힘써야 한다고 제안한다.

제43장(유즈 쓰)에서는 인지적 언어유형론을 다룬다. 인지언어학과 언어유형론은 서로 밀접하게 관련되어 있다는 점이 널리 받아들여지고 있다. 즉, 인지언어학은 언어 간의 규칙성을 설명하는 적합한 틀을 제공하며, 언어유형론은 인지언어학의 이론적 신조나 가설을 검증하는 역할을 한다. 여기서 핵심은 소위 언어 간 규칙성 또는 언어 보편성을 어떻게 이해할 것인가이다. Langacker(2013)는 이를 명사, 동사와 같은 통사적 범주로 간주하는 반면, Croft(2016)는 이를 그린버그식 보편적 상관관계로 이해한다. 이 장에서는 다양한 유형의 피동문을 언어별로 분석하여, 주어진 문법 범주에 대한 표시와 언어 간 형식 변형의 가능성과 한계를 살펴본다. 이는 인지언어학의 핵심 개념인 '해석'을 통해 효과적으로 설명될 수 있다. 또한, 언어유형론의 증거는 구문을 구성하는 모든 요소가 의미를 지닌다는 점을 보여주며, 이는 인지언어학의 주요 언명을 입증한다.

4. 결론

이 핸드북은 다양한 측면에서 인지언어학의 혁신적인 모습을 개괄적으로 제시한다. 인지언어학의 역사는 40년으로 비교적 짧지만, 그 빠른 발전과 중요한 업적은 모든 언어학자들에게 널리 알려져 있다.

인지언어학은 언어 이해에만 머물지 않고, 뇌와 마음의 인지 과정을 탐구함으로써 실제 언어 현상을 설명한다. 특히, 이러한 정신 과정을 분석함으로써 다양한 사회적, 심리적, 문화적 현상을 보다 깊이 이해하고 설명할 수 있다. 즉, 인지언어학에서 인지 과정에 대한 기술은 언어 현상을 설명하는 동시에, 사회·문화적 현상을 분석하고 인류의 사회적 심리를 이해하는 방법론이기도 하다. 따라서, 인지언어학은 새로운 언어학적 패러다임일 뿐만 아니라, 인지적 사회과학으로서 빅데이터 시대의 다양한 분야와 학문에 중요한 시사점을 제공할 수 있을 것으로 본다. 이 핸드북이 이러한 점을 충분히 전달하여, 인지언어학과 다양한 학문 분야의 학생 및 연구자들에게 유익하고 가치 있는 자료가 되기를 바란다.

제1부
기본 이론과 가설

제1장
인지의미론

1. 서론

인지의미론은 인지언어학 내에서 개발된 다양한 모형들을 통해 언어의 의미를 설명하는 분야를 말한다. 여기에는 원형성, 방사망 네트워크, 은유, 환유, 틀의미론, 그리고 문법에 대한 광범위한 해석 기제 등이 포함된다(자세한 개요는 3절 참조). 이들 모형은 이 책의 개별 장에서 상세히 다루고 있으므로, 이 장에서는 이러한 설명적 모형들이 공유하는 공통된 특성에 초점을 맞춘다. 즉, 이들 모형을 하나로 통합하는 요소와, 이들이 '인지의미론'이라는 이름 아래 분류되는 이유를 세 가지 관점에서 살펴보고자 한다. 첫째, 언어적 사고의 역사라는 넓은 틀에서 이 문제에 접근한다. 언어학의 역사적 배경 속에서 인지언어학을 개괄적으로 조망하며, 의미 연구가 인지언어학에서 특히 중요한 이유를 탐구한다. 다시 말해, 앞서 언급한 개념들의 집합체로 이해되는 인지의미론이 언어 이론 발전에서 인지언어학의 위치에 어떻게 결정적인 기여를 하는지 살펴본다. 둘째, 다양한 모형 간의 상호 관계를 분석한다. 이들 모형을 연결하는 고리는 무엇이며, 자연어 의미론의 영역을 설명하는 데 어떻게 서로 상호 보완적인 역할을 하는지 살펴본다. 상호 보완성뿐 아니라, 인지의미론이 단순히 약하게 연결된 느슨한 집합이 아니라 의미적 설명의 일관된 뼈대를 형성하는 공통된 특징을 지니고 있음을 탐구한다. 마지막으로, 미래 지향적인 관점에서 개별적인 아이디어를 넘어서는 문제를 고찰한다. 즉, 인지언어학의 의미 기술이 직면한 근본적인 질문이 무엇인지, 그리고 이러한 질문들이 이 분야의 발전에 어떤 영향을 미칠 수 있는지 논의한다이 장의 내용은 Geeraerts(2006, 2016)에서 포함된 여러 아이디어를 종합한 것이다.

2. 최신 자연어 의미론에서 인지의미론의 위상

언어 의미론의 역사를 이해하고 인지언어학에서의 위치를 파악하기 위해서는 먼저 생성문법의 출발점으로 돌아가야 한다. 1957년 노엄 촘스키(Noam Chomsky)가 『통사구조Syntactic Structures』에서 제시한 이론에 따르면, 의미는 문법성이나 그 문법을 지배하는 규칙 체계에서 중요한 역할을 하지 않는다. 예를 들어, Colorless green ideas sleep furiously(무색의 푸른 생각들이 격렬하게 잠잔다)라는 문장은 의미적으로 무의미하다고 여겨지지만, 이 문장의 통사적 구조는 Bright young linguists talk endlessly(총명한 젊은 언어학자들은 끝없이 이야기한다)처럼 완전히 문법적인 문장과 일치하기 때문에 문법적으로는 올바르다고 평가된다. 즉, 의미성(meaningfulness)의 유무는 문법성을 판단하는 기준이 아니라, 오직 통사적 적합성 여부가 문법적 판단의 핵심이라는 점이 중요하다.

그러나 촘스키는 1965년 『생성문법론Aspects of the Theory of Syntax』에서 자신의 입장을 일부 수정한다. 그는 의미에 대한 설명을 문법에 통합하기 시작하면서도, 여전히 Colorless green ideas sleep furiously를 무의미한 문장으로 간주하고 비문법적인 것으로 분류했다. 하지만 의미와 의미적 적합성을 문법의 핵심에 통합하는 작업은 당시 생성문법의 중요한 개념인 변형 이론과 결합되면서 여러 문제를 야기했다. 생성문법은 언어의 문법 구조를 두 단계의 알고리즘으로 설명한다. 첫째, 구 구조 규칙이 초기 통사적 트리인 '심층 구조'를 생성하고, 둘째, 이 심층 구조가 '표면 구조'라는 다른 형태의 트리로 변형될 수 있다. 변형 과정이 의미를 보존하는지에 대한 논쟁은 생성문법 내에서 뜨거운 쟁점이 되었으며, 결국 두 진영 사이에 심각한 대립을 초래했다.

한편, 변형이 의미를 보존한다고 믿는 입장에서는 모든 의미적 정보가 이미 심층 구조에서 포함되어 있다고 보며, 따라서 심층 구조가 의미론적 설명과 동일시된다. 이 입장은 '생성의미론(generative semantics)' 운동의 관점이기도 하다. McCawley(1968) 등의 연구자들은 언어 통사론과 형식 논리에서 가져온 개념들을 다소 어색하게 결합하여 새로운 이론적 프로그램을 제시했다.

반대로, 변형이 의미를 바꿀 수 있다고 보는 입장은 통사론의 우선순위를 유지한다. 즉, 의미 해석은 문법적 트리 구조가 완성된 마지막 단계에서 이루어진다는 것이다. 이 관점은 촘스키가 최종적으로 선호한 입장으로, 그의 언어습득 이론과도 잘 맞아떨어진다. 촘스키처럼 언어가 유전적으로 부여된 능력이라고 믿는다면, 그 유전적 모듈이 의미처럼 일시적이고 변화무쌍한 요소를 포함할 가능성은 거의 없다고 볼 수 있다. 타고난 언어 지식이 존재한다면, 그것은 주로 언어의 형식적이고 구조적인 측면, 즉 통사론과 관련되어 있을 가능성이 높다. 이는 촘스키가 강조한 인간이 무한히 다양한 문장을 만들어낼 수 있는 능력의 기반이 바로 통사론에 있다는 점과도 일치한다.

생성문법 전통 내에서 생성의미론은 소위 해석의미론과의 경쟁에서 밀려나며, 결과적으로 생성문법 내 여러 연속적 모형 중 첫 번째 모델로 남아 오늘날의 보편적 문법 개념으로 발전하게 되었다. 이 모든 모형들(및 다른 형식문법 이론)의 공통점은 자율 통사론 개념에 있다. 즉, 언어의 통사론은 그 자체로 독립적인 문법 모듈로 존재하며, 의미나 기능과는 별개로 설명될 수 있다는 것이다. 물론 이러한 모듈은 의미론 및 화용론과 상호작용하지만, 본질적으로는 고유한 원칙에 따라 작동한다. 흥미로운 점은, 다소 아이러니하게도 생성문법 내에서 생성의미론이 쇠퇴한 것이 오히려 생성문법 외부의 두 전통에서 의미론 발전에 중요한 자극이 되었다는 사실이다. 첫째, 생성의미론 분야에서 활동한 일부 언어학자들이 오늘날 인지언어학의 창시자가 되었다. 조지 레이코프(George Lakoff), 론 래내커(Ron Langacker), 그리고 인지언어학에 큰 영감을 미쳤으나 스스로 인지언어학자라고 명명하지 않은 찰스 필모어(Charles Fillmore) 등이 그 예이다. 둘째, 생성의미론이 다소 미흡하게 다룬 논리 의미론과의 접점은 Richard Montague(1974)와 Barbara Partee(1976) 같은 논리학자들이 논리적 의미론에 기반한 형식적 자연어 의미론을 확립하는 계기가 되었다. 이는 오늘날 형식의미론의 견고한 전통을 이루는 토대가 되었다.

전반적으로 의미론 관점에서 현대 언어 이론은 크게 세 갈래로 나눌 수 있다. 즉, **형식통사론**, **형식의미론** 그리고 **인지의미론**이다. 처음 두 분야는 생성문법이 도입한 형식적이고 상징적인 언어 기술 방식에 대한 관심을 공유하지만, 형식통사론은 의미의 역할을 최소화하는 경향이 있다. 반면, 형식의미론과 인지의미론은 생성의미론 운동이 생성문법 내에서 완전히 성공하지 못했음에도 불구하고, 의미의 우위를 중시한다. 다만, 형식의미론은 논리학의 형식 언어를 기반으로 하여 진리값과 같은 기능적 구성성에 초점을 맞춘다. 엄격한 지시적 의미 개념을 전제로 전체 명제의 진리 기능적 속성이 어떻게 개별 구성요소의 속성에서 유도되는지를 분석하는 것이다. 반면, 인지의미론은 언어 의미를 지시적이고 진리 기능적인 차원에 국한하지 않고, 심상, 감정, 경험 등 다양한 요소들이 중요한 역할을 하는 폭넓은 의미 개념에서 출발한다. 예를 들어, 앞서 언급한 Colorless green ideas sleep furiously(무색의 푸른 생각들이 격렬하게 잠잔다)라는 문장은 인지언어학에서 은유적으로 해석될 수 있다. 이 문장은 일종의 비관적인 생태적 메시지를 담고 있으며, 비활성 상태로 남아 있는 생각이라는 의미를 내포할 수 있는데, 이는 형식의미론이 다루는 범위를 넘어서는 해석이다. 따라서 인지의미론의 첫 번째 특징은, 역사적으로 의미론의 설명 범위를 확장하는 것이 형식화 가능성을 좇는 것보다 우선시된다는 점이다. 이 장의 마지막 부분에서는 인지언어학의 역사를 간략히 살펴볼 것이다.

3. 다양한 인지적 의미 모형

이전 절에서 언급한 역사적 관점을 바탕으로, 현대 의미론의 지형 속에서 인지의미론의 위치를 구체적으로 살펴볼 필요가 있다. 지금까지 제안된 주요 의미 분석 모형들은 무엇이며, 이들은 서로 어떻게 관련되어 있는가? 우선, 인지의미론 맥락에서 개발된 세 가지 핵심 모형을 구별해 보자. 다시 강조하자면, 이 장의 목적은 각 모형들을 심층적으로 소개하는 데 있지 않고, 모형들 간의 관계와 공통점을 분석하는 데 있다. 이 절의 참고문헌은 각 주제별 주요 출판물로 제한하며, 자세한 내용은 이 핸드북의 별도 장에서 확인할 수 있다.

첫째, 자연어 표현의 내적 의미 구조, 즉 다양한 의미들이 서로 어떻게 연결되고 관계를 맺는지에 주목하는 모형들이 있다. 대표적인 예가 **방사망(radial network)** 모형(Lakoff 1987)이다. 이 모형은 범주의 중심 사례에서 출발해 주변으로 의미가 확장되는 구조를 설명한다. 다시 말해, 덜 중심적인 범주 사용은 중심 사례에서 점차 확장된다는 것이다. 예를 들어, Claudia Brugman(1988)의 연구에서는 The plane flew over(비행기가 위로 날았다)에서 over의 중심 의미인 above & across를 출발점으로 삼아, 이 중심 의미에서 덜 중심적인 의미로 확장되는 과정을 설명한다. The board is over the hole(판자가 구멍 위에 있다)은 '덮개(coverage)' 의미로의 구체적 확장이고, over a period of time(일정 기간에 걸쳐)과 같은 시간적 의미의 은유적 확장 역시 그 사례다. 방사망 범주는 **원형이론(prototype theory)**(Rosch 1978, Taylor 1989, Geeraerts 1989)이라는 광범위한 모형 집합 내 한 유형으로 볼 수 있다. 이 이론들은 범주의 확장성, 즉 구성원의 현저성과 의도성, 그리고 범주의 정의적 경계 설정 가능성 간의 상호작용을 탐구한다. 다양한 형태로 나타나는 이 상호작용 속에서 원형(prototype) 자체가 또 다른 원형적으로 조직된 개념이라는 주장도 제기되는데, 이는 언어학자들이 말하는 '원형성(prototypicality)'의 단일 정의로 포괄될 수 없음을 시사한다.

둘째, 인지의미론의 또 다른 중요한 영역은 새로운 의미, 특히 은유와 환유가 생성되는 개념적 메커니즘에 집중한다. **개념적 은유(conceptual metaphor)** 개념은 Lakoff & Johnson(1980)의 저서 『삶으로서의 은유Metaphors We Live By』에서 처음 제시되었다. 이 이론은 은유가 특정 어휘에 국한되지 않고, 다양한 표현에 걸쳐 일반화될 수 있음을 보여준다. 예컨대, He is known for his many rapid conquests(그는 빠른 정복으로 유명하다), He fled from her advances(그는 그녀의 전진을 피해 도망쳤다), She is besieged by suitors(그녀는 구혼자들에게 포위당했다) 같은 문장들은 LOVE IS WAR(사랑은 전쟁이다)라는 근원적 은유 개념 아래 나타나는 다양한 표현들이다. 은유 연구는 관련 개념들을 함께 촉발시켰다. **영상도식(image schemas)**(Johnson 1987, Hampe 2005)은 반복되는 감각적·운동적 경험에서 도출된 규칙적인 패턴으로, 포함, 경로, 척도, 수직성, 중심-주변 관계 등이 대표적이다. 은유를 한 영역에서 다른 영역으로의 사상(mapping)으로 볼 때, 이러한 사상이 어떻게 이루어지는가에 대한 질문이 제기된다. 질 포코니에와 마크 터너(Gilles Fauconnier & Mark Turner)가 개발한 개념적 통합망(일명, 혼성; Fauconnier 1985, Fauconnier & Turner 2002) 이론은 이를 설명하는 틀을 제공한다. 즉, 새로운 의미는 근원영역과 목표영역이 합쳐져서 생성된 해석에서 비롯된다는 것이다. **정신공간(mental spaces)** 이론은 영역 간 사상으로서 은유 분석과 직접 연결되지만, 개념적 통합망은 은유뿐만 아니라 반사실문과 같은 다양한 현상에도 적용 가능해 더 폭넓은 설명력을 지닌다. 또한, 은유만큼은 아니지만 **환유(metonymy)**에 대한 연구도 인지의미론에서 중요한 역할을 차지한다(Kövecses & Radden 1998, Barcelona 2000, Dirven & Pörings 2002). 환유는 은유와 유사한 정의를 적용받을 수 있는데, 은유가 한 영역에서 다른 영역으로의 사상이라면, 환유는 단일 영역 내에서의 사상으로 이해될 수 있다. 물론 이 접근법에는 '영역(domain)'의 정의가 명확하지 않다는 문제점도 있으나, 환유에 대한 인지언어학적 연구는 활발히 진행 중이다.

셋째, 언어의 **문법적 해석(grammatical construal)** 매커니즘에 주목하는 모형들이 있다. 이 접근법은 Langacker(1987, 1991) 및 Talmy(2000)의 연구로 대표되며, 통사적, 형태적, 구문적 구조가 의미 형성에 어떻게 기여하는지를 분석한다. 예를 들어, 래내커(Langacker)는 단어 범주에 따른 의미적 정의를 제안한다. 그는 개념적 배경에 기반해 여러 기본 서술어 유형을 구분하는데, 여기에는 실체와 사물, 관계 술어, 상태 관계, 복잡한 시간적 관계, 과정 등이 포함된다. 그는 언어의 형식적 단어 범주가 대체로 이러한 기본 술어 유형을 표현한다고 본다. 예컨대, 명사는 '사물(thing)' 즉, 특정 영역에서 한정된 개체를 의미하고, 형용사는 대체로 관계 술어를 동사는 과정을 나타낸다. 래내커의 문법 모형은 이처럼 해석 차원을 체계적으로 탐구하는데, 원근화법(전경과 배경의 정렬)과 현저성(기초 및 윤곽 구상화) 개념을 포함한다. 마찬가지로, 레너드 타미(Leonard Talmy)는 힘 역학, 인과 관계, 주의 현상, 다의성, 사건 구조 및 어휘화 과정 등 문법 구성을 뒷받침하는 다양한 개념적 하위 체계를 설명한다. 중요한 점은 해석이 단순히 개별 표현의 의미만을 다루는 것이 아니라, 현실을 묘사하는 다양한 대안적 방식이 존재한다는 점을 전제로 한다는 것이다. 따라서 문법적 해석 연구는 기능적으로 동등하거나 거의 동등한 대안들에 내재한 체계를 탐구하는 경향이 있다. 예를 들어, 타미의 이동사건의 어휘화 패턴에 대한 연구에 따르면, '동사 틀 부여' 언어는 이동 경로를 동사로 부호화하는 반면, '위성어 틀 부여' 언어는 조사, 전치사구 또는 이와 유사한 형태로 부호화하는 등 유형별 차이를 보인다. 하지만 이 두 방식은 단일 언어 내에서도 공존할 수 있다. 한편, **틀의미론(frame semantics)**(Fillmore 1977, 1985)은 언어 내 대안적 논항구조 선택을 설명하는 영향력 있는 모형이다. 틀의미론의 핵심 출발점은 해당 표현과 관련된 모든 백과사전적 지식에 대한 접근 없이는 단어(또는 일반 언어 표현)의 의미를 온전히 이해할 수 없다는 점이다. 예를 들어, sell(팔다)이라는 단어의 의미를 이해하려면, 상업적 양도 상황에 대한 세상 지식이 필요하다. 여기에는 판매 행위 자체뿐만 아니라 판매자, 구매자, 판매 대상 상품, 대금 또는 그 밖의 지불 방식 등 다양한 요소가 포함된다. 이러한 의미적 틀은 관련 개념들의 일관된 구조와 실제 상황에서 이들이 함께 발생하는 방식을 반영한다. 특정 표현은 그 틀을 떠올리게 하며, 틀 내에서 특정 개념에 초점을 맞춘다. 예를 들어, 표준 상거래 상황에서 sell은 판매자의 관점에서, buy(사다)는 구매자의 관점에서 해석된다.

4. 인지의미론 모형의 상호 보완성과 공통점

지금까지 살펴본 다양한 인지의미론적 접근 방식들을 고려할 때, 어휘 중심과 문법 중심이라는 이분법적 구분은 다소 단순화된 해석일 수 있다. 물론 일부 모형은 주로 어휘 영역에서 출발하고, 다른 모형은 명확히 문법적 관점에 초점을 맞추지만, 두 가지를 엄격히 구분하기 어려운 이유가 두 가지 있다. 첫째, 원형성이나 은유와 같은 현상들은 언어 범주화의 일반적인 특성으로, 어휘 범주뿐 아니라 문법 범주에도 적용되며 실제로 그렇게 작용하고 있다. 둘째, 인지언어학에서는 언어 구조의 어휘 수준과 문법 수준을 명확하게 분리하지 않는다. 특히 구문문법의 등장 이후, 어휘 형태와 추상적인 통사적 패턴 사이에 연속체가 존재한다는 인식이 널리 퍼져 있다. 따라서 의미적 메커니즘 역시 두 개의 분리된 그룹으로 나누기 어렵다.

오히려 이러한 접근 방식들의 상호 보완성은 서로 다른 두 가지 **개념적 해석의 근원(source of conceptual construal)**을 활용한다는 데 있다. 한편으로 현실은 이미 존재하는 개념, 즉 언어로 표현된 개념을 바탕으로 이해된다. 원형적 범주화 모형에서는 기존 표현의 감각들이 새로운 사례를 개념화하는 토대가 된다. 일반적으로 범주의 주변 사례는 중심 사례와의 유사성과 같은 개념적 연관성에 기반해 확장된다. 은유와 환유는 바로 이러한 메커니즘이 작동하는 구체적인 사례로, 비유적 유사성이나 인접성의 연결 고리를 통해 기존 개념에서 출발하여 새로운 의미를 만들어낸다.

다른 한편, 개념적 해석은 특별히 언어적이지 않은 인지 능력과 처리 과정에 의존하기도 한다. 예를 들어, 래내커의 원근화법 분석이나 타미의 주의 하위 체계가 여기에 해당한다. 언어 표현에서 공간적 관점을 살펴보면, 동일한 객관적 상황이 어떻게 서로 다른 방식으로 해석될 수 있는지를 알 수 있다. 예를 들어, 뒷마당에 서서 자전거의 위치를 설명할 때 누군가는 It's behind the house(집 뒤에 있다)라고 말하고, 다른 누군가는 It's in front of the house(집 앞에 있다)라고 말할 수 있다. 이 두 표현은 서로 다른 관점을 반영하는데, 단순히 모순된 진술처럼 보일 뿐이다. 첫 번째 표현에서 원근화법은 화자의 시선 방향에 따라 결정된다. 즉, 화자가 바라보는 방향에 물체가 위치하면 앞에 있는 것이고, 만약 그 시야에 장애물이 있다면 물체는 그 뒤에 위치하게 된다. 뒷마당에서 자전거 방향을 바라볼 때 집이 시야를 가린다면, 자전거는 집 뒤에 있다고 표현하는 것이다. 반면 두 번째 표현은 집 자체를 기준점으로 삼는다. 즉, 집은 마치 사람의 얼굴처럼 정면을 가지고 있어, 집이 향하는 방향이 앞이 된다. 따라서 It's in front of the house라는 표현은 화자의 관점이 아니라 집의 관점을 취하는 셈이다. 이처럼 사물을 바라보는 관점은 방식으로 보편적인 언어 기술이라기보다 특정 언어 내 문법적 자원이 형성되는 과정을 보여주는 사례다. 래내커, 타미와 같은 학자들의 접근법은 바로 이러한 문법적 해석 메커니즘이 어떻게 작동하는지를 설명해준다.

대체로 이전 절에서 논의한 처음 두 가지 모형 그룹은 기존 언어 개념에 기반한 해석이라는 첫 번째 관점을 반영하는 반면, 세 번째 그룹은 일반적인 인지 능력에 기반한 해석이라는 두 번째 관점을 구현한다. 그러나 이러한 구분이 절대적인 것은 아니다. 예를 들어, 비언어적 감각 경험을 반영하는 영상도식은 두 관점을 연결하는 중요한 고리 역할을 한다.

다음 단계로, 인지의미론에 대한 다양한 접근 방식에서 의미라는 개념에 암묵적 또는 명시적으로 부여되는 일반적인 특성을 살펴볼 수 있다. 앞서 인지의미론의 여러 유형이 어떻게 상호 보완적인지를 검토했다면, 이제는 이들 접근 방식이 공유하는 의미 개념의 공통된 특성을 확인해 볼 차례다. 모든 접근 방식이 동의하거나 적어도 대부분이 전제하는 핵심 특징이 있는가? 다음 세 가지 특성이 특히 주목할 만하다. 이 특성들이 왜 이후 논의에서 더 중요한 위치를 차지하는지는 이 장의 뒷부분에서 보다 분명해질 것이다. 또한 언뜻 자명해 보이는 이러한 인지적 특성들이 실제로는 결코 단순하지 않다는 점도 짚고 넘어갈 필요가 있다.

첫째, 언어 의미는 **원근화법적(perspectival)**이다. 앞서 논의한 개념적 해석의 중요성을 고려하면, 의미의 원근화법적 특성은 자연스럽게 이해될 수 있다. 인지의미론에 따르면 의미는 외부 세계를 객관적으로 반영하는 것이 아니라, 우리가 세계를 구성하고 해석하는 방식이다. 다양한 형태의 개념적 해석은 인지의미론에서 제안되는 여러 기술적 모형의 근간을 이룬다.

둘째, 언어 의미는 **역동적(dynamic)**이며 **유연하다(flexible)**. 의미는 고정된 구조가 아니라, 변화하는 세계 속에서 끊임없이 조정되는 해석 과정이다. 새로운 경험과 환경의 변화는 우리가 의미 범주를 상황에 맞게 수정하도록 요구한다. 따라서 언어 이론에서 의미를 고정된 구조로만 간주할 수는 없다. 의미가 언어 구조의 일부라면, 그 구조는 본질적으로 유연해야 한다. 다시 말해, 이는 앞서 살펴본 원형성, 은유, 환유 등 다양한 의미 형성 메커니즘과 밀접하게 연결된다. 방사망 구조는 이러한 유연한 개념 사용의 결과물로 이해할 수 있다.

셋째, 언어 의미는 **백과사전적(encylopedic)**, **비자율적(non-autonomous)**, 그리고 **경험적(experiential)**이다. 의미가 우리가 세상과 상호작용하는 방식과 밀접하게 연관되어 있다면, 당연히 우리의 전반적인 경험이 개입한다고 볼 수 있다. 언어를 통해 구성되는 의미는 독립된 인지 모듈이 아니라, 인간의 총체적 경험을 반영한다. 언어 의미는 우리가 가진 세상에 대한 다른 형태의 지식과 분리되어 있지 않으며, 이런 점에서 백과사전적이고 자율적이지 않다. 다시 말해, 언어 의미는 다른 인지 능력과 긴밀히 통합되어 있으며, 우리가 세상에 대해 갖는 지식 전체를 포함한다. 이러한 폭넓은 경험적 기반에는 세 가지 주요 측면이 포함된다.

인간은 순수한 정신적 존재가 아니라 신체화된 존재이다. 우리의 신체적·유기적 특성은 세상을 경험하는 방식에 영향을 미치며, 이러한 경험은 우리가 사용하는 언어에 그대로 반영된다. 예를 들어, behind(뒤에)와 in front of(앞에)라는 표현은 이를 잘 보여주는 사례다. 우리가 어떤 장면을 개념화할 때 사용하는 원근화법은 우리의 신체와 시선의 자연스러운 방향, 즉 우리가 앞이라는 인식하는 방향에서 비롯된다. 이러한 방향성은 집과 같은 외부 대상에도 투영될 수 있으며, 이를 통해 공간 관계가 언어적으로 표현된다. 이러한 개념적 기반은 영상도식에도 동일하게 적용될 수 있다.

또한 인간은 생물학적 존재일 뿐만 아니라, 문화적·사회적 정체성을 지닌 존재이다. 언어는 이러한 정체성을 반영하고 드러내는 매개체로 작용한다. 다시 말해, 언어는 화자 집단과 개인의 역사적·문화적 경험을 신체화한다. 예를 들어, 전형적인 원형 범주인 새(bird)를 떠올려 보자. 언어의 백과사전적 성격은 사람들이 새라는 범주에 대해 가지는 실제적이고 구체적인 경험을 고려할 것을 요구한다. 이는 사전적 정의에 머무르지 않고, 참새, 펭귄, 타조 등 구체적인 조류에 대한 친숙한 경험과 지식을 포함한다. 하지만 이러한 경험은 문화마다 다를 수 있다. 한 문화권에서 가장 전형적인 새가 다른 문화권에서는 그렇지 않을 수 있으며, 이는 사람들이 '새'라는 범주와 연관 짓는 지식 구조와 의미 형성 방식에 영향을 미친다.

마지막으로, 언어 지식의 경험적 성격은 언어 사용의 중요성을 강조하는 방향으로 더욱 구체화될 필요가 있다. 단어는 추상적으로 고립된 형태로 존재하지 않으며, 항상 실제 발화와 대화의 맥락 속에서 기능한다. 우리가 언어를 경험한다는 것은 사전에서 단어의 의미를 찾아보거나 문법 규칙을 학습하는 것이 아니라, 실제 언어 사용 상황에 참여하고 그것을 통해 의미를 구성하는 과정을 뜻한다. 이러한 관점에서 인지언어학은 스스로 용법 기반 모형으로 규정한다. 문법의 경험적 성격을 진지하게 받아들인다면, 언어의 실제 사용 경험 역시 본질적 요소로 간주되어야 한다. 이는 20세기 주류 언어학의 전통적 관점과 중요한 단절을 이룬다. 기존 언어학, 특히 생성문법의 전통에서는 언어 구조의 수준과 언어 사용의 수준 즉, 페르디낭 드 소쉬르(Ferdinand de Saussure)가 구분한 랑그(langue)와 파롤(parole)을 뚜렷이 구분하고, 후자를 상대적으로 부차적인 것으로 취급해 왔다. 그러나 인지언어학의 용법 기반 접근법은 이러한 위계적 구분을 명확히 거부한다. 언어에 대한 지식은 실제 발화 경험에 뿌리를 두고 있으며, 언어 구조 또한 이러한 사용 경험으로부터 형성되고 끊임없이 재구성된다.

5. 인지의미론의 미해결 과제

앞서 살펴본 인지의미론의 특성화는 세 가지 근본적인 질문을 제기한다. 첫째, '인지의미론'에서 '인지'라는 개념을 어떻게 해석할 것인가에 관한 질문이다. 둘째, 언어의미론의 방법론적 방향과 관련된 질문이다. 셋째, 지금까지 다룬 다양한 접근 방식들의 이론적 통합 가능성에 대한 질문이다.

가장 먼저 '인지'의 의미와 관련된 논쟁은 주로 **심리언어학적 관점**과 **사회언어적 관점**의 대립으로 요약될 수 있다. 인지언어학에서 '인지적'이라는 표현은 역사적으로 두 가지 상이한 해석을 받아왔다. 한편으로, Lakoff(1990: 40)는 인지언어학을 "인간 언어에 대한 설명을 다른 학문 분야에서 일반적으로 받아들여지는 마음과 뇌에 대한 설명과 일치시키려는 언명"으로 규정하였다". 이 관점에서 인지언어학자는 인지심리학, 발달심리학, 신경과학 등 인접 학문의 경험적 연구 결과를 언어 이론에 반영하며, 본질적으로 심리언어학적 지향성을 띤다. 다른 한편으로, 『인지언어학Cognitive Linguistics』 저널 창간호에서 Geeraerts(1990: 1)는 인지언어학을 "정보를 조직하고 처리하며 전달하는 도구로서의 언어 개념"으로 정의하였다. 이 두 정의의 차이는 미묘해 보일 수 있지만, 인지언어학의 성격을 구체화하는 데 실질적인 영향을 미친다.

첫째, '인지적 도구로서의 언어'라는 관점은 인지언어학의 핵심 특징을 보다 명확히 설명할 수 있게 한다. 즉, 의미론의 우위성, 언어 의미의 백과사전적 특성, 그리고 언어 의미의 원근화법적 특성이다. 언어의 주요 기능이 지식의 구성과 의사소통에 있다면, 의미는 언어 분석의 핵심이 될 수밖에 없다. 또한 언어가 세계를 범주화하는 도구라면, 언어 의미는 객관적 사실을 반영하는 데 그치지 않고 세계에 구조를 부여한다.

둘째, 이러한 관점은 인지언어학과 생성문법을 명확히 구분하는 데에도 기여한다. 생성문법 역시 1950년대 '제1차 인지적 혁명'의 산물로서 인지언어학의 한 갈래로 분류될 수 있기 때문에, 양자 사이의 경계는 종종 모호해진다. 그러나 두 접근법의 초점은 다르다. 생성문법은 인간의 언어에 대한 지식과 이를 가능하게 하는 선천적 인지 구조에 관심을 둔다. 반면 인지언어학은 언어를 통한 세계에 대한 지식 구성과 그 개념화 과정을 탐구한다. 요컨대 생성문법이 언어**에 대한** 지식을 중심에 둔다면, 인지언어학은 언어**를 통한** 지식을 중심에 둔다.

셋째, '인지적 도구로서의 언어'라는 해석은 인지를 개인의 정신적 능력에 한정하지 않고, 사회적·역사적·문화적 차원까지 포괄하도록 확장한다. 즉, 인지는 개인 내적 경험에만 국한되는 것이 아니라 사회적으로 분산되고 공유되는 지식의 구조와도 관련된다. 이러한 관점에서 새천년 이후 인지언어학은 점차 사회적·문화적 측면에 대한 관심을 확대해 왔다. 특히 Geeraerts & Kristiansen(2015)은 언어의 사회적 차원을 분석하는 세 가지 층위를 제시한다. 첫 번째 층위는 언어 내 변이에 초점을 맞추어 동일한 언어공동체 내에서 변이 양상을 사회언어학, 방언학, 문체론적 관점에서 분석한다. 두 번째 층위는 언어 간·문화 간 다양성을 탐구하는 문화인류학적 비교 연구와 역사적 개념화 연구가 있다(Palmer 1996, Sharifian 2017). 세 번째 층위는 언어 자체의 사회적 기반을 조명하는 연구로, 언어의 출현과 기능을 사회적 상호작용의 산물로 분석한다(Sinha & Jensen de López 2000, Geeraerts 2005, Zlatev *et al.* 2008, Harder 2010, Schmid 2016).

이러한 흐름은 인지언어학의 '사회적 전환'을 의미한다. 이러한 변화는 인지언어학의 기본 명제를 심리언어학적 수준에서뿐만 아니라 사회기호학적 수준에서 재공식화하는 데 기여했다. 즉, "인간 언어에 대한 설명을 상호주관적이고 역사적이며 사회적으로 가변적인 기호 체계로서의 언어 개념과 일치시키려는 시도"(Geeraerts 2016: 537)로 나아간 것이다. 그러나 이 두 관점—보편주의적 경향의 심리언어학적 해석과 사회·역사적 가변성을 강조하는 사회기호학적 해석—사이에는 긴장이 존재한다. 대표적 사례로 Lakoff & Kövecses(1987)와 Geeraerts & Grondelaers(1995) 사이의 ANGER IS HEAT(화는 열이다) 은유 해석 논쟁을 들 수 있다. 전자가 은유를 보편적 생리 경험으로 설명한 반면, 후자는 그것을 특정 문화·역사적 맥락에서 비롯된 어휘적 유물로 해석했다. 이후 은유 연구에서도 문화·역사적 관점을 강조하는 경향이 강화되고 있다(Kövecses 2005).

이제 두 번째 문제 즉, **방법론(methodology)**적 전환에 대해 살펴보자. 초기 인지의미론은 세심한 개념 분석을 통해 의미 현상을 기술하는 방식에 의존했다. 그러나 2000년대 이후 실험적 방법과 말뭉치 기반 방법이 점점 더 중요해지면서, 이를 '양적 전환' 또는 보다 정확히는 '경험적 전환(empirical turn)'이라 부른다. 개념 분석은 실험 및 말뭉치 자료를 통해 검증 가능한 가설로 자리잡았으며, 실험적 방법은 주로 심리언어학적 접근과, 말뭉치 기반 연구는 사회역사적 접근과 연결된다. 두 방법론 사이에도 일정한 긴장이 존재하지만(Heylen *et al.* 2008, Gilquin & Gries 2009, Schmid 2010), 이들의 상호 보완적 활용은 인지의미론의 실증적 기반을 강화하는 데 중요한 역할을 한다.

인지의미론의 발전을 위해 고려해야 할 세 번째 근본적 과제는 다양한 접근 방식의 **이론적 통합**이다. 앞서 살펴본 바와 같이 여러 접근법 사이에는 일정한 상호 보완성과 공통점이 존재하지만, 인지의미론을 언어 의미에 대한 하나의 완전히 통합된 이론으로 보기는 어렵다. 다시 말해, 인지의미론이라는 이름 아래 종합적이고 체계화된 단일 이론적 틀은 아직 존재하지 않는다. 이는 다양한 설명적 모형이 병렬적으로 발전해 왔음에도 불구하고, 이들 간의 상호 관계를 체계적으로 탐구하려는 시도는 상대적으로 부족했기 때문이다. 특히 언어 기반 해석과 일반 인지 기반 해석이라는 두 가지 근본적 유형 사이의 관계는 심리언어학적 관점과 사회언어학적 관점의 구분과도 밀접하게 관련된다. 언어 기반 해석은 주로 역사적·문화적 맥락에 특화되는 반면, 일반 인지 능력에 기반한 해석은 보다 보편적이고 개별적인 성격을 갖는다. 따라서 이 두 해석 양식을 어떻게 연결하고 조화롭게 설명할 것인가는 향후 인지의미론이 직면한 핵심 과제 중 하나이다.

이러한 상황은 인지언어학의 역사적 전개 과정을 잘 보여준다. 생성문법이 촘스키라는 단일 인물을 중심으로 강력한 이론적 틀을 형성한 것과 달리, 인지언어학은 출발 단계부터 여러 연구자들의 자율적이고 혁신적인 기여와 다양한 학문적 전통의 융합을 통해 발전해 왔다. 특히 1980년대 중반에는 캘리포니아에서 활동한 후기 생성문법 연구 전통과 유럽의 구조주의·전-구조주의 의미론 전통이 결합되면서 결정적인 전환점을 맞았다. 르네 더번(René Dirven), 브리지다 루즈카(Brygida Rudzka), 존 테일러(John Taylor) 등 여러 연구자들의 공헌은 이러한 융합의 중요한 기반을 마련했다(자세한 내용은 Geeraerts 2010 참조). 이처럼 다양한 학문적 기원을 바탕으로 발전한 인지언어학은 다원성과 개방성을 특징으로 한다. 여러 이론과 접근법이 공존하면서 풍부한 논의를 가능하게 했지만, 그만큼 명확한 이론적 통합을 이루는 데에는 한계가 있었다. 이러한 다양성은 인지의미론의 역동성을 보여주는 강점이자, 동시에 통합적 이론 부재라는 약점으로도 작용한다. 그러나 바로 이 점이 앞으로의 연구를 위한 넓은 여지를 제공한다는 점에서, 이론적 통합은 여전히 인지의미론의 중요한 과제로 남아 있다.

더 읽을거리

Lemmens, M. (2015). Cognitive semantics. In N. Riemer (Ed.), *The Routledge handbook of semantics* (pp. 90-105). London: Routledge. (3절에서 제시된 모형을 종합적으로 심화시키는 데 매우 유용할 것이다.)

Geeraerts, D. (Ed.). (2006). *Cognitive Linguistics: Basic readings*. Berlin/New York: Mouton de Gruyter. (특히 현재 장에서 논의한 의미론적 설명 모형을 포함하여, 이 분야의 주요 인사들의 기초 논문 12개를 모았다.)

Glynn, D., & Fischer, K. (Eds.). (2010). *Quantitative methods in cognitive semantics: Corpus-driven approaches*. Berlin/New York: Mouton de Gruyter. (말뭉치 접근법에 중점을 둔 인지의미론의 새로운 경험적 방법론에 대한 조사와 예시를 제공한다.)

제2장
인지문법

1. 서론

인지문법(Cognitive Grammar, CG)은 1970년대 후반 미국 언어학자 로널드 래내커(Ronald Langacker)가 생성문법(generative grammar)에 대한 급진적인 대안으로 제안한 이론이다(Langacker 1987, 1991, 1999, 2000, 2008a, 2009, Taylor 2002 참조). 인지문법은 처음부터 형식주의(formalism)를 위한 형식을 지양하며, 언어와 일반 인지를 분리해서 보거나 언어를 어휘, 통사, 음운, 의미와 같은 자율적인 모듈로 나누어 인터페이스를 통해 연결된다고 보는 생성문법의 핵심 가정들을 비판해 왔다. 또한 문법이 의미와 무관하다는 주장에도 반대한다. 인지문법은 언어 현상의 대부분이 **정도의 문제**라고 보며, 어휘론과 통사론, 의미론과 화용론을 별개의 모듈이 아닌 **연속체**를 형성하는 것으로 이해한다. 이와 관련해 의미 구성에 대한 전통적인 조립식(building-block) 관점, 즉 의미가 대체로 합성적(compositional)이라는 가정에도 문제를 제기한다. 인지문법에 따르면 단어는 고정된 의미를 전달하는 단위가 아니라, 다양한 지식 영역을 활성화하는 촉매제 역할을 하며, 이러한 지식이 맥락에 따라 유연하고 창의적으로 결합된다. 예를 들어, blue pen(파란 펜)이라는 표현은 파란색 잉크가 든 펜을 뜻할 수도 있고, 펜 외장이 파란색일 수도 있으며, 파란색 유니폼을 입은 팀이 사용하는 펜일 수도 있다.

인지문법은 언어를 기능적이면서도 인지적인 관점에서 설명하는 이론이다. 언어의 상호작용 기능은 부차적인 요소가 아니라 언어 체계의 핵심으로 간주된다. 또한 기억, 범주화, 관점 등과 같은 일반적인 인지 능력이 언어의 산출과 이해에 직접적으로 관여한다는 점에서 **인지적**인 측면도 갖추고 있다.

이러한 점에서 인지문법은 아델 골드버그(Adele E. Goldberg)의 구문문법(Construction Grammar, CxG)이나 윌리엄 크로프트(William Croft)의 급진적 구문문법(Radical Construction Grammar, RCG)(이 책의 3장 참조)과 유사한 면을 지닌다. 예를 들어, 어휘와 문장을 연속체로 본다는 점, 구문을 언어 지식의 핵심 단위로 본다는 점, 그리고 언어 지식을 실례화와 확장의 관계로 연결된 구문 네트워크로 파악한다는 점이 그러하다.

구문문법이 언어학의 주류로 자리 잡은 현재에도, 인지문법은 여전히 상당히 급진적인 입장을 유지하고 있다. 두 이론 모두 구문이 형태와 의미의 쌍이라고 보지만, 구문문법이 형태를 구문과 동일시하는 반면, 인지문법은 **형태**를 **음운극**으로 간주한다. 이때 형태는 단순한 분절 음운론뿐만 아니라 억양, 제스처 등 다양한 표현 채널을 포함한다(Langacker 2001a). 인지문법에서 통사 구조란 형태(표현의 음운극)와 의미(표현의 의미극)가 도식적으로 연결된 쌍으로 구성된다.

또한 인지문법은 명사나 동사와 같은 단어 부류, 그리고 주어나 목적어와 같은 문법 기능이 선천적이거나 자명한 범주가 아니라 개념적으로 정의될 수 있다고 주장한다. 대신 반복적으로 나타나는 개념 구성을 표현하는 편리한 수단으로 이 용어들을 활용할 뿐, 그 적용 범위는 기존 이론에서처럼 엄격하지 않다.

전통적인 문법에서 강조되는 계층적 구조 역시 인지문법에서는 필수적이거나 바람직한 것으로 보지 않는다. 언어는 본질적으로 역동적인 체계이기 때문에, 그 조직 방식 또한 평면적이고 연속적일 수 있다고 본다. 이러한 관점은 래내커의 연구에서도 중요한 동력이 되어 왔다. 20세기 말까지 인지문법은 주로 생성문법을 대체할 수 있는 설명적 뼈대를 구축하는 데 집중했지만, 21세기 들어서는 언어 처리와 담화까지 시야를 넓혀 구조, 처리, 담화를 통합적으로 설명하는 데 주력하고 있다(Langacker 2001a, 2001b 참조).

이후 논의에서는 언어와 관련된 인지 능력과 모형으로서 '구문'의 개념, 단어 부류와 문법 기능의 성격, 그리고 고전적인 구성요소와 언어의 역동성 간의 관계를 중심으로 인지문법의 핵심 내용을 좀 더 구체적으로 살펴보고자 한다.

2. 문법-어휘부 연속체

언어는 궁극적으로 뇌의 신경 활성화 패턴에 기반하지 있지만, 이를 **관습화된 언어 단위들의 구조화된 목록**으로 개념화하는 방식이 실질적으로 더 유용하다. 어떤 단위들은 신경 활성화가 거의 자동적으로 일어나는 고착화된 패턴을 따르는데, 예를 들어 cup(컵)이라는 단어는 화자가 별다른 인지적 노력을 들이지 않고 사용할 수 있는 대표적인 **상징적** 단위이다. 이러한 단위는 의미극과 음운극의 결합으로 표현되며, 보통 [[CUP]/[cup]] 또는 [[CUP]/[kʌp]]과 같은 방식으로 표기한다. 인지문법은 이러한 의미를 단순한 사전식 정의로 한정하지 않고, 문화적·사회적 맥락을 포함하는 백과사전적 관점을 지지한다. 예를 들어 [[CUP]/[cup]]에는 컵이라는 사물 자체뿐만 아니라, 어떤 문화에서 방문자에게 음료를 내놓는 관습 같은 정보도 포함될 수 있다.[1] 이러한 관습적 언어 단위는 화자 공동체 안에서 공유되며, 화자들이 의사소통에 활용할 수 있는 목록을 구성한다. 이 목록은 단순히 나열된 것이 아니라, 단위들이 정교화나 확장을 통해 서로 의미적으로 연결되기 때문에 구조화된 형태를 띤다. 예를 들어, coffee paper cup(커피 종이컵)은 thing(사물) 〉 container(용기) 〉 cup(컵) 〉 paper cup(종이컵) 〉 coffee paper cup(커피 종이컵)으로 이어지는 계층구조를 통해 점점 더 구체화되는 과정으로의 실례화 또는 정교화를 보여준다. 반면 coffee cup sleeve(커피컵 덮개)는 본래 옷소매를 뜻하는 sleeve의 의미를 은유적으로 확장한 예다.

여기서 중요한 점은, 단위로 기능하는 언어 표현이 전통적으로 어휘소라 불리는 단어에만 국한되지 않는다는 것이다. kick the bucket(죽다), by and large(대체로), buy on tick(외상으로 사다, 구식 영국식 영어의 buy on credit)과 같은 불투명한 관용구는 물론, I've had enough(이제 됐다), What's your name?(네 이름이 무엇이니?), See you later(나중에 봐)와 같은 투명한 표현도 하나의 단위로 간주될 수 있다. 더 나아가 See you at X, I can't stand the smell of X(여기서 X는 자의적 항목인데 예를 들어, 특정 시간)처럼 부분적으로 채워진 표현도 마찬가지다. 이러한 표현은 매번 새롭게 조합하지 않아도, 이미 관습화된 단위로 사용할 수 있는 것으로 보는 편이 타당하다.

요약하자면, 언어 단위는 크기나 **상징적 복잡성** 면에서 다양하다. cup(컵)과 같은 단일 어휘 항목은 비교적 구체적인 의미를 가지지만, What's your name?(네 이름이 무엇이니?)처럼 더 복잡한 구문도 하나의 단위가 될 수 있다. 또한 **도식성**의 측면에서도 차이를 보이는데, I can't stand the smell of X와 같은 부분적으로 채워진 표현은 언어가 형태소나 통사적 구문과 같은 더 '추상적'인 요소로도 구성될 수 있음을 보여준다. 인지문법에서는 이러한 추상적 요소 또한 상징적 집합으로 본다. 예를 들어, 영어의 접미사 -er(driver, murder, writer, drinker)은 전형적으로 행위자(agent/doer)라는 의미극과 /ər/ 또는 /ə/라는 음운극의 쌍으로 구성된 상징적 단위로 분석된다. 명사와

---

1 [[CUP]/[cup]]과 같은 표기 방식은 의미극과 음운극이 명확히 구분되는 것처럼 보이지만, 실제로는 분석의 편의를 위한 개념적 장치일 뿐이다(Langacker 2016 참조).

동사 같은 문법 부류도 음운적으로는 더 도식적일 수 있으나, 여전히 본질적으로 의미를 가진 단위로 간주된다. 예를 들어, 명사는 [[THING]/[…]]으로 표현할 수 있는데, 여기서 THING은 인지적으로 대상을 하나의 집단으로 묶어 인식하는 능력에 기반한 개념이다(자세한 내용은 아래 참조).

같은 맥락에서 인지문법은 전통적인 문법 규칙도 별도의 모듈로 보지 않는다. 예를 들어, When did he visit you?(언제 그가 너를 방문했니?)와 같은 wh-의문문이나 Only later did she find out the truth(오직 나중에야 그녀는 진실을 알아냈다)와 같은 도치 구문도 다른 언어 단위와 마찬가지로 의미극과 음운극의 도식적 쌍으로 설명된다. 이러한 규칙은 개별 용법 사건들로부터 추상화된 것이다. 문법과 어휘는 이처럼 상징적 집합의 도식성과 복잡성에 차이가 있을 뿐, 인지문법에서는 본질적으로 동일한 성격을 지닌다. 이는 구문문법과의 중요한 차이점이기도 하다. 구문문법이 구문을 의미론('의미')과 통사론('형태')의 결합으로 보는 반면, 인지문법은 구문 자체가 의미를 지닌 상징적 단위로 간주한다. 즉, 구문은 상대적으로 도식적인 의미극과 상대적으로 도식적인 음운극의 쌍으로 존재하며, 이 때문에 구문을 단순한 형태-의미 대응으로만 설명하는 것은 불가능하다.

3. 인지 능력 및 모형들

3.1 인지 능력

인지문법은 언어능력이 독립적으로 존재하는지에 대해서는 불가지론적인 입장을 취하지만, 언어가 일반 인지와 분리된 체계가 아니라는 점은 분명히 강조한다. 즉, 언어 사용은 여러 기본적인 인지 능력에 의해 형성되고 영향을 받는다. 이 가운데 특히 연상, 범주화, 자동화, 해석, 참조점 능력, 가상성에 대해 언급할 것이다. (이 외에 구상화와 관련된 능력은 뒤에서 따로 다룬다.) 이 능력들은 설명의 편의를 위해 개별적으로 나누어 살펴보지만, 실제로는 상호 밀접하게 연결되어 있으며 독립적인 기능으로 고정되어 있는 것은 아니다.

가장 기본적인 능력은 **연상(association)** 능력이다. 언어 표현은 음운극과 의미극을 연결하는 상징적 집합으로, 연상은 이 연결의 핵심적 인지 작용이다. 연상은 언어 표현 자체뿐만 아니라 표현들 사이에서도 자연스럽게 일어난다. 예를 들어, The buses are on strike(버스들이 파업 중이다)

라는 문장에서 buses는 실제로는 차량 자체가 아니라 그것을 운전하는 사람들을 환유적으로 지칭한다. 이런 식의 연상은 명시적으로 인식되지 않더라도 언어 이해 과정에서 자동적으로 작동한다.

범주화(categorization) 능력은 이러한 연상 과정에 의존한다. 우리가 듣고 사용하는 모든 언어 표현은 이미 존재하는 언어적 단위들과 관련지어 해석되거나 분류된다. 예를 들어, 누군가가 She frimped me message라는 문장에서 처음 듣는 가상의 단어 frimp를 접한다면, 우리는 이를 자연스럽게 여격 동사나 이중 목적어 구조로 분류하려는 경향을 보인다. 언어 단위와 범주화 대상 간의 대응은 완전할 수도 있고 부분적일 수도 있으나, 실제로는 완전하게 겹치는 경우가 더 많다.

언어 단위의 **자동화(automatization)** 또는 고착화(entrenchment) 역시 중요한 인지적 요소이다. 자주 사용되는 표현일수록 자동화 수준이 높아지고, 이는 형태의 지속성과도 관련된다. 예를 들어 과거시제 ate, slept 또는 복수 명사 feet, mice와 같은 '불규칙' 형태가 '규칙' 형태인 *eated, *sleeped, *foots, *mouses에 자리를 내주지 않고 유지되는 이유는 바로 이 자동화 때문이다(Bybee 2010 참조).

또한 인지문법은 표현의 의미를 이해할 때, 동일한 사물을 다양한 방식으로 **해석(construal)**할 수 있다는 점을 강조한다. 예를 들어 coffee paper cup(커피 종이컵)은 '종이컵'이라고도 할 수 있고, 단순히 '컵'이라고 부를 수 있다. 이처럼 표현마다 **입도성(granularity)**이 달라질 수 있다. 인지문법은 언어 의미를 사전식 정의가 아니라 문화적, 지식적 맥락까지 아우르는 백과사전적 접근으로 본다. 그러나 모든 의미 요소가 동등하게 중립적이지는 않다. 예를 들어, glass(잔)의 경우, 음료를 담는 용기로서의 의미가 weapon(무기)으로서의 용도보다 훨씬 중심적이다. 이러한 의미 구성은 **모체(matrix)** 또는 **영역(domain)** 집합의 활성화와 관련된다. 일반적으로 더 중심적으로 활성화되는 영역에는 공간, 시간, 맛, 온도, 냄새, 음정 등과 같은 기본 영역이 포함된다. 이들은 더 이상 다른 영역으로 축소할 수 없는 근본적인 개념이다. 반면 비기본 영역은 이러한 기본 영역을 포함하면서, 특정 개념을 더 세분화한다. 예를 들어, 인체 개념은 공간 개념을 포함하므로 비기본 영역에 속한다. pupil(동공)을 예로 들면, 관련된 영역은 space(공간) 〉 human body(인체) 〉 head(머리) 〉 face(얼굴) 〉 eye(눈) 〉 pupil(동공)으로 계층적으로 배열할 수 있다. 이때 human body(인체)는 pupil(동공) 개념의 **최대 범위(maximal scope)**, 즉 개념화자가 인식할 수 있는 전체 틀을 뜻한다. 하지만 pupil(동공)은 이 가운데 **직접 범위(immediate scope)** 또는 **기반(base)**인 eye(눈)이라는 좁은 영역 내에서 지각되며, **무대 위 영역(onstage region)**은 pupil(동공) 그 자체의 세부 구조를 **윤곽화한다**. 이 개념을 이해하기 좋은 예로, drink(마시다), drinker(술꾼), beer(맥주)

를 들 수 있다. 인지문법은 〈그림 2.1〉과 같이 이 세 표현이 서로 다른 형태를 가지지만, 의미적으로는 동일한 개념 네트워크 안에 위치한다고 본다.

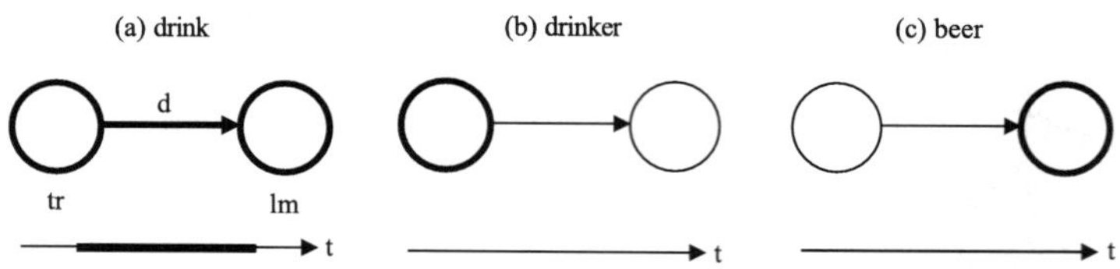

〈그림 2.1〉 현저성으로 윤곽화하기

동일한 사건이라도 이를 표현하는 방식에 따라 초점이 달라질 수 있다. 예를 들어, 어떤 사람이 맥주를 마시는 상황을 생각해 보자. 이 상황을 나타내는 세 가지 표현, 즉 drink(마시다), drinker(마시는 사람), beer(맥주)는 모두 같은 개념적 내용을 공유하지만, 각각이 윤곽화하는 요소는 다르다. 〈그림 2.1a〉에서 동사 drink는 마시는 사람과 맥주라는 두 참여자, 그리고 이들을 연결하는 굵은 선을 통해 두 대상 간의 관계를 윤곽화한다. 시간 축(t)은 화자나 개념화자가 객관적인 시간의 흐름을 따라 이 과정을 추적하고 있음을 보여준다. 이때 두 참여자의 지위도 다르게 설정된다. drinker은 행위의 주체이자 '에너지원'으로, 맥주보다 더 뚜렷하게 인식된다. 반면, 맥주는 그 행위의 영향을 받는 대상, 즉 '에너지 싱크'로 나타난다. 인지문법 용어로 표현하자면, drinker는 **일차적 초점 개체(primary focal entity)** 또는 **탄도체(trajector)**, beer는 **이차적 초점 개체(secondary focal entity)** 또는 **지표(landmark)**로 설명된다. 명사 drinker는 drink라는 동사를 기반으로 하여 탄도체를 윤곽화한 표현이며(〈그림 2.1b〉 참조), beer는 같은 동사를 기반으로 지표를 윤곽화한다(〈그림 2.1c〉 참조). 즉, 세 표현은 모두 동일한 개념적 장면을 공유하지만, 어떤 요소를 윤곽화하느냐에 따라 의미가 달라진다.

이처럼 내용은 같더라도, **탄도체/지표 정렬(trajector/landmark alignment)** 방식에 따라 해석이 달라질 수도 있다. 예를 들어, Tom arrived home after Cathy left(톰은 캐시가 떠난 후 집에 도착했다)와 Cathy left before Tom arrived home(캐시는 톰이 집에 도착하기 전에 떠났다)의 이 두 문장은 같은 사건을 말하지만, 초점이 다르다. after가 사용된 문장에서는 Tom arrived home(톰이 집에 도착했다)이 탄도체로 설정되고, before가 사용된 문장에서는, Cathy left(캐시가 떠났다)가 탄도체로 설정된다.

이와 관련해 인지문법에서 또 하나 중요한 개념이 있다. 바로 **참조점 능력(reference-point**

ability)이다(Langacker 2009: 2장 참조). 이는 비언어적 인지 능력으로, 개념화자가 R(참조점)과 먼저 접촉한 뒤, 이를 디딤돌로 삼아 그와 관련된 또 다른 대상 T(목표점)에 접근하는 과정을 말한다(〈그림 2.2〉 참조). 즉, 우리는 참조점을 통해 더 넓은 개념 영역 D 속의 다른 대상에 자연스럽게 도달할 수 있는 능력을 갖고 있는 것이다.

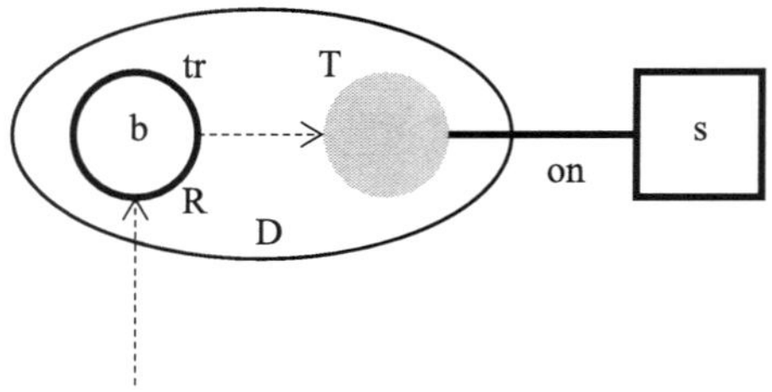

〈그림 2.2〉 The buses are on strike

참조점 능력은 매우 폭넓은 연상 작용을 설명하는 데 활용될 수 있다. 예를 들어, 특정 냄새가 어떤 기억을 떠올리게 하는 것 역시 참조점 능력의 한 사례다. 래내커는 이러한 능력을 문법 현상을 설명할 때도 적용한다. 대표적인 예가 소유격 구문이다. Alice's car(앨리스의 차)라는 표현에서 화자는 Alice라는 참조점을 통해 그와 연관된 대상, 즉 car에 도달한다(Langacker 2009 참조). 이 개념은 〈그림 2.2〉에 나타난 것처럼, The buses are on strike(버스들이 파업 중이다)와 같은 문장에서도 작동한다. 이 문장에서 the buses는 절 전체에서 탄도체로 기능하지만, 실제로 참조점으로 쓰이는 것은 버스 자체가 아니라 그와 연관된 대상, 즉 버스 운전사일 수도 있다. 참조점 R(the buses)을 통해 화자는 회색 원으로 표시된 대상 T(버스 운전사 등)에 접근한다. 전치사 on은 두 대상 사이의 관계를 윤곽화하며, 그 지표는 명사구 strike로 정교화된다.

이제 우리의 상상력과 관련된 **가상성(fictivity)** 개념을 살펴보자. (1)을 고려해 보자.

(1) a. Tom ran along the valley. (톰은 계곡을 따라 달렸다)
 b. This road runs along the valley. (이 길은 그 계곡을 따라 달린다)

(1a)에서 화자는 화자는 톰의 실제 움직임을 시간의 흐름을 따라 추적한다. 개념화자는 처리 시간(T)을 따라 톰이 경로상에서 점유한 위치에 주의를 옮기며 사건을 파악한다. 이는 경로에 대한 개념이 실제 동작에 내재되어 있음을 잘 보여준다(Langacker 2008a: 529). 반면, (1b)에서는 실제 움직임이 전혀 없다. 이동 동사 run(달리다)이 쓰였음에도 장면은 정적이다. 하지만 화자는 여전

히 마음속에서 길을 따라 시선을 이동시키며 경로의 특징적인 위치들을 주사(scan)한다. 이런 방식으로 실제 이동 없이 경로를 추적하는 것을 래내커는 '가상이동(fictive motion)'이라고 부른다. 즉, 물리적 장면과는 독립적으로 정신적인 경로 주사가 일어나는 것이다. 이는 인지언어학에서 중요한 개념인 **주관화(subjectification)**의 대표적인 예다. 가상이동은 **문법화(grammaticization)**와도 밀접하게 연결된다. 다음 문장을 살펴보자.

(2) a. Alice is going to the supermarket. (앨리스는 슈퍼마켓에 가고 있다)
b. Alice is going to open the window. (앨리스는 창문을 열려고 한다)

(2a)에서 go는 공간적 이동을 표현한다. 개념화자는 '무대 위'의 Alice를 따라 공간을 이동하며 사건을 시간에 따라 주사한다. 하지만 (2b)에서는 go가 미래의 사건을 예고하는 표현으로 쓰인다. 이때 화자는 더 이상 물리적 공간 이동을 추적하지 않는다. 대신 시간을 따라 주사하며 미래의 사건을 가리킨다. 즉, 원래 공간 이동에 내재된 도식적 의미가 추상화되어, 시간 영역에서 사건의 위치를 지시하는 기능으로 확장된 것이다. 이는 공간적 의미에서 출발한 표현이 시간적 의미로 문법화되는 전형적인 과정이다.

3.2 인지모형

인지 능력뿐만 아니라, 인지문법은 언어 구조를 설명하기 위해 다양한 인지모형이나 개념적 전형(archetype)을 활용한다. 그 대표적인 예가 〈그림 2.3〉에 제시된 **무대 모형(stage model)** 또는 **기준선 보기 배열(baseline viewing arrangement)**이다. 이 모형에서 용법 사건은 크게 두 영역으로 구분된다. 하나는 '무대 밖' 영역(offstage)으로, 화자(S)와 청자(H), 그리고 이들의 상호작용이 일어나는 즉각적인 상황을 포함하는 배경이다. 다른 하나는 '무대 위' 영역(onstage)으로, 주의의 초점이 집중되어 있는 대상이나 사건을 포함한다. 〈그림 2.3〉에서는 이러한 '무대 위'의 요소들이 굵은 글씨로 표현되어 있다. 배경은 최대 인식 범위(maximum scope, MS)의 창 안에서 발생하는 반면, 무대 위의 대상은 즉각적 인식 범위(immediate scope, IS)의 창 안에 위치한다.

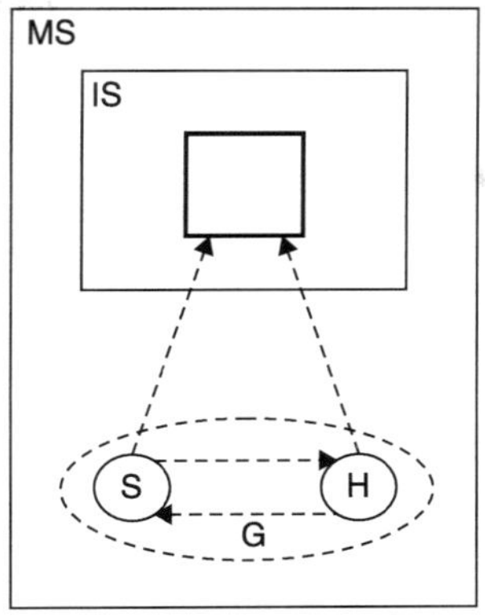

〈그림 2.3〉 무대 모형

예를 들어 앞서 논의했던 (1b)에서 화자 또는 청자는 경로를 따라 주의를 주사하는데, 이러한 인식적 활동이 개념화자에게 의존한다는 점에서 배경의 역할은 주관화와 밀접하게 관련된다. 또 다른 예로, Alice likes this skirt(앨리스는 이 치마를 좋아한다)를 살펴보자. 이 문장에서 한정사 this는 skirt(치마)라는 무대 위의 '대상'을 윤곽화하지만, 동시에 그것이 화자와 물리적·심리적으로 가깝다는 점을 암시한다. 다시 말해, this는 전경과 배경의 연결점을 형성하며, 무대 밖의 정보(배경)를 자연스럽게 연상시킨다.

앞서 언급한 또 다른 인지 모형은 **당구공 모형(billiard-ball model)**이다(Langacker 1991: 13). 이 모형은 피동작주와 장소, 또는 더 추상적으로는 상태 변화를 일으키는 행위자-피동작주 간의 상호작용을 설명한다. Goldberg(1995)와 Broccias(2003)는 이 모형이 결과 구문의 의미 해석과 깊이 관련되어 있음을 보여주었다. 예를 들어, Alice talked her throat hoarse(앨리스는 목이 쉬도록 말했다)라는 문장을 살펴보자. 여기서 동사 talk의 처리 과정은 구문적 주어 Alice(에너지의 근원)와 직접 목적어 her throat(에너지 싱크) 사이의 강력한 상호작용으로 해석된다. Fauconnier & Turner(2002)의 혼성 이론에 따르면, 이 구문에는 두 가지 의미 구성요소가 포함된다. 하나는 Alice가 말을 하는 과정이고, 다른 하나는 목이 쉬는 결과이다. 이 구성요소는 말하기라는 행위를 힘(force)으로 해석하는 비유적 사고를 통해 통합된다. 결국 이 문장은 말하기 행위가 단순한 소통이 아니라, Alice의 목 '상태'에 변화를 줄 만큼 '과도하다'는 행위로 개념화되고 있음을 보여준다.

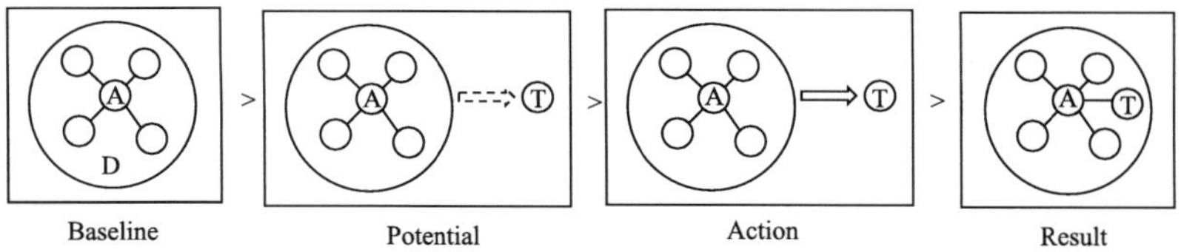

〈그림 2.4〉 통제 주기

인지문법에서 제안하는 또 하나의 핵심 모형은 **통제 주기(control cycle)**이다(〈그림 2.4〉 참조). 이 모형은 행위자와 목표 간의 상호작용 과정을 여러 단계로 나누어 설명한다. 첫 번째 단계에서 행위자 A는 자신의 통제 범위 내에 있는 영역 D 안에 위치한다. 다음 단계에서는 행위자가 통제할 수 있는 잠재력을 지닌 목표 T가 등장한다. 행위자가 목표를 포착하기로 결정하면, 그 결과 목표 T는 행위자의 통제 영역 안으로 들어오게 된다. Langacker(2009: 152)는 이러한 통제 주기를 '인식적' 과정에도 적용할 수 있다고 본다. 예를 들어, 다음 문장의 동사들은 통제 주기의 서로 다른 단계를 윤곽화한다.

(3) She {suspected/decided/knew} that her husband was unfaithful.
(그녀는 그녀의 남편이 불성실하다고 의심했다/판단했다/불성실하다는 것을 알았다)

(3)에서 suspect(의심하다)는 목표를 인식 범위 밖에서 잠재적으로 포착하는 단계를 나타낸다. decide(판단하다)는 행위자가 목표를 의식적으로 포착하고 통제하려는 단계에 해당하며, know(알다)는 이미 목표자 행위자의 인식 영역에 완전히 포함된 상태를 나타낸다.[2]

4. 문법 부류와 규칙

인지문법에서 흥미로운 점은 명사와 동사 같은 **문법 부류(grammatical classes)**('품사' 또는 '단어 부류')가 보편적으로 존재할 수 있으며, 각 품사에 적용되는 도식적 특성화를 통해 의미적으

2 통제 주기 개념은 단순히 물리적 상황을 설명하는 데 그치지 않고, 현실을 개념화하는 방식에도 깊은 영향을 미친다. 특히 서법(modality)과 관련된 인지문법 설명에서 통제 주기는 중요한 이론적 틀로 작용한다(Langacker 2008a; 2009 참조)

로 정의될 수 있다는 것이다. 실제로 인지문법은 명사와 동사 각각에 대해 원형과 도식적 특성화를 모두 제공한다. 명사 부류의 원형은 물리적 객체라는 개념에 기반하고, 동사 부류의 원형은 앞서 설명한 힘 역학적 모형에 바탕을 둔다. 도식적으로 명사는 우리의 그룹화와 개념적 구상화 능력과 관련이 있다(Langacker 2008a: 105 참조). 즉, 명사는 높은 수준으로 조직된 단일 개체를 나타내는 반면, 동사는 (1)의 예에서 언급한 바와 같이 관계를 파악하고 시간을 통해 그 관계를 추적(즉, 주사)하는 능력을 포함한다.

인지문법에서는 일반적으로 개체를 **사물(thing)**과 **관계(relation(ship))**로 구분한다. 여기서 **사물**은 우리의 그룹화와 구상화 과정을 거쳐 형성된 것으로, 명사 부류의 도식적 의미극을 나타낸다. 예를 들어, 명사 team(팀)은 단순히 구성요소를 나열하는 것이 아니라 개체 집합 전체를 하나의 단위로 윤곽화한다(Langacker 1987: 197 참조). 반면, **관계**는 개체들 간의 상호 연결을 윤곽화한다. 관계는 시간의 흐름에 따라 일어나는 **처리 과정(process)**일 수도 있고, **비과정적(non-processual)**(또는 비시간적) **관계**일 수도 있다. 처리 과정은 영화에서 공이 떨어지는 장면처럼 시간의 흐름에 따라 여러 구성요소 상태가 **순차적으로** 주사되어 나타나는 복잡한 관계를 윤곽화한다(Langacker 2008a: 111, 122). 이러한 관계는 명확한 시간적 윤곽화를 가지며, 동사의 의미극을 구성하는 핵심 요소이다(예: enter(들어가다)).[3]

비과정적 관계는 시간이 배경화되는 '영(zero)' 시간적 윤곽을 가지며, 크게 두 종류로 나뉜다. 첫째, **단순 비과정(simplex non-processual)**(또는 상태적) **관계**는 시간을 통한 단일 구상화를 포함하며, 형용사, 상태 전치사(예: 동적 전치사 into와 반대되는 in), 그리고 부사의 의미극에 해당한다. 둘째, **복합 비과정(complex non-processual)**(또는 비시간적) 관계(예: into)는 시간이 지남에 따라 둘 이상의 구성요소 상태로 이루어지지만, 이 상태들은 요약적으로 주사된다. 즉, 마치 공이 떨어지는 여러 순간을 겹쳐 찍은 다중 노출 사진처럼 구성요소 상태가 중첩되어 복합적인 게슈탈트를 이룬다. 전치사는 단순형과 복합형 모두에서 두 요소, 즉 초점 참여자인 (개체, 즉 사물이나 관계인) 탄도체와 (사물인) 지표를 포함한다는 점에서 형용사나 부사와 다르다.[4]

---

3 인지문법은 탄도체와 지표를 포함하여 모든 관계를 설명하지만, 이때 탄도체와 지표는 초점 현저성 측면에서 정의된다(6절 참조). 따라서 우리는 탄도체와만 관계를 맺을 수 있다. 예를 들어, 도달 지점이 초점 요소나 지표로 간주되지 않는 경우가 이에 해당한다(Langacker 2008a: 71-72, 113 참조).

4 예를 들어, 주사 방식을 통해 동사 enter와 동적 전치사 into를 구분할 수 있다. 두 표현 모두 비슷한 내용을 담고 있지만, enter는 순차적으로 주사되는 관계인 반면, into는 요약주사된 관계를 윤곽화한다(Broccias & Hollmann 2007, Langacker 2008b). 요약주사는 부정사(예: to enter), 현재 분사(예: entering), 과거분사(예: entered in have enter)에도 적용되는 개념이다.

인지문법은 **문법적 역할**과 **관계** 역시 개념적으로 정의한다. 이때 개념적 내용뿐만 아니라 현저성(prominence)이 중요한 기준이 된다(Langacker 2008a: 437). 특히 명사와 동사에 적용되는 방식처럼, 주어와 목적어도 원형적 및 도식적으로 정의할 수 있다. 원형적 **주어**는 에너지원(예: 행위자)으로 이해되며, 도식적으로는 "윤곽화된 관계의 **탄도체**를 부호화하는 명사"이다(Langacker 2008a: 364). 즉, 주어는 **일차적 초점 관계 요소(primary focal relational element)**에 해당한다. 반면 원형적 **목적어**는 에너지 싱크(예: 피동작주)이며, 도식적으로는 윤곽화된 관계의 **지표(landmark)**를 부호화하는 명사이다(Langacker 2008a: 364). 따라서 목적어는 **이차적 초점 관계 요소(secondary focal relational element)**가 된다. 목적어가 피동작주로 해석될 때, 래내커는 **직접 목적어**라는 용어를 제한적으로 사용한다. 이는 '직접 목적어'가 수동화가 가능한 명사를 가리키기 때문이다. 수동화가 가능하다는 점은 해당 명사가 피동작주임을 나타내는 중요한 신호로 간주된다. 한편, '목적어'라는 개념은 참여자에게만 국한되지 않는다. 참여자가 아닌 목적어의 예로는 경로(We hiked a new trail(우리는 새로운 산책로를 걸었다)), 위치(The train approached the station(기차는 그 역에 접근했다)), 그리고 측정값(It weighs ten kilos(무게는 10kg이다)) 등이 있다. 이와 유사하게, The garden is swarming with bees(이 정원은 벌들로 가득하다)에서 the garden은 배경 역할을 하고, This book contains a lot of information on linguistics(이 책은 언어학에 대한 많은 정보를 담고 있다)에서는 this book이 (은유적으로) 위치 역할을 한다. 따라서 명사적 탄도체, 즉 주어는 반드시 참여자일 필요 없이 어떤 배경이나 위치일 수도 있다.

5. 구성요소와 역동성

21세기에 접어들면서 래내커의 인지문법 연구는 두 번째 단계에 접어들었고, 이 단계에서 그는 구조, 담화, 역동성을 통합적으로 설명하려는 시도에 집중했다. 특히 래내커는 전통적인 생성문법에서처럼 트리 구조로 계층적 구성을 표현하는 방식이 인지적으로 꼭 필요하지도, 바람직하지도 않다고 주장한다. 흥미롭게도 인지문법의 초기 단계에서는 복잡한 표현이나 상징적 구조의 형성이 전통적인 트리 구조와 유사한 방식으로 표현되는 경우가 많았다. 〈그림 2.5〉는 이를 잘 보여주는 예로, Alice likes this red dress(앨리스는 이 빨간 드레스를 좋아한다)라는 문장을 구성적으로 분석한 것이다.

구성적 경로의 가장 아래 단계에서 형용사 red(빨갛다)는 명사 dress(드레스)와 결합한다. red는 볼드체 원으로 표시된 사물과 속성 r 사이의 관계를 윤곽화한다. 그림에 나타난 타원은 개념을 구성하는 속성 묶음을 나타내며, red로 표상된 부분은 dress(d)에 의해 더 자세히 구체화되어 정교화(e-site) 기능을 한다. 점선은 이 둘 사이의 대응 관계를 시각화한 것이다. 이 결합을 통해 상위 명사구 red dress가 형성된다. 여기서 red dress는 redness(빨강색)가 아닌 dress를 윤곽화하므로, dress가 윤곽화 결정자 또는 **머리어** 역할을 하고, red는 그 하위 구조가 머리어에 의해 정교화되기 때문에 **수식어**로 작용한다.

다음 단계에서는 배경화 요소 this가 명사구 red dress와 결합하여 this red dress라는 명사구를 형성한다. 이어서, 동사 like가 등장해 탄도체(Alice)와 지표(this red dress) 사이의 관계를 윤곽화한다. 이때 this red dress는 like의 지표를 정교화한다. 이렇게 결합된 like this red dress는 the dress라는 사물이 아니라 처리 과정(liking)을 윤곽화하므로, like가 머리어가 된다. this red dress는 머리어의 핵심 하위 구조를 정교화하므로, **보충어(complement)**로 기능한다. 인지문법에서는 머리어가 종속적이고, 보충어가 자율적이다(Langacker 2008a: 203). 마지막으로 Alice가 like this red dress의 탄도체를 정교화하여 문장 전체의 주어 명사구로 작용한다.

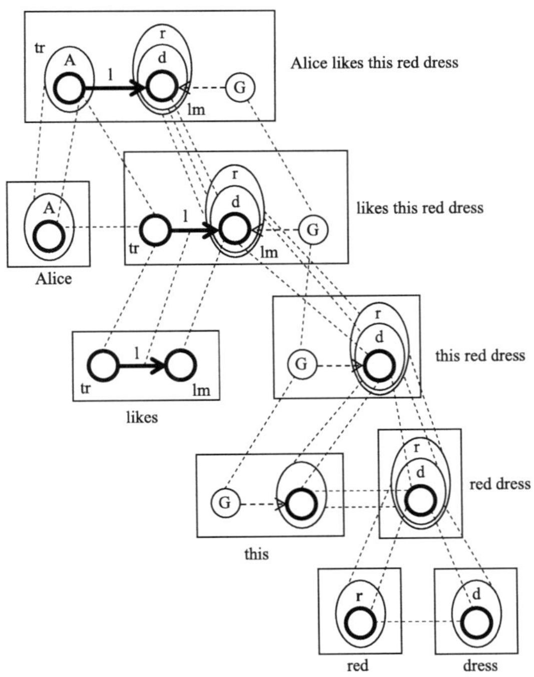

〈그림 2.5〉 Alice likes this red dress의 구성적 경로

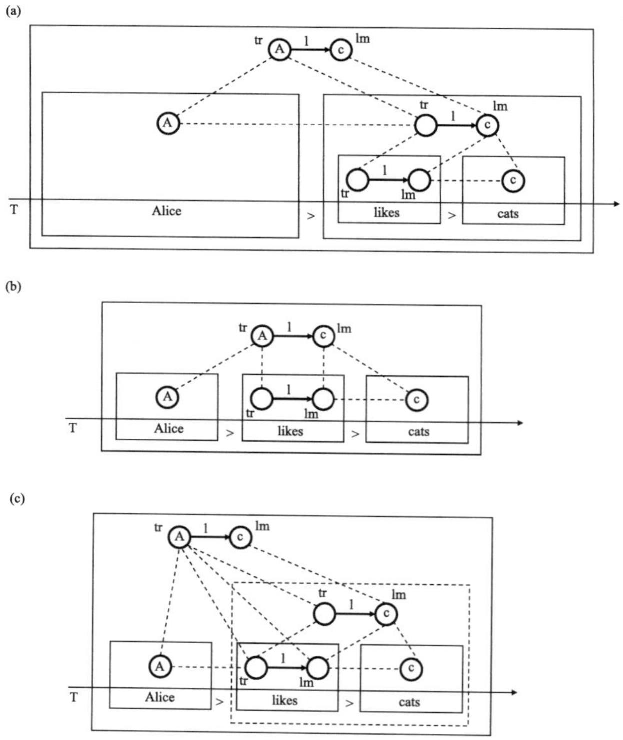

〈그림 2.6〉 처리 과정과 구성요소

중요한 점은 이러한 분석이 하나의 가능성일 뿐, 다른 구성 방식도 존재할 수 있다는 점이다. 예를 들어, This dress Alice likes(앨리스가 좋아하는 이 드레스)와 같은 주제 구문은 전통적인 트리 기반의 계층적 구조를 갖지 않으며, 연속적인 구조를 보인다(Langacker 2016: 29). 이러한 연속성은 언어의 역동적 특성을 고려할 때 더욱 분명해진다. 래내커는 이를 설명하기 **주의 창문(window of attention)** 또는 처리 과정에서의 주의 개념(Chaf 1994 참조)을 도입했다. 예를 들어, Alice likes cats(앨리스는 고양이들을 좋아한다)는 〈그림 2.6a〉와 같이 // Alice / like cats //로 분할할 수 있다. 여기서 동일한 크기의 상자는 처리 과정에서 동일한 시간과 주의 수준을 반영한다. 따라서 가장 큰 주의 단위는 억양 단위에 해당하며, 주어와 서술어는 그보다 짧은 단위로 나타난다. 이 경우 운율적 그룹화가 '전통적인' 문장 구조(주어+서술어)와 일치한다. 다시 말해, 운율적 그룹화를 통해 **문법적 구조**와 **담화 구조**가 일치함을 확인할 수 있다(Langacker 2015 참조). 하지만 이런 일치가 항상 유지되는 것은 아니다. 예를 들어, 다음과 같이 주어, 동사, 목적어가 거의 동일한 시간과 주의 수준에서 처리되는 변이형 // Alice / likes / cats //도 가능하다. 이 경우 〈그림 2.6b〉처럼 likes cats라는 중간 수준의 구성 요소가 존재하지 않기 때문에 문법적 구조가 보다 '평탄'해진다. 그러나 〈그림 2.6c〉에 점선으로 표시된 것처럼, likes cats라는 복합 개념화는 일정한 처리 단계에서 나타날 수 있다. 다시 말해, 두 구조의 차이는 본질적인 구조 차이라기보다는 정도의 차이로 이해할 수 있다. 궁극적으로 이러한 합성적 개념화는 운율적 그룹화로 명확히 상징화되지 않으며, 전통적으로 설정되는 문법적 구성요소와는 다른 방식으로 나타난다.

담화 조직은 종속 관계를 분석할 때도 핵심적인 역할을 한다(Langacker 2014 참조). 예를 들어, 다음 (4)의 복합문을 살펴보자.

(4) a. [Amy says [Bob thinks [Chris believes [Doris left]]]].
  b. // Amy says// Bob thinks// Chris believes// Doris left//.

일반적으로 (4a)는 전통적인 방식으로 각 절이 계층적 구성요소로 배치된 모습을 보여준다. 그러나 운율 단위를 고려하면 (4b)와 같이 연속적으로 조직될 수 있음을 확인할 수 있다. 래내커는 (4a)의 괄호 구조가 반드시 문법적 계층을 반영하는 것이 아니라, 개념적 계층화를 나타낸다고 지적한다. (4b)에서 볼 수 있듯이, 각 절은 위계적으로 포함되는 구조라기보다는 순차적으로 연결되는 담화 단위로 실현된다. 이러한 연결은 동사 says, thinks, believes가 지시하는 처리 과정과 각 절의 탄도체(Bob, Chris, Doris) 사이의 개념적 중첩을 통해 가능해진다. 다시 말해, 각 절은 선행절의 의미적 맥락을 발판으로 삼아 연결되므로, 형식적인 종속 관계라기보다는 담화적·개념적 종속 관계에 가깝다. (4a)에서 괄호로 표현된 **포함**(containment) 관계는 여전히 개념적으로 존재하지만, 이는 문법적 구조라기보다는 개념적 조직에 기반한다. 각 절은 주의의 초점을 차례로 점유한 뒤, 주의의 이동에 따라 배경으로 물러난다. Langacker(2014: 그림 21)의 〈그림 2.7〉에 따르면 Amy says Bob thinks Chris knows Doris left(에이미는 밥이 크리스가 도리스가 떠났다는 것을 안다고 생각한다고 말한다)의 시간 척도에서 왼쪽 상단의 음수는 이전 단계의 주의가 소멸함을, 왼쪽 하단의 양수는 시간 척도의 점진적 확대를 보여준다.

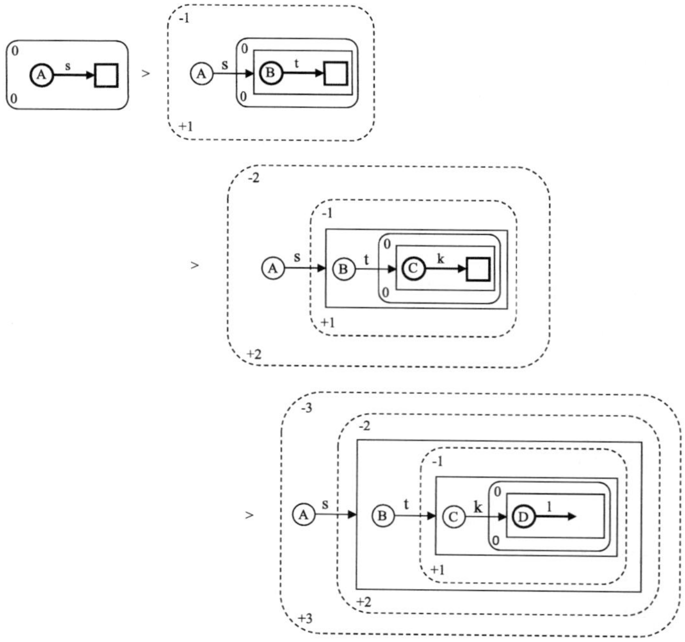

〈그림 2.7〉 Amy says Bob thinks Chris knows Doris left의 시간 척도

6. 앞으로의 방향

최근 인터뷰에서 래내커는 인지문법의 핵심 목표가 "표면적으로 상이한 언어 현상들을 통합적으로 설명하는 것"이라고 밝힌 바 있다(Pinheiro 2018: 46). 지난 20여 년 동안 그의 연구는 이러한 목표에 따라 구조, 처리 과정, 담화를 유기적으로 연결하는 데 집중해 왔다. 특히 그는 앞으로의 과제로 "의미 구조의 개념적 토대를 보다 체계적으로 **표상**하는 것"을 제시했다(Pinheiro 2018: 46). 실제로, 요약주사와 순차주사에 관한 논의를 살펴보면(Boccias & Hollmann 2007, Langacker 2008b 참조), 시간과 관계와 같은 핵심 개념은 여전히 보다 명확하고 정교한 정의가 필요한 영역임을 알 수 있다. 또한, 담화 처리 과정을 보다 심층적으로 분석하여 화자의 처리 과정과 청자의 처리 과정을 구분하고 상호작용을 규명하는 연구도 필요하다. 마지막으로, 래내커 자신도 지적하듯이, 인지문법이 다루어 온 다양한 현상들, 예컨대 주의 배분, 운율과 문법의 상호작용, 개념적 계층화는 여전히 보다 심도 있는 후속 연구가 필요한 주제들이다.

더 읽을거리

Langacker, R. W. (2008a). *Cognitive Grammar: A basic introduction*. New York: Oxford University Press. (이 책은 제목에서 알 수 있듯이, 예시된 현상이 심도 있게 다루어지지는 않았지만, 인지문법에 대한 최신의 포괄적인 입문서이다.)

Langacker, R. W. (2009). *Investigations in Cognitive Grammar*. Berlin: Mouton de Gruyter. (이 책은 Langacker(2008)의 일부 주제에 대해 훨씬 더 자세히 설명하는 논문 모음집이다.)

Langacker, R. W. (2014). Subordination in a dynamic account of grammar. In L. Visapää, J. Kalliokoski & H. Sorva (Eds.), *Contexts of subordination: Cognitive, typological and discourse perspectives* (pp. 17-72). Amsterdam: John Benjamins. (문법과 담화를 통합한 종속성에 대한 포괄적인 조사이다.)

Langacker, R. W. (2016). Toward an integrated view of structure, processing, and discourse. In G. Drodżdż (Ed.), *Studies in lexicogrammar: Theory and applications* (pp. 23-53). Amsterdam: John Benjamins. (언어에서 관찰할 수 있는 비대칭성을 기준선 및 정교화 개념으로 통합하려는 시도인데, 전자는 공간상의 이유로 이 장에서 논의되지 않았다. Langacker(2014)와 유사하지만, 범위가 더 일반적이다. 따라서 Langacker(2014) 이전에 읽어야 한다.)

제3장
구문문법과 틀의미론

1. 서론

이 장에서는 1980년대와 1990년대에 캘리포니아 버클리 대학교에서 발전된 언어 이론으로서, 생성변형 문법에 대한 대안적 접근 방식으로 제안된 구문문법(Construction Grammar, CxG)을 소개한다. 구문문법의 주요 목표 중 하나는 언어의 '핵심(core)' 현상에만 초점을 맞추는 것이 아니라, 언어 전체를 포괄적으로 설명하는 데 있다. 구문문법의 관점에 따르면, 언어는 방대한 형태-의미 쌍(구문)으로 이루어져 있으며, 이러한 구문들은 상호 연관된 구조적 네트워크를 형성한다. 다시 말해, 언어는 추상적 규칙의 집합이 아니라 다양한 구문들(형태-의미 쌍)의 체계로 이루어져 있다는 것이다. 구문문법 연구는 언어의 구조적 측면을 기술하는 데 그치지 않고, 형태와 의미가 어떻게 연결되는지를 의미적 틀을 통해 모형화하고 이를 바탕으로 분석을 수행한다. 이에 따라 이 장에서는 구문문법의 이론적 배경과 함께, 구문문법과 긴밀히 관련된 틀의미론의 개요를 살펴보고, 이를 실제 언어 분석에 적용한 프레임넷 데이터베이스의 활용 사례도 논의할 것이다.

2. 역사적 관점

2.1 격 문법에서 틀의미론으로

구문문법과 틀의미론의 지적 기반은 Fillmore(1968)의 고전적 논문 『격에 관한 논거The case for case』

에서 제안된 보편적 심층격(deep cases) 개념에 뿌리를 두고 있다. 이 논문에서 필모어는 동사의 의미적 역할(의미적 원자가)로서 행위격, 도구격, 목적격 등 제한된 집합의 심층격을 제시하였다. 이러한 심층격은 특정 동사의 의미와 독립적으로 정의되며, 동사 논항의 통사적 분포를 결정하는 핵심 요인으로 간주되었다. 각 통사적 논항은 오직 하나의 의미적 역할만을 수행해야 한다는 점도 중요한 전제였다. 찰스 필모어(Charles Fillmore)의 심층격 이론은 이후 의미적 역할 개념의 초기 형태로 평가되며, 동사 의미와 구문 구조 간의 상호작용을 설명하는 데 중요한 토대를 마련했다(Fillmore & Kay 1993, Goldberg 1995, Croft 2012, Sag 2012).[1]

Fillmore(1968)의 발표 이후 심층격에 대한 관심은 빠르게 확산되었으며(개요는 Somers 1987, Klotz 2000, Fillmore 2003, Ziem 2008, Boas & Dux 2017 참조), 1970년대에 이르러 다양한 비판적 논의가 제기되었다. 특히 비판의 초점은 (1) 심층격을 식별할 수 있는 체계적 진단 기준의 부재, (2) 의미적 역할의 입도성(granularity), (3) 심층격과 통사적 논항 간의 불완전한 일대일 대응 문제에 맞춰졌다(개요는 Levin & Rappaport-Hovav 2005 참조). Chapin(1972)은 이러한 문제를 다음과 같이 요약했다.

> 격 목록은 유한할 뿐만 아니라 단일 언어의 서술어의 수와 비교할 때 매우 적어야 한다 (…) 또한 적절한 서술적 결정을 위해서는 가정된 격을 명확히 정의해야 한다. 필요할 때마다 새로운 격을 가정할 수 있는 체계는 실질적인 보편 이론이 아니라 임시적 표기 체계에 불과하다.
>
> Chapin 1972: 651

이러한 비판을 수용하며 필모어는 1970년대에 의미적 역할에 대한 관점을 전면적으로 수정했다. 그는 의미적 역할이 보편적이고 제한된 집합으로 정의될 수 있다는 초기 가정에서 벗어나, 의미가 상황에 따라 달라진다는 입장을 제시했다. 그의 표현을 빌리자면 "의미는 장면에 상대화된다"(Fillmore 1977a: 59)는 것이다. 이에 따라 필모어는 일련의 출판물(1977a, 1977b, 1978, 1979)에서 문화와 세상사 지식이 언어 표현에 어떻게 내재되고 동기를 부여하는지를 구체적으로 탐구했다. 이러한 전환은 이후 틀의미론(Frame Semantics)의 형성으로 이어졌다(Fillmore 1982, 1985a). 틀의미론의 핵심 주장은 의미적 역할을 미래 정해진 보편적 집합으로 간주하는 대신, 특

1 이 개념은 구문문법 외에도 다양한 언어 이론에서 의미와 형식 간의 연결 고리를 설명하는 핵심 장치로 활용되고 있다(Butt *et al.* 1997, Levin & Rappaport-Hovav 2005, Osswald & Van Valin 2014, Wechsler 2015 참조).

정 상황 유형이 요구하는 참여자(의미적 역할)을 식별하고 이를 통해 상황을 정의해야 한다는 것이다. 이는 동사의 의미(또는 동사가 묘사하는 상황)를 논항의 역할 집합으로 환원했던 초기 심층격 이론과는 근본적으로 대조되는 접근이다. Fillmore(2006)는 이를 다음과 같이 설명한다.

> 단어는 경험의 범주를 나타내며, 각 범주는 지식과 경험의 배경에서 발생하는 동기화된 상황으로 부각된다. 단어 의미에 대한 틀의미적 연구는 언어공동체가 특정 단어로 특정 범주를 만들어낸 이유를 이해하고, 설명하는 시도이다.
>
> Fillmore 2006: 373-374

1980년대에 필모어와 버클리의 연구진은 틀의미론의 세부 사항을 구체화하고, 이를 다양한 언어와 어휘 및 문법 현상에 적용함으로써 이론을 한층 발전시켰다.

이 장에서는 구문문법의 이론적 전개를 본격적으로 논의하기에 앞서, 먼저 프레임넷 프로젝트를 통해 틀의미론이 어떻게 구체적으로 실현되는지 살펴보고자 한다. 그 이유는 세 가지이다. 첫째, 1980년대 초 틀의미론 연구와 프레임넷의 실용적 구현은 같은 시기에 본격화된 구문문법 연구와 밀접하게 병행되었다. 둘째, 구문문법 연구에서 구문의 의미적 측면은 주로 의미적 틀로 표현되며, 프레임넷은 이러한 틀의 풍부한 저장소로 기능한다. 셋째, Boas(2010b)가 지적하듯이, 다국어 구문 비교 및 대조 연구는 형태가 아닌 의미에서 출발해야 한다. 이러한 맥락에서 구문의 의미적 측면을 먼저 논의하는 것은 구문문법에 대한 대안적 접근을 제시하는 데 유용하다.

마지막으로, 필모어(1985b)는 다음과 같이 언급하며 구문문법이 틀의미론 연구로부터 직접적인 영향을 받았음을 시사했다.

> 내용어에 대한 새로운 유형의 어휘 항목이 문장에서 특정 상위절 위치를 점유할 수 있으며, 필요한 의미적 역할과 구조적 요구 사항을 모두 포함하는 구문으로 간주된다면, (…) 이는 기존 범주의 확장을 제공하는 구조로 볼 수 있다.
>
> Fillmore 1985b: 84

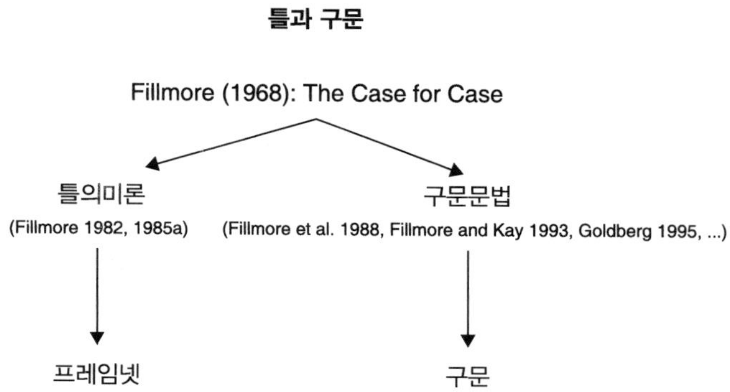

〈그림 3.1〉 틀의미론, 프레임넷, 구문문법, 구문의 관계

〈그림 3.1〉은 Fillmore(1968)의 심층격 이론에서 출발하여 틀의미론으로 발전하고, 이후 프레임넷과 구문문법 연구로 확장되는 과정을 도식화한 것이다. 다음 절에서는 프레임넷의 이론적 기반과 실질적 적용을 살펴본 뒤, 구문문법으로 논의를 확장할 것이다.

2.2 틀의미론에서 프레임넷으로

이 절에서는 의미적 틀을 기반으로 한 영어 어휘의 구조화된 사전 데이터베이스로서, 틀의미론의 구체적인 구현에 해당하는 프레임넷(FrameNet)을 다룬다.[2] 프레임넷은 틀의미론의 통찰을 응용하여 구축된 사전 데이터베이스로, 영어 어휘가 어떻게 의미적으로 조직되는지를 보여주는 대표적인 사례이다. 이를 통해 얻은 지식은 영어 어휘 분석뿐만 아니라 다양한 언어에 대한 틀의미적 접근에도 적용될 수 있다(Boas 2009 참조). 틀의미론의 개념을 설명하기 위해 프레임넷을 선택한 이유는, 이 데이터베이스가 수천 개의 영어 동사, 명사, 형용사, 전치사와 이들이 연상시키는 의미적 틀을 포함하고 있기 때문이다. 또한 2.3, 2.4, 2.5절에서 다룰 구문문법의 의미적 측면을 기술하는 데에도 프레임넷의 틀들이 효과적으로 활용될 수 있다.

프레임넷 프로젝트는 1997년 캘리포니아 버클리의 국제 컴퓨터 과학 연구소(ICSI)에서 필모어에 의해 시작되었다. 프레임넷은 영어 단어의 의미적 틀과 원자가(valence) 정보를 체계적으로 문서화한 온라인 어휘 데이터베이스이다(http://framenet.icsi.berkeley.edu). 데이터베이스 구축은 여러 단계를 거치는 정교한 작업 흐름에 따라 진행된다(Boas 2017a 참조). 예를 들어, 사용자가

2 이 절의 일부 내용은 Boas & Dux(2017), Boas *et al.*(2019), Boas(2020a)를 기반으로 하고 있다.

프레임넷에 cetify(인증하다)를 검색하면, 이 단어가 연상시키는 VERIFICATION(검증) 틀과 그 정의, 틀 요소(Frame Elements, FE) 정보가 화면에 표시된다(〈그림 3.2〉 참조).[3]

틀의미론(Fillmore 1982, 1985b)의 핵심 개념 중 하나는, 언어 사용자가 단어의 의미에 대해 가지는 다양한 지식을 의미적 틀로 체계화하는 것이다. 프레임넷에서는 동일한 틀을 연상시키는 어휘 항목들을 하나의 그룹으로 묶어, 영어 어휘를 틀 단위로 조직한다. 이러한 틀은 여러 사전 편찬자 그룹이 협력하여 방대한 말뭉치 자료를 분석하고 주석을 달아 정의한 결과물이다(자세한 내용은 5절 참조).

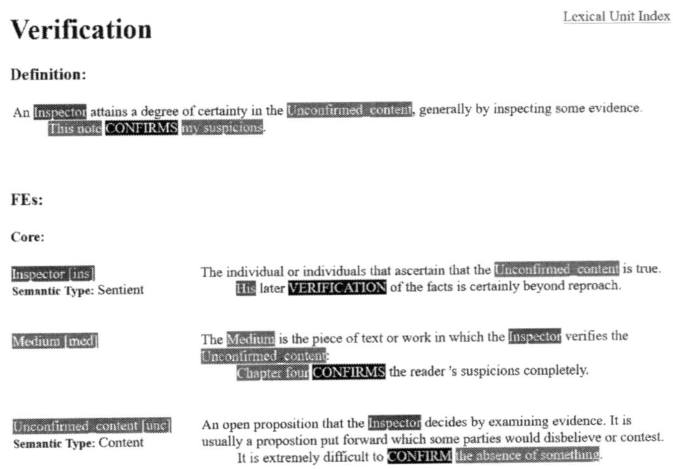

〈그림 3.2〉 프레임넷에서 VERIFICATION(검증)의 틀과 틀 요소의 정의

〈그림 3.2〉의 VERIFICATION(검증) 틀을 예로 들면, 틀의 정의는 산문 형식으로 제시되며, 핵심 틀 요소(FE)와 예문이 함께 제공된다. 이 틀에는 Inspector, Medium, Unconfirmed_content와 같은 핵심 틀 요소가 포함되어 있으며, 각각은 다음과 같이 정의된다.[4] 즉, Inspector는 "Unconfirmed_content가 사실인지 확인하는 개별 혹은 개체", Medium은 "Inspector가 Unconfirmed_content를 검증하는 텍스트 또는 매개물", Unconfirmed_content는 "Inspector가 증거를 검토하여 결정하는 공개 명제"이다.[5]

---

3 프레임넷의 표기 관례에 따라 틀 이름은 Courier New 글꼴, 틀 요소(FE)는 소문자 글꼴로 표시된다.

4 프레임넷은 핵심 틀 요소와 더불어 Time(시간), Place(장소), Manner(방식) 등 상황적 정보를 제공하는 비핵심 틀 요소도 정의한다. VERIFICATION(검증) 틀의 비핵심 요소에는 Degree(정도), Explanation(설명), Instrument(도구), Means(수단) 및 Purpose(목적)가 포함된다.

5 https://framenet2.icsi.berkeley.edu/fnReports/data/frameIndex.xml?frame=Verification&banner=

프레임넷은 개별 틀과 틀 요소에 대한 정의뿐만 아니라, 틀 간의 계층적·의미적 관계에 대한 정보도 제공한다. 예를 들어, VERIFICATION(검증) 틀은 SCRUTINY(검토) 틀로부터 상속되고, CORRECTNESS(정확성) 틀과도 연결되어 있다. 이러한 관계는 프레임넷의 시각화 도구인 틀 도면기를 통해 시각적으로 탐색할 수 있으며, 〈그림 3.3〉은 이 관계를 도식화한 예시이다.

프레임넷에서 틀 간 관계는 Subframe, Inheritance, Uses, Perspective on, Precedes 등 다양한 유형으로 분류되며, 이를 통해 복잡한 의미 네트워크가 구성된다(Petruck *et al.* 2004, Ruppenhofer *et al.* 2016). 아래 5절에서 볼 수 있듯이, 구문 역시 프레임넷의 틀 계층구조와 유사하게 계층적 네트워크로 표현될 수 있다. 이러한 점에서 프레임넷의 틀은 구문문법 연구에서 구문 표제어와 관련된 데이터베이스와 밀접한 연관성을 지닌다.

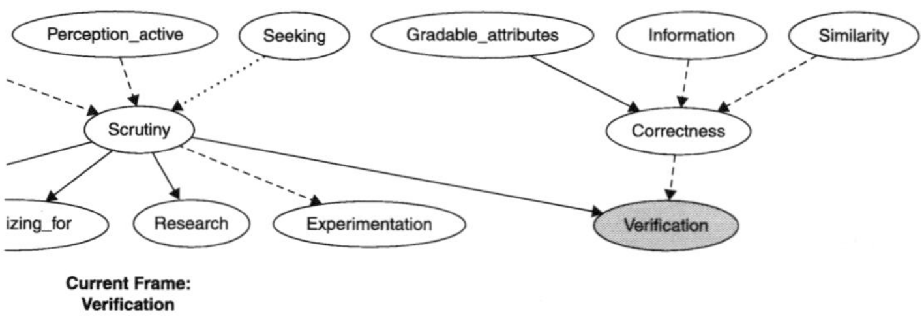

〈그림 3.3〉 VERIFICATION(검증) 틀과 SCRUTINY(검토) 및 CORRECTNESS(정확성) 틀 간의 관계

프레임 간 관계에 대한 설명에 이어, VERIFICATION(검증) 틀 항목에는 동사 certify(인증하다), confirm(확인하다), 명사 verification(검증), confirmation(확인), 형용사 unconfirmed(미확인된), verifiable(검증 가능한) 등 다양한 어휘 단위(Lexical Units, LU)가 포함되어 있다. 어휘 단위는 특정 틀을 연상시키는 단어의 특정 의미나 다중 단어 표현을 가리키며, 프레임넷은 단어 의미를 세분화하여 접근하는 방식을 취한다(Fillmore & Atkins 2000, Boas 2013a, 2017a 참조). 사용자는 각 어휘 단위에 연결된 링크를 클릭하여, 해당 어휘 단위의 어휘 항목 보고서나 주석 보고서(말뭉치에 주석이 달린 실제 사용 사례)로 이동할 수 있다.

예를 들어, 동사 confirm(확인하다)에 대한 어휘 단위 보고서를 클릭하면 "어떤 것의 진실성이나 정확성을 검증하는" 동사 정의가 나타나고, 이어서 틀 요소(FE) 목록과 함께 다양한 구문 유형 및 문법 기능 측면에서의 구문적 구현 목록이 제시된다.[6] 프레임넷 어휘 항목에서 특히 흥미

6 https://framenet2.icsi.berkeley.edu/fnReports/data/lu/lu11041.xml?mode=lexentry. 〈그림 3.4〉는 이러

로운 부분은 〈그림 3.4〉에서 볼 수 있듯이 어휘 단위의 원자가 패턴을 상세히 나열한 부분이다. 이 원자가 패턴은 다양한 틀 요소의 구상화(FEC)를 통해 VERIFICATION(검증) 틀의 의미 체계가 어떻게 통사적으로 실현되는지를 구체적으로 보여준다. 원자가 패턴은 수동으로 주석이 달린 말뭉치 문장에서 도출된 결과이다(자세한 내용은 5절 참조). 〈그림 3.4〉에서 틀 요소 조합이 나열된 각 줄을 틀 요소의 구상화(FEC)라고 하며, 예를 들어 〈그림 3.4〉의 첫 번째 줄은 [⟨Inspector⟩The University]가 [⟨UC⟩receipt] [[⟨Condition⟩on request of the Registry]와 같이 Condition, Inspector, Unconfirmed_content 세 틀 요소가 함께 실현된 구문을 나타낸다. 틀 요소의 구상화(FEC) 아래에는 해당 절 유형 및 문법 기능에 관한 상세 정보가 있다. 예컨대, 틀 요소 Inspector는 외부 명사구(NP)로, Unconfirmed_content는 목적어 NP로, Condition은 전치사 on이 붙은 종속 전치사구(PP)로 통사적으로 구현된다.[7]

Valence Patterns:

These frame elements occur in the following syntactic patterns:

Number Annotated	Patterns		
1 TOTAL	Condition	Inspector	Unconfirmed_content
(1)	PP[on] Dep	NP Ext	NP Obj
3 TOTAL	Inspector	Time	Unconfirmed_content
(1)	CNI --	AVP Dep	NP Ext
(1)	NP Ext	PP[in] Dep	NP Obj
(1)	NP Ext	PP[in] Dep	Sfin Dep
5 TOTAL	Inspector	Unconfirmed_content	
(2)	CNI --	NP Ext	
(1)	NP Ext	NP Obj	
(1)	NP Ext	Sfin Dep	
(1)	PP[by] Dep	NP Ext	

〈그림 3.4〉 프레임넷의 VERIFICATION(검증) 틀에서 확인한 구어적 어휘 단위의 원자가 패턴

한 어휘 항목 보고서의 예를 회색조로 보여준다. 원래 프레임넷에서는 색깔로 구분되어 있다.

7 더불어 프레임넷은 문장에서 명확하게 표현되지는 않았으나 개념적으로 관련 어휘 단위가 내포하는 틀의 일부로 이해되는 영값 실례화도 문서화한다. 영값 실례화는 DNI(명확한 영값 실례화), INI(무한 영값 실례화), CNI(구성적 영값 실례화)의 세 가지 유형으로 구분되며, 이에 대한 자세한 내용은 Fillmore(1986), Ruppenhofer & Michaelis(2014), Ruppenhofer *et al.*(2016), Boas(2017b)를 참고할 수 있다.

프레임넷의 어휘 단위에 포함된 원자가 정보는 여러 면에서 매우 유용하다. 첫째, 원자가 표는 틀 요소의 구상화 과정에서 의미가 통사적으로 어떤 다양한 방식으로 실현될 수 있는지를 보여주는 세부 정보를 제공한다. 예를 들어, 〈그림 3.4〉의 첫 번째 틀 요소 구상화(Condition, Inspector, Unconfirmed_content)는 통사적 수준에서 단 하나의 조합으로만 실현될 수 있는 반면, 두 번째 구상화(Inspector, Time, Unconfirmed_content)는 동일한 틀 요소들이 세 가지 서로 다른 통사 구조로 실현될 수 있다. 이러한 정보는 특정 의미 유형이 어떤 구상화에서는 통사적으로 실현되지만 다른 구상화에서는 그렇지 않은 이유를 탐구할 때 매우 유용하다(자세한 내용은 Boas 2003, 2010b, Dux 2016, Boas & Dux 2017 참조).

둘째, 연구자들은 동일한 틀을 불러일으키는 서로 다른 어휘 단위(LU)들이 그 틀의 의미를 어떻게 다르게 구현하는지를 비교할 수 있다. 예를 들어, confirm(확인하다)과 verify(검증하다)의 프레임넷 원자가 표를 비교하면, confirm(확인하다)에는 총 4개의 틀 요소 구상화(9개의 통사적 구상화 포함)가 존재하는 반면, verify(검증하다)에는 11개의 구상화(22개의 통사적 구상화 포함)가 포함되어 있다. 이러한 차이는 두 어휘 단위가 동일한 틀을 공유하면서도 시나리오를 서로 다른 관점에서 바라본다는 점을 보여준다. 즉, verify가 confirm보다 훨씬 다양한 맥락에서 사용될 수 있음을 시사하며, 이는 VERIFICATION(검증) 틀이 담고 있는 시나리오의 관점적 다양성을 반영한다. 이러한 정보는 관점 및 원근화법 연구의 중요한 기반이 된다(Langacker 1987).

셋째, 프레임넷의 어휘 단위에 포함된 원자가 패턴은 형태와 의미/기능이 결합된 구문문법의 관점에서 구문으로 볼 수 있다. Boas(2003)는 이러한 낮은 수준의 어휘 구성을 '미니 구문(mini-construction)'이라 부르며, 이후 Croft(2003)와 Iwata(2008)의 통찰을 바탕으로 이러한 미니 구문이 더 높은 수준의 추상화와 일반화를 지닌 구문 네트워크의 일부가 될 수 있음을 보여주었다(자세한 내용은 Boas 2010b/2011b 참조).[8]

2003년 이후 여러 연구팀이 스페인어, 독일어, 일본어, 스웨덴어, 브라질 포르투갈어, 프랑스어, 한국어, 중국어 등 다양한 언어의 프레임넷을 구축해 왔다(Boas 2009, Lyngfelt *et al.* 2018 참조). 각 프로젝트는 영어 프레임넷의 틀을 어느 정도 '재활용'할 것인지, 그리고 어떤 도구와 방법론을 사용할 것인지에 따라 차이를 보이지만, 영어 이외의 언어에 대한 어휘의미 데이터베이스 구축이라는 공통된 목표를 공유한다(관련 논의는 Boas *et al.* 2019 참조). 최근에는 이러한 다국

8 프레임넷 데이터는 이론적 연구뿐 아니라 자동 역할 부여(Gildea & Jurafsky 2002 Das *et al.* 2010), 의미 기반 구문 분석(Baker *et al.* 2007), 감성 분석(Ruppenhofer & Rehbein 2012) 등 다양한 계산 언어학적 응용에도 활용된다.

어 프레임넷 연구가 결집되어, 여러 언어를 위한 틀 기반 언어 자원과 응용 시스템을 공동으로 개발하는 국제 컨소시엄인 글로벌 프레임넷(Global FrameNet)이 결성되었다(www.globalframenet.org/ 참조).[9]

2.3 격 문법과 틀의미론에서 구문문법으로

구문문법(Construction Grammar)은 1980년대에 필모어의 격 문법에 연구와, 필모어와 동료들이 버클리에서 진행하던 틀의미론 연구를 기반으로 발전하였다. 구문문법의 주요 목표 중 하나는 1980년대 통사론과 의미론을 지배하던 환원주의적 관점(Chomsky 1981/1989)에 대한 대안적 언어 이론을 제시하는 것이었다.[10] 필모어와 동료들은 완전히 규칙적인 통사적 구조뿐만 아니라, 관용적이거나 부분적으로 규칙적인 통사 구조까지 설명할 수 있는 언어 이론을 구축하고자 하였다.

이러한 대안적 접근의 출발점이 된 대표적인 연구가 바로 Fillmore *et al.*(1988)의 let alone 구문에 대한 논문으로, 이후 이 접근법은 구문문법이라는 이름으로 정립되었다. Fillmore *et al.*(1988)은 언어 이론이 규칙적이고 예측 가능한 통사 구조를 설명하는 데 그쳐서는 안 되며, 비규칙적이거나 예외적인 구조도 동일한 원리로 설명할 수 있어야 한다고 주장했다. 이를 위해 그들은 전통 문법의 구문 개념을 재조명하면서 "문법의 핵심 단위는 생성문법에서의 추상적 규칙보다, 전통적 문법의 구문 개념에 더 가깝다"(Fillmore *et al.* 1988: 501)고 강조했다. 이러한 관점에서 구문 역시 고유한 의미와 기능을 지닌 형태로 간주되며, 따라서 단어와 본질적으로 다른 범주로 구분되어서는 안 된다.

예를 들어, let alone 구문(예: Kim doesn't like shrimp let alone squid(김 씨는 오징어는 고사하고 새우도 싫어한다))은 관용적이면서도 생산적인 구조로, "통사적 정보뿐만 아니라 어휘적, 의미적, 화용적 정보"까지 함께 포함하고 있다는 점에서 흥미로운 사례이다(Fillmore *et al.* 1988: 501). 즉, let alone 구문은 "기존의 어휘 구성이나 문법 규칙만으로는 완전히 예측할 수 없는" 구조이면서도, 일정한 규칙을 지닌 구문적 패턴을 보여준다(Fillmore *et al.* 1988: 511).[11] let alone 구문의 화용적 의미는 "화자가 이전 명제와 관련된 정보를 다루면서 동시에 청자를 새로운 명제

9 의미적 틀이 보편적인지 여부에 대한 논의는 Boas(2020b)를 참고할 수 있다.

10 이 절의 일부 내용은 Boas & Ziem(2018a), Boas *et al.*(2019), Boas(2020a)를 참고하였다.

11 구문문법에서 이러한 관용성의 문제는 Wulff(2013)와 Bybee(2013)에서도 논의된 바 있다.

로 안내하는 역할"을 수행한다고 설명된다(Fillmore *et al.* 1988: 513). Fillmore *et al.*(1988)은 생성문법적 접근이 통사 구조와 화용적 의미 해석을 별개의 체계로 다루기 때문에, let alone과 같은 관용적 구조를 설명하기 어렵다고 지적했다. 반면 구문문법은 언어의 기본 단위를 형태와 의미/기능의 결합체로서의 구문으로 보고, 언어 전체가 다양한 수준의 추상성과 도식성을 지닌 구문 네트워크로 구성된다고 본다(자세한 내용은 아래 3절 참조).

이 논문은 구문문법의 핵심 개념을 정립한 기초 연구로 평가되며(Fillmore 1985a/1988, Lakoff 1987 참조). 특정 구문 하나를 다루지만, 언어의 "핵심(core)"만이 아니라 모든 언어 현상을 구문이라는 공통된 틀로 포괄할 수 있음을 보여준다(Chomsky 1981 참조). 이러한 관점에서 구문은 학습을 통해 습득되는, 다양한 수준의 추상성과 복잡성을 지닌 형태-의미/기능의 쌍이다.[12]

let alone 논문 이후, 이 새로운 구문적 틀을 발전시키는 다양한 연구들이 이어졌다(Fillmore 1988/1989, Zwicky 1994/1995). 그중 Goldberg(1995)는 구문문법, 특히 이후 인지적 구문문법(Cognitive Construction Grammar)으로 불리게 된 접근을 본격적으로 체계화한 첫 단행본이다(Boas 2013b 참조). Goldberg(1995)는 구문에 대한 정의를 명확히 제시하고, 구문문법의 핵심 개념과 이론적 틀을 처음으로 책 한 권의 형태로 정리했다는 점에서 중요한 의의를 가진다.[13]

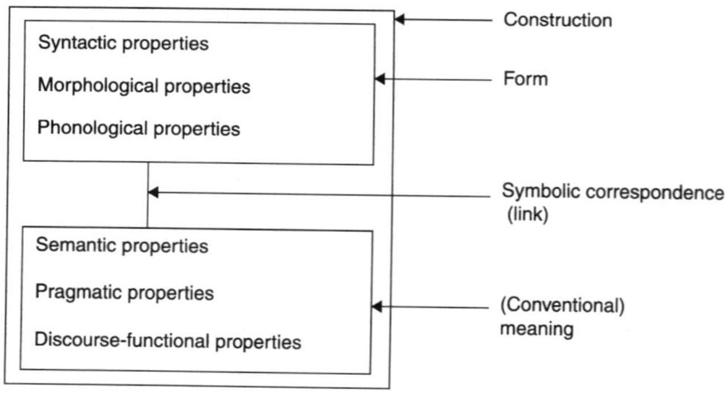

〈그림 3.5〉 구문의 정보 유형

출처: Croft 2001: 18

12 이는 아동이 언어 습득 과정에서 충분한 입력을 받지 못한다는 '자극의 빈곤' 논변에 의존하는 생성문법적 접근과 뚜렷이 대조된다(Chomsky 1988).

13 구문의 정의에 대한 다른 논의로는 Croft(2001: 17-21)와 Fried & Östman(2004: 18-23)을 참고할 수 있다.

C is a CONSTRUCTION iffdef C는 형태-의미 쌍 〈Fi, Si〉가 있을 때, Fi나 Si의 일부 측면이 C의 구성요소나 이전에 설정된 다른 구문들로부터 엄밀히 예측될 수 없음을 의미한다.

Goldberg 1995: 4

아델 골드버그(Adele E. Goldberg)의 구문에 대한 정의는 모든 언어가 구문으로 이루어져 있다는 구문문법의 핵심 아이디어를 반영한다. 이 아이디어는 어휘와 통사의 연속성, 네트워크로서의 구문 조직, 용법 기반 접근, 그리고 언어의 모든 층위를 포괄적으로 분석하려는 시도에 기반하고 있다. 즉, 구문문법은 언어를 단일한 측면에서 설명하려는 것이 아니라, 형태, 의미, 기능, 화용, 담화적 요소가 상호작용하는 복합체로 이해해야 함을 강조한다. 이러한 논의는 다음 3절에서 더 자세히 다룬다.

형태-의미의 쌍으로서의 구문 개념은 페르디낭 드 소쉬르(Ferdinand de Saussure 1916)의 언어 기호 개념으로 거슬러 올라간다(Goldberg 1995: 4). 즉, 형태와 의미/기능은 항상 결합되어 있으며, 서로 독립적으로 존재할 수 없다. 이때 형태는 단순히 통사적 구조만을 뜻하지 않고, 형태론적 · 음운론적 정보까지 포함한다. 반대로 의미는 순수한 의미론적 속성뿐 아니라 화용적 · 담화적 측면까지 포괄한다.

Goldberg(1995)의 정의가 보여주듯, 형태와 의미가 긴밀히 연결되어 있기 때문에 형태의 차이는 곧 의미의 차이를 반영한다. 따라서 구문문법 연구자들은 구문을 식별하고 기술할 때, 특정 구문이 다른 구문과 어떻게 다른지를 분석하기 위해 형태적 변이가 의미적 차이를 수반하는지, 혹은 그 반대의 경우가 가능한지에 주목한다. 〈그림 3.5〉는 이러한 구문법의 관점에서 형태와 의미가 어떻게 대응하고 상호작용하는지를 시각적으로 보여준다.

3. 비판적 이슈 및 주제[14]

3.1 어휘-통사 연속체

Goldberg(1995)의 핵심 주제 중 하나는 특정 동사가 왜 그리고 어떻게 특이한 유형의 구문 패턴에서 사용될 수 있는가라는 질문이다. 예를 들어, Bernie coughed the paper off the table(버니는 기침을 해서 테이블 위의 종이를 떨어뜨렸다)(사역이동 구문), Christian talked himself blue in the face(크리스찬은 얼굴이 파랗게 질릴 때까지 말했다)(결과 구문), Claire elbowed her way through the crowd(클레어는 군중 사이를 팔꿈치로 헤치며 지나갔다)(way 구문), Lena baked Sophia a cake(레나는 소피아에게 케이크를 구워 주었다)(타동 구문)를 고려해 보자. 이전 연구들은 자동사인 cough(기침하다)와 같은 동사가 새로운 의미를 가지게 되는 다양한 규칙이나 변환 메커니즘을 제안했다. 그러나 골드버그는 이러한 접근이 불필요하게 동사 의미의 확장을 초래하여, 어휘소의 개수를 인위적으로 늘린다고 비판한다.

이를 해결하기 위해 Goldberg(1995)는 동사의 어휘 항목이 특정 조건에서 논항구조 구문(Argument Structure Constructions, ASC)과 융합되어 새로운 의미적 역할을 수행할 수 있다고 제안했다.[15] Goldberg(1995)는 He talked himself blue in the face(그는 얼굴이 파랗게 질릴 때까지 말했다)와 같은 문장에서, 동사와 융합하여 새로운 의미를 형성하는 독립적인 결과 구문의 존재를 주장했다(Goldberg 1995: 189). 자동사 talk(말하다)의 어휘 항목은 〈**talker**〉[16]라는 의미적 역할만을

14 2000년대 초반 이후, 점점 더 많은 연구자들이 언어의 기본 틀로 구문문법을 채택하고 있다. 구문문법 관련 출판물은 꾸준히 증가하고 있으며, 2001년 버클리에서 시작된 연례 국제 구문문법 학회와 학술지 『구문과 틀$_{\text{Constructions and Frames}}$』(www.benjamins.com/catalog/cf), 그리고 구문적 접근법을 다루는 책 시리즈(www.benjamins.com/catalog/cal)도 활발히 운영되고 있다. 또한 국제 인지언어학 협회, 독일 인지언어학 협회(DGKL), 프랑스 인지언어학 협회(AFLiCO)에서도 구문문법과 관련된 특정 주제를 다루는 세션을 정기적으로 개최하고 있다.

15 이 융합은 의미 일관성 원칙(Semantic Coherence Principle)을 따라야 하며, 의미적으로 호환되는 역할끼리만 융합될 수 있다. 즉, 두 의미 역할 r1과 r2가 서로의 실례로 해석될 수 있을 때만 융합이 가능하다. 예를 들어, kick 구문에서의 kicker 역할은 행위자(agent)의 실례로 해석될 수 있기 때문에, 이중목적 구문 내의 행위자 역할과 의미적으로 결합될 수 있다. 이러한 의미적 호환성은 일반 범주화 원칙과 대응 원칙(Correspondence Principle)에 의해 결정된다. 즉, 동사에 세 개의 윤곽화된 참여자 역할이 있을 경우, 그중 하나는 구문의 비-윤곽화된 논항 역할과 융합될 수도 있다(Goldberg 1995: 50).

16 볼드체로 표시된 의미적 역할은 윤곽화된 논항으로, 동사 의미론에서 "필수적으로 접근하고 장면 내에서 초점으로 기능하여 특별한 수준의 현저성을 달성하는(Langacker 1987) 개체"이다(Goldberg 1995: 44).

포함하지만, 결과 구문은 여기에 피동작주(patient)와 결과(result-goal) 역할을 추가한다. 따라서 결과 구문은 talk 〈**talker patient** result-goal〉와 같은 확장된 의미 구조를 생성한다. 이러한 구문적 접근은 동사 자체가 모든 의미를 투사한다고 보는 전통적인 생성문법적 관점에서 벗어나, 의미 있는 구문이 독립적으로 존재할 수 있음을 보여준다. Goldberg(1995: 224)는 "절의 통사론과 의미론이 본동사로부터 투사된다는 가정을 피할 수 있다"고 강조한다.

Fillmore *et al.*(1988), Fillmore & Kay(1993), 그리고 Goldberg(1995)는 어휘소와 통사론의 관계를 대해 생성변형문법(Chomsky 1981)과는 다른 방식으로 설명한다. 형식문법에서는 어휘, 통사, 음운 등을 각각 독립된 모듈로 보고, 변형이나 이동 절차를 통해 문장을 생성한다고 본다. 그러나 골드버그는 이러한 모듈적 분리가 실증 언어 자료와 맞지 않으며, 어휘와 구문은 연속적인 스펙트럼 상에 존재한다고 주장한다. Boas(2008b)에 따르면 골드버그의 접근은 어휘와 구문이 별개의 개체이면서도 서로 융합할 수 있는 구조로 이해된다. 이러한 구문은 본질적으로 형태와 의미가 결합된 선언적 데이터 구조이다(Goldberg 1995: 7). Goldberg(2006: 18)는 이를 요약하며 "모든 것이 구문이다(Everything is a construction)"라고 말한다.

〈표 3.1〉은 구문이 크기, 복잡성, 추상화 수준에 따라 연속체를 이루고 있음을 보여준다. 가장 하위에는 단어와 형태소처럼 구체적인 구문이 위치한다. 중간에는 이중목적(ditransitive) 구문이나 공변이(covariational) 조건절 등 보다 복합적이고 추상적인 구문이 있다. 가장 상위에는 주어-술어 일치 구문과 같이 매우 추상적인 수준의 도식적 구문이 놓인다.

〈표 3.1〉은 형태적 측면만 제시하고 있지만, 대부분의 단어와 일부 형태소의 의미는 의미 틀로 표현할 수 있다. 예를 들어, pizza(피자)는 INGESTION(섭취) 틀과, walk(걷다)는 SELF MOTION(자체 이동) 틀과 연관된다. 이중목적 구문은 GIVING(주기) 틀을, way 구문은 SELF MOTION(자체 이동) 틀을 떠올리게 한다. 모든 구문이 의미를 지니는지, 그리고 모든 구문 의미를 의미 틀로 표현할 수 있는지는 여전히 논쟁 중이다(Fillmore 1999; Goldberg 2006; Boas *et al.* 2019 참조).

〈표 3.1〉 다양한 수준의 크기 및 추상화 구성(Goldberg 2006 참조)[17]

주어-술어 동의	NP VP-s(예: Kim walks(김 씨가 걷는다))
명령형	VP! (예: Go home!, Buy that book!(집에 가!, 그 책을 사!))
수동형	Subj AUX V^{PP}(PP^{by})(예: The chocolate was eaten by the neighbors(초콜릿은 이웃들에 의해 먹혔다))
타동형	Subj V Obj1 Obj2(예: Lena baked Sophia a pizza(레나는 소피아에게 피자를 구워주었다)
공변량 조건형	The Xer the Yer(예: the more you run the fitter you get(더 많이 뛸수록 더 건강해진다)
(일부 채워진) 관용구	예: Pat doesn't like cake, let alone brownies(팻은 케이크도 안 좋아하는데, 하물며 브라우니는 더더욱 안 좋아한다)
(채워진) 관용구	예: hit the road(길을 나서다), penny for your think(무슨 생각해?)
(부분적으로 채워진) 복잡한 단어	[N-s](일반 복수의 경우)
단어	예: pizza(피자), walk(걷다), icy(차가운), but(그러나)
형태소	예: un- , -able, -ment

3.2 영어의 논항구조 구문 개발 및 그 이상

1980년대 후반부터 1990년대 초반까지의 구문 연구는 주로 특정 관용구 구문과 영어의 일부 논항구조 구문에 초점을 맞추고 있었다.[18] Goldberg(1995) 이후 약 10년간의 연구는 구문문법 발전의 두 번째 단계라 할 수 있으며, 여러 방향으로 확장되었다. 첫째, 영어의 논항구조 구문에 대한 탐구가 심화되었다. 예를 들어, way 구문(Israel 1996), twistin' the night away 구문(Jackendoff 1997), 사역 동사의 피동작주 논항(Goldberg 2001), 결과 구문(Boas 2003a/2005c, Goldberg & Jackendoff 2004), 처소 교체(Boas 2003b, Iwata 2005, Nemoto 2005), 그리고 논항구조 구문의 전반적 구조(Kay 2005) 등이 있다.

---

17 형태소가 언어 구성의 가장 작은 구성단위인지에 대해서는 학자들 사이에 의견이 분분하다. Goldberg(2006: 5)는 형태소에도 구문적 지위를 부여해야 한다고 주장하지만, Booij(2010: 15)는 이에 반대하며 형태소를 구문으로 간주해서는 안 된다고 본다. 이에 대한 보다 자세한 논의는 Booij(2017)를 참고할 수 있다.

18 이 시기의 연구들은 대체로 생산성이 낮은 관용구 구조에 집중했으며, 생성변형문법(Chomsky 1981)과 같은 전통적 접근법에서는 이러한 구조를 "핵심 문법"이 아닌 "주변부"로 간주하였다. 반면 구문문법은 "핵심"과 "주변"의 구분을 명확히 하지 않는다. 이는 그러한 구분이 실제 언어 자료에 기반해 경험적으로 입증되기 어렵기 때문이다(Boas & Ziem 2018b: 14-15 참조).

둘째, 구문문법 연구는 점차 논항구조 구문을 넘어 영어의 다양한 구문 현상으로 관심을 넓혀 갔다. 예컨대 감탄사 구문(Michaelis & Lambrecht 1996a), 명사적 외치 변형(Michaelis & Lambrecht 1996b), 주제 조동사 도치 구문(Fillmore 1999), WXDY 구문(Kay & Fillmore 1999), 비주어문(Kay 2002), wanna 구문(Boas 2004), 그리고 이들과 연관된 주제 조동사 도치 구문(Goldberg 2006) 등이 그 예이다.

셋째, Goldberg(1995) 이후 구문문법은 영어를 넘어 다양한 언어로 확장되었다. 체코어(Fried 2004), 핀란드어(Leino 2005), 프랑스어(Lambrecht 2004, Lambrecht & Lemoine 2005), 독일어(Hens 1996, Michaelis & Ruppenhofer 2001, Boas 2002a), 아이슬란드어(Barðdal 1999), 일본어(Fujii 2004, Ohara 1996, Tsujimura 2005) 등에서 구문문법적 접근이 이루어졌다. 이후 영어 이외의 언어에 대한 연구의 폭과 깊이는 한층 더 확대되었다.[19]

넷째, 1990년대 후반과 2000년대 초반에는 여러 가지 새로운 구문문법 이론이 등장했다. 필모어의 심층격 연구에서 출발한 구문문법은 버클리 구문문법(Fillmore 2013)으로 발전했으며, Goldberg(1995)의 접근은 조지 레이코프(George Lakoff)의 인지언어학적 연구의 영향을 받아 인지적 구문문법으로 알려지게 되었다(Boas 2013b). 또한 Croft(2001)는 언어 유형론적 관점을 통합한 급진적 구문문법(Radical Construction Grammar)을 제안했고(Croft 2013 참조), Bergen & Chang(2005)은 시뮬레이션 기반 언어 이해를 반영한 신체화된 구문문법(Embodied Construction Grammar)을 발전시켰다. 이러한 여러 구문문법의 흐름은 각각 연구 대상과 방법론적 동기가 다르지만, 공통적으로 다음의 기본 전제를 공유한다(Boas & Ziem 2018b: 20 참조). 구문은 언어의 기본 단위이며, 형태와 의미/기능의 쌍으로 이루어진 네트워크를 형성한다. 또한 어휘와 문법의 경계는 명확히 구분되지 않으며, 용법(usage)을 기반으로 하며, 층위적 구조를 전제하지 않는다. 구문문법의 여러 학파 간 유사점과 차이에 대한 자세한 논의는 5장에서 다룬다.

다섯째, Goldberg(1995)의 틀을 다양한 데이터에 적용한 연구들이 등장했다. Boas(2003a)는 BNC(British National Corpus) 자료를 활용하여 결과 구문을 분석한 최초의 말뭉치 기반 연구를 수행했다. 그는 Goldberg(1995)의 이론이 여전히 촘스키(Noam Chomsky) 이론에서의 한계인 어휘 항목과 규칙의 상호작용 문제를 공유하고 있음을 지적했다. 보아스(Hans C. Boas)는 6,000여

19 이 절에서는 Goldberg(1995) 이후 10년간의 주요 연구만 간략히 다루며, UC 버클리 및 그 주변 학자들을 중심으로 구문문법이 어떻게 발전했는지를 개관하고자 한다. 2005년 이후의 연구, 즉 구문문법 발전의 세 번째 단계는 현상과 언어의 다양성이 방대하여 일괄적인 정리가 어렵다. 이에 대한 보다 자세한 개요는 Hoffmann & Trousdale(2013)을 참고할 수 있다.

개의 문장을 세밀히 분석하여, 연어 제약, 빈도, 유추, 생산성 등의 개념을 사용해 어휘적, 화용적, 통사적 정보를 부호화했다. 그는 이를 미니 구문(mini-construction)이라 부르며, 발화의 이해뿐 아니라 생성 과정까지 설명할 수 있는 틀로 제시했다(Boas 2003a/2008a).

골드버그가 추상적 논항구조 구문으로 보았던 결과 구문과 사역이동 구문은 실제로는 특정 동사 집합과 강하게 연관되어 나타나는 현상이라는 것이 그의 주장이다. Boas(2003a)에 따르면, 관습화된 결과 구문은 미니 구문으로 직접 허가되며, 비관습적 구문은 기존 미니 구문의 유추적 확장을 통해 허가된다. 예를 들어, Tom sneezed the napkin off the table(톰은 재채기를 해서 냅킨을 탁자에서 떨어뜨렸다)은 sneeze(재채기하다)가 blow(불다)와의 의미적 연관을 바탕으로, 이미 존재하는 사역적 미니 구문을 유추적으로 확장함으로써 가능해진다.[20]

일부 연구자들은 골드버그의 논항구조 구문이 실제 언어 자료에서 관찰되는 제약을 충분히 설명하지 못한다고 보았다. Croft(2003)는 이중목적 구문에서 허용되는 동사의 유형을 더 정확한 설명하기 위해, 동사 부류와 동사 특정 구문을 구분할 것을 제안했다. 마찬가지로 van der Leek(2000), Iwata(2005), Nemoto(2005)는 골드버그 방식의 구문 문법이 처소 교체에서 동사의 분포를 설명할 수 어렵다고 지적하며, 보아스의 미니 구문과 유사한 어휘 수준의 구문으로 분석의 초점을 옮겨야 한다고 주장한다(Sankoff 1983, Levin 1993, Iwata 2008 참조).

3.3 부류 및 네트워크: 논항구조 구문 및 기타 구문

구문문법의 핵심 가정 중 하나는 언어가 형태와 의미/기능의 쌍으로 구성된 구문들의 네트워크로 이루어져 있다는 점이다. 이러한 개념은 인지문법 연구에서 출발했으며, 다양한 수준의 특이성을 가진 구문 도식들이 서로 연관된 부류로 조직된다는 아이디어와 맞닿아 있다(Langacker 2000: 31).[21] Langacker(2000: 34)는 적어도 두 가지 유형의 네트워크가 존재한다고 보았다. 하나는 구문적 네트워크이고, 다른 하나는 어휘적 네트워크이다. 두 네트워크는 도식성과 구체성의 정도에 따라 서로 다른 층위를 형성한다. 〈그림 3.6〉에서 send(보내다)라는 동사는 [[send] [NP] [NP]] 구조를 포함한 여러 하위 스키마들과 연결되어 있으며, 이들은 문법적 행위를 설명하는 구

20 이러한 유추적 확장은 언어 변화 연구에서도 중요한 통찰을 제공한다. Hilpert(2013: 471)는 "반복되는 유추적 확장은 시간이 지나면서 일반적인 도식의 출현으로 이어지며, 이는 기존 관용구의 표현 범위를 확장시킨다"고 지적한다.

21 인지문법의 이러한 관점은 Rosch & Mervis(1975)의 원형 범주화 연구로부터 큰 영향을 받았다.

문적 스키마 네트워크의 일부로 작용한다.

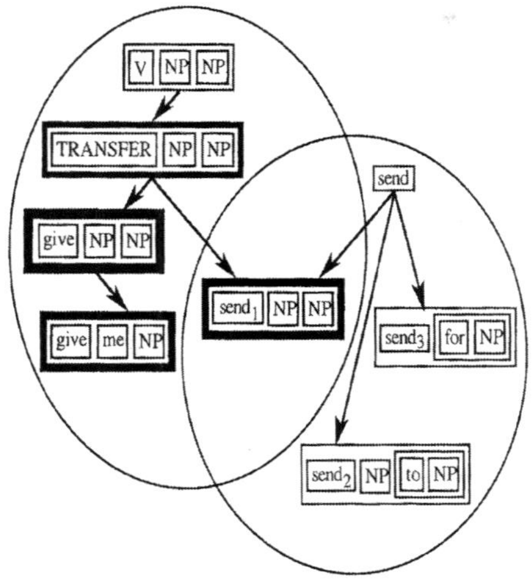

〈그림 3.6〉 구문 및 어휘 네트워크

출처: Langacker 2000: 34

형태나 의미/기능의 일부 요소를 공유하는 구문들이 서로 연관되어 네트워크를 형성한다는 생각은 구문문법 전반에서 반복적으로 등장하는 핵심 개념이다. 예를 들어, Goldberg(1995)는 이중목적 구문의 중심의미로부터 여러 하위 구문이 방사형으로 확장되는 구조를 제안했다. 그녀는 이 구문의 중심의미를 의지적 행위자가 수령자에게 어떤 대상을 성공적으로 전이하는 사건으로 정의한다(Goldberg 1995: 151). 이 중심 의미를 기반으로 골드버그는 은유적 확장을 포함한 여섯 가지 의미 확장을 제시하며, 이들이 중심 구문으로부터 파생된 방사형 네트워크를 구성한다고 설명한다. 결과적으로 이중목적 구문과 그 하위 구문들은 구문 간 네트워크 속에서 의미적 연결성을 지니게 된다.[22]

구문 부류와 네트워크를 논할 때 핵심적으로 제기되는 질문은 이 네트워크가 어떻게 조직되고, 각 하위 네트워크가 서로 어떤 관계를 맺는가이다. Goldberg(1995)는 이중목적 구문을 설명하기 위해 중심 의미와 여섯 개의 의미 확장을 제안했지만, Kay(2005)는 단 세 가지 하위 구문만으로도 이중목적 구문을 설명할 수 있다고 본다.[23] Collman & De Clerck(2008)는 Kay(2005)의 모델

22 반면 Boas(2002a)는 논항구조 구문 분석에 구문적 다의성(constructional polysemy)을 반드시 도입할 필요는 없다고 주장한다. 그는 이러한 구문 다의성이 어휘적 다의성의 상위 복제처럼 보일 뿐이라고 지적한다.

23 Fillmore & Kay(1993)는 보다 포괄적인 접근을 취해, 추상적 AB.C. 구문으로부터 상속되어 형성되는 7개의

이 envy(부러워하다)나 forgive(용서하다)처럼 자동사적 성격을 띠는 동사를 충분히 설명하지 못한다고 비판했다. 이들은 이중목적 구문의 다양한 의미와 동사 간 개념적 연결을 설명하기 위해 다차원적 분석을 제안했다. 이 관점에서 이중목적 구문의 다의성은 여러 의미적 전이가 동시에 작용한 결과로, 각 전이는 원형적 구성요소에 해당하며 다양한 의미 확장의 기반을 이룬다.[24]

결과 구문에 대해서도 유사한 논의가 진행되었다. Boas(2011b)는 서로 다른 결과 구문들을 하나의 체계로 포괄하기 위해 여러 분석을 통합하여 결과 구문 네트워크를 제안했다. 이 접근은 Goldberg(1995)가 제시한 결과 구문은 동사의 어휘 항목과 융합할 수 있는 독립적인 추상 구문이라는 아이디어를 기반으로 한다. Boas(2011b)는 이 관점을 자신의 미니 구문 개념과 결합하여, 〈그림 3.7〉과 같이 네 가지 수준의 추상화를 포함하는 결과 구문 네트워크를 제시했다.[25] 이 네트워크는 어휘 수준의 구체적 예시부터, 의미적으로 추상화된 도식까지 연속적인 구조를 보여준다.

〈그림 3.7〉의 가장 상위에는 레벨 I에 해당하는 추상적 구문이 위치한다. 이 구문은 동사의 행위자 역할만을 지정하는 비설명적 의미론과 통사적 구조 [[NP] [V] [NP] [XP]]를 결합한 것이다. 이 추상 구문은 레벨 Ⅱ로 내려오면서, 동일한 통사적 형태 [[NP] [V] [NP] [XP]]에 결과적 의미가 더해진 덜 추상적인 구문으로 구체화된다(Goldberg 1995) 즉, 레벨 Ⅱ에서는 결과 구문이 보다 명시적으로 실현된다. 레벨 Ⅲ에서는 이러한 결과적 의미가 더 세부적으로 분화된다. 결과 구문이 실제로 어떤 통사적 형태로 실현되는지, 예를 들어 결과어가 명사구(NP), 형용사구(AP), 또는 전치사구(PP)로 나타나는지와 같은 구체적인 구조적 차이가 이 수준에서 규정된다. 레벨 Ⅳ에서는 각 결과 구문이 구체적인 동사와 미니 구문을 중심으로 화용적 · 의미적 제약까지 포함한 개별 상세화를 형성한다. 레벨 Ⅲ와 Ⅳ 사이에는 문장 수준의 구체화가 존재하며, 이는 완전히 실현된 결과 구문의 문장 구조를 가능하게 하는 기반을 제공한다.[26] 이와 같은 결과 구문 네트워크 접근법은 Goldberg(1995)와 Boas(2003a)의 설명이 가진 장점을 결합한다는 점에서 유용하다.

하위 구문(수신자, 수혜자-타동형, 사역이동, 결과성, 부동성, 사역 위치, 채우기/비우기)을 제안했다. 이러한 구문들은 서로 다른 하위 의미를 가지면서도 상위 도식에 의해 연결되는 네트워크를 이룬다. 한편 Croft(2003)는 자율적 동사의 타동형 구문도 존재하며, 이는 화자의 인지적 표상 속에서 독립적으로 저장된다고 주장한다.

24 이중타동사 구문에서 동사 의미 부류가 어떻게 나타나는지에 대한 보다 구체적인 논의는 Boas(2010c)와 Colleman & De Clerck(2011)를 참고할 수 있다.

25 유사한 제안으로는 Goldberg & Jackendoff(2004)와 Luzondo(2014)의 연구가 있다.

26 Traugott(2008)은 이러한 구문적 세분화를 더 정교하게 설명하기 위해 미시-구문(micro-construction), 중간구문(meso-construction), 거시 구문(macro-construction)이라는 세 가지 추상화 단계를 제안한 바 있다. 결과 구문이 구문적 부류 내에서 어떻게 구성되는지를 다룬 다양한 제안은 Peña(2017)에서 종합적으로 정리되어 있다.

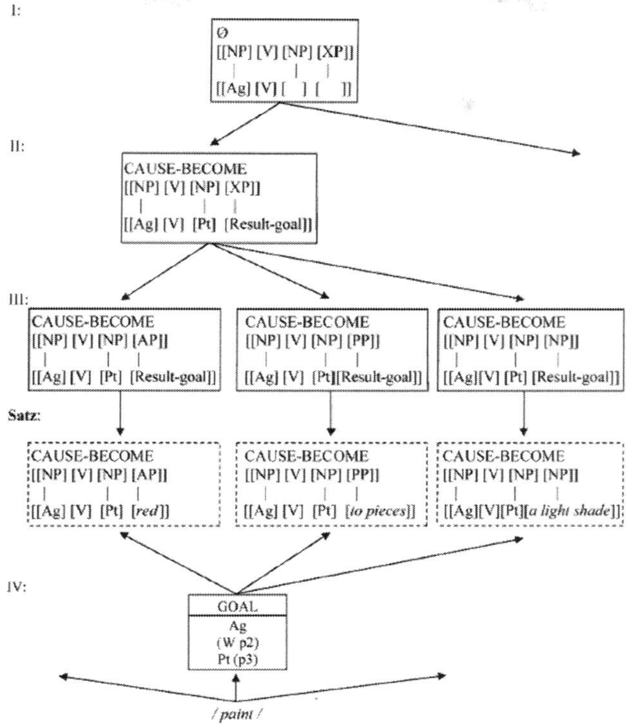

〈그림 3.7〉 다양한 추상화 층위를 가진 결과 구문의 구문적 네트워크

출처: Boas 2011b: 58

구문적 네트워크 접근은 논항구조 구문뿐만 아니라 다양한 구문 현상에 폭넓게 적용되었다. 여기에는 수동태(Ackerman & Webelhuth 1998, Lasch 2016), 능동태(Medina 2017), 주어-조동사 도치 구문(Fillmore 1999, Goldberg 2006), 지지 동사 구문(Zeschel 2008), 중간 구문(Domínguez Vázínguez 2015), 여격 구문(De Knop & Mollica 2017), search-구문(Proost 2017), XPCOMP 구문(Gonzálvez-García 2017), 관계절 구문(Diesel 2019), V-that 구문(Perek & Patten 2019) 등이 있다.[27]

지금까지의 연구는 대부분 특정 구문 유형을 중심으로 네트워크 구조를 밝히는 데 초점을 맞추었다. 즉, 개별 구문이 네트워크 내에서 어떻게 위치하고 서로 어떻게 연결되는지를 탐색한 것이다. 이러한 시도들은 모두 용법 기반 언어학의 정신을 반영하지만, 여전히 해결되지 않은 중요한

27 이처럼 구문 네트워크는 언어 전반에 걸쳐 다양한 구조적 패턴을 포괄하는 강력한 틀로 발전해 왔다(Boas 2013b 참조).

과제가 남아 있다.[28]

이러한 연구적 목표를 실현하기 위한 한 가지 중요한 접근이 바로 Diessel(2019)의 동적 네트워크 문법 모형이다. 디젤(Holger Diessel)은 전통적인 통사 개념(절 구조, 단어 부류, 문법 관계 등)을 포괄하면서도, 다양한 언어 요소 간의 연관성을 네트워크적 관점에서 분석한다. 그의 문법적 네트워크는 두 가지 주요 관계 유형으로 구성된다. 첫 번째는 상징적 관계로, 형태와 의미 간의 연상, 언어 요소 간의 순차적 연상, 그리고 서로 다른 수준의 구체성을 가진 표상 간의 분류학적 연상이다. 두 번째는 기호 간 관계로, 어휘 관계(어휘 간의 연상), 구문 관계(구문 간의 연상), 그리고 필러-슬롯 관계(특정 항목과 구문 내 슬롯 간의 연상)를 포함한다. 이 모델에서 구문과 어휘소는 모두 네트워크의 노드로 간주되며, 각 노드 역시 또 다른 하위 네트워크로 구성될 수 있다. 한편, 이러한 네트워크 개념이 프레임넷의 어휘 항목 체계와 유사하게 구문 항목의 구조화된 목록에 어떻게 적용되는지는 아래 4.3절에서 자세히 살펴본다.

3.4 구문의 생산성

구문은 생산성의 정도에서 큰 차이를 보인다. 이러한 차이는 부분적으로 구문 내 개방형 슬롯에 어떤 유형의 제한이 가해지는가에 따라 달라진다.[29] 예를 들어, 결과 구문은 매우 제한적이며 후행 구성요소에 강한 제약을 가하는 경향이 있다. 이러한 제약은 추상적인 구문 수준보다는 보다 구체적인 미니 구문 수준에서 설명하는 것이 더 타당할 수 있다(Boas 2003a 참조). 반면, 이중목적 구문은 개방형 슬롯에 상대적으로 적은 제한을 둔다(Goldberg 1995: 143-150, Goldberg 2006b: 412-418). 또 다른 예로 way 구문(Goldberg 1995, Israel 1996)은 반복적이거나 지속적인 행위를 나타내는 동사만을 허용하며, 그 행위가 자체 추진적이고 의도적이어야 한다는 비교적 느슨한 제약만을 가진다(Goldberg 1995: 212-214).[30] 수동태나 관계절 구문처럼 더 추상적이

---

28 바로 언어 전체가 하나의 통합된 구문 네트워크로 어떻게 설명될 수 있는가, 그리고 서로 다른 구문(혹은 하위 네트워크)이 실제 발화에서 어떻게 상호작용하는가에 대한 문제이다. 현재까지는 이에 대한 포괄적 이론이 제시되지 않았으며, 이 분야는 여전히 미개척 영역으로 남아 있다. Goldberg(2019: 49)는 이에 대해 "결합된 구문의 형태와 기능은 서로 양립할 수 있어야 하며, 만약 그렇지 않다면 그 비호환성의 정도에 따라 결과적 발화는 다양한 수준에서 수용 불가능한 것으로 판단된다."라고 간략히 언급한다. 이 문제는 향후 연구에서 보다 구체적으로 다뤄져야 할 중요한 과제이다.

29 이 절의 논의는 주로 Boas & Ziem(2018b)의 연구를 바탕으로 한다.

30 이 절에서의 논의는 주로 이러한 논항구조 구문의 생산성에 초점을 두지만, 이 외에도 다양한 구문들이 서로 다른 수준의 생산성을 보인다. 예를 들어, 부분적으로 채워진 관용구(to drive someone {crazy/bonkers/up

고 도식적인 구문은 개방형 슬롯에 거의 제한을 두지 않는다. 이처럼 구문의 생산성은 완전히 생산적인 구문에서부터 반생산적(semi-productive) 혹은 비생산적(non-productive) 구문에 이르기까지 연속체를 이룬다(Goldberg 2006, Barðdal 2008, Boas & Ziem 2018b).

구문에 가해지는 제약의 종류나 강도는, 구문이 얼마나 추상적이고 도식적인가와 밀접하게 관련되어 있으며, 이는 곧 생산성에도 직접적인 영향을 미친다(Bybee 1985, Goldberg 1995, Dąbrowska 2008). Hoffmann(2013: 315)은 Barðdal(2008, 2011)의 연구를 바탕으로 다음과 같이 정리한다.

> 추상적 구문의 생산성은 유형 빈도와 의미적 일관성 사이의 역상관관계로 설명될 수 있다. 즉, 고도로 추상적인 거시 구문은 그 기저가 되는 중간 구문에서 유형 빈도가 높고, 의미적 분포가 다양할 때 발생한다.

유형 빈도는 구문 도식이 기억 속에서 강화되는 정도를 결정한다. 이는 새로운 언어 항목이 주어진 도식에 포함될 수 있는 가능성, 즉 도식의 확장 가능성을 높이는 핵심 요인이다. 따라서 많은 수의 동사 유형과 연관된 논항구조 구문은, 몇 가지 동사에만 결합하는 구문보다 새로운 항목으로 더 쉽게 확장된다(Goldberg 2006, Barðdal 2008, Diessel 2019). 반면, 토큰 빈도는 일반적으로 구문 도식의 확장을 제한하는 방향으로 작용한다. Bybee(1985/1988)는 토큰 빈도가 높은 언어 표현은 기억 속에 깊이 고착되어, 추론적 변화에 저항하는 경향이 있음을 보였다. 이는 "보존 효과(preserving effect)"로 불리며, 토큰 빈도가 높을수록 해당 표현은 변화를 덜 겪는 경향이 있다(Bybee 2010: 66-73, Diesel 2019: 131-132).

구문의 생산성과 관련된 유형 빈도와 토큰 빈도의 상호작용은 Clausner & Croft(1997)가 제시한 〈그림 3.8〉에서 시각적으로 설명된다. 〈그림 3.8〉의 왼쪽에는 다양한 예시가 풍부하게 실례화된 생산적 도식이 제시된다. 가운데에는 일부 예시만 실례화되는 반생산적 도식으로, 이는 토큰 고착화의 예이다. 오른쪽에는 단 하나의 예시만 존재하여 다른 항목으로 확장될 수 없는 비생산적 도식이 나타난다. 이는 언어 사용의 빈도와 인지적 범주화가 긴밀히 상호작용한 결과로 이해할 수 있다.

---

the wall/dizzy}(Boas 2003a, Bybee 2013), WXDY 구문(Kay & Fillmore 1999), 수동 구문(Ackerman & Webelhuth 1998, Lasch 2016) 등이 있다.

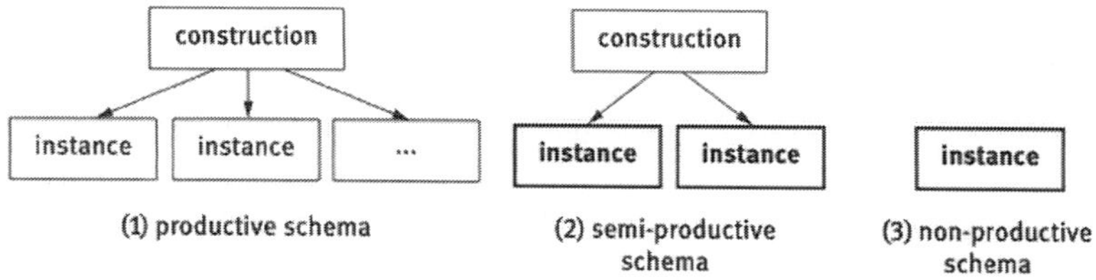

〈그림 3.8〉 구문적 생산성

출처: Clausner & Croft 1997: 271에 기반함

4. 현재 공헌 및 연구

4.1 구문문법의 다양한 풍미

1980년대 중반부터 1990년대 중반까지 UC 버클리에서 이루어진 구문문법 연구의 첫 단계는 주로 공시적 관점에서 반-관용적 구문과 논항구조 구문, 그리고 보다 추상적인 구문 유형을 분석하는 데 초점을 맞추었다.[31] 이 시기의 연구를 통해 두 가지 상호 보완적인 접근이 등장했다. 하나는 버클리 구문문법(Fillmore & Kay 1993, Kay & Fillmore 1999, Fillmore 2013)이며, 다른 하나는 인지적 구문문법(Cognitive Construction Grammar; Goldberg 1995/2006, Boas 2013b)이다. 두 접근법은 모두 언어 구조가 비모듈적이며 비파생적이고, 입력에 기반하여 구문을 학습한다는 공통된 전제를 공유한다. 그러나 두 이론 사이에는 몇 가지 중요한 차이점이 존재한다.

가장 뚜렷한 차이는 언어에서 동기와 빈도가 차지하는 역할이다. 인지언어학의 다른 이론들과 마찬가지로, 인지적 구문문법은 언어 구조가 일반적 인지 원리와 상호작용하며 형성된다고 본다(Broccias 2013 참조). 즉, 구문은 인간 인지와 사회적 상호작용의 보편적 속성에 의해 동기화된다는 것이다. 빈도 또한 인지적 구문문법에서 핵심적인 개념이다. Goldberg(2006: 45-65)는 어떤 패턴이 충분히 자주 반복되면, 그것이 규칙적이라 하더라도 독립적인 구문으로 인지적 저장소에 저장될 수 있다고 주장한다. 즉, 빈도는 추상적 도식과 구체적 예시를 연결하는 인지적 다리 역할을 한다. 반면, 버클리 구문문법은 동기와 빈도의 중요성을 인정하긴 하지만, 이를 구체적인 분석 원리로 삼지는 않는다. 대신 엄격한 상속 관계를 통해 구문 네트워크 내의 중복을 최소화하고, 가능한 한 일반화된 형태로 언어 구조를 설명하는 것을 목표로 한다. 두 접근법이 동일한 현상을 어

31 이 절의 논의는 Boas(2013b), Boas(2017), Boas & Ziem(2018b)의 연구를 바탕으로 한다.

떻게 다르게 분석하는지를 보여주는 대표적인 예는 영어의 주어-조동사 도치 구문이다. 이에 대한 대조적 분석은 Fillmore(1999)와 Goldberg(2006)에서 자세히 논의된다.

두 이론은 표기법과 형식화 측면에서도 차이를 보인다. 급진적 구문문법(Radical Construction Grammar; Croft 2001/2013)은 어떠한 형식적 표기법도 사용하지 않는다. 반면 인지적 구문문법은 비교적 단순한 박스 도식을 사용하여 논항구조 구문의 형태와 의미를 표상한다. 이때 동사의 의미 틀(예: 〈행위자, 피동작주〉)은 구문 내 개방형 슬롯과 융합될 수 있는 구조로 제시된다. 인지적 구문문법이 상세한 형식화를 피하는 이유는, 언어 지식이 처리, 습득, 역사적 변화 등 언어 사용의 여러 측면과 투명하게 상호작용할 수 있도록 하기 위함이다(Goldberg 2006: 215). 한편 버클리 구문문법과 긴밀한 관련을 지닌 기호 기반 구문문법(Sign-Based Construction Grammar, SB.C.G)은 속성-값 행렬(Attribute-Value Matrix)을 사용하여 구문을 기술한다(Boas & Sag 2012, Sag 2012, Michaelis 2013). 이 접근법은 통합 기반 형식주의에 중점을 두어 언어 구조의 세부적 기술을 가능하게 한다. Boas & Fried(2005)는 이러한 다양한 형식적 접근이 처음에는 다소 혼란스러울 수 있으나, 이는 구문문법의 핵심 철학, 즉 형식의 자유(formal flexibility)를 반영한다고 강조한다.

> 이러한 표면적 통일성의 결여는 생성통사론에 익숙한 사람에게는 다소 당혹스러울 수 있다. 그러나 구문문법 연구자들은 형식의 상대적 자유야말로 이 이론의 본질적 강점이라고 본다. 언어 분석은 미리 정해진 형식 구조에 데이터를 억지로 맞추는 과정이 아니라, 실제 자료에서 의미 있는 패턴과 범주를 추출해 내는 창의적 과정이어야 한다(Croft 2001에서 설득력 있게 주장됨).
>
> Boas & Fried 2005: 3

마지막으로, 구문문법의 여러 접근 방식은 이론의 적용 목표에서도 차이를 보인다. 인지적 구문문법은 언어 구조에 대한 심리적으로 그럴듯한 설명을 제공하는 데 중점을 두는 반면, 버클리 구문문법과 기호 기반의 구문문법은 형식적 엄밀성을 강화하는 데 초점을 둔다. 급진적 구문문법은 언어유형학적 관점에서 여러 언어 간 차이와 공통점을 탐구한다. 크로프트는 각 언어가 다른 언어의 범주를 차용해서는 안 되며, 자체의 고유한 언어 범주를 바탕으로 설명되어야 한다고 주장한다. 신체화된 구문문법(Embodied Construction Grammar; Bergen & Chang 2013)과 유동적 구문문법(Fluid Construction Grammar; Steels 2013)은 특히 계산적 시뮬레이션과 구현에 초점을 둔 접근으로, 언어 이해와 생성의 인지적 과정을 실험적으로 탐색한다.

4.2 영어의 공시적 통사-어휘 연속체 너머의 탐구 분야

1980년대와 1990년대의 구문문법 연구는 주로 영어의 통사-어휘 연속체에 대한 공시적 설명에 초점을 두었다. 이 시기의 주요 목표는 일부 통사 현상에 한정되지 않고, 언어의 다양한 측면을 포괄적으로 설명할 수 있는 대안적 언어 이론을 정립하는 것이었다. 그러나 2000년대 이후로는 구문문법의 분석 대상이 점차 확장되었다. 연구자들은 형태론(Booij 2013), 관용구(Croft & Cruse 2004, Wulff 2013), 정보 구조(Lambrecht 1994, Fried 2003, Leino 2013) 등 공시적 통사-어휘 연속체를 넘어서는 다양한 언어 현상에 구문주의적 통찰과 방법론을 적용하기 시작했다.

최근에는 구문문법의 통찰을 언어 습득 연구에 적용하려는 시도가 활발히 이루어지고 있다. 특히 모국어 습득 분야에서는 문법을 일반 학습 메커니즘, 예를 들어 자동화, 유추, 고착화에 기반한 역동적인 구문 체계로 본다(Tomasello 2003, Dąbrowska 2004, Diesel 2004). 이러한 용법 기반 접근은 촘스키 이론처럼 통사론을 자율적 모듈로 보지 않는다. 대신, 언어 발달은 고정된 규칙으로부터 출발하는 것이 아니라, 아동이 풍부한 언어 입력을 처리하며 점차적으로 더 복잡하고 추상적인 구문 단위를 구성해 나가는 상향식 과정으로 이해된다. 결국 아동이 형성하는 문법은 언어적 경험에 직접적으로 뿌리내린 구문 네트워크로 볼 수 있다(Diesel 2013, Ellis *et al.* 2016).[32] 구문문법의 용법 기반 통찰은 제2언어 습득(second language acquisition) 연구에도 큰 영향을 미쳤다. 연구자들은 제2언어 학습자가 새로운 구문을 어떻게 습득하는지, 그리고 입력의 빈도, 형태, 기능 등이 습득 과정에 어떤 영향을 미치는지를 탐구하고 있다(Ellis 2013; Madlener 2015; Behrens & Pfaender 2016; Achard 2018; Wulff *et al.* 2018). 또한, 이러한 통찰은 언어 교육학에도 확장되어, 실제 교실 환경에서 학습자가 구문적 패턴을 효과적으로 익히도록 돕는 교육 모델 개발로 이어지고 있다(De Knop & Gilquin 2016; Herbst 2017; Garibyan *et al.* 2019).

역사언어학 구문문법의 영향을 크게 받은 분야다. 특히 문법화 연구는 구문문법의 틀 안에서 활발히 이루어지고 있다. Lehmann(1985)에 따르면 문법화란 "단어 혹은 형태소만이 아니라, 그것이 속한 통합적 관계의 전체 구문이 변화의 단위가 되는 과정"을 의미한다. 즉, 문법화는 개별 형태의 변화가 아니라 구문 전체의 재구조화로 이해되어야 한다. 이러한 접근은 문법화가 단순한 형태 변화가 아니라, 더 일반적인 구문화(constructionalization) 과정의 일부라는 관점으로 이

32 이러한 관점이 심리언어학과 신경언어학 연구에 어떻게 적용되는지는 Bencini(2013)와 Pulvermüller *et al.*(2013)을 참조할 수 있다.

어진다. 이러한 논의는 Bergs & Diewald(2008), Fried(2009/2013), Diewald & Smirnova(2010), Hilpert(2013a, 2013b), Traugott & Trousdale(2013), Barðdal *et al.*(2015), Sommerer(2018), Traugott(2019) 등에서 자세히 다루어진다. 구문주의적 접근은 또한 선사시대 언어를 재구성하기 위한 비교언어학적 방법에도 적용되었다. 전통적으로 어휘, 음운, 형태에 초점을 두던 역시 비교 연구가 이제는 통사적 재구성으로 확장되고 있다(Barðdal 2013/2015, Vázquez-González *et al.* 2019).

구문문법의 통찰은 언어 변이와 언어 변화 연구에도 응용되고 있다. Weinreich *et al.*(1968)이 제시한 패러다임 전환 이후, 진행 중인 언어 변화 연구는 구문문법의 방법론적 틀과 결합되며 보다 정량적이고 체계적인 방향으로 발전했다(Labov 2019, Pierce & Boas 2019). 구문문법적 관점에서 볼 때, 언어의 기본 단위는 구문이며, 따라서 방언 간 변이 역시 구문 수준에서 분석할 수 있다. 이러한 접근은 양적 · 구문적 방법론의 결합을 가능하게 하며, 언어 변화 연구의 정밀도를 높인다. 그러나 구문문법이 언어 변이에 대한 일반 이론으로서 어떻게 기여할 수 있는지는 아직 초기 단계다. 대표적인 사례 연구로는 Hollmann & Siewerska(2006, 2011), Mukherjee & Gries(2009) 등이 있으며, 보다 포괄적인 논의는 Hollmann(2013), Östman & Trousdale(2013), Ziem(2015), Hilpert(2017)에 정리되어 있다.[33]

언어 변화와 변이와 밀접하게 연관된 분야로는 언어 접촉이 있다(Thomason 2019 참조). Höder(2014a)는 이러한 접촉 현상을 설명하기 위해 체계 간 구문문법(Diasystematic Construction Grammar, DCxG)을 제안했다. 스테픈 호더(Steffen Höder)의 견해에 따르면, 차용(borrowing), 부호 전환(code-switching), 수렴(convergence) 등은 다언어 화자가 여러 언어의 구조적 요소를 공유하는 공동의 구문적 자원을 통해 발생하는 현상으로 이해할 수 있다. 체계 간 구문문법에서는 이러한 다언어적 자원이 한 언어 또는 품종에만 속하는 고유 하위 집합(language-specific subset)과 여러 언어에 공통적으로 존재하는 공유 하위 집합(shared subset)으로 구성된 언어 구조의 네트워크로 간주된다(Boas & Höder 2018b). 이 접근은 어휘, 음운, 형태, 통사, 의미, 화용 등 다양한 수준에서 나타나는 전이 현상을 포괄적으로 설명할 수 있는 틀을 제공한다(Clyne 2003). 관련 논의는 Höder(2012/2014b/2016) 및 Boas & Höder(2018a, 2021)에 자세히 소개되어 있다.

앞서 언급했듯이, 1980년대와 1990년대의 초기 구문문법 연구는 주로 영어에 집중했으며, 언

33 또한 구문문법은 구어 담화 분석에도 적용되어, Auer(2006), Deppermann *et al.*(2006), Günthner & Imo(2006), Bücker *et al.*(2015), Imo(2013) 등이 관련 연구를 제시하고 있다.

어 보편성이나 언어 간 일반화에 대한 직접적인 주장을 제시하지는 않았다.

> 우리가 사용할 수 있는 기술적 자원으로 모국어의 문법 규칙을 체계적으로 표현할 수 있다면 그것만으로도 충분히 만족스러울 것이다. 하지만, 우리가 설정한 이 틀이 다른 언어의 문법에도 잘 작동한다면 더할 나위 없을 것이다.
>
> Fillmore & Kay 1993: 4-5

실제로 Goldberg(1995)의 출판 이후 10여 년 동안, 구문문법 연구는 중국어, 크리어, 체코어, 덴마크어, 핀란드어, 프랑스어, 독일어, 아이슬란드어, 일본어, 스웨덴어, 스페인어 등 다양한 언어로 확장되었다(Boas 2010b 개요 참조). 21세기에 들어서는 구문문법이 언어 보편성뿐만 아니라 언어 특수성을 함께 탐구하는 방향으로 진화했다. 그러나 한 언어에서 얻은 구문주의적 통찰이 다른 언어에도 적용될 수 있는지는 여전히 논쟁적이다. Croft(2001)는 각 언어의 구문 **자체는** 그 언어에 고유하다고 주장함, 보편성은 오직 "의미 구조와 상징적 구조, 즉 형태와 가능 간의 사상"에서만 나타난다고 본다(Croft 2001: 61).

이와는 다른 입장에서 Boas(2010a)는 대조언어학적 접근(Weigand 1998, Altenberg & Granger 2000)을 제안한다. 그는 틀의미론(Frame Semantics; Fillmore 1982, Fillmore & Atkins 2000)을 활용해 영어를 비롯한 여러 언어(예: 스웨덴어, 스페인어, 일본어, 태국어, 핀란드어, 러시아어 등)를 비교했다(Boas 2020b). 보아스는 언어 간 구문 비교에서 의미 틀을 제3의 비교 기준(tertium comparationis)으로 설정함으로써, 각 언어의 구문이 어떻게 유사하거나 다른지를 체계적으로 파악할 수 있음을 보여주었다. 이러한 대조적 접근은 이후 여러 언어의 구문을 체계적으로 문서화하고 비교하는 구문문법 연구의 기초로 확장되었다.

4.3 구문문법학

소위 구문의 레퍼토리를 구축하려는 연구 분야인 구문문법학(Constructicography)은 필모어가 약 10년간 프레임넷 프로젝트를 수행하면서 발전시킨 개념이다. 그는 다중단어 표현, 복잡한 관용구, 그리고 풍부한 의미를 지닌 도식적 구문 패턴 등, 어휘 분석만으로는 포착하기 어려운 언어 현상을 다루면서 기존 어휘 중심 접근의 한계를 인식하게 되었다.[34] Fillmore(2008)는 틀의미론의 응용적 구현인 프레임넷 프로젝트를 확장하면서, 기존의 어휘 중심 데이터베이스를 보완하기 위해 20여 년간의 구문문법 연구에서 얻은 통찰을 반영할 것을 제안했다.

버클리의 프레임넷 프로젝트의 일환으로 진행된 1년간의 파일럿 연구 'Beyond the Core'는 프레임넷의 구조를 확장하여 말뭉치 기반 주석 시스템을 개발하고, 다양한 유형의 문법적 구문 예를 들어, 틀 함유 구문, 원자가 확장 구문, 의미 비유발 구문, 펌핑 구문, 외심 구문, 머리어 없는 구문 등을 발견하고 기술했다. 이 프로젝트에서는 프레임넷의 어휘 단위와 유사한 방식으로, 각 구문의 구성요소에 연상기호(mnemonic)를 부여하고, 필요할 경우 구문에도 프레임넷의 틀 연상 요소가 포함될 수 있도록 설계되었다(자세한 내용은 Fillmore *et al.* 2012 참조). 예를 들어, [^{Theme}We] sang our way$_{CEE}$ [^{Path}across Europe](우리는 유럽 전역에서 노래를 부르며 여행했다)이라는 문장에서 동사 sing(부르다)과 소유격 way 명사구(CEE)의 결합은 MOTION 틀을 활성화시키며, we는 CE Theme, across Europe은 CE Path, 그리고 our way는 CEE로 기능한다. 즉, 동사와 구문의 결합이 하나의 다중단어 동사처럼 작동하며, 의미적으로 '자체적으로 이동하는 행위'를 표현한다.

이 파일럿 프로젝트를 통해 구축된 프레임넷 데이터베이스에는 약 75개의 구문 항목이 포함되어 있다. 각 항목은 다음과 같은 정보를 담고 있다. 산문체 형식의 구문 정의(필요 시 문학적 예시 포함), 구문 구성요소 목록과 각 요소의 정의, 구문 유발 요소 명세(해당되는 경우), 구문의 속성 및 유발된 관련 프레임 정보, 주석된 예문 목록, 실례화 표이다. 자세한 내용은 Boas(2017a), Lee-Goldman & Petruck(2018)을 참조할 수 있다.

---

34 이미 20여 년 전 Fillmore(1988: 37)는 다음과 같은 아이디어를 제시했다. "한 언어의 문법은 구문의 레퍼토리와, 이 구문들이 서로 중첩되는 방식을 지배하는 일련의 원칙으로 볼 수 있다." 또한, 어휘소 개념에 대응하는 형태로 구문이라는 용어를 도입한 Jurafsky(1992: 18)의 연구도 이 맥락에서 중요하다. 구문이 구문적 네트워크 내에서 어떻게 개념화될 수 있는지에 대해서는 Goldberg(2019: 36) 참조.

Way_manner

Evokes the Motion frame

Inherits Way_neutral

- A verb exceptionally takes ***one's way*** (the CEE) as a direct object, where ***one's*** is a possessive pronoun coindexed with the external argument of the verb. Together, they indicate that some entity moves while performing the action indicated by the manner verb. The manner verb is either transitive or intransitive, and thus labeled either (Transitive_Manner_Verb or Intransitive_manner_verb). Following ***one's way*** is an obligatory frame element indicating some core aspect of motion (Source, Path, Goal, Direction).
- The semantics of this construction is identical (or at least very close to) that of the frame Motion: A Theme moves under its own power from a Source, in a Direction, along a Path, to a Goal, by a particular means. In many cases the path traversed by the Self_mover is also created by them as they go, in a particular manner (i.e., while performing some temporally coextensive action) (as in ***he whistled his way through the plaza***).
- [the She] [t_man whistled] [cee her way] [Path down the lane] [goal to the sale].
- References:
- Goldberg, Adele E. 1995. *Constructions: A Construction Grammar Approach to Argument Structure*. Chicago: Chicago University Press.
- Kuno, Susumu and Takami Ken-ichi. 2004. *Functional Constraints in Grammar: On the Unergative-Unaccusative Distinction*. Amsterdam: John Benjamins Publishing Company.

〈그림 3.9〉 Way_manner 구문 항목의 첫 번째 부분

출처: Boas 2017a

이처럼 구문 항목을 체계적으로 기술하고 축적하는 연구는 사전편찬학(lexicography)과 병행하여 발전한 구문문법학(Constructicography)이라는 독립된 연구 영역으로 자리 잡았다(Lyngfelt 2018). 구문문법학은 단순히 구문을 기술하는 것을 넘어, 구문주의적 분석이 개별 구문 간의 관계를 넘어 언어 전체의 통합적 구문 체계를 설명할 수 있도록 이끄는 이론적 혁신을 제시한다(Boas *et al*. 2019). 버클리의 영어 구문문법 연구는 이후 스웨덴어, 브라질 포르투갈어, 일본어, 독일어, 러시아어 등 다양한 언어의 구문 프로젝트로 확장되었다(Lyngfelt *et al*. 2018). 이들 프로젝트는 각 언어의 구문을 기술한다는 공통 목표를 공유하지만, 사용하는 방법론, 도구, 말뭉치 자원, 구문 기술 형식, 그리고 프레임넷 틀과의 통합 방식에서는 서로 차이를 보인다. 이러한 차이와 접근의 다양성에 대해서는 Boas(2017a), Lyngfelt(2018), Boas *et al*.(2019)을 참조할 수 있다.

5. 주요 연구 방법

5.1 용법 기반 방법론

구문문법 연구는 Langacker(1987)가 처음 제안한 용법 기반 개념을 바탕으로 하며, Langacker(1988)에서 더욱 체계적으로 확장되었다. 이 관점에서 문법은 언어에 다양한 심리적 현상을 포착하기 위해 비환원적, 상향식, 그리고 최대주의적 접근으로 이해되어야 한다. 즉, 언어 학습은 선천적 언어 구조에 대한 의존을 최소화하면서 실제 언어 사용 경험을 통해 이루어지는 인지적 조직화 과정으로 볼 수 있다(Bybee 2006). 이러한 관점은 문법을 최소주의적이고 환원적으로 바라보는 Chomsky(1961)[35]의 접근과 대조된다(Langacker 2000, Broccias 2013, Barlow & Kemmer 2000의 기고문 참조).[36]

언어 분석에서 용법 기반 접근법은 구문 연구 전반에 큰 영향을 미쳤다. 그중에서도 가장 두드러진 변화는 구문의 정의 방식에서 나타난다. Goldberg(1995)의 초기 정의와 달리(2.3절 참조), 이후 그녀의 연구(Goldberg 2019)에서는 "학습자가 발화의 형식과 해석에 주의를 기울이고 이를 유지한다는" 점을 강조하며, 빈도 개념을 구문 정의의 핵심 요소로 포함시켰다.[37]

> 모든 언어 패턴은 그 형태나 기능이 구성요소나 다른 구문으로부터 완전히 예측되지 않을 때 구문으로 인식된다. 또한 특정 패턴이 충분히 자주 나타날 경우, 그 역시 구문으로 인식된다.[38]
>
> Goldberg 2006: 5

---

35 Chomsky(1961: 130)는 "관찰된 언어 행동을 직접 설명하는 문법을 구성하려는 시도는 터무니없다"고 주장한 바 있다.

36 용법 기반 접근법은 문법을 규칙과 예외의 대립 구조로 보지 않으며, 규칙과 실례화된 표현식이 공존할 수 있다고 본다. 즉, 문법은 추상적 규칙과 구체적 사용 패턴이 함께 작동하는 체계로 이해된다(자세한 내용은 Langacker 2000: 2-3 참조).

37 토큰 빈도와 유형 빈도의 구분에 대해서는 Bybee(2013: 59–63), 빈도 효과의 구체적 논의는 Diessel(2019)을 참조할 수 있다.

38 여기서 '충분한 빈도'가 정확히 어느 정도를 의미하는지는 명확히 정의되지 않았으며, 이는 앞으로의 연구 과제로 남아 있다. Goldberg(2019: 64)는 "각 구문과 관련된 의미적, 형식적, 음성적, 사회적 차원은 관찰된 부분적으로 추상화된 예시들에 대한 일반화를 통해 형성된다"고 지적한다. 따라서 '충분한 빈도'의 기준과 각 차원의 상대적 중요도는 향후 추가적인 경험적 연구를 통해 밝혀져야 한다.

용법 기반 관점에서 빈도는 고착화 현상을 설명하는 핵심 개념으로, 자주 사용되는 표현일수록 인지적으로 더 쉽게 접근되고 따라서 선호된다는 점을 보여준다(Langacker 2000, Stefanowitsch 2008, Bybee 2010, Ellis 2013 참조). 이와 함께 유추, 유사성, 예시, 덩이짓기(chunking) 등의 개념도 용법 기반 접근을 설명하는 데 중요하게 작용한다(Bybee 2010/2013 참조).[39]

5.2 말뭉치 데이터의 사용

1990년대 이전까지의 많은 언어학 연구는 주로 삽화적 자료와 내성(introspection)에 의존해 왔다.[40] 이에 대해 Fillmore(1992)는 언어의 본질을 보다 실질적으로 탐구하기 위해 언어적 직관과 말뭉치 언어학을 결합한 방법론을 제안했다. 그는 이를 "컴퓨터 지원의 안락의자 언어학(computer-aided armchair linguistics)"이라 부르며, 이러한 접근이 기존의 내성 중심 연구를 넘어서는 통찰을 제공할 수 있다고 주장했다. 실제로 이 방법은 프레임넷 프로젝트를 비롯해 다양한 언어의 병렬 연구와 구문 관련 프로젝트에도 적용되었다. 즉, 구문문법과 틀의미론 연구는 관찰된 말뭉치 데이터와 연구자의 내성 데이터를 결합하여 이루어지고 있다.

Gries(2013)는 Gilquin & Gries(2009)의 연구를 바탕으로, 구문문법 연구에서 활용되는 다양한 데이터 유형과 방법론을 체계적으로 정리하였다. 그는 이를 세 가지 축으로 나눈다. 첫째, 1980~1990년대 초반의 구문주의 연구에서 사용된 내성적 판단 데이터이다. 둘째, 다양한 언어, 양상, 사용역, 방언, 공시적 · 통시적 차원 등을 아우르는 말뭉치 기반 관찰 데이터이다. 이러한 정량적 접근법은 (공동) 발생 빈도, (단방향) 조건부 확률, (양방향) 연상 강도, 다중 인자 및 다변량 분석 등과 같은 개념을 탐구하는 데 중점을 둔다. 셋째, 실험 데이터와 컴퓨터 기반 방법론, 즉 통계적 분석과 머신러닝 기법을 결합한 연구 방법이다(Gries 2013: 101-107 참조).

이처럼 구문문법 연구에서 다양한 경험적 데이터를 활용하는 접근은, 주로 내성 자료를 통해

---

39 유동적 구문문법(Fluid Construction Grammar, FCG; Steels 2013)과 신체화된 구문문법(Embodied Construction Grammar, ECG; Bergen & Chang 2013)은 용법 기반 데이터를 활용하여 구문적 통찰을 계산적으로 구현하려는 시도로 발전했다. FCG는 구문 분석, 생성, 학습의 맥락에서 가설을 정밀하게 검증할 수 있도록 구문적 통찰을 형식화하는 데 기여하며, ECG는 인간 언어 행동의 근간이 되는 인지적·신경적 메커니즘을 계산적으로 모형화한다. 마지막으로, 유동적 구문문법과 기호 기반 구문문법(SB.C.G)의 차이에 대해서는 Van Trijp(2013)을 참조할 수 있다.

40 심리언어학에서는 실험 데이터를 중시하지만, 여전히 화자의 직관이 주요 근거로 사용되었다. 그러나 Sampson(2003)은 화자의 모호한 직관에 과도하게 의존하는 접근이 실제 언어 사용의 본질과 크게 어긋날 수 있으며, 이러한 방식은 언어 이론을 세우는 데 있어 과학적이지 않다고 비판한다(비슷한 견해로 Hanks 2013 참조).

원어민의 이상적 언어 능력을 탐구하는 촘스키언 패러다임과 명확히 구분된다. 구문주의는 경험적 근거를 중시하며, 언어 현상을 설명하기 위해 통계적 방법과 실제 사용 데이터를 적극적으로 활용한다는 점에서 근본적으로 다른 연구 전통을 형성하고 있다.

5.3 통계적 방법

대규모 말뭉치의 활용이 가능해지면서, 구문문법 연구는 다양한 통계적 분석 기법을 도입하게 되었다. 그중에서도 가장 주목받는 방법이 바로 연어구문적 분석(collostructional analysis)이다. 이 방법은 발화 내에서 서로 다른 구성요소들이 얼마나 강하게 결합되어 나타나는지를 정량적으로 측정할 수 있게 해 준다(Stefanowitsch 2013, Hilpert 2014). 연어구문적 분석은 말뭉치 언어학의 연어(collocation) 연구 전통을 기반으로 하며, 특정 단어가 특정 구문 내의 슬롯과 얼마나 밀접하게 결합되는지를 수치화하여 비교 · 평가한다. 이러한 분석을 통해 연구자는 특정 단어와 구문 간의 연상 강도(association strength) 정도를 순위화할 수 있다. 대표적인 세부 방법으로는 연어어휘소 분석(Stefanowitsch & Gries 2003), 고유 연어어휘소 분석(Gries & Stefanowitsch 2004), 공변 연어어휘소 분석(Stefanowitsch & Gries 2005) 등이 있다. 이 밖에도 구문문법 연구에서는 추론 통계의 활용, 통계적 모델 선택, 다변량 분석 등 다양한 방법론이 사용된다. 이러한 접근은 구문문법 연구를 보다 경험적이고 정량적인 학문으로 발전시키는 데 기여하고 있다. 관련 논의는 Stefanowitsch(2013), Perek(2015), Zeschel(2015), Yun & Gries(2016), Gries(2017, 2019), Engelberg(2018) 등을 참고할 수 있다.

6. 앞으로의 방향

6.1 구문의 유형

1980년대와 1990년대의 구문문법 초기 연구는 주로 비관용적 구문에 초점을 맞추었다가, 이후 논항구조 구문으로 관심을 확장하였다. 그 뒤로 구문주의 연구자들은 수동태(Ackerman & Webelhuth 1998, Lasch 2016), 관계절(Webelhuth 2012), 필러 갭(filler-gap) 구문(Sag 2010) 등 다양한 유형 구문을 포괄적으로 다루기 시작했다. 그러나 여전히 한 언어에는 과연 얼마나 많은 구문 유형이 존재하는지, 이러한 구문들은 어떤 상속 관계를 통해 서로 유사하거나 다른 네트워크로 구성되는지(Sag *et al.* 2012 참조), 나아가, 각각의 구문 네트워크가 언어 전체의 대규모 네트워크로 어떻게 통합되는지에 대한 질문들은 남아 있다(Diessel 2019 참조). 또한, 언어 보편성의 관점에서 어떤 구문적 속성을 모든 언어에 공통된 보편적 특성으로 볼 수 있는지, 반대로 어떤 속성은 특정 언어에 국한된 것으로 배제해야 하는 지에 대한 논의 역시 필요하다. 이러한 질문들은 앞으로의 구문문법 연구에서 지속적으로 탐구해야 할 과제로 남아 있다.

6.2 구문의 상호작용

구문 간 상호작용 문제 또한 여전히 충분히 규명되지 않은 영역이다. 인지문법 연구는 특정 구문 간의 관계를 분석하는 데 중점을 두지만, 실제 발화가 인가되기 위해 여러 구문이 어떻게 동시에 작동하고 상호작용하는지는 여전히 명확하지 않다. 인지문법은 여러 수준의 추상적 구조를 가정하지 않고, 표면 형태가 곧 의미를 드러낸다("보이는 것이 곧 얻는 것이다")는 원칙에 기반한다. 따라서 발화의 구조는 다양한 구문들이 동시적으로 소환되어 결합하는 결과로 이해된다.

(1) The donuts taste yummy. (이 도넛은 맛있다)

이 문장은 자동사 구문이 핵심으로, 명사구(NP)와 동사구(VP)가 결합하여 전체 문장 구조를 형성한다. 첫 번째 구성요소인 the donuts는 정관사와 명사로 이루어진 복합 명사구이며, 동사 taste는 자동사로서 주어만을 필요로 한다. 형용사 yummy는 보어 역할을 한다. 어휘 구문은 각 항목이 굴절하지 않는 형태(the, taste, donut, yummy)에서부터, 복수형(donuts), 시제나 서법(taste의 굴절형) 등을 표시하는 형태학적 구문까지 다양한 수준에서 실례화된다.

(1)의 예는 비교적 단순한 자동사 구문이지만, 실제 언어 사용에서는 비관용적 구문, 수동태, 장거리 종속성, 생략, 조건문, 상승, 제어 등 복합한 구문들이 상호작용한다. 이와 관련하여 Sag *et al.*(2012: 5)은 다음과 같은 질문을 제기한다. "구문은 호환될 때 자유롭게 상호작용하는가? 일부 구문은 선택적인가, 혹은 필수적인가? 문법은 주어진 문맥에서 '적절한' 구문이 선택되도록 어떻게 보장하는가?" 이러한 질문들은 구문 간 결합 원리와 제약 조건을 밝히는 데 필수적이며, 여전히 구문문법 연구의 중요한 과제로 남아 있다.

〈표 3.2〉 The donuts taste yummy로 예증된 구문

구문의 유형	예시
자동사 구문 [[X]^{NP} [Y]^{V}]	[[*The donut*]^{NP} [*taste*]^{V}]
동사구 구문 [[X]^{V} ([Y]^{NP}) ([Z]^{PP})]	taste
형용사구 구문 [[x]^{Adv} ([y]^{Adv})]	yummy
명사구 구문	[[*the*]$^{def\text{-}Pr.}$ [*donut*]^{N}]
복수 구문 [[X]$^{N\text{-}root\text{-}morph}$ [-y]$^{infl\text{-}morph}$]]	[[donut]$^{root\text{-}morph}$ [-s]$^{infl\text{-}morph}$]
동사 굴절 구문 [[X]$^{V\text{-}root\text{-}morph}$ [Y]^{Infl}]	[taste] [-Ø]]
어휘 구문	[*taste*], [*the*], [*donut*], [*yummy*]

6.3 구문과 틀 검색 및 분석하기

구문문법의 또 다른 주요 과제는 구문을 경험적 방식으로 식별하고 분석하는 방법을 체계화하는 것이다. 현재까지 한 언어의 모든 구문을 포괄적으로 식별하고, 그것들이 언어 전체의 구문 네트워크 속에서 어떻게 조직되는지를 분석한 연구는 거의 없다. 대부분의 연구는 특정 구문 유형이나 연구자의 관심사에 의해 주도되어 왔다. 이러한 점에서 구문 탐색 절차는 프레임넷의 작업 흐름과 유사하다.

프레임넷은 특정 어휘 단위가 유발하는 의미 틀을 바탕으로, 말뭉치 전체에 주석을 다는 방식을 발전시켰다. 이러한 말뭉치 기반 주석 작업은 틀의미론이 텍스트 이해에 어떻게 기여하는지를 보여주며, 하나의 문장에서 서로 다른 틀이 어떻게 중첩되어 나타날 수 있는지를 설명한다(Fillmore & Baker 2001; Scheffczyk *et al.* 2010).[41] Ziem *et al.*(2014)은 실제 텍스트의 완전한 문장에 대해 문법 구조와 의미 틀을 동시에 주석화할 수 있는 절차를 제안하였다. 그들은 신문 텍스트를 분석하여 각 문장이 어떤 문법 구조에 의해 허가되는지, 또 각 문장의 어휘 단위가 어떤 의미 틀을 유발하는지를 체계적으로 기록하였다. 이러한 분석은 개별 문장 속 구문과 의미 틀의 복

41 자세한 내용은 https://framenet.icsi.berkeley.edu/fndrupal/fulltextIndex를 참고할 수 있다.

잡한 상호작용을 잘 보여준다.

이후 Boas(2019)는 Hanks(2013: 4)의 제안을 바탕으로, 말뭉치에서 구문을 발견하고 문서화하기 위한 체계적 절차를 제시하였다. 그는 Goldberg(1995: 4)의 구문 정의를 토대로, 말뭉치 전체 텍스트를 분석하여 각 문장을 허가하는 구문 항목을 식별하고 목록화하는 전체 텍스트 접근법(full-text approach)을 제안했다. 〈그림 3.10〉은 Boas(2019: 255)가 제시한 절차의 흐름도를 보여준다.

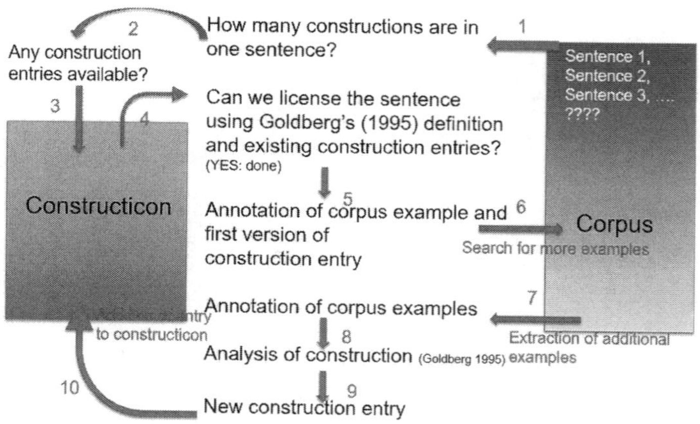

〈그림 3.10〉 말뭉치의 전체 텍스트를 분석하여 각 문장을 허가하는 데 필요한 구문 항목을 결정하기

출처: Boas 2019: 255

이 절차는 말뭉치의 첫 번째 문장을 분석하여 해당 문장을 허가하는 데 필요한 구문 항목을 확인하는 것(1단계)으로 시작된다. 이어서 이미 존재하는 구문 항목이 있는지를 검토하고(2-3단계), 기존 항목으로 문장을 설명할 수 있다면 분석을 종료한다(4단계). 그러나 문장을 설명할 적절한 구문 항목이 없을 경우, 연구자는 문장을 세밀히 분석하고 새로운 구문 항목을 도출해야 한다(5단계). 이후 추가적인 예문을 확보하고(6-7단계), 이를 주석화 및 분석하여(8-9단계), 새로운 구문 항목으로 공식화한다(10단계).

이러한 절차는 대규모 말뭉치에 적용될 때 시간과 자원 측면에서 도전적이지만, 기존 구문 목록을 미리 채워 넣거나 자동화 도구를 활용함으로써 효율성을 높일 수 있다. 무엇보다 이 접근법은 다양한 구문 간의 관계를 명시적으로 드러내고, 구문들이 실제 의미를 어떻게 형성하는지를 체계적으로 설명할 수 있는 토대를 제공한다.

더 읽을거리

Boas, H. C., & Sag, I. (Eds.). (2012). *Sign-based Construction Grammar*. Stanford: CSLI Publications.

Croft, W. (2001). *Radical Construction Grammar*. Oxford: Oxford University Press.

Fillmore, C. J., & Kay, P. (1993). *Construction Grammar*. Manuscript, University of California, Berkeley.

Goldberg, A. E. (2019). *Explain me this: Creativity, competition, and the partial productivity of constructions*. Princeton: Princeton University Press.

Hoffmann, T., & Trousdale, G. (Eds.). (2013). *The Oxford handbook of Construction Grammar*. Oxford: Oxford University Press.

Ziem, A., & Lasch, A. (2013). *Konstruktionsgrammatik. Konzepte und Grundlagen gebrauchsbasierter Ansätze*. Berlin/Boston: De Gruyter.

제4장

다중양상 구문문법

다중양상 구조에서 다중양상 구문까지

1. 서론

우리가 얼굴을 맞대고 대화할 때 사용하는 것은 단순히 언어, 즉 관습화된 언어적 의사소통 체계만이 아니다. 우리는 손짓, 자세, 표정 등 다양한 비언어적 수단을 통해 복잡한 의미적, 사회적, 정서적 의미를 함께 전달한다(Steen & Turner 2013). 흥미로운 점은 대화 상대가 물리적으로 존재하지 않아도, 인간은 여전히 다중양상적으로 소통하려는 자연스러운 욕구를 보인다는 것이다. 예를 들어, 전화 통화를 할 때 청자가 우리를 볼 수 없다는 사실을 알면서도 몸짓을 사용하는 경우가 많다(Cohen 1977, McNeill 2013b: 206). 문자메시지를 작성할 때도 상대방이 우리를 볼 수 없다는 것을 인식하게 되면, 몸짓이나 표정 등을 대신할 부호화된 정보(예:👍,👏 또는 ☺)를 사용해 의미를 보완하려는 경향이 나타난다.

예를 들어, yeah, right라는 표현을 보자. 겉으로 보면 두 개의 긍정적 어휘인 yeah 및 right가 서로를 강화해 지지적인 의미를 형성할 것으로 보이지만, 실제 대화에서는 억양과 다중양상적 단서에 따라 전혀 다른, 심지어 반대의 의미로 해석되기도 한다. 다음, TV 인터뷰에서 발췌한 (1)의 예가 그러하다.

(1) The doctor comes in and asks, Do you think you might be pregnant? and I was like, **Yeah, right. No. There's no way**. (의사가 들어와서 묻는다. 당신 혹시 임신했을 수도 있다고 생각하나요? 그러면 나는 마치, 그래요, 그렇죠. 아니오. 그럴 리가 없어요라고 말했다)
(출처: UCLA NewsScape Library of International Television News corpus, *KCBS Inside*

Edition, 2019-09-12 02:00 UTC 900-907) [저자 강조]

(1)은 임신 가능성을 부정하는 여성이 의사의 질문에 반응하는 장면을 묘사한다. 그녀는 Yeah, right(네, 맞아요)라고 대답하지만, 억양은 명백히 긍정이 아닌 부정을 나타낸다. yeah나 right가 일반적으로 긍정적 의미에서 쓰일 때의 높은 톤이 아니라, 낮은 톤의 yeah에 이어 약간 늘린 톤의 right로 발화된다. 오디오를 들어 보면, (1)의 자막에는 표시되지 않은 pf-haha라는 짧은 웃음소리가 발화 앞에 붙어 있는데, 이는 발화 전체를 부정적으로 해석하라는 신호로 작용한다. 더불어 그녀의 얼굴 표정과 몸짓 역시 의미 해석을 돕는 중요한 단서를 제공한다.

〈그림 4.1a〉는 (1)의 장면을 세 부분으로 나눈 것이다. 먼저 화자는 눈을 감고 시선을 오른쪽 아래로 돌리며 Pf-haha를 내뱉는다. 이엇 yeah를 말하며 고개를 뒤로 젖히는데, 이는 임신했을지도 모른다는 의사의 질문으로부터 물리적 · 심리적 거리를 두는 행위로 볼 수 있다. 마지막으로 right를 말할 때는 고개를 앞으로 내밀며 눈썹을 들어 올린 후, (서구 문화에서 전통적인 부정의 상징인) 머리를 좌우로 흔들어 의사를 단호히 부정한다.

결국 청자는 이 모든 언어적 · 비언어적 단서를 종합해 발화의 실제 의미를 해석하게 된다. 앞서 언급했듯이, 대면 상황이 아닌 경우 작성자는 이모티콘 등을 활용해 유사한 신호를 보낸다. 〈그림 4.1b〉의 트위터(Twitter) 예시를 살펴보자.

Yeah right라는 문구에 이모티콘 😆이 함께 사용되면서, 화자는 앞선 트위터 메시지(축구 경기에서 승부 조작이 없었다는 주장)에 대한 강한 불신과 풍자를 드러낸다. 이러한 이모티콘은 상대의 발언이 터무니없거나 우스꽝스럽다는 함의를 추가하며, 때로는 조롱의 의미로 기능하기도 한다.

그렇다면 인간은 어떻게 이렇게 복잡한 기호 체계를 빠르고 효율적으로 해석할 수 있을까? 진화론적 관점에서 학자들은 약 10만~7만 년 전 인류가 인지 혁명(cognitive revolution)을 겪으면서 정신 능력이 급격히 향상되었다고 본다(Harari 2014, Goldberg 2018). 뇌의 변화 덕분에 인간은 점점 더 복잡한 행동을 계획하고 실행하며, 방대한 정보를 서로 교환할 수 있게 되었다. 그 중심에는 언어의 발명, 즉 상징적 소통 능력이 있었다(Deacon 1997, Tomasello 1999). 우리는 형태(소리, 문자, 그림, 몸짓 등)와 의미(정신적 개념)를 관습적으로 결합하여, 단순한 사실 정보뿐만 아니라 사회적 관계, 가치 그리고 집단적 상상(예: 부족의 영혼, 돈, 국가 등, Harari 2014: 41)과 같은 추상적 개념까지 공유하게 되었다.

오늘날 대부분의 언어학 이론은 언어의 대부분이 이러한 상징적 기호(자의적 형태-의미 쌍)

〈그림 4.1a〉 예문 (1)에서 Pf-haha. Yeah, right의 저장 화면

〈그림 4.1b〉 (2)

출처: https://twitter.com/B.C.AFCBH/status/1052545836297715712(2019.10.27. 검색함)

에 기반하고 있음을 인정한다. 예를 들어, airport(영어), Flughafen(독일어), repülőtér(헝가리어)는 모두 '공항'이라는 동일한 개념을 서로 다른 관습화된 형태(['eəpɔːt], ['fluːghaːfən] 및 ['rɛ-pyløːteːr])로 표현한다. 그러나 실제 대화에서 우리는 단어 하나만이 아니라, 여러 단어를 결합해 더 큰 단위를 구성한다.(예: I'm getting a taxi to the airport(나는 공항으로 가려고 택시를 탈 거예요) 혹은 The airport was closed(그 공항은 닫혀 있었다)).

기존의 언어학적 접근법은 단어를 문장으로 결합하는 독립적 통사 규칙을 가정하지만, 지난 30여 년간 등장한 새로운 접근법들은 이러한 통사 규칙 대신 형태-의미 쌍 자체가 문법적 단위로 기능한다고 본다. 즉, 자의적 형태-의미 대응이 단어뿐만 아니라 문법 설명에도 핵심적이라는 관점이다. 이렇게 확장된 소쉬르의 기호 개념은 형태소, 단어, 관용구, 추상적 구문 패턴 등을 모두 포괄하는 "구문(construction)" 개념으로 발전했으며, 이를 연구하는 접근법을 "구문문법(construction grammar)"이라 부른다(Boas 이 책, Croft 2001, Goldberg 2006, Hoffmann 2017a, 2017b, Hoffmann & Trousdale 2013).

이 장에서는 구문문법이 (1), (2)와 같은 다중양상적 발화를 어떻게 설명할 수 있는지를 살펴본다. 다음 절에서는 구문문법의 기본 원리를 소개하고, 이러한 이론적 틀을 통해 다중양상적 발화를 분석하는 방법을 제시한다. 이어지는 3절에서는 영어의 비교 상관 구문(예: The more you eat, the fatter you get(네가 더 많이 먹을수록, 더 뚱뚱해진다), Hoffmann 2019a)의 다중양상적 사례를 분석하고, 마지막 4절에서는 논의된 내용을 요약하며, 특히 개념적 혼성(conceptual blending)과 작업 기억에서의 구문 결합 과정이 가지는 중요성을 강조할 것이다.

2. 다중양상적 구문문법

구문문법은 어휘소와 통사론을 명확하게 구분하지 않는다. 대신 모든 구문을 어휘소-통사 연속체의 일부로 본다('구문' 개념에 대해서는 Fillmore 1988, Goldberg 2003: 223, Jurafsky 1992 참조). 이 연속체는 (3)-(5)의 예에서 확인할 수 있으며, 여기서는 형태와 의미를 비형식적으로 제시한다. 구문 표상에 대한 다양한 접근 방식은 Hoffmann & Trousdale(2013), Hoffmann(2017a, 2017b)를 참고할 수 있다.

(3) 형태소 구문

un-V-construction:

형태: $[[[\text{ʌn}]_1\text{- V}_2]]$ ↔ 의미: "reverse_1 V-action_2"

(e.g., undo, untie, uncover)

(4) 관용구 구문

형태: $[\text{X}_1\ \text{SPILL}_2\ [\text{ðəbi:nz}]_3]$ ↔ 의미: "X_1 divulge_2 the-information_3"

(Croft and Cruse 2004: 252에서 모형화됨)

(예: He spilled the beans(그는 비밀을 발설했다), She has spilled the beans(그녀는 비밀을 발설했다), Their neighbours will spill the beans(그 이웃들은 비밀을 발설할 것이다) 참조)

(5) 자동사 이동 구문:

형태: $X_1Y_2Z_{3\_path/loc}$ ↔ 의미: "$Theme_1$ moves-by-$Manner_2$ $GOAL_{3\_path/loc}$"

(예: She ran into the room(그녀는 방으로 뛰어 들어갔다), The fly buzzed out of the window(파리가 윙윙거리며 창문 밖으로 날아갔다), They strolled along the road(그들은 길을 따라 거닐었다))

위의 예시에서 보듯, 단어 수준의 airplane(비행기)처럼 (3)-(5)의 모든 구문은 형태(FORM)와 의미(MEANING)의 기호 쌍으로 구성된다. 양방향 화살표(↔)는 이 둘 사이의 자의적이면서 상징적인 대응 관계를 나타낸다. 예를 들어, (4)에서 형태극([X_1 $SPILL_2$ $[ðəbiːnz]_3$])은 의미극("X_1 $divulge_2$ $the\text{-}information_3$")과 연결되어 있다. 형태극이 음운적으로 완전히 고정된 단어 구문과 달리, 다른 구문들은 다양한 요소로 채워질 수 있는 도식적 슬롯을 포함한다. (4)의 the beans는 고정된 형태이지만(예를 들어, 의도된 관용적 의미로 He spilled the peas(그는 완두콩을 엎질렀다)라고 말할 수 없음), 주어 역할을 하는 X 자리는 다양한 명사구로 대체될 수 있다. 또한 SPILL은 어휘소로 고정되어 있지만, 시제에 따라 spilled, will spill처럼 변형될 수 있는 유연성을 가진다. 이와 유사하게 (3)의 un-V 구문은 고정된 접두사와 도식적 동사 슬롯으로 구성되며, (5)의 자동사 이동 구문은 주어(X), 동사(Y) 또는 경로(path-/location-goal Z)에 대한 슬롯만 가진 완전한 도식적 구문이다.

그렇다면 화자는 이러한 다양한 구문을 어떻게 습득하는가? 소위 용법 기반 구문문법 접근법(Boas 이 책, Bybee 2006, 2013, Croft 2001, Goldberg 2003, 2006, Lakoff 1987)은 화자의 정신적 문법이 반복적 언어 사용 경험을 통해 형성된다고 본다. 즉, 특정 발화('구문')에 반복적으로 노출되면, 범주화(categorization), 덩이짓기(chunking), 교차양상적 연상(cross-modal association)과 같은 일반 인지 과정을 통해 해당 구문이 점차 정신적 표상으로 고착된다는 것이다. 이는 개별 사용이 구문 기억의 흔적을 남긴다는 용법 기반 관점(Bybee 2013)에 기반한다. 그러나 이 기억 흔적은 이후 사용에서 활성화되지 않으면 점차 약화되거나 소멸할 수 있다(Goldberg 2013: 27). 유사한 패턴이 여러 구문에서 반복적으로 관찰될 때, 즉 유형 빈도가 높을 때 도식적 슬롯이 형성된다(Croft & Cruse 2004: 292-293).

이러한 구문 형성과정은 다중양상적 언어 사용과 어떤 관련이 있을까?

앞서 언급했듯이, 인간의 의사소통은 본질적으로 다중양상적이다. 구문은 풍부한 사회적, 물리적, 언어적 맥락 속에서 실현되며(Bybee 2010), 이러한 맥락적 정보 역시 음운적·통사적·의미적 정보와 함께 저장될 수 있다. 이 점은 다중양상적 의사소통 연구에 중요한 시사점을 제공한다. 예를 들어, 손가락을 치켜세우는  제스처처럼 특정 몸짓이 '동의'나 '좋음'의 의미로 반복적으로 사용된다면, 그 몸짓은 독립적인 단일양상적 몸짓 구문으로 저장될 수 있다(McNeill 2000; Langacker 2005; Hoffmann 2017c; Zima 2017). 나아가 최근 연구들은 인간이 단일양상적 몸짓 구문뿐 아니라, 언어와 몸짓이 함께 특정 의미를 구성하는 다중양상적 구문을 저장할 수 있다는 가능성을 탐구하고 있다(Zima & Bergs 2017a). 이러한 다중양상적 구문의 존재론적 지위에 대해 명시적으로 논의한 연구로는 Andrén(2010), Steen & Turner(2013), Zima(2014, 2017), Csienki(2015), Schoonjans(2014), Schoonjans, Brône & Feyarts(2015), Pagan Cánovas & Antovic(2016) 등이 있다.

다만, 다중양상적 구문이 실제로 존재하는가에 대해서는 여전히 논쟁이 있다. Ningelgen & Auer(2017)는 많은 음성-몸짓 결합에서 몸짓이 단순히 언어적 의미를 강조하는 공동표현적 요소에 불과하며, 필수 구성요소가 아니라고 주장한다. 반면 Ziem(2017)은 몸짓이 제거되면 구문의 의미가 성립하지 않는 경우에만, 그것이 진정한 다중양상적 구문이라 할 수 있다고 본다.

이에 대해 Lanwer(2017), Schoonjans(2017), Ziem(2017) 등은 고착화가 점진적인 현상이므로, 몸짓의 사용이 느슨하든 강하든, 다양한 연속체 위에서 다중양상적 구문을 이해해야 한다고 비판한다. 예를 들어, Bressem & Müller(2017)는 독일어 화자들이 던지기 동작을 부정적 평가를 나타내는 언어 요소와 일관되게 결합해 사용한다는 점을 보여준다. Mittelberg(2017)는 독일어 실존 구문 Es gibt …(-이 있다/존재한다)가 "무언가를 주거나 잡는" 도식적 손짓과 자주 함께 나타난다고 보고한다(Mittelberg 2017: 1). Ziem(2017)은 영어 구문 [all way from X PREP Y]의 80% 이상이 공통된 몸짓과 함께 나타남을 확인하고, 몸짓이 "이동 경로의 범위나 규모의 크기"를 시각적으로 표현하는 상징적 기능을 수행한다고 분석한다. 구문에 추가하는 의미적 구성요소에 대해 그녀는 두 가지 하위 의미를 구분한다.

이처럼 용법 기반 구문문법의 관점에서 보면, 화자의 정신적 문법에는 다수의 다중양상적 구문이 저장되어 있을 가능성이 높다. 그러나 연구 방법론적 과제도 여전히 남아 있다. "몸짓이 구문의 필수 구성요소인지 여부는 그 현저성(Ellis 2013: 371)과 몸짓-언어 결합의 빈도에 달려 있다"(Hoffmann 2017c). 이를 검증하기 위해서는 연어(collocation) 분석 같은 통계적 방법이 유용하다(Gries 2013; Stefanowitsch 2013). 하지만 이를 위해서는 특정 구문 내에서의 몸짓 빈도뿐 아니라, 다른 구문에서의 동일 몸짓 사용, 동일 구문 내의 다른 몸짓 사용 등 대규모 말뭉치 기반 데이터가 필요하다(Hoffmann 2017c). 또한 Schmid(2020)가 지적했듯이, 고착화는 개인적 인지 과정이지만 말뭉치는 여러 화자의 자료를 종합한 것이다. 따라서 말뭉치에서 발견되는 패턴은 집단적 경향을 반영한다. 기본적인 인간 경험을 표현하는 고빈도 논항구조 구문은 말뭉치 분석에 적합하지만, 희귀하거나 개인적 변이가 큰 다중양상적 구문은 신중한 해석이 필요하다.

한편 Hoffmann(2017c)은 다중양상적 구문의 존재 여부보다 더 근본적인 문제, 즉 다중양상적 의사소통이 구문문법이라는 언어 인지 이론에 미치는 영향을 제기한다. 구문은 장기기억에 저장된 형태-의미 쌍이며, 구조(structure)는 작업기억 내에서 실시간으로 생성되는 구체적 발화이다(Cowan 2008; Diamond 2013). 대부분의 경우 하나의 발화는 여러 구문의 조합으로 이루어진다. 예를 들어, Firefighters cut the man free(소방관들이 남성을 구했다)라는 문장은 결과 구문([X V Y Z] ↔ "X는 V에 의해 Y가 Z가 되게 한다")을 포함하여, 이는 They elected him president(그들은 그를 대통령으로 선출했다), She wiped the table clean(그녀는 테이블을 깨끗이 닦았다) 등과 유사한 패턴을 보인다(Hoffmann 2017b: 285).

구문문법은 이러한 구조적 결합을 어떻게 설명할까? 인지적 접근에서는 "구문은 충돌이 없는 한 자유롭게 결합된다"(Goldberg 2006: 22)고 보지만, 형식적 접근(Bergen & Chang 2005, Boas & Sag 2012, Michaelis 2013 등)은 '제약조건 만족(constraint satisfaction)'으로 이를 모델링한다. 제약조건 접근법은 실제 언어 데이터 분석에 매우 효과적이지만, 인지적 관점에서 이 메커니즘이 인간의 사고 과정을 잘 반영하는지에 대해서는 의문이 남는다. 특히 제약조건 모델이 다중양상적 정보를 어떻게 통합하는가에 대한 설명은 여전히 불충분하다.

이에 반해, 인지언어학에서는 '개념적 혼성(conceptual blending)'이 작업기억 내에서 구문 결합을 이끈다고 본다(Fauconnier & Turner 2002, Turner 2018, Hoffmann 2019b). 개념적 혼성은 수학, 과학, 예술, 사회적 상호작용 등 다양한 인지 영역에서 새로운 의미를 창출하는 일반적 처리 과정이다. 이는 언어와 몸짓이 작업기억 안에서 하나의 통합된 다중양상적 구조로 결합되는 방식을 자연스럽게 설명한다(Steen & Turner 2013, Turner 2018). 결국, 모든 다중양상적 구문은 처음에는 즉흥적이고 창의적인 언어-몸짓 결합으로 나타나지만, 반복된 사용을 통해 장기기억 속에 고착된 구문으로 자리 잡는다. 또한 Mittelberg(2013)가 지적했듯이, 몸짓 자체도 언어적 기호와 동일하게 도상성, 지표성, 은유, 환유 등의 인지적 기호 원리에 기반한다. 따라서 개념적 혼성은 단일양상적 언어와 다중양상적 언어 사용을 모두 설명할 수 있는 강력한 인지 메커니즘으로 이해될 수 있다. 다음 절에서는 이러한 관점을 실제 사례 연구를 통해 구체적으로 살펴볼 것이다.

3. 사례 연구: 비교 상관 구문

비교 상관(Comparative Correlative, CC) 구문은 상당히 복잡한 구문적 형식이다(Culicover & Jackendoff 1999, Fillmore, Kay & O'Connor 1988, Hoffmann 2019a).

(6) 비교 상관 구문

형태: $[ðə[]_{\text{comparative phrase1}}\ \text{clause}_1]_{C1}\ [ðə\ []_{\text{comparative phrase2}}\ \text{clause}_2]_{C2}$

↔

의미:

$[\text{As the degree of comparative phrase1 increases/decreases}]_{\text{independent variable}}$

$[\text{so the degree of comparative phrase2 increases/decreases}]_{\text{dependent variable}}$

(Hoffmann 2019a: 140의 단순화)

(e.g., The [more tired] he is]$_{C1}$ [the [more mistakes] he makes]$_{C2}$,

(그가 더 피곤할수록 더 많은 실수를 한다)

The [more] you eat]$_{C1}$ [the [fatter] you get]$_{C2}$,

(네가 더 많이 먹을수록 더 뚱뚱해진다)

The [more tired] you are]$_{C1}$ [the [more mistakes] you make]$_{C2}$

(네가 더 피곤할수록 더 많은 실수를 저지르게 된다))

(6)에서 보듯이, 비교 상관 구문은 두 개의 절(C1 및 C2)로 구성된다. 형태적으로 이 절들은 고정된 실체이고, 음운적으로도 [ðə …]$_{C1}$ [ðə …]$_{C2}$)의 고정된 구조로 시작한다. 이후에는 두 개의 필수 비교 구(예: [more tired]$_{\text{comparative phrase1}}$ 및 [more mistakes]$_{\text{comparative phrase2}}$)가 위치한다. 의미적으로 이 구문은 대칭성과 비대칭성을 동시에 보인다. 각 절 내부의 의미는 증가 혹은 감소라는 정도의 변화라는 점에서 유사하지만, 두 절의 관계는 비대칭적이다. C1은 독립변수/원인/전제의 역할을 하고, C2는 종속변수/결과/귀결의 역할을 한다(Goldberg 2003: 220 참조). 예를 들어, the more tired he is → the more mistakes he makes 구조에서, 피곤함의 정도(C1)이 많을수록 실수의 정도(C2)가 증가한다.

이 구문의 복잡한 의미는 여러 다중양상적 분석 측면에서 흥미로운 이론적 질문을 낳는다. 화자는 비교 상관 구문을 말할 때 몸짓을 어떻게 사용할까? C1과 C2의 대칭적 의미를 강조할까, 아니면 비대칭적인 인과 관계를 전면에 드러낼까? 또한 몸짓의 의미와 비교 상관 구문의 의미는 화자의 작업 기억 속에서 어떤 방식으로 통합될까? 마지막으로, 이러한 구조가 고착화된 다중양상적 구문으로 저장되어 있다는 증거가 있을까?

이러한 질문에 답하기 위해, 본 연구에서는 경험적 말뭉치 분석을 수행하였다. 데이터는 UCLA 뉴스스케이프 말뭉치(http://newsscape.library.ucla.edu/)에서 추출하였다. 이 말뭉치는 2005년부터 현재까지 25만 시간 이상의 텔레비전 및 비디오 뉴스 프로그램을 포함하며, 20억 개가 넘는 단어로 구성되어 있다. 뉴스, 토크쇼, 광고, 인터뷰 등 다양한 장르가 포함되어 있으며, 자연스러운 대화 자료를 제공한다(Steen *et al*. 2018: 4). 데이터 추출에는 Erlangen CQPweb 인터페이스(https://corpora.linguistik.uni-erlangen.de/newsscape)를 사용했으며, 검색식은 (7)과 같다.[1]

(7) "the" [pos = "JJR|RBR"] []* "the" [*pos*="JJR|RBR"] []* [pos = " \."] within s

이 검색식은 첫 번째 "the" 뒤에 비교 형용사(JJR) 또는 부사(RBR)가 오고, 그 후 일정 길이의 문자열이 이어진 뒤 동일한 구조의 두 번째 "the"가 등장하는 경우를 찾는다. 또한 "within s" 조건은 두 절(C1과 C2)이 같은 문장 내에 존재함을 보장한다. 이 검색으로 총 33,335개의 조회가 나왔으며, 그중 1,000개의 샘플을 추출했다. 비교 상관 구문이 아닌 예시(138개)와 중복 토큰(240개)을 제외한 뒤, 최종적으로 442개의 고유 비교 상관 구문 실례가 남았다. 이 중 317개(약 71.7%)에서는 화자의 손이 화면에 보이지 않았다. 즉, 몸짓이 없어도 비교 상관 구문으로 인식이 가능했다. 따라서 Ziem(2017)의 관점에 따르면, 비교 상관 구문은 몸짓을 필수 요소로 포함하는 다중양상적 구문은 아니라고 주장할 수 있다.

그러나 몸짓의 "의무성"만을 근거로 다중양상적 구문 여부를 판단해서는 안 된다. 125개의 몸짓이 보이는 사례 중 100개(80%)에서는 화자가 몸짓을 사용했다. 이는 화자들이 비교 상관 구문을 말할 때 몸짓을 선호적으로 동반함을 시사한다(Schmid 2020). 그렇다면 화자들은 어떤 종류의 몸짓을 사용하는가?

몸짓이 보이는 100개 사례를 다음의 부호화 체계로 분류하였다.

---

1 이 과정에서 쿼리 설정을 도와준 토마스 브루너(Thomas Brunner), 마크 터너(Mark Turner), 피터 우릭(Peter Uhrig)에게 감사를 전한다.

• PARALLEL(평행): 두 손(또는 같은 손)이 C1과 C2에서 동일한 몸짓을 수행한 경우, 이는 두 절의 병렬적 의미를 상징적으로 표현한 것으로 본다.
• SYMMETRIC(대칭): 두 손이 유사한 움직임을 보이지만, C1과 C2에서 서로 반대 방향으로 움직일 때, 이는 인과적 비대칭성을 상징한다.
• DIFFERENT(다름): 손의 움직임이 구문 의미가 관련이 없을 때.

예를 들어, (8)에서는 PARALLEL(평행) 유형의 몸짓이 동반된다.

(8) The more of us who talk about it, the easier it will get … (더 많은 사람들이 이야기할수록 더 쉬워질 것이다)
(출처: UCLA NewsScape Library of International Television News corpus, KTTV-FOX The Dr Oz Show, 2017-03-29 20:00 UTC, 2892-2896)

〈그림 4.2〉 상단의 세 패널을 보면, 화자는 C1과 C2에서 양손을 동일하게 사용한다. Bressem(2013)의 표기법에 따르면 양손은 평평한 형태이며, 각 절이 시작될 때 손의 위치는 화자의 신체 중심(center; McNeill 1992: 89)을 향하고 있다. 이후 비교 요소인 more of us와 easier에서 양손이 아치형으로 위쪽·바깥쪽으로 이동하는 동일한 동작이 반복된다.

(9)와 같은 사례에서는 SYMMETRIC(대칭) 움직임을 관찰할 수 있다(〈그림 4.3〉 참조).

(9) And the more he's afraid, the more he's going to talk. (그리고 그가 더 두려워할수록, 그는 더 많이 말하려 할 것이다)
(출처: UCLA NewsScape Library of International Television News corpus, MSNB.C. Hardball with Chris Matthews, 2017-03-31 23:00 UTC, 218-223)

(9)의 전체 비교 상관 구문에서 화자는 양손을 평평하게 펴고 손바닥을 중앙으로 향하게 한 채 옆으로 펼친다. C1에서 화자는 양손을 중앙에서 왼쪽으로 이동시키며, C2에서는 같은 동작을 반대 방향인 오른쪽으로 수행한다.

〈그림 4.2〉의 PARALLEL(평행) 몸짓이 비교 상관 구문의 대칭적 의미를 강조한다고 본다면, 〈그림 4.3〉의 SYMMETRIC(대칭) 몸짓 역시 손짓의 형태와 움직임 면에서 유사한 구상화를 보여

(a) the more of us … and the more … afraid

(b) The eas- ier

(b) The eas- ier

〈그림 4.2〉 예문 (8)의 비교 상관 구문의 저장 화면
(화면 캡션은 아래쪽 패널 세트에서 검게 처리됨)

〈그림 4.3〉 예문 (9)의 비교 상관 구문의 저장 화면
(화면 캡션이 아래쪽 패널 세트에서 검게 표시됨)

주며, 두 절의 대응 관계를 시각적으로 구현한다. 동시에, 양손의 반대 방향 이동은 C1과 C2 사이의 비대칭적 의미 관계 즉, 원인과 결과의 관계를 상징적으로 드러낸다. 그러나 비교 상관 구문에서 나타나는 몸짓이 항상 이러한 유형에만 국한되는 것은 아니다. 때로는 몸짓이 구문의 의미적 구조와 직접적으로 관련되지 않거나, PARALLEL(평행)이나 SYMMETRIC(대칭)으로 명확히 분류하기 어려운 경우도 있다. 예를 들어, (10)의 사례는 DIFFERENT(다름) 유형으로 분류된다.

(10) Did you know that the more stress you have, the more likely you are to be obese … (너는 알았니, 네가 더 많은 스트레스를 받을수록 비만일 가능성이 더 커진다는 것을?)
(출처: UCLA NewsScape Library of International Television News corpus, *HLN Morning Express With Robin Meade*, 2017-02-24 14:00 UTC, 1471-1480)

C1(〈그림 4.4〉의 상단 패널)에서 화자는 왼손만 사용하며, 집게손가락을 편 채 손바닥을 대각선 방향으로 중앙을 향하게 한다. 이때 손은 세 프레임 모두에서 아래쪽으로 세 차례의 비트(beat)

몸짓을 수행한다(화살표로 표시). 반면, C2(〈그림 4.4〉의 하단 패널)에서는 양손을 사용하여 손바닥을 옆으로 펼친 채 중앙을 향하게 하고, 두 손을 동시에 아래쪽으로 움직이며 화자의 오른쪽으로 이동시킨다. 이 비트 몸짓은 you와 are 발화에도 맞물려 있다. 비트 몸짓은 특정한 의미를 전달하지는 않지만(McNeill 1992: 80-82), "화자가 중요한 내용을 리드미컬하게 강조할 때" 자주 사용되는 제스처이다(Kendon 2013: 16). (10)의 다중양상적 구조는 더 깊은 논의가 가능하지만, 본 분석에서는 C1의 몸짓이 비교 상관 구문의 의미에 의해 동기화되지 않았다는 점에서 DIFFERENT(다름) 유형으로 분류하였다.

〈그림 4.5〉는 뉴스스케이프 말뭉치에서 C1과 C2 모두에서 명확한 몸짓이 관찰된 100개 토큰의 분포를 보여준다. 분석 결과, 비교 상관 구문이 특정한 다중양상적 패턴으로 고착되어 있다고 보기는 어렵다. 46개의 토큰이 DIFFERENT(다름) 유형, 44개가 PARALLEL(평행), 10개가 SYMMETRIC(대칭)으로 나타났다.

물론 이러한 결과를 개별적 고착화의 증거로 해석하는 데에는 신중할 필요가 있다(Schmid 2020). 그럼에도 불구하고, 화자들이 SYMMETRIC(대칭)보다 PARALLEL(평행) 몸짓을 더 자주 사용하는 경향은 확인된다. 이는 Hoffmann(2019a)의 주장인 현대 영어의 비교 상관 구문이 점차 평행화(parallelization)되는 경향을 보인다는 분석과도 일치한다.

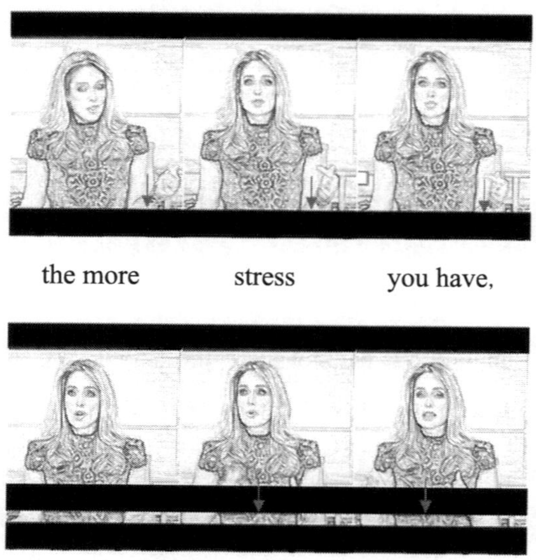

〈그림 4.4〉 예문 (10)의 비교 상관 구문의 저장 화면
(하단 패널 세트에서 화면 캡션이 검게 표시됨)

이처럼 특정한 다중양상적 형식이 고정적으로 자리 잡은 것은 아니지만, (8)-(10)에서 보듯 화자는 작업 기억 내에서 언어와 몸짓을 통합적으로 활용한다. 화자는 두 가지 인지적 요소를 결합해, 비교 상관 구문을 말할 때 이해 가능한 몸짓을 자연스럽게 동반한다. SYMMETRIC(대칭)과 PARALLEL(평행) 몸짓은 Ningelgen & Auer(2017)가 지적하듯, 동시 표현적이지만 선택적인 특성을 가진다. 따라서 다중양상적 구문 현상만을 독립적으로 논의하는 것은 본질을 놓칠 위험이 있다. 몸짓이 새로운 의미를 추가하지 않더라도, 그것은 이론적으로 여전히 중요하다. (8)과 (9)의 화자들은 비교 상관 구문의 대칭적 구조와 비대칭적 인과관계를 시각적으로 표현하려는 경향을 보였으며, (10)에서는 강조의 필요성이 비트 몸짓으로 실현되었다. 결국 몸짓은 선택적이지만 항상 의미를 담는다. "자발적인 공동 언어적 몸짓은 화자가 말과 함께 사고하는 과정을 드러내는 창구이다"(McNeill 2013a: 29). 더 나아가, 인류 초기의 언어 형성 과정에서도 장기 기억에 구문이 저장되기 전, 형태와 의미는 반드시 연관되어야 했다. 이 점에서 작업 기억은 형태와 의미를 상징적으로 연결하는 구문화의 핵심 공간이며, 단일 및 다중양상적 기호 현상의 창의적 근원으로 볼 수 있다.

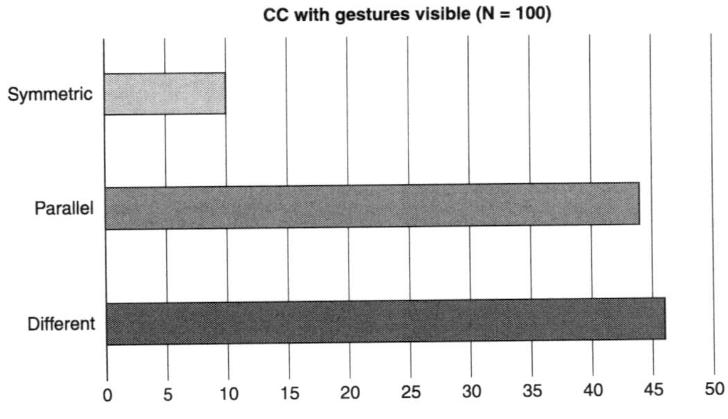

〈그림 4.5〉 비교 상관 구문의 뉴스스케이프 샘플에서 몸짓 유형 분포

4. 결론: 다중양상적 구조 문법

구문문법은 단순한 문법 이론에 그치지 않는다. 그것은 인간의 기호적 사고와 의미 형성 과정을 이해할 수 있는 중요한 인지적 틀을 제공한다(Bergs & Hoffmann 2018, Hoffmann 2017c). 최근 들어 다중양상적 구문의 존재론적 지위와 이론적 범위를 탐구하는 연구들이 활발히 이루어지고

있으며, 본 연구 역시 그 흐름 속에 위치한다. 앞서 살펴본 바와 같이, 다중양상적 구문 연구에는 여전히 해결되지 않은 방법론적·이론적 과제들이 남아 있다. 그럼에도 이 연구 분야는 언어와 몸짓, 시각적 표현이 통합적으로 작동하는 인지 메커니즘을 탐구할 수 있는 풍부한 가능성을 보여준다. 특히, 다중양상적 구문이 존재하지 않는 경우에도, 다중양상적 구조 자체는 작업 기억 속에서 이루어지는 온라인 기호 처리 과정(online semiotic process)을 관찰할 수 있는 흥미로운 창을 제공한다. 이는 언어가 단지 음성적 기호의 결합이 아니라, 화자의 인지적·신체적 표현이 통합된 복합적 의미 생성 행위임을 시사한다. 예문 (1)과 (2)에서 보았듯이, 화자는 다양한 양상의 형태-의미 쌍을 창의적으로 결합하여 복잡한 사고를 실현한다. 이러한 관점에서 다중양상적 구조 문법은 언어의 창조성과 상호작용성을 이해하는 데 중요한 역할을 한다. 결국, 다중양상적 구조 문법뿐 아니라 다중양상적 구문문법에 대한 연구는 아직 탐구할 가치가 충분히 남아 있다. 이 분야는 언어학, 인지과학, 제스처 연구를 가로지르며, 언어의 본질을 말-몸짓-생각의 통합적 시스템으로 이해하려는 새로운 이론적 방향을 제시한다.

더 읽을거리

몸짓 연구에 대한 가장 포괄적인 개요는 Müller *et al.*(2013, 2014)이 편집한 『몸-언어-의사소통: 인간 상호작용의 다중양상성 핸드북Body-Language-Communication: An International Handbook on Multimodality in Human Interaction』의 두 권으로 제공된다. 다중양상적 구문의 존재론적 지위와 관련된 방법론 및 이론적 문제에 대한 추가 읽기를 원한다면, Elisabeth Ziemand & Alexander Bergs(2017b)가 편집한 『언어학 최전선Linguistics Vanguard』의 특별 주제가 좋은 출발점이 될 것이다. 또한, 다중양상적 구문문법 연구의 데이터 출처로서 뉴스스케이프에 대한 자세한 내용은 Ziem(2017)을 참조.

제5장
자연 의미적 메타언어

1. 개요와 정의

자연 의미적 메타언어(Natural Semantic Metalanguage, NSM) 접근법은 의미를 인지적 관점에서 설명하려는 방법론으로, 단순하고 번역 가능한 단어들로 구성된 보편적 메타언어를 사용한다. 이 메타언어는 약 65개의 의미적 또는 개념적 프라임에 기반한다. 예를 들어, I(나)와 YOU(너), SOMEONE(누군가)과 SOMETHING(무언가), HAPPEN(발생하다)과 DO(하다), WANT(원하다)와 KNOW(알다), GOOD(좋다)과 BAD(나쁘다), IF(만약)와 BECAUSE(왜냐하면) 등이 이에 속한다. 이러한 프라임은 모든 인간이 공유하는 개념으로, 거의 모든 언어에서 단어나 이에 상응하는 표현으로 나타난다는 증거가 있다. 그래서 자연 의미적 메타언어로 작성된 설명과 스크립트는 언어적 분석과 개념적 분석을 동시에 중시한다.

자연 의미적 메타언어에 관한 연구는 매우 다양하며, 어휘의미론, 문법, 민족 화용론 등 폭넓은 주제를 다룬다(nsm-approach.net의 참고문헌 참조). 이러한 연구들은 언어와 인지의 문화적 측면을 탐구하는 데 중요한 통찰을 제공한다.

1.1 메타언어의 결정적인 중요성

자연 의미적 메타언어 접근법의 핵심 원칙은 다음과 같이 요약된다. 단어의 의미를 설명하려면, 결국 다른 단어(또는 기호 체계)를 통해서만 설명할 수 있다. 따라서 개념적 순환이나 혼란을 피하려면, 설명은 가능한 한 단순하고 명확하며, 문화적으로 편향되지 않아야 한다. 매우 신중하게 진행해야 하며, 모든 설명이 가능한 한 명확하고 분명해야 한다. 이를 위해 자연 의미적 메타언어는 모든 언어 또는 대부분의 언어에서 등가어를 찾을 수 있는 단어들을 기반으로 메타언어를 구성한다. 즉, 자연 의미적 메타언어는 단순하고 상호 번역이 가능한 단어를 가장 중요한 원칙으로 삼는다. 이 접근법의 연구자들은 지난 40여 년간 이러한 메타언어를 정교화해 왔으며, 일부 세부 논점이 여전히 논의 중이지만, 현재는 상당히 안정적이고 완성된 이론적 틀로 평가받고 있다.

많은 언어학자들이 메타언어의 중요성을 간과하지만, 이는 언어 이론의 논리적 기반을 놓칠 위험이 있다. 메타언어를 신중히 설명하지 않으면, 이론 자체가 불안정한 토대 위에 세워질 수 있으며, 결과적으로 영미 중심적 또는 유럽 중심적 사고에 치우칠 수 있다.

1.2 자연 의미적 메타언어 접근법의 특징

자연 의미적 메타언어 접근법의 가장 큰 특징은 의미와 개념을 설명할 때 일상 언어의 단순한 의역을 사용한다는 점이다. 또한 이 접근법은 "단어-우선" 원칙을 강조한다. 그 결과 이 이론은 단어, 문법, 담화, 문화 연구 등 언어 현상의 거의 모든 영역에 적용될 수 있다. 자연 의미적 메타언어는 또한 인본주의적 접근을 지향한다. 언어를 인간 경험의 일부로 보고, 민족지학, 문학, 문화 연구와의 연결을 강조한다. 이러한 특징 덕분에 자연 의미적 메타언어는 언어 교육, 문화 간 의사소통, 언어 접근성 연구 등 다양한 응용 분야에서도 유용하게 활용된다.

1.3 주요 자연 의미적 메타언어 개념

1.3.1 의미적/개념적 프라임

의미적/개념적 프라임은 인간 사고의 가장 기본적인 단위이다. 이들은 더 단순한 용어로 완전히 정의할 수 없으며, 언어를 사용하지 않는 존재(예: 유아나 침팬지)에게도 그 개념이 존재한다고 본다(Goddard, Wierzbicka & Fábrega 2014, Wierzbicka 2015). 각 프라임은 거의 모든 언어에서 단어나 유사한 표현으로 실현될 수 있으며, 특정 언어에서 해당 프라임을 나타내는 단어를 지수(exponent)라 한다. 〈표 5.1〉은 영어 지수를 기준으로 한 전체 프라임 목록을 보여준다.

다른 의미 분석 체계와 비교할 때, 의미적 프라임의 자연 의미적 메타언어 목록은 놀라울 정도로 "인간적"이며 주관적이다. 첫째, I(나)와 YOU(너)는 모두 프라임에 포함되는데, 이는 인간 사고에서 1인칭과 2인칭의 구분이 필수적임을 의미한다. 이러한 구분은 단순히 3인칭으로 환원될 수 없다. 또한 SOMEONE(누군가)과 SOMETHING(무언가)은 존재론적 수준에서 명확히 구분되며, '참가자(participants)', '논항(arguments)', '개체(entities)'와 같은 추상적 범주는 사용되지 않는다. 정신적·언어적 프라임으로는 WANT(원하다), DON'T WANT(원하지 않는다), THINK(생각하다), KNOW(알다), SAY(말하다) 등이 있으며, 이는 주관성과 상호주관성을 모형화하는 데 핵심적이다. PEOPLE(사람) 역시 프라임으로, 이는 자연 의미적 메타언어가 본질적으로 "사회적" 의미 체계임을 보여준다.

둘째, SEE(보다), HEAR(듣다), FEEL(느끼다)과 같은 프라임은 감각 경험의 지향성을 반영한다. BODY(몸)와 그 PARTS(부분) 간의 관계는 신체화된 인지를 나타내며, ABOVE(위)와 BELOW(아래)도 경험적 관점을 반영한다. 예를 들어, I think about this someone like this(나는 이 사람을 이렇게 생각한다)나 This is someone above me(이 사람은 내 위에 있는 사람이다)와 같은 표현은 인간이 세계를 인식하는 방식을 보여준다.

셋째, 많은 프라임은 객관적 현실의 속성이 아니라 화자의 해석(사고방식)과 평가를 내포한다. 예를 들어, GOOD(좋다)과 BAD(나쁘다), BIG(크다)과 SMALL(작다), NEAR(가깝다)와 FAR(멀다), MUCH~MANY(많다), LITTLE~FEW(적다), A LONG TIME(긴 시간)과 A SHORT TIME(짧은 시간), 그리고 VERY(매우) 등이 있다. 이들은 모두 상대적 판단과 인지적 관점을 반영한다. 또한, I(나)와 YOU(너), BEFORE(전)와 AFTER(후)와 같은 상보적, 대립적 및 역의적 항목의 많은 쌍이 포함되어 있다.[1] 이러한 이원적 경향은 인간 개념 체계의 근본적 특성을 보여준다.

아래 〈표 5.1〉은 프라임이 언어에서 어떻게 실현되는지를 간략히 요약한다. 예를 들어, DO(하다)의 지수는 종종 make(만들다)로, FEEL(느끼다)은 hear(듣다) 또는 taste(맛보다)로 실현될 수 있으며, BEFORE(전)는 in front of(전에)나 first(먼저)의 의미로 표현되기도 한다. 또한 하나의 프라임이 여러 형태로 실현될 수도 있다. 예를 들어, OTHER(다르다)는 other(다르다)와 else(그밖에)로, I(나)는 I와 me로 나타난다. 이처럼 이형태의 개념은 해당 항목들이 서로 의미적으로 대체할 수 없음을 전제로 한다(Goddard 2008: 5-8 참조). 예를 들어, 영어의 often(종종)은 at many times(여러 번)로, 폴란드어의 tak는 like this(이것처럼)와 같은 의미로 해석될 수 있다. 일부 언어

1 흥미롭게도 이러한 항목들은 서로 상보적이지만 완전히 대체될 수는 없다. 예를 들어, GOOD(좋다) ≠ not bad(나쁘지 않다), BAD(나쁘다) ≠ not good(좋지 않다)이다. 또한 Y happened AFTER X(Y는 X 후에 발생했다)는 논리적으로 X happened BEFORE Y(X는 Y 전에 발생했다)와 동등하지만, 두 개념 사이에는 환원 불가능한 관점의 차이가 존재한다.

에서는 특정 프라임의 조합이 오직 포르망토(portmanteau) 형태, 즉 두 개 이상의 의미를 한 단어로 결합한 구조로만 표현되기도 한다.

〈표 5.1〉 의미적 프라임, 영어 지수

I, you, someone, something~thing, people, body	실체
kinds, parts~have parts	관계적 실체
this, the same, other~else	지정사
one, two, some, all, much~many, little~few	수량사
good, bad	평가
big, small	기술
know, think, want, don't want, feel, see, hear	정신적 서술어
say, words, true	발화
do, happen, move	행위, 사건, 이동
be (somewhere), there is, be (someone/ something)	장소, 존재, 상세화
(is) mine	소유
live, die	삶과 죽음
time~when, now, before, after, a long time, a short time, for some time, moment	시간
place~where, here, above, below, far, near, side, inside, touch	장소
not, maybe, can, because, if	논리적 개념
very, more	논항, 강화
like	유사

출처: Goddard & Wierzbicka 2014 이후 자료

참고: 프라임의 지수는 다의어일 수 있다. 즉, 여러 추가적 의미를 가질 수 있다는 것이다. 프라임의 지수는 단어, 결합 형태소 또는 구문으로 나타날 수 있으며, 형식적으로 복잡할 수 있다. 또한, 프라임에는 언어별 조합 변형(~로 표시되는 이형태들)이 있을 수 있다. 각 프라임은 잘 정의된 통사적 (조합) 속성을 가지고 있다.

1.3.2 자연 의미적 메타언어 문법(개념적 통사론)

의미적/개념적 프라임은 모든 언어에서 실현될 수 있다고 가정되며, 이에 상응하는 고유한 개념적 통사론을 가진다. 물론 표지 패턴, 어순, 구성요소 구조 등 세부적인 형식은 언어마다 다

르지만, 그 기본 원리는 보편적이다. 자연 의미적 메타언어 통사론은 크게 세 가지 범주로 나눌 수 있다. (i) 기본 조합법, 실체와 지정사 간의 결합: THIS SOMETHING(이 무언가), THE SAME SOMEONE(같은 누군가), SOMEWHERE ELSE(다른 곳), TWO PARTS(두 부분), MANY KINDS(여러 종류) 등, (ii) 기본 틀 및 확장된 원자가 옵션, DO의 기본 구조는 do something이지만, do something to someone, do something to something, do something with someone과 같은 다양한 확장형이 가능하다. (iii) 정신적 프라임의 상보적 옵션, 예를 들어, THINK(생각하다)는 준인용적 옵션을 가지며(예: I think like this …(나는 … 이렇게 생각한다)), KNOW(알다)는 명제적이고 분석 가능한 옵션(예: I know that …(나는 … 라고 안다))을 가진다(5.1절 참조). 이처럼 의미적 프라임의 결합적 속성은 언어 간 통사론의 보편적 특성이라 간주될 수 있다.

반면, 특정 언어에서는 사용 가능한 구문(예: 간접화행 구문)은 자연 의미적 메타언어 체계에서는 허용되지 않는다.

자연 의미적 메타언어의 통사 구조는 매우 풍부하며, 단순한 일반화로는 요약하기 어렵다. 주요 결합 패턴과 기본 틀은 의미적 프라임 목록에 항목별로 정리되어 있다.[2]

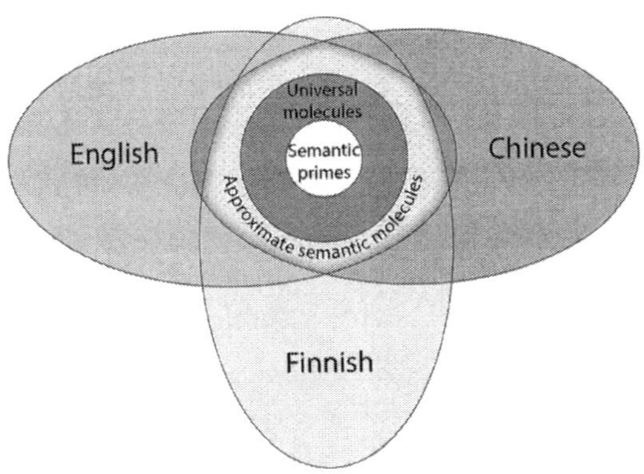

〈그림 5.1〉 세 가지 언어의 의미적 프라임과 분자의 관계(참고: 전체 어휘소에 비해 교차 영역은 작음)

1.3.3 의미 분자([m] 요소)

모든 복합 개념이 의미적/개념적 프라임만으로 직접 구축되는 것은 아니다. 언어에는 프라임과 함께 개념적 구성요소로 기능하는 "의미 분자"가 존재한다. 자연 의미적 메타언어에서 이러한 분

2 관련 자료는 [nsm-approach.net] 및 [intranet.secure.griffith.edu.au/schools-departments/natural-semantic-metalanguage/downloads]에서 확인할 수 있다. 또한 20개 이상의 언어에서 식별된 150개의 표준 문장 목록과 의미적 프라임 표도 유용한 참고 자료로 제공된다.

자는 [m]으로 표시되며, 프라임에 순환적으로 의존하지 않고 독립적으로 정의될 수 있다.

의미 분자는 인간의 신체적·사회문화적·환경적 경험을 반영한다. 예를 들어 head(머리), legs(다리), mouth(입) 같은 신체 부위, long(긴), hard(딱딱한)과 같은 형용사, 그리고 hold(잡다), laugh(웃다) 같은 동사는 대부분의 언어에서 공통적으로 나타난다. fish(물고기), bird(새)처럼 거의 모든 언어에 등가어가 존재하는 경우도 있지만, money(돈), God(신), number(수)처럼 문화에 따라 표현이 달라지는 경우도 있다. 결국, 의미적 프라임, 보편적 의미 분자, 근사치 분자(approximate molecules)는 모든 언어가 공유하는 개념적 교차점을 형성한다(그림 5.1 참조). 인지적 관점에서 보면, 의미 분자는 개념 내용을 효율적으로 압축하여 인간이 복잡한 의미를 더 쉽게 처리하도록 돕는다(4.5절 참조).

1.3.4 의미론적 설명

자연 의미적 메타언어에서 어휘의 의미는 의미론적 설명 형태로 표현된다. 좋은 설명은 다음의 기준을 충족해야 한다. (a) 전적으로 자연 의미적 메타언어의 단어와 문법으로 구성되어야 한다. (b) 내적으로 일관성이 있고 전체적으로 의미가 통합되어야 한다. (c) 해당 단어의 사용 범위, 다른 단어와의 관계, 함의, 연어 등과 조화되어야 한다. (d) 문맥 속에서 원어민의 의미 직관과 일치해야 한다. 이러한 기준을 통해 분석의 타당성을 평가할 수 있지만, 실제 사용 데이터에서 단일한 정답을 찾는 고정된 절차는 존재하지 않는다. 즉, 자연 의미적 메타언어 분석가는 사전 편찬자와 비슷한 과제를 수행하게 된다. 단어의 의미를 기술해야 하지만, 그 과정에서 사용할 수 있는 어휘는 교차 번역 가능한 단어들로 제한되어 있기 때문이다.

자연 의미적 메타언어의 의미론적 설명은 외적 정의가 아니라, 인간의 이해 과정을 재현하는 내적 서술이다. 이 때문에 구성요소 분석[3]과 유사한 형식으로 나타난다.

often when someone does this, it is like this: ….
(누군가 이렇게 하는 경우가 종종 있는데, 그것은 이런 식이다)
people often do this because they think like this: …
(사람들이 종종 이렇게 행동하는 것은 이렇게 생각하기 때문이다)

3 의미론적 텍스트의 구와 줄을 흔히 '구성요소'라고 부르지만, 자연 의미적 메타언어 접근 방식과 고전적 구조주의적 구성요소 분석 사이에는 거의 유사성이 없다.

people can think about it like this: …
(사람들은 이것에 대해 이렇게 생각할 수도 있다)

이러한 설명은 보통 5~25줄의 짧은 문장으로 이루어져 있으며, 단어와 문법이 반복적으로 사용되기 때문에 처음에는 다소 독특한 문체로 느껴질 수 있다. 그러나 개별 문장은 간단해 보여도, 전체적으로 매우 정교하고 체계적인 의미 기술을 이룬다. 그 예시는 4절에서 자세히 다루어진다.

1.3.5 파생적 기반 ([d] 요소)

의미 분자 외에도, 복합적 어휘의미는 파생적 기반을 통해서도 설명될 수 있다. 이 요소는 [d]로 표시되며, 의미 분자보다 국소적이고 제한된 방식으로 나타난다. [d] 개념은 ill(아픈)과 illness(아픔), 또는 knife(칼)와 to knife (someone)(칼로 찌르다)과 같은 파생적 관계를 설명하기 위해 처음 제안되었다. 즉, 두 단어의 의미 중 단순한 형태가 복합적 의미의 내부에서 의미적 기반으로 포함된다는 것이다. 예를 들어 illness의 설명에는 ill [d]가, to knife의 설명에는 knife [d]가 포함된다. 이후 [d] 요소 개념은 원자 교체 등 다양한 의미적 현상을 설명하는 데 더 광범위하게 활용되고 있다. 따라서 [d] 요소는 자연 의미적 메타언어 체계 내에서 어휘의미 간의 파생적·구성적 관계를 포착하는 중요한 장치로 자리 잡았다.

1.3.6 의미론적 형판

의미론적 형판은 특정 단어 부류(또는 하위 부류)의 의미 설명에서 공통적으로 나타나는 구성요소의 배열 구조를 말한다. 어떤 언어에서든 동사, 명사, 형용사 등의 하위 부류별로 수십 개의 형판이 존재할 수 있다. 인지적 관점에서 보면, 형판은 복잡한 의미 정보를 효율적으로 조직하고 관리하는 데 도움을 준다. 이 형판들은 아마도 유아기 언어 습득 과정에서 반복적으로 접한 개념적 구조를 기반으로 형성된 것으로 추정된다. 형판에는 연구의 편의를 위해 기술적인 이름이 붙기도 하지만, 이러한 명칭 자체는 설명의 일부가 아니다. 예를 들어, 신체 활동을 나타내는 많은 동사(예: run(달리다), eat(먹다), cut(자르다), grind(갈다))는 〈그림 5.2〉의 왼쪽에 제시된 형판을 따른다. 반면, 생명체 명사(예: fish(물고기), bird(새))나 일반 명사(예: cat(고양이), horse(말), kangaroo(캥거루))는 〈그림 5.2〉의 오른쪽의 형판을 따른다.

어휘통사적 틀	범주
(원형적 동기화를 포함한) 원형적 시나리오	주요 자질
어떻게 발생했는지(방식)	그것들이 어디에서 사는지
잠재적 결과	크기
	신체
	소리
	행위
	사람들과의 관계
	어떻게 사람들이 그것들에 대해 생각하는지

〈그림 5.2〉 신체 활동 동사(왼쪽)와 민족학 용어(오른쪽)에 대한 의미론적 형판

특히 동사의 경우, 관련된 의미 구조를 설명하기 위해 어휘통사적 틀이라는 개념이 중요하다. 이 틀은 특정 동사 부류에 공통되는 상위 수준의 의미 구성요소를 일반화한 것으로, 언어의 거시적 문법에서 핵심 참여자, 내재적 측면, 결과 구조 등을 식별하는 역할을 한다. 그 예시는 〈그림 5.3〉에 제시되어 있다.

〈그림 5.3〉에서 (a)의 어휘통사적 틀은 run(달리다), crawl(기다), swim(수영하다)과 같은 신체 동작 동사이다(Goddard, Wierzbicka & Wong 2016). (b)의 틀은 eat(먹다), drink(마시다), pour(붓다), cut(자르다)과 같은 타동사를 대상으로 한다(Goddard & Wierzbicka 2016). 이때 동사가 행동의 결과를 통제하거나 조절함을 암시할 경우, It happens as this someone wants(이 일은 그 사람이 원하는 대로 일어난다)를 추가할 수 있다. 또한 암시적 도구가 포함될 경우, This someone does it with something(이 사람은 어떤 것을 사용하여 그것을 한다)을 덧붙일 수 있다. (c)의 어휘통사적 틀은 put(두다), throw(던지다)와 같이 위치 변화를 유도하는 동사이다. 행동이 순간적으로 일어나는 경우, It happens in one moment(이 일은 한 순간에 일어난다)라는 문장을 추가할 수 있다. 물론 이러한 '행위 동사(verbs of doing)' 외에도 HAPPEN(발생하다)이나 SAY(말하다)를 기반으로 하는 동사, 그리고 THINK(생각하다)나 FEEL(느끼다)을 중심으로 한 사고·감정 동사들도 존재한다.

(a) Someone does something somewhere for some time
(누군가가 일정 시간 동안 어떤 장소에서 무언가를 한다)
because of this, this someone is moving in this place during this time as he/she wants
(이로 인해 그 사람은 원하는 대로 그 장소에서 움직인다)

(b) Someone does something to something for sometime
(누군가가 일정 시간 동안 어떤 것에 대해 무언가를 한다)
at the same time something happens to this something because of it
(동시에 그로 인해 그 대상에 어떤 일이 일어난다)

(c) Someone does something to something at this time because of this,
(누군가가 이 시점에 어떤 것에 대해 무언가를 한다)
after this, this something is not in the place where it was before
(그 결과, 이후 그 대상은 이전에 있던 장소에 있지 않게 된다)

〈그림 5.3〉 영어 '행위 동사'의 세 가지 하위 부류에 대한 어휘통사적 틀

1.3.7 문화적 스크립트

자연 의미적 메타언어는 언어 공동체의 문화적 규범, 가치, 사고방식, 언어 사용 방식을 기술하는 데에도 활용될 수 있다. 이러한 기술 방식을 문화적 스크립트(cultural script)라고 부른다. 문화적 스크립트는 설명과 달리, 사회 구성원 다수가 공유하는 문화적 사고방식을 드러내는 기술이다. 보통 다음과 같은 문장으로 시작한다. "많은 사람들이 이렇게 생각한다". 문화적 스크립트는 여러 수준의 일반성을 가진다. 상위 수준의 '마스터 스크립트'는 한 문화의 기본 가치나 사고방식을 포착한다. 하위 수준의 스크립트는 구체적인 사회적 상호작용이나 담화의 패턴을 설명한다. 이 스크립트들은 규칙이 아니며, 그 사회의 모든 구성원이 반드시 이에 동의하는 것도 아니다. 그러나 특정 문화에서 담화나 행동을 해석할 때 공유된 배경지식으로 작용한다. 자연 의미적 메타언어는 이러한 문화적 스크립트 외에도, 신념 스크립트나 교육 텍스트 등 다양한 형태의 문화 서술을 구성하는 데에도 활용될 수 있다.

2. 역사적 관점

2.1 지성의 역사

르네 데카르트(René Descartes), 블레즈 파스칼(Blaise Pascal), 앙투앙 아르노(Antoine Arnauld), 존 로크(John Locke), 고트프리트 빌헬름 라이프니츠(Gottfried Wilhelm von Leibniz) 등 17세기

철학자들은 인간 이해의 기초로 '단순 관념(simple idea)'의 존재를 인정했다. 이 가운데 특히 라이프니츠(1646~1716)는 언어학적 관점에서 가장 두드러진 인물이었다. 그는 다양한 단어의 정의를 실험하며, "그 자체로 이해될 수 있고, 그 조합으로부터 우리의 다른 아이디어가 생겨나는 개념의 목록"(Leibniz 1966: 430)을 확립하고자 했다.

그러나 라이프니츠의 사후, 이러한 경험적 의미론 연구는 오랫동안 주목받지 못했다. 1960년대에 이르러 폴란드 언어학자 안제이 보구스와프스키(Andrzej Bogusławski)가 이를 부활시켰다. 그는 자연언어의 경험적 연구를 통해 사고의 기본 단위를 찾아야 한다고 주장했다. 이 프로젝트는 애나 비에르즈비츠카(Anna Wierzbicka)가 평생의 연구 과제로 이어받아, 1972년에 영어로 출판한 저서 『의미적 프라임Semantic Primitives』을 통해 전 세계에 널리 알렸다. 이후 그녀는 호주로 이주하여 호주국립대학교에서 교수로 재직하며, 현재 명예교수로 활동 중이다. 이곳의 언어학과는 유형론적 설명 연구와 현장 언어학으로 유명하며, 자연 의미적 메타언어 이론 발전에도 크게 기여했다. 1990년대에 들어 비에르즈비츠카는 클리프 고다드(Cliff Goddard)와 협력하여 자연 의미적 메타언어의 이론적 정교화와 실증적 연구를 공동으로 추진했다.

자연 의미적 메타언어 접근법은 라이프니치의 개념 분석, 인본주의 언어학 전통 그리고 영미권의 설명적 언어학이 결합된 형태로 이해할 수 있다.

2.2 정렬

메타언어의 중요성을 강조하는 의미론 학파 가운데, 모스크바 의미론 학파(Moscow Semantic School)는 자연 의미적 메타언어와 가장 가까운 이론적 친연성을 보인다. 이 학파의 대표적 인물은 유리 아프레잔(Jurij Apresjan)과 이고르 멜축(Igor Mel'čuk)으로, 의미와 어휘 간의 체계적 관계를 탐구했다.

인지언어학의 계보에서는 찰스 필모어(Charles Fillmore)가 창시한 틀의미론(frame semantics)이 중요한 역할을 했다. 최근에는 존 뉴먼(John Newman), 마리아 콥체프스카야 탐(Maria Koptjevskaya-Tamm) 등이 주도한 어휘 유형론이 자연 의미적 메타언어와 상호 보완적인 접근으로 발전하고 있다. 또한 기능주의 언어학 전통 역시 자연 의미적 메타언어의 기본 정신인 의미 기반 기술과 언어의 사용 중심성을 공유한다.

문화와 언어의 관계 측면에서 자연 의미적 메타언어와 가장 밀접한 학문은 문화언어학(Cultural Linguistics)이다. 이는 파자드 샤리피안(Farzad Sharifian)이 주도한 학파로, 문화적 개념과 언어 구조의 상호작용을 연구한다. 이 두 접근법은 특히 유럽 민족언어학(Ethnolinguistics), 특히 루블린의 제르지 바트미인스키(Jerzy Bartmiński) 학파와 깊은 연관성을 가진다. 한편, 자연 의미적 메타언어 연구는 언어학을 넘어 심리학, 문화인류학, 문화심리학, 담화 분석 등 다양한 학문 분야에서도 폭넓은 관심을 받고 있다.

2.3 자연 의미적 메타언어 이론의 발전

자연 의미적 메타언어 이론의 발전은 대체로 네 시기로 구분된다.

제1기: 1972년~1980년대 중반. 초기에는 13~14개의 의미적 프라임만 제안되었고, 아직 자연 의미적 메타언어(Natural Semantic Metalanguage)라는 용어도 정착되지 않았다. 이 시기 비에르즈비츠카는 감정, 발화, 구체적 어휘에 대한 기초 연구를 수행했다.

제2기: 1980년대 중반에서 1990년대 중반. 프라임 목록이 약 55개로 확장되었으며(Goddard 1989, Wierzbicka 1996), 시간, 공간, 수량화, 논리 관계 등 새로운 경험적 영역에 대한 연구가 이루어졌다. 이 시기에는 어휘 보편성 개념이 강조되었다.

제3기: 1990년대 중반에서 2007년까지. 통사론과 "전체 메타언어"의 구조에 대한 연구가 활발히 이루어졌고, 프라임 목록은 62개로 확대되었다. 새로운 연구자들이 대거 참여하면서 국제적 연구 네트워크가 형성되었다.

제4기: 2008~2020년. 의미론적 분자와 형판에 대한 연구가 집중적으로 진행되었으며, 프라임 목록은 65 항목으로 안정화되었다.

이 네 시기를 따라 연구자들도 대체로 다음과 같이 구분할 수 있다.. (I) Bert Peeters, Felix Ameka, Jean Harkins, Cliff Goddard, (II) Zhengdao Ye, Jock Wong, Anna Gladkova, Rie Hasada, DeborahHill, Kyung-Joo Yoon, Marie-Odile Junker, (III) Carsten Levisen, Maria Auxiliadora Barrios Rodriguez, SandyHabib, Ulla Vanhatalo, Yuko Asano-Cavanagh, Carol Priestley, Zuzanna Bułat-Silva, Jeong-Ae Lee, (IV) Sophia Waters, Helen Bromhead, Adrian Tien, Radoslava Trnavac. 신진 연구자로는 Lien-Huong Vo, Helen Leung, Gian Marco Farese, Rachel Thompson, Lauren Sadow, Jan Hein, Wendi Xue & Reza Arab이 있다.

2.4 주요 연구 및 주제

자연 의미적 메타언어 연구는 다양한 영역으로 확장되었으며, 대표적인 연구 주제는 다음과 같다.

문화적 키워드. 이는 특정 문화에서 사고, 행동, 감정, 언어 사용을 형성하는 중심 단어를 의미한다(Wierzbicka 1997). 이 단어들은 때로는 문화 전체를 상징하는 아이콘이 되기도 하지만, 대부분은 무의식적 문화 인식의 층위에 머문다(Levisen & Waters 2017). 대표적인 예로 영어의 happiness(행복), evidence(증거), 독일어의 Angst(공포, 걱정), 중국어의 xiào(효도), 덴마크어의 hygge(친밀한 사교성), 러시아어의 duša(영혼) 등이 있다.

문화 간 의미론 및 화용론. 자연 의미적 메타언어 연구는 문화 간 의사소통의 차이와 오해를 분석하는 데 자주 활용된다. 대표적인 저서로는 Wierzbicka(2003)의 『다문화 의사소통론Cross-Cultural Pragmatics』이 있으며, 이외에도 Gladkova(2010), Levisen(2012), Wong(2014), Tien(2015), Bromhead(2018), Farese(2018a) 등이 각 문화권의 개념과 언어 표현을 비교 분석했다.

교차 언어 (대조적) 어휘의미론. 자연 의미적 메타언어는 동사(신체 활동, 발화), 명사(자연물, 인공물, 친족어, 신체 부위), 형용사(감정, 색채, 모양 및 평가) 등 다양한 어휘 영역을 분석하는 데 사용되었다. 주요 저서로는 Wierzbicka(1992, 1996, 1999), Goddard & Wierzbicka(2014), Goddard & Ye(2016), Ye(2017)가 있다.

자연 의미적 메타언어의 메타 연구. Goddard & Wierzbicka(2002), Goddard(2008) 등의 편저를 비롯하여, 특정 프라임을 집중적으로 다룬 연구(Farese 2018b)와 로망스어(Peeters 2006), 핀란드어(Vanhatalo *et al.* 2014) 등 특정 언어권의 전체 메타언어 연구도 진행되었다.

어휘학. 비에르즈비츠카는 의미 기반 어휘학의 선구자로, 『문법의 의미론The Semantics of Grammar』(1988)에서 "'문법적 의미'와 '어휘적 의미'는 서로 구분되는 것이 아니라, 모두 의미를 구성하는 상호의존적 수단이다"(Wierzbicka 1988: 8)라고 주장했다. 주요 후속 연구로는 Goddard(2010, 2015), Wierzbicka(2009a, 2009b)가 있다.

영어의 문화적, 역사적 의미론. Wierzbicka(2006)의 『영어: 의미와 문화English: Meaning and Culture』, Bromhead(2009)의 『진실과 신념의 통치The Reign of Truth and Faith』, Wierzbicka(2010)의 『경험, 증거, 감각: 영어의 숨겨진 문화적 유산Experience, Evidence, Sense: The Hidden Cultural Legacy of English』, Wierzbicka(2014)의 『경험, 영어에 갇히다: 기본 언어로서의 영어의 위험성Imprisoned in English: The Hazards of English as Default Language』는 영어의 문화적 기원을 탐구하고, 영어가 사고의 기본 언어로 사용될 때 발

생하는 인지적 제약을 비판적으로 조명했다.

3. 중요 이슈 및 주제

3.1 도식 및 데이터 시각화에 대한 (메타) 언어의 기호학적 우선순위

인지언어학의 여러 분야에서는 도식적 표현, 예를 들어 영상도식(image schema), 통합 네트워크, 의미망, 인지문법 도식을 표상 장치로 널리 활용한다. 이러한 도식은 복잡한 개념 구조를 간결하게 시각화하는 데 유용하지만, 자연 의미적 메타언어의 관점에서 보면 '기호학적으로 독립된 도식'이라는 것은 존재하지 않는다. 모든 도식은 반드시 언어적 지원을 필요로 한다. 예를 들어, 안에 "X"가 있는 원은 그 자체로 내부의 의미를 나타내지 않는다. 그러나 그것이 내부(Inside)나 용기 도식(Container Schema)과 같은 단어와 연결될 때 비로소 해당 개념을 표현할 수 있다. 대부분의 인지언어학적 도식은 이보다 훨씬 복잡하며, 종종 문화적으로 특수한 도상법에 의존한다. 예컨대, 화살표(→)는 일반적으로 움직임이나 인과적 연결을 나타내며, 레너드 타미(Leonard Talmy)의 힘 역학 도식에서는 •나 TR('탄도체')과 같은 기호를 사용해 개념을 시각화한다. 이러한 도식은 숙련된 연구자에게는 직관적으로 읽히지만, 초보자에게는 불투명하게 느껴질 수 있다. 요점은 우리가 도식을 '이해할 때' 항상 특정한 해석 관습에 의존한다는 것이다. 즉, 도식은 결코 언어적 해석 없이 의미를 전달할 수 없으며, 이론적 메타언어의 선택과 정당화를 대체할 수 없다.

같은 원칙은 분산 의미론(distributional semantics) 등에서 방대한 텍스트의 단어 연관성을 요약할 때 사용하는 데이터 시각화에도 적용된다. 언어적 해석이 결여된 시각화는 단지 정량적 분포 데이터의 도표적 요약일 뿐이다. 이는 언어학에 국한된 문제가 아니라, 정성적 데이터와 정량적 해석 사이의 관계에 관한 일반적인 기호학적 문제이다. 결국 질문은 다음으로 귀결된다. 어떤 언어(또는 메타언어)가 의미를 부여하고 개념을 설명하며 범주를 식별할 수 있는가?, 그리고 그것은 누구의 언어인가?

3.2 사고 및 의미를 표현하기 위한 전문 용어 사용에 대한 반대

많은 언어학자들은 사람들의 일상적 사고 내용을 표현하면서도 기술적 혹은 반-기술적 용어를 아무렇지 않게 사용한다. 즉, 분석의 틀 속에서 정의된 전문 용어를 화자의 인지 구조와 동일시하는 경향이 있다. 그러나 자연 의미적 메타언어의 관점에서 볼 때, 이는 인지적 실재론에 대한 기본 가정과 상충한다. 사람들의 생각을 기술할 때는 그들이 실제로 알고 사용하는 단어를 사용하는 것이 바람직하다. 이는 언어 형태를 기술하기 위한 전문 용어의 필요성을 부정하는 것이 아니라, 사람들의 마음속 사고를 설명하는 도구로서의 전문 용어 사용에 경계해야 함을 의미한다.

이러한 입장은 이미 17세기 라이프니츠가 철학에서 전문 용어 사용을 비판하며 제시한 바 있다. 그는 "많은 철학적 주제는 교육받지 못한 사람들의 말, 글, 생각에서 비롯되며, 따라서 친숙하고 경제적인 단어로도 충분히 표현될 수 있다"고 말했다. 그리고 "그런 단어를 사용할 수 있을 때, 새롭고 불편한 용어를 만들어 문제를 모호하게 만드는 것은 죄악이다"라고 단언했다(Leibniz 1989/1690: 125-126).

3.3 원형과 다의어

원형(prototype)과 다의어(polysemy)는 인지언어학의 핵심 개념이지만, 자연 의미적 메타언어의 입장은 다소 다르다. 먼저, 원형에 대해 자연 의미적 메타언어는 '원형 대 의미적 불변'이라는 이분법을 거부한다. 오히려 원형이 의미적 불변의 일부로 포함될 수 있다고 본다. 실제로 많은 자연 의미적 메타언어의 의미 설명은 여러 수준의 원형적 요소를 통합한다.

반면 다의어에 대해서는 자연 의미적 메타언어가 제공하는 형식적 기준이 유용하다. 만약 어떤 단어의 모든 용법이 하나의 비순환적 의역으로 포괄될 수 있다면, 그 단어는 단일 의미를 가진다. 그러나 두 개 이상의 상이한 설명이 필요하다면, 그 단어는 다의적이라고 할 수 있다. 따라서 의미적 프라임으로 의역할 수 있는가는 단어가 다의적인지 여부를 판단하는 일종의 리트머스 시험지 역할을 한다.

3.4 언어학 용어의 함정

자연 의미적 메타언어 접근법은 언어학에서 흔히 사용하는 범주, 예컨대 '행위자(actor)', '과정

(process)', '소유(possession)', '관계절(relative clause)', '상호절(reciprocal)'에 대해 명확하고 합의된 의미 정의가 필요하다고 강조한다. 가장 좋은 방법은 각 용어의 의미적·개념적 원형을 찾아, 상호 번역 가능한 간단한 표현으로 설명하는 것이다. 예를 들어, '행위자(actor)'는 "누군가가 무언가를 했다", '과정(process)'은 "이런 일이 얼마 동안 일어났다"와 같은 식으로 표현할 수 있다. 하나의 명확한 원형을 설정할 수 없다면, 그 범주를 폐기하거나 합성 개념으로 대체해야 한다. 실제로 Goddard & Wierzbicka(2019)는 문법적 메타범주인 '소유(possession)'를 소유-신체-친족(Ownership-Body-Kinship, OBK)이라는 복합 범주로 재구성할 것을 제안했다. 각 하위 구성요소가 구체적 의미 원형을 지니며, 이를 통해 문법 설명을 보다 투명하게 만들 수 있다는 것이다. 이러한 접근은 인지언어학과 언어유형학 사이의 간극을 좁히는 데 기여할 수 있다.

3.5 인지에서의 의미/개념 분자

앞서 1.3절에서 소개한 의미 분자(semantic molecule)는 단어 속에 캡슐화된 의미 묶음으로, 의미적 프라임과 함께 의미 구성의 기본 단위로 작동한다. 이 절에서는 이 개념을 확장하여 인지적 기능과 현재 연구 동향을 살펴본다.

첫 번째로, 개념들은 서로 다른 복잡성을 지니며, 분자 안에 또 다른 분자가 포함된 계층적 구조를 형성한다(〈그림 5.4〉 참조). 이러한 구조 덕분에 인간의 마음은 방대한 양의 개념 정보를 압축하고 조작할 수 있다.

연구에 따르면 일부 의미 분자는 대부분의 언어에서 거의 동일한 개념 구성으로 발견되며, 이는 인간의 보편적 경험을 반영한다. 그러나 모든 공유된 경험이 반드시 동일한 단어로 표현되는 것은 아니다. 예를 들어, eat(먹다)과 drink(마시다)는 영어에서는 구분되지만, 일부 언어에서는 두 행위를 하나의 동사로 표현한다(Newman 2009). 따라서 이들은 '정확한 보편소'는 아니지만, 거의 모든 언어에서 유사한 개념이 존재하기 때문에 '근사치' 보편 분자로 간주된다.

한편, 지역적 역사나 문화와 관련된 언어/문화 특수적 분자도 존재한다. 예를 들어 read(읽다), write(쓰다), book(책)은 문해력 관련 분자로서, number(수), money(돈), God(신)과 함께 현대 문명과 관련된 많은 개념의 핵심을 이룬다. 이러한 문화 특수적 분자들은 단일 문화에만 국한되지 않고, 광범위한 문화권에서 반복적으로 나타나는 패턴을 형성한다.

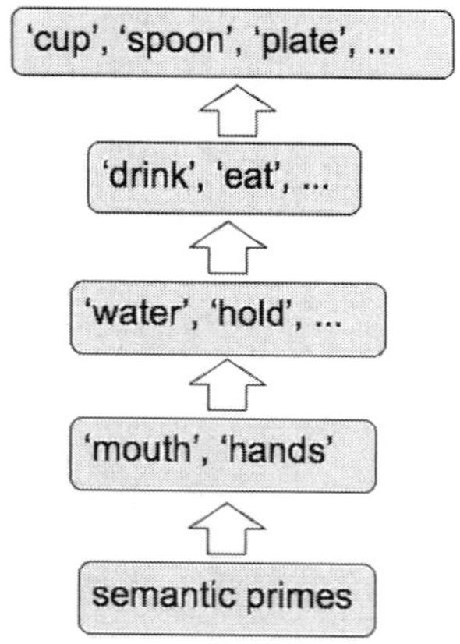

〈그림 5.4〉 단순한 개념에서 복잡한 개념으로 점진적으로 구축되는 구조

출처: Goddard 2018b

〈표 5.2〉 보편소 및 '근사치'의 의미 분자의 예시

보편소. 신체 부위: hands, legs, head, eyes, ears, mouth, nose, skin, fingers, teeth, bone, blood, breasts, face. 물리적: long, round, flat, hard, soft, sharp, heavy. 물리-공간적: be on (something), at the top, at the bottom, in the middle, around, in front. 환경적: the sky, the sun, the ground, the earth, during the day, at night, fire, water, light. 생물학적: creature, grow (in ground). 재료: wood, stone. 생물사회적: children, men, women, be born, mother, father, husband, wife. 사회적: we, be called, know someone. "행위적": lie, sit, stand, sleep, breathe, hold, play, laugh, sing, make, kill.
근사치. "행위적": eat, drink, build. 삶의 형태: bird, fish, tree. 생물학적: seeds, grass, flower, egg, dog. 인간 삶: house, village/town, family, ill, sweet, soul, king/chief. 도구: knife, axe. 환경: river, sea, mountain/hill, forest.

출처: Goddard 2018b

일부 연구자들은 의미 분자 이론이 자의적 해석을 허용할 위험을 지적한다. 즉, 연구자가 임의로 분자를 설정하는 유혹에 빠질 수 있다는 것이다. 그러나 자연 의미적 메타언어의 입장에서 의미 분자 여부는 단순한 직관에 의해 결정될 수 없으며, 상호 연관된 다수의 어휘 항목을 교차 분석해야만 확정할 수 있다. 예컨대 영어의 punch, slap, kick과 같은 때리기 동사는 표면적으로 hit(치다)을 상위 개념으로 갖는 듯 보이지만, 실제로 hit은 그러한 분자로 적합하지 않다(Sibly 2010). 이는 언어마다 '치다'라는 개념의 의미적 경계가 다르기 때문이다. 따라서 의미 분자 분석

은 직관이 아닌 체계적 비교 연구에 기반해야 함을 보여준다.

4. 현재 기여 및 연구

이 절에서는 최근 자연 의미적 메타언어 연구의 다양한 사례를 살펴보며, 특히 메타언어의 역할과 그 사용 방식에 초점을 맞춘다.

4.1 문화 화용론과 민족 화용론

Farese(2018a)는 영어와 이탈리아어의 다양한 인사말 및 호칭에 대한 의미 설명을 제안한다. Wierzbicka(2003)가 지적하듯, 그는 이러한 상호작용적 공식이 "순수하게 화용적"이며 의미론적 내용이 없다는 기존의 통념에 이의를 제기한다. 파르세(Gian Marco Farese)는 이들 공식이 "I–you 구조"와 발화 tnssrks의 결합 방식으로 인해 특유의 의미를 지닌다고 보며, 화자의 **공언된(professed)** 의도와 태도를 드러내는 언어 행위로 해석한다. 그는 이러한 인사말의 의미를 일반화할 수 있는 보편적인 의미적 형판을 제시한다. (a) WHAT I WANT TO SAY TO YOU NOW(내가 지금 너에게 말하고 싶은 것) (b) WHY I WANT TO SAY IT(내가 그것을 왜 말하고 싶은지) (c) HOW I WANT TO SAY IT(내가 그것을 어떻게 말하고 싶은지) (d) HOW I THINK ABOUT YOU WHEN I SAY IT(내가 그것을 말할 때 너에 대해 어떻게 생각하는지) 그리고 필요에 따라 (e) WHAT I FEEL WHEN I SAY IT(내가 그것을 말할 때 느끼는 것)으로 구성된다. 예를 들어, 아래 [A]는 영어 Hi!의 의미에 대한 설명이다.

이 분석은 Hello, Good morning 및 이탈리아어 Ciao!와의 분포적 차이를 반영하여 정교하게 조정되었다.

[A] **Hi (John, Mr. Smith, Professor, *Your Majesty)**

a. I want to say something good to you now(나는 지금 당신에게 좋은 말을 하고 싶다)

b. I want to say it because I want to do something like people often do when it is like this(나는 그것을 말하고 싶다. 왜냐하면 사람들이 이런 상황일 때 흔히 하듯이 무언가를 하고 싶기 때문이다)

They can see someone somewhere for a short time(사람들은 잠시 동안 어딘가에서 누군가를 볼 수 있다)

They can say something to this someone during this time(그 시간 동안이 무언가를 말할 수 있다)

They couldn't say something to this someone for some time before(그 전에는 한동안 이 사람에게 아무 말도 하지 못했다)

c. I want to say it in a very short time(나는 그것을 아주 짧은 안에 말하고 싶다)

d. When I say it, I think about you like this(내가 그것을 말할 때, 나는 당신을 이렇게 생각한다)
"This someone is someone like me"(이 사람은 나와 같은 사람이다)

Farese(2018a)는 이탈리아어 Ciao!에 대해서도 유사한 분석을 제시한다. Ciao!는 Hi!와 마찬가지로 "짧은 시간 동안 좋은 말을 하는 행위"를 표현하지만, 여기에 두 가지 요소가 추가된다. 즉, When I say this, I think about you like I can think about someone if I know this someone well(내가 이 말을 할 때, 나는 당신을 마치 내가 잘 아는 사람처럼 생각한다)과 When I say this, I feel something good towards you(이 말을 할 때, 나는 너에게 좋은 감정을 느낀다)이다. 이 두 구성요소는 결속감(solidarity), 친근함(familiarity), 따뜻함(warmth) 등과 같은 사회적 의미가 자연 의미적 메타언어 안에서 어떻게 구체적으로 표상될 수 있는지를 잘 보여준다.

4.2 풍경 용어의 의미

Bromhead(2018)는 영어 mountain(산), river(강), desert(사막), meadow(목초지)와 같은 풍경 관련 용어를 대상으로 여러 언어 간 의미 차이를 분석하였다. 그 결과, 영어, 프랑스어, 스페인어, 피짠짜짜라어 등에서 동일한 용어라 하더라도 미묘한 의미적 차이와 시점의 차이가 존재함을 밝혔다. 그중에서도 영어의 coast(연안)와 shore(연안)의 차이는 Fillmore(1982: 121)가 '지시적' 명사의 관점 차이를 논의하며 사용한 대표적 예로, 인지언어학의 역사에서도 중요한 의미를 갖는다. 필모어는 coast(연안)가 '육지의 관점', shore(연안)가 '물의 관점'에서 경계를 바라보는 단어라고 보았다.

Bromhead(2018: 103-104)는 coast(연안)가 바다와만 결합하며 광범위한 지역을 지칭하는 반면, shore(연안)는 호수나 강에도 사용되며 상대적으로 좁은 구역을 가리킨다고 분석한다. 그녀는 다음과 같은 의미 설명을 제시한다.

[B] the coast (영어)

a. 한 종류의 장소이다.

b. 사람들이 살 수 있는 많은 장소가 이곳의 일부이다.

c. 이 모든 장소는 바다 근처에 있다. [m]

d. 사람들은 이 장소의 한쪽에서 바다를 볼 수 있다.

[C] the shore (영어)

a. 한 종류의 장소이다.

b. 이 장소는 물이 많은 곳과 매우 가깝다. [m]

c. 물이 많은 곳은 이 장소의 한쪽에 있다.

d. 사람들이 물이 많은 곳에 있을 때 이 장소를 볼 수 있다.

e. 때때로 이 장소에 물이 있을 수 있다.

[B]는 coast(연안)가 넓은 지역을 가리킨다는 점을 보여주는 반면, [C]는 shore(연안)가 훨씬 좁고 물과 '맞닿은' 가장자리를 지칭함을 드러낸다. 마지막 구성요소 e는 조수나 물결이 해변을 덮는 상황을 암시한다.

4.3 전문화된 구문적 의미론

Goddard(2015, 2018a: 8장)는 의미적으로 전문화된 구문에 대한 체계적 설명을 발전시켰다. 그의 접근은 먼저 동사의 기본 의미 즉, 핵심 논항과 내재된 상, (종종 동기화를 포함한) 원형적 시나리오, 방식, 결과 및 잠재적 결과를 파악한 뒤, 이 기본 의미를 확장 구문 분석의 [d] 요소로 통합하는 방식이다.

예를 들어, 영어 동사 climb(오르다)은 기본적으로 '상향 이동'과 '등반 방식'을 내포하지만, climb down, climb into, climb out 등 다양한 방향 부사와 결합할 때 그 의미가 확장된다(Fillmore 1982; Goddard 2020a).

고다드(Cliff Goddard)의 분석에서 climb(오르다)의 기본 의미는 단순히 "위로 움직이다"를 넘어, I want to be at the top of this big thing after some time(나는 시간이 지난 후에 이 큰 것의 꼭대기에 있고 싶다)라는 동기화, 노력에 대한 의지와 방식, 위험의 인식 및 잠재적 결과 요소 등을 포함한다. 예를 들어, He climbed down the tree(그는 나무를 타고 내려갔다)의 경우, 방향 부사 down이 새로운 동기화를 제공하며, 문장은 다음과 같이 기술될 수 있다.

[D] He climbed down the tree (ladder, wall).

a. 그는 이 시간에 어떤 장소에서 무언가를 했다

LEXICOSYNTACTIC FRAME(어휘통사적 틀)

b. 이런 일이 일어났다:

HOW IT HAPPENED(어떻게 발생했는지)

얼마 전, 그는 이렇게 생각했다: – 동기화

"I want to be at the bottom [m] of this tree (ladder, wall)"(나는 이 나무(사다리, 벽)의 밑 [m]에 있고 싶다)

c. 그래서 그는 누군가가 무언가를 [d] 등반할 때 일정 시간 동안 무언가를 했다 – 방식

d. 그 결과, 그는 자신이 원했던 대로 나무(사다리, 벽)의 아래쪽에 있게 되었다

OUTCOME(결과)

이 구조는 climb onto the roof, climb into bed, climb out the window 등에서도 동일하게 적용된다. 즉, 방향 부사가 '동기화 구성요소'를 제공하고, climb [d]는 '방식 구성요소'로 사용된다.

이 접근법은 결합가 교체(valency alternation) 구문에도 적용된다. 예를 들어, I cut my hand on the broken glass(나는 깨진 유리에 내 손을 베었다)의 경우 Something happened to my hand like something happens to something when someone is cutting [d] it(내 손에 무언가가 일어났다. 마치 누군가가 무언가를 [d] 자를 때 그것에 일어나는 것처럼)이라는 결과적 유추가 포함된다.

즉, [d] 메커니즘을 의미적 프라임 LIKE(좋아하다)와 결합함으로써, 자연 의미적 메타언어는 유추적 확장을 간단하면서도 정교하게 통합한다.

4.4 기독교 개념과 믿음의 의미론

최근 애나 비에르즈비츠카는 기독교 신앙과 종교 개념의 의미론적 분석에 깊은 관심을 기울이고

있다(Wierzbicka 2019, 2020 출간 예정). 그녀는 자연 의미적 메타언어를 기반으로 신학적 언어의 의미론적 구조를 기술하려 하며, 이를 통해 의미론과 신학의 교차점을 탐색하고 있다.

아래 [E]는 유대-기독교 전통에서 God(신)의 핵심 의미를 기술하려는 시도로, ALWAYS(항상), EVERYTHING(모든 것) 등 의미적 프라임만을 사용하여 구성된 설명이다.

[E] God(의미론적 설명)

a. 누군가.
b. 누군가는 사람과 같지 않다.
c. 누군가는 사람 위에 있고, 모든 것 위에 있다.
d. 누군가는 다른 사람이 좋다고 할 수 있는 것과는 다른 방식으로 좋다.
e. 누군가는 지금, 과거, 그리고 미래에도 존재한다.
f. 누군가는 어디에나 있으며, 모든 것을 알고 있다.
g. 이런 존재와 같은 사람은 없다.

이 설명은 '하나님'을 유일하고 영원하며 전지전능한 존재로 제시한다. 이와 대조적으로, [F]는 비에르즈비츠카가 니케아 신조(Nicene Creed)를 기반으로 제안한 '믿음 스크립트(faith script)'의 일부이다. 이는 신조를 고백하는 사람들의 관점에서 하나님을 인식하는 방식을 언어화하려는 시도이다.

[F] (니케아 신조의 '믿음 스크립트'에서 발췌) God

[…]

f. 우리는 [m] 하나님에 대해 이렇게 생각할 수 있다.
"하나님은 우리 사람들 위에 계시고, 모든 것 위에 계신다"

g. 동시에 우리는 이렇게 생각할 수 있다.
"나는 하나님과 말할 수 있다. 내가 하나님께 말할 때, 하나님은 내 말을 들으신다"

h. 우리는 이것이 이와 같다는 것을 안다.
하나님은 우리를 [m] 사랑하시고, 우리를 [m] 아시며, 우리는 하나님이 원하시기 때문에 산다.

여기서 눈에 띄는 점은 보편적 의미 분자 WE(우리)의 도입이다(Goddard & Wierzbicka 2021). 이 용법은 신조를 고백하는 사람들의 '집단적 입장'을 모형화한다.[4] 두 번째 차이점은 (g), (h)와 같이 표현되는 실제 내용이다. 이는 하나님에 대한 기독교 신앙을 포착하기 위한 것으로, 비에르즈비츠카는 예수의 사후 1세기 동안 안정화되었다고 주장한다.[5]

비에르즈비츠카는 사랑하다(love)가 기독교적 의미망 속에서 '내부적 관점에서 신앙을 재현하는 데 필수적'이라고 주장한다(Wierzbicka 2020).

5. 앞으로의 방향

5.1 새로운 이론의 발전

자연 의미적 메타언어 이론의 최근 발전 가운데 주목할 만한 것은 어휘-통사적 분자 개념의 도입이다. 그 핵심 아이디어는 일부 의미 프라임이 문법적 구문 속에서 나타날 수 있으며, 이 구문들이 분해 가능함에도 불구하고 여전히 다른 개념을 설명하는 단위로 기능한다는 점에 있다. 다시 말해, 프라임이 포함된 문법 구문 자체가 하나의 분자적 구조로 작동한다는 것이다. 현재까지 이 아이디어는 특히 KNOW(알다) 프라임의 that-보문절 구조와 관련하여 충분히 검증되었다(Wierzbicka 2018a, Goddard 2020b). 현재 기본적이고 환원 불가능하다고 간주되는 자연 의미적 메타언어의 여러 문법적 틀 역시, 그 자체로 '분자적(molecular)' 성격을 띨 수 있음이 점차 드러나고 있다.

5.2 최소적 영어 및 기타 언어

자연 의미적 메타언어는 일상 언어의 기본 어휘를 토대로 구성되기 때문에, 실제적 응용 가능성이 매우 높다. 최근에는 이러한 응용이 특히 언어 교육과 문화 간 의사소통 영역에서 활발히 이

---

4 이는 신앙 고백의 집단적 정체성을 모델링하기 위한 장치로, 'nation(나라)', 'community(공동체)', 'team(팀)' 등의 집합적 개념과 의미론적으로 연결된다.

5 또한 마지막 줄의 love(사랑하다)는 비록 언어 특정적(범유럽어적) 개념이지만, 기독교 전통에서 '하나님이 인간을 사랑하신다'는 핵심 신앙을 반영하기 위해 의도적으로 포함되었다(Farese 2018b 참조).

루어지고 있다. 그 중심에 있는 것이 바로 '최소적 영어(Minimal English)'이다(Goddard 2018a, 2021, Sadow, Peeters & Mullan 2020). 최소적 영어는 복잡한 언어 구조를 단순화하여, 비전문가도 쉽게 이해하고 사용할 수 있는 명료하고 상호 번역 가능한 영어 버전을 지향한다. 이 언어는 특정 사용자 집단의 요구에 맞게 조정될 수 있으며, 비언어학자와의 협업을 통해 실용적 의사소통 도구로 발전하고 있다.

최소적 언어는 언어 교육(Bullock 2012-2020, Sadow 2019), 언어 부흥(Machin 2021), 과학 의사소통 및 건강 관리(Wierzbicka 2018b, Marini 2018), 발달 교육(Caffery & Hill 2019), 자폐 스펙트럼 및 인지 장애 대상 의사소통 지원(Jordan 2017) 등에서 활용되고 있다.

5.3 담화 의미론

자연 의미적 메타언어 연구의 향후 지평은 담화 층위의 의미론으로 확장되고 있다. 그 대표적인 예로 세 가지 연구를 들 수 있다. 첫째, Wierzbicka(출판 예정)는 믿음 스크립트를 활용하여 주요 기독교 텍스트의 의미를 해석하고, 신앙 담화 내에서 반복적으로 나타나는 개념적 구조를 분석했다. 둘째, Forbes(2020)는 자폐아 부모들의 담화 공동체를 분석하면서, 그들이 공유하는 신념과 태도를 포착하기 위해 자연 의미적 텍스트를 제안했다. 셋째, Hein(2020)은 남미에서 '유럽적' 국가로서의 아르헨티나 정체성이 어떻게 담화적으로 구성되는지를 설명하기 위해 자연 의미적 메타언어 분석을 개념적 혼성 이론과 결합하였다. 이들 연구는 공통적으로 자연 의미적 메타언어가 더 이상 단어나 구문을 단독으로 설명하는 수준에 머무르지 않고, 담화의 윤곽과 의미적 틀 즉, 담화의 '홈(groove)'을 모델링하는 도구로 확장되고 있음을 보여준다.

더 읽을거리

Bromhead, H. (2018). *Landscape and culture-Cross-linguistic perspectives*. Amsterdam: John Benjamins. (경험주의적이고 문화에 민감한 풍경 용어에 대한 의미론적 연구이다.)

Goddard, C. (2018). *Ten lectures on Natural Semantic Metalanguage: Exploring language, thought and culture using simple, translatable words*. Leiden: Brill. (비공식적인 강의 스타일로 자연 의미적 메타언어 접근 방식의 역사, 이론, 실습 및 적용을 다룬다.)

Peeters, B., Mullan, K., & Sadow, L. (Eds.).(2020). *Studies in ethnopragmatics, cultural semantics, and intercultural communication: Meaning and culture*. Singapore: Springer. (다양한 언

어의 문화적 의미를 전달하는 단어에 대한 연구이다.)

Wierzbicka, A. (2014). *Imprisoned in English: The hazards of English as a default language*. New York: Oxford University Press. (사회과학 및 인문학에서 증가하는 개념적 영미 중심주의를 비판하고, 연구 기반의 발전 방향을 제시한다.)

Ye, Z. (Ed.).(2017). *The semantics of nouns*. Oxford: Oxford University Press. (다양한 개념 영역과 언어에 걸쳐 명사의 의미론에 대한 최신 연구이다.)

제6장
단어 문법

1. 서론

단어 문법(Word Grammar, WG)은 언어에 대한 지식이 단어에 적용되는 일반적인 지식이라는 가정을 최초로 체계화한 이론 중 하나이다.

> 이 책에서 내가 주장하고자 하는 핵심은, 언어적 네트워크가 단지 더 큰 인지 네트워크의 일부이며, 언어적 네트워크와 비언어적 네트워크 사이에는 언어적이라는 점 외에는 본질적인 차이가 없다는 것이다.
>
> Hudson 1984: 6

Goldberg(1995: 5)가 "언어에 대한 지식이 곧 지식이다"라고 표현했듯이, 이는 인지언어학의 핵심 특징을 가장 간결하게 드러낸다. 따라서 단어 문법은 인지문법(Cognitive Grammar)이나 구문문법(Construction Grammar)과 마찬가지로 인지언어학의 큰 틀 안에서 매우 자연스럽게 자리 잡고 있다.

이 가정을 바탕으로 단어 문법은 마음이 작동하는 방식을 설명하기 위해 여러 구체적인 인지적 전제를 제시한다. 단어 문법의 주요 인지적 가정은 다음과 같다(Hudson 2007: 1장, 2010: 1부).

- 네트워크: 우리의 인지 속에서 인식 가능한 유일한 단위는 하나의 거대한 상징적 네트워크 속에서 서로 연결된 개념들이다. 개념의 속성은 다른 개념과의 연결(링크)에 의해 정의되며, 이

러한 링크 자체가 속성을 규정하므로 별도의 레이블은 필요하지 않다(Lamb 1998: 59)

- 개념 및 개념 생성: 개념은 네트워크에서 최소 두 개의 연결이 만나는 '노드'로, 속성의 새로운 조합이 인식될 때마다 새로운 노드가 생성된다. 예를 들어, 단어의 실제 사용인 '토큰'은 그 단어의 일반적 유형인 '타입'과는 별개의 개념으로 취급된다.
- 상속 및 isa 링크: 개념은 느슨한 분류 체계 속에서 구성되며, 이들을 연결하는 모든 링크는 'isa'라 불린다. isa 관계는 기본적인 상속을 가능하게 하며, 일반화 속에서도 예외를 허용한다. 단어 문법에서 상속은 개념 생성 과정의 일부로만 작용하기 때문에 단조적이다(즉, 상속된 속성은 수정되지 않는다).
- 관계 개념: 모든 관계는 유형화되어 있으며, 대부분은 '관계 개념(relational concept)'이라는 일반적 분류에 속한다. 새로운 관계 개념은 자유롭게 생성될 수 있으며, 따라서 관계 개념의 체계는 개체 개념의 체계만큼 개방적이다.
- 원시적 관계: 가장 기본적인 관계 유형은 원시적 관계(prime relation)이다. 예를 들어, '0'은 불가능하거나 존재하지 않는 것을, '_'는 가능한 것을 나타낸다. 이 중 하나는 isa 관계이고, 다른 하나는 관계 개념에서 논항(argument)과 값(value), 그리고 경험을 통해 기대되는 토큰의 수량(quantity)을 정의한다.
- 학습: 기본 체계 요소를 제외하면 모든 개념은 경험을 통해 학습된다. 학습은 두 경로를 따른다. 첫째, 경험의 일부가 해당 사건의 영구적 기록으로 남아 네트워크를 확장시키며, 둘째, 마음은 이를 통해 일반화를 발견하고 새로운 상위 범주를 형성한다.

이러한 원칙을 구체적으로 설명하기 위해 비언어적 예를 살펴보자. 예를 들어, Mary에게 Tom이라는 형제가 있다고 가정해 보자. 그녀는 무엇을 알고 있을까? 〈그림 6.1〉에 따르면 다음과 같다.

- 전형적인 사람은 형제가 있을 수 있으며, 이 관계는 'brother(형제)'라는 개념으로 표현된다. 타원형 상자는 관계 개념을, 직사각형 상자는 개체 개념을 나타낸다. brother 관계에는 논항(person)과 값(a)이 존재하며, 값은 화살표 머리로 표시된다.
- 'brother' 개념은 'male(남성)'이라는 개념과 연결되며, 이는 형제가 남성임을 의미한다.
- 'female(여성)'과 'male(남성)'은 모두 상위 범주인 'person(사람)'의 하위 유형이다.
- Mary는 'female'에 속하며, 그녀에게는 형제 Tom이 있다. Tom은 'male'이며, Mary의 brother 관계의 구체적 예로 표시된다. 이 경우 실제 존재하는 관계이므로 수량은 1이다.

• Tom*은 Mary가 어떤 사건(예: Tom이 넘어졌을 때)을 통해 형성한 특정 실례(instance)로, 영구적 속성(예: 실제 인물, Mary의 형제)을 상속받는다.
• 일반적으로 이런 실례 노드는 시간이 지나면 잊히지만, Mary가 그 사건을 기억한다면 Tom*은 영구적으로 남아 Tom과의 isa 관계를 유지한다.

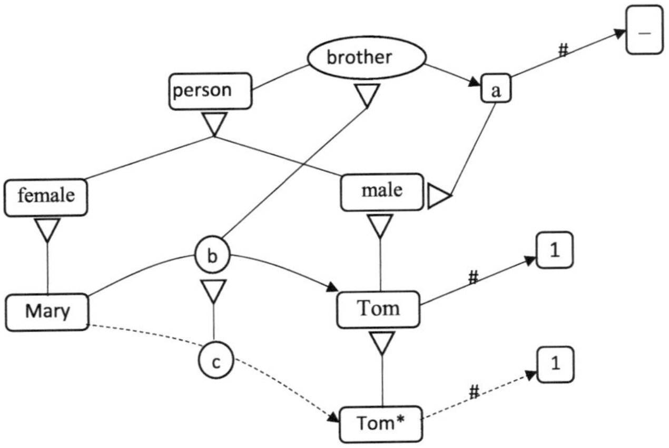

〈그림 6.1〉 Mary와 형제인 Tom

단어 문법의 주장은 이러한 다이어그램이 인간이 '무엇을 알고 있는가'를 정확하게 반영한다는 데 있다. 즉, 모든 노드와 링크는 내성과 경험에서 얻은 증거로 정당화될 수 있다. 이 다이어그램은 네트워크, 개념 생성, 상속, 관계 개념, 원시 관계, 그리고 학습에 대한 단어 문법의 인지적 전제를 명확히 보여준다. 결국, 이 개요의 핵심은 '언어가 일반적인 인지의 한 예'라는 점을 구체적으로 드러내는 데 있다. 언어 학습자와 사용자는 이러한 인지적 능력들을 모두 활용하며, 언어를 위해 별도의 특별한 능력이 필요한 것은 아니라는 것이 단어 문법의 근본적 주장이다. 이 장의 나머지 부분에서는 언어학의 주요 연구 질문을 다루며, 이러한 가정들이 그 질문들에 어떻게 답을 제공하는지 살펴볼 것이다.

2. 일반성의 연속체

앞서 제시한 가정에 따르면, 언어는 '지식'이므로 하나의 네트워크로 이해되어야 한다. 많은 연구자들은 어휘가 네트워크라는 데 동의하고, 또 다른 이들은 문법이 구문들의 네트워크라고 주장한다. 그러나 단어 문법의 주장은 이보다 더 나아가, 언어의 모든 요소가 원자적 노드들로 이루어진 네트워크로 표현될 수 있다는 데 있다(Lamb 1966, 1998). 형태론뿐만 아니라 통사론까지 포함한 문법 전체가 네트워크 구조를 이루며, 그 안의 각 노드는 구문이나 어휘소처럼 내부적으로 복잡한 구조가 아니라, 내부 구조가 전혀 없는 원자적 단위이다. 모든 레이블(label)은 분석자가 이해를 돕기 위해 붙이는 주석과 같을 뿐, 실제 정보는 링크를 통해 전달된다. 궁극적으로 이러한 링크들은 언어 외부의 감각 데이터나 운동 과정과도 연결된다.

단어가 형태론과 통사론의 중심이자 유일한 단위이기 때문에 이 이론을 '단어 문법(Word Grammar)'이라 부른다. 예를 들어, 전형적인 어휘소 BOOK(책)은 형태적 속성(형태소 {book})과 의미적 속성(개념 book)을 모두 가진다. 또한 isa 링크를 통해 '보통명사(common noun)'라는 추상적 범주에 속한다. 이러한 간단한 분석이 〈그림 6.2〉에 제시되어 있다.

이러한 링크의 존재는 '점화 실험(priming experiments)'을 통해서도 확인된다. 예컨대 어떤 단어가 의미(예: newspaper)나 형태(예: booking 또는 hook)에서 BOOK과 유사할 경우, 그 단어는 BOOK을 더 쉽게 떠올리게 만든다. 이러한 점화 효과는 의미와 형태가 네트워크 내의 링크를 통해 연결되어 있기 때문에 가능하며, 만약 구문과 같은 다른 구조로 인해 네트워크에서 분리된다면 이런 효과는 설명되지 않는다.

이처럼 단순해 보이는 분석은 언어 전체의 구조에 중대한 시사점을 던진다. 특히 '문법(grammar)'과 '어휘(lexicon)'를 분리하려는 모든 시도를 약화시킨다. 단어 문법에서는 체계기능언어학(Systemic Functional Linguistics; Berry 2019)의 용어를 빌려, '어휘문법(lexicogrammar)'이라는 하나의 통합된 체계를 제안한다. 이 체계는 가장 일반적인 단위인 '단어'에서 출발해 개별 어휘 토큰에 이르기까지 하나의 연속적 분류체계로 배열된다. 이러한 통합적 관점은 인지언어학 전반에서도 널리 받아들여지고 있지만(Geeraerts & Cuyckens 2007: 14), 단어 문법은 이 연속체에 더 세밀한 구분점을 추가함으로써 한층 더 발전된 모델을 제시한다.

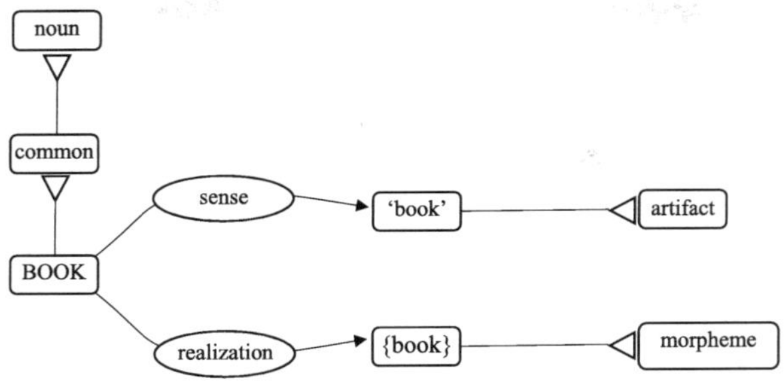

〈그림 6.2〉 어휘소 BOOK

이 분류체계의 최상위에는 '단어' 자체가 있다. 단어는 '상징(symbol)'이나 '행위(action)'과 같은 더 일반적인 범주의 예로서, 다른 기호들과 마찬가지로 화자(작성자)와 청자(수신자)를 가진다. 또한 '행위'와 유사하게 단어에도 행위자, 목적, 시간, 장소 등의 속성이 존재한다(Hudson 1984: 242). 이러한 속성들은 단어 문법이 언어를 사회적 맥락 속에서 분석할 수 있게 하는 기반이 된다.

분류체계의 중간에는 '어휘소'뿐 아니라, 어휘소가 특정한 방식으로 사용된 하위 어휘소가 존재한다. 예를 들어 BOOK의 하위 어휘소 중 하나는 (1)과 같은 표현에서 보이는 by the book이다.

(1) He did it by the book. (그는 책에 있는 대로 했다)

이 경우 하위 어휘소는 by the라는 통사적 속성과 '규칙에 따라'라는 의미적 속성을 결합한다. 이를 편리하게 표기하기 위해 BOOK 뒤에 지시 첨자를 붙여 $\text{BOOK}_{\text{by-the}}$로 나타낼 수 있다. 이러한 메커니즘은 단어 문법이 전문화된 구문문법을 수용할 수 있게 해 준다(Hudson 2007: 151-157).

분류 체계의 하단에는 실제 발화 속에서 나타나는 특정 단어 토큰이 존재한다. 예컨대 (1)의 book은 하나의 토큰이며, 아래 예시 (2)에서는 또 다른 하위 토큰이 등장한다.

(2) He did it by the book—a book which he himself had written.
(그는 자신이 직접 쓴 책에 따라 그렇게 했다)

이처럼 확장된 분류체계는 어휘를 훨씬 더 넓은 인지적 맥락 속에서 다룬다. 이는 곧 언어능력(competence)과 언어수행(performance)의 전통적 구분을 약화시킨다. 노엄 촘스키(Noam

Chomsky)는 이를 I-언어(내적 언어)와 E-언어(외적 언어)로 구분했으며, 언어학은 전자를 연구 대상으로 삼아왔다. 그러나 '지식'이란 단지 생성 규칙만이 아니라 그로부터 파생된 표현 자체를 포함하므로, 이 구분은 실제로 명확하지 않다. 단어 문법의 관점에서 보면, 하위 토큰의 표현은 영구적인 언어 지식 네트워크에서 isa 링크를 통해 상속된 일시적 현상일 뿐이다. 따라서 언어수행은 단지 언어능력의 중심부에서 파생된 주변적 활동으로 이해된다. 이러한 관계는 〈그림 6.3〉에 도식적으로 나타나 있으며, 오른쪽에는 기존의 범주들이 표시되어 있다(범주 간의 경계는 의도적으로 명확히 구분하지 않는다).

요약하자면, 어휘문법은 우리가 '지식'이라 부르는 방대한 인지망의 한 부분일 뿐이다. 이 네트워크 안에서 (음운론을 포함하는) 단어는 독립된 체계가 아니라, 나머지 지식과 긴밀하게 연결된 연속체의 일부로 존재한다. 따라서 언어는 인지 전체 속에서 구분되지 않는, 그러나 특별한 형태로 조직된 하나의 지식 체계라 할 수 있다.

3. 추상성의 연속체

언어학의 전통적인 분석 수준인 음성학, 음운론, 형태론, 통사론, 의미론, 화용론은 가장 구체적인 것(음성학)에서 가장 추상적인 것(화용론)에 이르기까지 하나의 연속체를 이룬다. 단어 문법에서는 이러한 연속체를 '실제화(realization)'라는 단일한 관계로 설명한다. 즉, 보다 추상적인 요소가 구체적인 패턴에 의해 점차 '실제화'되어 나타나는 것이다. 예를 들어, 어휘소 BOOK(책)은 형태소 {book}에 의해 실현되고, 이는 다시 음운 음절 /bʊk/으로 나타난다. 그리고 이 음절은 음성 기관의 구체적인 제스처 결합을 통해 음성적으로 실현된다. 이러한 실제화 과정은 저장된 어휘문법의 일부로서, 네트워크 내의 링크로 쉽게 표현할 수 있다.

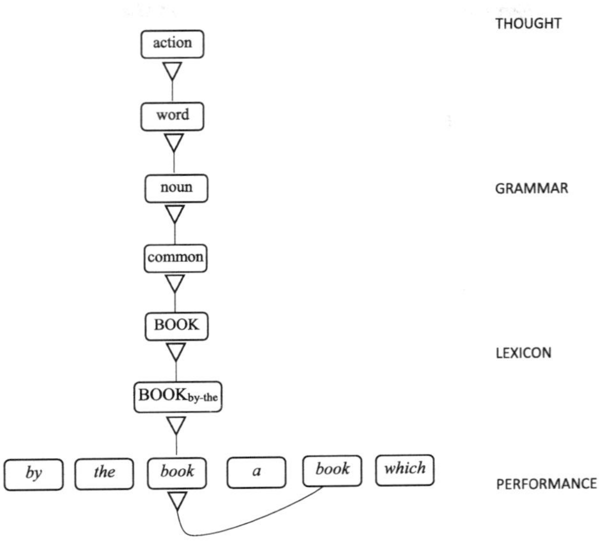

〈그림 6.3〉 사고에서 언어수행으로 이어지는 연속체

그러나 실제화라는 개념만으로는 단어와 그 의미 사이의 관계를 완전히 설명하기 어렵다. 의미는 일반적으로 의미와 지시체로 구분되며, (3)에서 book(책)이라는 단어의 의미는 일반적인 개념 book을, 지시체는 특정한 책을 가리킨다.

(3) I bought the book. (나는 그 책을 샀다)

영어에서 book이라는 개념이 어휘소 BOOK에 의해 실현된다고 말할 수는 있지만, 특정한 한 권의 book이 동일하게 실현된다고 말하기는 부자연스럽다. 왜냐하면 단어 book은 실제 책보다 더 구체적인 단위가 아니며, 또한 지시 관계가 기억 속에 저장된 것이 아니라 화용적으로 계산되기 때문이다. 즉, 모든 범주나 대상이 (관련 단어를) 이름으로 갖고 있을 것이라고 기대할 수는 없지만, 전형적인 단어에는 분명히 의미와 지시체가 모두 존재한다. 따라서 단어 문법에서는 의미와 지시체를 모두 단어의 속성으로 간주한다. 이런 분석에서 단어는 〈그림 6.4〉에서처럼 의미와 실제화 사이의 분수령 역할을 하는 중심적 위치를 차지한다.

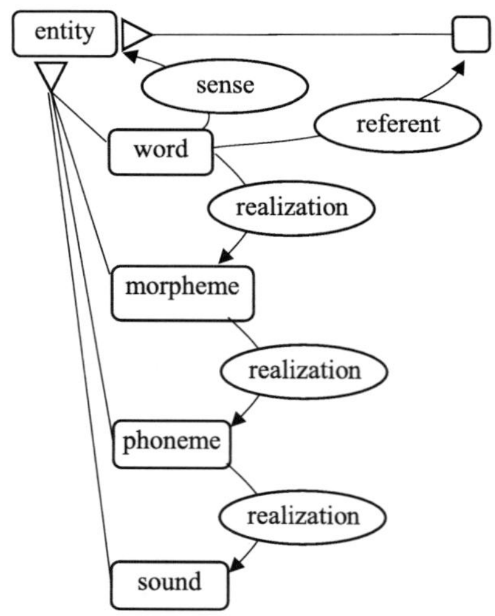

〈그림 6.4〉 단어를 통한 의미에서 실제화

이러한 다소 추상적인 계층 구조는 언어 체계와 개념 체계의 긴밀한 연계를 잘 보여주며, 인지언어학의 기본 전제와도 부합한다. 예를 들어, 단어의 의미가 '개념'이고 단어 자체도 하나의 '개념'이라면, 메타언어(meta-language)는 '의미가 단어인 단어'로 쉽게 정의할 수 있다. (4)에서 book은 어휘소 BOOK을 지시하는 새로운 단어의 지시체가 된다. 즉, 문장 속에는 단어를 지칭하는 2차 생성물이 존재하는 것이다(Hudson 1984: 246-247; 2010: 221).

(4) **Book** contains four letters. (단어 book에는 네 개의 글자가 들어 있다)

한편, 이러한 분석은 인지언어학 내의 일부 이론들이 전제하는 기본 가정에도 도전한다. 예를 들어, Michaelis(2013: 132)는 "문법은 형태, 의미, 사용에 대한 제약을 포함하는 언어 정보의 복합체인 '기호(sign)'들의 목록이다"라고 정의한다. 이 정의는 형태소를 포함한 모든 문법 단위가 형태와 의미를 결합한다고 본다. 그러나 단어 문법의 관점에서 보면, 형태소는 단어와 음운 사이를 매개하지만 의미와는 직접적인 관련이 없는 단어를 대상으로 한다. 즉, 형태소가 반드시 의미를 수반하는 것은 아니라는 점에서 〈그림 6.4〉의 단어 문법 모형은 위의 정의와 근본적으로 다르다.

단어 문법이 이러한 모형을 선호하는 이유는 세 가지로 요약된다. 첫째, 형태론에서는 단어의 분절이 의미보다는 형식적 관계와 더 밀접하게 관련된 경우가 많다. 예를 들어, 동사 receive(받다), deceive(속이다), perceive(인식하다), conceive(상상하다)를 살펴보면, 이들은 모두 공통 형태소 {ceive}를 공유한다. 이 형태소는 대응 명사와 형용사에서 {cept}로 바뀌어 reception, perception, deceptive 등을 형성하지만, 이 동사들이 공통된 의미 요소를 공유한다고 보기는 어렵다. 둘째, 단어가 의미적으로 불투명하더라도 청자가 잠재적인 형태소를 인식한다는 심리언어학적 및 신경언어학적 증거가 존재한다(Brooks & Cid de Garcia 2015; Fiorentino & Fund-Reznicek 2009). 예를 들어, 불투명한 bellhop(호텔 짐꾼)은 teacup(찻잔)이 tea를 떠올리게 하는 것만큼이나 강하게 bell을 점화하지만, penguin(펭귄)은 pen을 전혀 점화하지 않는다. 이는 이러한 형태소들이 의미가 없더라도 형태적으로 인식될 수 있음을 보여준다. 셋째, 민속 어원학(folk etymology)은 의미적 유사성이 전혀 없는 경우에도, 사람들이 낯선 신조어를 더 익숙한 단어로 재해석하려는 경향을 보여준다. 대표적인 예가 1600년경 스페인어 cucaracha(바퀴벌레)에서 유래한 영어 단어 cockroach이다. 이 단어는 형태적 유사성에 따라 cock(수탉)과 roach(잉어의 일종)로 재분석되었지만, 실제 의미적 연관성은 전혀 없다.[1] 요컨대, 단어 문법은 형태, 의미, 사용 간의 관계를 '기호의 일대일 대응'으로 단순화하지 않는다. 오히려 언어를 연속적이고 네트워크적 인지 체계로 보며, 형태소, 단어, 의미가 서로 다른 층위에서 상호 연결된 복합 구조를 이룬다고 본다.

4. 형태론

형태소를 네트워크로 모형화할 수 있다는 발상은 이후 네트워크 형태론(Network Morphology; Brown & Hippisley 2012)으로 발전했으며, 이는 단어 문법과 매우 유사한 분석적 접근을 제공한다. 두 이론의 핵심 아이디어는 단어들 사이의 형태적 유사성을 동적 처리 과정이 아니라 정적 관계로 표현할 수 있다는 것이다. 즉, 단어 문법의 형태론은 생성 규칙이 아닌 제약 기반 접근 방식을 취한다. 예를 들어, 영어 형용사는 접미사 {ness}를 붙여 명사로 바뀔 수 있다고 말하기보다는, 형용사의 어간에 {ness}가 뒤따르는 명사화가 가능하다고 기술한다. 여기서 중요한 것은 어휘 관계, 즉 단어와 그 단어로부터 파생된 명사 간의 관계('명사화')이며, 그 내부에서는 형태적 관계, 특히 부분 관계(part-of relation)가 작용한다. 이러한 관계는 〈그림 6.5〉와 같이 네트워크 다이어그램으로 쉽게 시각화할 수 있다. 예를 들어, 전형적인 형용사는 (수량 #이 지정되지 않은) 선택적인 명사화 관계 a를 가진다. 형용사의 어근이 b라면, a의 첫 번째 부분 d는 b의 복사본이며,

1 www.merriam-webster.com/words-at-play/folk-etymology/cockroach

두 번째 부분 e는 형태소 {ness}의 복사본이다.

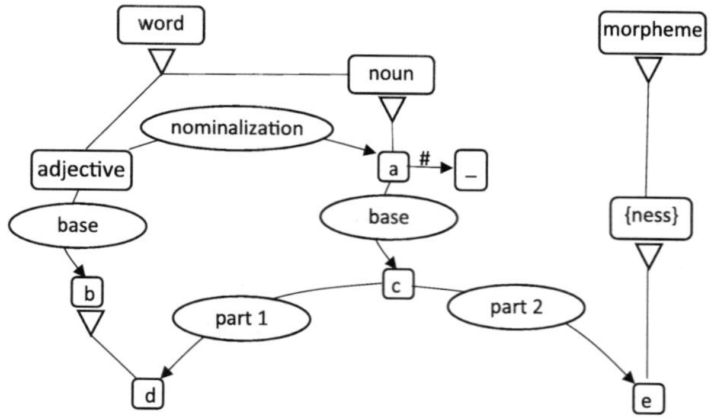

〈그림 6.5〉 형용사 + {ness} = 명사

〈표 6.1〉 라틴어 1인칭 단수 동사: 6가지 시제, 4가지 활용형

	첫째 활용형	둘째 활용형	셋째 활용형	넷째 활용형
현재	{portā} {ō}	{docē} {ō}	{trah} {ō}	{audi} {ō}
미래	{portā} {ēb} {ō}	{docē} {ēb} {ō}	{trah} {am}	{audi} {am}
미완료	{portā} {ēb} {am}	{docē} {ēb} {am}	{trah} {ēb} {am}	{audi} {ēb} {am}
완료	{portā} {v} {ī}	{docē} {v} {ī}	{trah} {ks} {ī}	{audi} {v} {ī}
미래 완료	{portā} {v} {er} {ō}	{docē} {v} {er} {ō}	{trah} {ks} {er} {ō}	{audi} {v} {er} {ō}
대과거	{portā} {v} {er} {am}	{docē} {v} {er} {am}	{trah} {ks} {er} {am}	{audi} {v} {er} {am}

굴절 형태론 역시 동일한 네트워크 원리를 따른다. 다만, 굴절 형태론에서는 여러 형태통사적 기능(시제, 상, 인칭, 수 등)과 형태론적 부류 간의 복합적 상호작용이 존재하므로 구조가 훨씬 복잡해진다(Gisborne 2019; Hudson 2007, 2장). 예를 들어, 〈표 6.1〉은 라틴어 1인칭 단수 동사 형태를 보여준다. 라틴어에서는 각 시제와 활용형에 따라 형태소의 조합이 달라진다. 모든 형태는 마지막 형태소가 인칭과 수를 표시하는데, 예를 들어 {ō} (port-ō "I carry"), {am}, {ī} 등이 그 예다. 그러나 인칭/수 형태소는 시제를 나타내는 다른 형태소들과 결합할 수 있다. 예를 들어, port-āv-ō는 I will have carried(나는 옮겼을 것이다)라는 의미를 가진다. 이러한 조합의 차이는 활용 부류(conjugation class)에 따라 달라지며, {portā}는 {docē}(가르치다), {trah}(끌다), {audi}(듣다)와 대조적으로 '첫째 활용형(first conjugation)'에 속한다.

이 표에서 주목할 점은, 1인칭 단수 형태소의 선택이 시제와 바로 앞의 형태소에 영향을 받는다는 것이다. 기본적으로 인칭/수 표지는 {ō}이지만, 특정 맥락에서는 다음과 같이 달라진다.

- {am}: 미완료 동사나 대과거(예: portābam, portāveram)
- {am}: 미래 동사에서 셋째·넷째 활용형 어간 뒤(예: traham, audiam)
- {ī}: 완료 접미사 뒤(예: portāvī)

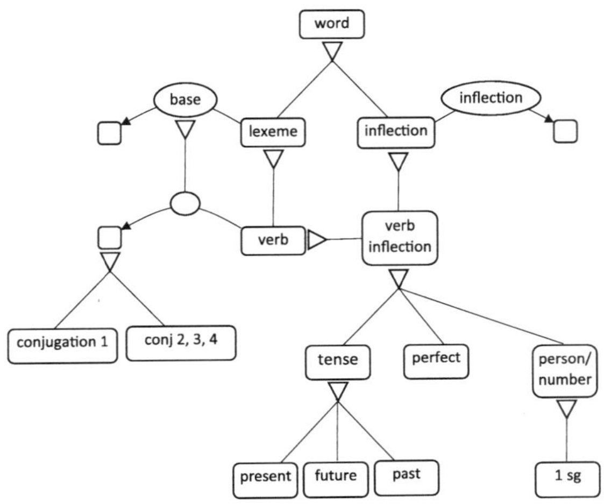

〈그림 6.6〉 단어 문법에서 라틴어 동사를 분류하는 방법

유사하게, 완료상(perfect aspect)의 기본 표지는 {v}이지만, 셋째 활용형에서는 {ks}와 같은 다른 형태소가 사용된다. 이는 서로 다른 출처에서의 영향이 하나의 구조에 수렴하는 전형적인 네트워크 패턴을 보여준다.

이제 traham의 형태를 예로 들어보자. 이는 '1인칭 단수'와 '미래 시제'라는 형태통사적 속성을 가진다. 〈그림 6.6〉은 어휘소(명사, 동사 등)를 굴절 부류와 구분하고, '동사 굴절'을 하나의 상위 범주로 묶는 방법을 보여준다. 특정 굴절 동사는 어휘소에서 어근을, 굴절 분류에서 형태적 속성을 상속받는다. 각 형태소는 활용 부류(conjugation class)에 속하지만, 이 분류는 통사론이나 의미론에는 직접적인 영향을 주지 않는다.

〈그림 6.6〉의 네트워크는 traham에서 형태소 선택이 어떻게 결정되는지를 보여준다. 여기서 '미래 시제'와 '1인칭 단수'의 결합, 그리고 '셋째 활용형'이라는 맥락이 함께 작용한다.

- 모든 미래시제 동사에는 tm로 연결된 시제 표지가 있으며, 기본적으로 {ēb}이다(단, 완료 표지

뒤에서는 {er}이 사용됨).

- 셋째 활용형 바로 뒤에는 미래시제 표지가 인칭·수 표지와 병합된다(pnm과 관련됨).
- 1인칭 단수 표지는 셋째·넷째 활용형 어간 뒤에서 {ō} 대신 {am}을 사용한다.

이 규칙들은 〈그림 6.7〉과 같은 네트워크 구조로 변환될 수 있다. 여기서 인접한 항목 간의 관계는 next로 표시되며, 이는 실선 화살표로 나타난다. 이러한 규칙적 링크의 상호작용을 통해 traham이라는 형태가 정확히 생성된다.

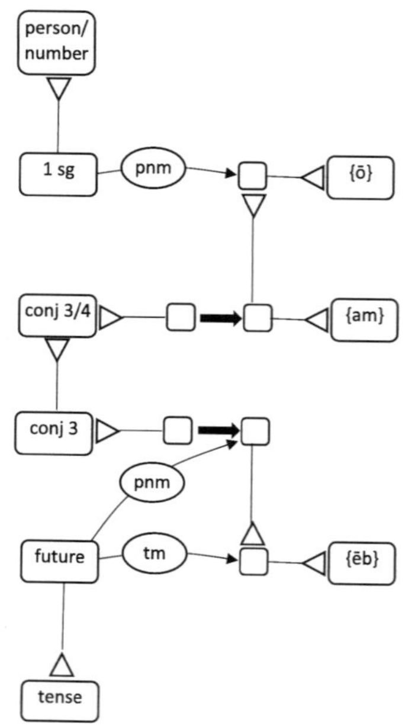

〈그림 6.7〉 {ēb}{ō} 대신, {am}을 사용하는 라틴어 규칙

결과적으로, 이 복잡한 라틴어의 형태적 패턴조차 단어 문법의 네트워크 장치로 일관성 있게 설명할 수 있다. 단어 문법은 단순히 단어 수준의 의미 연결망만을 다루는 것이 아니라, 형태론적 규칙과 예외까지도 하나의 네트워크로 통합할 수 있는 강력한 틀을 제공한다. 물론 네트워크 구조를 단계별로 도식화하면 복잡해 보이지만, 단어 문법의 관점에서 이는 단순히 언어 사용자(예: 라틴어 화자)의 인지적 네트워크를 시각적으로 표현한 것일 뿐이다. 따라서 네트워크가 복잡하다면, 라틴어를 배우는 사람의 마음속 언어망 역시 그만큼 복잡하다는 뜻이 된다. 요컨대, 단어 문법의 형태론은 언어의 구조적 복잡성을 인간의 인지 구조와 직접 연결시킨다. 즉, 형태론조차

인간이 세상을 이해하고 표현하는 방식의 일부로서, 하나의 거대한 인지 네트워크 속에 위치하는 것이다.

5. 통사론

단어 문법의 가장 논란이 되는 특징 가운데 하나는, 구문 구조에 대한 주류 전통이 아닌 의존성 전통을 따른다는 점이다(Hudson 1984: 75-82). 앞서 2절에서 언급했듯이, 단어 문법(Word Grammar)이라는 명칭 자체가 '단어의 중심성'과 '그보다 큰 단위의 부재'를 반영한다. 단어는 형태론적으로는 내부 구조를 가지며, 통사론적으로는 외부 구조를 형성하지만, 동시에 문장 구조의 유일한 단위이기도 하다. 즉, 문장은 단어들의 결합으로 구성되며, 어떤 경우에는 단어의 연속적인 배열이 하나의 인지적 단위로 인식될 수도 있다(Hudson 1990: 404-408). 의존성 문법에서 문장은 분명한 구조를 갖지만, 이는 단어와 구 사이의 전체-부분 관계가 아니라 개별 단어들 간의 의존성 관계를 기반으로 한다. 예를 들어, Small babies cry(어린 아기가 운다)라는 문장을 보자. 단어 문법에 따르면 cry와 babies 사이에는 주어 의존성이 존재하며, babies는 다시 small에 의해 수식된다. 그러나 small babies라는 표현은 명사구로 별도로 인식되지 않는다.

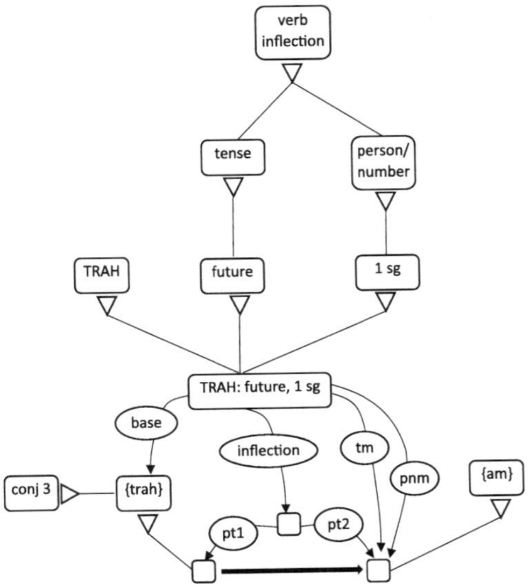

〈그림 6.8〉 traham을 위한 네트워크

인지언어학에서 의존성 접근이 선호되는 이유는 여러 가지가 있다. 첫째, 더 큰 단위를 설정하지 않아도 단어 간 관계를 직접적으로 표현할 수 있다는 점이다. 예컨대 Tom과 Harry가 '우정 쌍(friend pair)'이라는 중간 단위를 형성하지 않고도 친구가 될 수 있는 것처럼, 단어들 역시 직접 연결될 수 있다. 이러한 관계가 외부 언어에서 가능하다면, 마음속 언어 구조에서도 가능하다고 보는 것이다.

둘째, 구조주의 전통에 대한 역사적 비판이 있다. 구문 중심 접근은 1933년 블룸필드(Arthur L. Bloomfield)의 구성요소 분석에서 비롯되었는데, 이는 다시 1900년경 빌헬름 분트(Wilhelm Wundt)가 제시한, 모든 구성요소가 '주어-술어' 형태의 명제로 이루어진다는 심리학적 분석에 기반한다. 그러나 현대 인지언어학은 이러한 분석을 받아들이지 않는다(Percival 1976). 반면, 의존성 문법은 지배(government)와 수정(modification) 같은 심리적으로 자연스러운 개념에 바탕을 두고 있으며, 천 년이 넘는 전통적 분석의 계보를 잇는다(Percival 1990).

셋째, 의존성 접근은 통사 구조를 트리 구조가 아닌 네트워크로 해석할 수 있는 길을 열어준다. 이는 단어 문법이 인지의 다른 영역과 동일한 형식을 취할 수 있게 하는 핵심적 장점이다.

현대 통사론에서도 네트워크 구조를 뒷받침하는 증거가 많다. 예를 들어, '주어 상승(subject raising)' 현상에서는 두 개 이상의 단어가 주어 역할을 공유한다. 이러한 관계는 트리 구조로는 표현하기 어렵지만, 네트워크 구조에서는 자연스럽게 나타난다. 만약 통사 구조가 실제로 네트워크라면, 적절한 표기 방식은 트리가 아니라 단어들 간의 의존 관계를 나타내는 화살표일 것이다. 〈그림 6.9〉는 두 개의 단어 문법 구문을 보여준다. 첫 번째는 비교적 단순한 구조이고, 두 번째는 더 복잡한 구조를 나타낸다. 각 화살표는 단어 간의 의존성을, 각 레이블은 주어, 보어, 부가어, 술어 보어 등을 구분한다.

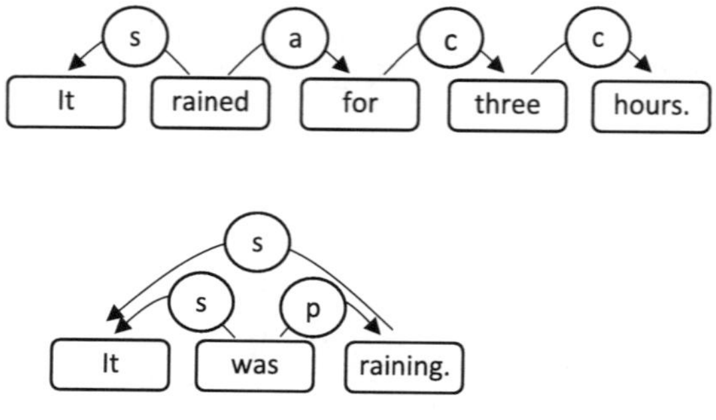

〈그림 6.9〉 두 문장의 의존성 구조

의존성 분석의 또 다른 장점은 언어 처리 이론(특히 작업 기억)과 밀접하게 연관된다는 점이다. 통사 처리를 '머리–의존어(head–dependent)' 쌍을 찾아 연결하는 과정으로 본다면, 각 의존성은 작업 기억에 부담을 준다. 즉, 두 단어 사이의 거리가 길수록 처리 부담이 커진다는 것이다. 이 단순하지만 강력한 아이디어는 말뭉치 언어학, 이중 언어 연구, 실험 심리언어학에서 활발히 연구되고 있다(Duran Eppler 2011b; Levy et al. 2014; Liu, Xu & Liang 2017). 예를 들어, 아래 두 문장을 비교해 보자.

(5) That he had lost the key to the front door that she had given him was obvious. (그는 그녀가 준 현관문 열쇠를 잃어버렸다는 것이 명백했다)

(6) It was obvious that he had lost the key to the front door that she had given him. (그는 그녀가 준 현관문 열쇠를 잃어버린 것이 명백했다)

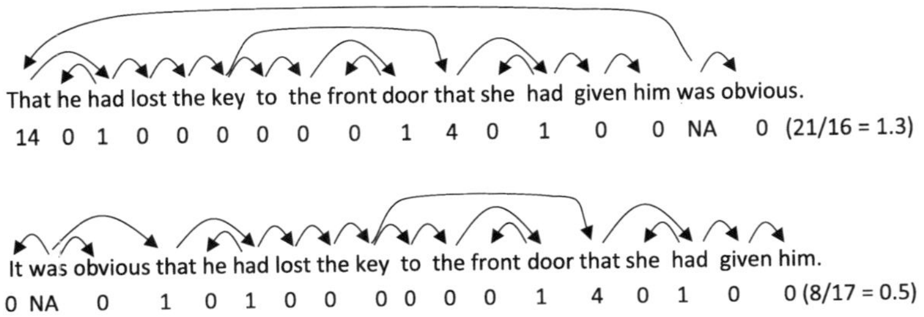

〈그림 6.10〉 의존성의 거리 측정

〈그림 6.10〉은 (5)에서 was와 that 사이의 긴 의존성을 보여준다. 반면 (6)은 이러한 장거리 의존성이 사라져 평균 종속성 거리가 짧아진다. 따라서 문장 (6)이 구조적으로는 더 복잡함에도 불구하고 읽기 쉽다는 사실을 설명할 수 있다.

단어 문법의 의존성 구조는 일반적인 의존성 문법보다 훨씬 풍부하다. 예를 들어, It was raining(비가 내리고 있었다)의 구조에서는 it이 was와 raining 모두에 의존한다. 즉, 하나의 단어가 여러 머리어를 가질 수 있다.

또한 단어 문법은 의존성 구조와 어순 관계를 통합한다. 네트워크에는 '좌–우' 차원이 없기 때문에 어순을 나타내려면 별도의 관계 체계를 도입해야 한다. 단어 문법에서는 래내커(Ronald W. Langacker)의 '지표(landmark)' 관계(Langacker 2007)를 도입하여, 단어의 위치를 '지표에 대한 상대적 위치'로 정의한다. 즉, 한 단어는 자신이 의존하는 머리어를 기준으로 before(〈〉나 after(〈〉)

의 위치 속성을 가진다. 단어들이 선형화될 때는 각 단어가 next 관계를 통해 다음 단어와 연결되며, 이는 다이어그램에서 실선 화살표로 표시된다. 〈그림 6.11〉은 "He likes red wine(그는 레드 와인을 좋아한다)"의 어순 구조를 보여주는 단순한 예로, 의존성 화살표는 단어 위쪽에, 어순 관계는 아래쪽에 배치된다. 어순은 외부 언어에서도 동일한 구문적 연속성을 유지하도록 지표 전이성의 원칙(Principle of Landmark Transitivity)에 의해 제약된다(Hudson 2007: 139).

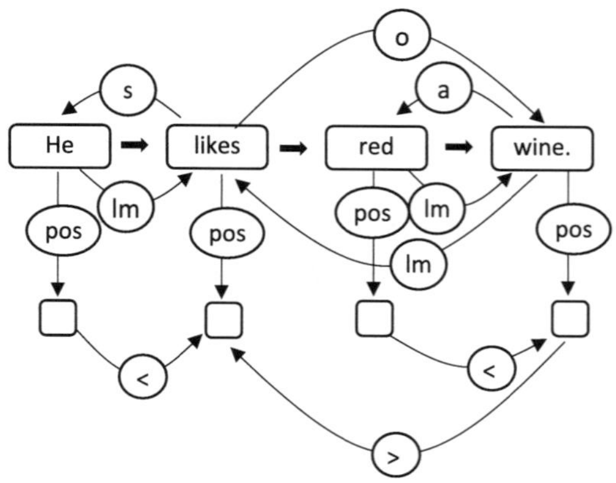

〈그림 6.11〉 단어 어순 예측

단어 문법의 통사론은 이 이론에서 가장 완성도 높은 영역으로 평가된다. 실제로 단어 문법은 영어의 amn't(Hudson 2000) 같은 특수 형태에서부터 동명사(gerund)(Hudson 2003, 2007, 4장), 변형 이동(pied-piping)(Hudson 2018)에 이르기까지 다양한 현상에 적용되어 왔다. 모든 경우에 단어 문법의 분석은 비언어적 사고의 일반적인 조직 원리를 언어 구조에 적용함으로써, 언어가 인지 구조의 한 부분임을 설득력 있게 보여준다.

6. 의미론

단어 문법 이론은 단어와 문장을 의미론적으로 해석하는 방법에 대한 독자적인 관점을 포함하고 있다(Hudson 2007, 5장). 이 의미론의 핵심은 앞서 3절에서 언급한 바와 같이 의미와 지시체 간의 구분에 있다. 그러나 단어 문법은 다른 의미론 이론들과 달리, 의미와 지시체 모두를 정신적 구성물로 간주한다. 예를 들어, dog(개)이 실제 개체 Fido를 지칭하더라도, 단어 문법의 관점에서 그 지시체는 Fido 그 자체가 아니라 Fido에 대한 개념이다(Hudson 1984: 138). 이 접근 방식은 의의와 지시체 모두에게 동일한 개념적 지위를 부여하며, 결국 둘 다 개념으로 다루게 된다. 보통 우리는 지시체가 의의의 구체적 실현(isa 링크)으로 이해된다고 가정한다. 그래서 dog이라는 말을 들으면, 우리의 인지 체계는 '개의 일반적 개념'을 활성화하고, 그 개념의 예시를 떠올린다. 물론 은유나 비유적 표현은 이 기본 원리를 벗어나지만, 이 구조가 단어 문법 의미론의 기본값이다.

단어 문법의 또 다른 독특한 주장은 명사뿐 아니라 모든 단어가 의의와 지시체를 모두 가진다는 점이다(Hudson 1990: 134-138). 동사 역시 의미와 지시체를 가지며, 경우에 따라 명사와 동일한 의미 구조를 공유할 수 있다. 예를 들어, 명사 ARRIVAL(출발)은 동사 ARRIVE(출발하다)와 동일한 의미를 가지며, 둘 다 (7)과 같은 지시체를 지칭한다.

(7) When he arrived, his arrival caused a great stir. (그가 도착했을 때, 그의 등장은 큰 파장을 일으켰다)

이 예문에서 arrived와 arrival은 모두 '도착'이라는 동일한 개념을 표현하며, 동일한 사건을 지시한다.

의존성 기반의 분석에서는 의미의 합성성(compositionality)을 자연스럽게 설명할 수 있다. 각 의존어는 머리어(head)의 의미를 풍부하게 만들어 새로운 복합 의미를 형성하기 때문이다. 예를 들어, big이 book에 의존할 경우, 의미론적 결과는 big book(큰 책)이라는 새로운 개념이 된다. 이때 BOOK(책)이라는 어휘소의 일반적 의미 book은 유지되지만, 그 의미가 확장된다. 그렇다면 book과 big book의 관계는 정확히 무엇일까? book이 그 자체로 의미라면, big book은 어떤 위치를 차지하는가? 단어 문법은 이 문제를 해결하기 위해 2절에서 소개된 하위 토큰 개념을 적용한다. big book의 경우 두 개의 하위 토큰이 구분된다.

- BOOK(책)은 일반적 의미를 가진 기본 단어 book의 인식된 형태이다.
- book/big은 big book이라는 복합 개념을 반영하여 big의 속성을 반영하는 book의 하위 토큰이다.

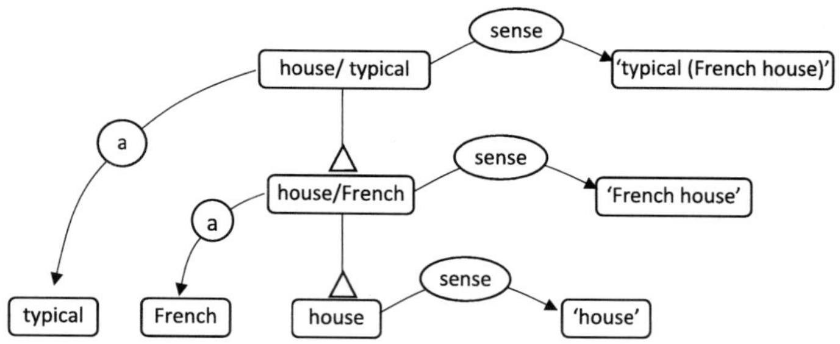

〈그림 6.12〉 하위 토큰을 가진 Typical French house

이 하위 토큰 분석은 복합 수식 구조의 범위 문제를 해결하는 데도 유용하다. 예를 들어 Typical French house(전형적인 프랑스 주택)의 의미는 '전형적인 프랑스인의 집'이 아니라, '전형적인 프랑스식 주택'을 의미한다(Dahl 1980; Hudson 1980). 즉, typical은 house가 아니라 French house 전체를 수식한다. 이는 전통적인 의존성 분석에서는 처리하기 어려운 문제이지만, 단어 문법의 하위 토큰 체계에서는 자연스럽게 표현된다.

단어 문법의 의미론은 익숙한 논리적 문제들도 통합적으로 다룰 수 있다. 먼저, 보편적, 실존적 정량화는 기본 상속의 논리로 간단히 표현된다. 즉, 어떤 속성이 모든 X의 예시에서 참이라면, 이는 X의 상위 개념으로 기본적으로 상속된다. 반면, 특정 예시에서만 참이라면, 그 예시는 X와 isa 관계를 가진 별도의 노드로 처리되어, 해당 속성이 전체 X에는 확장되지 않는다. 이러한 기본값 논리는 예외를 허용하므로, Everyone passed except Tom(모두가 합격했지만 톰은 제외였다)와 같은 '느슨한 보편성(loose universality)'을 자연스럽게 설명할 수 있다. 즉, 자연어의 일반화와 예외를 동시에 포착할 수 있는 것이다.

또한 단어 문법은 '의무(1)'와 '불가능(0)'을 구분하는 수량 개념을 활용한다. 이 값은 주로 지시체에 적용되며, 예를 들어 no student는 '학생'이라는 의미를 지니되, 지시체의 수량은 0으로 표시된다. (8)에서 didn't의 어근은 I saw her라는 의의를 지니지만, 그 지시체는 수량 0을 가진다. 즉, '보는 사건'이 존재하지 않음을 나타낸다.

(8) I didn't see her. (나는 그녀를 보지 않았다)

마찬가지로 (9)에서 네트워크가 두 가지 해석을 허용한다. 즉, 공동 해석으로 두 학생이 함께 세 편의 에세이를 작성하거나 개별 해석으로 각 학생이 세 편씩 작성하여, 총 2×3개의 사건이 존재함을 보여준다.

(9) Two students wrote three essays. (두 명의 학생이 세 편의 에세이를 썼다)

단어 문법의 의미론은 문법적 패턴뿐 아니라 어휘의미론에도 적용된다. 어휘의미론에서 전통적인 문제는 '정의(definition)'의 무한 회귀다. 모든 개념은 다른 개념과의 관계로 정의되기 때문에, 결국 기존 개념이 새로운 개념의 정의로 재활용된다. 단어 문법은 이를 받아들여, 모든 개념은 네트워크 내에서 다른 개념과의 관계로 구성된다고 본다(Hudson & Holmes 2000).

특히 잘 연구된 영역은 지각동사이다. 영어의 SEE(보다), HEAR(듣다), FEEL(느끼다), SMELL(맡다), TASTE(맛보다), LOOK(보다), SOUND(들리다) 등은 다양한 지각 양상과 방식이 얽혀 있는 신체화된 개념의 다발을 형성한다(Gisborne 2010). 이러한 동사와 전치사에 대한 단어 문법은 풍부하게 제시되어 왔으며(Holmes 2005, Hudson 2008a), 대부분의 경우 동사의 통사적 구조를 효과적으로 설명한다. 다만, 일부 사례에서는 여전히 약간의 자의성이 남는다(Hudson, Rosta, Holmes & Gisborne 1996).

7. 사회적 맥락

언어를 일반 지식의 네트워크에 통합할 때 나타나는 한 가지 중요한 결과는 구어체 단어가 화자, 수신자, 시간, 장소, 목적과 같은 모든 직시적 속성을 포함하는 표상을 갖게 된다는 점이다. 이러한 통합은 단순히 시제나 인칭과 같은 익숙한 직시 의미론의 분석에 안정된 기반을 제공할 뿐만 아니라, 언어의 화용적 기능을 설명하는 데에도 핵심적인 역할을 한다. 간단히 말해, 명령문의 의의는 곧 화자의 목적이다. 예를 들어, 화자가 (10)과 같이 말할 때, 그의 의도는 '수신자가 들어오는 사건'을 유발하는 것이다(Hudson 1984: 189).

(10) Come in! (들어와!)

분명히 화자와 수신자의 심리적 상태는 (11)과 같이 감정적 표현의 의미를 해석하는 데 결정적인 역할을 한다.

(11) What on earth do you mean? (도대체 무슨 뜻인가요?)

마지막으로, 화자 개념을 의미론 네트워크에 포함시킨다는 것은 언어의 사회적 역동성을 분석할 수 있는 길을 열어준다. 예를 들어, 수신인의 이름 선택, 인칭대명사의 사용, 혹은 지역적·사회적 변이 등은 모두 화자-수신자 관계에 의존한다(Hudson 1996, 7장).

더 읽을거리

단어 문법 이론은 거의 50년의 역사를 가지고 있기 때문에, 도전적인 아이디어와 데이터에 대한 반응으로 발전해 온 것은 놀라운 일이 아니다. 이러한 변화는 책 한 권 분량의 일련의 논문을 통해 추적할 수 있으며, 각 논문은 당시의 상태를 요약하려고 한다(Hudson 1984, 1990, 2007, 2010). 다른 저서에서는 어휘의미론(Gisborne 2010, 출간 예정), 문법화(Traugott & Trousdale 2013), 그리고 이중 언어 부호화 전환 연구(Duran Eppler 2011a)에 단어 문법을 적용한 사례도 있다. 이 책의 독자들이 관심을 가질 만한 특정 이슈에 대한 글과 장도 포함되어 있다.

- 언어 변이 및 변화(Adger & Trousdale 2007, Gisborne 2011, 2017, Hudson 1997b, 1997a, 2013, Trousdale 2013)
- 구문 및 관용구(Gisborne 2008, 2011, Holmes & Hudson 2005, Hudson 2008b, Hudson & Holmes 2000, Trousdale 2013)
- 접어(Camdzic & Hudson 2007, Hudson 2017)
- 언어 교육(Hudson 2008c)

제7장
부정의 창조성
기본값 은유, 풍자적 구문, 은유적인 풍자적 구문

1. 서론

1.1 부정의 창조성

부정은 종종 의미를 억제하기보다는 약화시키는 방식으로 작용한다(Giora, Balaban, Fein & Alkabets 2005, Giora, Heruti, Metuki & Fein 2009, Giora, Jaffe, Becker & Fein 2018). 따라서 문맥이 결여된 상황이나, 사실이거나 은유성을 유발하는 의미론적 이상함(Beardsley 1958)과 같은 명시적인 비유적 단서가 없는 경우, 또는 내부 부조화(Partington 2011)와 같은 은유적(Giora, Fein, Metuki & Stern 2010) 혹은 풍자적(Giora, Givoni & Fein 2015) 상황에서는 **기본값**에 따른 자동적 해석이 촉발된다.

다음 예문 (1–3)을 살펴보자.[1] 각 예문은 기본값에 따른 부정적 은유 해석 (1)과 풍자적 해석 (2–3), 비기본값의 대체 해석을 대조적으로 나타낸다.

(1) You are not my mom(당신은 내 엄마가 아니다).
  기본값의 은유적 해석: 나를 어린아이처럼 대하지 마시오.
  비기본값의 합성적(**문자적**) 해석: 다른 사람이 내 어머니다.

(2) He is not the most inspiring person around(그는 주변에서 가장 영감을 주는 사람이 아니다).

1 별도의 언급이 없는 한 모든 예문은 히브리어로 제시되었다.

기본값의 **풍자적** 해석: 그는 지루하다.

비기본값의 합성적(**문자적**) 해석: 다른 사람들이 더 영감을 준다.

(3) She is not the most sparkling drink in the pub(그녀는 술집에서 가장 스파클링한 음료가 아니다).

기본값의 **풍자적** 해석: 그녀는 재미없다.

비기본값의 합성적(**은유적**) 해석: 다른 사람들이 더 매력적이다.

1.2 기본값 가설

1.2.1 기본값의 정도는 어떻게 결정되는가?

기본값 가설(Giora *et al.* 2015, 2018)에 따르면, 특정 자극이 문맥과 무관하게 제시될 때 참가자들이 자동적으로 선호하는 해석이 기본값 해석으로 정의된다. 반대로 선호도가 낮은 해석은 비기본값 해석으로 간주된다. 이러한 기본값은 단순히 정신적 어휘집에서 직접 접근되는 것이 아니라, 반응을 구성할 때도 동일하게 작동한다. 즉, 기본값의 정도는 문맥 외적 자극이 제시될 때 결정된다.

1.2.2 기본값의 정도는 어떻게 정의되는가?

기본값 가설(Giora *et al.* 2015)의 틀에 따르면, 기본값은 자극에 대한 자동적이고 무조건적인 반응으로 정의된다. 그러나 어떤 반응이 기본값으로 간주되기 위해서는 발화가 기본값 해석 조건을 충족해야 하며, 이 조건은 문자적 해석과 비문자적 해석 사이의 잠재적 모호성을 선험적으로 허용함으로써 선호도가 부여될 수 있게 한다.

이 조건을 충족하기 위해서는 다음 세 가지가 필요하다.

(a) 항목이 익숙하거나 이미 부호화된 어휘 항목으로부터 직접 접근되는 것이 아니라, 즉석에서 구성될 수 있어야 한다.

(b) 비문자성을 유발하는 내부 단서, 예를 들어 의미적 이상(Beardsley 1958)이나 내부 부조화(Partington 2011)가 없어야 한다.

(c) 발화 해석에 영향을 미칠 수 있는 외부 신호(예: 특정 문맥 정보(Gibbs 1994), 억양(Woodland & Voyer 2011), 낮은 현저성의 표지(Givoni, Giora & Bergerbest 2013))가 없어야 한다.

Giora *et al.*(2015, 2018)은 매우 긍정적인 개념(S/he is **not the most inspiring person around**(그/그녀는 주변에서 가장 영감을 주는 사람이 아니다))이 부정이나 수사적 질문을 통해 강하게 약화될 경우, 위의 (a-c) 조건을 충족하면 기본적으로 풍자적으로 해석된다고 주장한다(S/he is dull(그/그녀는 둔하다)).[2] 이와 같이 풍자적 해석을 지지하는 강한 맥락에서는, 비기본값의 비약화된 (그러나 냉소적으로 편향된) 긍정문(S/he is the most inspiring person around(그/그녀는 주변에서 가장 영감을 주는 사람이다))보다 더 빠르게 처리된다.

실제로 Giora *et al.*(2015)의 연구는 이러한 현상이 참신성(Giora 1997, 2003), 문자성/비문자성(Grice 1975) 또는 문맥적 지원(Gibbs 1994)과 같은 처리 요인과 무관하게 일어남을 보여주었다.[3]

2. 실험 연구: 기본값 가설의 예측 테스트하기

2.1 부정 은유와 비-은유적인 긍정적 대응에 대한 예측

기본값 가설에 따르면 다음과 같은 예측이 가능하다.

(1) 특정 맥락을 제외하면, 부정 구문(You are not my mom(당신은 내 엄마가 아니다))은 **기본값의 은유적으로** 해석되고, 이에 대응하는 긍정 구문(You are my mom(당신은 내 엄마이다))은 **기본값의 문자적으로** 해석된다.
(2) 동일하게 강력하고 지지적인 문맥에서, 부정 구문은 문자적 해석을 유도하는 문맥보다 은유적으로 더 빠르게 처리된다.
(3) 자연스러운 담화에서는 이러한 기본값(즉, 은유적) 해석이 담화 전개 과정 속에서 반영되거나 공명하는 방식으로 드러난다.

아래의 예 (4)-(7)은 **부정** 구문('X is not Y' 형식)에 대한 기본값(은유적) 해석과 비기본값(문자적) 해석을 대조적으로 제시한다(Giora *et al.* 2013 참조).

2 부정적 개념을 강하게 약화하는 직유에 대해서는 Veale(2013)를 참조할 수 있다.
3 이러한 모든 요인은 사전 실험을 통해 통제되었다.

(4) **I am not your maid.** (나는 당신의 가정부가 아니다)
은유적 해석: 내가 당신을 섬길 것이라고 기대하지 마시오.
문자적 해석: 다른 사람이 당신의 도우미이다.

(5) **I am not your mom.** (나는 네 엄마가 아니다)
은유적 해석: 내가 너를 돌봐 줄 것이라고 기대하지 마시오.
문자적 해석: 다른 사람이 네 엄마다.

(6) **You are not a pilot!** (당신은 파일럿이 아니다)
은유적 해석: 너무 빨리 운전하지 마시오.
문자적 해석: 당신은 비행기를 조종하는 훈련을 받지 않았다.

(7) **This is not Memorial Day.** (오늘은 현충일이 아니다)
은유적 해석: 그렇게 슬퍼할 필요는 없다.
문자적 해석: 오늘은 실제로 현충일이 아니다.

2.1.1 실험 1: 고립된 상태에서의 부정 구문과 긍정 구문의 해석

실험 1에서는 부정 구문이 기본값의 은유적으로, 긍정 구문은 기본값의 문자적으로 해석된다는 예측 1을 검증하였다(Giora *et al.* 2010). 참가자들은 7점 척도를 사용하여 문맥이 없는 상태에서 구문을 평가하였다. 그 결과, 새로운 부정 구문(You are not my boss, '나한테 이래라저래라 하지 마'의 의미)은 긍정 구문(You are my boss, '나는 당신의 부하이다', '나는 당신의 직원이다'의 의미)보다 훨씬 더 은유적으로 평가되었다. 평균값은 각각 M=5.50, SD=0.96, M=3.48, SD=1.27로, 통계적으로 유의미한 차이가 나타났다($t1(47)=10.17$, $p<.0001$, $t2(14)=4.36$, $p<.0005$). 이 결과는 부정 구문은 은유적 기본값, 긍정 구문은 문자적 기본값을 가진다는 점을 입증한다.

2.1.2 실험 2: 강한 문맥 속 부정 구문의 은유적 처리 속도

실험 2는 부정 구문이 문자적 해석을 유도하는 문맥보다 은유적으로 편향된 문맥에서 더 빠르게 처리될 것이라는 예측 2를 검증했다. 그 결과, 의미적 이상이 없는 새로운 부정 구문(You are not my boss(당신은 내 상사가 아니다))이 기본값 조건 (a-b)를 충족하는 경우, 문자적으로 편향된 문맥(M=946 msec., SD=199)보다 은유적으로 해석되는 문맥(M=880 msec., SD=246)에서 더 빠르게 처리되었다($t1(37)=2.35$, $p<.05$, $t2(14)=1.42$, $p=.09$).

이로써 특정 문맥이 제거된 상태에서 기본값 조건 (a-c)를 충족하는 부정 구문은 은유적으로,

긍정 구문은 문자적으로 해석된다는 기본값 가설(예측 1)이 다시 확인되었다. 또한, 동일한 문맥적 강도에서도 **부정** 구문은 문자적보다 은유적 맥락에서 더 빠르게 처리됨이 입증되었다. 이러한 결과는 Grice(1975), Gibbs(1994)가 주장한 '문맥적 지지의 우위' 가설에 도전하는 새로운 증거를 제공한다.

2.2 부정적 및 긍정적 풍자 그리고 비-풍자적 표현에 대한 예측

기본값 가설은 풍자적 해석에서도 다음과 같은 예측을 제시한다.

1. 문맥이 없는 상태에서, 매우 긍정적인 개념을 부정을 통해 약화시키는 부정 구문(S/he is **not the most engaging person around**(그/그녀는 주변에서 가장 매력적인 사람이 아니다))은 기본값의 풍자적으로 해석된다('그/그녀는 둔하다'의 의미). 이에 대응하는 긍정 구문은 기본값의 문자적으로 해석된다('다른 사람들이 더 매력적이다'의 의미).
2. 동일하게 강한 문맥에서, 풍자적 해석을 지지하는 경우 (a) 부정 구문은 긍정 구문보다, (b) 문자적으로 편향된 문맥의 부정 구문보다 더 빠르게 처리된다.
3. 자연스러운 담화에서는 이러한 기본값(풍자적) 해석이 담화 생산 과정 속에서 반영된다.

다음의 예문 (8)-(10)은 이러한 현상을 보여준다(Giora *et al.* 2015, 출간 예정).

(8) **He is not the most talented kid in the kindergarten**.
풍자적 해석: 그는 멍청하다/재능과는 거리가 멀다.
문자적 해석: 다른 사람들이 더 똑똑하다.

(9) **George W. Bush in not the brightest jewel in the box**.
풍자적 해석: 그는 멍청하다/똑똑하지 않다.
은유적(비기본값) 해석: 다른 사람들이 더 똑똑하다.

(10) **He is not the sharpest pencil in the box**.
부호화된 풍자적 의미: 그는 멍청하다.
부호화된 은유적 의미: 다른 사람들이 더 똑똑하다.

2.2.1 실험 3: 고립된 부정 · 긍정 구문의 풍자성 평가

Giora *et al.*(2013)은 부정 구문(Ambitious she is not, 그녀는 야망이 없다)이 풍자적으로, 이에 대응하는 긍정 구문(Ambitious she is yes, 그녀는 야망이 있다)이 문자적으로 해석될 것이라는 예측(예측 1)을 검증하였다.

7점 풍자성 척도 평가 결과, 부정 구문은 긍정 구문보다 훨씬 풍자적으로 평가되었다(M=5.88, SD=0.37 vs. M=2.63, SD=0.40; t(17)=45.55, p〈.0001). 이 결과는 부정 구문이 풍자적 기본값, 긍정 구문이 문자적 기본값임을 재확인시켰다(Giora *et al.* 2013 참조).

2.2.2 실험 4: 문맥 속 부정 구문의 풍자적 처리 속도

Giora *et al.*(2013)은 또한 매우 긍정적 개념을 강하게 약화시키는 부정 구문(Ambitious she is not)이 문자적으로 해석되는 문맥보다 풍자적으로 편향된 문맥에서 더 빠르게 처리될 것으로 예측하였다. 예상대로 풍자적으로 편향된 목표(M=883ms, SD=183)는 문자적으로 편향된 목표(M=949ms, SD=234)보다 빠르게 처리되었다(t_1(43)=1.75, p〈.05; t_2(17)=1.20, p=.12).

2.2.3 실험 5: 고립된 부정 · 긍정 구문의 풍자성 평가

Giora, Drucker, Fein & Mendelson(2015)은 매우 긍정적 개념을 약화시키는 부정 구문(예: Punctuality is not her forte, Punctuality is not her distinctive feature(시간 엄수는 그녀의 장점이 아니며, 시간 엄수는 그녀의 특성이 아니다))이 문맥 없이 제시될 때 풍자적으로 해석될 것이라 예측했다. 이에 대응하는 긍정 개념(예: Punctuality is her forte, Punctuality is her distinctive feature(시간 엄수는 그녀의 장점이며, 시간 엄수는 그녀의 독특한 특성이다))은 문자적으로 해석될 것으로 예상되었다.

결과적으로, 부정 구문은 긍정 구문보다 훨씬 더 냉소적으로 평가되었다(M=6.05, SD=0.32 vs. M=2.75, SD=0.57; t(13)=22.07, p〈.0001). 이 결과는 부정적 풍자성과 긍정적 문자성의 기본값을 확립하는 근거를 제시하였다.

2.2.4 실험 6: 동일하게 강한 편향적 문맥에서의 부정적 풍자성과 부정적 문자성 처리 속도

Giora, Drucker *et al.*(2015)은 부정 구문(Punctuality is not her forte, Punctuality is her distinctive feature(시간 엄수는 그녀의 장점이 아니지만, 시간 엄수는 그녀의 독특한 특성이기도 하다))이 동일하게 강하고 문자적으로 편향된 문맥보다 풍자적으로 편향된 문맥에서 더 빠르게 처리될 것이라는 예측 2를 검증했다.

실험 결과, 예측대로 부정 구문은 문자적으로 편향된 문맥(M=1790msec., SD=579)보다 풍자적 문맥(M=1349msec., SD=401)에서 유의미하게 빠르게 처리되었다($t1(43)=4.69$, $p<.0001$, $t2(13)=4.48$, $p<.0005$). 또한 반응 시간의 파급 효과 역시 동일한 방향으로 나타나, 부정적 문자성보다 부정적 풍자성이 처리 속도 면에서 우월함을 보였다(M=647 msec., SD=192, M=739 msec., SD=196; $t1(43)=2.90$, $p<.0005$, $t2(13)=1.94$, $p<.05$).

이 결과는 풍자성을 유발하는 주요 요인이 구문적 표지일 수는 있으나, 결정적인 요인은 '부정' 자체임을 보여준다. 즉, 부정적 발화는 구문 표지의 유무와 관계없이 항상 긍정적 발화보다 더 풍자적으로 해석되는 경향이 있다. 이러한 결과를 바탕으로, 실험 7에서는 표지된 구문과 비표지된 구문을 비교하였다.

2.2.5 실험 7: 표지된 · 비표지된 부정 구문과 긍정 구문의 풍자성 평가

이 실험에는 총 16개의 개념이 사용되었으며, 각 개념은 표지 여부(표지/비표지)와 긍정 · 부정 형태(긍정/부정)에 네 가지 유형으로 구성되었다.

(11) 표지된 구문:

- Supportiveness is not her forte/best attribute(지지성은 그녀의 장점/최고의 특성이 아니다)
- Supportiveness is yes her forte/best attribute(지지성은 그녀의 장점/최고의 특성이 맞다)

(12) 비표지된 구문:

- Her forte/best attribute is not supportiveness(그녀의 장점/최고의 특성은 지지성이 아니다)
- Her forte/best attribute is yes supportiveness(그녀의 장점/최고의 특성은 지지성이 맞다)[4]

실험 결과, 구문이 표지되었는지 여부와 관계없이 부정 구문은 풍자적으로, 긍정 구문은 문자적으로 해석되었다. 즉, 문장 구조나 어순과 무관하게 '부정' 자체가 풍자적 해석을 결정하는 핵심 요인으로 작용했다. 두 요인(부정 × 유표성)에 대한 이원 분산분석(2-way ANOVA) 결과는 다음과 같다.

---

4 히브리어에서는 긍정 표현을 명시적으로 나타내기 위해 yes를 사용하는 점에 주목해야 한다.

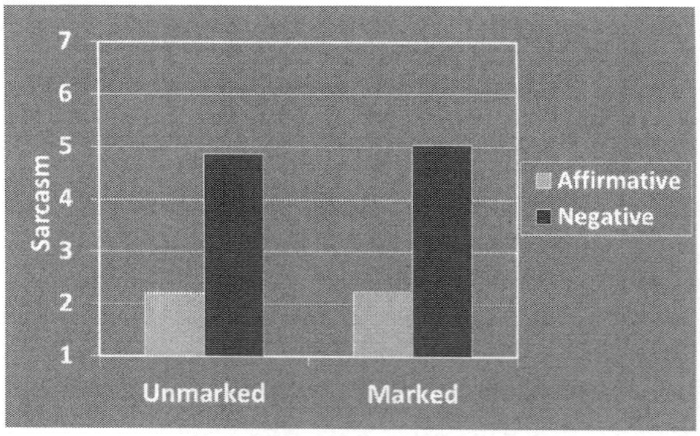

〈그림 7.1〉 표지된 부정 구문 및 비표지된 부정 구문, 긍정 구문이 분리되었을 때의 풍자성 평가 정도

- 부정의 유의미한 효과: F1(1,59)=128.87, p〈.0001, F2(1,15)=799.72, p〈.0001
- 유표성의 효과: F1(1,59)=1.80, p=.19, F2(1,15)〈1 (비유 의미)
- 부정 × 유표성 상호작용: F1(1,59)〈1, n.s., F2(1,15)〈1, n.s.

〈그림 7.1〉에 나타난 바와 같이, 유표성은 풍자성 판단에 유의미한 영향을 주지 않았다. 풍자적 해석의 차이를 결정짓는 요인은 오직 부정의 존재 여부였다.

2.2.6 실험 8: 고립된 상태에서의 부정 구문과 긍정 구문의 풍자성 평가

Giora *et al.*(2015)은 부정 구문(He is not the most organized student(그는 가장 체계적으로 공부하는 학생이 아니다))이 문맥이 없는 상태에서 풍자적으로 해석될 것이며, 긍정 구문(He is the most organized student, 그는 가장 체계적으로 공부하는 학생이다)은 문자적으로 해석될 것이라는 예측(예측 1)을 검증하였다.

실험 결과, 부정 구문은 풍자적 의미로 해석되어 7점 풍자성 척도에서 평균 M=5.55(SD=0.65)로, 중간값(4)보다 유의미하게 높았다(t_1(19)=3.79, p〈.001; t_2(11)=5.95, p〈.0001). 반면 긍정 구문은 문자적 의미로 해석되어 M=1.72(SD=0.34)로 중간값보다 유의미하게 낮았다(t_1(19)=5.87, p〈.0001; t_2(11)=12.91, p〈.0001).

이 결과는 부정 구문에서는 풍자적 해석이, 긍정 구문에서는 문자적 해석이 기본값으로 작동함을 다시 한 번 확인시켰다.

2.2.7 실험 9: 동일하게 강한 문맥에서의 부정 · 긍정 풍자성과 문자성과 처리 속도 비교

Giora *et al.*(2015)은 예측 2를 검증하기 위해, 풍자적으로 편향된 강한 문맥에서 부정 구문(He is not the most organized student)이 긍정 구문(He is the most organized student)보다 더 빠르게 처리될 것으로 예상하였다. 또한 동일한 부정 구문이 문자적으로 편향된 문맥에 포함될 때보다 풍자적 문맥에서 더 빠르게 처리될 것으로 예상하였다. 이로써 **기본값**의 부정적 풍자성은 **비기본값**의 '긍정적 풍자성'과 '부정적 문자성'보다 처리 속도 면에서 우월할 것으로 예측되었다.

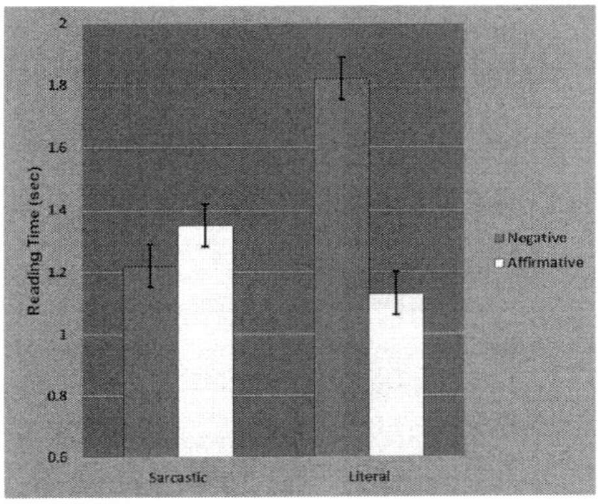

〈그림 7.2〉 기본값의 부정적 풍자성이 **비기본값**의 긍정적 풍자성과 **비기본값**의 부정적 문자성보다 반응속도의 우월성을 증명하는 결과

〈그림 7.2〉는 이러한 예측을 실증적으로 보여준다. **기본값**의 부정적 풍자성은(a) **비기본값**의 긍정적 풍자성보다, (b) **비기본값**의 부정적 문자성보다 더 빠르게 처리되었다. 또한, 기본값 가설의 예측대로 긍정적 문자성이 부정적 문자성보다 빠르게 처리되었으나, 이 결과는 부정의 창조성과 직접 관련되지 않으므로 여기서는 논의하지 않는다.

요약하자면, 풍자적 혹은 문자적 해석을 똑같이 강하게 지지하는 문맥에서 수집된 결과들은 모두 부정의 창조성을 지지한다. 즉, **부정을 통해 매우 긍정적인 개념을 강하게 약화시키는** 비유적 구문은 다음의 두 비기본값 해석보다 **우월하게** 처리된다.

(i) **비약화된** 긍정적 비유(비기본값의 비유)

(ii) 부정적 문자성(비기본값의 문자 해석)

이러한 결과는 시선 추적(eye-tracking) 실험(Filik, Howman, Ralph-Nearman & Giora 2018)과 분할 시야(paradigm of divided visual field) 실험(Giora, Cholev, Fein & Peleg 2018)을 통해 추가적으로 복제되어, 부정의 창조성이 인지적 처리 수준에서도 일관되게 확인되었다.

3. 코퍼스 기반 연구: 기본성 가설의 예측 테스트

3.1 기본값의 은유적 해석

이 절에서는 예측 3을 검증하기 위해, 발화의 문맥 환경이 기본값 해석과 공명(echoing)하거나 반향(resonating)하는 방식으로 전개된다는 점을 온라인 자료를 통해 확인한다(Du Bois 2014, Giora 2020, Giora, Drucker & Fein 2014 참조). 우선, 부정 구문과 이에 대응하는 긍정 구문이 어떠한 은유적 해석의 분포적 선호도를 보이는지를 파악하고자 한다(연구 1). 그 후, 부정적 은유에 대한 기본값의 은유적 해석이 실제 담화 생산 과정에서 문맥적 반향을 통해 어떻게 구현되는지를 검증한다(연구 2).

3.1.1 연구 1: 부정 및 긍정 항목에 대한 은유적 해석 분포

〈연구 1〉에서는 부정 구문과 긍정 구문에서의 은유적 해석 분포를 조사하였다. 이를 위해 Google, Yahoo, Start, MSN, Walla, Netex 등 다양한 말뭉치 검색 엔진을 이용하여 각 항목의 상위 50개 예문을 긍정형과 부정형 모두에서 수집하였다. 분석 결과, 영어, 러시아어, 독일어 말뭉치 모두에서 은유적 해석은 긍정 구문보다 부정 구문에서 훨씬 더 빈번하게 나타났다(〈그림 7.3-7.5〉 참조).

이는 부정 구문에서 기본값으로서의 은유적 해석이 폭넓게 사용되는 반면, 긍정 구문에서는 은유적 해석이 상대적으로 드물다는 사실을 보여준다. 이러한 결과는 이후의 예측 3, 즉 담화가 기본값 해석과의 반향을 통해 전개될 것이라는 가설을 검증할 수 있는 근거를 제공한다.

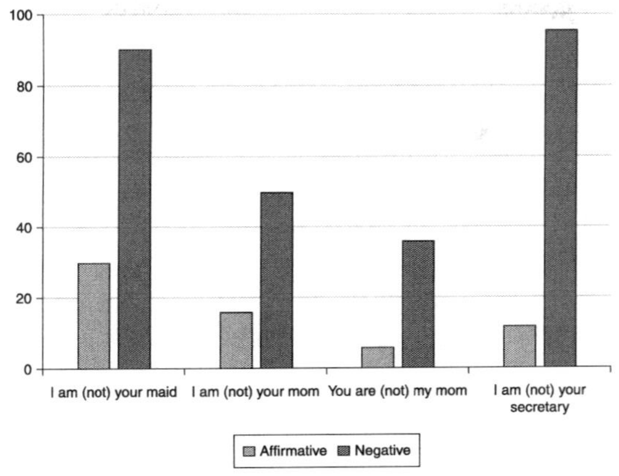

〈그림 7.3〉 부정적 발화 대 긍정적 발화의 **은유적** 해석 비율-영어 데이터

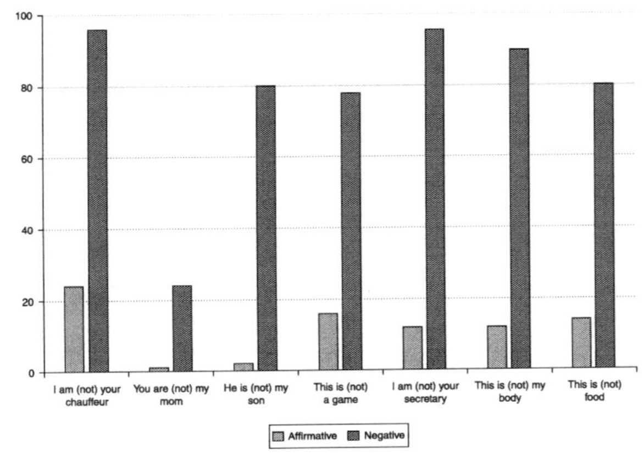

〈그림 7.4〉 부정적 발화 대 긍정적 발화의 **은유적** 해석 비율-러시아어 데이터

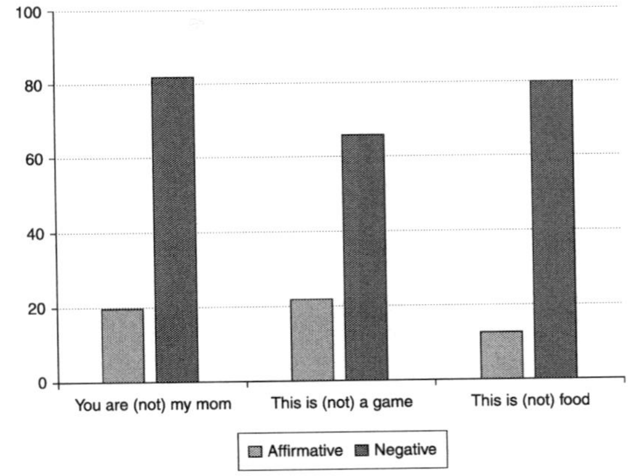

〈그림 7.5〉 부정적 발화 대 긍정적 발화의 **은유적** 해석 비율-독일어 데이터

3.1.2 연구 2: 텍스트 생산에서의 기본값 은유 해석과 반향

〈연구 2〉에서는 부정 구문이 포함된 문맥 내에서 비기본값 해석보다 기본값 해석이 더 강하게 공명 · 반향하며 담화 생산을 이끈다는 예측 3을 검증하였다.

이러한 담화 생산의 양상을 보여주는 예문 (13)-(16)을 살펴보자. (13)에서 not nourishing food(영양가 없는 음식)는 '음식이 아님'이라는 기본값의 **은유적** 해석을 반영한다. (14)에서 Your voice is too hoarse(네 목소리가 너무 쉰다), Her voice is soft(그녀의 목소리가 부드럽다)는 '내 엄마가 아님'이라는 비기본값의 **문자적** 해석이 문맥적으로 반향된다. (15)에서 Stop driving so fast(너무 빨리 운전하지 마세요)는 '조종사가 아님'이라는 기본값의 **은유적** 해석이 반영되어, 운전자의 행동에 대한 경고로 반향한다. 마지막으로 (16)에서 The company doesn't have much regard for you or your job(회사는 당신이나 당신의 일을 중요하게 여기지 않는다)는 '조종사가 아님'에 대한 비기본값의 **문자적** 해석이 문맥적으로 반향된다.

(13) What you are eating today is **not food**. Let's say it is food … but *not nourishing food*. (오늘 당신이 먹는 것은 음식이 아니다. 음식이라고 할 수는 있겠지만, 영양 있는 음식은 아니다) (Abrosky Rotem, *The Club*, 11.8.10, in Hebrew)

(14) You are **not my mom**. Your voice is too hoarse. *Her voice is soft*. (당신은 내 엄마가 아니다. 네 목소리는 너무 쉬었다. 우리 엄마의 목소리는 부드럽다) http://asianfolktales.unescoapceiu.org/folktales/read/korea_2.htm

(15) You are **not a pilot**. *Stop driving so fast*. (너는 파일럿이 아니다. 너무 빨리 운전하지 마라)

(16) You are **not a pilot**, therefore, *the company doesn't have much regard for you or your job*. (당신은 조종사가 아니므로, 회사는 당신이나 당신의 일을 중요하게 여기지 않는다) www.indeed.com/cmp/United-Airlines/reviews?fcountry=ALL&fjobtitle=Pilot

〈연구 2〉의 결과, 영어·러시아어·독일어 모두에서 텍스트 생산은 비기본값보다는 기본값 해석에 대한 반향을 중심으로 전개되었다. 이는 기본값 해석의 우월성을 입증하는 결과로, 자연 담화에서 부정 구문이 긍정보다 은유적으로 사용되는 빈도가 훨씬 높음을 보여준다. 즉, 기본값 가설의 예측대로, 담화 생산은 새로운 비기본값적 의미를 창출하기보다 기존의 기본값 해석을 반향하고 재활용하는 방향으로 진화한다는 점이 확인되었다.

다만, 언어 간 차이도 존재하였다. 영어와 독일어에서는 부정 구문에서의 은유적 해석이 광범위하게 나타난 반면, 러시아어의 경우 부정 구문에서도 은유적 해석이 상대적으로 제한적이었다(〈그림 7.4〉 참조).

3.1.3 연구 3: 기본값의 풍자적 해석에 대한 반향을 통한 텍스트 생산의 전개

〈연구 3〉에서는 부정 구문이 포함된 문맥적 환경에서 발화가 비기본값의 문자적 해석보다 기본값의 풍자적 해석과 더 강하게 공명하고 반향할 것이라는 예측 3을 검증하였다.

우선 자연스러운 사용 사례를 통해 부정 구문의 기본값 해석과 비기본값 해석을 확립하고, 부정 구문이 문자적 해석보다 풍자적 해석을 우선적으로 활성화할 것이라는 가정을 검증하였다.

〈표 7.1〉 영어에서 109개의 부정적 은유가 포함된 문맥적 반향

English	Only Metaphorical resonance	Only Literal resonance	Both Metaphorical and literal resonance	No resonance	p-values
I am not your maid	61.7% (29/47)	12.8% (6/47)	12.8% (6/47)	12.8% (6/47)	p<.0005
You are not my mom	55.6% (10/18)	5.6% (1/18)	27.8% (5/18)	11.1% (2/18)	p<.01
I am not your secretary	79.5% (35/44)	4.5% (2/44)	9.1% (4/44)	6.8% (3/44)	p<.0005

〈표 7.2〉 독일어에서 138개의 부정적 은유를 사용한 문맥적 반향

German	Only Metaphorical resonance	Only Literal resonance	Both Metaphorical and literal resonance	No resonance	p-values
Ich bin nicht deine Mutter (I am not your mom)	58.6% (17/29)	3.5% (1/29)	13.8% (4/29)	24.1% (7/29)	p<.0005
Du bist nicht meine Mutter (You are not my mom)	63.4% (26/41)	4.9% (2/41)	17.1% (7/41)	14.6% (6/41)	p<.0005
Das ist kein Essen (This is not food)	40% (14/35)	5.7% (2/35)	14.3% (5/35)	40% (14/35)	p<.005
Das ist kein Spiel (This is not a game)	54.5% (18/33)	3% (1/33)	15.2% (5/33)	27.3% (9/33)	p<.0005

〈표 7.3〉 러시아어에서 70가지 부정적 은유 환경에서 다양한 유형의 반향 분포

Russian	Only Metaphorical resonance	Only Literal resonance	Both Metaphorical and literal resonance	No resonance	p-values
Я не твоя секретарша (I am not your secretary)	20% (4/20)	5% (1/20)	5% (1/20)	70% (14/20)	p=.19
Я не твоя мама (I am not your mom)	12% (6/50)	0% (0/50)	2% (1/50)	86% (43/50)	p<.05

히브리어 초대형 말뭉치인 HeTeTen 코퍼스(약 1×10^9개의 토큰)를 검색한 결과, He is not the most captivating actor(그는 가장 매혹적인 배우가 아니다, 즉 '그는 지루하다'의 의미)와 같은 부정 구문이 풍자적 의미로 널리 사용되고 있음이 확인되었다. Giora, Givoni & Becker(2020)의 분석에 따르면, HeTeTen 코퍼스에서 수집된 부정 구문 151개 중 118개(78%)가 풍자적 해석을 전달하였고, 33개(22%)는 문자적으로 해석되었다. 이항 검정 결과($p = 1.96\times10^{-12}$) 이 차이는 $p < .001$ 수준에서 매우 유의미하였다. 이 결과는 부정적 풍자성이 기본값이며, 부정적 문자성은 비기본값으로 작동함을 입증한다.

부정적 풍자성의 기본값을 확립한 후, 연구 3에서는 문맥 내 발화가 비기본값의 문자적 해석보다는 기본값의 풍자적 해석에 반향하여 전개될 것으로 예측하였다.

분석 결과, 풍자적으로 평가된 109개 항목 중 55개(약 50%)가 담화 환경에 의해 공명되었으며, 이 중 모든 사례(100%)에서 문맥은 기본값의 풍자적 해석을 반향하였다.

이러한 결과는 말뭉치 기반 증거를 통해 부정 구문의 기본값 해석이 담화 전개를 지배함을 보여주며, 기본값 가설의 예측을 강하게 지지한다.

3.1.4 연구 4: 다층 비유적 구문의 기본값 해석에 대한 반향

연구 4는 매우 긍정적인 개념을 강하게 약화시키는 다층적 비유 구문에 주목하였다(Giora et al. 2015, 2018, Giora & Becker 2019). 이 연구는 구문적으로 유발되는 기본값의 풍자적 해석과, 의미적 이상에 의해 유발되는 비기본값의 은유적 해석이 공존하는 상황을 분석하였다.

다음 예는 연구된 부정적인 비유적 구문과 그에 따른 풍자적 해석 및 비풍자적 해석을 보여준다.

(17) S/he is not the most candid person around(그/그녀는 주변에서 가장 솔직한 사람이 아니다).

S/he is dishonest. (그/그녀는 부정직하다)

이 발화는 기본값의 구문적인 풍자적 해석만 존재한다.

(18) S/he is not the sharpest pencil in the box(그/그녀는 상자에서 가장 날카로운 연필이 아니다.).

S/he is dumb. (그/그녀는 멍청하다)

이 발화는 기본값의 부호화된 구문적인 풍자적 의미와 기본값의 **부호화된 은유적 의미**를 모두 포함하며, 이는 의미론적 이상에 의해 유발된다.

(19) S/he is not the most sparkling drink in the pub(그/그녀는 술집에서 가장 스파클링한 음료가 아니다).

S/he is boring. (그/그녀는 지루하다)

이 발화는 기본값의 구문적인 풍자적 해석과 함께 비기본값의 은유적 해석이 있다.

이제 이러한 기본값의 풍자적 해석과 비기본값의 문자적/은유적 해석의 반향의 예문을 살펴보자.

(20) She is not the most candid person around(그녀는 주변에서 가장 솔직한 사람이 아니다).

I know, she is really *dishonest* (**기본값의 풍자적** 해석의 반향)

Indeed, others are *more candid* (**비기본값의 문자적** 해석의 반향)

(21) He is not the sharpest pencil in the box(그는 상자에서 가장 날카로운 연필이 아니다).

Indeed, he is really *dumb* (**기본값의** 부호화된 **풍자적** 의미의 반향)

Right, others are *sharper/smarter* (**기본값의** 부호화된 **은유적** 의미의 반향)

(22) She is not the most sparkling drink in the pub(그/그녀는 술집에서 가장 스파클링한 음료가 아니다).

I know, she is *boring* (**기본값의 풍자적** 해석의 반향)

I know, others are *more vibrant* (**비기본값의 은유적** 해석의 반향)

특히 (22)의 다층 예문은 주목할 만하다. 여기서 **기본값의 풍자적** 해석과 **비기본값의 은유적** 해석이 공존할 때, 두 해석 중 어느 쪽이 우세한지가 핵심 문제이다.

기본값 가설에 따르면, 긍정적인 개념이 강하게 약화되는 경우 즉, 조건 (a-c)을 충족할 때 구문적으로 유발된 풍자적 해석이 자동적이며 우세한 기본값으로 작동한다(Giora *et al.*, 2018).

이에 따라 세 가지 유형의 자극이 예측된다.

(i) 은유성 여부와 관계없이 단독으로 풍자적으로 평가되는 경우(연구 4)
(ii) 편향적 맥락에서도 동일하게 풍자적으로 평가되는 경우(연구 5)
(iii) 기본값의 풍자적 해석이 담화 환경에 의해 공명되는 경우(연구 6)
(iv) 비기본값의 은유적 항목이 기본값 기반 텍스트 생산에 영향을 미치는 경우(연구 7)

〈연구 4〉에서는 이러한 예측 중 (i)을 검증하였다. 자극은 매우 긍정적인 개념을 강하게 약화시키는 30개의 말뭉치 기반 구문으로 구성되었으며, 은유적 항목 15개와 비은유적 항목 15개가 포함되었다. 25명의 참가자가 7점 척도로 각 항목의 풍자성을 평가하였다.

그 결과, 은유적 구문(M=5.50, SD=1.10)이 비은유적 구문(M=3.70, SD=1.18)보다 유의미하게 더 풍자적으로 평가되었다($t_1(24)=8.23$, $p<.001$; $t_2(28)=6.18$, $p<.001$). 즉, 자극의 은유성이 **풍자적** 해석을 강화하는 요인으로 작용함을 보여준다.

3.1.5 연구 5: 항목 수준에서의 기본값 풍자 해석 반향

〈연구 5〉는 은유성의 정도와 관계없이 발화 항목의 자연스러운 문맥이 기본값의 풍자적 해석과 반향할 것이라는 예측 2를 검증하였다.

자극으로는 HeTeTen 말뭉치에서 추출된 은유적 구문 38개와 비은유적 구문 38개, 총 76개가 사용되었다. 그 결과, 은유적 구문 중 35개(92%)가 최소 두 명의 평가자에게서 풍자적으로 판단되었으며(이항 검정, $p<.001$), 비은유적 구문은 26개(68%)가 풍자적으로 평가되었다($p<.05$).

카이제곱 검정 결과, 은유적 항목이 비은유적 항목보다 풍자적으로 평가될 확률이 유의하게 높았다($\chi^2(1)=6.7$, $p<.01$, $\phi=0.298$).

3.1.6 연구 6: 기본값 풍자성의 반향 테스트

〈연구 6〉은 은유성의 정도와 관계없이 발화의 문맥적 환경이 기본값의 풍자적 해석과 공명할 것이라는 예측을 검증하였다. 그 결과, 풍자적으로 평가된 은유적 구문 35개 중 31개가 문맥적 공명을 보였고, 이 중 26개(84%)는 기본값의 풍자적 해석을 통해 공명하였다($p<.001$). 비은유적 구문 26개 중 21개가 풍자적으로 평가되었으며, 이 중 17개(81%)는 기본값의 풍자적 해석을 통해

공명하였다($p<.05$).

즉, 문맥적 반향은 은유성 여부와 무관하게 기본값의 풍자 해석에 의해 주도되었다. 이는 의미론적으로 변칙적인 단서보다 구문적 풍자 단서가 처리 우위에 있음을 실증한다.

3.1.7 연구 7: 은유성의 낮은 공명에 대한 검증

〈연구 7〉에서는 매우 긍정적인 개념(예: S/he is not the most sparkling drink in the pub)을 강하게 약화시키는 혁신적 은유 구문이, 기본값의 은유 해석이 아닌 기본값의 풍자 해석을 통해 문맥과 공명하는지를 검증하였다.

그 결과, 은유적 구문 38개 중 단 4개(11%)만이 은유적 해석을 통해 공명하였으며, 나머지 대부분은 풍자적 해석을 통해 공명하였다. 이러한 결과는 구문적으로 유발된 풍자 해석이 의미론적으로 변칙적인 은유 해석보다 우세함을 뒷받침한다.

4. 결론

부정 항목의 기본값 및 비기본값 해석을 검증한 9개의 실험과 7개의 말뭉치 기반 연구 결과를 종합하면, 본 연구는 부정 표현의 창조성을 실증적으로 입증하였다. 검증된 부정 구문들은 은유적이거나 풍자적인 방식으로 기본값 해석에 체계적으로 영향을 미쳤으며, 이는 부정이 단순한 억제나 부정의 기능을 넘어 의미 생성의 촉매적 역할을 수행함을 보여준다. 이러한 결과는 (Beardsley 1958에 따라) 의미론적 이상과 같은 비기본값의 국부적 단서보다, (Goldberg 2003, 2006에 따른) 구문적 구조와 같은 기본값의 국부적 단서가 해석 과정에서 더 우세함을 시사한다. 즉, 발화의 의미 구성에서 구문적 부정은 의미론적 변칙보다 더 강력한 해석적 지위를 갖는다. 나아가 본 연구는 이러한 구문적 우세성이 전역적 처리의 인지 원리와 상응함을 보여준다(Navon, 1977, 1981). 즉, 국부적(부정적) 구문 해석이 전체적 의미 인식에 우선적으로 작용한다는 점에서, "전체가 부분보다 우선한다"는 인지적 구조 원리와 유사한 패턴을 드러낸다.

더 읽을거리

Becker, I., & Giora, R.(2018). The Defaultness Hypothesis: A quantitative corpus-based study of non/default sarcasm and literalness production. *Journal of Pragmatics*, 138, 149-164.

Giora, R.(2003). *On our mind: Salience, context, and figurative language*. New York: Oxford University Press.

Giora, R., Drucker, A., Fein, O., & Mendelson, I.(2015). Default sarcastic interpretations: On the priority of nonsalient interpretations. *Discourse Processes*, 52(3), 173-200.

Giora, R., Givoni, S., & Fein, O.(2015). Defaultness reigns: The case of sarcasm. *Metaphor and Symbol*, 30(4), 290-313.

제2부
인지언어학의 핵심 주제

제8장
신체화

1. 서론

신체화는 몸과 마음의 관계에 관한 문제로, 고대 그리스 철학자 플라톤(Plato, B.C. 429~B.C. 347)과 아리스토텔레스(Aristotle, B.C. 384~B.C. 322)부터 현대 철학자 르네 데카르트(René Descartes), 존 듀이(John Dewey), 장 피아제(Jean Piaget), 모리스 메를로 퐁티(Maurice Merleau-Ponty), 레프 비고츠키(Lev Semenovich Vygotsky), 마크 존슨(Mark Johnson)에 이르기까지 많은 이들이 관심을 기울여 온 주제이다. 이 문제를 해결하기 위해 비신체화된 접근법과 신체화된 접근법이라는 두 가지 상반된 접근 방식이 제시되었다.

데카르트는 플라톤과 아리스토텔레스의 사상을 명확히 표현한 비신체화된 접근법을 통해 마음과 육체가 질적으로 구별되고 분리된다는 이원론적 입장을 취했다. 이 입장은 철학뿐만 아니라 인지과학, 심리학, 사회학, 언어학 등 여러 학문 분야에도 큰 영향을 미쳤다. 예를 들어, 개념이 필요충분조건으로 환원될 수 있다고 주장하는 철학과 인지과학, 언어학에서 객관주의, 형식주의, 계산주의의 근본적인 기반이 마련되었다. 이들은 물리적 세계에 존재하는 의미가 두개골 내부의 추상적 기호 조작을 통해 계산될 수 있으며, 몸은 단지 입출력 장치에 불과하다고 주장했다. 그러나 Hanna & Maiese(2009: 2)는 "현대의 주류인 마음 철학과 (인지심리학, 의학 신경학, 신경생리학 및 신경생물학을 포함하는 넓은 의미에서) 인지 신경과학이 비신체화된 입장으로 왜곡되고 오도되고 있다"라고 지적했다. 이 주장이 맞다면, 언어학을 포함한 다른 관련 학문에서도 유사한 상황이 발생했을 수 있다.

1980년대에는 비신체화된 접근법에 대한 반작용으로 야콥 폰 윅스퀼(Jakob Johann von Uexküll), 메를로 퐁티, 피아제, 비고츠키, 프레더릭 바틀릿(Frederic Bartlett), 듀이 등이 주창한 신체화된 접근법이 등장했다(Lindblom 2015: 82). 신체화된 접근법은 마음과 몸을 다시 하나로 묶으려 하며, 몸이 마음에 중요하다는 주장을 담고 있다. 이로 인해 비신체화된 접근법에서 신체화된 접근법으로의 급진적인 전환이 이루어졌고, 몸과 마음의 관계에 대한 연구 분야에 큰 변화를 가져왔다. 이는 서구 철학적 전통에 도전하고(Lakoff & Johnson 1999), 1세대 인지과학에서 2세대 인지과학으로의 발전을 촉진시키며, 인지 신경과학과 인공지능 분야에서도 혁신을 일으켰다. 또한 노엄 촘스키(Noam Chomsky)의 생성적 인지언어학에서 조지 레이코프(George Lakoff), 로널드 래내커(Ronald W. Langacker), 레너드 타미(Leonard Talmy)로 대표되는 신체화된 인지언어학으로의 도약을 촉발했다.

신체화된 접근법은 행동 연구, 심리학, 신경학, 신경생리학 실험, 언어학, 로봇 공학 등 다양한 분야의 증거를 통합하면서 그 입지를 다져가고 있다. 그러나 다양한 분야에서의 관심으로 인해 신체화에 대한 통일되고 체계적인 설명을 제공하기는 어려운 상황이다. 따라서 이 장에서는 인지언어학 내에서 신체화에 대해 설명하고, 특히 신체화 이론의 발전 과정을 살펴본 후 개념화, 언어처리, 언어 발달, 언어 변화 등 인지언어학 연구의 주요 영역에서 신체화가 어떻게 적용되었는지를 논의할 것이다.

2. 인지언어학에서 신체화

신체화는 "마음이 몸과 어떻게 관련되는지"에 관한 폭넓은 개념으로, 다양한 배경을 가진 학자들에 의해 여러 정의가 제시되고 있다. 그 결과, 널리 인정되는 정의는 아직 확립되지 않았다(Bergen 2019: 13). Rohrer(2007: 28-31)에 따르면 신체화는 최소 12가지의 중요한 의미로 해석될 수 있으며, Bergen(2019: 13)은 신체화의 7가지 실제화를 일반화했다. 그럼에도 불구하고 인지언어학은 언어적 개념과 언어 개념화가 신체적 장치 및 신체적, 사회문화적 경험에 기반을 두고 있다는 점에서 신체화에 특별한 관심을 가지고 있다. 즉, 언어는 신체화된 경험으로부터 동기 부여된다.

신체화는 인지언어학에서 인지의미론과 문법에 대한 인지적 접근의 기본 원칙과 이론적 가정을 뒷받침하는 핵심 개념 중 하나이다. 신체화의 개념은 1970년대 말과 1980년대 초 인지언어학의 출현과 함께 등장했다. Lakoff & Johnson(1980)은 은유 연구를 통해 우리의 사고와 행동을 지배하는 개념적 체계가 본질적으로 은유적이며, 일상 언어 속에 깊이 스며들어 있다고 주장했다.

그들은 우리의 일상 경험을 특징짓는 일반 언어가 상대적으로 적은 수의 은유로 체계적으로 지배되며, 이러한 은유의 기저에는 근원영역으로서 구체적인 개념에서 목표영역의 덜 구체적이고 본질적으로 모호한 개념으로의 방향성을 가진 개념적 사고가 존재한다고 발견했다. 이러한 구체적인 개념은 본질적으로 신체적 경험, 즉 신체, 물리적 환경, 문화에 대한 경험에 기반한다. 이러한 의미에서 개념적 은유와 일반적인 개념적 체계가 신체화된다.

개념적 은유에 기반한 신체화 이론이 시작된 이후, 인지언어학 연구자들은 언어적 개념과 개념화를 형성하는 데 있어 신체와 신체 경험의 중요성을 점점 더 인식하게 되었으며, 이 이론은 점차적으로 풍부해지고 범위가 확장되었다. Lakoff(1987)는 마음에 대한 범주가 무엇을 드러내는지에 초점을 맞추고, 원형 효과에 의해 구조화된 범주가 사고를 특징짓는 은유적 및 환유적 모형을 포함하는 인지모형의 요소에 해당한다고 주장했다. 이러한 인지모형은 지각, 특히 게슈탈트 지각, 운동 활동, 물리적 및 사회문화적 세계와의 상호작용에 영향을 받으며 신체화된다. 즉, 이러한 범주를 통해 우리는 마음이 신체화되어 있음을 알 수 있다. Johnson(1987)은 주로 영상도식에 관심을 두었으며, 이를 통해 몸을 마음으로 되돌리고자 했다. 그는 영상도식을 "주로 공간을 통한 신체 움직임, 물체 조작, 지각적 상호작용 수준에서 우리에게 의미 있는 구조로 나타나는 반복적이고 역동적인 유형학적 패턴"이라고 정의했다(Johnson 1987: 29). 이러한 영상도식은 비물리적, 비촉각적, 비시각적 영역에 은유적으로 사상될 수 있어 신체화된 기반을 제공할 수 있다. 레이코프와 존슨의 연구는 주로 인지의미론적 관점에서 신체화 이론을 정교화하고 확장하였으며, Langacker(1987, 1991)는 문법에 대한 인지적 접근 방식인 인지문법을 정립함으로써 상호 보완적인 관점을 제시했다. 래내커는 신체화된 경험을 직접적으로 언급하지는 않았지만, 그의 인지문법 이론은 지각 과정과 물리적 상황을 해석하는 데 기본 이론적 구성을 두려고 시도를 담고 있어 본질적으로 신체화에 기반하고 있다. 그는 또한 사고를 "복잡한 신경학적 사건의 발생"으로 설명하며, 개념 형성을 "신경학적 활동의 특정 패턴"(Langacker 1987: 100)으로 간주했다. 이는 Lakoff & Johnson(1999)에서 신경 수준의 신체화를 대략적으로 보여준다.

Lakoff & Johnson(1999)은 은유, 원형, 범주화, 기본층위 대상, 영상도식 등의 이전 결과를 종합하여 본격적인 신체화 이론을 제안했다. 그들은 "개념의 속성은 뇌와 신체가 구조화되는 방식과 대인 관계 및 물리적 세계에서 기능하는 방식의 결과로 구조화된다"라는 점에서 마음이 신체화된다고 명확히 밝혔다(Lakoff & Johnson 1999: 37). 그들은 신체화된 마음에서 지각과 신체 움직임을 담당하는 동일한 신경계가 개념화와 추론에도 중심적인 역할을 한다고 설명했다(Lakoff

& Johnson 1999: 38). 그들은 서로 독립적이지 않은 세 가지 층위의 신체화를 구분했다. 첫째, 신경 층위는 개념 및 인지 작용의 특징적인 구조와 관련된다. 둘째, 현상학적 층위는 우리의 정신 단계와 신체, 환경, 물리적 및 사회문화적 상호작용을 포함하여 우리가 의식하는 모든 것을 구성한다. 셋째, 인지적 무의식은 모든 의식적 경험을 구조화하고 가능하게 하는 모든 정신 작용을 포함한다. 레이코프와 존슨은 이러한 신체화 이론의 체계화를 통해 인지언어학의 철학적 토대를 마련하고자 했다.

신체화는 인지언어학의 발전과 함께 진화해 왔으며, 인지언어학 연구는 점점 더 많은 언어학적 증거를 제공하여 신체화 이론을 지속적으로 풍부하게 하고 있다. 결과적으로 신체화는 인지언어학자들에게 주요 관심사에 대한 궁극적인 동기를 제공하며 인지언어학의 발전에 큰 기여를 하고 있다. 다음 절에서는 언어 개념화, 언어 처리, 언어 발달 및 언어 변화의 네 가지 주요 영역에서 신체화된 특성에 대해 논의할 것이다.

3. 신체화된 언어 개념화

인지언어학은 언어적 의미를 중시하는 구조주의와는 달리, 기능주의적 접근을 통해 인간 정신의 로제타석을 밝히려는 목표를 가지고 있다. 즉, 인지언어학에서 가장 중요하게 여겨지는 것은 의미이다. 의미는 개념화와 동일시되며, 이 개념화는 근본적으로 신체화된다고 가정한다. Langacker(1987)와 Talmy(1988)를 비롯한 초기 인지언어학 연구는 언어적 개념화가 공간적 사고에 의해 어떻게 동기화되는지를 보여주었다. 그러나 언어적 개념화와 의미의 신체화된 특성은 언어적 은유의 근간이 되는 은유적 개념화 연구에서 가장 분명하게 드러나며, Rohrer(2007)는 신체화 이론이 개념적 은유와 거의 불가분의 관계에 있다고 결론지었다.

Lakoff & Johnson(1980) 이후 개념적 은유 이론은 은유 연구의 새로운 시대를 열었다. 이때부터 은유는 일상 언어에 만연한 언어 현상일뿐만 아니라 사고방식으로 간주되었고, 하나의 개념 영역을 다른 개념 영역의 관점에서 개념화하는 것으로 재해석되었다. 은유적 개념화는 덜 구체적인 개념이 목표영역으로, 더 구체적인 개념이 근원영역으로 개념화되는 단일방향성으로 관찰되지만, 그 반대의 경우는 관찰되지 않는다. 보다 구체적인 개념은 신체화된 경험에 널리 의존하며, 결과적으로 은유적 개념화가 신체화된다. 가장 직접적인 증거는 신체 자체를 직접적으로 불러오는 사례에서 나타난다. 예를 들어, Sharifian, Dirven, Yu & Niemeier(2008)의 연구에서는 심장,

간, 내장과 같은 신체 내부 장기가 근원영역으로 사용되었으며, Maalej & Yu(2011)의 연구에서는 얼굴, 입, 머리, 눈, 배, 발과 같은 신체 부위가 보다 추상적이고 덜 구체화된 개념의 은유적 개념화에 활용되었다. 은유적 개념화는 신체 외에도 우리가 상호작용하는 물리적 대상 즉, 시각, 청각, 후각, 미각 및 촉각 경험을 포함한 오감 지각, 운동 경험, 사회문화적 경험에 기반한 근원영역을 모집한다. 예를 들어, Lin & Depner(2016)는 하카어의 목표영역에서 LIFE(삶), PERSONALITY(성격) 및 HUMAN RELATION(인간관계)이 FOOD(음식) 관점에서 개념화된다는 사실을 발견했다. 또한 IJzerman & Semin(2009)과 Wilkowski *et al.*(2009)은 대인 관계의 친밀감과 분노가 신체적 따뜻함에 대한 촉각적 경험으로 개념화된다고 제안했고, Lee & Schwarz(2012)는 의심의 개념화가 후각 경험에 의존한다고 밝혔다. 즉, 의심은 비린내가 나는 것으로 은유적으로 표현된다. Lakoff(1990, 1993, 1994)는 영어에서 시간 경과를 움직임과 관련하여 개념화할 수 있다고 지적했다. Tsai & Depner(2016)는 중국 문화에 등장하는 전설적인 동물인 용과 봉황이 정치적, 경제적 문맥에서 인간의 성장과 발달 과정을 은유적으로 사상한다고 주장했다.

은유적 개념화가 신체와 신체적 경험을 기반으로 구축되면, 위에서 언급한 것과 같이 직접적으로 신체화된다. 그러나 영상도식과 일차적 은유를 포함하는 직접 신체화된 개념화에 의존하여 간접적으로 신체화될 수도 있다. 영상도식은 우리의 지각 및 운동 경험의 반복되는 동적 패턴에서 도식화된 정신적 표상이다(Johnson 1987). Evans(2019: 236)는 UP-DOWN(위-아래), FRONT-BACK(앞-뒤), LEFT-RIGHT(왼쪽-오른쪽), NEAR-FAR(가까움-멂), CENTRE-PERIPHERY(중심-주변)와 같은 **SPACE(공간) 도식**과 CONTAINER(용기), IN-OUT(안-밖), SURFACE(표면), FULL-EMPTY(가득함-빔)와 같은 **CONTAINMENT(포함) 도식**, MOMENTUM(가속), SOURCE-PATH-GOAL(근원-경로-목표)과 같은 **LOCOMOTION(이동) 도식**, AXIS(축), BALANCE(균형), TWIN-PAN BALANCE(양쪽 팬 균형)와 같은 **BALANCE(균형) 도식**, COMPULSION(강제), BLOCKAGE(장애), COUNTERFORCE(저항)와 같은 **FORCE(힘) 도식**, MERGING(합병), COLLECTION(수집), SPLITTING(분열), COUNT-MASS(가산-질량)와 같은 **UNITY(통합)/MULTIPLICITY(다양성) 도식**, MATCHING(일치), SUPERIMPOSITION(중첩)과 같은 **IDENTITY(정체성) 도식**, REMOVAL(제거), BOUNDED SPACE(경계 공간), CYCLE(순환)과 같은 **EXISTENCE(존재) 도식**을 포함한 8가지 주요 범주의 영상도식 목록을 제공했다. 이러한 영상도식은 특정 경험의 구조와 지각 및 운동적 측면을 보존하며(Hampe & Grady 2005), 더 복잡한 개념화의 근거를 제공한다. 예를 들어, 가장 자주 사용되는 은유 중 하나인 LOVE IS A JOURNEY(사랑은 여행이다)는 SOURCE-PATH-GOAL(근원-경로-목표) 도식에 따라 구조화되어 있다.

일차적 은유는 Grady(1997)와 Grady, Oakley & Coulson(1999)의 연구에서 비롯되었다. 이들은 어떤 개념적 은유가 다른 것보다 일차적이며, 이러한 은유를 일차적 은유(primary metaphors)라고 부른다. 일차적 은유는 일상적으로 신체화된 경험을 통해 생성되는 독립적이고 직접적인 경험적 기반이 있는 은유적 사상이다(Gibbs 2017). 예를 들어, AFFECTION IS WARMTH(애정은 따뜻함이다)의 일차적 은유는 참가자들이 차가운 커피잔 대신 따뜻한 커피잔을 들고 있으면 다른 사람의 대인 관계 특성이 더 따뜻하다고 판단하는 것으로 검증되었다(Williams & Bargh 2008). GOOD IS CLEAN(좋은 것은 깨끗한 것이다)과 BAD IS DIRTY(나쁜 것은 더러운 것이다)의 일차적 은유는 참가자들이 연필 세트 대신 소독용 물티슈를 선택한 것에서도 드러났다(Zhong & Liljenquist 2006). Casasanto & Dijkstra(2010)는 긍정적이거나 부정적 기억을 이야기하는 것과 구슬을 위아래로 움직이는 것 사이의 상관관계를 확인하며 GOOD IS UP(좋은 것은 위다)과 BAD IS DOWN(나쁜 것은 아래다)의 일차적 은유와의 일치를 주장했다. 또한, IMPORTANCE IS WEIGHT(중요성은 무게다)라는 일차적 은유는 참가자가 가벼운 클립보드가 아닌 무거운 클립보드를 들고 있을 때 지원자가 더 나은 것으로 판단된다는 연구 결과에서도 나타났다(Ackerman, Nocera & Bargh 2010). 이 외에도 INTIMACY IS CLOSENESS(친밀함은 가까움이다), DIFFICULTIES ARE BURDENS(어려움은 부담이다), IMPORTANT IS BIG(중요한 것은 큰 것이다), MORE IS UP(많은 것은 높은 것이다), SIMILARITY IS CLOSENESS(유사성은 가까움이다), STATES ARE LOCATIONS(상태는 위치이다), CHANGE IS MOTION(변화는 이동이다), PURPOSES ARE DESTINATIONS(목적은 목적지이다), CAUSES ARE PHYSICAL FORCES(원인은 물리적 힘이다), KNOWING IS SEEING(아는 것은 보는 것이다), UNDERSTANDING IS GRASPING(이해하는 것은 잡는 것이다) 등의 다양한 일차적 은유가 존재한다. 일차적 은유를 결합하여 복잡한 은유를 만들 수 있으므로, 이는 더 복잡한 개념화의 근거가 된다. 예를 들어, THEORIES ARE BUILDINGS(이론은 건물이다)라는 개념적 은유는 PERSISTING IS REMAINING ERECT(지속되는 것은 유지되는 것이다), STRUCTURE IS PHYSICAL STRUCTURE(구조는 물리적 구조이다), INTERRELATED IS INTERWOVEN(상호 관련된 것은 상호 얽혀 있는 것이다)라는 세 가지 일차적 은유에 기반하고 있다.

은유적 개념화에 대한 논의는 모든 의식적 경험 아래에서 작동하며, Lakoff & Johnson(1999)의 언어적 개념화에서 인지적 무의식의 신체화만을 다룬다. 우리는 문화적 맥락과 사회적 상호작용이 언어적 개념화에 미치는 영향을 좀 더 깊이 설명할 것이다.

문화적 맥락은 개념화에 상당한 영향을 미친다. 인간은 유사한 생물학적 형태를 가지고 유사한 물리적 환경과 상호작용하지만, 서로 매우 다른 문화를 경험하며 이러한 다양한 문화적 경험은 문화적 개념화의 변이를 초래한다. Kövecses(2000, 2005, 2010, 2015), Yu(1998, 2008, 2009, 2014), Sharifian(2011, 2017) 등은 개념화의 문화적 신체화에 많은 기여를 했다. 졸탄 쾨벡세스(Zoltán Kövecses)와 닝 유(Ning Yu)는 주로 은유적 개념화에 집중했다. 이들의 연구는 문화 특유의 경험이 문화적으로 두드러진 은유적 개념화를 낳고, 때로는 같은 문화 내에서도 서로 다른 시기에 다양한 집단 간의 문화적 변이를 초래한다는 사실을 보여준다. Kövecses(2010)는 영어의 anger(화), 헝가리의 düh, 중국어의 nu, 일본어의 ikari라는 네 가지 동등한 감정 개념을 비교한 결과, 유럽-미국 문화를 대표하는 두 문화에서 anger(화) 또는 düh가 문화 특유의 네 가지 체액(인체의 중요한 과정을 조절하는 네 가지 체액 즉, 가래, 흑담즙, 황담즙, 혈액)에 의해 개념화되는 반면, 중국 문화의 nu와 일본 문화의 ikari는 각각 qi(중국 전통 의학에서 몸을 흐르는 에너지)와 hara(배)라는 문화 고유의 개념을 통해 개념화된다고 결론지었다. Yu(1998)에 따르면, ANGER(화)와 HAPPINESS(행복)에 대한 은유적 개념화는 중국 전통 의학의 영향으로 인해 장, 간, 비장, 담즙 등의 다양한 내부 기관에 의해 동기 부여되는 것이 문화적으로 두드러진 관행이다. 이는 Sharifian *et al.*(2008)에서 구분된 대로, 중국어가 바스크어, 인도네시아어, 쿠크타어, 말레이어와 같은 '복부 중심적' 언어와 네덜란드어, 영어, 북동부 네오아람어, 페르시아어, 튀니지 아랍어와 같은 '심장/머리 중심적' 언어와 구분된다는 증거이다. 은유적 개념화 외에도 샤리피안은 문화적 도식과 문화적 범주에도 관심을 가졌다. 그는 개념화가 문화적으로 신체화된다고 지적했다. 문화적 도식은 개인이 아닌 문화 집단 차원에서 나타나는 인지의 창발적 특성이며, 문화 집단에 속한 개인 간의 상호작용에서 나타난다(Sharifian 2011: 6). 이러한 문화적으로 신체화된 도식은 문화마다 다를 수 있으며, 문화적 개념화를 불러일으킬 수 있다. 예를 들어, PATH(경로)의 영상 도식은 서구 문화권에서는 직선 이미지로, 호주 원주민 문화권에서는 원형 또는 나선형 패턴으로 나타나므로 두 문화 집단 간의 이념에 대한 개념화가 상당히 달라진다(Sharifian 2011). 문화적 범주와 관련하여 Sharifian(2017)은 범주화가 본질적으로 문화적이며, 결과적으로 문화적 범주를 생성한다고 주장했다. 다양한 문화적 경험으로 인해 문화적 범주에 차이가 있으며, 이는 영어의 친족 범주가 중국어의 친족 범주와 대비되는 예에서 볼 수 있다. 중국어의 친족 범주는 훨씬 더 많은 구성원을 포함하고 있으며, 이는 개념화의 문화적 신체화를 구현한다.

현상학적 신체화의 관점에서 사회적 상호작용은 인지언어학에서 문화적 맥락에 비해 상대적으로 덜 주목 받고 있다. 그러나 언어가 사회적 상호작용의 필수적인 매개체 역할을 하기 때문에,

언어와 개념화에서 언어의 중요성은 결코 무시할 수 없다. 다음에서는 사회적 상호작용이 언어적 개념화에 어떻게 동기를 부여하는지, 특히 사회적 의사소통에서 개념화자가 다른 대화 상대에 대한 의식을 어떻게 자신의 의미구성에 반영하는지에 대해 살펴볼 것이다. Fischer(2006)는 독일어에서 aber, doch, eigentlich, so, also, ne, ja, genau, mhm, hm과 같은 접사들이 인간-인간 의사소통과 인간-컴퓨터 상호작용에서 어떻게 사용되는지를 비교한 흥미로운 말뭉치 기반 연구를 수행했다. 그 결과, 인간-인간 의사소통에 비해 인간-컴퓨터 상호작용에서는 정중함과 상호작용성을 강조하는 서법 접사(aber, doch, eigentlich), 담화 접사(so, also, ne) 및 피드백 신호(ja, genau, mhm)의 사용이 크게 감소한 반면, 발산을 나타내는 피드백 신호 입자 hm의 사용은 크게 증가한 것으로 나타났다. 또한 인간-인간 의사소통에서 ne는 청자가 화자를 이해했는지 확인하기 위한 긍정적인 피드백을 구하는 기능을 하지만, 인간-컴퓨터 상호작용에서는 이러한 기능이 누락될 가능성이 높다. Jiang & Kuang(2019)은 이러한 접사 사용의 변화를 화자가 인간 대화 상대를 내집단 구성원으로, 컴퓨터 대화 상대를 외집단 구성원으로 분류하는 사회적 범주화에 기인한다고 설명했다. 인간-인간 의사소통에서는 더 적극적이고 협력적인 역할을 하는 반면, 인간-컴퓨터 상호작용에서는 내집단-외집단 편향성이 나타난다. 커스틴 피셔(Kerstin Fischer)의 연구는 사회적 의사소통에서 의미구성이 청자가 누구인지에 대한 화자의 의식에 의해 제약을 받는다는 점을 보여준다. 이런 의미에서 언어적 개념화는 사회적 상호작용을 통해 신체화된다.

4. 신체화된 언어 처리

언어라는 겉보기에 자의적인 소리를 발화하는 것만으로 어떻게 서로를 이해할 수 있는가? 이 소리는 어떻게 처리되는가? 이러한 질문에 대한 간단한 대답은 없다. 크게 두 가지 접근 방식, 즉 비신체화된 접근법과 신체화된 접근법이 있다. 1세대 인지과학자와 분석철학자, 그리고 이들과 뜻을 같이하는 언어학자들이 지지하는 비신체화된 접근법은 필요충분조건으로 특징지어지는 개념을 상징하는 소리가 입력으로 작용하고, 뇌 내부에서 추상적인 기호 조작을 통해 처리되며, 신체는 이 과정에서 부수적인 역할을 한다고 주장된다. 그러나 최근 실시간 언어 처리에 대한 심리학적 및 인지 신경학적 실험에서는 신체가 관여한다는 사실이 확인되었다. 이는 언어 처리가 뇌 내부뿐만 아니라 뇌 외부에서도 발생하며, 소리가 감각, 운동 및 정서 체계의 활성화를 촉진하는 역할을 한다고 주장하는 신체화된 접근법으로 이어진다(Bergen 2012). 이 접근 방식은 2세대 인지과학자 및 신체화된 철학자들과 뜻을 같이하는 인지언어학자들이 채택하고 있으며, 이 절의 주요 관심사이기도 하다. 여기서는 신체적 행동 몰입과 뇌 영역의 자동 활성화라는 두 가지 측면에서 언어 처리의 신체화를 설명할 것이다.

4.1 신체적 행동 몰입

Zwaan(2004: 36)은 "언어는 이해자가 묘사된 상황에 대한 (지각과 행동을 더한) 경험적 시뮬레이션을 구성하기 위한 일련의 단서"라고 지적했다. 그는 언어 이해자를 몰입형 경험자로 설명한다. 실시간 언어 처리에서는 마치 해당 감각운동 활동이 이루어지는 것처럼 특정 신체 행동이 동시에 활성화된다. 이러한 신체적 행동 몰입은 일반적으로 호환성 실험, 촉진 실험, 간섭 실험 등 세 가지 범주로 분류되는 일련의 실험실 실험에서 관찰된다. 앞의 두 범주는 직접 증거를 중심으로 하고, 후자는 간접 증거를 중심으로 한다.

호환성 실험은 참가자의 언어 이해가 신체적 동작과 호환되는지를 반응 시간으로 측정하여 조사한다. Glenberg & Kaschak(2002)는 참가자들에게 자기 몸에 가깝거나 멀리 떨어진 버튼을 눌러 몸의 움직임을 묘사하는 문장이 합리적인지 판단하도록 했다. 참가자들은 Close the drawer(서랍을 닫아)와 같은 몸에서 멀어지는 동작을 나타내는 문장에 대해 손을 몸쪽으로 움직여 버튼을 누를 때보다 손을 뻗어 몸에서 멀리 떨어뜨려 버튼을 누를 수 있을 때 더 빠르게 판단했다. 반대로 Open the drawer(서랍을 열어)와 같은 몸쪽으로 움직임을 암시하는 문장을 처리할 때는 정반대의 결과가 나타났다. 또 다른 동작 관련 연구인 Buccino *et al.*(2005)에서는 참가자들은 손 동작과 발 동작 관련 문장을 각각 손이나 발로 판단하도록 요구받았다. 이 연구에 따르면 손을 사용하여 반응할 때에는 손 동작 관련 문장의 반응 시간이 느리고, 발을 사용하여 반응할 때는 발 동작 관련 문장의 반응 시간이 느린 것으로 나타났다. 이러한 동작 관련 연구는 언어 처리가 언어에 부호화된 운동 동작의 시뮬레이션을 포함한다는 것을 보여준다.

감각 지각과 관련된 언어 처리, 특히 시각과 관련된 언어 처리에서도 유사한 연구가 수행되었다. 예를 들어, Stanfield & Zwaan(2001)은 참가자들에게 대상의 특정 방향을 암시하는 문장(예: The carpenter hammered the nail into the wall(목수가 벽에 못을 박았다))을 제시한 후 두 가지 방향(수직-수평)의 대상 사진에 대해 '예-아니오'를 결정하도록 했다. 참가자들은 문장이 암시하는 방향과 일치하는 그림에 대해 더 빠르게 반응했다. 즉, The carpenter hammered the nail into the wall이라는 문장을 제시했을 때, 수직 방향에 있는 그림보다 수평 방향에 있는 그림에 대해 '예'라고 더 빨리 대답했다. 이 결과를 바탕으로 Zwaan, Stanfield & Yaxley(2002)는 자극을 물체의 모양으로 바꾸어 또 다른 실험을 진행했고, 주어진 문장에 함축된 내용과 일치하는 물체가 있는 그림에 대해 그렇지 않은 그림보다 더 빠른 반응을 보였다는 유사한 결과를 얻었다. 이 두 가지 시각 관련 연구는 언어 처리가 지각 경험을 모집한다는 것을 보여준다.

촉진 실험은 감각운동 활동을 통해 언어 처리가 촉진될 수 있는지 조사한다. Wilson & Gibbs(2007)는 참가자들에게 특정 단서(화면에 깜박이는 아이콘)를 통해 다양한 신체 움직임을 유도한 후, 가능한 한 빨리 버튼을 눌러 제시된 은유적 구문을 이해했는지 물었다. 참가자들은 밀기 동작과 같은 관련 신체 동작을 방금 했을 때 push the argument(주장을 강조하다)와 같은 은유적 구문을 더 빨리 이해하는 것으로 나타났다. 참가자가 아이콘이 지시하는 신체 동작을 상상하기만 해도 동일한 결과가 나타났다. 니콜 윌슨(Nicole L. Wilson)과 레이몬드 깁스(Raymond W. Gibbs Jr.)의 연구 결과는 적절한 운동 동작, 심지어 상상한 동작도 은유적 언어 처리를 촉진할 수 있다는 것을 뒷받침한다. Casasanto(2008)는 컴퓨터 화면에 단어 쌍이 서로 다른 거리로 나타나는 조건에서 참가자들의 단어 쌍에 대한 유사성 평가를 조사하여 공간적 근접성(또는 위의 운동 동작에 비해 일반적인 감각적 경험)과 언어 처리 사이의 관계를 테스트했다. 그 결과, 가까운 거리에 제시된 단어 쌍이 먼 거리에 제시된 단어 쌍보다 더 유사하다고 평가했다. 이 연구는 감각 자극이 언어 처리를 촉진한다는 것을 증명했다.

감각운동 체계를 '마비시키는' 경우, 언어 처리가 방해받는지 여부를 알아보기 위해 간섭 실험이 수행되었다. Glenberg, Sato & Cattaneo(2008)는 참가자의 운동 체계에 피로를 주는 방식으로 이러한 연구를 수행했다. 연구진은 참가자들에게 수백 개의 콩을 한 방향으로 또는 다른 방향으로 움직이게 하여 운동 체계에 피로를 주고 손의 움직임을 몸에서 멀어지거나 몸쪽으로 향하도록 제어했다. 그런 다음 같은 방향 또는 다른 방향의 움직임을 설명하는 문장을 보고 판단하도록 했다. 연구진은 특정 방향의 손 동작으로 운동 체계가 피곤해지면 동일한 방향의 동작을 부호화하는 문장을 판단하는 데 더 오랜 시간이 필요하다는 사실을 발견했다. 이 경우 운동 체계의 피로도는 언어 처리를 방해하여 감각운동 체계의 활성화에 부정적인 영향을 미친다는 것을 보여준다.

4.2 뇌 영역의 자동 활성화

신경과학자들은 시각, 청각, 후각, 미각, 촉각 지각, 운동 활동, 감정 및 언어와 같은 인간의 다양한 기능을 담당하는 두뇌의 여러 영역을 밝혀냈다. 〈그림 8.1〉은 감각운동 기능을 가정한 피질

영역의 모습을 보여준다. 감각 지각이나 신체 활동을 실행하는 동안 관련 피질 영역이 활성화된다. 그러나 사건 관련 전위(ERP), 기능적 자기 공명 영상(fMRI), 경두개 자기 자극(TMS) 등의 기술을 활용한 심리학 및 신경학적 실험에서는 감각운동과 감정 정보를 처리하는 뇌 영역이 언어 처리에서도 동시에 자동으로 활성화된다는 것이 관찰되었다. 이는 감각운동과 감정 처리에 관여하는 동일한 신경 체계가 언어 처리의 중심이 된다는 것을 나타낸다. 즉, 언어 처리는 신경학적으로 신체화된다고 할 수 있다. 이 주장은 특정 언어 처리에서 특정 뇌 영역의 활성화에 대한 실험을 통해 구체화될 것이다.

Tettamanti *et al.*(2005), Zhang *et al.*(2018), Desai *et al.*(2011)은 행동과 관련된 언어 처리와 행동 관련 언어 그리고 운동 행동을 관장하는 뇌 영역과의 관계에 주목했다. Tettamanti *et al.*(2005)은 fMRI 기술을 사용하여 참가자가 입, 손 또는 다리로 수행하는 동작을 설명하는 문장을 들을 때의 혈류역학 변화를 측정하여 참가자의 신경 활동을 관찰했다. 그 결과, 골격근을 자극하고 신체 부위별 동작을 제어하기 위해 전기 신호를 보내는 전운동피질도 활성화되는 것을 발견했다. Zhang *et al.*(2018)의 연구 역시 동일한 기술을 사용했지만, 입, 손 또는 다리와 관련된 동작 대신 일반적인 동작 동사의 처리에 대해 보다 포괄적인 조사를 수행했다. 실험에서 참가자들은 그림 자극을 대상 명사 또는 대상과 함께 수행되는 동작 동사로 묘사하도록 요청받았고, 이 두 가지 언어 범주를 처리하는 동안 활성화된 뇌 영역을 비교했다. 실험 결과, 대상 명사를 처리할 때보다 동작 동사를 처리할 때 좌반구의 피질-피질하 운동계가 더 활성화되는 것으로 나타났다. 신체적 행동과 관련된 언어 처리에 초점을 맞춘 Tettamanti *et al.*(2005) 및 Zhang *et al.*(2018)의 연구를 보완하여, Desai *et al.*(2011)은 The public grasped the idea(대중은 그 생각을 움켜잡았다)와 같은 행동과 관련된 은유 처리를 조사했다. 이들은 신체적 행동을 부호화하는 문장을 처리할 때와 은유적 행동을 부호화하는 문장을 처리할 때 활성화되는 뇌 영역을 동일한 기술을 통해 비교했다. 그 결과, 두 가지 유형의 언어 처리에서 거의 동일한 운동 영역이 활성화되는 것을 발견했다. 따라서 그들은 (추상적인) 은유적 행동의 처리조차도 신체적 행동을 수행하는 데 관련된 운동 체계와의 연관성을 유지한다는 결론에 도달했다.

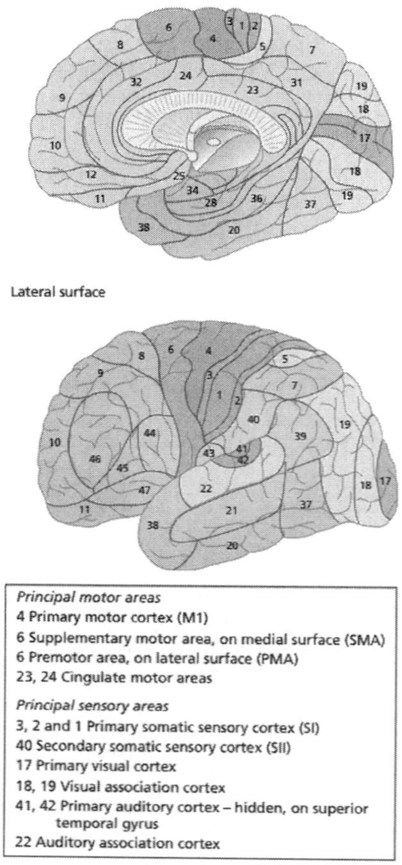

〈그림 8.1〉 감각 및 운동 제어를 위한 피질 영역

출처: Clarke & Lemon 2016: 21

Tettamanti *et al.*(2005), Zhang *et al.*(2018), Desai *et al.*(2011)은 행동 관련된 언어를 처리하는 동안 뇌의 운동 영역이 관여한다는 사실을 입증했으며, 이 영역의 기능적 역할은 Pulvermüller *et al.*(2005), Shapiro *et al.*(2001), Damasio & Tranel(1993)에서 더욱 명확해졌다. Pulvermüller *et al.*(2005)은 다리와 팔(혹은 손) 동작을 지칭하는 단어 처리에 특별한 주의를 기울였다. 이 실험은 건강한 오른손잡이 참가자를 대상으로 진행되었으며, 참가자들이 단어를 처리하는 동안 왼쪽 언어 우세 반구의 손과 다리 운동 영역이 자극받는 것을 측정했다. 그 결과, 손 운동 영역에 경두개 자기 자극(Transcranial Magnetic Stimulation, TMS)을 적용했을 때는 다리 관련 단어보다 손 관련 단어를 더 빠르게 처리하는 반면, 다리 운동 영역에 경두개 자기 자극을 적용했을 때는 손 관련 단어보다 다리 관련 단어를 더 빠르게 처리하는 것으로 나타났다. 이러한 결과는 뇌의 운동 영

역이 행동 관련 언어 처리를 촉진한다는 것을 보여준다. Shapiro *et al.*(2001)은 동일한 기술을 운동 영역에 적용했지만, 참가자들이 명사와 동사를 처리하는 동안 좌측 전전두엽 피질의 운동 영역의 흥분성을 활성화하는 대신 억제하는 방식으로 실험을 진행했다. 연구진은 운동 영역의 흥분성이 억제되면 동사 처리가 손상되지만, 명사는 손상되지 않는다는 것을 발견했다. Damasio & Tranel(1993)은 좌측 피질에 병변이 있는 환자를 대상으로 실험한 결과, 운동 조절을 담당하는 좌측 전두엽 피질에 병변이 있는 환자가 동사 처리에 어려움을 겪는다는 사실을 발견했다. 이 결과는 Shapiro *et al.*(2001)의 경두개 자기 자극 실험과 일치하며, 행동 관련 언어 처리에서 운동 영역의 참여가 중요한 역할을 한다는 것을 강조한다.

사실, 행동 관련 언어 처리를 하는 동안 뇌의 운동 영역이 자동으로 활성화되는 것은 결코 고립된 현상이 아니다. 시각, 청각, 후각, 미각, 촉각 및 감정을 관장하는 뇌 영역도 이들 감각과 관련된 언어 처리 과정에서 작용한다. 예를 들어, Schmidt-Snoek *et al.*(2015)는 사건 관련 전위(Event-Related Potential, ERP)를 사용하여 문자적 소리(예: The sound was her bitter sob(그 소리는 그녀의 쓰라린 흐느낌이었다))와 청각적 은유(예: Her marriage was a long sob(그녀의 결혼 생활은 긴 흐느낌이었다))에 대한 참가자의 문장 처리를 비교했다. 그 결과, 문자적이든 은유적이든 청각 언어 처리에서 뇌의 동일한 감각운동 영역이 활성화되는 것으로 나타났다. Citron & Goldberg(2014)는 미각적 은유(예: She looked at him sweetly(그녀는 그를 달콤하게 바라보았다))를 처리하는 동안 비-미각적 은유(예: She looked at him kindly(그녀는 그를 친절하게 바라보았다))와 대조적으로 fMRI 기술을 통해 1차 및 2차 미각 영역(외측 안와전두피질, 전전두엽 및 전두섬)의 활성화가 증가하는 것을 관찰했다. Lacey, Stilla & Sathian(2012)의 연구에 따르면, 촉각적 은유(예: Sam had a rough day(샘은 거친 하루를 보냈다))의 처리는 문자적 문장(예: Sam had a bad day(샘은 나쁜 하루를 보냈다))에 비해 촉각 선택적 체성감각 피질이 활성화되는 경향이 있었다. 청각, 미각, 촉각 및 시각 언어 처리에 대한 보다 포괄적인 연구는 Goldberg, Perfetti & Schneider(2006a, 2006b)에 소개되어 있다. 이들은 fMRI 기술을 활용하여 시각 관련 언어를 처리할 때 전형적으로 시각 대상 인식과 관련된 복측 측두엽 영역의 활성화가 증가하고, 촉각 관련 언어를 처리할 때는 체성감각, 운동 및 전운동피질 영역의 활성화가 증가하며, 미각 관련 언어를 처리할 때는 미각 및 후각과 관련된 내측 안와전두엽 영역의 활성화가 증가하고, 청각 관련 언어를 처리할 때는 1차 청각 피질의 활성화가 증가한다는 것을 확인했다. 언어적 위협의 처리에 초점을 맞춘 Isenberg *et al.*(1999)은 언어에 의해 유발된 위험 처리가 감정적 반응을 처리하는 편도체의 주요 기능인 활동 증가를 동반한다고 증언했다. 이 영역은 또한 감정적으로 더욱 연상되는 전통적인 은유를 처리할 때 활성화되는 것으로 알려져 있다(Citron & Goldberg 2014).

요약하자면, 언어 처리는 본질적으로 신체화된다. 언어에 국한된 뇌 영역 외에도 감각운동 체계와 감정을 관장하는 여러 뇌 영역이 자동으로 활성화된다는 점에서 뇌 내부에서 발생한다. 한편, 언어 사용자가 해당 감각운동 활동에 몰입하는 것처럼, 자동으로 신체 행동을 불러일으킨다는 점에서 뇌 외부에서 진행된다.

5. 신체화된 언어 발달

인간의 초기 단계에서 언어는 어떻게 발달할까? 이 질문은 다양한 분야의 학자들을 매료시켰고, 여러 가지 제안이 이루어졌다. 예를 들어, 자극-반응 강화 가설은 언어 입력으로 인해 학습자의 모방 행동이 유발되고, 이에 대한 긍정적 강화를 통해 언어를 학습한다는 주장을 담고 있다. 또 다른 접근으로는 학습자가 언어 입력에 대한 가설(일반화 언어 규칙)을 세운 후, 이를 테스트하는 귀납적 방식이 있다. 마지막으로, 매개변수 설정 가설은 학습자가 보편적 언어 속성 집합과 특정 목표 언어에 대한 매개변수화된 속성 집합을 포함하는 타고난 보편문법의 다른 매개변수를 배제하면서 특정 언어 입력을 통해 올바르게 설정한다는 의미에서 언어가 연역적으로 학습된다고 주장한다. 인지언어학자들은 언어 학습이 개인과 환경 간의 상호작용을 통한 통계적 및 연상적 학습 메커니즘으로 진행된다고 보며, 용법 기반 가정을 채택한다(Hockema & Smith 2009). 따라서 언어 발달은 신체화된다고 할 수 있다.

신체화된 언어 발달 이론은 신체 자체가 아동의 언어 발달에 중요하다는 연구로 가장 직접적으로 설명된다. 예를 들어, Maouene, Hidaka & Smith(2008)는 신체 부위와 조기 학습 동사 간의 관계를 조사했다. 연구진은 성인 50명에게 영어 언어 체계의 시작을 구성하는 것으로 생각되는 101개의 일반적인 영어 조기 학습 동사에 대해 단일 신체 부위를 연관시키도록 요청했다. 그 결과, 이 동사들이 특정 신체 부위보다는 입과 다리, 손과 팔과 연관되는 패턴을 보였고, 이는 동사의 습득 과정과 일치하는 매우 체계적이고 구조화된 패턴을 나타냈다. 연구진은 이 결과가 초기 동사 학습의 신체화를 함축한다고 주장했다. 이 주장은 Maouene *et al*.(2016)에서 검증되었다. 이들은 아동 언어 데이터 교환 시스템(Child Language Data Exchange System, CHILDES) 말뭉치에 있는 89개의 동사 유형을 머리, 팔, 다리와의 연관성을 부호화하여 6개의 논항구조와 어떻게 연결되는지 조사했다. 그 결과, 논항구조와 특정 신체 부위와 관련된 동사 사이의 대응 관계가 매우 빈번하고 조기에 나타나며, 이는 유아가 추상적 논항구조를 학습하는 데 도움이 된다는 사실을 발견했다.

언어 발달에 있어 중요한 것은 신체뿐만 아니라 신체 감각운동 경험도 중요한 역할을 한다는 점이다. Smith(2003)는 공간 지각 경험의 역할을 조사했다. 유아에게 두 개의 장난감을 연속적으로(항상 왼쪽에 A, 오른쪽에 B) 제시하고 왼쪽 또는 오른쪽의 한 지점을 가리킨 후, 새로운 단어(예: modi)로 표시하며 이 두 장난감을 양동이에 넣으면 "modi를 가져가"라고 지시했다. 실험 결과, 유아는 실험자가 왼쪽을 가리키면 A, 오른쪽을 가리키면 B를 가져갔다. 이 실험은 공간 지각이 단어 학습을 촉진한다는 것을 보여준다. 대조적으로 Iverson & Goldin-Meadow(2005)는 몸짓의 역할에 초점을 맞추었다. 이들은 한 단어에서 두 단어 조합으로 넘어가는 과도기 단계에 있는 10명의 아이들을 비디오로 촬영하여 몸짓과 언어 발달 사이의 관계를 분석했다. 연구진은 제스처로 처음 생성된 어휘가 아동의 어휘집에 들어갈 가능성이 가장 높고, 두 가지 요소가 포함된 제스처-단어 조합을 가장 먼저 생성하는 것이 두 단어 조합을 가장 먼저 생성하는 것과 밀접한 관계가 있다고 발견했다. 이 결과는 초기 몸짓이나 일반적인 신체 행동이 향후 언어 발달을 위한 길을 열어준다는 것을 시사한다.

신체 및 신체 감각운동 경험 외에도, Tomasello(1999, 2009)와 Sinha & Jensen de López(2000)는 언어 발달이 사회문화적으로 어떻게 신체화되는지를 강조한 연구를 발표했다. Tomasello(1999, 2009)에 따르면 인간의 인지적, 상징적 성취는 다른 동물에는 없는 복잡한 사회적 맥락에서 비롯된다고 한다. 아동이 사회적 상호작용과 문화적 맥락에 접근할 수 없다면 이러한 성취를 개발할 수 없다(Tomasello 2000). 이러한 성취 중 하나인 언어도 인간의 신체화된 경험을 바탕으로 구축된다(Tomasello 2009). 언어 발달의 사회문화적 신체화는 언어 이해 또는 행동 모방 과제를 통한 아동의 CONTAINER(용기) 도식의 개념화에 대한 Sinha & Jensen de López(2000)의 교차 문화 연구로 구체화된다. 연구진은 서로 다른 문화권에서 자란 아이들이 CONTAINMENT(포함)에 대해 상당히 다른 개념화를 한다는 사실을 발견했다. 따라서 문화적 경험이 있는 아동은 공간 개념화를 위한 문화 특정적 언어를 발달시킬 것이다.

6. 신체화된 언어 변화

언어는 통시적 관점에서 보면 역동적이며 시간이 지남에 따라 형태(음성 및 맞춤법), 어휘, 문법 체계, 의미론, 심지어 화용론까지 변화할 수 있다. 언어 변화는 대부분 보편적인 특정 방향을 따르는 경향이 있다. 예를 들어, 문법화 과정에서 언어 구문은 항상 자유 형태에서 접사, 굴절 형태소 그리고 결국에는 무표지 또는 약화된 음성 형태로 변화하며, 이는 구체적이고 상대적인 의미에서 추상적이고 보다 주관적인 의미로 변화하는 방향성을 가진다. 이 절에서는 주로 의미 변화와 관련된 방향성, 즉 구체적 의미에서 추상적 의미로의 변화를 다룬다. 구체적 의미는 신체와 신체적 경험에 뿌리를 두고 있기 때문에, 신체화는 언어 변화에서 중요한 역할을 한다고 할 수 있다(Gibbs 2005).

Heine(1997, 2014)는 신체 부위 용어의 의미 변화에 대해 논의하며, 전치사, 재귀 표지, 수와 같은 문법 범주가 신체 부위 용어에서 기원을 찾을 수 있다고 주장했다. 이는 대체로 유형학적으로 보편적이다. 예를 들어, head(머리)라는 어휘가 above, up, on 등의 up 어휘로 문법화되는 경향이 있으며, 이는 전체 오세아니아어의 61%와 전체 아프리카어의 87%에서 관찰된다. 또한 face(얼굴)라는 어휘가 아프리카 샘플 언어의 52.8%와 오세아니아 샘플 언어의 72.1%에서 front 어휘로 문법화되는 경향이 있다. Heine(2014)는 body 명사나 body part 명사가 재귀 구문의 발전을 위한 주요 경로를 제공한다고 지적했으며, 이는 세계 언어의 89개 샘플 중 79.8%에서 body 명사, 14.6%에서 head 명사, 5.6%에서 다른 신체 부위를 나타내는 재귀 표지로 문법화된다는 사실로 설명할 수 있다. 그는 또한 많은 언어가 손과 발을 사용하여 수를 만든다고 설명했다. 예를 들어, 파푸아 언어인 마남부의 10이라는 숫자 taba:b는 역사적으로 hand(손)라는 어근 ta:b와 조형어인 a:b에서 파생된 것이다. 신체 부위 용어가 전치사, 재귀 표지, 수와 같은 문법 범주로 변화하는 것은 구체적 의미에서 추상적 의미로의 방향성을 반영하며, 신체가 근원 영역으로 작용하는 개념적 은유에 의해 동기부여된다. 따라서 신체화된다고 할 수 있다.

Sweetser(1990)는 지각동사의 의미 변화를 분석하고, 인도-유럽어의 증거를 바탕으로 물리적 감각 지각에서 정신 활동으로의 보편적인 변화 방향을 제안했다. 이 과정은 VISION ACTS(시각 행위), HEARING ACTS(청각 행위), TACTILE ACTS(촉각 행위)의 개념이 INTELLECT(지성)에 대한 개념으로 사상되는 개념적 은유에 의해 동기부여된다. 예를 들어, 영어에서 see(보다)의 "지적으로 이해하다"라는 의미는 원래 의미인 "시각적으로 보다"에서 파생된 것이며, 이 변화의 기저에는 UNDERSTANDING IS SEEING(이해하는 것은 보는 것이다)이라는 개념적 은유가 있다. 이러한 개념적 사상은 인도-유럽어에서 상당히 지배적이며, 따라서 다른 인도-유럽어에서도 유사한 의미 변화를 초래했다.

결론적으로, 신체와 신체적 경험은 새로운 문법 범주를 만들고 추상적 의미를 도출하는 데 매우 중요하다는 것이 입증되었다. 이 경우 언어 변화가 신체화되지만, 의미 변화 이외의 언어 변화에서 신체화가 어떤 역할을 하는지는 아직 검증되지 않았다.

7. 결론

자연과학에서 다학제적인 이론적 구성체로서의 신체화는 인지과학, 철학, 심리학, 사회학, 언어학 등 다양한 학문 분야에서 중요한 주제가 되고 있다. 인지언어학은 주로 2세대 인지과학에서 나온 신체화 개념을 기반으로 구축되었으며, 신체화 철학은 언어를 통한 신체화에 접근해 왔다. 인지언어학자들은 언어가 인지의 일부이며 일반 인지와 구별되지 않는다고 전제한다. 따라서 일반 인지에서 밝혀진 바와 유사하게 언어도 신체화된다고 할 수 있다. 언어의 신체화는 다양한 언어적 측면을 다룬 인지언어학적 연구를 통해 확인되었다. 첫째, 언어를 구성하는 개념은 신체와 신체적 경험에서 파생되며, 이를 구조화하는 개념화는 신체와 신체적 경험의 영향을 받기 때문에, 언어의 기반이 되는 개념적 체계가 신체화된다. 둘째, 언어 처리는 무의식적인 신체 행동 몰입과 감각운동 및 감정 기능을 담당하는 뇌 영역의 자동 활성화를 수반하므로 신체화된다. 셋째, 언어는 인간의 초기 단계부터 신체와 신체적 감각운동 및 사회문화적 경험이 언어를 배우는 데 매우 중요하다는 점에서 신체화된 방식으로 발달한다. 넷째, 언어 변화, 특히 의미 변화는 아마도 유형학적으로 보편적인 방향성을 따른다. 즉, 신체 및 신체적 감각 지각, 운동 행동과 관련된 의미에서 추상적 의미 범주로 확장되는 경향이 있으며, 이는 신체화에 의해 동기 부여된 것으로 보인다.

하지만 신체화 이론이 도전받지 않은 것은 아니다. 일부 학자들(Weiskopf 2007, Mahon & Caramazza 2008, Dove 2009, 2011, 2016, Chatterjee 2010, Mahon 2015)은 행동 및 심리신경학적 실험 결과에 대해 훨씬 더 신중하게 접근하며, 확산 활성화 또는 공유 활성화가 관련될 수 있음을 경고한다. 이들은 지각 또는 행동 영역에 가까운 범양식적 영역의 관여를 반드시 배제하지 않는다고 주장하며 비신체화된 관점을 제시한다. 그럼에도 불구하고 신체화 이론에 대한 도전은 언어 신체화와 관련하여 인지언어학에 잠재적 돌파구를 제공하며, 인지언어학자가 적어도 다음 질문에 대해 다시 생각하고 탐구하도록 유도한다. (i) 언어는 어느 정도까지 신체화되어 있는가? 또는 언어의 어떤 측면이 신체화되어 있으며, 어떤 측면이 신체화되어 있지 않는가? (ii) 언어는 감각 체계, 운동 체계, 감정 체계 등의 다중양상 체계를 불러오지만, 이러한 체계는 정확히 어떤 역할을 하며 언어 처리, 언어 발달 심지어 언어 변화까지 어떻게 조율되는가? (iii) 언어에서 범양식적 체계의 역할은 무엇이며, 언어 처리, 언어 발달, 언어 변화 등에서 다중양상 체계와 어떻게 상호작용하는가?

더 읽을거리

Rohrer(2007). 신체화가 인지언어학에서 어떻게 해석되고 신체화 가설이 어떻게 발전되는지에 대한 개요를 제공하며, 인지과학 철학에서 얻은 성과를 바탕으로 인지언어학의 신체화 가설에 대한 보다 광범위한 이론적 틀을 확립하려고 시도한다.

Gibbs(2017). (일차적 은유를 포함한) 은유와 영상도식에 초점을 맞추어 의미의 신체화된 본질을 논의하고, 언어의 신경 이론과 언어 이해에 대한 신체화된 시뮬레이션 가정을 소개한다.

Bergen(2019). 인지언어학에서 신체화는 세 가지 단계로 설명된다. 즉, 분석 단계, 처리 과정 그리고 기능적 역할이다.

제9장
영상도식

1. 서론

1.1 영상도식이란 무엇인가?

영상도식 개념에 대한 고전적 예는 Mark Johnson(1987)에서 찾아볼 수 있다.

> You wake *out of* a deep sleep and peer *out from* beneath the covers *into* your room. You gradually emerge *out of* your stupor, pull yourself *out from* under the covers, climb *into* your robe, stretch *out* your limbs, and walk *in* a daze *out of* the bedroom and *into* the bathroom. You look *in* the mirror and see your face staring *out* at you. You reach *into* the medicine cabinet, take *out* the toothpaste, squeeze *out* some toothpaste, put the toothbrush *into* your mouth, brush your teeth *in* a hurry, and rinse *out* your mouth. (너는 깊은 잠에서 깨어나 이불 밑에서 방 안을 내다본다. 너는 점차 혼수 상태에서 벗어나, 이불 밑에서 몸을 끌어내고, 가운 안으로 올라가 입고, 팔다리를 뻗고, 멍한 상태로 침실 밖으로 나와 욕실로 걸어간다. 너는 거울을 보고 네 얼굴이 너를 응시하고 있는 것을 본다. 너는 약장 안으로 손을 뻗어 치약을 꺼내고, 치약을 조금 짜내고, 칫솔을 입에 넣고, 서둘러 이를 닦고, 입을 헹군다)
>
> Johnson 1987: 331, 이탤릭체는 저자

사소해 보이는 이 아침 일과에 대한 설명은 in(안), out(밖) 그리고 관련된 형태의 반복적 사용으로 특징지어진다. 이는 일상에서 다양한 감각 및 지각 경험(예: seeing(보기), touching(만지기), moving(이동하기))이 어떻게 구조화되어 나타나는지를 보여준다. 우리는 신체와 물건을 방이나 약장 같은 물리적 용기의 내부와 외부로 이동하며, 그 과정에서 때때로 경계를 넘나든다. 이러한 반복적인 경험은 모두 다르지만, 신체와 방은 치약이나 캐비닛과 같지 않으면서도 추상적인 차원에서는 유사성을 가지며, '포함(containment)'이라는 기본 논리를 설명한다. 흥미로운 점은 이 논리가 덮개나 옷과 같은 덜 일반적인 '용기(containers)'뿐만 아니라 수면이나 무감각과 같은 문자적으로 드나들 수 없는 비유적인 것에도 적용되거나 '사상(mapping)'될 수 있다는 것이다. 또 다른 예는 반복되는 물리적 여행 행위를 들 수 있다. 물리적 여행의 근원, 경로, 목표는 비물리적 활동의 시작, 과정, 완료에 사상되는 일관된 논리를 형성한다. 그래서 우리는 연구 프로젝트에서 '지름길(short-cuts)', '우회(detours)', '이정표(milestones)' 같은 표현을 사용할 수 있다.

CONTAINER(용기) 및 SOURCE(근원)-PATH(경로)-GOAL(목표)[1]와 같은 것을 영상도식(image schema)이라고 부른다. 영상도식은 세계에 대한 우리의 감각적 경험과 관련이 있기 때문에 '상상적'이며, 그러한 경험의 여러 실례를 일반화하기 때문에 '도식적'이다. Oakley(2007: 215)는 영상도식을 "공간 구조를 개념적 구조에 사상하기 위한 목적으로 지각 경험에 대한 압축된 재기술"이라고 우아하게 설명한다. 영상도식의 목록과 범주가 많이 제안되었지만(Cienki 1997, Clausner & Croft 1999, Gibbs & Colston 1995, Hampe & Grady 2005, Johnson 1987), 어느 것도 완전하거나 결정적이라고 주장하지 않는다. 그럼에도 불구하고 개념적 구조로서의 심리적 실체에 대한 일반적인 합의가 있다. 이러한 개념적 구조는 아동 발달 과정에서 나타나며, 추상적인 개념적 표현의 구성요소를 형성한다. 따라서 인지언어학에 따르면, 언어 구조의 다양한 측면을 뒷받침할 가능성이 높다.

1.2 영상도식의 기본 특성

개념적 구조로서의 영상도식이 언어 구조를 뒷받침하는 방식은 다음과 같은 기본 특성에서 살펴볼 수 있다. 첫 번째 특성은 영상도식이 다른 종류의 개념보다 먼저 형성되며, 언어 습득이 완료되기 전에 확실히 자리를 잡는다는 것이다. 영상도식 표현의 언어적 차이를 관찰하면 이를 확인할 수 있다. 예를 들어, 영어에는 포함(containment) 관계를 표현하는 단일 문법 단어인 in이 있

1 영상도식은 인지언어학 문헌에서 일반적으로 소문자로 표기된다.

다. 영어에서는 다른 내용어와의 관계를 구체화하는 것은 선택사항이지만, 한국어에서는 문법적으로 tight(끼다)와 loose(넣다)의 포함을 구분하는 것이 필수적이다(McDonough, Choi & Mandler 2003). 그러나 이러한 차이의 이면에는 유사한 포함의 추론적 논리가 존재한다. 감정이나 '개'와 같은 문화적으로 매개된 특정 경험이 필요할 수 있는 보다 실체적인 개념에 비해, 영상도식은 거의 보편적으로 신체화된 경험에 직접적으로 기반을 두고 있다. 유아는 다양한 경로를 따라 이동하고 다양한 물체를 조작하는 반복적인 경험을 통해 Mandler & Cánovas(2014)가 '공간적 기본 요소(spatial primitives)'라고 부르는 도식적 집합을 형성한다. 이러한 의미에서 영상도식은 선개념적이라고 할 수 있다. 이와 관련된 특성은 영상도식이 무의식적으로 작동한다는 것이다. 즉, 유아기나 성인기에 관계없이 우리는 일반적으로 감정이나 개와 같은 방식으로 CONTAINERS(용기)나 PATHS(경로)에 대한 지식을 의식적으로 인식하지 못한다. 이는 개념적 은유 이론에 중요한 의미를 갖는다는 점이다(Lakoff & Johnson 1980).

영상도식은 기본적인 신체화된 또는 감각운동 경험에서 추출되지만, 이러한 경험은 다양한 감각 양식을 결합하는 경우가 많다. 따라서 영상도식은 추상적이면서 동시에 다중양상적이다. Evans & Green(2006: 186)은 사람이 얼굴이나 특정 경로의 세부 사항을 정신적으로 시각화할 수 있지만, 경로와 같은 영상도식의 추상화를 시각화하기 어렵다는 사실로 이를 설명한다. PATH(경로) 영상도식은 걷기, 보기, 듣기, 균형 잡기, 길에 넘어지는 경험 등에서 추출된 것이기 때문이다. 마찬가지로 다양한 특정 유형의 용기, 연결, 물리적 힘 등에 대한 우리의 신체 경험은 다면적이며, 영상도식적 대응물(예: CONTAINER(용기), LINK(연결), FORCE(힘))의 형성과 추론 논리에 다른 방식으로 기여한다. 이러한 다면적 특성으로 인해 영상도식 간의 경험적 중첩이 항상 식별될 수 있으며, 영상도식의 명확한 목록을 작성하는 것은 어렵다.

각 감각적 방식에 대해 더 많은 경험을 쌓으면 겉보기에 사소해 보이지만 풍부한 추론 구조가 형성된다. 이러한 추론 구조는 그 기저에 깔린 경험이 매우 변하지 않는 결과로 이어지기 때문에 내재적이거나 근본적인 의미를 갖는다. 예를 들어, 원을 그리며 기어가는 유아는 항상 시작점으로 돌아간다는 것을 깨닫고(CYCLE(주기) 도식을 암시), 두 줄을 매듭으로 묶으면 분리하기가 더 어려워진다는 것을 알게 된다(LINK(연결) 도식). 이는 상황적 맥락과 더 밀접하게 관련된 언어적, 화용적 의미의 습득과 대조되는 흥미로운 점이다. Vandeloise(1994)는 CONTAINER(용기) 도식의 기저에 있는 내재적 의미가 전치사 in의 수용 가능성 판단에 어떻게 나타나는지를 보여주는 유익한 예를 제공한다. 영상도식이 안정적인 추론 구조를 가지고 있다는 사실은 이러한 구조가 경험적으로 덜 구체적인 대상을 설명하고 개념화할 때 안정적으로 투영되거나 사상될 수 있음을 의미한다. 이는 개념적 은유의 핵심 메커니즘을 제공하며 CYCLE(주기)과 LINK(연결)의 예는 cycle of life(삶의 주기) 및 links between friends(친구 간에 연결)와 같은 표현으로 설명될 수 있다.

영상도식의 추론적 풍부함은 내부 복잡성을 나타낸다. 많은 영상도식은 별개의 구성요소로 분석할 수 있으며, 이러한 구성요소 간의 관계는 상호작용 담화에서 문법에 이르기까지 다양한 수준의 언어에 반영되어 있다. CONTAINER(용기) 도식의 보편적 예는 '내부', '경계', '외부'의 세 가지 두드러진 구성요소로 이루어져 있다. 내부에서 외부로 이동하려면 앞서 침실에서 걸어 나오는 예와 같이 그 경계를 성공적으로 극복해야 한다. 마찬가지로 SOURCE-PATH-TARGET(근원-경로-목표) 도식은 출발점 또는 '근원', 목적지 또는 '목표', 그 사이의 '경로'로 분해할 수 있다. Tay(2013)는 심리치료에서 내담자의 상황을 CONTAINER(용기)의 구성요소 간의 논리적 관계로 개념화하는 사례를 보여준다. 여러 절에 걸쳐 생생하고 창의적인 언어를 사용하여 내담자가 '벽 뒤에 갇힌' 상태에서 '벽에 문을 두는 단계', 결국 '밖으로 나가는' 시나리오를 구성한다. 영상도식의 구성적 특성은 일상 언어의 구조에도 반영된다. 예를 들어, He moved *from* Hong Kong *to* Mainland China *through* the bridge(그는 다리를 통해 홍콩에서 중국 본토로 이동했다)라는 문장에서 세 개의 전치사구는 각각 근원, 목표 및 경로를 나타내며, 각각 독립적으로 나타날 수 있다(He moved from Hong Kong(그는 홍콩으로 이동했다)/He moved through the bridge(그는 다리를 통해 이동했다)/He moved to Mainland China(그는 중국 본토로 이동했다)). 이러한 구성요소의 공간적 의미는 He moved *from* a lower position *through* hard work *to* a higher position in the company(그는 회사에서 열심히 노력하여 낮은 직급에서 높은 직급으로 승진했다)와 같은 은유적 문장에 쉽게 사상될 수 있다. 내부 복잡성이라는 개념의 결론은 서로 다른 영상도식이 겹치는 속성을 가질 수 있으며, 다발 또는 네트워크를 형성할 수 있다는 것이다. 이는 영상도식의 명확하고 뚜렷한 목록을 제시하기 어려운 핵심 이유이다. 예를 들어, Johnson(1987: 45-48)은 COMPULSION(강제), BLOCKAGE(차단), DIVERSION(전환), ENABLEMENT(가능) 등과 같은 다양한 도식이 FORCE(힘) 도식의 다발을 구성한다고 제안한다. 인지언어학적 가정에 따르면, 이러한 영상도식의 다발은 분류학적 구조보다는 원형(Lakoff 1987), 즉 구성원이 모두 동일한 범위의 속성을 공유하는 것이 아니라 네트워크의 상호 연결 노드처럼 서로 연관되어 있다는 점에 유의해야 한다.

마지막으로 영상도식은 세계와의 지속적인 신체적 상호작용을 통해 '변형'되는 동적인 특성을 보여준다(Lakoff 1987, Talmy 2000). Lakoff(1987)는 '경로 초점에서 종점 초점으로', '탄도체', '중첩' 및 '다중성에서 질량'이라는 네 가지 기본 변형을 설명한다. 후자의 경우, 개별 소 무리를 가까이서 본 후 미분화된 MASS(질량)만 보일 때까지 후퇴하는 상황을 말한다. 따라서 본질적으로 동일한 현실이 두 가지 다른 신체화된 방식으로 해석되며, 전자는 COUNT(가산) 도식을 반영하고 후자는 MASS(질량) 도식을 반영한다. 이러한 이중성과 변형은 가산명사와 질량명사 사이의 문법적 구분에서 나타난다. 한정사는 셀 수 있는 명사(I have a tomato(나는 토마토가 있다)/*I have tomato)에서만 발생하지만, 우리는 가산명사를 질량명사로도 해석할 수 있다(*I have a tomato all over my face/I have tomato all over my face(나는 내 얼굴에 토마토가 묻었다))(Evans & Green 2006: 186-187). 따라서 개별 영상도식은 안정적인 추론 패턴과 연관되어 있지만, 일상 언어와 삶의 기본 시나리오에서 제정되는 도식 사이에는 다양하고 흥미로운 역동적 관계가 있는 것으로 보인다.

2. 역사적 관점

일반적으로 '도식' 또는 좀 더 덜 기술적으로 표현하는 '스키마(scheme)'라는 용어는 형판이나 개요를 의미하며, 색 구성표나 연금 제도와 같은 예로 정의될 수 있다. 원칙적으로 모든 실체나 현상은 '도식화'될 수 있기 때문에, 인지언어학은 이를 개념적 구성물로 활용하는 이전 학문과는 거리가 멀다고 할 수 있다. 『옥스퍼드 영어사전Oxford English Dictionary』에서는 이 단어의 그리스어 기원을 밝히며 '형태(form)' 또는 '전경(figure)'으로 정의하고 있다. 도식은 수사학의 고전적인 연구와 실천에서 두드러지게 등장한다. Oakley(2007: 216)는 수사적 효과를 위해 단어가 전치된 형태로 반복되는 수사적 도식의 예로 반전위법(antimetabole)을 들며, Eat to live, not live to eat(살기 위해 먹지, 먹기 위해 살지 말라)와 같은 표현을 제시한다. 이 전위법은 새로운 사례를 만드는 데 도움이 되는 공식 또는 형판을 제공한다. 도식의 개념은 철학, 심리학, 인지과학 및 문화 연구 등 다양한 분야에서 마음이 정보를 조직하는 방법과 관련하여 채택되었다(D'Andrade 1995, Kant 1990, Kemmer & Barlow 2000, Rumelhart 1980).

매개 표상, 베타 구조, 틀, 스크립트, 문화 모형 등 다양한 표시와 설명은 도식이 이론화되는 방식에 차이를 나타낸다. 예를 들어, 칸트의 철학에서 도식은 '순수한' 비-경험적 개념과 구체적인 감각적 인상 사이의 가교 역할을 하는 반면, 현대 심리학자들은 도식을 실용적인 정보를 정리하고 행동을 유도하는 발견적 장치로 간주한다. 예를 들어, 우리는 이전 직장에서의 유사한 경험을 통해 현재 직장에서의 기대와 행동을 형성하는 '직무 도식(job schema)'을 형성할 수 있다.

영상도식에 대한 인지언어학 개념도 다양한 관련 분야의 이론적 아이디어에서 비롯되고 상호작용한다. 여기에는 Wertheimer(1938)의 게슈탈트 이론, Kant(1990)의 도식, Langacker(1991)의 인지문법, Talmy(1988)의 힘 역학, Lakoff & Johnson(1980)의 개념적 은유 이론, Grady(1997)의 일차적 은유 이론 등이 포함된다. 영상도식을 '상상적'으로 만드는 것은 청각, 시각, 후각, 미각, 촉각 등 다양한 감각 경험에서 추상화된 정신적 표상이라는 점에서 공통적이다. 인지언어학적 분석에서 영상도식의 논리가 어떻게 나타나는지를 보여주는 예는 from 및 to와 같은 전치사에 대한 표준적인 인지문법 설명에서 확인할 수 있다. 이는 전형적으로 '상징적 구조'(Langacker 1999)로 이론화되어, 매우 구체적인 의미(예: from my house to the school(집에서 학교까지))뿐만 아니라 시간(예: from today to tomorrow(오늘부터 내일까지))와 같은 다양한 개념적 영역에서 보다 도식적인 의미를 가질 수 있다. 이러한 의미의 확장 즉, 다의성은 SOURCE-PATH-GOAL(근원-경로-목표) 영상도식에 의해 인가된 것으로 분석될 수 있다. 또한 레너드 타미(Leonard Talmy)의 힘 역학 이론(1988, 2000)은 언어가 상호작용하는 힘의 기본 패턴에 따라 구문을 구분한다고 주장한다. 예를 들어, John doesn't go out of the house(존은 집 밖으로 나가지 않는다)와 John can't go out of the house(존은 집 밖으로 나갈 수 없다)는 전자는 단순히 객관적인 상황을 묘사하는 반면, 후자는 John이 외출하고 싶지만 "그러한 경향에 반대하는 어떤 종류의 힘이나 장벽"(Talmy 1988: 52)이 John의 소망보다 더 강하다는 것을 의미한다. 따라서 힘과 관련된 영상도식과 그 은유적 확장은 이와 관련하여 유용한 설명적 장치를 제공한다. 조지 레이코프(George Lakoff)와 마크 존슨(Mark Johnson)의 개념적 은유와 조셉 그레이디(Joseph Grady)의 일차적 은유의 기초가 되는 개념적 영역은 영역 간 사상의 가능성을 제한하는 영상도식적 구조를 가지고 있다. 특히 불변성 원리(invariance principle; Lakoff 1990, 1993)에 따르면 은유적 사상은 목표영역의 고유한 구조과 일치하는 방식으로 근원영역의 영상도식적 구조를 보존한다고 주장한다. 이는 근원영역의 영상도식적 구조가 물리적 개체를 제공하기 때문에, She gave him a headache and he still has it(그녀는 그에게 두통을 줬고 지금도 그는 두통을 앓고 있다)은 자연스럽지만, She gave him a kiss and he still has it(그녀는 그에게 키스를 했고 그는 아직도 그 키스를 간직하고 있다)은 화용적으로 이상한 이유이다(Kövecses 2010). 근원영역의 물리적 개체는 영구적인 특성을 가지므로, 해당 목표영역에도 (상대적으로) 영구적인 특성이 있을 때 사상이 더 적절하다. 결론적으로, 우리는 다양한 인지언어학적 구조가 도식화, 범주화, 의미 전이와 같은 수렴적 아이디어에 의해 뒷받침되는 이론적 생태계를 공유하고 있으며, 이는 이 분야의 역사적 발전에서 상당히 일관된 발화를 반영하고 있음을 알 수 있다. 이러한 다양한 응용 사례는 다음 절에서 자세히 설명될 것이다.

3. 비판적 이슈 및 주제

이 절에서는 '비판적'이라는 두 가지 의미에 대해 설명한다. 첫 번째 의미는 언어 및 관련 분야의 이슈와 주제에 대한 새로운 관점을 제시하는 영상도식 개념의 활용을 의미한다. 이 절에서는 비교적 잘 정립된 응용 사례에 초점을 맞추고, 다음 절에서는 보다 최근의 지속적인 시도에 대해 설명한다. 두 번째 의미의 비판적은 영상도식 개념에 관한 논쟁과 토론을 의미하며, 주로 그 기저에 깔린 심리적 현실과 사회문화와 관련이 있다.

영상도식 이론의 다양한 비판적 응용 분야는 몇 가지 영역으로 나눌 수 있다. 첫째, 영상도식은 인지언어학에서 다양한 수준의 언어 분석에 두드러지게 나타난다. 언어의 개별 구조 수준에 대한 전통적인 개념은 인지언어학자들 사이에서 논란이 있지만, 영상도식과 문법, 의미론, 은유와 같은 의미-화용적 현상 간의 관계에 대해서는 상당히 뚜렷한 강조점을 발견할 수 있다. 영상도식은 모든 언어 구조를 다양한 정도의 도식으로 의미 있게 이론화하는 인지문법의 기본 신조이다(Langacker 1991, 1999). 공간 및 물리적 힘과 같은 기본 영역과 관련된 도식은 인지문법학자들에게 다양한 유형의 언어 구조와 그 기반이 되는 개념 영역 간의 관계를 구성하는 데 중요하다. 문법과 의미 또는 구조와 의미 사이의 전통적인 구분을 벗어나, 영상도식은 이상화된 인지모형(Idealized Cognitive Model, ICM), 다의성, 의미 변화 및 문법화와 같은 이슈 및 주제 연구에도 기여해 왔다. 이상화된 인지모형(Lakoff 1987)은 물리적, 사회적 세계에 대한 객관적인 지식보다는 우리의 주관적인 해석을 반영하는 인지의미론적 모형이다. '영상도식적 ICM'은 이상화된 인지모형의 가장 구체적인 하위 유형으로 인식되며, 어린 시절의 신체화된 경험을 바탕으로 습득한 지식을 구조화하고 발판으로 삼는 데 중요한 역할을 한다. 언어 전반에 걸쳐 다의적 단어와 구문의 수많은 예도 영상도식과 변형으로 동기 부여될 뿐만 아니라, 종종 널리 퍼져 있는 것으로 관찰된다. 이러한 언어에는 영어(Brugman 1981), 러시아어(Cienki 1998), 스웨덴어(Ekberg 1995), 독일어(Smith 2002), 중국어(Wang & Su 2015)와 같은 일반적인 연구 대상부터 상대적으로 연구가 덜 이루어진 테페화어(Watters 1995)까지 다양하다. 예를 들어, Cienki(1998)는 영어와 러시아어의 다의어 straight가 문자적 의미와 영상도식적 의미에서 말, 행동, 사고(정답)와 같은 다른 영역으로의 은유적 확장을 통해 설명될 수 있다고 주장한다. 동시성에서 통시성으로 넘어가면서 영상도식을 암시하는 유사한 메커니즘이 의미 변화와 문법화를 설명하는 데에도 사용되었다. 그러나 다의성을 넘어 별개의 감각으로 발전하는 의미 변화의 경우, 원래 의미에 깔려 있는 영상도식적 구조가 새로운 의미에서 어느 정도 보존되는지에 대한 논쟁이 있다(Sweetser 1988). 예를 들어, Matsumoto(1995: 294)는 일본어의 인과적 표지 ni-yotte가 인과적 의의를 전개할 때 "영상도식의 방향성 변화를 수반한다"라고 보여주며, 영어 복합 전치사인 thanks to, due to, owing to와 같은 경우도 마찬가지일 수 있다고 추측한다. 반면에 영어 전치사 against의 의미 변화에 대한 Rhee(2002)의 설명은 영상도식 구조의 보존을 보여줌으로써 의미 변화에서 영상도식의 역할에 대한 더 강력한 사례를 제시한다. 은유는 영상도식과 밀접하게 연관된 또 다른 수준의 언어 분석을 나타낸다. 개념적 은유 이론의 기본 원칙은 기존의 개념적 은유의 근원영역이 신체화된 경험에 기반을 두고 있으며(Lakoff & Johnson 1999), 목표영역에 사상하기 위한 내부적으로 풍부한 추론 구조를 제공한다는 것이다. 따라서 영상도식은 신체화된 경험의 반복적인 체계적인 패턴으로 GOOD IS UP(좋은 것은 위이다), BAD IS DOWN(나쁜 것은 아래다), STATES ARE LOCATIONS(상태는 위치이다), CAUSES ARE FORCES(원인은 힘이다) 등과 같은 많은 개념적 은유의 근원영역에 내용과 구조를 모두 제공하도록 이론화할 수 있다. 개념적 은유와 영상도식은 모두 표면적으로는 '인지적 무의식'(Lakoff & Johnson 1999: 11) 수준에서 작동하며, 우리가 명시적으로 인식하지 않아도 언어 사용을 포함한 의식적 사고와 행동을 형성할 수 있다는 점에서 차이가 있다. 또한 개념적 은유는 방대한 대상 개념에 대한 우리 이해의 기초가 된다고 주장되기 때문에, 영상도식 이론은 철학, 정치(Lakoff 1996), 정치 경제학(Narayanan 1999), 수학(Lakoff & Núñez 2000)과 같은 다른 주제 영역의 연구와 연관되어 있다. 이러한 연구들은 각각의 목표영역에서 논리적 추론을 구조화하는 데 있어 영상도식과 은유의 역할을 강조한다. 특히 '언어의 신경 이론'을 지향하는 Narayanan(1997, 1999), Feldman(2006), Lakoff(2014) 등의 연구는 이러한 추론 과정이 직접적인 신경적 근거를 가지고 있으며 계산적으로 모형화될 수 있음을 보여준다. 그러나 이러한 야심찬 아이디어는 논쟁의 여지가 없지 않으며, 철학, 인공지능 및 인지과학의 관련 관점을 간과한다는 비판을 받았다(Anderson 2003, Haser 2005).

영상도식 이론이 생산적으로 적용된 다른 다양한 이슈와 주제로는 문학 분석, 수사학, 제스처 연구, 언어 습득 등이 있다.

Lakoff & Turner(1989)는 시적 은유와 문학적 은유가 궁극적으로 우리가 매일 '생활하는' 것과 같은 관습적인 개념적 은유와 영상도식에서 도출되고 정교화된다고 주장하며, 이를 통해 문학적 해석에 대한 인지주의적 접근 방식을 설명하고자 했다(Semino & Culpeper 2002, Stockwell 2002). 이 접근법의 중요한 함축은 문학적 해석이 전적으로 임시적인 것이 아니라 체계적인 영상도식과 은유에 기반을 두거나 그에 의해 제약을 받는다는 점인데, 이는 Freeman(1995)이 **맥베스(Macbeth)**의 연구를 통해 입증했다. 문학적 문체와 관련된 연구로는 수사학이나 담화의 설득 효과에 대한 연구가 있다. 조지 부시(George Bush)와 에이브러햄 링컨(Abraham Lincoln)의 연설에서 '힘-역학 전술'에 대한 Oakley(2005)의 분석은 문학적 해석을 안내하는 동일한 유형의 영상도식적 추론이 정부, 테러리스트, 다른 국가 등과 같은 정치적 단체 간 관계의 전략적 해석에서도 나타난다는 것을 보여준다. 전통적으로 교묘하고 미적인 활동으로 여겨지는 문학적 감상과 언어적 설득은 인지언어학적 관점에서 신체화된 추론 구조라는 공통의 기반을 두고 있다. 유사한 관점이 제스처 연구에도 적용되는데, 제스처는 종종 "생각의 독특한 이미지를 자유롭게 드러내는" 핵심적인 언어 현상으로 여겨진다(McNeill 1992: 1). 기본 아이디어는 제스처 동작이 의미를 부호화하고 구조화하는 공간에서의 다차원 움직임으로서 영상도식을 직접 신체화한다는 것이다(Cienki 2005, Mittelberg 2018). 제스처와 영상도식 간의 직접적인 대응에는 컵 모양의 손을 이용한 CONTAINMENT(포함), 허공을 가로지르는 선을 통한 PATH(경로), 신체 자세의 하향 이동을 통한 BALANCE(균형) 및 GRAVITY(중력) 등이 있으며, 이 모든 것이 은유적 의미를 나타내는 데 사용될 수 있다. 특히 Mittelberg(2018)는 제스처를 통해 드러나는 영상도식의 '기호학적 실제(semiotic reality)' 즉, 영상도식이 단순히 추상적인 추론 구조가 아니라 자발적이고 관찰 가능한 의사소통 행동 패턴으로 능동적으로 실례화된다는 것을 입증하려고 시도한다. 마지막으로 영상도식의 개념은 제1 및 제2언어 습득의 인지적, 교육적 측면에 대한 이론과 연구에 영향을 미쳤다. Littlemore(2009)는 영상도식 이론을 포함한 인지언어학이 제2언어 학습 및 교수를 지원할 수 있는 잠재력에 대한 광범위한 개요를 제공한다. 많은 경험적 연구 중에서 Tyler(2008)는 학생들이 전통적인 교과서 설명을 사용한 대조군에 비해, 이러한 동사의 힘 역학 측면에 대한 교육을 받았을 때 can, must, should의 의무적 의미의 차이를 더 잘 배울 수 있음을 보여주었다. Pan(2019)은 영상도식에 기반한 개념적 은유를 사용하여 영어 관용구를 습득하는 젊은 중국인 학습자와 전통적인 암기식 번역 접근 방식의 학습자를 비교한 연구에서 비슷한 결과를 보고했다. 인지 발달과 모국어 습득 사이의 표준적인 연관성 때문에 영상도식의 매개적 역할도 상당한 논쟁의 대상이 되어 왔다. 예를 들어, Sinha & Jensen de López(2000)는 유아기의 개념 이해와 언어적 상관관계를 개발하는 데 있어 영상도식의 역할을 긍정하면서도 "문화적 신체화로 유발되는 인지적 차이"를 고려해야 할 필요성을 강조한다(Sinha & Jensen de López 2000: 47). 이들의 주장은 영어, 덴마크어, 자포텍어를 습득한 아동을 대상으로 한 문화 간 연구에서 비롯된 것으로, 처소격의 획득 및 그 사용에서 문화에 따른 패턴과 편견을 보여준다.

이러한 논의는 영상도식 이론의 기본 가정과 접근 방식을 둘러싼 논쟁에 대한 두 번째 의미의 '비판적' 의미로 이어진다. 이러한 논쟁은 영상도식 이론가들과 일반적으로 인지언어학자들이 인지 이론을 구성할 때 언어에 대한 개인적 직관에 의존하는 경향이 있다는 관찰을 바탕으로 한다. 이론들은 종종 언어 사용을 설명하기 위해 순환 방식으로 사용된다(Gibbs & Perlman 2006, Kennedy & Vervaeke 1993). 따라서 인지언어학자들은 영상도식이 인지심리적인 실체를 가지고 있음을 보여줄 필요가 있다. 즉, 언어와 무관하게 인지에서의 역할을 입증할 수 있는 실증적 증거가 있어야 한다. Gibbs & Colston(1995, 2006)은 이러한 비판을 인정하고, 영상도식의 이론적 개념에 직간접적으로 도움을 준 인지심리학, 발달심리학 및 심리언어학 분야의 실험 연구에 대한 유용한 개요를 제공한다. 또한 영상도식 이론은 일관성이 있는 실험 데이터를 넘어 언어와 행동에 대한 구체적이고 반증 가능한 예측을 해야 한다고 제안한다. 이와 관련된 비판은 다양한 유형의 영상도식을 정의하는 데 있어 정확성이 부족하다는 인식과 관련이 있다. 이 장의 시작 부분에서 명확한 목록이 없다고 언급했듯이, Haser(2003, 2005)에 따르면, 이 문제는 부분적으로는 인지언어학적 이론화의 일반적인 모호함과 은유와 같은 언어 현상의 근간이 되는 추상적 영상도식이 정확히 무엇인지에 대한 상세한 조사가 부족하기 때문이다. 일부 연구자들은 인지언어학자들이 발전시킨 전통적인 영상도식 이론이 언어, 인지 및 신체 행위의 발달적, 문화적, 맥락적 뉘앙스를 간과하고 있다고 주장하기도 한다. 사회문화적 상황성(socio-cultural situatedness; Frank 2008), 상황화된 신체화(situated embodiment; Kimmel 2005), 모방 도식(mimetic schemas; Zlatev 2007), 복합적 원시요소(complex primitives; Correa-Beningfield, Kristansen, Navarro-Ferrando & Vandeloise 2005)는 인지언어학에서 기술하는 신체화된 경험의 유형이 지나치게 추상적이고 '보편적'이며 다양한 실제 환경에서 사회, 문화, 언어 및 상호작용적 관습에서 비롯된 중요한 뉘앙스나 변이를 무시한다는 공통된 반론을 제기했다. 발달심리학적 관점에서 Mandler & Canovas(2014)는 영상도식을 다른 두 가지 유형의 인지 구조인 '공간적 기본 요소'와 '도식적 통합'과 구분해야 한다고 주장한다. 이들의 주요 주장은 언어적 예에 의존하면 언어적 이해와 선언어적 이해를 제대로 구분하지 못한다는 것이다. 선언어적 도식은 엄밀히 말해 공간적 도식이며, FORCE(힘)와 같은 비공간적 도식과는 다르게 분류해야 한다는 것이 후자의 주장이다.

4. 현재 공헌 및 연구

최근의 흥미로운 기여는 영상도식 이론의 새로운 연구 및 응용 분야를 위한 길을 열어주고 있다. 이러한 새로운 아이디어는 대개 여러 분야를 넘나들며 다양한 개발 단계에 있다. 이 절에서는 언어학자들에게는 상대적으로 생소할 수 있는 두 가지 유망한 분야인 디자인과 심리 상담에 대해 살펴보고, 다음 절에서는 이들 분야에서 영상도식이 앞으로 나아가야 할 다음 방향을 구상해 보려고 한다.

영상도식 이론을 디자인, 특히 제품 및 인터페이스 디자인에 적용하는 기본 아이디어는 제품 사용 시 문화권, 즉 다양한 소비자 집단에 걸쳐 변하지 않는 패턴화된 신체화 경험을 활성화하여 제품이 더 직관적이고 포용적일 수 있다는 것이다. 따라서 디자인에 영상도식을 사용하면 "직관적 사용, 포용성, 혁신 사이의 긴장을 완화"할 수 있다(Hurtienne, Klöckner, Diefenbach, Nass & Maier 2015: 239). 또한 디자인 분야에서 "인간과 인간 … 인간과 기계의 상호작용 및 협력으로 영감의 이전"(Baltzer, López & Flemisch 2019)이 어떻게 이루어질 수 있는지를 보여준다. 예를 들어, 카메라의 줌 기능은 NEAR-FAR(가까움-멂) 도식을 직관적으로 활성화하고(Kuhn & Frank 1991), 스마트폰과의 상호작용에 대한 사람들의 설명은 VERTICALITY(수직성)과 DEPTH(깊이)를 지속적으로 언급하고 있어, 인터페이스 디자인을 그에 맞게 조정하는 것이 전략적일 수 있음을 시사한다(Britton, Setchi & Marsh 2013). 사용자 피드백 분석에 따르면, 인간과 기계의 상호작용에서 영상도식을 성공적으로 사용하면 제품에 대한 호의적인 평가와 긍정적인 상관관계를 가지는 것으로 나타났다(Asikhia & Setchi 2018).

또한 영상도식과 관련된 아이디어는 요구 사항부터 디자인 솔루션 생산, 평가에 이르기까지 '인간 중심' 디자인 처리 과정의 전체 주기에 적용될 수 있다고 제안되었다(Hurtienne, Weber & Blessing 2008). 따라서 이 접근 방식을 지지하는 사람들은 디자이너가 소비자의 영상도식 모형을 활용할 수 있는 다양한 방법을 모색하고, 혁신적이고 유용한 다중양상적 인터페이스 개념으로 구현할 것을 촉구하고 있다.

심리 상담(또는 심리치료)은 영상도식과 밀접하게 관련된 개념적 은유가 최근 다양한 방식으로 연구되고 적용되는 또 다른 분야이다. "사람들이 자신의 행동, 인지, 감정 및/또는 기타 개인적 특성을 참여자가 바람직하다고 생각하는 방향으로 수정하도록 돕기 위한 목적으로 … 임상적 방법과 대인 관계 태도를 적용하는 것"(Norcross 1990)으로 정의된다. 이는 추상적인 주제를 의도적으로 개념화하고 표현하며, 화자 간에 협상하는 모범적인 맥락을 제공한다. 이러한 과정은 영상도식 및 은유와 같은 현상이 담화 분석적 목적을 위해 기술되어야 할 뿐만 아니라, 실제적인 요구를 충족시키기 위해 더 이론화되고 적용되어야 함을 의미한다(McMullen 2008, Tay 2013). 예를 들어, 특정 감정 상태(예: 분노)가 특정 방식(예: 열)의 은유적으로 묘사되는 경향이 있다면(Geeraerts & Grondelaers 1995, Kövecses 2000), 그러한 묘사가 보완적인 진단적 가치를 가질 수 있다고 가설을 세울 수 있다. 이는 간질 발작 환자가 자신의 발작을 대리인이나 힘으로 묘사하는 경향이 있는 반면, 간질 발작이 아닌 환자는 동일한 주제에 대해 공간적 은유를 선호하는 경향이 있다는 점에서도 확인할 수 있다(Plug, Sharrack & Reuber 2009). 자발적 심리치료 대화에서 분노, 불안, 우울증이 서로 다른 영상도식에 의해 개념화되는 경향에 대한 Yu & Tay(2020)의 연구에서도 비슷한 주장이 제기되었다. 진단 외에도 영상도식 이론에서 설명하는 신체적 경험의 유형이 더 즉각적인 적절성을 갖는 심리치료 환경도 있다. 예를 들어, 호흡이나 모래놀이와 같은 일반적인 신체 운동을 하는 환자는 보다 추상적인 주제를 논의하기 위한 플랫폼으로 해당 영상도식적 추론 구조를 활성화할 수 있다(Deligiannis 2018, Tay 2017). 지진 생존자의 경우처럼 신체적 경험 자체가 치료적 논의의 중심 주제가 되는 경우에도 마찬가지이다. I felt the ground shaking beneath me(나는 내 발 아래에서 땅이 흔들리는 것을 느꼈다)와 같은 문자적으로 진부해 보이는 표현도 치료사는 삶의 다른 측면이 어떻게 '흔들리는지' 탐구하기 위해 잠재적 은유성을 활용할 수 있다(Tay 2014, Tay & Jordan 2015). 영상도식 이론에 대한 또 다른 접근 방식은 기본 전제가 원형 및 전이와 같은 전통적인 정신 분석 개념에 대한 새로운 통찰력을 제공하는 방식이다(Knox 2001, Merchant 2016, Tay 2016). 예를 들어, Knox(2001)는 영상도식이 현재에 대한 내담자의 기대와 인식을 패턴화하거나 '전이'하는 것으로 이론화되는 '무의식적 작업 모형'의 형성을 설명한다고 주장한다. 가장 중요한 것은 영상도식 이론이 환경 자극과 단서의 역할을 인정함으로써 이러한 모형이 선천적이거나 '집단 무의식'으로부터 상속된 것이라는 전통적인 개념(예: 심리학자 융)을 발전시킨다는 점이다.

5. 앞으로의 방향

디자인 분야에서 영상도식 이론의 가장 구체적인 미래 방향 중 하나는 인간과 기계가 협력하는 다양한 실제 시나리오에 이를 구현하는 것이다. 이를 위해서는 영상도식적 목표영역 또는 '내부 상태' 간의 연결을 포괄적으로 설명하고, 이러한 상태의 인식을 조정할 수 있는 디자인 인터페이스가 제공하는, 잠재적으로 신체화된 경험 간의 연결을 설명하는 '상호작용적 패턴 언어'(Baltzer *et al.* 2019)의 개발이 필요하다. 현재 구현 가능한 영역으로는 (부분적으로) 자동화된 차량 운전, 제동 시스템, 트럭 호송, 그리고 원칙적으로 컴퓨터 게임과 같은, 인간과 기계의 협력적인 안내 및 제어가 강조되는 모든 분야가 포함된다. 언어적 정보는 영상도식과 그 배경 데이터베이스뿐만 아니라, 자발적인 사용자 발화 및 인터페이스 스크립트와 같은 언어 데이터 측면에서도 이러한 미래 응용 분야에서 여전히 중요한 역할을 할 것이다.

심리 상담의 경우, 앞서 언급한 영역을 넘어 진단적 잠재력, 담화 분석적 기술, 이론적 구성 등의 다양한 분야로 확장할 수 있다. 비판적으로 연구가 부족한 측면은 영상도식과 관련된 개입의 수용과 효과, 즉 내담자가 영상도식을 이해하고 평가하는 방식, 그리고 영상도식과 다양한 치료 과정 및 결과 간의 관계이다(Crits-Christoph Gibbons & Mukherjee 2013). 영상도식은 원칙적으로 유한한 집합이므로, 점점 증가하는 개념적 은유보다 잠재적으로 더 쉽게 추적할 수 있다. 따라서 실무자는 내담자가 초기 영상도식 개념화를 보다 체계적인 방법으로 개발하도록 돕는 영상도식 관련 프로토콜을 설계하는 것을 고려할 수 있다. 이러한 프로토콜은 개념적 은유에 대해 수행된 것과 유사할 것이다(Kopp & Craw 1998, Sims & Whynot 1997). 치료사는 내담자가 발화하는, 잠재적으로 유용한 자발적 은유를 찾는 것 외에도, 협업적 정교화를 위한 경로를 제공하는 공간 전치사와 같은 '영상도식적 단서'(Tay 2013)에도 주의를 기울일 수 있다.

더 읽을거리

Hampe & Grady(2005)는 인지언어학에서 영상도식 이론의 역할에 초점을 맞춘 훌륭한 편집본을 제공한다. 반면 Gallagher(2006)는 신체적 경험이 인지에 어떻게 기여하는지를 보다 일반적으로 설명하며, 이 과정에서 영상도식이 중요한 부분을 차지한다.

제10장
범주화

1. 서론

사람들이 지식을 조직하는 방법 중 하나는 범주를 형성하는 것이다. 인간의 인지적 본질 중 하나는 범주화 능력으로, **특정 사물이 특정 범주에 속하는지 판단하는 것이다**. Ungerer & Schmid(2006: 8)는 "분류의 정신적 과정을 범주화라고 하며, 그 결과물이 인지적 범주이다"라고 설명한다. 범주화는 우리의 일상에 항상 존재하며, 우리는 끊임없이 범주를 분류하고 사용하고 있다. 예를 들어, 어떤 사물을 처음 접할 때 보통 "이게 뭐지?"와 같은 질문을 하게 된다. 이 질문은 개체나 대상, 현상을 범주로 나누는 방법에 관한 것이다. 모든 연구 분야에서 사물을 범주로 분류하는 작업이 필요하다. 사실, 범주와 '종류'는 아리스토텔레스(Aristotle, B.C. 384~B.C. 322) 이후로도 지속적으로 관심의 대상이었다. 아리스토텔레스가 범주화 분야에서 가장 영향력 있는 사상가라는 것은 의심의 여지가 없다.

범주화 행위는 인간의 기본적인 인지 활동 중 하나이다. 예를 들어, 우리는 새와 같은 대상을 볼 때마다 범주화한다. 의자, 국가, 질병, 감정 등 다양한 사물에 대해 추론할 때마다 범주를 사용하게 된다. 또한, 발화를 생산하거나 이해할 때 수십 가지의 범주, 즉 소리, 단어, 구, 절, 개념적 범주 등을 활용한다. 따라서 범주화 능력은 우리가 복잡한 환경 속에서도 상호작용할 수 있게 해 준다.

범주화는 차이에서 동일성을 파악하는 기본적인 인지 능력으로, 인간이 의존하는 세계를 지속적으로 이해하고 변화시키는 데 매우 중요한 역할을 한다. Jackendoff(1983: 77)는 "범주화하는 능력은 새로운 경험의 해석하기 위해 이전 경험을 활용하는 데 필수적이며, 범주화가 없다면 기억은 사실상 쓸모가 없다"라고 말한다. Lakoff(1987: 6) 또한 다음과 같이 주장한다.

> 범주화 능력이 없다면 우리는 물리적 세계는 물론 사회적, 지적 생활에서도 전혀 기능할 수 없다. 우리가 어떻게 분류하는지를 이해하는 것은 우리가 어떻게 사고하고 기능하는지를 이해하는 핵심이며, 따라서 우리를 인간으로 만드는 요소에 대한 이해의 핵심이기도 하다.

Labov(1973: 342)가 "언어학을 한 가지로 정의할 수 있다면 그것은 범주에 대한 연구, 즉 현실을 개별 단위와 단위 집합으로 범주화하여 언어가 어떻게 의미를 소리로 변환하는지에 대한 연구이다"라고 지적한 것처럼, 언어학은 방법론과 본질 모두에서 범주화와 밀접한 관련이 있다. 언어학은 두 가지 층위에서 범주화와 관련이 있다. 첫째, 언어학자들은 조사 대상을 설명하기 위해 범주가 필요하다. 예를 들어, 단어는 명사, 동사, 부사, 형용사 등으로 구분되며, 문법적으로는 단어, 구, 절, 문장으로 나뉜다. 문장은 평서문, 의문문, 명령문, 감탄문으로 분류되고, 발화는 Austin(1962)에 의해 발화행위, 발화내적 행위, 발화외적 행위로 나뉜다. 둘째, 언어학자들은 다른 층위의 범주화에도 관심을 가지고 있다. Taylor(2003: 1)는 "언어학자들이 연구하는 단어, 형태소, 통사 구조 등은 그 자체로 범주를 구성할 뿐만 아니라 범주를 나타내기도 한다"라고 말한다.

로쉬는 인간의 범주화가 "역사적 우연이나 기발함의 자의적 산물이 아니라 오히려 범주화의 심리적 원리의 결과"라고 지적했다(Rosch 1978: 27). 그는 인간 범주화의 두 가지 기본 원칙을 제안한다. 첫 번째는 "범주 체계의 임무는 최소한의 인지적 노력으로 최대의 정보를 제공하는 것"이라는 인지적 경제성(cognitive economy)의 원리이다. 두 번째는 "지각된 세계는 자의적이거나 예측할 수 없는 속성이 아니라 구조화된 정보로 나타난다"라는 지각된 세계 구조의 원리(the principle of perceived world structure)이다(Rosch 1978: 28). 로쉬의 목표는 특정 문화에서 발견되고, 그 시점에 그 문화의 언어로 부호화된 범주를 설명하는 것이다.

1987년 조지 레이코프(George Lakoff)의 저서 『인지의미론: 언어에서 본 인간의 마음Women, Fire and Dangerous Things: What Categories Reveal about the Mind』은 인지언어학에서 범주화의 길을 열었고, 이후 범주화는 인지언어학의 주요 주제가 되었다. 이 책은 인지언어학의 두 가지 경전 중 하나로 간주되며, 다른 하나는 로널드 래내커(Ronald W. Langacker)의 『인지문법의 토대Foundations of Cognitive Grammar』이다. 또한 존 테일러(John Taylor, 2003)의 『언어 범주화: 언어 이론의 원형Linguistic Categorization: Prototypes in Linguistics Theory』은 음운론, 형태론, 통사론 등 언어의 다양한 측면에 원형이론을 적용한 포괄적인 저서이다.

이 장에서는 이전 연구를 바탕으로 범주화에 대한 다양한 관점, 범주화 수준, 탈범주화, 범주에 대한 중국인의 관점, 그리고 현재 기여도 등을 자세히 설명할 것이다.

2. 범주화의 네 가지 주요 이론

가장 기본적이고 중요한 인지 활동인 범주화는 흥미와 주의력을 불러일으키며, 다양한 관점을 제공합니다. 범주화는 다음과 같은 네 가지 유명한 범주화 이론에 따라 발전해 왔다.

2.1 고전 이론

범주화의 고전 이론이 고전적인 이유는 두 가지이다. (1) 고대 그리스 철학자 아리스토텔레스의 사상에 뿌리를 두고 있다. (2) 20세기 대부분 동안 심리학, 철학, 언어학, 특히 자율 언어학에 큰 영향을 미쳤다.

('학파적' 또는 '고전적') 아리스토텔레스의 전통이나 이론에는 다음과 같은 기본 가정을 포함한다.

(i) 범주는 필요충분 속성의 결합으로 정의된다.
(ii) 자질은 이분법적이다.
(iii) 범주에는 명확한 경계가 있다.
(iv) 범주의 모든 구성원은 동등한 지위를 가진다.

고전 이론에 따르면, 전체 속성 집합을 보유하지 않은 개체는 해당 범주의 구성원이 될 수 없으며, 모든 속성을 보유할 경우 구성원 자격이 보장된다. 예를 들어, 범주 BACHELOR(독신남)는 [+HUMAN] [+ADULT] [+UNMARRIED] [+MALE]로 정의되고, SPINSTER(독신녀)는 [+HUMAN] [+ADULT] [+UNMARRIED] [-MALE]로 정의된다.

이 이론에 따르면, 범주 내의 모든 구성원 간에는 전형성에 차이가 없다. 즉, 어떤 구성원이 다른 구성원보다 더 대표성이 높다고 할 수 없다. 이 이론은 범주를 식별하는 명확하고 엄격한 기준을 제공한다. 범주의 모든 속성을 가진 개체는 해당 범주의 완전한 구성원이며, 정의된 속성을 모두 갖추지 않은 개체는 구성원이 아니다. 예를 들어, 참새, 제비, 울새, 펭귄, 타조, 키위새, 오리 등 모든 종류의 새는 BIRD(새) 범주의 구성원이다.

고전 이론이 범주가 공유 속성을 기반으로 한다는 점에서 완전히 틀린 것은 아니다. 우리는 종종 이를 기준으로 사물을 분류한다. 하지만 이는 전체 이야기의 일부일 뿐이다. 고전 이론에는 몇 가지 어려움이 있다. 자주 인용되는 세 가지 단점은 대안적 이론의 발전에 주요한 동기를 제공했다.

첫째, GAME(게임), BACHELOR(독신남)와 같은 일상적인 개념의 경우, 필요충분조건에 기반한 범주 판단이 어렵다. 예를 들어, BACHELOR(독신남)에 대한 고전적 정의는 HUMAN +ADULT +UNMARRIED +MALE이다. 이 정의는 일반적인 경우에는 적합할 수 있지만, 교황, 타잔, 여자 친구와 동거하는 성인 남성, 남성 동성애자 등과 관련해서는 bachelor(독신남)에 대해 불확실한 반응을 보이는 경우가 많다.

둘째, 일부 범주의 경우, 모든 구성원의 좋음(goodness)이 동일하지 않다. 범주의 일부 구성원은 다른 구성원보다 '더 나은' 또는 '더 대표성이 있는' 것으로 평가된다. 예를 들어, BIRD(새) 범주에서는 울새와 참새가 타조와 키위새보다 더 나은 구성원으로 여겨진다.

셋째, 고전 이론은 범주 경계가 실제로 왜 모호하고 가변적인지를 설명할 수 없다. 예를 들어, GAMBLING(도박)과 AMUSEMENT(오락), MOUNTAIN(산)과 HILL(언덕) 사이에는 명확한 경계가 없다.

2.2 원형이론

주로 심리학 문헌에서 여러 범주화 이론이 제안되었지만, 인지언어학의 발전에 가장 큰 영향을 미친 이론은 원형이론(prototype theory)이다. 범주화의 원형이론으로 가는 과정에서 가장 중요한 단계는 인류학자인 Berlin & Kay(1969)가 수행한 연구로, 그들은 초점 색채가 우리가 색을 분류하는 데 의존한다는 사실을 발견했다. 초점 색채는 같은 언어를 사용하는 사람뿐만 아니라 다른 언어를 사용하는 사람들도 공유하는 개념이다. 엘레노어 로쉬(Eleanor Rosch)는 1970년대에 초점 색채의 심리적 배경을 탐구하기 시작했으며, 초점 색채가 언어에 뿌리를 두고 있는지 또는 언어 이전의 인지 능력에 근거하는지에 대한 증거를 찾고자 했다. 로쉬의 연구는 초점 색채가 비초점 색채보다 지각적으로 더 두드러지며, 인접한 범주의 경계가 명확하지 않고 모호하다는 실증적 증거를 제공했다.

언어학자들은 FURNITURE(가구), FRUIT(과일), CLOTHING(옷), WEAPON(무기) 등 다른 분야에서도 비슷한 현상이 있는지 조사하기 시작했다. 다양한 범주에 대해 가장 먼저 떠오르는 예시가 존재하며, 이러한 중심 사례를 원형(prototype)이라고 한다. Evans(2007: 175)는 원형을 주어진 범주의 실례를 가장 잘 나타내는 핵심 속성 또는 속성을 조합한 비교적 추상적인 정신적 표상으로 정의했다. 고전 이론과 달리 원형이론은 다음과 같은 원칙을 가지고 있다(Geeraerts 1989).

(i) 원형 범주는 어느 정도의 전형성을 나타내며, 모든 구성원이 동일하게 범주를 대표하지 않는다.
(ii) 원형 범주는 가장자리가 흐릿하다.
(iii) 원형 범주는 (필요충분한) 단일 기준 속성 집합으로 정의할 수 없다.
(iv) 원형 범주는 가족 유사 구조를 나타내거나, 의미 구조는 군집화되고 중복되는 방사망 집합의 형태를 취한다.

요약하자면, 원형은 정신적 표상의 인지적 기준점 역할을 하는 범주의 가장 좋은 예라고 할 수 있다. 예를 들어, MOTHER(어머니) 개념을 들 수 있다(Lakoff 1987). 어머니에 대해 이야기할 때 중심 사례로 항상 여성이고, 아이를 낳고 유전자를 공급하며, 아이를 양육하고 아버지와 결혼하고 자녀보다 한 세대 더 나이가 많고, 자녀의 법적 보호자인 전형적인 모습이 떠오른다. 이 외에도 다양한 종류의 어머니가 존재한다. STEPMOTHER(계모)는 아이를 낳거나 유전자를 제공하지 않았지만, 아버지와 결혼한 사람을 의미하며, ADOPTIVE MOTHER(양모)는 법적 보호자이며 양육 의무가 있는 경우이다. 또한, BIRTH MOTHER(생모), FOSTER MOTHER(위탁모), SURROGATE MOTHER(대리모), UNWED MOTHER(미혼모), GENETIC MOTHER(유전모) 등도 있다(Lakoff 1987). MOTHER(어머니)의 다양한 예를 통해 우리가 가장 먼저 떠올릴 수 있는 것이 기본 추론에서 중요한 역할을 하는 원형적 예시라는 결론을 쉽게 내릴 수 있다. 원형이론은 다음과 같은 측면에서 그 장점을 발휘할 수 있다.

(i) 원형이론은 사람들이 범주의 비전형적인 예를 다루는 방법을 설명하는 데 유용하다.

예를 들어, BIRD(새) 범주에서 펠리컨과 펭귄은 원형과 충분히 유사하지만, 모든 속성을 갖지 않은 비전형적 구성원이다.

(ii) 사람들이 손상된 사례에 어떻게 대처하는지를 설명할 수 있다.

날지 못하는 외발 울새를 왜 사람들이 새처럼 분류할 수 있는지는 고전 이론에서는 어려운 문제지만, 원형이론은 이 문제에 쉽게 대처할 수 있다.

(iii) 원형 효과는 사물이나 유기체뿐만 아니라 행동에도 작용하는 것으로 보인다.

예를 들어, **murder(살인)**는 **suicide(자살)**나 **execute(처형)**보다 더 대표적인 **killing(죽이기)**의 예로 간주되며, **stare(응시)**는 **ogle(추파)**, **squint(사시)**, **peer(곁눈질)**보다 더 나은 **looking(보기)**의 예로 간주된다.

(iv) 원형이론을 사용하여 인간이 개별 단어에 대처하는 방식을 다룰 수 있다.

다음 예시는 단어가 비전형적인 의미로 사용될 수 있음을 보여준다.

(1) a. I must have seen that a dozen times, but I never noticed it. (나는 수십 번은 봤을 텐데, 한 번도 눈치채지 못했다)
b. I must have looked at that a dozen times, but I never saw it. (나는 수십 번은 그것을 쳐다봤을 텐데, 한 번도 본 적이 없다)

일반적으로 우리가 무언가를 **볼** 때, 우리의 시선은 대상을 향하고 그 대상은 우리의 인식에 들어온다. (1a)에서 see(보다)라는 단어는 의미의 일부는 포함하고 있지만 다른 부분이 결여되어 있어 비원형적 용법으로 볼 수 있다(Jackendoff 1983).

(v) 원형이론은 "부정 구문"과 같은 구문을 설명하는 데 유용하게 활용될 수 있다.

(2) a. I have never been to Canada. (나는 캐나다에 가본 적이 없다)
b. He hasn't finished the job. (그는 아직 일을 끝내지 않았다)
c. Her voice was so slow, we could barely hear her. (그녀가 말하는 속도가 너무 느려서,

우리는 거의 들을 수 없었다)

d. The task is beyond me. (이 과제는 내 능력 밖이다)

부정 구문은 원형이론의 도움으로 더 잘 설명될 수 있다. (2a)와 (2b)는 전형적인 부정어인 never와 not이 사용되어 부정 구문의 원형으로 볼 수 있는 반면, (2c)는 부분적으로 부정적이고 (2d)는 형식적으로는 긍정이지만 의미적으로는 부정적이기 때문에 비전형적인 부정 구문으로 이해된다.

(vi) 원형은 week(주)와 같은 추상적인 개념에도 적용된다(Fillmore 1982).

대부분의 국가에서 일주일은 월요일부터 금요일까지 5일의 근무일과 토요일, 일요일 이틀의 휴식일로 생각하지만, 잉카의 일주일은 9일의 근무일과 왕이 아내를 바꾸는 장날로 구성되어 있다.

원형이론에는 몇 가지 단점이 있을 수 있다.

(i) 현저한 자질 또는 단순한 자질

원형이론에 대한 가장 큰 비판 중 하나는 현저한 자질이 충분하지 않고 너무 단순하다는 점이다. 이러한 자질의 기준은 원형 모형의 장점이기도 하지만 단점이기도 하다. 그 이유는 이 모형이 문맥적 민감성을 처리하지 못하기 때문이다. 범주의 가장 좋은 예는 문맥에 따라 달라질 수 있다(Barsalou 1987).

(ii) 가장 좋은 예 또는 혼란스러운 예

특히, 수학의 홀수와 같은 전문 용어의 경우, 필요충분한 속성을 명확하게 제공할 수 있는 경우에 중심성이나 현저한 자질로 판단하는 대신 혼란을 초래할 수 있다.

(iii) 모호한 경계

"범주화하는 사람이 지각력이 있거나 영리하여 전형적 사례와 유사점을 찾을 수 있다면, 어떤 것이 원형에서 벗어나도 여전히 부류에 포함될 수 있는 정도에는 고정된 한계가 없다"고 지적한다(Langacker 1991: 266). (레이코프를 포함하여) 여러 언어학자와 심리학자들이 이 경계의 존재를 인정하지만, 경계의 위치를 명확히 하려는 노력은 거의 이루어지지 않았다. "한 범주의 경계 위치는 그 원형과 독립적일 수 있으며, 즉 두 범주의 원형은 같지만, 경계가 다를 수 있고, 반대로 두 범주의 경계는 같지만, 원형이 다를 수 있다"고 설명한다(Croft & Cruse 2004: 90). 예를 들어, 프랑스어 corde와 영어 rope(밧줄)의 경우 원형은 같지만, 경계가 다르다. 반면, 영어 courage(용기)와 bravery(용감함)는 경계는 같지만, 핵심은 다르다. 다음 문장을 고려해 보자(Croft & Cruse 2004: 91).

(3) a. A person jumps into a fast-flowing river in an attempt to save someone who has fallen in. (어떤 사람이 물에 빠진 사람을 구하려고 급류에 뛰어든다)
b. A person risks his/her career and livelihood by exposing malpractice and injustice at the heart of government. (정부 핵심부의 부정행위와 불의를 폭로함으로써 자신의 경력과 생계를 위험을 감수하는 사람)

(3a)는 bravery(용감함)의 더 나은 예로, (3b)는 courage(용기)의 더 나은 예로 입증되었다.

2.3 이상화된 인지모형 이론

Lakoff(1987)는 인지언어학적 관점에서 로쉬와 그녀의 동료들이 제시한 경험적 발견을 설명할 수 있는 범주 구조의 이론을 개발하기 시작했다. 이 이론은 이상화된 인지모형(Idealized Cognitive Model, ICM)이라고 부른다.

레이코프는 우리가 지식을 ICM의 관점에서 조직화한다고 주장하며, 범주 구조와 원형 효과는 그 조직의 부산물일 뿐이라고 설명한다. ICM은 복잡하게 구조화된 지식 체계로, 범주화 및 추론과 같은 인지 과정을 안내한다. ICM은 지속적인 의미구성으로 이루어진 지식의 개념적 '꾸러미(packets)'로 구조화된다. 각 ICM은 네 가지 유형의 구조화 원칙을 사용하는 복잡한 구조의 전체 즉, 게슈탈트로 구성된다. (i) 명제적 구조, (ii) 영상도식적 구조, (iii) 은유적 사상, (iv) 환유적 사상(Lakoff 1987: 68).

(i) 명제적 ICM

여기서 '명제적'이란 이러한 종류의 ICM이 은유, 환유 또는 정신적 영상과 같은 '상상력 장치'(Lakoff 1987: 285)에 의해 구조화되지 않는다는 것을 의미한다. 대신, 명제적 ICM은 속성을 가진 요소와 그 요소들 사이의 관계로 구성된다. 명제적 ICM은 명제 또는 사실적 지식으로 이루어진다. 예를 들어, 식당에서 테이블을 요청하고 음식을 주문하는 규칙에 대한 우리의 지식은 명제적 ICM에서 비롯된다.

(ii) 영상도식적 ICM

레이코프에 따르면, 개념 구조의 기본 구성요소는 영상도식이다. 여러 측면에서 영상도식은 개념적 구조의 기초가 된다. 예를 들어, SPACE(공간)에 대한 경험과 개념은 크게 CONTAINER(용기), SOURCE-PATH-GOAL(근원-경로-목표), PART-WHOLE(부분-전체), UP-DOWN(위-아래), FRONT-BACK(앞-뒤) 등과 같은 영상도식에 의해 구조화된다. 이러한 영상도식이 SPACE(공간)에 대한 ICM을 구성한다.

(iii) 은유적 ICM

은유적 ICM은 근원영역에서 목표영역으로의 구조적 사상에 의해 구조화된다. 예를 들어, You are wasting my time(너는 내 시간을 낭비하고 있다)과 I've invested a lot of time in her(나는 그녀에게 많은 시간을 투자했다)와 같은 표현에서 볼 수 있듯이, TIME(시간)의 영역(domain) 또는 ICM이 MONEY(돈)의 관점에서 은유적으로 구조화되어 있다. 이 경우 TIME(시간)에 대한 ICM은 은유적으로 구조화된다.

(iv) 환유적 ICM

환유는 인지의 기본 특성 중 하나이다. 환유는 동일한 인지 영역에서 더 두드러진 부분으로 전체 또는 전체의 다른 부분을 이해하는 방법이다. 다음은 가장 잘 알려진 사례 중 하나이다.

(4) 한 웨이트리스가 다른 웨이트리스에게 The ham sandwich just spilled beer all over himself(햄 샌드위치가 맥주를 온몸에 흘렸다)라고 말한다. 여기서 The ham sandwich(햄 샌드위치)는 샌드위치를 먹고 있는 사람을 의미한다.

ICM은 원형 효과 또는 전형성 효과를 설명하기 위해 개발되었다. 원형 효과는 어떤 사례가 특정 범주를 더 잘 대표한다고 판단되거나 모범 사례로 측정되는 현상과 관련이 있다. 예를 들어, 울새는 BIRD(새) 범주에서 대표적인 구성원으로 판단될 수 있지만, 타조는 가장 좋은 예로 판단되지 않을 수 있다. 원형 효과가 발생하는 방식은 다양하며, 여기에서는 네 가지 기본 원천을 제시한다.

원형 효과는 특정 개념이 이해되는 ICM 간의 불일치로 인해 발생할 수 있다. MARRIAGE(결혼) ICM과 관련하여 어휘 개념 BACHELOR(독신남)를 고려해 보자. 이 ICM에는 결혼 연령, 결혼식, 사회적, 법적, 종교적, 도덕적 차원, 결혼제도 및 표준의 결혼 가능한 연령과 관련된 개략적인 정보가 포함될 가능성이 높다. BACHELOR(독신남)의 개념은 이 ICM을 기반으로 이해된다. 원형 효과는 전형적인 예가 전체 범주를 대표할 때 발생한다. POPE(교황) 개념은 성직자가 결혼할 수 없는 가톨릭교회의 ICM과 관련하여 이해된다. 이 두 가지 인지모형 사이에는 불일치가 있다. BACHELOR(독신남)이 이해되는 ICM에서 교황은 미혼이기 때문에 기혼남성(bachelor)으로 간주될 수 있지만, 교황은 결혼 ICM 대신 CATHOLIC CHURCH(성당) ICM에 속하기 때문에 기혼남성 범주에 속하지 않는 것으로 판단된다.

레이코프에 따르면, 다발(cluster) 모형은 원형 효과가 발생할 수 있는 또 다른 방법이다. 다발 모형은 여러 개의 수렴 ICM이 집합적으로 복잡한 다발을 이루는 모형으로, "개별적으로 취한 모형보다 심리적으로 더 복잡하다"고 설명한다(Lakoff 1987: 74). 여러 개의 서로 다른 MOTHER(어머니) 하위 범주로 구성된 다발 모형에 의해 구조화된 범주 MOTHER(어머니)를 고려해 보자. 이는 다음과 같이 나열될 수 있다.

1) THE BIRTH MODEL(출생모형): 아이를 낳는 사람
2) THE GENETIC MODEL(유전모형): 아이에게 유전 물질을 제공하는 사람
3) THE NURTURANCE MODEL(양육모형): 아이를 키우고 양육하는 사람
4) THE MARITAL MODEL(결혼모형): 아버지와 결혼한 사람
5) THE GENEALOGICAL MODEL(가계모형): 가장 가까운 여성 조상인 사람

이러한 하위 모형은 범주 MOTHER(어머니)를 구성하고, 더 큰 다발 모형에 기여한다. 각 하위 모형은 기본적인 것으로 간주될 때 원형 효과에 기여할 수 있다. 즉, "여러 모형이 수렴하여 이상적인 경우와의 관계로 모두 어머니로 이해될 수 있으며, 이 이상적인 사례는 원형 효과를 일으키는 다양한 사례 중 하나이다"(Lakoff 1987: 76).

하위 모형이 다발 모형을 표현하거나 범주가 전형적인 구성원으로 나타날 때, 원형 효과는 환유적 근원을 갖는다. 환유 모형은 부분과 전체 관계가 연결될 때 사용된다. 예를 들어, MOTHER(어머니) 범주를 생각해 보면, 전통 문화에서 주부인 어머니는 일하는 어머니보다 더 대표적인 어머니로 간주된다. 이러한 판단은 주부라는 하위 범주가 전체 범주 MOTHER(어머니)를 나타내는 환유 모형에 의해 원형 효과를 발생시킨다. Lakoff(1987: 84-85)는 환유 모형의 특성을 다음과 같이 정리한다.

(i) 목표 개념 A가 존재한다. (ii) A와 다른 개념 B를 모두 포함하는 개념 구조가 있다. (iii) B는 A의 일부이거나 A와 밀접한 관계를 갖고 있다. (iv) B가 더 이해하기 쉽고, 인식하기 쉬우며, 개념적으로 접근하기 쉽다. (v) 환유 모형은 A와 B가 어떻게 관련되어 있는지를 보여준다. B가 A를 나타내는 데 사용될 때, 환유 모형으로 원형 효과가 발생하게 된다.

원형 효과의 또 다른 중요한 원천은 방사망 범주이다. 범주는 여러 하위 범주와 함께 방사망 형태로 구조화된다. 여기에는 중심적 하위 범주와 그 확장으로 나타나는 비-중심적 하위 범주가 있으며, 중심적 하위 범주에 의해 결정되거나 동기를 부여받기도 한다. 방사망 구조는 원형 효과의 또 다른 원천이 된다. 예를 들어, MOTHER(어머니) 범주에서 계모와 양모는 그 자체로 이해되는 것이 아니라 MOTHER(어머니)라는 중심 모형과의 관계를 통해 이해된다.

2.4 관점 이론

Taylor(2003)에 따르면, 범주화를 통해 두 가지 주요 목표를 달성할 수 있다. (i) 인지 구조의 안

정성을 유지하고, (ii) 새로운 상황에 적응하는 것이다. 고전 이론은 필요충분조건으로 범주를 분류하여 첫 번째 목표를 달성하지만, 두 번째 목표에는 실패한다. 원형이론은 가장 대표적인 예인 원형을 통해 안정성을 이루는 반면, 주변 구성원들은 새로운 환경에 보다 잘 적응하는 경향을 보인다. 1980년대에 등장한 관점 이론(Vantage Theory, VT)은 이러한 기존 모형의 한계를 극복하고 원형 효과와 유사성 대 차이점을 모두 모형화할 수 있는 더 적합한 방법을 제공한다.

로버트 맥로리(Robert E. MacLaury)가 제안한 이 이론은 색채 영역에서 시작되었지만, 모든 범주화 과정을 설명하는 것을 목표로 한다. 범주에는 하나의 관점만이 포함될 수 있지만, 맥로리는 사람들이 차이점과 유사성에 대한 강조를 달리하여 다양한 관점을 구성할 수 있다는 사실을 발견했다. 어떤 사건은 인지자의 관점에 따라 범주에 속하게 되며, 관점 이론은 이러한 관점이 인간의 필요와 동기를 반영한다고 주장한다.

색채 조사에서 두 개의 용어가 중복되어 범주가 명명될 때, 고전 모형이나 원형 모형으로는 문제를 해결할 수 없는 상황이 발생한다. 관점 이론에 따르면, 초점이 바뀌면서 색채 범주가 나타난다. 초기 단계에서는 유사성을 기준으로 색채가 분류되며, 예를 들어, 많은 색채가 노란색을 기반으로 할 경우 연한 빨간색과 가까워 모두 빨간색으로 분류된다. 이후 노란색 범주는 빨간색과의 차별성을 가지며 점차 독립적인 범주로 발전한다.

관점 이론에서 인간의 인지적 범주화 과정은 시공간의 유추를 통해 완성된다. 시간과 공간에서 자신의 방향을 결정하는 것은 공간축을 기준으로 동작을 바탕으로 자신의 위치를 설정하는 것을 의미한다. 범주화 과정에서 상하, 좌우, 앞뒤의 공간축은 고정된 좌표인 반면, 시간은 유사성이나 차이점을 균형 있게 강조하는 이동 가능한 좌표로 작용한다. Głaz(2010)는 범주를 구성하는 것이 내재적으로 고정된 좌표를 선택하고, 좌푯값에 초점을 맞추며 다른 값을 유사하거나 다른 값으로 개념화하는 것이라고 설명한다. 다른 값이 초점과 유사한 것으로 간주되면, 범주 범위에 더 많은 값이 포함되고, 유사성에 대한 강조가 차이점에 대한 강조로 바뀌면 범주의 경계나 여백이 생긴다. 간단히 말해, 범주를 구성하는 것은 고정 좌표와 이동 좌표를 표시하는 것이다.

관점 이론은 원형 모형을 활용하되, 그 이상으로 나아간다. 이 이론은 세 가지 기본 원칙에 기반한다. 즉, (i) 시공간 유추 (ii) 관점의 집합체로서의 범주 개념, 그리고 (iii) 기본 인지 과정으로서 유사성(vs. 차이점)에 대한 주의 정도(Głaz 2013: 250)이다. 관점 모형에서는 "범주가 깊이 자리 잡은 무의식적이고 자동화된 시공간 좌표에 대한 유추로 구성되며, 사람은 고정된 지표와 그 사이의 움직임으로 정보를 처리한다"라고 주장한다(MacLaury 2013: 68). 관점 이론은 기존의 고전적 접근 방식이나 원형이론이 처리할 수 없는 동시 확장을 가능하게 하는 것으로 간주된다.

그 후, 관점 이론은 2002년 키이스 앨런(Keith Allan)에 의해 범주화 이론에서 개념화 이론으로 수정되어 VT2라는 이름으로 명명되었다. VT2의 장점은 합성적 관점과 분석적 관점으로 나뉘며, 전자는 유사성에 초점을 맞추고 후자는 차이점에 초점을 맞춘다. VT2에서는 분석적 우위가 관점 이론의 지배적 우위와 열성 우위의 동시성 대신 합성적 우위의 계승으로 나타난다. 영어의 수 및 수량화 문법은 다양한 개념화를 표현하는 데 활용된다.

관점 이론이 언어 데이터에 적용되기 위해, Głaz(2010)는 확장된 관점 이론(Extended Vantage Theory, EVT)으로 수정하였다. 관점 이론에서 관점은 좌표의 배열을 전경-배경으로 표현하는 반면, EVT에서는 개념화자의 입장, 원근화법, 개념화 모드라는 세 가지 매개변수의 협업을 포함한다. 개념화자의 입장은 개념화자가 개념화 행위를 수행하는 위치와 관련이 있으며, 원근화법은 개념화자가 어떤 관점으로 투영하는지를 의미하고, 개념화 모드는 객체를 개념화하는 방식을 나타낸다. EVT는 언어의 인지 기반적 설명 모형을 확립하며, 의미의 주관적 특성과 개념화자의 능동적인 역할을 강조하면서 언어, 인지, 시공간적 방향성 및 상대성 물리학의 특정 측면에서 언어 행위의 더 많은 측면으로 관점 이론을 확장한다.

3. 범주화 층위

대상은 다양한 층위의 일반성으로 분류할 수 있다. 일상생활에서 우리는 나무로 된 의자를 가구, 의자 또는 책상 의자 등 여러 가지 이름으로 부를 수 있다. 동물의 경우에도 개, 스패니얼, 코커스패니얼 등 다양한 이름으로 불릴 수 있다. 즉, 대상은 여러 인지 범주에 속할 수 있다.

(5) a. vehicle—bus—double-deck bus (차량-버스-더블데크 버스)
   b. furniture—bed—bunk bed (가구-침대-이층 침대)
   c. animal—dog—Chihuahua (동물-개-치와와)
   d. plant—flowering plant—daisy (식물-속씨식물-데이지)
   e. drink—juice—orange juice (음료수-주스-오렌지주스)

일부 범주 층위를 상위층위라고 하며, 이는 더 높은 층위 또는 보다 일반적인 범주를 의미한다. 위의 예에서 vehicle(차량), furniture(가구), animal(동물), plant(식물), drink(음료수)는 모두 상위층위 범주의 예이다. 기본층위 범주는 좀 더 구체적이지만 너무 세세하지는 않다. bus(버스), bed(침대), dog(개), flowering plant(속씨식물), juice(주스)는 모두 기본층위 범주에 해당한다. 마지막으로 하위층위는 더 낮은 층위 또는 더 구체적인 범주를 의미한다. 위의 예에서 Double-deck bus(더블데크 버스), bunk bed(이층침대), Chihuahua(치와와), daisy(데이지), orange juice(오렌지주스)는 하위층위에 해당한다.

모든 층위의 범주는 서로 관련된 계층관계를 형성한다. 예를 들어, 테리어는 상위의 동물을 '개'에 속하며, 테리어는 스카치테리어와 불테리어보다 상위의 '개'라는 범주에 포함된다. '개'는 포유류에 종속되고, 포유류는 다시 동물에 속한다. 서로 다른 층위의 범위에 같은 대상을 포함시키는 것은 인지적으로 구조화된 그물망을 통해 사물을 모형화하는 부류 포함이라는 원칙에 기반한다.

기본층위가 가장 중요한 이유는 다음과 같은 특성 때문이다.

(i) 기본층위 범주는 서로 가장 차별화되어 있으며, 우리가 가장 먼저 배우는 범주로 언어에서 가장 중요하다.

기본층위는 가장 큰 차별성을 가지며, 가장 많은 정보를 포함한다. 특별한 이유가 없는 한, 일반적으로 사물에 이름을 붙이는 수준이 이 기본층위이다.

(ii) 기본층위 범주의 구성원은 공통된 모양을 가지고 있다.

기본층위의 범주는 사람들이 가능한 한 빨리 그 특성을 인식할 수 있게 도와준다. 예를 들어, 사람들은 개와 고양이를 쉽게 식별할 수 있지만, 동물을 시각화할 수는 없다.

(iii) 기본층위 범주의 구성원은 공통적으로 유사한 행동 양식을 가지고 있다.

같은 범주에 속하는 구성원들은 비슷한 방식으로 행동할 수 있다. 예를 들어, 자동차와 관련된 행동 반응은 타고 달리는 것이고, 공과 관련된 행동 반응은 굴리는 것이다.

(iv) 기본층위 범주는 상태에서 우선순위를 갖는다.

기본층위는 범주화의 가장 중요한 기초이다. 다른 두 층위는 모두 기본층위를 기반으로 하여 형성된 기생적 범주이다.

(v) 기본층위와 원형 범주는 공생관계에 있다.

기본층위는 범주 구성원 간의 강한 가족유사성을 반영하며, 사람들이 개체의 세계를 이해하는 가장 직접적이고 기본적인 출발점이다. 이는 사람들이 객관적인 세계를 범주화하는 데 있어 가장 효과적인 도구이기도 하다. 기본층위는 사물에 대한 적절하고 소화 가능한 정보를 제공한다. 이러한 정보는 원형에서 가장 완전한 형태로 축적되며, 범주 이름으로 표상된다.

상위 범주는 기본층위 범주에 기반하거나 기생하므로 기생적 범주라고도 한다. 상위 범주는 경험의 게슈탈트가 없기 때문에 기본층위 범주에 비해 심리적으로 식별하기가 더 어렵다. Ungerer & Schmid(2006: 77)는 이렇게 언급했다.

> FRUIT(과일)을 설명하기 위해 오렌지, 바나나 등을 그리거나, FURNITURE(가구)의 경우 가구용 의자, 테이블, 침대, VEHICLE(탈것)에서는 자동차, 버스, 오토바이를 그릴 수 있다. 즉, 상위 범주의 게슈탈트 속성은 관련된 기본층위 범주에서 '차용'하는 것이다.

하위 범주 또한 기본층위 범주에 기생하지만, 기본층위 범주보다 더 구체적이고 특별한 속성을 가지고 있다. 이는 인지적 배경의 문화적 특성과 밀접하게 관련되어 있으며, 좋은 예와 나쁜 예가 존재한다. 일반적으로 이 층위의 개념은 더 많은 사회적, 문화적 특성을 지니며, 언어 간 비교에서 더 많은 차이점을 발견할 수 있다. 예를 들어, 다른 나라의 음식은 서로 크게 다를 수 있으므로 FOOD(음식)의 하위 범주도 다양하게 나뉘게 된다.

4. 탈범주화

탈범주화(Decategorization)는 1984년 폴 호퍼와 샌드라 톰슨(Paul J. Hopper & Sandra A.

Thompson)의 논문 『보편문법에서 어휘 범주의 담화적 기반The Discourse Basis for Lexical Categories in Universal Grammar』에서 처음 제시되었다. 이 논문은 범주성이 담화 기능에서 직접 파생될 수 있는 문법의 또 다른 근본 속성이라고 제안하며 결론을 내린다.

탈범주화는 특정 맥락에서 범주적 특징을 상실하는 과정을 의미하며, 이는 궁극적으로 범주 이동으로 이어진다. 명사의 탈범주화는 좋은 예가 된다. "담화 관점에서 볼 때, 명사는 참여자와 '배경 요소(props)'를 도입하고 이를 배치하는 기능을 한다"(Hopper & Thompson 1984: 710). 이 관점에 따르면, 명사의 탈범주화는 의미론적으로 비지시적(non-referential) 형태와 비조작적(non-manipulable) 형태라는 두 가지 양식을 포함하는 것으로 본다. 첫 번째 양식(비지시적 형태)은 폭넓은 형태적 범위를 가지며, 구체적인 실체(entity)를 지시하지 못하기 때문에 명사적 특성(nominal trapping)을 상실한다. 여기에 포함되는 예로는 목적어 융합과 부차어(부가어) 융합, 합성명사, 술어 명사, 부정의 범위 안에 놓인 명사 등이 있다. 두 번째 양식(비조작적 형태)의 경우, 실제 담화상의 실체를 지시하더라도(예: 대용어, 신체 부위 명칭), 그것이 이후 담화에서 중요한 역할을 하지 않기 때문에 범주적 지위(categorial status)가 낮게 나타난다. 즉, 대용어가 지시 기능을 수행하지 못하거나, 신체 부위 명사가 다른 언어적 형태에 융합될 때, 그 범주성(categoriality)은 감소한다. 예를 들어, (6a)와 (7a)의 fire(불)와 buffalo(버팔로)는 통사적 및 의미적으로 명사 부류의 원형 예로 기능하는 반면, (6b)와 (7b)는 명사의 부분적 탈범주화를 보여준다(Taylor 2003: 219).

(6) a. We made a big fire. (우리는 큰 불을 피웠다)
    b. We made (*big) fire.
(7) a. We ate the meat from a slaughtered buffalo. (우리는 도살된 버팔로의 고기를 먹었다)
    b. We ate (*slaughtered) buffalo meat.

탈범주화를 겪는 또 다른 중요한 문법 범주는 동사 부류이다. 동사 부류는 What happened?(무슨 일이야?)와 같은 질문에 대답하는 범주로 간주된다. 동사가 답을 제공하지 못하면 탈범주화가 일어나 원형 동사의 형태통사적 개입을 잃게 된다. Hopper & Thompson(1984)은 동사의 범주에 영향을 미치는 여섯 가지 측면을 정리했는데, 안정성, 비현실성, 부정절의 동사, 연속동사, 복합동사, 종속절이다. 동사가 부정사 또는 동명사로 사용될 수 있는 영어 종속절에서는 동사의 탈범주화가 매우 뚜렷하게 드러난다. 이러한 경우, 동사는 3인칭 단수 주어와의 일치, 보조사가 선행되는 기능 등 형태적 및 분포적 특성을 많이 상실한다. 일반적으로 통사적 환경과 서법은 동사의 탈범주화를 유발하는 두 가지 주요 요인으로 작용한다. 전자는 외적 탄도체 역할을 제공하고, 후자는 발화의 주관성을 높이며 서법을 변화시키는 내적 동기로 작용한다. 예를 들어,

(8) a. Nobody could persuade him to change his mind. (누구도 그의 마음을 바꾸도록 설득할 수 없었다)
b. Nobody enables him to change his mind. (누구도 그의 마음을 바꾸게 할 수 없었다)
c. Nobody insists on him changing his mind. (누구도 그가 마음을 바꾸라고 주장하지 않았다)

명사와 동사의 탈범주화는 지시적 의미 상실, 통사적 기능 수행 실패, 그리고 한 범주에서 다른 범주로 이동 등 몇 가지 공통점을 가지고 있다. 변화 자체를 제외하고는 변하지 않는 것은 없다. 범주화에서 탈범주화에 이르기까지 언어는 인지적 경제성와 인지적 다양성을 목표로 하는 역동적인 과정을 거치고 있다. 인간의 가장 기본적인 인지 기제인 은유와 환유는 범주화와 탈범주화의 과정에서도 중요한 역할을 한다.

탈범주화는 범주화에 대한 확장된 연구로, 새로운 유형의 범주화로 이어질 수 있다. 그러나 대부분의 연구가 여전히 내성적이기 때문에 이 분야에서 많은 성과가 있었지만, 탈범주화를 판단하는 기준은 여전히 불확실하거나 밝혀지지 않은 부분이 많다. 만약 범주가 어떤 단계를 거치고 있는지를 보여주는 실증적 증거가 있다면, 범주화와 탈범주화에 대한 연구는 더욱 신뢰할 수 있고 진단적일 수 있으며, 두 가지 극단적인 단계 사이에서 중간 단계를 찾을 수 있을 것이다.

5. 범주의 중국어 보기

위의 네 가지 범주화 이론은 모두 서양 문화에서 유래한 것이다. 이 이론들은 두 범주의 분리와 차별화를 강조하며, 서로 다른 범주를 더욱 합리적이고 경제적으로 나누어 사물 간의 차이점을 찾아내고 지식 체계를 구축하는 방법에 대해 고민한다. 즉, 서구적 범주화는 배타적이며, 한 사물은 범주의 구성원이거나 비-구성원일 수 있지만 두 가지 모두일 수는 없다. 반면, 중국어는 중국의 전통 철학의 영향을 받아 범주화에 대한 다른 관점을 가지고 있다.

5.1 포함성

중국 철학의 변증법적 사고는 대립의 통일성에 더 많은 관심을 기울이며, 대립의 융합이 가장 중요하다. 두 극단은 서로를 보완하고 반대를 형성한다. 범주의 포함성(Inclusiveness)은 중국어의 특징으로, 이는 중국인의 사고와 중국어에 영향을 미치는 고대 중국 철학의 훌륭한 유산이다. 문법 범주와 화용 범주는 형태가 동일할 수 있다(Shen 2017). 예를 들어, laohu(호랑이)와 ji(닭)는 명사이자 중국어에서 지시적 표현으로 쓰일 수 있다.

(9) a. laohu shi buru dongwu. (호랑이는 포유류이다)
 b. laohu zai longzi li. (호랑이는 우리 안에 있다)
(10) a. ji xiadan. (닭이 알을 낳는다)
 b. ji pao le. (닭이 도망갔다)

(9a)는 laohu(호랑이)가 전체 TIGER(호랑이) 범주를 지칭하는 총칭적 문장이다. (9b)는 특정 개별 호랑이나 문맥에서 언급되는 일부 호랑이에 대해 이야기한다. (10a)는 ji(닭)는 전체 범주를 나타내는 총칭적 문장인 반면, (10b)에서는 특정 개인이나 닭의 그룹을 나타낸다.

명사와 동사는 서구 언어 체계에서 배타적으로 대립하는 가장 기본적이고 중요한 문법 범주이다. 동사를 명사로 사용하려면 명사화 과정을 거쳐야 하지만, 중국어에서는 동사가 명사와 형태가 같아 포괄적으로 대립한다. 즉, 명사는 동사를 하위 범주로 하는 '상위 명사 범주'를 구성한다. 중국어의 모든 동사는 사실 동사적 명사이다. 예를 들어, si는 to die(죽다)와 death(죽음)에 해당하고, zha는 to explode(폭발하다)와 explosion(폭발), chenggong은 to succeed(성공하다)와 success(성공), shengchan은 to produce(생산하다)와 production(생산), shibai는 to fail(실패하다)과 failure(실패)에 해당한다(Shen 2018).

(11) a. chenggong shi xuyao fuchu nuli de. (성공에는 노력이 필요하다)
 b. ta zhongyu chenggong le. (그는 마침내 성공했다)
(12) a. zheben shu de chuban shi youyiyi de. (이 책의 출판은 의미 있다)
 b. zhebenshu chuban le. (이 책이 출판되었다)

위 문장에서 (11a)와 (12a)의 chenggong(성공)과 chuban(출판)은 명사지만, (11b)와 (12b)에서는 형태적 변화 없이 같은 단어가 동사로 사용된다. 이 현상은 중국어의 특징으로, 중국어는 범주적 포함성을 수용하여 A에 B가 포함될 때 두 가지 범주가 존재할 수 있다고 본다.

중국어 형용사인 zhege zhongyao(이것은 중요하다)와 ta congming(그녀는 똑똑하다)과 같이 동사처럼 서술어로 사용할 수 있기 때문에, 중국의 언어학자들은 형용사를 동사의 하위 범주이자 자동사로 간주하는 경향이 있다. 예를 들어, leng은 cold(차갑다)와 coldness(차가움), e는 hungry(배고프다)와 hunger(배고픔), kunnan은 difficult(어렵다)와 difficulty(어려움), zhongyao는 important(중요하다)와 importance(중요성), congming은 clever(똑똑하다)와 cleverness(똑똑함)를 나타낸다(Shen 2018).

5.2 역동성

중국 철학에서 역동성(dynamics)은 모든 것의 본질로 간주되며, 언어도 마찬가지이다. 중국인은 역동적으로 언어를 습득하는 반면, 서양인은 정적인 언어를 분석한다. 중국어는 포괄적이고 역동적이기 때문에 명사를 동사로, 동사를 명사로 사용할 수 있다. 중국어는 문법과 용법, 명사와 동사의 차이를 거의 강조하지 않으며, 형태적 변화가 없다. 따라서 중국어의 범주화는 역동적으로 간주된다. Zhu(1985: 4-5)는 중국어가 인도유럽어와 다른 점은 명확한 의무가 없고 다양한 단어 부류의 다중적 기능이라고 주장했다.

중국어의 역동적 자질은 언어의 역동적 사용에 있다. 중국어 문장에는 여러 통사적 조합이 존재한다. 다음 예를 고려해 보자(Shen 2016).

S=NP+VP wo bu qu. (I'm not going(나는 안 갈 거야))
maicaide laile. (The one who sells vegetables is coming(야채를 파는 사람이 오고 있다))
S=NP+NP xiaowang shanghairen. (Xiao Wang is from Shanghai(씨아오 왕은 상하이 출신이다))
jintian zhongqiujie. (Today is Mid-Autumn Day(오늘은 중추절이다.)
S=VP+VP guang ku meiyong. (It is no use crying(울어도 소용없다))
tanbai caiyou chulu. (Confession is the way out(고백이 탈출구이다))

S=VP+NP kanshangqu yige yang. (They look the same(그들은 똑같이 생겼다))

Busi (jinnian) zheng yibai sui. (He was 100 years old if he was still alive(그가 아직 살아 있다면 100살이었을 것이다))

중국어의 역동적 문장 구조를 보는 방법에는 두 가지가 있다. 첫 번째는 특정 단어 부류가 다중적 기능을 가지므로, 특정 단어 부류가 다른 통사적 위치에서 역할을 수행할 수 있다는 것이고, 두 번째는 동사가 주어로 사용될 때 동사가 은밀하게 형태적 변화를 통해 실제로 명사화된다는 것이다. 중국어에는 다양한 단어 부류가 있지만, 동사가 주어로 사용될 수 있고 명사가 서술어로 사용될 수 있는 등 그 용법은 역동적이다. 중국어에서 언어는 문법이기도 하다. 서양의 언어 이론은 중국어 연구에 큰 영향을 미쳤다. 중국의 언어학자들은 서양의 이론을 차용하여 중국어를 분석했지만, 지구상의 사람들은 하나 이상의 언어를 사용한다는 사실을 발견했다. 우리가 해야 할 일은 영어의 틀 안에서 중국어를 분석하는 것이 아니라 중국어를 있는 그대로 분석하는 것이다. 우리가 보는 것이 우리가 얻는 것이다.

6. 현재 기여 및 연구

범주화는 뇌가 사물, 실체, 사건을 분류하는 정신적 작용이다. 이는 인간 정신의 기본 능력일 뿐만 아니라 인간 존재의 모든 측면에서 매우 중요한 과정이다. 범주화는 설명적, 이론적, 인지적 언어 연구의 거의 모든 접근 방식의 핵심이기도 하다. 따라서 이 절에서는 퍼지 언어학, 번역 연구, 언어 학습 및 교육에서 범주화가 어떻게 적용되는지를 간략하게 설명할 것이다.

6.1 범주화와 퍼지 언어학

사람들이 "이게 뭐야?"라고 물을 때, 이는 사실 범주화 즉, 어떤 사물을 특정 범주에 넣는 문제이다. 우리는 사물의 유사성을 기준으로 분류하지만, 때로는 사물이 다차원적인 특징을 가지고 있어 범주화에 어려움을 겪기도 한다. 이 경우 퍼지성이 등장할 수 있다. 퍼지 언어학(Fuzzy Linguistics) 또는 문법은 이러한 퍼지적 언어 현상을 연구한다. 퍼지성은 단어와 그 단어가 지칭하는 대상 간의 관계가 모호할 때 나타난다. 예를 들어, long-short(길다-짧다), big-small(크다-작다), new-old(새롭다-낡다), tall-short(크다-작다) 등은 정확한 척도가 없기 때문에 퍼지 단어의 그룹에 속한다. 봄, 여름, 가을, 겨울이라는 계절 용어도 계절 사이에 명확한 구분이 없어 모호하다. 채소와 과일의 경계 또한 문화권에 따라 다르게 나타난다. 예를 들어, 감자는 중국과 일부 다른 국가에서는 채소 범주에 속하지만, 독일에서는 그렇지 않다(Wu 1999). 다른 문화권의 호칭도 퍼지성을 유발할 수 있다. 예를 들어, 영어의 uncle(삼촌)이라는 단어는 중국어의 jiujiu(외삼촌), shushu(삼촌), dabo(큰아버지), gufu(고모부), yifu(양아버지)와 같은 다양한 호칭을 지칭할 수 있다.

문법 구조에서도 어느 정도의 모호성이 존재한다. "문법은 어느 정도 불확정적인 체계이다. 예를 들어, 범주와 구조에는 종종 명확한 경계가 없다"는 말처럼(Quirk *et al.* 1985: 90) 문법 구조의 퍼지성은 한 구조와 다른 구조 사이의 경계가 모호하다는 것을 의미한다.

사물의 연속성은 퍼지성의 가장 중요한 원천이다. 사람들은 사물을 여러 범주로 나누지만, 그 구분은 주관적이고 인위적이다. 실제로 사물을 나눌 수는 있지만 연속성이 존재하기 때문에 퍼지성이 발생하는 것이다. 세상의 다양성과 가변성은 또한 문법적 범주의 퍼지성을 초래한다. 세상은 변화하고 있지만 언어는 상대적으로 정적이어서 인위적인 구분이나 범주화는 항상 깔끔하고 명확하지 않다. 범주화는 세계에 대한 이해를 반영하며, 세상의 변화에 따라 재범주화될 수 있다.

그렇다면 언어의 퍼지성은 어떻게 생겨나는가? 이 질문에 대해 다양한 견해가 존재한다. 현재 대부분의 언어학자들이 공통적으로 공유하는 견해는 다음과 같다.

(i) 언어의 퍼지성은 개체의 경계가 모호한 데서 비롯된다.
(ii) 인간 언어에는 보편성의 특징이 있다.
(iii) 사람들은 일관되지 않고 느슨하게 언어를 사용한다.
(iv) 사람들은 개체에 대한 명확한 이해가 부족하다.

퍼지성은 범주화의 결과이며, 개체 자체에 대한 퍼지성이 없다. 퍼지성은 언어의 결점이 아니라 몇 가지 장점을 지니고 있다.

(i) 언어 표현의 효율성을 높인다.

퍼지적 언어는 개요와 초록처럼 더 적은 표현으로 충분한 정보를 전달할 수 있다. 여기서 표현의 효율성은 로쉬가 '인지적 경제성'이라고 부른 것과 유사하다. "유기체로서 자신이 속한 범주에서 얻고자 하는 것은 유한한 자원을 최대한 보존하면서 환경에 대한 많은 정보를 얻는 것이다"(Rosch 1978: 28).

(ii) 언어 표현의 정확성을 향상시킨다.

이는 퍼지의 특성과 모순될 수 있지만, 사물 자체의 불확실성 때문에 퍼지 언어로 표현하는 것이 종종 더 정확할 수 있다. 이는 퍼지성과 정확성의 변증법적 통일성을 나타낸다.

(iii) 언어 표현의 유연성을 높인다.

구어 의사소통에서 주제나 언어 환경 등과 같은 주관적, 객관적 요인 때문에 화자는 절대적으로 말하기보다는 의사소통 목적을 달성하기 위해 퍼지적 언어를 자주 사용한다.

(iv) 말을 더 완곡하고 암시적이며 공손하게 만든다.

정치와 외교 활동에는 모호한 표현이 많이 사용되며, 이는 단어를 더 완곡하고 암시적으로 만들기 위한 목적이 있다. 특히 민감한 주제에 대해 퍼지 표현을 사용하는 것은 종종 은폐 또는 회피의 역할을 할 수 있다. 때로는 공손성을 전혀 고려하지 않고 퍼지적 언어를 사용하는 경우도 있는데, 이는 양측 모두에게 유익할 수 있다.

(v) 말을 더 생생하게 만든다.

정확함은 결코 생생하다는 것을 의미하지 않는다. 문학 작품에서는 퍼지적 언어가 필요하며, 그렇지 않으면 문학의 아름다움이 사라질 수 있다.

범주화는 언어에서 가장 중요하고 기본적인 주제 중 하나이며, 퍼지성도 마찬가지이다. 퍼지성을 명확히 하는 것은 범주화에 대해 더 깊이 이해할 수 있는 방법이다.

6.2 범주화와 번역 연구

각 언어에는 문화적으로 중요한 개념 범주의 체계가 부호화되어 있다. 이러한 개념적 범주는 기능적 및 적응적 상호작용에 필요한 자연 및 사회문화적 환경에 대한 공동체의 공유 지식을 나타낸다. 개념적 범주는 문화적으로 표시되기 때문에, 교차 문화적 번역에서는 범주 전환에 많은 노력이 필요하다. 범주 간의 문화적 차이는 비동등성, 내부 구조적 차이, 계층적 차이, 원형적 차이 등을 포함한다. 예를 들어, 중국어에서는 영어 airing cupboard(건조용 선반)에 해당하는 단어가 없고, 영어의 uncle(삼촌)은 중국어의 가족 범주인 jiujiu(외삼촌)나 yima(이모)와 거의 동등하지 않다. 또한, FESTIVAL(축제) 범주는 중국어와 영어의 내부 구조가 완전히 다르다. 중국어에서 FESTIVAL(축제)은 춘절, 묘소, 중추절, 국경절 등을 의미하는 반면, 영어에서 FESTIVAL(축제)은 크리스마스, 추수감사절 또는 부활절을 가리킨다. 이러한 문화적 차이로 인해 범주적 차이를 처리하기 위해 범주 대체, 범주 구성원 대체, 원형 구성원 대체, 범주 계층구조 대체와 같은 방법이 채택된다(Wen & Xiao 2019).

범주 대체란 특정 범주를 다른 범주로 대체하는 것을 말한다. 문자적 번역에서는 직접적인 범주 대응이 포함되며, 자유 번역에서는 범주 전환이 이루어진다. 다음 예를 고려해 보자(ST = 원본 텍스트, TT = 목표 텍스트).

(13) ST: I know criminals. *Chicken livered*, most of them. (나는 범죄자들을 안다. 대부분 닭의 기질을 가졌다)
TT: Wo liaojie zuifan. Tamen daduoshu dou danxiaorushu.

여기에서 Chicken livered(닭의 기질을 가진)는 danxiaorushu로 번역되며, 여기서 CHICKEN(닭) 범주는 중국어에서 겁쟁이를 의미하는 다른 동물 범주인 MOUSE(쥐)로 대체된다.

범주 구성원 A가 대상 텍스트의 범주 구성원 B로 대체되는 경우, 실제로 범주 구성원의 대체가 이루어진다. 범주 구성원이 언어와 문화에 따라 다르며, 동일한 구성원이 다른 연상을 불러일으킬 수 있어 COLOR(색) 범주가 전형적인 문제이다. 다음 예를 고려해 보자.

(14) ST: He beat her black and blue. (그는 그녀를 까맣고 파랗게 되도록 때렸다)
TT: ta ba ta dade qing yi kuai, zi yi kuai.

특정 범주는 문화권마다 다른 원형을 가질 수 있다. 예를 들어, MOUTH(쥐) 범주의 SPEAKING(말하기) 모형은 중국어에서는 teeth(치아)가 원형이고, 영어에서는 tongue(혀)가 원형이다. 예를 들어,

(15) ST: That little girl has a ready *tongue*. (저 작은 여자아이는 준비된 혀를 가지고 있다)
TT: nage xiaoguniang zhenshi lingyalichi.

범주는 상위층위, 기본층위, 하위층위의 세 가지 층위로 나눌 수 있다. 상위층위는 문화적 차이가 가장 적게 공유되고, 기본층위는 약간의 문화적 차이가 있으며, 하위층위는 문화적 차이가 가장 크다. 번역에서 하위층위 용어는 가장 큰 차이를 보일 수 있으며, 반대의 경우도 마찬가지이다. 따라서 '하위층위-기본층위-상위층위'의 대체가 가장 일반적으로 사용되지만, 문화권에 따라 범주의 연관 의미가 다른 경우에는 예외가 있다.

(16) ST: The dinner cost us five dollars *a head*. (그 저녁식사는 머리 하나당 5달러가 들었다)
TT: zhe dun fan huaqu women meiren wu kuai qian.
(17) ST : The moment he rushed in, the hens *chucked* and the dogs *barked*. (그가 돌진해 들어온 바로 그 순간, 암탉들이 움츠렸고 개들이 짖었다)
TT: ta yi jinmen, ji ye jiao, gou ye jiao.

(16)에서, head(머리)는 상위층위 범주인 '사람'으로 대체된다. (17)에서 chuck(움츠리다)와 bark(짖다)는 중국어에서 기본층위 범주인 jiao로 번역된다.

6.3 범주화와 언어 학습 및 교육

언어학은 두 가지 층위에서 범주화와 밀접한 관련이 있다(Wen 2014). 첫째, 언어학자들은 연구 대상을 설명하기 위해 범주를 사용한다. 예를 들어, 인간이 내는 소리는 언어적 소리와 비언어적 소리로 나뉘며, 음성 단위는 모음 또는 자음, 구두 화음 또는 비음, 파열음 또는 마찰음으로 분류된다. 단어는 문법적으로 명사, 동사, 형용사로 나눌 수 있고, 문장은 문법적 문장과 비문법적 문장으로 구분된다. 둘째, 음소, 형태소, 단어, 구, 문장, 담화와 같은 언어 연구의 대상은 그 자체로

범주를 형성하고 범주를 나타내기도 한다. 예를 들어, 전치사 in은 개체 간의 in-out 관계를 나타내고, on은 개체 간의 접촉을 나타낸다.

언어학에서 범주화는 중대한 의의를 갖는다. 인지언어학의 가장 중요한 이론적 기반 중 하나는 범주화에 대한 재고이며, 이는 인지언어학의 탄생에 크게 기여했다. 언어 사용은 범주화를 기반으로 하기 때문에, 범주와 범주화는 인지언어학의 주요 연구 대상이다.

Taylor(2003)는 사람들이 언어를 사용하여 물리적 세계를 분류하는 동시에, 언어를 이해하기 위해 원형이론을 사용할 수 있다고 설명한다.

> 그러나 다의성은 단어의 속성이 아니다. 언어 구조의 다른 범주인 형태론적 수와 격의 범주, 시제와 서법의 형태통사적 범주, 문장 유형의 통사적 범주 심지어 … 억양 윤곽과 같은 운율 범주까지도 관련 의미의 다발을 나타낼 수 있으므로 다의성의 실례로 간주해야 한다.
>
> Taylor 2003: 170

단어의 사용과 언어 사용은 범주화를 기반으로 한다. 범주화는 어휘 교육, 특히 다의어 교육에서 중요한 역할을 한다. 다의어의 의의는 범주화 관계로 연결된 네트워크를 구성한다. 원형이론에 따르면 다의어의 모든 의미 중에는 전형적인 의미가 있으며, 다른 의미는 다의어의 은유, 환유, 연상 등의 인지적 수단을 통해 전형적인 의미에서 파생되어 다의어의 방사 범주를 형성할 수 있다. 따라서 다의어 교육에서는 서로 다른 의미를 개별적으로 소개하기보다는 서로 다른 의미들 간의 관계에 주의를 기울이는 것이 교육의 초점이 된다. 범주화의 다른 층위는 어휘 교육에도 큰 도움이 된다. 기본층위 범주의 어휘는 대부분 형태소가 하나이며, 더 이상 나눌 수 없는 단어이다. 이러한 단어는 사용 빈도가 높고 단어 형성 능력이 강한 특징이 있다. 언어 교육에서는 이러한 기본층위 범주 어휘의 특성을 최대한 활용하여 단어 형성, 연상 및 연어 구성 방법을 사용해 학습자가 어휘의 의미망을 구축할 수 있도록 도와야 한다. 그러나 Rosch(1978)는 글쓰기에서 기본층위의 범주 단어를 하위층위의 단어로 대체하는 것이 흥미로운 효과를 낼 수 있다고 생각한다.

7. 결론

이 장에서는 범주화와 관련된 다양한 이론, 가설, 장점 및 한계를 간략하게 설명하여 범주화에 대한 개요를 제공했다. 범주화의 층위는 범주의 내부 구조를 반영하며, 서로 다른 층위 간의 상호작용은 범주화의 역동적 특성을 설명하는 데 중요한 역할을 한다. 이러한 역동적 특성은 범주 자체에 내재되어 있으며, 범주의 발전이 다중적 기능성을 정교화하는 데 효과적인 탈범주화로 이어질 수 있음을 시사한다. 범주화는 인간 정신의 한 가지 능력으로서 은유, 번역, 언어 학습 및 교육 등 다양한 언어 연구의 분야에 적용될 수 있다.

더 읽을거리

Taylor, J. (2003). *Linguistic categorization: Prototypes in linguistic theory* (3rd ed.). Oxford: Oxford University Press.

Labov, W. (1973). The boundaries of words and their meanings. In C.-J. Bailey & R. W. Shuy (Eds.), *New ways of analyzing variations in English* (pp. 340-373). Washington, DC: Georetown University Press.

Lakoff, G. (1987). *Women, fire and dangerous things: What categories reveal about the mind*. Chicago: University of Chicago Press.

제11장
표준 및 확장된 개념적 은유 이론

1. 개념적 은유 이론의 간략한 역사

개념적 은유 이론(conceptual metaphor theory, CMT)의 발전 과정은 여러 단계로 나눌 수 있다. Lakoff & Johnson(1980, Lakoff 1993)은 이 이론이 이전의 은유 연구를 바탕으로 발전했음을 인정하며, 특히 Michael Reddy(1979)의 연구가 가장 직접적인 영향을 미쳤다고 말한다. 그들의 저서인 『삶으로서의 은유Metaphors We Live By』는 전 세계 여러 분야의 연구자들에게 큰 영감을 주었고, 이 책의 핵심 아이디어는 은유가 단순한 언어 장식이 아니라, 우리의 사고를 형성하고 실제적인 경험을 정의하는 중요한 도구라는 것이다. 예를 들어, 인생을 여행으로 비유할 경우, 우리는 대안적 경로, 장애물, 목표, 동반자와 같은 다양한 요소들을 고려하게 된다. 레이코프와 존슨은 개념 체계가 은유적 성격을 지니며, 이는 우리의 기본적인 신체적 경험에 기반하고 있다고 강조했다(Lakoff & Johnson 1980, Johnson 1987, Lakoff 1987). 그들은 개념적 은유를 "경험의 한 영역(일반적으로 추상적)을 다른 영역(일반적으로 구체적)의 관점에서 이해하는 것"으로 정의했다.

감정 언어와 감정 개념에 대한 연구는 이러한 아이디어를 뒷받침하고 더욱 발전시킬 수 있는 토대를 제공했다(Kövecses 1986, Lakoff & Kövecses 1987, Kövecses 1988, 1990, 2000a). 또한, 인지심리학자들과 심리언어학자들은 인지언어학자들이 제안한 가설을 실험적으로 검증하기 시작했다(설문조사에 대한 내용은 Gibbs 1994 참조). 레이몬드 깁스(Raymond W. Gibbs Jr.)는 개념적 은유의 심리적 실체에 대한 최초의 증거를 제공했다. 이와 동시에, 개념적 은유에 대한 연구는 문학(Lakoff & Turner 1989, Turner 1991, 1996)과 어휘의 역사적 연구(Sweetser 1990)로도 확장되었다.

Lakoff(1993)는 개념적 은유 이론에 대한 주요 논문인 "은유의 현대 이론The Contemporary Theory of Metaphor"을 A. Ortony(1993)가 편집한 『은유와 사고Metaphor and Thought』에 발표했다. 이 논문에서 레이코프는 『삶으로서의 은유Metaphors We Live By』의 주요 연구 결과를 요약하고, 다른 은유 이론들과 개념적 은유 이론을 비교하며 그 우수성을 강조했다.

개념적 은유 이론의 다음 주요 발전은 레이코프와 존슨의 저서 『몸의 철학Philosophy in the Flesh』(1999)의 출간과 함께 이루어졌다. 이 책에서는 세 가지 새로운 주장을 제기했다. 첫째, 철학의 많은 부분이 은유적 사고에 기반하고 있다는 점이다. 둘째, '일차적 은유'라는 개념을 중심으로 개념적 은유 이론을 발전시켰다. 셋째, 일차적 은유의 신체화된 특성을 고려하여 은유에 기반한 경험주의 철학을 제안했다.

한편, 여러 연구자들은 은유의 문화적 차원을 고려하지 않고서는 개념적 은유에 대한 어떤 이론도 적절하지 않다고 주장했다. 1990년대와 2000년대 초에 이루어진 다양한 언어 간 연구(Kövecses 1995, Geeraerts & Grondelaers 1995, Yu 1998, 2002)를 바탕으로, 학자들은 은유의 신체화된 본질과 문화적 신체성을 모두 강조하는 개념적 은유 이론을 제안하기 시작했다(Gibbs 1994, 1999, 2006, Maalej & Yu 2011, Kövecses 2000a, 2005). 졸탄 쾨벡세스(Zoltán Kövecses)는 개념적 은유가 문화 간뿐만 아니라 문화 내에서도 상당한 변이를 보인다고 주장했다(Kövecses 2005, 2010). 레이코프는 1990년대 중반부터 개념적 은유가 사회 내에서 사회 정치적 분열을 일으킬 수 있다고 제안했다(Lakoff 1996). Lakoff & Núñez(2002) 또한 은유가 사회문화적 문제와 수학의 기초를 형성한다는 것을 보여주었다.

최근 레이코프와 그의 동료들(Gallese & Lakoff, 2005, Lakoff 2008, Feldman 2006)은 은유에 대한 신경과학적 접근을 주장하며, 은유의 신체화된 특성이 개념화 과정에서 뇌의 기능에 특정 패턴을 유도한다고 제안했다. 대부분의 주장은 뇌의 계산 모형을 기반으로 하지만, 은유적 과정에서 뇌에서 어떤 일이 발생하는지를 확인하려는 신경과학적 연구도 진행되고 있다(Coulson, 2008 참조).

21세기의 첫 10년 동안 방법론적 문제는 은유 연구의 중심에 놓였다. 특히 두 가지 질문이 주목받고 있는데, (1) 언어 사용에서 은유를 어떻게 식별할 수 있는가?(Steen 2007) (2) 대규모 말뭉치와 은유 사용의 실제 사례를 가지고 작업할 경우, 개념적 은유의 사용에 대한 우리의 지식은 어떻게 변화하는가?(Cameron 2003, Musolff 2004, 2006, Deignan 2005, Semino 2008) 이러한 논문과 다른 중요한 출판물에서 여러 은유 학자들은 대안적이거나 보완적 방법론을 제시했다.

최근 몇몇 연구자들은 은유적 개념화에서 맥락의 역할에 주목하고 있으며, 이는 은유에 대한 우리의 이해, 특히 의사소통 환경과의 상호작용 방식에 대한 새로운 통찰력을 제공한다(Gibbs & Cameron 2008 참조). 이러한 연구는 다양한 의사소통 맥락에서 새로운 은유가 어떻게 나타나는지를 탐구하고 있다(Kövecses 2015 참조).

이로써 개념적 은유 이론의 간략한 역사에 대한 조사를 마친다. 이제 몇 가지 중요한 제안을 살펴볼 수 있다.

2. 개념적 은유의 '표준' 이론

개념적 은유 이론에서 은유적 언어 표현은 개념적 은유의 실현으로 간주된다. 이제 Lakoff & Johnson(1980: 46)이 이론을 설명하기 위해 사용하는 언어적 은유가 어떻게 개념적 은유를 구축하는지 고려해 보자.

THEORIES(and ARGUMENTS) ARE BUILDINGS (이론(그리고 논증)은 건물이다)

Is that the *foundation* for your theory? (저것이 네 이론의 토대인가?)
The theory needs more *support*. (이 이론은 더 많은 근거가 필요하다)
The argument is *shaky*. (이 주장은 불안정하다)
We need some more facts or the argument will *fall apart*. (우리는 더 많은 사실이 필요한데, 그렇지 않으면 그 주장은 산산이 무너질 것이다)
We need to *construct* a *strong* argument for that. (이를 위해 강력한 논거를 만들어야 한다)
I haven't figured out yet what the *form* of the argument will be. (나는 아직 그 논거의 형태가 어떻게 될지 파악하지 못했다)
Here are some more facts to *shore up* the theory. (다음은 이 이론을 뒷받침할 몇 가지 사실이다)
We need to *buttress* the theory with *solid* arguments. (탄탄한 논거로 이론을 뒷받침해야 한다)
The theory will *stand or fall* on the *strength* of that argument. (이 이론은 그 주장의 힘에 따라 서거나 무너질 것이다)
The argument *collapsed*. (이 주장은 무너졌다)
They *exploded* his latest theory. (그들은 그의 최신 이론을 논파했다)

We will show the theory to be *without foundation*. (우리는 그 이론이 근거가 없음을 보여줄 것이다)

So far we have *put together only the framework* of the theory. (지금까지 우리는 이 이론의 틀만 조합해 놓았을 뿐이다)

Deignan(1995)의 『콜린스 코빌드 영어 가이드Collins Cobuild English Guides』에서 제시된 THEORIES ARE BUILDINGS(이론은 건물이다)에 대한 언어적 은유의 예시는 다음과 같다(Kövecses 2002/2010에서 발췌).

THEORIES ARE BUILDINGS (이론은 건물이다)

Increasingly, scientific knowledge *is constructed* by small numbers of specialized workers. (과학 지식은 점점 더 소수의 전문화된 인력에 의해 구성되고 있다)

McCarthy *demolishes* the romantic myth of the Wild West. (메카시는 서부의 낭만적 신화를 무너뜨린다)

She lay back for a few moments contemplating the *ruins* of her idealism and her innocence. (그녀는 자신의 이상주의와 순수함의 폐허를 생각하며 잠시 누워 있다)

Don't be tempted to skip the first sections of your programme, because they are the *foundations on which* the second half *will be built*. (프로그램의 첫 번째 부분을 건너뛰고 싶은 유혹을 받지 마라. 왜냐하면 그것들은 후반부가 구축될 토대이기 때문이다)

… the advance that *laid the foundations* for modern science. (현대 과학의 토대를 마련한 진보)

Our view, he said, is that these claims are entirely *without foundation*. (그는 이러한 주장이 전적으로 근거가 없다는 것이 우리의 견해라고 말했다)

My faith was *rocked to its foundations*. (내 믿음은 그 기초가 흔들렸다)

The second half of the chapter *builds on* previous discussion of change and differentiation in home ownership. (이 장의 후반부는 주택 소유의 변화와 차별화에 대한 이전 논의를 기반으로 한다)

여기서 개념적 은유는 '근원영역'(BUILDINGS)와 '목표영역'(THEORIES)의 두 가지 영역으로 구성된다. 개념적 은유는 THEORIES ARE BUILDINGS(이론은 건물이다)라는 형태로 표현되며, 이는 위에서 나열한 은유적 표현의 기반이 된다. 개념적 은유는 '근원영역'(BUILDINGS)을 통해 '목표영역'(THEORIES)을 이해하기 위한 두 가지 경험 영역 간의 '사상' 집합으로 구성된다. 이 사상은 근원영역과 목표영역 간의 체계적인 개념적 대응을 나타낸다. 따라서 위의 은유 예시는 아래의 사상 집합을 기반으로 한다.

근원영역		**목표영역**
건축가	→	(이론의) 제작자
건축/건물	→	창조
건물의 기초	→	이론의 논리적 기초
뼈대	→	구조/개요
지지	→	증거
힘	→	그럴듯함
건물 붕괴	→	타당성 상실

건물의 구조는 이론의 생성과 관련이 있다. 예를 들어, scientific knowledge is constructed(과학적 지식이 구축되다)라는 표현은 이론의 구성을 의미하며, show the theory to be without foundation(이 이론이 근거가 없음을 보여주다)이라는 표현은 이론의 논리적 기초에 대한 이유이다. 또한 facts to shore up the theory(이론을 뒷받침하는 사실)라는 표현은 이론의 증거를 지지하는 역할을 한다.

Grady(1997a, 1997b)는 THEORIES ARE BUILDINGS(이론은 건물이다)라는 개념적 은유가 '일차적 은유'로 구성된다는 점을 보여주었다. 일차적 은유는 '복합 은유'를 형성하며, THEORIES ARE BUILDINGS(이론은 건물이다)를 구성하는 일차적 은유에는 LOGICAL ORGANIZATION IS PHYSICAL STRUCTURE(논리적 조직은 물리적 구조이다)와 PERSISTENCE IS REMAINING ERECT(지속성은 직립 상태를 유지하는 것이다)가 포함된다. 보다 일반적으로, 논리적 조직을 물리적 구조, 지속성을 직립 상태, 목적지를 목표, 애정을 따뜻함으로 개념화하는 것과 같은 일차적 은유는 추상적 개념(목적)과 감각운동 개념(목적지) 사이의 경험적 상관관계에 기초한다.

예를 들어, 쾨벡세스는 THEORIES ARE BUILDINGS(이론은 건물이다)의 THEORY(이론) 개념이 세 가지 측면에 초점을 맞춘다고 제안했다(Kövecses 2002/2010). (1) 이론의 구성적 측면

(build, construct, put together), (2) 추상적 구조((without) foundation, groundwork, framework, build on, lay the foundations, collapse, demolish, shore up, buttress로 예시됨), 그리고 (3) 추상적 안정성 또는 지속성(strong, solid, shaky, shore up, buttress, fall apart, in ruins, rock to its foundations, stand or fall로 예시됨). 저자는 창조성, 추상적 구조, 지속성과 같은 BUILDING(건물)의 '의미 초점(meaning foci)'을 통해 사상을 포착할 수 있다고 제안했다.

건물 → 복잡한 추상적 체계의 생성 또는 구조
건물의 물리적 구조 → 복잡한 추상적 체계의 추상적 구조
(서 있는 구조의) 물리적 힘 → (복잡한 추상적 체계의) 추상적 안정성/지속성

본질적으로 Grady(1997a, 1997b)의 일차적 은유는 첫 번째를 제외한 의미 초점을 포착한다. 즉, LOGICAL ORGANIZATION IS PHYSICAL STRUCTURE(논리적 조직은 물리적 구조이다)와 PERSISTENCE IS REMAINING ERECT(지속성은 직립 상태를 유지하는 것이다)이다.

일차적 은유의 개념은 많은 개념적 은유를 실험적으로 테스트할 수 있는 새로운 기반을 제공한다. 이러한 관점은 은유를 신체적 (그리고 잠재적으로 신경적) 경험과 더욱 밀접하게 연결하고, 은유가 신체화에서 발생한다는 시각을 열어준다. 따라서 여러 실험 연구(Gibbs 2006, Boroditsky 2001, Boroditsky & Ramscar 2002, Casasanto 2009)에서 신체화가 은유의 근거임이 설득력 있게 입증되었다. 인간의 몸과 뇌는 일반적으로 보편적이므로, 이를 기반으로 하는 은유적 구조도 보편적일 것이다. 이는 KNOWING IS SEEING(아는 것은 보는 것이다)과 같은 많은 개념적 은유가 유전적으로 관련이 없는 다양한 언어에서 발견되는 이유를 설명한다. 그러나 일반적인 은유를 기반으로 하는 **모든** 개념적 은유가 언어와 문화에서 동일하다는 의미는 아니다. 은유가 발전하는 특정 문화는 보편적인 신체 경험만큼이나 다른 언어와 문화에서 개념적 은유의 형태를 형성하는 데 중요한 역할을 한다(Taylor & MacLaury 1995, Taylor & Mbense 1998, Yu 1998, 2002, Kövecses 1995, Musolff 2004 참조). 또한 일부 연구자들은 동일한 언어와 문화 내에서도 은유의 변이가 발견될 수 있다고 지적했다(이 연구에 대한 조사는 Kövecses 2005 참조).

많은 개념적 은유에서 근원영역과 목표영역은 물리적 상관관계보다는 유사성이나 닮음을 통해 연결되어 있다. 따라서 개념적 은유 이론의 연구자들은 일반적으로 상관관계 기반 개념적 은유와 닮음 기반 은유를 구분한다. 닮음 은유는 비개념적 은유 이론의 초점이며, 일반적으로 은유적 유추라고 불린다. 유추는 일반적으로 두 개의 틀 또는 영역 간의 다중 사상으로 간주된다. 다음 예

에서 사용된 gut the building(건물을 살펴보다)이라는 표현을 고려해 보자.

> Kirk E. Kreuzwieser, vice president of Strollo Architects, says much of the interior of the 96-year-old Wells Building needs to be gutted. He and Gregg Strollo, company president, believe the $4 million-plus rehabilitation project could be completed in less than nine months after financial issues are resolved. (스톨로 아키텍츠의 부사장 커크 E. 크로이츠비저는 96년 된 웰스 빌딩의 내부 대부분이 철거될 필요가 있다고 말한다. 그는 회사 사장 그렉 스트롤로와 함께, 400만 달러 이상이 드는 복원 프로젝트가 재정 문제가 해결된 후 9개월도 안 되어 완료될 수 있다고 믿고 있다)
>
> (www.vindy.com/photos/2013/jun/17/68965/)

이것은 다중 사상으로 구성된 영역 또는 틀의 은유적 유추이다. 이 사상은 다음과 같다.

죽은 동물의 내장을 제거하는 사람 → 건물의 내부를 철거하는 사람
동물의 사체 → 건물
창자 → 건물 내부
내장을 제거하는 행위 → 건물 내부를 철거하는 행위

이러한 사상은 두 개의 틀 또는 영역(여기서는 동물 및 건물) 간의 구조적 유추를 기반으로 하며, 이는 두 영역이 일부 영상도식(여기서는 내부 용기가 외부 용기 밖으로 이동하는 구조)을 공유함을 의미한다. 따라서 구조적 유추(또는 유사성)는 근원영역과 목표영역이 특정 영상도식을 공유한다는 것을 나타낸다.

개념적 은유를 근원영역에서 목표영역으로의 (상관관계 기반이 아닌) 다중 사상의 경우로 넓게 정의한다면, (단일 특징이 아닌 전체 구조를 사상하는 경우인) 유사성 기반의 많은 은유도 개념적 은유에 해당한다. 예를 들어, AN ATOM IS THE SOLAR SYSTEM(원자는 태양계이다)와 같은 은유가 있다.

많은 개념적 은유(유사성 기반 은유와 일차적 은유)는 '영상도식(image schemas)'을 기반으로 한다. 영상도식은 세계에 대한 우리의 반복적인 경험에서 나오는 추상적이고 선개념적 구조이다(Johnson 1987, Lakoff 1987). 이러한 골격의 선개념적 구조에는 CONTAINER(용기), SOURCE-

PATH-GOAL(근원-경로-목표), FORCE(힘), VERTICALITY(수직성) 등이 포함된다. 예를 들어, STATES ARE CONTAINERS(상태는 용기이다)는 CONTAINER(용기) 영상도식에서 파생된 일차적 은유이고, LIFE IS A JOURNEY(삶은 여행이다)는 SOURCE-PATH-GOAL(근원-경로-목표) 영상도식에서 파생된 일차적 은유이며, EMOTIONS ARE FORCES(감정은 힘이다)는 FORCE(힘) 영상도식에서 파생된 일차적 은유이다.

은유적 사상의 다른 경우에는 근원영역을 구성하는 요소가 근원영역에서 목표영역으로 사상되는 것이 아니라 해당 요소에 대한 지식이 사상되는 경우가 있다. 다음의 예를 살펴보자.

> Don't let Joseph come on the Vegas trip, he's only going to be a wet blanket and take the fun out of everything. (조셉이 라스베이거스 여행에 오게 하지 마. 그는 단지 흥을 깨는 담요가 되어 모든 재미를 빼앗을 거야.)
>
> (www.urbandictionary.com/define.php?term=wet%20blanket)

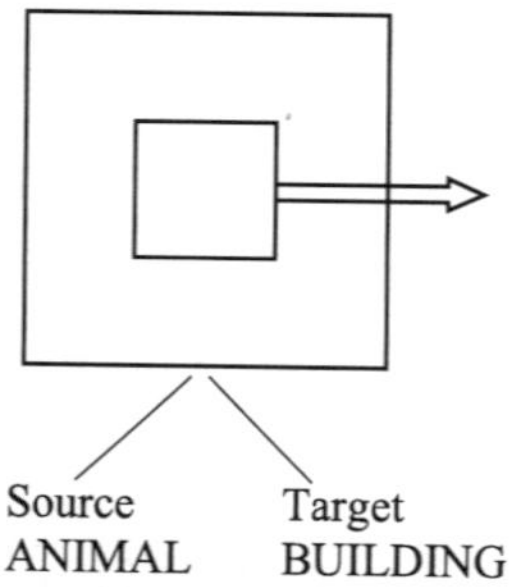

〈그림 11.1〉 공유된 영상도식

wet blanket(젖은 담요)은 다른 사람의 즐거움을 망치는 사람을 의미한다. 이 언어적 은유는 개념적 은유인 ENTHUSIASM IS FIRE(열정은 불이다)(예를 들어, He lost his fire for the job(그는 일에 대한 열정을 잃었다))에 기반하고 있다. 우리가 화재에 대해 알고 있는 점을 고려하면, 적당한 불 위에 젖은 담요를 덮으면 불이 꺼진다는 정보를 목표영역에 전달할 수 있다. 마찬가지로, 사람들의 열정도 부적절한 행동으로 인해 상실될 수 있다. 이러한 근원영역에서 목표영역으로의 지식 전이를 '은유적 추론(metaphorical inference)'이라고 한다. 이러한 은유적 추론은 광고에서도 자주 사용된다.

은유는 개념적 체계의 일부이기 때문에, 개념적 은유는 언어뿐만 아니라 이미지, 제스처, 음악,

신체적 퍼포먼스 등 다양한 방식으로 표현될 수 있다는 것이 개념적 은유 이론의 중요한 가정이다(Lakoff 1993, Forceville 2008, 2016, Cienki & Müller 2008, El Refaie 2019). 예를 들어, 사람의 분노가 귀에서 증기가 나오는 모습으로 묘사되는 만화를 살펴볼 수 있다. 이 이미지는 ANGER IS A HOT FLUID IN A CONTAINER(화는 용기에 담긴 뜨거운 유체이다)라는 개념적 은유에 기반하고 있다. 따라서 개념적 은유 이론은 본질적으로 '다중양상적(multimodal)'이다.

이제 '표준적' 개념적 은유 이론의 기본적인 특징에 대한 조사를 마쳤으며, 이론 내에서 더 많은 주의가 필요한 몇 가지 문제를 살펴볼 것이다.

3. 확장된 개념적 은유 이론

위의 개략적인 조사에서도 개념적 은유 이론 내에서 해결해야 하는 추가 문제가 발생한다. 여기에는 최소한 다음과 같은 질문이 포함된다.

a. 은유가 개념적 체계에 내재되어 있고, Langacker(1987)가 말했듯이 이 문법이 개념화의 한 형태라면, 은유와 문법은 어떤 방식으로든 상호작용해야 한다. 인지언어학적 관점에서 이러한 상호작용은 어떤 모습인가?

b. 개념적 은유를 식별할 수 있거나 식별해야 하는 적절한 개념적 층위는 무엇인가? 실제로 개념적 은유를 구성하는 개념적 구조는 무엇인지, 즉 영역, 틀, 장면, 도식, 공간 또는 다른 무엇인가? 이들 중 대부분은 개념적 은유 이론 문헌에서 언급되었지만, 이와 관련하여 합의된 사항은 없다.

c. 은유 **이해**의 이론이 맥락의 개념을 광범위하게 사용하는 것은 사실이지만, 개념적 은유 이론 내에서 은유 **생성**에 대한 이론은 이 개념을 거의 완전히 무시해 왔다. 은유 생산의 맥락을 개념적 은유 이론에 통합할 수 있는 인지언어학의 패러다임 내에서 개념적 은유 이론을 제안하는 것이 가능한가?

의심할 여지없이, 개념적 은유 이론에 관해서는 더 많은 질문이 제기될 수 있다. 그러나 위의 질문들은 보다 포괄적이고 개선된 개념적 은유 이론의 확장 버전을 만들기 위해 반드시 제시해야 할 질문들이다. 이 장의 나머지 부분에서는 은유와 문법의 관계, 은유의 다중적 관점, 그리고 은유 사용을 설명하는 데 있어 문맥 개념의 중요성 등 개념적 은유 이론 내에서 비교적 새롭게 발전한 세 가지에 초점을 맞추고자 한다.

은유와 문법

개념적 은유 이론의 주요 목표는 은유의 개념적 특성을 설명하는 것이다. 즉, 개념적 은유가 사고를 어떻게 구조화하고, 은유가 추론을 가능하게 하며, 현실에 대한 새로운 관점을 제공하고, 새로운 아이디어와 개념을 구성하는 방법, 그리고 경험에 기반한 방식을 설명한다. 그러나 최근 몇 년 동안 은유 학자들은 언어 구조, 즉 문법과 은유적 개념 구조 사이에 밀접한 연관성이 있다는 사실을 점점 더 깨닫고 있다. 은유와 문법이 서로 영향을 주고받을 수 있다는 점이 밝혀진 것이다(Langberg 1987, Goldberg 1995, Taylor 2002).

이와 관련하여 한 가지 예를 살펴보자. Sullivan(2016)은 다음과 같은 질문을 제기한다. The lawyer devised an argument(변호사가 논증을 고안했다), The lawyer devised a *house*(변호사가 집을 고안했다), The *carpenter* devised an argument(목수가 논증을 고안했다) 그리고 The lawyer *constructed/built* an argument(변호사가 논증을 구축했다)에서 왜 마지막 문장(동사 construct 혹은 build)만 은유적인 것인가? 첫 번째 문장은 변호사가 하는 일을 문자 그대로 설명하지만, 나머지 세 문장은 모두 BUILDING(건물)의 근원영역과 관련된 house, carpenter, construct/build와 같은 단어를 포함하고 있다. 따라서 THEORIES ARE BUILDINGS(이론은 건물이다)라는 은유가 성립한다. 결국 집을 짓는 것은 논증을 만드는 것과 관련이 있으므로 집은 논증에 해당하고 목수는 논증을 만드는 사람으로 이해될 수 있어야 하지만, 실제로는 그렇지 않기 때문에 은유적이지 않은 것이다. 이 질문에 대한 답은 행위자, 동사, 그리고 피동작주의 타동 구문에서 동사(construct 또는 build)만이 구문의 종속 요소로 작용하기 때문이며, 나머지 두 개의 명사는 인지문법의 틀 내에서 자율적이라는 것이다. Sullivan(2016: 145)은 "하나 이상의 자율적 요소가 없으면, 의미가 불완전할 때 요소는 종속적이다"라고 말한다. 보다 일반적으로 구문의 종속 요소는 근원영역을 불러일으키고(따라서 은유적) 구문의 자율 요소는 목표영역을 불러일으킨다(따라서 문자적)고 할 수 있다.

은유와 (인지) 문법 사이의 상호작용에 대한 연구는 개념적 은유 이론에서 유망한 새로운 분야이다. 예를 들어, 위와 같은 결과는 "동사가 명사보다 은유적으로 (즉, 은유적 근원영역을 불러일으키기 위해) 더 자주 사용된다"(Sullivan 2016: 143)라는 말뭉치 기반 연구에서 Cameron(2003)

과 Deignan(2005)이 관찰한 바와 같다.

개념적 은유 이론의 다중양상적 관점

이제 BUILDING(건물)의 개념으로 돌아가서, 개념적 은유 이론의 또 다른 확장인 다중양상적 관점의 필요성을 살펴보겠다. 원래 레이코프와 존슨은 은유를 영역 수준에서 살펴보았다. 이후의 논의에서는 은유와 관련된 개념적 구조로써 틀을 자주 사용하게 되었다. 혼성 이론에서 Fauconnier & Turner(2002)는 주로 은유적 혼성과 관련하여 정신공간에 대해 이야기한다. Lakoff(1993), David, Lakoff & Stickles(2016), Dancygier & Sweetser(2014)는 은유의 다양한 도식성 층위에 따라 계층적으로 상호 연관된 개념적 은유의 여러 계층을 고려한다. Kövecses(2017)는 개념적 은유가 영상도식, 영역, 틀 및 정신공간 수준으로 구성된 도식성 계층으로 이루어져 있다고 제안한다. 예를 들어, THEORIES ARE BUILDINGS(이론은 건물이다)라는 은유를 다시 한번 살펴보자.

BUILDING(건물)은 CONTAINER(용기), VERTICALITY(수직성), PART-WHOLE(부분-전체), OBJECT(대상)와 같은 여러 영상도식을 기반으로 하거나 그 도식에 의해 특징지어지는 개념이다.

BUILDING(건물) 영역(또는 영역 모체)은 다양한 도식적 개념으로 구성된다. 구체적으로 건물은 SPACE(공간)에서 PHYSICAL OBJECT(물리적 대상)이며, 물리적 개체로서 SIZE(크기), LOCATION(위치), 수직 및 수평적 EXTENSION(확장), STRUCTURED OBJECT(구조화된 대상), MAN-MADE(인공) 구조물, PHYSICAL MATTER(물리적 물질), PART(부분)로 분할된 ENCLOSED SPACE(밀폐된 공간) 등 여러 특성을 가진다. 또한, 특정한 SHAPE(형태)와 COLOR(색), FUNCTION(기능) 등을 가진다.

BUILDING(건물) 영역은 여러 틀로 구성되며, 가장 명백한 것은 (처리 과정으로서) BUILDING(건물) 틀이다. 건물은 건설해야 할 필요가 있는 것이다. 또한, 구조화된 방식으로 구성된 특정 요소가 있는 (PHYSICAL) SUPPORT((물리적) 기반) 틀도 존재한다. 이외에도 벽, 방, 문, 창문, 굴뚝, 지하실, 다락방, 지붕, 바닥, 계단 등과 같은 건물을 구성하는 부분에 대한 틀도 있다. 또한 BUILDING(건물) 영역은 누가, 어떤 방식으로, 어떤 목적으로 건물을 사용하는지에 대한 정보를 제공하는 BUILDING(건물) 틀의 FUNCTION(기능)으로 구성된다. 이처럼 BUILDING(건물)의 영역을 구성하는 다양한 틀 중에서, 우리는 BUILDING(건물), (PHYSICAL) SUPPORT((물리적) 기반), PARTS OF BUILDING(건물의 부분), FUNCTION OF BUILDING(건물의 기능)이라는 네 가지를 예로 들어 설명할 것이다.

정신공간 층위에서, 즉 실세계 의사소통의 실제 사례에서 위에서 논의한 틀에 대한 추가 사양이 있다. 예를 들어, John built himself a strong house(존은 스스로 튼튼한 집을 지었다)라는 문장은 집을 지은 특정 개인과 집의 구조적 속성을 명시하고 있다. 이러한 정보들은 보다 도식적인 BUILDING(건물) 틀에 포함되지 않은 정보이다.

다양한 층위에서 개념적 은유를 구성하는 개념은 가장 도식적인 것에서부터 가장 덜 도식적인 것까지 다양하게 존재한다. 따라서 우리는 다음과 같은 개념적 은유를 도출할 수 있다.

영상도식 층위:

ABSTRACT COMPLEX SYSTEMS ARE OBJECTS (추상의 복잡한 시스템은 대상이다)

ABSTRACT COMPLEX SYSTEMS ARE VERTICAL OBJECTS (추상의 복잡한 시스템은 수직적 대상이다)

ABSTRACT COMPLEX SYSTEMS ARE CONTAINER OBJECTS (추상의 복잡한 시스템은 용기 대상이다)

ABSTRACT COMPLEX SYSTEMS ARE WHOLE OBJECTS WITH PARTS (추상의 복잡한 시스템은 부분이 있는 전체 대상이다)

영역 층위:

A(N ABSTRACT COMPLEX) SYSTEM IS A PHYSICAL OBJECT (BUILDING) ((추상의 복잡한) 시스템은 물리적 대상(건물)이다)

THE CREATION OF THE SYSTEM IS THE PHYSICAL CREATION OF THE BUILDING (시스템의 생성은 건물의 물리적 생성이다)

THE STRUCTURE OF THE SYSTEM IS THE PHYSICAL STRUCTURE OF THE BUILDING (시스템의 구조는 건물의 물리적 구조이다)

THE PARTS OF THE SYSTEM ARE PARTS OF THE PHYSICAL OBJECT (BUILDING) (시스템의 부분은 물리적 대상(건물)의 일부이다)

틀 층위:

THE CONSTRUCTION OF THE SYSTEM IS BUILDING (as process) (시스템의 구축은 (과

정으로서의) 건물이다)

LOGICAL SUPPORT IS PHYSICAL SUPPORT (논리적 지원은 물리적 지원이다)

하위 은유:

THE STABILITY OF THE BUILDING IS THE STRENGTH OF PHYSICAL SUPPORT (건물의 안정성은 물리적 지원의 힘이다)

정신공간 층위:

(특정 예의 형태로)

MARY BUILDING A CAREER IS MARY BUILDING A HOUSE (경력을 쌓은 메리는 집을 짓는 메리이다)

JOHN'S LIFE WITHOUT A FOUNDATION IS JOHN'S HOUSE WITHOUT A FOUNDATION (기초 없는 존의 삶은 기초 없는 존의 집이다)

이러한 서로 다른 층위의 사상은 다양한 도식성 층위에서 은유적 표현을 사용할 수 있도록 허가한다. 예를 들어, inside system(내부 시스템)에서 inside(내부)라는 단어는 영상도식 층위의 CONTAINER(용기) 영상도식과 관련이 있는 반면, (은유적으로 사용될 때) structure(구조)라는 단어는 영역 층위의 사상을 기반으로 한다. 마찬가지로 the chief *bulilder* of the organization(조직의 최고 책임자)이라는 문구에서 builder(건축가)라는 단어는 (처리 과정으로서의) BUILDING(건물) 틀과 관련이 있다. 즉, 은유적으로 사용되는 단어는 해당 개념적 은유와 마찬가지로 다양한 층위의 도식성에서 찾아볼 수 있다.

매우 중요한 점은 이러한 은유적 도식성의 계층구조가 은유적 의사소통의 관련 맥락에 포함되어 있다는 것이다(Kövecses 2017, 2020 참조). 다음으로 논의할 것은 맥락의 개념이다.

은유와 맥락

개념적 은유 이론은 주로 맥락적 요소가 결여된 인지 이론으로 공식화되었다. Kövecses(2015)의 『은유는 어디에서 오는가Where Metaphors Come From』에서 자연스러운 담화의 예를 들며, 담화에서 은유를 사용하는 것이 다양한 맥락적 요인에 의해 영향을 받는다는 많은 증거를 제시했다. 이러한 맥락적 요인은 상황적 맥락, 담화적 맥락, 개념적-인지적 맥락, 신체적 맥락의 네 가지 범주로 나눌 수 있다.

상황적 맥락

상황적 맥락은 여러 가지 요인으로 구성된다. 일반적으로 이 유형의 맥락에는 물리적 환경, 사회적 상황, 문화적 상황이 포함된다.

물리적 환경은 동식물, 풍경, 온도, 날씨, 그리고 상황의 지각적 속성을 포함한다. 예를 들어, 물리적 환경과 관련된 미국식 영어 은유는 다른 영어권 국가의 은유와 특징적으로 다를 수 있다는 것이 일반적인 관찰이다(Kövecses 2000b 참조). **사회적 상황**은 성별, 계급, 공손성, 직업, 교육, 사회 조직 및 사회 구조와 같은 개념을 중심으로 하는 사회적 측면으로 구성되며, 이 모든 것이 은유적 개념화에 중요한 역할을 할 수 있다. **문화적 상황**에는 (개념적 체계에서 표상되는 공유된 지식인) 전역적 맥락과 (특정 의사소통 상황에서의 특정한 지식인) 국부적 맥락이 모두 포함된다. 예를 들어, 영어와 헝가리어에서는 ANGER IS HEAT (OF FLUID OR SOLID)(화는 (유체나 고체의) 열이다)가 있지만, 중국어에서는 음양 이론의 영향으로 GAS(기체)도 근원영역으로 포함될 수 있다(Yu, 1998 참조).

담화 맥락

담화 맥락은 주변 담화, 담화의 주요 요소에 대한 지식, 동일한 주제에 대한 이전 담화, 특정 주제와 관련된 지배적인 담화 형태를 포함한다.

주변 담화는 단순히 언어적 맥락을 의미하며, 흔히 "공동 텍스트"라고도 한다. 담화 생산자(화자)의 관점에서 볼 때, 선행 담화의 요소(화자/개념화자 1 또는 청자/개념화자 2)는 은유의 (무의식적) 선택에 영향을 미칠 수 있다. 개념화자는 **담화의 주요 요소와 관련된 지식**인 화자, 청자 및 주제에 대한 지식에 의존하는 경우가 많다. 예를 들어, 데이비드 베컴에 관한 기사에서 한 기자가 Los Angeles Galaxy are sardines not sharks in the ocean of footy(로스앤젤레스 갤럭시는 축구의 바다에서 상어가 아닌 정어리이다)라고 언급한 경우, 여기에서 관련 맥락적 지식에는 베컴이 로스앤젤레스 갤럭시 축구팀에서 뛰었다는 사실과 로스앤젤레스가 다양한 종류의 물고기가 있는 바다에 위치한다는 사실이 포함된다(Kövecses 2010). 한 담화의 은유는 **동일한 주제에 대한 이전**

담화에서 파생될 수도 있다. 이는 이전에 소개된 은유를 정교화, 확장, 질문, 부정, 반성, 조롱하는 다양한 형태를 취할 수 있다. 특정 형태의 담화가 공동체에서 **지배적 지위**를 획득하면, 이 담화에서 사용되거나 이 담화에 근거한 은유가 시간적(역사적) 또는 공간적(교차 문화적)으로 널리 퍼질 수 있다. 예를 들어, 기독교 담화는 일반적으로 기독교 세계에서 은유를 사용하게 한다.

개념적-인지적 맥락

이 유형의 맥락에는 은유적 개념 체계, 이념, 과거 사건에 대한 지식, 그리고 공동체나 개인의 특징적인 관심사와 흥미가 포함된다.

개념은 장기기억에서 서로 은유적 관계를 형성할 수 있다(예: LIFE IS A JOURNEY(삶은 여행이다), ARGUMENT IS WAR(논증은 전쟁이다)). 이러한 개념 사이의 은유적 관계(예: ARGUMENT(논증)와 WAR(전쟁))를 고려할 때, 특정 은유의 생산 및 이해는 **은유적 개념 체계**에서 개념의 존재 여부에 따라 달라질 수 있다. **이념**은 담화에서 은유가 사용되는 방식에도 영향을 미칠 수 있다. (예를 들어, Goatly 2007 및 Lakoff 1996이 보여주듯이) 주요 사회적, 정치적 이슈에 대한 이념적 입장이 은유의 선택에 영향을 미칠 수 있다. 또한, 개념화자들이 공유하는 과거 사건과 상태(즉, 단기기억 및 장기기억의 항목)에 대한 인식도 담화에서 특정 은유의 출현으로 이어질 수 있다. 역사적 사건에 대한 기억이 일부 은유의 생성 및 이해에 기여한다는 사실은 자주 관찰된다(Deignan 2003, Kövecses 2005 참조). 사람들은 일반적으로 세계에 대한 **관심 및 관심사**와 관련하여 특정 은유(보다 정확하게는 은유적 근원영역)를 사용하도록 유도된다(Kövecses 2005 참조). 어떤 사람이 특정 전문적 관심을 갖고 있다면, 그 사람은 자신의 관심 분야에서 은유를 끌어낼 가능성이 높다(구체적인 예는 Kövecses 2005 참조). 즉, 우리가 일상적으로 참여하는 활동의 종류는 우리가 사용하는 은유(근원영역)에 영향을 미친다(Gelfand & McCusker 2001 참조).

신체적 맥락

시인이나 작가의 질병과 같은 신체의 특정 상태는 특정한 은유적 개념화를 생성할 수 있다. 이러한 경우는 사람들의 신체적 특이성이 어떤 은유를 사용하는 경향에 영향을 미친다는 것을 보여준다. 예를 들어, 왼손잡이는 MORAL IS RIGHT(도덕적인 것은 오른쪽이다)와 대조적으로 MORAL IS LEFT(도덕적인 것은 왼쪽이다)의 개념적 은유를 선호한다는 실험적 증거가 있다(Casasanto

2009). 이러한 은유는 인체의 보편적 속성에 기초하여 진화하는 은유(즉, 상관성에 기반한 일차적 은유)와 대조된다. 즉, 신체는 앞서 언급한 다른 맥락적 요인들과 같은 방식으로 담화에서 은유를 생성할 수 있다. 따라서 신체는 추가적인 맥락의 유형으로 고려될 수 있다.

국부적 및 전역적 맥락

위에서 설명한 다양한 맥락적 요인을 고려할 때, 일반적으로 국부적(local) 맥락과 전역적(global) 맥락이라는 두 가지 유형의 맥락을 구분할 수 있다(〈그림 11.2〉 참조). 국부적 맥락은 개념화자가 즉각적인 의사소통 상황의 일부 측면에 대해 가지고 있는 지식과 관련이 있다. 따라서 국부적 맥락은 특정 의사소통 상황에서 개념화자가 가지고 있는 특정 지식을 의미한다. 반면 전역적 맥락은 개념화자가 속한 (물리적, 사회적, 문화적) 공동체의 환경에 대한 일반적인 지식으로 구성된다. 여기에는 개념화자가 속한 공동체 전체가 공유하는 지식이 포함된다. 〈그림 11.2〉에는 다양한 맥락 유형과 맥락 요소가 요약되어 있다.

위의 논의에서 알 수 있듯이, 맥락은 은유적 의미 형성에서 피할 수 없는 요소이다. 은유의 개념적 측면과 맥락적 측면은 서로 불가분의 관계에 있으며, 어느 한쪽이 다른 한쪽 없이 존재할 수 없다. 개념적 은유 이론은 단순히 개념적일 수 없으며, 반드시 맥락적이어야 한다.

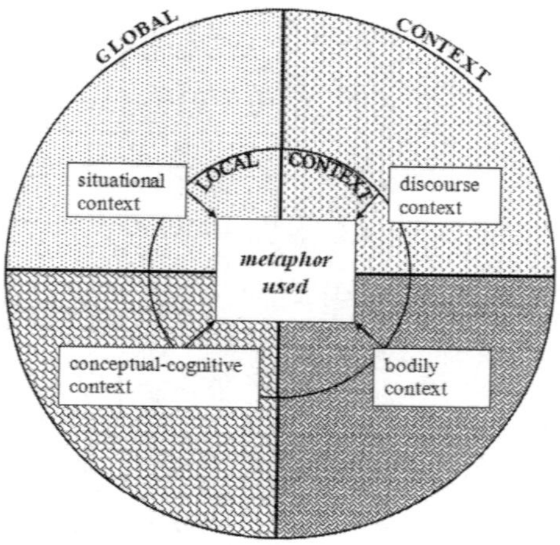

〈그림 11.2〉 맥락 유형 및 맥락 요소 요약

출처: Kövecses 2015

4. 개념적 은유 이론의 몇 가지 함축

개념적 은유 이론의 가장 큰 강점이자 매력은 자연과학뿐만 아니라 인문·사회 분야의 다양한 주제에 대해 새로운 통찰력을 제공한다는 점이다. 이러한 통찰력은 인간이 존재를 어떻게 개념화하는가와 관련이 있으며, 개념적 은유 이론이 제안하는 개념화는 본질적으로 은유적이라는 점과 연결된다. 이러한 이유로 개념적 은유 이론은 번역, 문학적 해석, 언어 교육, "현실의 사회적 구조" 또는 "세계화 방식", 정치, 사회 문제, 건강 의사소통, 사회적 의사 결정, 개인 및 사회 계획, 과학 활동의 개념화, 역사의 재구성, 종교 연구, 과학철학 등 인간 개념화와 관련된 모든 분야에 영향을 미친다. 물론, 인간 개념화의 영역 자체도 다양한 개념적 은유를 통해 이해될 수 있는 여러 방식의 연구를 포함한다. 개념적 은유 이론의 틀 안에서 은유 연구를 통해 중요한 통찰력을 얻을 수 있는 분야를 이처럼 다양하게 선정한 것은, 넓은 의미에서 개념적 은유 이론을 연구하는 모든 사람이 개념적 은유를 통해 인간이 어떻게 복잡하게 기능하는지를 이해하는 궁극적인 목표를 가진 프로젝트에 참여하고 있음을 보여준다.

더 읽을거리

Kövecses, Z. (2010). *Metaphor. A practical introduction* (2nd ed.). Oxford and New York: Oxford University Press.

Kövecses, Z. (2015). *Where metaphors come from. Reconsidering context in metaphor*. Oxford and New York: Oxford University Press.

Kövecses, Z. (2020). *Extended conceptual metaphor theory*. Cambridge: Cambridge University Press.

Lakoff, G., & Johnson, M. (1980). *Metaphors we live by*. Chicago: University of Chicago Press.

제12장

개념적 환유 이론의 재검토

정의 및 분류적 이슈[1]

1. 서론

인지언어학에서 개념적 환유를 이해하기 위해서는 은유 연구에서 Lakoff & Johnson(1980)의 혁신적인 제안과 그 맥락을 고려해야 한다. 이로 인해 **개념적 은유 이론**이라는 용어가 등장하게 되었고, 이 이론의 주요 가정 중 하나는 은유가 언어와 사고의 보편적인 현상이라는 것이다. 조지 레이코프와 마크 존슨(George Lakoff & Mark Johnson)은 환유도 은유와 유사한 방식으로 개념적 사고에 포함된다고 보았다. 그러나 그들의 연구는 주로 은유에 초점을 맞추었기 때문에 환유는 은유와 대비되는 개념으로만 설명되었다. 결과적으로 환유는 은유와 마찬가지로 두 개념적 영역 간의 근원-목표 연결로 정의되었지만, 세 가지 면에서 은유와 다르다고 주장되었다.

(i) 환유는 단일 개념 영역 내에서 사상이 발생하지만, 은유는 다른 영역에서 발생한다.
(ii) 환유는 근원영역이 목표영역을 대표하지만, 은유는 근원영역이 목표영역을 추론하는 데 사용된다.
(iii) 환유는 주로 지시적이지만, 은유는 서술적이다.

---

1 이 장의 연구는 FEDER/Spanish Ministry of Science, Inovation and Universities, State Research Agency에서 연구비를 지원받았다. 프로젝트 번호 FFI2017-82730-P. 이 장의 초안에 대한 의견을 준 알바 루존도 오윤 박사(Dr. Alba Luzondo Oyón)에게 감사드린다. 부족한 부분은 전적으로 내 책임이다. francisco.ruizde-mendoza@unirioja.es.

1980년대와 1990년대에는 은유에 대한 연구가 확산되었고, 환유에 대한 언급도 간헐적으로 있었다. 따라서 환유는 은유와의 상호작용(Goossens 1990)이나 경계(Dirven 1993), 그리고 언어의 문자적 사용(Croft 1993) 측면에서 연구할 가치가 있다고 간주되었다. 그러나 1990년대 후반에는 일부 학자들이 환유가 언어적 설명의 여러 영역에서 사용될 수 있다는 점에 주목하기 시작했다. 이와 관련하여 두 가지 주요 연구가 있다. Kövecses & Radden(1998)은 환유를 형태-의미-지시체 연결과 관련된 인지모형의 유형에 따라 분류하여 환유 유형을 체계화하려는 첫 시도를 하였다. 이들은 전통적인 어휘 수준을 넘어서는 환유적 활동의 존재를 확인했다. 예를 들어, ACTION FOR OBJECT(행위는 대상을 대표한다)는 환유적 동기화의 사례로 Give me one bite(한 입만 줘)와 같은 표현이 있다. 또 다른 예로는 INSTRUMENT FOR ACTION(도구는 행위를 대표한다)는 의미의 to shampoo one's hair(머리를 샴푸하다)와 TIME PERIOD OF ACTION FOR ACTION(행위의 기간은 행위를 대표한다)는 의미의 to summer in Paris(파리에서 여름을 보내다)가 있다. 두 번째 연구는 Thornburg & Panther(1997)와 함께 환유적 사고의 관점에서 발화를 다루려는 첫 시도였다. 이들은 전통적인 설(Searle 1969)의 화행 조건이 관습적인 발화수반적(illocutionary) 시나리오의 구성요소에 불과하며, 이러한 시나리오가 환유적으로 활용될 수 있다고 주장했다. 예를 들어, Would you like to answer the phone?(전화를 받고 싶은가요?)과 같은 질문은 청자가 전화를 받도록 요청하는 환유적 접근을 나타낸다.

이러한 초기 시도 이후, (종종 여전히 은유와 대조되는) 환유의 본질과 범위를 규명하기 위한 연구들이 이어졌다. 이 중 일부는 Panther & Radden(1999a), Barcelona(2000a), Dirven & Pörings(2002), Benczes *et al.*(2011), Ruiz de Mendoza & Otal(2002), Bierwiaczonek(2013), Littlemore(2015), Brdar(2017)과 같은 단행본에 실려 있다. 이 장에서는 환유와 관련된 여러 주제 중에서 정의 및 분류학적 이슈, 즉 환유의 본질과 범위에 중점을 두고 다룰 것이다. 첫 번째 부분은 2절, 두 번재 부분은 3절, 마지막으로 4절에서는 앞서 논의한 내용에서 도출된 몇 가지 향후 전망에 대해 논의한다. 이 글의 목적은 선택된 통찰력에 대한 비판적 개요를 제공하고, 기존 접근 방식과 문제점에 대한 해결책을 제안하며, 독자에게 이미 개념적 환유 이론이라고 불리는 것의 발전 가능성을 제시하는 것이다(Dirven & Ruiz de Mendoza 2010: 39).

2. 환유란 무엇인가?

이 절에서는 오래되었지만 여전히 해결되지 않은 주제인 환유의 본질과 범위에 대해 다룰 것이다. 이와 관련하여 두 가지 주요 전통적인 입장 (i) 및 (ii)와, 앞의 두 가지를 부분적으로 발전시킨 최근의 두 가지 입장 (iii) 및 (iv)를 소개한다.

(i) **사상으로서의 환유**. 이 관점에서 환유는 근원과 목표 의미 사이의 '대표(stand for)' 관계를 갖는 개념적 사상으로 정의된다(Lakoff & Johnson 1980).

(ii) **접근 지점으로서의 환유**. 이 입장은 환유를 동일한 경험 영역 내에서 근원 의미가 관련 목표 의미에 대한 접근을 제공하는 '참조점(reference point)' 현상으로 간주한다(Langacker 1993, Kövecses & Radden 1998 참조).

(iii) **개념적 정교화로서의 환유**. 여기서 환유는 귀납적 추론에 기반한 개념적 정교화 또는 영역 확장의 한 형태로 간주되며, 목표 의미가 근원 의미에 새로운 개념적 자료를 추가한다(Panther 2005, Panther & Thornburg 2018).

(iv) **인지 작용의 조합으로서의 환유**. 환유는 인지 작용을 생성하는 두 가지 기본적 추론 즉, 영역 확장 또는 영역 축소와 형식적 치환 작용의 조합으로 취급된다(Ruiz de Mendoza 2000, 2011, 2017, Ruiz de Mendoza 및 Pérez 2003).

이 글에서 주장 (iv)는 다른 주장의 주요 가정에 대한 만남의 지점을 제공하며 몇 가지 오해를 바로잡는다고 주장할 것이다.

2.1. 사상으로서의 환유

이 입장은 Lakoff & Johnson(1980)의 획기적인 제안에서 비롯된다. 환유는 개념적 영역의 관련 부분 사이, 전체 영역과 부분 중 하나 사이, 또는 영역의 일부와 전체 사이의 '대표(stand for)' 관계를 포함하는 사상으로 정의된다. 이 접근 방식에서 은유는 서로 다른 개념적 영역에 걸친 사상 또는 대응 집합으로 이해되며, 따라서 은유는 한 영역이 다른 영역에 대해 사고하고 추론할 수 있게 해 주는 'is a' 관계를 기반으로 한다(이는 나중에 신경 회로 구성에서 평행하다고 가정됨, Lakoff 2009 참조). 예를 들어, CAUSES ARE FORCES(원인은 힘을 대표한다)라는 환유는 물리적 영향을 비물리적 영향에 사상한다. Her beauty pulled me towards her(그녀의 아름다움이 나를 그녀에게 이끌었다), She won't bend my will(그녀는 내 의지를 꺾지 않을 것이다), What he said drew me away from my old life(그가 한 말이 나를 예전 삶에서 멀어지게 했다)와 같은 표현이 이에 해당한다. 여기서 변화의 원인은 물리적 힘이며, 변화의 대상은 물리적인 힘의 대상이다. 변화에 대한 거부감은 저항으로, 이를 극복하는 것은 저항 극복으로, 변화를 유도하는 능력은 누군가의 물리적 능력 또는 자연 현상의 내재적 힘으로 이해할 수 있다. 반면에 환유는 주로 추론에 사용되지 않고, 근원영역에서 제공하는 원근화법을 통해 대상이나 사건을 참조하는 데 사용된다. 예를 들어, The buses have decided not to follow their usual route(버스들은 평소 경로를 따르지 않기로 결정했다)에서 주어 명사구(the buses)는 실제로 버스 운전사를 대표한다. 이 경우 차량에 대한 언급은 의사소통적 효과를 가져오며, 승객이 버스의 정규 경로를 따라 목적지에 도달하기 위해 버스 서비스를 이용하는 상황 내에서, 승객과 차량 간의 상호작용적인 관점을 버스 기사의 결정을 통해 생각하도록 유도한다.

Lakoff & Johnson(1980)이 제안한 환유로서의 사상이라는 입장은 은유와 환유 사이의 연관성을 좀 더 자세히 살펴봄으로써 해결할 수 있는 약점이 있다. 이 약점은 환유가 주로 지시적이고, 은유는 서술적이라는 관찰과 관련이 있다. Lakoff & Johnson(1980)은 그들의 논의에서 주로 지시적인 어휘적 환유를 염두에 뒀지만, 나중에 제안된 단어 부류 변화(범주 전환)나 발화수반적 환유에 대해서는 생각하지 않았다. 그러나 어휘적 환유의 경계 내에서도 이 저자들은 은유가 갖고 있지 않은 강력한 지시적 잠재력에 대한 설명을 제공하지 않았다. 이 문제를 좀 더 자세히 살펴볼 것이다.

어휘적 은유의 예로, Ruiz de Mendoza & Otal(2002)이 언급한 pig(돼지), chicken(닭), rat(쥐), rose(장미), my little duckling(내 아기 오리)과 같은 개체를 나타내는 명사구가 있다. 이러한 명사구에 대한 가능한 의역은 괄호 사이에 제공된다. 예를 들어, Here's the pig('학대하는 사람'), There goes the chicken('겁쟁이'), That's the rat that revealed our plan('배신자'), There's my tender rose that I love('아름답고 연약한 여자'), Here's my little duckling after a bath('화자가 오리처럼 사랑스럽게 여기는 아기') 등이 있다. 그러나 이는 앞의 예에서 사용된 것과 같은 제한된 수의 구성에 국한된 은유의 다소 제한적 사용이다. 어휘적 은유는 'is a' 서술어 형태를 사용하거나(예: He's a pig/a chicken/a rat(그는 돼지/닭/쥐이다), She's a soft rose(그녀는 부드러운 장미이다), She's a nice little duckling(그녀는 내 아기 오리이다)) 어휘적 수준을 넘어 언어적 서술어에 직접적으로 작용하여 은유적 서술어를 만드는 경향이 있다(예: The ship plowed the waves('쟁기가 땅을 부수듯 파도를 깼다')). 은유의 지시적 사용은 근원영역에서 의미 함축의 캡슐화(encapsulation)를 기반으로 하며, 이는 언어적으로 표현되어 은유적 명사구를 상세하고 명확하게 설명하는 기능적 등가물로 변환하는 효과로, 지시적 질을 향상시킨다. 예를 들어, rat은 쥐처럼 '추악한(nasty)', '배신적(treacherous)'이라고 생각할 수 있다(우리는 쥐를 예기치 않게 사람을 물어 심각한 질병을 옮길 수 있는 더러운 동물로 생각한다). 이러한 의미 함축은 상관관계 은유의 경우에도 가능하지만, 그 방식은 다소 다르다. 상관관계 은유는 영역 간 유사성이 아니라 경험의 동시 발생에 기반한다(Lakoff & Johnson 1980, 1999, Grady 1999). 예를 들어, MORE IS UP(많은 것은 높은 것이다)/LESS IS DOWN(적은 것은 낮은 것이다) 은유는 가격이 오르거나 내리는 것을 설명하는 데 사용되며, 이는 물질의 양이 증가하거나 감소함에 따라 수준이 상승하거나 하락하는 우리의 일반적인 관찰에 기초한다. 우리는 이러한 개념을 참조체로 사용할 수 있다. 예를 들어, There's the rise you expected(여러분이 예상했던 상승이 시작되었다), That's the drastic drop/fall in prices we all feared(우리 모두가 우려했던 가격의 급격한 하락이다)와 같은 표현이 있다. 명사 rise, fall, drop은 전체 사건을 캡슐화하므로 은유를 지시적으로 사용할 수 있다. 이제 AFFECTION IS WARMTH(애정은 따뜻함이다)/LACK OF AFFECTION IS COLDNESS(애정 결핍은 차가움이다)를 살펴보자. 이 은유는 다정하게 안아줄 때 느끼는 체온이나 멀리 떨어져 있을 때 온기가 느껴지지 않는 경험에 기반한다. 따라서 우리는 사람이 따뜻하거나 차갑다고 말할 수 있다. 애정이 매우 부족한 사람을 block of ice(얼음덩어리)로 묘사할 수 있다. 이 기술은 AFFECTION IS WARMTH(애정은 따뜻함이다), PEOPLE ARE OBJECTS(사람은 대상이다)를 연결하여 구축된다(유사한 기술에 대해서는 Ruiz de Mendoza 2017, Miró 2018 참조). 원칙적으로, AFFECTION IS WARMTH(애정은 따뜻함이다)라는 은유는 지시적으로 사용할 수 있어야 한다. 그러나 이러한 사용이 허가되려면 상황에 맞게 잘 정의된 지원이 필요하다. 예를 들어, 남편의 행동에 대한 분노를 표현하기 위해 남편과의 대화를 중단한 삐친 아내를 상상해 보자. 이때 지친 남편은 이렇게 말할 수 있다. Here comes my loving block of ice!(여기 내 사랑스러운 얼음덩어리가 온다!). 이 분석을 통해 상관관계 은유가 지시적 사용에 민감하다는 결론을 내릴 수 있는 두 가지 조건이 충족된다.

(i) 근원영역이 지정하는 상황이나 사건은 명사구로 포착될 수 있다. 이때 단어 부류의 변화를 포함한 문법적 환유가 적용될 수 있다.

(ii) 은유적 표현의 기본값 초점이 해당 표현이 지정하는 상황이나 사건에서 관련된 개체로 옮겨져야 한다는 강한 의사소통적 압력이 존재한다.

영역 내부 관계는 개념적 연속성을 기반으로 하는 반면, 은유의 경우 불연속성이 규칙이기 때문에 어휘적 환유는 다른 양상을 제공한다. 예를 들어, 용기(container)는 내용물이 그 안에 위치하기 때문에 내용물 측면에서 용기에 대해 추론하지 않는다. 그러나 우리는 용기의 구조와 논리 측면에서 사람의 머리에 대해 추론할 수 있다. Who put that idea into your head?(누가 그 생각들을 네 머릿속에 넣었니?)라는 문장에서 은유는 청자의 머리를 마치 사물처럼 아이디어를 담을 수 있는 용기로 취급한다. 하지만 그릇-내용 연결 자체는 두 요소 사이에 존재하는 개념적 연속성에 기반해 내부적으로 악용될 수 있다. 이 악용은 한 요소를 다른 요소로 대체하는 것 중 하나일 뿐이다. 예를 들어, He spilled the bucket on his boots(그는 부츠에 양동이를 엎질렀다)에서 용기는 내용물을 대체하는 반면, He ordered two beers(그는 맥주 두 잔을 주문했다)에서는 내용물이 용기를 대표한다. 한 개념을 연속성 관계를 갖는 다른 개념으로 대체하는 것은 환유가 '대표' 관계에 기반하고 있다는 느낌을 준다. 이러한 유형의 관계는 어휘적 수준이든 비어휘적 수준이든 비지시적 환유에도 적용된다. 예를 들어, 어휘 항목 brain(뇌)은 He has a quick brain(그는 머리가 빠르다)에서 intelligence(지식)를 대체한다. 어휘적 층위를 넘어 발화행위 영역에서 I'm really hungry(나는 진짜 배고프다)는 단순한 진술일 수 있지만, 일반적으로 음식에 대한 요청, 즉 욕구의 표현으로 해석될 수 있으며, 이는 청자가 화자의 욕구를 충족시키기 위해 어떤 조치를 취해야 하는 지시적 시나리오를 대표한다.

지시적 은유는 대체를 기반으로 작동하기도 한다. 따라서 명사구 the rat은 '다른 사람에게 배신적인 행동을 하는 사람'을 대체하거나 대표한다. 비지시적 은유의 경우 상황이 다르다. 부류 포섭이 있는 경우 대체가 가능한데, 예를 들어, John is the rat(존은 쥐이다)에서 명사 rat은 배신자라는 부류에 John을 포함한다. 그러나 His wife's eyes were an ocean of tears(그의 아내의 눈은 눈물의 바다였다) 또는 Her teeth are shiny pearls(그녀의 치아는 빛나는 진주이다)와 같이 은유의 역할이 부류 포섭 없이 목표 속성에 대해 추론하는 것일 때는 대체가 불가능하다. 전자는 사람이 흘린 눈물의 양에 초점을 맞추고 후자는 이빨의 밝기에 초점을 맞추고 있다. ocean of tears(눈물의 바다)와 shiny pearls(빛나는 진주)라는 표현은 이러한 의미 효과를 대표하지 않으며, 오히려 목표 항목의 해당 속성을 이해할 수 있게 해 주는 개체 및 그 속성을 나타낸다. 부류 포섭이 대체를 인가하는 이유는 X is Y 공식에서 Y가 X에 은유적으로 귀속될 수 있는 여러 속성을 특징으로 하는 근원 항목의 부류(예: rats)를 목표 개체로 지정하는 경우 X가 그러한 속성으로 특징 지어질 뿐만 아니라 목표에서 해당 속성을 가진 항목 부류의 구성원으로서도 해석되어야 하기 때문이다. 즉, 이러한 은유적 틀에서 Y의 속성뿐만 아니라 Y가 속한 부류에 대한 Y의 관계도 X에 사상된다.

2.2 접근 지점으로서의 환유

이 입장은 이전 입장과 본질적으로 다르지 않다. 여기서의 차이점은 환유 근원이 목표를 나타내는 것 외에도 대상에 접근을 제공한다는 사실을 강조하는 것이다. 이 견해의 근거는 Langacker(1993)가 논의한 참조점 현상으로서의 환유에 있다. 이 현상은 호출된 항목이 특정 방식으로 관련된 다른 항목과 정신적으로 접촉할 수 있게 해 준다(Langacker 2009 참조). 예를 들어, spill the bucket(비밀을 누설하다)에서 bucket이라는 개념은 양동이의 내용물(전형적으로 물)에 대한 정신적 접근을 가능하게 한다.

Kövecses & Radden(1998), Barcelona(2000a, 2000b), Langacker(1993, 2009)와 같은 학자들은 '접근 가능성(afford access)' 관점이 서술적 환유와 발화수반적 환유를 포함한 모든 종류의 환유에 적용될 수 있다고 주장한다. 그러나 다른 참조점 현상이 존재한다(Langacker 1993, 2009: 45-49 참조). 한 가지 예는 소유자와 피소유자 관계의 문법적 표지로, 소유자를 생각하면 피소유된 대상에 대한 정신적 접근이 가능해진다. 예를 들어, 호머(Homer)의 『오디세이Odyssey』에서 우리의 관심은 시인에서 서사시로 이동하며, 이 과정에서 시인은 배경으로 전이된다. 환유도 유사한 초점 이동을 수반한다. I am reading Homer(나는 호머를 읽고 있다)에서 호머는 작품의 참조점이 되어 집중적인 관심을 받으며, 그 결과 시인은 배경이 된다. 이러한 환유 처리의 이점은 이 현상을 속성과 공유하는 다른 현상과 통합하는 것이다. 그러나 '접근 가능성' 관점은 강력한 한계가 있다는 주장이 제기되고 있다. Panther(2005), Panther & Thornburg(2018)가 지적한 바에 따르면, 이 견해는 환유와 결정적인 차이점을 지닌 다른 현상의 차이를 구분할 수 없다고 한다. 대표적인 예가 함축이다. Panther & Thornburg(2018)는 환유가 (개념적으로 필요하지 않은) 우발적 근원-목표 관계를 설정하는 반면, 함축은 두 용어 사이에 비우발적 관계를 포함한다고 주장한다. 예를 들어, The piano is in a bad mood(이 피아노는 기분이 좋지 않다)에서 INSTRUMENT FOR PLAYER(도구는 연주가를 대표한다)를 실례로 들 수 있다. 이 경우 악기의 존재는 연주자의 존재에 대한 접근을 제공하지만, 반드시 연주자의 존재를 함축하지는 않는다. 반면에 The loss of my wallet put me in a bad mood(지갑을 잃어버린 것이 나를 나쁜 기분에 놓이게 했다)에서 지갑의 분실은 그 물건에 접근할 수 있게 해 주며 동시에 그 물건을 소유하지 않는 것을 수반한다. 이 논의는 INSTRUMENT FOR PLAYER(도구는 연주가를 대표한다)와 같은 일부 환유적 관계에서만 분명히 적용된다. 다른 관계인 CONTENT FOR CONTAINER(내용은 용기를 대표한다)이나 AUTHOR FOR WORK(작가는 작품을 대표한다)에는 이와 같이 적용되지 않는다. 예를 들어, He ordered two beers(그는 맥주 두 잔을 주문했다)나 I am reading Homer(나는 호머를 읽고 있다)에서 내용은 용기를 대표하며, 어떤 작품도 작성한 적이 없는 사람이 저작자라고 주장하는 것은 불가능하다. 이 문제에 대한 보다 완전한 설명은 해당 용어가 텍스트 또는 문맥에 의해 영역 내부 이동에 관여하도록 유도되는 경우 비우발적 관계가 환유로 될 수 있는 가능성을 허용하는 설명이 될 것으로 보인다. 예를 들어, Homer was a poet(호머는 시인이었다)와 I am reading Homer(나는 호머를 읽고 있다)를 비교해 보자. 서술어 reading은 두 항목 사이에 존재하는 명백한 불일치를 분류하는 Homer의 환유적 해석을 위한 단서가 된다. Homer was a poet(호머는 시인이었다)에서는 이러한 서술어-논증 불일치가 없으므로 환유적 독해가 필요하지 않다. 따라서 이러한 추론이 옳다면 환유는 우연성 기준이 아닌 다른 이유에 의한 함축과 구별되어야 한다. 그럴듯한 해결책은 영역 내부 이동의 근원을 추적하는 데서 찾을 수 있다. 환유의 경우, 위에서 언급한 바와 같이 텍스트나 문맥상의 단서에서 이러한 근원을 찾을 수 있다. 반면, 함축의 경우 그 관계를 파악하기 위한 텍스트나 맥락적 요구 사항이 필요하지 않다. 예를 들어, I am reading Homer(나는 호머를 읽고 있다)를 해석할 때, Homer에서 그의 작품으로의 이동은 동사 서술어와 보어 사이의 충돌로 인해 발생하는 요구 사항이다. 또한, The loss of my wallet caused me a lot of trouble(지갑을 잃어버린 것이 나에게 많은 곤란을 일으켰다)에서 서술어 caused me a lot of trouble(많은 곤란을 일으켰다)은 비-소유적 함축을 유도하는 데 아무런 역할을 하지 않는다. 이 함축은 서술어와 개념적으로만 일치할 뿐(일반적으로 사람들은 소유물을 잃는 것을 좋아하지 않음), 해석적 요구 사항은 아니다. The loss of my wallet happened the same day my team won the League so I forgot to report to the police(지갑을 잃어버린 일은 내 팀이 리그에서 우승한 같은 날에 일어났기 때문에 나는 경찰에 신고하는 것을 잊었다)에서도 동일한 함축이 적용되며, 이 경우 특별한 해석적 역할은 하지 않는다. 결국, 환유가 참조점 현상으로만 존재하는 것은 아니므로, 이 표현에 대한 '접근 가능성' 관점은 정의적인 중심이 아니라 2.1에서 논의된 기준에 추가할 수 있는 보완적인 관점으로 간주되어야 한다.

2.3 개념적 정교화로서의 환유

환유에 대한 이러한 관점은 Panther(2005)에 의해 처음 제안되었다. 최근에는 적절성 이론(Relevance Theory)에서 Carston(2002)이 주장한 대체 관점에 반대하는 입장을 취하는 Panther & Thornburg(2018)에서 좀 더 명확하게 다루어지고 있다. 기본적으로 이들의 주장은 환유가 언어 표현에서 발생하는 개념적 의미와 새로운 개념적 자료를 혼성하는 개념적 작용이라는 것이다. 즉, 환유는 목표 내 근원 작용이 발생하며, 이때 목표 의미는 근원 의미보다 더 복잡해지는데, 이는 환유를 의미 확장의 환유적 도구로 만들어 준다.

Panther & Thornburg(2018)는 목표 내 근원 작용과 환유적 영역 확장이라는 개념을 다룰 때, 영역 확장을 환유적 활동의 한 유형으로 보며, 다른 유형은 영역 축소를 통해 근원 내 영역 환유가 발생한다고 보는 Ruiz de Mendoza & Galera(2014)의 접근을 구분하여 설명하고자 한다. 환유에 대한 자세한 내용은 아래 2.4절에서 확인할 수 있다. 또한, 이 저자들이 반대하는 것은 모든 종류의 환유에 대해 영역 축소를 가정하는 것의 타당성이다. 그들은 모든 환유의 사례가 개념적 정교화의 문제이며, 결과적으로 확장의 문제라고 주장한다. 이를 설명하기 위해 Panther & Thornburg(2018)는 **이중 영역 축소**(Wall Street is in panic(월스트리트는 패닉에 빠졌다))라는 사례를 사용한다. 이 예에서 Wall Street(월스트리트)는 '뉴욕 증권 거래소에서 일하는 사람들'을 의미하며, 이는 PLACE FOR INSTITUTION FOR PEOPLE(기관의 장소는 사람을 대표한다)의 환유의 예로 볼 수 있다. 장소 영역에는 기관이 포함되며, 여기에는 그 기관과 관련된 사람들(예: 주식 중개인)도 포함된다. 하지만 클라우스-우베 팬더와 린다 숀버그(Klaus-Uwe Panther & Linda L. Thornburg)는 영역-포함 관계를 결정하는 데 명확한 기준이 없다고 주장한다. 이 경우, 환유를 포함한 모든 환유를 **개념적 정교화**, 즉 **확장**의 관점에서 분석하는 것이 더 적절하다고 강조하고 있다.

> Wall Street is in panic(월스트리트가 패닉에 빠졌다) [근원] => The New York Stock Exchange located on Wall Street is in panic(월스트리트에 위치한 뉴욕 증권 거래소가 패닉에 빠졌다) [목표 1] => The brokers working at the New York Stock Exchange located on Wall Street are in panic(월스트리트에 있는 뉴욕 증권 거래소에서 일하는 중개인들이 패닉에 빠졌다.) [목표 2].

이 두 가지 진술에서 환유가 발견되며, 각 환유는 서로 다른 목표영역을 나타낸다. 두 번째 목표는 첫 번째 목표의 확장으로, 환유적 근원의 깊이를 더해준다.

환유적 의미를 이해하려면 초기 의미 표상(접근 지점)에서 암시적 의미를 회복해야 한다는 것은 분명하다. 그러나 한 가지 주의할 점이 있다. 환유적 정교화는 영역 포함 관계의 형태를 설명한다. 이는 팬더와 숀버그가 제공한 Wall Street(월스트리트) 환유를 통해 명확히 알 수 있다. 예를 들어, the brokers working at the New York Stock Exchange(뉴욕 증권거래소에서 일하는 중

개인들)에서 brokers(중개인)의 개념은 그들이 활동하는 장소인 working *at* New York Stock Exchange의 하위 범주로 명시된다. 그리고 그 장소는 *located on* Wall Street라는 맥락에서 그 거리의 하위영역으로 포함된다. 정교화의 개념을 강조한다고 해서 환유의 핵심인 영역 포함 관계의 적절성이 무시되어서는 안 된다. 이러한 관계는 환유적 사용에서 의미의 핵심적인 역할을 한다. 이 내용은 다음 절에서 더 심도 있게 논의될 것이다.

2.4 인지 작용의 결합으로서의 환유

Ruiz de Mendoza(2000)는 두 가지 기본적인 환유 관계의 존재를 가정했다. 하나는 목표영역에 근원영역이 포함되는 것으로, 이는 **근원 내 목표(target-in-source)** 환유를 생성하고, 다른 하나는 근원영역이 목표영역에 포함되는 것으로, 이는 **목표 내 근원(source-in-target)** 환유의 기초가 된다. 후속 연구들(Ruiz de Mendoza & Pérez 2003, Ruiz de Mendoza 2011, 2017, Ruiz de Mendoza 및 Galera 2014)에 따르면, 근원 내 목표 환유는 **영역 축소(domain reduction)**와 관련이 있으며, 목표 내 근원 환유는 **영역 확장(domain expansion)**과 관련이 있다. 전자의 작용은 환유적 표현이 처음 호출되는 개념적 표현의 범위를 좁히고, 후자는 범위를 넓히는 과정을 수반한다. 이 두 가지 운영은 각각 근원영역이 목표영역을 대체하는 대체 작용과 결합된다.

영역 축소의 예시로 General Motors has laid off 100 workers(제너럴 모터스는 노동자 100명을 해고했다)라는 환유를 살펴보자. 여기서 모체 영역인 전체 the company(회사)는 하위영역 중 하나인 one or more of the company officers(회사 임원)를 나타낸다. 의사소통적 관점에서 보면, 정리해고의 책임은 특정 임원이 아니라 회사 전체에 있다는 점에서 더 큰 의미를 가진다. 이러한 의미적 함축 때문에 An executive director in charge of human resources in General Motors has laid off 100 workers(제너럴 모터스의 인사 업무를 담당하는 전무 이사가 노동자 100명을 해고했다)는 표현보다, 좀 더 넓은 의미를 전달한다. 목표영역의 정확한 특성을 파악하는 것은 언어적으로 매우 복잡할 뿐만 아니라 어려울 수 있다. 예를 들어, 화자가 정리해고에 대한 책임이 누구에게 있는지 모를 수도 있다. 이는 전체-부분(혹은 근원 내 목표) 환유 패턴(영역 축소 중 하나)을 사용해야 하는 의사소통적 이유가 있음을 보여준다.

이제 (팬더와 숀버그의 정교화에 대한 점진적 관점과 혼동하면 안 되는) 영역 확장을 고려해 보자. 부분-전체(혹은 목표 내 근원) 환유는 의사소통에서 경제적이지만 그 방식은 다르다. 이 경우 화자는 목표영역의 정확한 본질을 알고 있으며, 두 가지 이유 중 하나(또는 그 조합)로 목표영역의 일부만을 언급하게 된다.

(i) 근원영역은 목표영역 내에서 고려할 가치가 있는 초점이 두드러지게 나타나는 지점을 제공한다.

(ii) 목표영역은 세상사 지식이나 문맥에서 자연스럽게 이해되기 때문에 근원영역만 언급하는 것도 표현상 경제적이다.

이유 (i)의 예는 The stuffed shirts arrived earlier(속이 채워진 셔츠들이 더 일찍 도착했다)라고 말할 수 있다. 여기서 The stuffed shirts는 일부 가식적인 사람들의 복장 방식에서 지각적으로 두드러진 요소로, 품위나 중요성의 과시를 나타내는 기호이다. 이 환유를 통해 우리는 이런 종류의 사람들을 그들의 외모로 인식하게 된다. 이유 (ii)에 대해서 Table 4 wants a refill(테이블 4는 리필을 원한다)이라는 예를 살펴보자. 이 문장은 추가 음료를 요청하는 인간 주체에 대한 언급이 담겨 있다. 레스토랑에서 고객들은 테이블에 앉기 때문에 table 4는 테이블에 앉아 있는 고객들을 가리킨다.

포함(inclusion)의 기준에 대해서는 몇 가지 질문이 남아 있다. 어떤 경우에는 포함의 방향이 명확할 때도 있다. 예를 들어, 내용이 용기의 하위영역인 용기-내용 관계를 생각해 볼 수 있다. He drank two beers(그는 두 개의 맥주를 마셨다)라는 문장에서 정교화된 결과는 He drank two mugs of beer(그는 맥주 두 잔을 마셨다)이다. 여기에서 내용물인 맥주는 내용물이 담긴 용기인 맥주잔의 일부로 간주된다. 반면에 He drank the mug(그는 머그잔을 마셨다)의 경우 정교화는 He drank the content of the mug(그는 머그잔의 내용물을 마셨다)로 이루어진다. 여기에서 내용물은 용기의 일부로 처리된다. 다른 상황들에서는 포함의 방향이 덜 분명할 수 있다. 특히 환유적 전이가 지각에 기초하지 않을 때 그렇다. 대표적인 예는 통제자-피통제자 관계로, 통제자가 근원영역일 경우 RULER FOR ARMY(통제자는 군대를 대표한다)라는 환유가 성립된다. 예를 들어, Napoleon lost the war against Russia(나폴레옹은 러시아와의 전쟁에서 패배했다)라는 문장에서, 나폴레옹은 전쟁 영역 내에서 자신의 군대를 대표하는 통치자로 보인다. 이 예시는 통치자로서 나폴레옹이 전쟁의 영역에서 군대의 지휘를 나타내는 환유라는 점에서 부분 대 부분으로 해석될 수 있다. 그러나 RULER FOR ARMY(통제자는 군대를 대표한다)라는 개념을 바탕으로, 동적 상태인 Napoleon rode on his horse(나폴레옹은 그의 말에 탔다)와 비-동적 상태인 Napoleon stood between his troops on the hill(나폴레옹은 언덕에 있는 병력 사이에 서 있었다) 모두 통제 영역의 환유인 CONTROLLER FOR CONTROLLED(통제자는 통제된 상황을 대표한다)로 이해해야 한다(Dik 1997 참조). 결과적으로, 이 두 번째 환유는 항상 동적인 행동 영역에서 AGENT FOR OBJECT(행위자는 대상을 대표한다)로 상세화되는 경향이 있다. 이러한 환유의 일련의 상세화에는 중요한 비대칭성이 존재하는데, 이는 전쟁, 통제, 행동의 영역이 유사하지 않으며 각각의 근원-목표 관계가 다르게 작용한다는 것을 의미한다. 사실, 나폴레옹과 그의 군대는 관계를 바라보는 두 가지 관점이 존재한다. 첫 번째는 나폴레옹이 프랑스 군대를 지휘했다는 점이다. 이는 나폴레옹에 대한 우리의 지식의 일부로, 그의 모체 영역을 구성하는 하위영역이다. 우리는 나폴레옹이 프랑스의 황제였고, 조세핀 드 보르네와 결혼 후 이혼했으며, 여러 유럽 국가와 연합군에 대해 전쟁을 성공적으로 이끌었으나 결국 패배하여 세인트 헬레나로 유배된 사실을 알고 있다. 이 예시에서 특히 그가 러시아에서 싸운 군대를 지휘했다는 점은 두 번째 관점을 보여주는 중요한 요소이다. 그러나 RULER FOR ARMY(통제자는 군대를 대표한다)가 부분 대 부분 환유로 잘못 해석될 수 있는 오해가 있다. 실제로 환유를 악용하는 측면에서 나폴레옹은 모체 영역이며, 그가 지휘한 군대는 하위영역으로 여겨진다. 통치자가 모체 영역이고, 통치자의 명령을 따르는 군대가 모체의 하위영역인 RULER FOR ARMY(통제자는 군대를 대표한다) 환유는 다른 전체-부분 환유의 의사소통적 효과와 일치한다. 예를 들면, General Motors has laid off 100 workers(제너럴 모터스가 100명의 직원을 해고했다)(COMPANY FOR OFFICERS(회사는 고용주를 대표한다))라는 문장에서 우리는 해고의 책임이 회사 전체, 즉 모체 영역으로 전가되는 효과를 확인할 수 있다. 과감한 고용 조치가 취해질 경우, 회사의 대외 이미지와 신뢰도가 위태로워질 수 있다. 마찬가지로 나폴레옹의 경우에도, 그는 러시아 전선에서의 전쟁 패배에 대한 책임이 모체 영역인 나폴레옹에게 있다고 볼 수 있다.

2.4.1 영역 포함 및 전경/배경 분리

목표 내 근원 및 근원 내 목표 환유 사이의 구분은 지각 심리학에서 연구된 **전경/배경** 관계에 기반하고 있다. 전경은 개념적 영역에서 더 두드러지는 부분이고, 배경은 그보다 덜 부각된 부분이다. 언어학에 대한 적용 중 하나로, 전경/배경 구별은 **윤곽화(profile)**와 **기반(base)** 사이의 차이를 만들어 낸다(Langacker 1987, 1999). 개념 윤곽화는 개념의 고유한 내용을 나타내고, 기반은 그 개념이 윤곽화되는 개념적 구조를 설명한다. 예를 들어, 손가락이라는 개념은 손이라는 기본 영역에 대해 윤곽화된다. 목표 내 근원 환유는 동일한 기반 영역 내에서 윤곽화 전이나, 기존 윤곽화의 기반 영역 자체가 새롭게 윤곽화되면서 새로운 기반 영역을 요구하는 전이를 포함한다.

예를 들어, Table 4 wants a refill(테이블 4는 리필을 원한다)이라는 문장은 우리가 상상하는 테이블(초기 윤곽화)에서 레스토랑 내 테이블(테이블과 고객 모두에 대한 관련 기반 영역)에 있는 고객(새로운 윤곽화)으로 전이된다. 반면에, He drank a beer(그는 맥주를 마셨다)라는 문장은 내용물(초기 윤곽화)에서 용기(이전 기반/새로운 윤곽화)로 전이가 필요하며, 이도 다시 다른 기반 영역(예: 모양, 크기, 사람)으로 윤곽화된다. 반면, 근원 내 목표 환유에서는 윤곽화된 초기 개념이 새로운 윤곽화의 기반 영역이 되는 윤곽화 전이가 단 한 번만 가능하다. 이러한 특징은 CONTAINER FOR CONTENT(용기는 내용물을 대표한다)와 같은 영역-포함 관계의 환유나 RULER FOR ARMY(통치자는 군대를 대표한다)와 같이 원칙적으로 대체 해석이 가능한 환유에 모두 적용된다. 예를 들어, He drank the bottle(그는 병을 마셨다)에서는 용기(이전 윤곽화/새로운 기반)에서 내용물(새로운 윤곽화)로 윤곽화 전이가 이루어진다. 그리고 Napoleon lost the war against Russia(나폴레옹은 러시아와의 전쟁에서 패했다)라는 문장은 나폴레옹(이전 윤곽화/새로운 기반)에서 나폴레옹이 지휘하는 프랑스 군대(새로운 윤곽화)로의 윤곽화 전이를 보여준다.

개념적 현저성의 경우, 목표 내 근원 환유는 모체 영역 내에서 환유적 목표에 **기초값 현저성**을 부여한다. 이러한 현저성은 윤곽화 전이의 처리 과정을 통해 유지되어, 근원 영역은 새로운 윤곽화된 개념을 제공하는 배경 내에서 여전히 전경으로 남게 된다. Table 4 wants a refill(테이블 4는 리필을 원한다)에서 새로운 윤곽화인 고객이 활성화된 후에도, 개념적으로 고객을 식별하는 데 사용된 테이블이 고객보다 더 현저하게 나타난다. 근원 내 목표 환유의 개념적 현저성은 다르게 작동한다. 이는 윤곽화의 변화가 현저성 전이를 가져오는 상황을 말한다. 이것은 Croft(1993)가 정의한 **영역 강조(domain highlighting)** 현상이다. 영역 강조는 사실상 중심적 위치가 없는 개념적 특성화에서 중심성을 부여한다. 그러나 Croft(1993)는 강조와 영역 축소에 따른 전체-부분 환유 패턴 간의 연관성을 파악하지 못했다. 부분-전체 패턴에서 근원영역이 이미 목표의 현저한 하위영역이며, 이 목표가 전체 지식 구조를 포괄하기 때문에 강조에 민감하지 않다. 예를 들어, He drank the bottle(그는 병을 마셨다)라는 문장에서 강조된 영역은 병 속의 음료이지만, 실제로 병 내부에 액체가 들어가는 것이 병의 필수 조건이 아니다. 병이라는 개념의 중심적 특성은 모양, 크기, 재료 등이 될 수 있으며, 이러한 특성이 결여된 병은 상상할 수 없다. 마찬가지로 Napoleon lost the war against Russia(나폴레옹은 러시아와의 전쟁에서 패했다)에서 프랑스 군대는 나폴레옹과 관련된 지식에서 중심적이지 않다.

2.4.2 영역 포함 및 영역 가용성

영역 포함, 윤곽화/기반 관계 및 개념적 현저성이 관련되는 다양한 방식은 Ruiz de Mendoza & Díez(2004)에서 환유적 표현에 대한 대용적 참조로 이미 자세히 다루어진 또 다른 현상을 이해하는 데 매우 중요하다. 연구자들은 선행사가 환유적일 때 대용적 장치 사용에 따른 명백한 불일치가 존재한다는 점을 오랫동안 지적해 왔다. 예를 들어, Table 4 wants his(테이블 4는 그의 것을 원한다)(그러나 *its가 아님)라는 문장에서 대용적 대명사는 비인간적 근원이 아닌 환유의 목표인 사람과 성별, 수에서 일치한다. 반대로, Sears has ceased all of its operations in Canada(시어스는 캐나다에서 모든 영업을 중단했다)와 같은 문장에서 대용적 대명사 its는 비인칭 선행어인 COMPANY FOR OFFICERS(회사는 고용주를 대표한다)와 성별 및 수에서 일치한다. 하지만 인간 목표는 대용적 작용에 사용되지 않는다는 점이 다르다. 더 복잡한 경우로 The taxi didn't see me and hit me at some speed, but he(*it) only broke my(*its) bumper(택시가 나를 보지 못하고 과속으로 들이받았지만, 내 범퍼만 부러졌다)에서 우리는 또 다른 예를 볼 수 있다. 여기에서 my의 선행사는 화자의 자동차인 POSSESSOR FOR POSSESSED(소유자는 소유된 것을 대표한다) 환유의 비인간 목표이고, he의 선행사는 CONTROLLER FOR CONTROLLED(감독관은 감독된 것을 대표한다) 환유의 인간 택시 운전사이다. 이러한 예들은 근원영역 또는 목표영역이 활성성과 관계없이 그러한 기능을 수행할 수 있음을 잘 보여준다. 이는 Fauconnier(1985)가 제안한 것처럼 환유의 활동성 목표영역이 선행사가 되는 것을 선호한다고 주장한 것과 관련된다.

또한, Panther & Radden(1999b: 10)은 대용적 참조를 위해 환유적 관계의 전경 요소를 선택하는 것을 선호한다고 주장하며, 이를 위해 다음과 같은 예를 제공한다.

> The first violin has the flu. She cannot practice today(첫 번째 바이올린은 독감에 걸렸다. 그녀는 오늘 연습을 할 수 없다) / #It is a Stradivarius(이것은 스트라디바리우스이다).

그들의 설명에 따르면 환유적 전이에서 참조점(the first violin)은 배경이 되고 원하는 목표(the first violinist)가 전경으로 표시된다. 이어서 그들은 (환유적 근원인) 참조점이 전경으로 표시되는 또 다른 예를 제시한다.

> My ex-husband is parked on the upper deck. He is taking the bus today(전 남편이 윗층에 주차되어 있다. 그는 오늘 버스를 타려고 한다) / #It has a California license plate(캘리포니아 번

호판이 있다).

여기서 이들의 요점은 환유의 참조점(ex-husband)이 전경이고 목표(car)가 배경이기 때문에 ex-husband(전 남편)에 대한 대용적 참조는 허용되지만, car(자동차)와 관련된 대용적 참조는 불가능하다는 점이다. 그러나 이 분석에도 몇 가지 문제가 있다. 먼저, 틀 요소가 언제 전경화되는지를 판단할 수 있는 명확한 기준이 필요하다. 이 저자들은 바이올린 예에서 환유적 전이가 목표(violinist)를 전경화한다고 제안하는 듯 보이지만, 전 남편에서 그의 자동차로의 환유적 전이는 그런 효과를 가져오지 않는다. 또한, 참조점의 지위가 전경화된 요소로서 대용적 행동에 대해 어떻게 작용하는지를 이해하기 위해서는 대용이 어떻게 작동하는지를 명확히 해야 한다. 둘째로, 윤곽화 전이는 개념적 현저성의 전이를 가져오지 않는다는 점도 지적할 수 있다. 예를 들어 첫 번째 예에서 the first violin(첫 번째 바이올린)은 음악에서 그 악기의 중요한 역할 때문에 정확하게 언급되며, 환유적 전이를 통해 손상되지 않는 점이 중요하다. 이 상황은 Table 4 wants his refill(테이블 4가 리필을 원한다)과 유사하다. 여기서 table 4는 고객을 식별하는 데 중요한 역할을 하므로 언급된다. 두 번째 예에서 vehicle(탈것)은 화자의 전 남편이 운전 역할을 맡고 있다는 점을 강조한다. 따라서 위의 예에서 바이올린 연주자와 전 남편이 반드시 전경화된 요소가 아니라면 그들에 대한 대용적 참조는 개념적 현저성이 아니라 다른 현상에 기반하고 있다.

또한, Ruiz de Mendoza & Díez(2004)에서 제안된 또 다른 사항은 **영역 가용성 원칙(Domain Availability Principle)**으로, 이는 환유적 사상의 모체 영역을 대용의 선행사로 선택하는 경향을 설명한다. 근원 내 목표 환유에서도 근원은 모체 영역이고, 대용적 대명사와 환유적 선행사 간에 문법적으로 일치하는 경우의 잘못된 모습을 생성한다. 예를 들어, He is taking the bus today(그는 오늘 버스를 탈 것이다)에서 대용어 he와 선행사 my ex-husband 간의 일치가 가능하다. 또한 모체 영역으로 회사가 대용적 참조를 위해 선택되었기 때문에, Sears has ceased all of its operations in Canada(시어스는 캐나다에서 모든 영업을 중단했다)에서 its와 Sears 간의 일치가 설명될 수 있다. 동일한 원리로, 목표 내 근원 환유에서 모체 목표영역에 대한 대용적 참조를 처리할 수 있다. 이는 (둘 다 모체 목표영역인) The first violin has the flu(첫 번째 바이올린이 독감에 걸렸다), She cannot practice today(그녀는 오늘 연습할 수 없다), Table 4 wants his refill(테이블 4가 리필을 원한다)와 같은 각각의 대용적 참조 사례에서 관찰된다.

이러한 대용적 참조 원칙과 경쟁하는 다른 요소들도 있으며, 그 중 하나는 개념적 결합 가능성으로 대용적 참조를 위해 두 개의 모체 영역을 제공하는 이중 환유이다. 예를 들어, Plato is on the top shelf(플라톤은 맨 위 선반에 있다)(AUTHOR FOR WORK FOR MEDIUM(작가는 매체의 작품을 대표한다))에서 it과 he 모두 대용적 대명사로 사용될 수 있지만 문맥에 따라 둘 중 하나를 선택해야 한다. It (*he) is bound in leather(이건 가죽으로 제본되어 있다)/He (*it) was a great philosopher(그는 위대한 철학자였다). 또한, **함축적 참조(implicative reference)**라는 현상도 있는데, 이는 Clark(1977)과 Clark & Marshall(1981)이 **연결하기(bridging)**라고 부르는 것과 매우 유사한 현상이다. 이 현상은 (함축된) 틀 요소에 대한 대용적 참조를 나타내며, 환유적 관계 외부의 다른 관련 틀 요소를 대신 선택함으로써 환유의 근원 또는 목표에 대한 표준적 참조를 재정의한다. 다음 예를 고려해 보자.

I called the doctor's office but they/it/*he/*she said the results weren't ready yet. (나는 의사 사무실에 전화했지만, 아직 결과가 나오지 않았다고 했다)

이 문장에서 doctor's office(모체 근원영역)는 피동작주가 원하는 정보(목표 하위영역)를 전달하는 사람을 대표하는 환유의 관점에서 이해할 수 있다. 영역 가용성 원칙에 따르면, 대용적 참조는 모체 영역에서만 가능하기 때문에 he나 she 같은 대명사를 사용할 수는 없다. 그러나 흥미롭게도 이 원칙으로 설명되지 않는 they라는 일반 대명사가 선호되는 경향이 있다. they가 환유적 목표를 대용적으로 사용할 수 있다고 주장하기는 어렵지만, 이 표현이 it을 사용하는 것이 더 정확하다고 하더라도, 이러한 주장을 하는 것은 다소 불편함을 줄 수 있다. 왜 they를 사용하는지에 대한 이유는 이 대명사가 환유와 관련된 두 가지 영역 중 하나를 참조하는 것이 아니라, 의사소통적 관점에서 doctor's office에 있는 여러 사람이 함께 작업한다는 아이디어를 강조하기 위한 함축적 참조 역할을 하기 때문이다. 다음 예에서 알 수 있듯이, 함축적 참조는 환유의 존재와는 무관하게 이루어진다.

I went to the doctor's office, but they said the results weren't ready yet. (나는 의사의 사무실에 갔지만, 아직 결과가 나오지 않았다고 말했다)

틀 요소에 대한 함축적 참조는 개념적 현저성보다 더 일관된 동기화를 제공한다. Panther & Radden(1999b: 11)에서 발췌한 다음 두 가지 대용적 대명사의 대체 사용을 살펴보자.

The harpsichord has the flu. His/its part has been taken over by the grand piano. (하프시코드가 독감에 걸렸다. 그의/그 파트는 그랜드 피아노가 대신했다)

이 저자들이 제공한 이전의 예와는 달리, 이 문장은 동일한 문장 환경에서 인칭 대명사와 비인칭 대명사를 대조적으로 사용한다. 이를 통해, 환유에서 근원과 목표는 항상 그들이 속한 개념적 틀의 일부로 존재하지만, 강조의 정도는 다를 수 있다는 믿음을 강화할 수 있다. 하프시코드 연주자의 예를 살펴보면, his와 its 사이의 선택은 player(목표) 또는 instrument(참조점/근원) 중 어느 것이 더 현저하냐에 따라 달라진다. 하지만 이 주장은 이전의 예를 다음과 같은 문맥에 맞게 수정하면 쉽게 되돌릴 수 있다. 상상해 보라. 화자의 남편이 수도 없는 세월 동안 타고 다닌 낡은 자동차가 있는데, 그는 그 차를 운전하는 것이 부끄럽다고 느낀다. 어느 날, 친구 부부를 방문하기 위해 남편은 차를 골목길에 주차한 후 친구 집으로 들어간다. 남편의 태도에 지친 아내는 다소 당황스러운 표정으로 이렇게 말한다.

My husband is parked in the side street, right where he/*it can't be seen. (내 남편은 보이지 않는 곳, 바로 그 측면 도로에 주차되어 있다)

이 마지막 문장은 남편을 강조하지만(즉, 현저성), 화자가 자동차를 강조하려고 했다면, 자동차를 대체할 수 없다는 것을 알아야 했을 것이다. 유일한 해결책은 차를 명시적으로 언급하는 것이었다.

My husband is parked in the side street, right where his car can't be seen. (내 남편은 차가 보이지 않는 측면 도로에 주차되어 있다)

2.5 주요 정의적 입장에 대한 언급

독자들은 위에서 논의한 네 가지 입장이 반드시 서로 배타적이지 않다는 점에 주목해야 한다. Lakoff & Johnson(1980)에서 영감을 받은 연구는 근원-목표 연결의 본질을 강조하는 반면, Langacker(1993)에서 영감을 받은 연구는 환유의 영역-전이 능력을 강조한다. 환유를 영역 내부 사상이나 참조점 현상으로 모두 고려하는 것 역시 배제되지 않는다. 결국, 환유를 정교화로 보는 관점은 은유나 과장(예를 들어, rat을 '남을 배신하는 사람'으로 해석하거나 This weighs a ton(이것은 엄청 무겁다)에서 a ton을 '너무 많음'으로 과장하는 경우)과 같은 다른 주요 비유법과는 다른, 환유의 중요한 측면인 접근 지점의 발전을 포함한다. 하지만 이러한 관점은 환유에 대한 이해의 핵심인 영역-포함 관계의 방향성에 민감하게 반응해야 한다. 포함의 방향성은 환유를 보다 기본적인 인지적 작용의 조합으로 보는 관점에 의해 잘 포착된다. 이 접근법에는 몇 가지 장점이 있다.

- 근원영역이 목표영역의 하위영역이거나 목표영역이 근원영역의 하위영역이 될 수 있는 단일 개념적 영역 내에서 일대일 대응 사상으로 환유를 보는 관점과 일치한다.
- 영역 확장 및 축소의 개념을 바탕으로 다른 참조점 현상과 구별하면서 환유에 대한 '접근 가능성' 관점과 양립할 수 있다.
- 환유와 다른 언어 현상을 연결한다. 예를 들어, 완곡어법은 대체를 사용하지만(예: My friend is just ample(내 친구는 그냥 넉넉하다)에서 ample은 '뚱뚱하다'를 대체함) 확장이나 축소는 사용하지 않는다. 반면 초점화는 영역 축소에 기반한다. He stole my WATCH!(그가 내 시계를 훔쳤다)에서는 화자의 다른 소지품과 대조되는 항목에 우리의 주의를 이끈다.
- 분석가들에게 강력한 설명 도구를 제공한다. 앞서 살펴보았듯이 이 도구는 영역-포함 유형(및 확장/축소 작용)과 특정 환유적 의미 효과 간의 상관관계를 설명하는 데 유용하다. 이 도구가 은유와 환유 사이의 상호작용 패턴을 설명하는 데 효과적임을 Ruiz de Mendoza & Galera(2014) 및 Ruiz de Mendoza(2014, 2017)에서 보여준다(아래 3.3.1 참조).
- 이를 통해 기본 구성요소의 관점에서 환유와 은유(및 직유)를 구분할 수 있다. 환유는 영역 확장 또는 영역 축소 작용을 기반으로 하며 하위영역이 전체 영역을 나타내거나 반대로 전체 영역이 하위영역 중 하나를 나타내는 방식으로 영역-하위영역 관계를 결정한다. 반면에 은유는 (직유와 같이) 언어학적으로 함축적 유사성 작용 또는 상관관계 작용으로 구성되며, 개념적으로 이산된 두 영역을 대응시켜 하나(근원영역)를 사용하여 다른 것(목표영역)을 추론하는 방식으로 이루어진다. 이 접근법은 인지 작업의 차이로 인해 환유의 영역 내적 특성과 은유의 영역 외적 특성이 매우 다르다는 점을 강조한다. 따라서 연속체의 존재 가능성(Dirven 1993), 환유와 은유 사이의 모호한 경계선(Barnden 2010), 또는 은유에 대한 환유적 동기(Barcelona 2000b) 같은 개념을 배제하지 않는다(이와 관련된 일부 입장에 대한 비판적 검토는 Ruiz de Mendoza & Galera 2014 및 Ruiz de Mendoza 2014 참조).

- 일부 학자들은 경험적 상관관계에 기반한 사상을 은유가 아닌 환유로 간주할 수 있다고 주장한다. 이는 상관관계에 기반한 사상을 영역 내적 조건의 맥락에서 해석하는 개념적 융합으로 이어지기 때문이다(이에 대한 논의는 Kövecses 2013 참조). 그러나 융합은 두 개의 영역을 혼동하는 문제를 야기하며, 환유와 달리 상관관계에 기반한 은유에서는 한 영역이 다른 영역에 대해 추론하는 데 사용된다. 예를 들어, a close friend(가까운 친구)라는 표현은 친밀감과 물리적 가까움 사이의 상관관계를 나타낸다. 이 두 개념은 사람들이 가까워질 때 함께 사용되지만, 친밀감과 물리적 근접성이 상관관계가 있다고 해서 한 개념이 다른 개념을 확장하거나 축소하는 것은 아니다. 오히려 우리는 물리적 친밀감이 온도 영역에 미치는 영향을 생각해 볼 수 있다(예: We feel comfortable(우리는 편안함을 느낀다)).

이 모든 관찰을 종합하면, 환유는 영역 확장이나 영역 축소를 기반으로 하는 개념적 사상으로 정의할 수 있다. 영역 축소가 필요한 경우, 근원영역은 목표영역에 대한 접근점을 제공하고, 목표영역은 근원영역의 비-중심적 특성으로 대체된다. 반면 은유는 근원영역이 목표와의 유사성 또는 경험에서 근원-목표의 빈번한 동시 발생을 기반으로 목표에 대해 추론하는 교차 영역의 개념적 사상이다.

이러한 분석을 통해 이제 분류학적 문제를 해결할 수 있는 위치에 도달했다.

3. 환유 유형

환유 유형에 대한 완전한 설명은 여러 핵심적인 측면을 적절히 고려해야 한다. 이러한 측면은 다음과 같다.

(i) 사상의 작용적 본질
(ii) 사상 체계의 형식적 본질
(iii) 환유적 작용의 복잡성 정도
(iv) 근원 및 목표영역의 존재론적 본질
(v) 해당 영역의 일반성 정도

이러한 각 측면은 환유를 분류하고 이해하는 데 분류학적 기준을 제공한다. 이를 통해 우리는 환유가 어떻게 작용하는지를 더욱 깊이 있게 논의할 수 있다.

3.1 사상의 작용적 본질

이 기준의 분류학적 적용에 대해서는 이미 언급했다. 참고로, 영역 확장 작용은 근원영역이 목표의 하위영역인 환유, 즉 **목표 내 근원** 환유를 기반으로 한다. 반면, 영역 축소 작용은 목표영역이 근원의 하위영역인 환유 즉, **근원 내 목표** 환유를 발생시킨다(Ruiz de Mendoza 2000).

3.2 사상 체계의 형식적 본질

환유적 사상은 항상 하나의 대응만을 포함한다. 반면에 은유는 하나 이상의 대응을 기반으로 할 수 있다(Ruiz de Mendoza 1997, 2000). 여기에는 논의가 필요한 몇 가지 결과가 있다. 대조를 위해 먼저 **일대응 은유**를 살펴보자. 일대일 은유는 두 가지 종류로 나눌 수 있다. 첫 번째는 상관관계 은유로, 여기에는 하나의 단일 개념이 근원영역에 포함되어 있는 사상이 있다. 예를 들어, IMPORTANT IS BIG(중요한 것은 큰 것이다)라는 은유는 She made a big mistake(그녀는 큰 실수를 저질렀다)와 같은 표현으로 나타난다. 또 다른 예로는 SIMILARITY IS CLOSENESS(유사성은 가까움이다)가 있으며, These colors are very close(이 색은 매우 가깝다)라는 표현에서 볼 수 있다. 마지막으로 AFFECTION IS WARMTH(애정은 따뜻함이다)라는 은유로, She is a warm person(그녀는 따뜻한 사람이다))와 같은 예가 있다. 두 번째 유형은 개념적 다발의 구성요소가 근원영역의 매우 현저한 속성을 원근화법적으로 표현하는 사상이다. 예를 들어, Achilles is a lion(아킬레스는 사자이다)라는 비유는 사자가 다른 동물과 싸울 때의 맹렬하고 본능적인 행동을 근거로 사자의 '용기'를 강조하는 경우이다. 이처럼 PEOPLE ARE ANIMALS(사람은 동물이다)의라는 은유의 일부 사례가 이에 해당한다(Ruiz de Mendoza 및 Perez 2011: 178 참조). 이 두 가지 유형의 일대응 은유는 as if 추론 과정을 최소한으로 유지한다.

- IMPORTANT IS BIG(중요한 것은 큰 것이다)의 경우, 중요한 사람, 사물, 상황 또는 사건이 우리에게 미치는 영향을 고려한다. 반대로, 중요하지 않은 개체나 상황은 작은 개체가 미치는 영향의 관점에서 바라본다.

- SIMILARITY IS CLOSENESS(유사성은 가까움이다)는 서로 유사한 두 개체가 유사하거나 동일한 개체 다발의 일부일 수 있다는 추론을 담고 있다. 반대로 두 개체가 유사하지 않으면 서로 가까이 있는 것이 아니라 멀리 떨어져 있는 것으로 간주된다.
- AFFECTION IS WARMTH(애정은 따뜻함이다)의 경우, 우리는 애정 어린 대접을 받은 경험을 정서적으로 대우받은 경험과 연결하여 생각한다. 반대로 애정 결핍은 따뜻함을 느끼지 못하거나 차갑게 대하는 것을 포함한다.
- "Achilles is a lion"(아킬레스는 사자이다)의 경우, 이 추론 과정은 동물과 인간의 싸움이라는 비슷한 맥락에서 동물과 인간 행동의 유사성을 기반으로 한다.

이제 **다대응 은유**와 관련된 더 복잡한 추론을 비교해 보자. 문제를 탐구해야 할 영역인 A PROBLEM IS A LANDSCAPE(문제는 풍경이다)를 예로 살펴보자. 이 은유는 숨겨진 물건을 찾는 우리의 경험에 근거하고 있으며, 이 문제에 대한 해결책은 이 지역 어딘가에 숨겨져 있는 물건이다. 해결책을 찾는 데 사용되는 증거는 그 물건이 어디에서 발견될 수 있는지에 대한 단서가 된다. 찾고 있는 대상을 찾는 것은 결국 그 문제를 해결하는 것이므로 이 은유는 상관관계가 있다. 이러한 경험적 상관관계는 여러 근원-목표 대응으로 구성된 체계의 핵심이며, 이러한 대응은 다음과 같은 표현에서도 활용된다.

> We need to keep exploring for a solution to this problem, We can't find the truth, I have no clue as to how to solve this problem, It was a fruitless search, Working together, they will dig out the truth. (우리는 이 문제의 해결책을 계속 탐색할 필요가 있다. 우리는 진실을 찾을 수 없다. 나는 이 문제를 어떻게 해결해야 할지에 대한 단서가 없다. 그것은 열매 없는 탐색이었다. 함께 일하면서, 그들은 진실을 파낼 것이다)

유사성 은유는 여러 가지 대응을 기반으로 할 수 있다. 예를 들어, ARGUMENT IS WAR(논증은 전쟁이다)라는 은유에서는 논쟁하는 사람들을 전투에서의 적으로 보는 시각이 있다. 논쟁할 때 사람들은 전쟁터의 상황과 마찬가지로 상대방의 입장을 공격하고 자신의 입장을 방어하며, 전략을 계획하고, 지위를 얻거나 잃고, 상대방을 물리치거나 상대방에게 패배하게 된다. 이 사상 체계는 다음과 같은 언어적 표현으로 예증된다.

He was attacked on all sides, He didn't know how to counter their claims, He was caught by surprise and had to improvise a new argumentative line, He almost lost the debate, They shot down all his arguments, She beat her opponent, He inflicted a very severe defeat on them. (그는 모든 방향에서 공격을 받았다. 그는 그들의 주장에 어떻게 반박해야 할지 몰랐다. 그는 기습을 당해 새로운 논증 방식을 즉흥적으로 만들어야 했다. 그는 토론에서 거의 졌다. 그들은 그의 모든 주장을 격추시켰다. 그녀는 상대를 이겼다. 그는 그들에게 매우 심한 패배를 안겼다)

위의 예에서 알 수 있듯이, 다대응 은유의 추론 과정은 일대응 은유보다 더 복잡하다. 이것이 두 은유 유형 간의 기본적인 차이점이다. 하지만 여전히 더 중요한 차이가 있다. 다대응 체계는 대응물의 언어적 활용을 허용하므로, 나머지 대응물의 배경에 대해 일시적인 개념적 현저성을 부여한다. 이는 Croft(1993)가 환유에 대해 제안한 것과 유사한 점이다. 일대응 은유에서도 강조의 처리 과정이 있지만, 이 경우는 근원-목표 관계에서 선택된 측면을 부각시키는 방식으로 이루어진다. 예를 들어, Achilles is a lion(아킬레스는 사자이다)에서 강조된 요소는 인간 용어로 '용기(courage)'라고 해석할 수 있는 행위이다. 이 요소의 선택을 뒷받침하기 위해, 우리는 이 요소가 속한 개념적 다발을 찾아야 한다. 일대응 상관관계 은유에서 강조된 요소의 배경은 근원-목표 상관관계를 포함하는 경험적 근거로 구성된다.

형식적으로 단일 사상에 기반한 은유는 다른 은유보다 환유에 더 가깝다. 이와 관련하여, 일대응 은유는 근원 내 목표 환유와 마찬가지로 영역 강조하기를 포함하지만, 목표 내 근원 환유와는 다르다는 점에 주목할 필요가 있다. 그 이유는 2.4.1에서 논의된 바와 같이, 목표 내 근원 환유의 근원영역이 기본적으로 개념적 현저성을 가지므로 강조할 필요가 없기 때문이다. 이 목표는 전체 지식 구조를 포괄하는 모체 영역이므로 강조에 민감하지 않다. 반면, 근원 내 목표 환유 해석에서는 근원영역 내에서 의도된 비-중심적 하위영역의 강조가 요구된다. 즉, 개념적 현저성의 관점에서 보면, 일대응 은유는 목표 내 근원 환유보다 근원 내 목표 환유에 더 가깝다고 할 수 있다. 다음 예는 이전 예의 단순화된 변형으로, 대조를 위해 다시 가져왔다.

(1) *My tender* rose *abandoned me.* (나의 부드러운 장미가 나를 버렸다) (일대응 은유)
(2) Starbucks *has closed down one of its Sheffield stores.* (스타벅스가 셰필드 매장 중 하나를 폐점했다) (근원 내 목표 환유)
(3) *The* sax *has not come to today's rehearsal.* (색소폰이 오늘 연습에 오지 않았다) (목표 내 근

원 환유)

(1)을 이해하려면 사람들이 장미의 특징(예: 장미의 향기, 아름다움)으로 생각하는 특정 특징이나 특징의 집합을 선택해야 한다. 이러한 특징은 장미의 다른 특징(예: 가시가 있고 북부 온대 지역에서 자라며 다년생 식물인 점 등)과 비교하여 강조된다. (2)에서 Starbucks가 회사의 경영을 의미한다. 이는 강조를 통해 기본 상태를 얻는 이차적 영역이다. 마지막으로 (3)에서 sax는 색소폰 연주자를 나타낸다. sax는 기본값의 현저성이 있으므로 강조할 필요가 없다. (1)과 (2)는 모두 해석에서 영역 강조가 요구되므로, (3)보다 서로 더 가깝다. 이는 개념적 현저성과 사상 체계의 형식적 본질 사이의 관계에 따라 근원 내 목표 환유와 함께 일대응 은유적 사상을 다음 연속체의 중심에 배치할 수 있음을 나타낸다.

다대응 은유	↔	일대응 은유	↔	근원 내 목표 환유	↔	목표 내 근원 환유

〈그림 12.1〉 사상 체계의 형식적 본질에 기반한 은유-환유 연속체

3.3 환유적 작용의 복잡성 정도

확장 및 축소의 인지적 작용에 대해 논의해 왔다. 이러한 작용을 일련의 영역 축소와 결합하면 매우 흥미로운 효과가 나타난다. 복잡한 개념화에서 최종적인 의미 표상에 개념적으로 현저한 항목이 포함될 수 있으며, 이를 경제적으로 표현할 수 있다. 예를 들어, He has too much lip(그는 입술이 너무 많다)이라는 표현에서 lip의 개념은 발화도구로서의 역할을 하며, 발화 행위에 대한 접근을 제공한다. 이 도구는 화자에게 원하는 만큼 오래 말할 수 있는 능력의 구성요소로 좁혀질 수 있다. lip은 **그 자체로** 발화 영역에서 도구로서 개념적으로 현저하며(즉, **기본값** 또는 **일차적 현저성**을 가짐), He has too much lip(그는 입술이 너무 많다)에서 화자가 말을 하도록 하는 **비기본값** 혹은 **표지된 현저성(marked prominence)**을 부여받기도 한다. 이제 이러한 패턴과 다른 결합 패턴에 대해 논의하고, 이들 패턴이 일으키는 현상의 본질을 파악할 것이다.

3.3.1 축소를 통한 확장

확장 및 축소 작용은 다양한 종류의 환유적 연쇄로 결합될 수 있다(Ruiz de Mendoza 2017: 149-151). 몇 가지 가능한 결합을 검토해 보자. 영역 확장은 작음 기호(<)를, 영역 축소는 큰 기호(>)를

사용한다.

- **영역 축소를 통한 영역 확장**. 이 조합은 The radio said it'd be warm today(라디오가 오늘 따뜻하다고 말했다)에서 radio라는 용어를 사용하는 것으로 설명할 수 있다. 표면적으로 분석하면, 통신 매체로서의 라디오는 해당 매체를 통해 의사소통하는 사람을 대표한다. 그러나 라디오 집합은 방송국과 라디오 수신기가 포함된 통신 체계의 일부일 뿐이다. 따라서 (라디오 집합으로써) radio라는 용어는 의사소통자를 대표하는 전체 통신 체계를 나타낸다. 첫 번째 환유는 영역 확장을, 두 번째 환유는 영역 축소를 사용한다.

라디오 집합(매체) 〈 라디오 통신 체계(방송국 및 라디오 수신기) 〉 의사소통자

- **영역 축소를 통한 영역 축소**. 이제 Kleenex라는 이름이 자사의 대표적인 제품인 종이 티슈(다른 덜 알려진 제품으로는 욕실 티슈, 종이 타월, 생리대, 기저귀 등이 있음)를 의미하는 경우를 고려해 보자. 이 제품은 생산자의 하위영역이므로 기본 인지 작용은 Do you think people will keep using Kleenex in the future?(앞으로도 사람들이 크리넥스를 계속 사용할 것이라고 생각하니?)와 같이 축소된다. 그러나 I would need a Kleenex(나는 크리넥스가 필요하다)와 같이 제품이 한 장의 티슈를 대신할 수 있도록 사용되면 축소 작용이 추가된다.

Kleenex(상표) 〉 Kleenex(소프트 종이 타월) 〉 Kleenex(티슈 1장)

- **영역 확장을 통한 영역 축소**. 영어 및 다른 언어에서 흔히 볼 수 있는 환유는 저자가 문학 또는 예술 작품을 대표하는 경우이다. 따라서 Shakespeare는 그의 문학작품을 의미하고(예: I like Shakespeare(나는 셰익스피어를 좋아한다)), Picasso는 그의 그림을 의미한다(예: She admires Picasso(그녀는 피카소를 존경한다)). 이러한 환유는 영역 축소를 기반으로 하지만, 영역 확장을 통해 환유 활동을 더 확장할 수도 있다. 예를 들어, Shakespeare is on the top shelf(셰익스피어는 선반 맨 위에 있다)는 셰익스피어 작품의 일부 또는 전체를 포함하는 책을 의미하고, I have a Picasso in the basement(나는 지하실에 피카소가 있다)는 피카소가 그림을 나타낸다.

작가(Shakespeare, Picasso) 〉 (문자적/예술적)작품 〈 프레젠테이션의 매체(예: a book, a picture)

- **영역 확장을 통한 영역 확장**. symphony라는 단어는 오케스트라의 구성을 나타내지만, 이를 연주하는 오케스트라(즉, symphony orchestra)와 교향악단이 연주하는 행사(예: We enjoyed last Saturday's symphony(우리는 지난 토요일에 교향곡을 즐겼다))와 심지어 그러한 행사가 열리는 장소(예: Did you go to the symphony in Washington D.C.?(워싱턴 DC에서 열린 교향곡에 갔니?)) 를 나타낼 수 있다. 이러한 환유적 전이는 영역 확장을 수반한다.

기악곡 〈 오케스트라가 곡을 연주함 〈 오케스트라가 곡을 연주하는 행사 〈 오케스트라 행사가 열리는 장소

3.3.2 유사성의 확장 또는 축소

유사성은 직유와 비상관적 은유의 특징이다. 유사성 작용이 환유의 영역 확장 또는 축소와 결합되면, 그 결과는 Goossens(1990)이 **은환유(metaphtonymy)**라고 명명한 것과 매우 유사해진다. 루이스 구센스(Louis Goossens)는 신체 부위, 소리 항목, 폭력적 행위 술어로 구성된 제한된 말뭉치를 분석하여 나타난 패턴을 설명했다(자세한 논의는 Ruiz de Mendoza 2014, 2017 참조). 더 많은 데이터를 사용한 Ruiz de Mendoza & Díez(2002)와 Ruiz de Mendoza & Otal(2002)은 환유가 유사성 은유에 종속되는 네 가지 광범위한 상호작용 패턴을 기반으로 보다 체계적인 분석을 제공했다. 이는 영역 확장 또는 축소를 통해 은유의 근원영역 또는 목표영역의 환유적 정교화를 통해 발생한다. 다음은 다양한 '은환유적' 결합에 대한 몇 가지 예이다.

- **은유의 근원영역적 환유 확장**: His comments were made tongue in cheek(그의 발언은 혀를 뺨에 대게 했다)라는 표현은 '유머러스하게'라는 의미를 담고 있다. 원래 혀를 뺨에 대는 것은 혀로 뺨의 안쪽을 꾹꾹 눌러서 생기는 표정에 근거한 경멸의 표현이었다. 이후 아이러니의 사용이 경멸을 전달하게 되면서, 이 표현은 유머러스한 아이러니적 발화를 포함하도록 확장되었다. 결국 이 표현은 진지하지 않은 모든 발언을 언급하는 것으로 의미가 전이되었다. 따라서 원래 사용은 표정을 묘사한 상황적 은유에 기반하고, 이후 경멸의 표시(또는 아이러니 또는 유머)로 해석하도록 환유적으로 확장된 것이다. 이 은유의 목표영역은 누군가가 '혀를 내두르는' 표정을 취하지 않고 경멸적인 발화(또는 아이러니하거나 유머러스한 발화)를 하는 모든 상황이다.
- **은유의 목표영역적 환유 확장**: My lips are sealed(내 입술은 봉인되었다)라는 표현은 봉인한

다는 것이 어떤 물질이 새지 않도록 입구를 막는 것을 의미한다. 이 은유의 근원은 사람이 입술을 봉인하는 상황을 묘사한다. 이는 사람이 말을 하지 않기 위해 입술을 굳게 다물고 있는 목표 상황으로 사상된다. 이 목표 시나리오는 환유적으로 발전하여 화자가 공개되어서는 안 되는 기밀 정보에 대해 말하지 않기로 결정했다는 의미를 포함한다.

- **은유의 근원영역적 환유 축소**: The Iraq war after 2003 became a Second Vietnam(2003년 이후 이라크 전쟁은 제2의 베트남이 되었다)라는 표현은 베트남 전쟁 상황을 이라크의 전쟁 상황에 사상한다. 베트남 전쟁에서와 같이 이라크에서도 미국은 현지 민병대에 취약한 지상군을 점령했다. 이 은유의 근원인 베트남은 베트남 전쟁 당시의 전투 상황으로 환원된다. Second Vietnam은 이러한 상황의 반복을 의미하며, 이러한 조건이 은유의 대상인 the Iraq war after 2003에 사상된다.
- **은유의 목표영역적 환유 축소**: Please, lend an ear for a moment(잠시만 귀를 빌려주세요)라는 표현은 '듣다'라는 의미를 담고 있다. 근원영역은 빌려주기 틀을 기반으로 하며, 경청해야 하는 사람은 빌려주는 사람, 주의를 요청하는 사람은 빌리는 사람, 주의를 기울여야 하는 대상은 대상 항목이다. 이 마지막 목표 항목은 귀라는 개념에서 환유적으로 접근한다.

3.4 영역의 존재론적 본질

이 기준은 근원 및 목표영역의 존재론적 본질과 관련이 있다. 은유의 경우, 인지언어학 초창기에는 Lakoff & Johnson(1980)과 Lakoff(1993)에 이어 우리의 은유적 사고의 대부분 추상적 개념을 구체적인 개념의 관점에서 추론하고 표현하는 것으로 구성된다는 가정이 있었다. 반면 환유의 경우, 지시적 전이를 수반할 수 있는 개념, 즉 실세계의 실체에 해당하는 개념에 기반한다는 가정이 있었다. 그러나 수년에 걸쳐 이러한 가정은 수정되었다. 그 이유를 살펴볼 것이다. 추상적-구체적 가정이 낳은 직접적인 결과는 Lakoff & Johnson(1980)이 은유를 **존재론적**, **구조적**, **방향적**으로 분류한 것이다(Kövecses 2002 참조). 존재론적 은유에서는 구체적인 것이 추상적인 것에 사상된다. 예를 들어, Life has treated her badly(인생은 그녀를 나쁘게 대했다)라는 표현에서 우리는 계속되는 불행을 우연이 아니라 고의적인 존재의 의도적인 활동의 결과로 본다. 구조적 은유는 복잡한 추상적 개념을 보다 구체적인 개념으로 표현한다. 예를 들어, 추상적인 시간을 금, 돈 또는 귀중품과 같은 구체적인 자원으로 볼 수 있다(예: We are wasting precious time(우리는 귀중한 시간을 낭비하고 있다)). 방향적 은유는 공간적 방향에 대한 우리의 경험에 근거한다:

HEALTHY IS UP(건강함은 위이다)/SICK IS DOWN(아픔은 아랫니다)(He rose from the dead(그는 죽음에서 일어났다), He fell ill(그는 아픔에 빠졌다)), CONSCIUS IS UP(의식은 위이다)/UN-CONSCIUSUS IS DOWN(무의식은 아랫니다)(Wake up(일어나), He sank into a coma(그는 혼수상태에 빠졌다)), HAPPY IS UP(행복은 위이다)/SAD IS DOWN(슬픔은 아랫니다)(He's feeling up/down(그는 기분이 좋다/나쁘다)). 이 분류는 Ruiz de Mendoza & Otal(2002)과 Ruiz de Mendoza & Pérez(2011: 169-172)에서 구체화되었다.

이제 이와 동일한 분류학적 관점에서 환유를 고려해 볼 것이다. 은유와 마찬가지로 환유는 (추상화 정도가 다른) 대상, 척도, 사건, 관계 또는 상황을 나타내는 개념에 대해 모든 수준의 일반성(기본, 낮음, 높음, 3.5절 참조)에서 작동할 수 있다. 따라서 환유는 **상황적**이거나 **비-상황적**일 수 있다. 비-상황적일 경우, **척도**, **사건**(행위 또는 처리 과정을 나타냄), **관계** 또는 **객체 관련된** 것일 수 있다.

1. **척도 환유**: 척도의 한 부분을 사용하여 전체 척도에 접근하거나 전체를 통해 척도의 다른 부분에 접근할 수 있게 한다. 척도 환유는 과소 표현과 과장 표현의 기초가 된다. 예를 들어, 비만인 사람을 묘사할 때 He's not thin(그는 마른 것이 아니다)이라고 말하면, 사람들의 체중과 체격의 상관관계에서 낮은 부분이 높은 부분을 의미한다. 과장해서 말하면 He's as fat as a pig(그는 돼지처럼 뚱뚱하다)처럼 높은 지점이 낮은 부분을 대표한다. 이러한 관찰은 규모에 기반한 환유를 완화 및 강화라는 인지 작용과 연관시킬 수 있으며, 과소 표현 및 과장의 경우 특정 규모에 따라 개념을 축소 및 확대하는 형태를 취한다.
2. **사건적 환유**: 행위와 처리 과정의 틀을 기반으로 한다. 예를 들어, 이라크와 베트남 전쟁을 언급하는 We don't want Iraq to be a second Vietnam(우리는 이라크가 제2의 베트남이 되는 것을 원하지 않는다)에서 위치는 그곳에서 발생한 눈에 띄는 사건을 나타낸다. During Vietnam, he was held as a prisoner(베트남 전쟁 중에 그는 포로로 잡혀 있었다)에서처럼 어떤 사건은 그 기간을 나타낼 수 있다. 더 높은 수준의 표상에서는 행위자를 배경으로 하여 행위를 마치 처리 과정인 것처럼 표현할 수 있다. 예를 들어, The door opened suddenly(그 문이 갑자기 열렸다)에서처럼 소위 기동 구문에서는 opend가 통사적으로 처리 과정을 나타내는 자동사로 취급된다(Ruiz de Mendoza and Pérez 2001). 개념적 관점에서 이 가상의 처리 과정은 문을 여는 어떤 행위자나 외부 힘의 작용을 의미한다. 이러한 흥미로운 환유적 예는 a sad novel(슬픈 소설), a happy ending(해피엔딩), a restless night(불안한 밤)와 같이 EFFECT

FOR CAUSE(효과는 원인을 대표한다)가 있다. 이러한 표현은 전통적으로 전이된 별칭을 수반하는 사고방식인 **환치법(hypallage)**의 예로 분류된다(예: 어떤 소설은 슬프지 않지만, 읽는 사람은 슬프게 느낄 수 있음). 우리의 관점에서 이러한 표현의 형용사(또는 '별칭')는 사건이나 상황이 화자나 경험하는 사람에게 미치는 영향을 포착한다. 내재된 근본 원인은 효과에 대한 언급을 통해 접근할 수 있다. 따라서 sad novel(슬픈 소설)은 슬픔을 유발하는 소설이고, happy ending(해피엔딩)은 사람들을 행복하게 만드는 결말이며, restless night(불안한 밤)는 안절부절못하게 느끼는 밤이다(Ruiz de Mendoza 2020: 29 참조).

3. **관계적 환유**: 통제된(예: own, stand) 또는 비통제된 관계적 틀(예: be, happen)에서 작동한다. 통제된 관계적 틀의 예는 This is John(이것은 존이다)('이것은 John의 커피잔이다'라는 의미)에서처럼 POSSESSOR FOR POSSESSION(소유자는 소유물을 대표한다)이라는 환유로 제공된다. 비통제된 관계적 틀은 종종 개체에 속성을 부여하는 것으로 구성된 비행위적, 비과정적 상태를 포착한다(예: 영어의 계사 수반을 통해 표현됨). 이러한 틀은 비분해적 본질 때문에, 환유적 처리가 불가능하다.
4. **객체 관련된 환유**: 부분-전체/전체-부분 구조와 비척도 속성-객체 연결의 여러 측면을 활용한다. 이 환유 유형의 몇 가지 예는 다음과 같다.

PART FOR WHOLE(부분은 전체를 대표한다): I want a roof over my head(나는 내 머리 위에 지붕을 원한다) ('집'을 의미함)

BODY PART FOR PERSON(신체 부위는 사람을 대표한다): All hands on deck(모든 손이 갑판 위에 있다) ('선원들'을 의미함)

ATTRIBUTE FOR PERSON(속성은 사람을 대표한다): He's a softie(그는 부드럽다) ('약하고 감상적인 사람'을 의미함)

ATTRIBUTE FOR OBJECT(속성은 대상을 대표한다): I caved in and bought a diesel last year(나는 작년에 굴복해서 디젤을 구입했다) ('디젤 자동차'를 의미함)

OBJECT FOR USER(대상은 사용자를 대표한다): They are all stuffed shirts(그들은 모두 박제된 셔츠이다) ('자만하고 거만하며 대개는 허세가 있는 사람들'을 의미함)

물론 위의 환유에 대해 보다 구체적인 설명을 추가할 수 있다(Barcelona 2018 참조). 다음은 위에 나열된 몇 가지 예에 대해 가능한 구체적인 표시이다.

This is John(이것은 존이다): CUSTOMER FOR ORDER(고객은 주문을 대표한다)

The door opened(그 문이 열렸다): A DOOR (AS IF OPENING BY ITSELF) FOR SOMEONE/SOMETHING OPENING THE DOOR((저절로 열리는) 문은 문을 여는 누군가/무엇을 대표한다)

I want a roof over my head(나는 내 머리 위에 지붕을 원한다): A ROOF FOR THE SHELTER (PROVIDED BY A HOUSE WITH A ROOF)(지붕은 (지붕이 있는 집에서 제공하는) 주거지를 대표한다)

All hands on deck(모든 손이 갑판 위에 있다): HANDS FOR SAILORS(손은 선원을 대표한다)

He's a softie(그는 부드럽다): (NATURE OF) A PERSON'S FEELINGS FOR THE PERSON CHARACTERIZED BY THOSE FEELINGS(사람의 감정(의 본질)은 그 감정으로 특징 지어진 사람을 대표한다)

I caved in and bought a diesel last year(나는 작년에 굴복해서 디젤을 구입했다): FUEL TYPE FOR VEHICLE (POWERED BY THAT FUEL TYPE)(연료 유형은 (해당 연료 유형으로 구동되는) 차량을 대표한다)

They are all stuffed shirts(그들은 모두 박제된 셔츠이다): COSTUME (PROPERTIES) FOR (TYPE OF) WEARER(옷(의 속성)은 착용자(의 유형)를 대표한다)

보다 구체적인 설명은 다양한 환유 관계의 관련 속성을 포착하기 때문에 설명적으로 적절하지만, 일반화 능력이 높기 때문에 보다 일반적인 표현이 선호된다.

3.5 영역의 일반성 정도

이전 연구에서는 기본, 하위 및 상위-층위 인지모형의 개념을 소개한 바 있다(Ruiz de Mendoza 및 Galera 2014). 환유는 이 세 가지 유형을 활용할 수 있다. 예를 들어, 기본 개념인 경로의 끝은 전체 경로와 그 경로를 따라 일어난 이동을 나타낼 수 있다. We will over the bridge in minutes(우리는 몇 분 안에 다리를 건널 것이다)에서 over the bridge라는 위치는 주인공이 그 위치에 도달하기 위해 따라가는 전체 경로를 나타낸다. 하위층위의 인지모형은 지각적으로 접근 가능한 개체 및/또는 상황을 나타낸다. hand(손)는 '작업자', window(창문)는 '유리', vehicle(운전대)은 '운전자', 그리고 그 안에서 일어난 사건의 위치 등을 대표할 수 있다. 마지막으로, 상위

층위의 인지모형은 하위층위의 모형보다 더 추상화되어 있다. 간단한 예로, **치기**(He hit the ball with a bat(그는 방망이로 공을 쳤다)), **죽이기**(The FBI agent killed the serial killer with his own gun(FBI 요원이 자신의 총으로 연쇄 살인범을 사살했다)), 또는 **칠하기**(We painted the cabinet doors with a paint sprayer(우리는 페인트 분무기로 캐비닛 문을 칠했다))와 같은 하위층위의 개념에서 파생되는 행위, 행위자, 대상, 도구 및 결과의 개념을 들 수 있다. 이러한 상위층위의 개념은 환유적으로 활용될 수 있다. 예를 들어, 화자가 자기방어를 위해 누군가를 죽여야 하는 상황에서 I had to pull the trigger(나는 방아쇠를 당겨야 했다)라는 표현을 고려해 보자. 방아쇠를 당기는 것은 총을 쏘는 행위의 일부이며, 그러한 행위를 대표한다. 그다음 총을 쏘는 행위는 그 행위의 결과를 나타낸다(A PROMINENT PART OF AN ACTION FOR THE ACTION FOR THE RESULT OF THE ACTION(행위의 현저한 부분은 행위의 결과를 대표한다)). 이는 상위층위의 인지모형을 환유적으로 활용할 수 있는 한 가지 방법이다. 상위층위의 모형은 하위층위의 환유적 활동(방아쇠를 당기고 사람을 죽이는 것과 관련된 활동)에 대한 기반을 제공한다. 또 다른 형태의 활용은 전적으로 상위층위의 인지모형 자체에 기반한다. 이 두 번째 형태는 문법에 대한 제약으로 작용하며, 이는 은유와 같은 추론 과정을 촉발하는 것이 아니라 상황의 재해석을 통해 발생한다. 환유가 영향을 미치는 문법 영역에 대한 보다 완전한 연구는 Panther *et al.*(2009), Brdar(2017) 및 Ruiz de Mendoza & Pérez(2001)에서 찾아볼 수 있다. 여기에서는 일부 구문적 행동 사례의 동기화를 이해하기 위해 상위층위의 환유적 복잡성의 중요성을 강조하며 몇 가지 선택된 예만 제공할 것이다. 다음은 환유로 인가되거나 동기화된 언어 현상의 몇 가지 예이다.

(1) 범주 전환: He hammered the nail into the wall(그는 망치를 사용하여 벽에 못을 박았다)(INSTRUMENT FOR ACTION(도구는 행위를 대표한다)) (Kövecses & Radden 1998).

(2) 하위 범주 전환: There is a lot of America in what she does(그녀가 하는 일에는 미국적인 생활 방식이 많이 있다)(AN ENTITY FOR ONE OF ITS ATTRIBUTES(개체는 속성의 하나를 대표한다)).

(3) 풍부한 구성(Jackendoff 1997: 61): She enjoyed/began the beer(그녀는 맥주를 시작했다/즐겼다/마셨다/팔았다/병에 담았다)(OBJECT FOR ACTION(대상은 행위를 대표한다)).

(4) 총칭적 술어의 매개변수화: This week, he'll do the carpets and I'll do the dishes(이번 주에 그는 카펫을 청소하고 나는 설거지를 할 것이다)(GENERIC FOR SPECIFIC(총칭성은 특정성을 대표한다)).

(5) 목적어-주어 간 승격의 자동사화: The door opened(누군가 또는 어떤 힘이 문을 열었다) (PROCESS FOR ACTION(과정은 행위를 대표한다)).

상위층위의 환유도 경제성을 위해 사용될 수 있다. 위의 범주 전환, 풍부한 구성, 그리고 일반 술어의 매개변수화의 예가 이에 해당한다. 또한 결과 예측에 다른 표상적 관점을 제공할 수도 있다. 하위 범주 전환의 예에서, a lot of America(많은 미국)는 국가에 개념적 현저성을 부여한다. 결과적으로 목표의 가치와 라이프 스타일을 생각할 때, 이는 미국만의 고유한 특성이라는 관점에서 예측을 수행하게 된다. 목적어의 통사적 승격과 함께 자동사화의 예로, Ruiz de Mendoza & Miró(2019)가 과시 구문(pretense construction)이라고 부른 사례가 있다. 기동 구문(inchoative construction)은 통사적으로 상승된 목적어에 주어의 원형적 속성(즉, 행위성)을 부여하면서 실제 행위자는 생략된다. 이는 원래 화자가 대상 상황에서 불가능한 일을 마치 대상이 스스로 행동한 것처럼 하는 의사소통 전략이다.

상위층위의 환유적 연쇄는 일부 구문의 의미 효과와 구문적 제약을 설명하는 데 유용하다. 예를 들어, 영어의 중간 구문에는 처리 과정으로 재해석된 행위의 결과와 관련된 평가 요소가 있다. This bread cuts easily(이 빵은 쉽게 잘린다)와 This bread cuts well(이 빵은 잘 잘린다)이라는 문장을 비교하면 이 점을 알 수 있다. 이 두 문장은 목적어가 마치 행위자인 것처럼 형식화된다는 점에서 기동 구문과 같은 과시 구문의 범주에 속하지만, 평가적 요소가 존재한다는 점에서 다르다. 전자의 경우 부사 easily(쉽게)는 그 범위 내에서 행위의 과정을 쉽게 포함하지만, 후자의 경우 부사 well(잘)은 행위의 결과를 잘 다룬다. 이 차이는 분할 구문을 사용하여 첫 번째 문장을 의역할 수 있지만, 두 번째 문장은 의역할 수 없다는 점에서 드러난다. 즉, It is easy to cut this bread(이 빵을 자르는 것은 쉽다)지만, *It is well to cut this bread라고는 할 수 없다. 분할 구문은 그 행위의 결과보다는 처리 과정을 강조할 수 있다. 환유적 동기화의 관점에서 문장 This bread cuts easily(이 빵은 쉽게 잘린다)는 (ACCESSED) PROCESS FOR ACTION((접근 가능한) 과정은 행위를 대표한다) 환유에 기반을 두고 있는 반면, This bread cuts well(이 빵은 잘 잘린다)은 추론적으로 검색할 목표 의미의 일부로 결과를 포함하는 이중 환유적 전환을 필요로 한다. 즉, PROCESS FOR ACTION FOR (ASSESSED) RESULT(과정은 (접근 가능한) 결과의 행위를 대표한다)이다. 이 환유를 통해 전달되는 기본 아이디어는 누군가가 빵을 자르고 그 행동이 좋은 결과를 가져온다는 것이지만, 우리는 행위자가 없고 그 행동이 단순히 대상의 고유한 속성을 표현하는 것으로 간주한다.

Goldberg(1995, 2006)와 같은 구문문법의 표준적 설명에서 주장하듯이, 특정 언어적 서술어를 배제하고 기동 및 중간 구문과 함께 사용하는 것은 서술어와 구문 간의 개념적 호환성의 속성만이 아니라는 점에 유의해야 한다. 어떤 상태가 실제와 다른 것처럼 가장하는 구문의 역할은 상위 층위의 환유적 활동을 통해서만 가능하다. 그런 다음 break(깨다), open(열다), cut(자르다)과 같이 이 환유적 관점을 통해 표현되기에 민감한 모든 언어 서술어는 구문에 통합될 후보자가 된다. 이런 점에서 경험이 중요하다. 때때로 우리는 문이 열리거나 닫히는 것을 보지만, 행위자에 대한 지각적 접근이 부족하여 마치 문이 저절로 열리거나 닫히는 것처럼 느낄 수 있다. 빵이나 고기 등을 쉽게 자르는 것을 생각할 때, 우리는 그 대상을 쉽게 자를 수 있게 만드는 요소에 집중하게 된다. 행동의 도구에 통사적 주어의 기능을 부여하여 마치 행위의 주체인 것처럼 제시될 때도 비슷한 상황이 발생한다. 이른바 도구-주체 구문이라고 부르는 이 과제는 또한 경험에 기반을 두고 있다. 예를 들어, The hammer broke the window(망치가 창문을 깼다)를 생각해 보자. 여기서 hammer(망치)는 실제 역할인 도구가 아니라 유리창을 깨뜨리는 실체로 간주된다. 망치는 유리에 닿아 유리를 깨뜨린다는 점에서 유리창을 깨뜨리는 것은 맞다. 우리는 망치에 집중하다 보면 실제 행위자, 즉 망치를 다루는 사람의 역할을 무시하기 쉽다.

4. 향후 방향

이 장에서는 개념적 환유 이론에서 기술적 및 설명적 뼈대를 조정할 필요성을 주장했다. 지면 관계상 해당 분야의 광범위한 제안을 모두 다루지는 못했지만, 통합된 설명적 뼈대를 만들기 위한 다양한 접근 방식에서 주요한 수렴적 측면이 있음을 충분히 입증했다. 인지적 작용이라는 개념을 기반으로 이러한 뼈대의 필수 요소를 개괄했으며, 환유가 중요한 역할을 하는 다양한 현상을 설명할 수 있을 뿐만 아니라, 이러한 현상을 이론적으로 건설적인 방식으로 서로 연관시킬 수 있는 잠재력을 탐구했다. 어쨌든 여기에 제시된 뼈대나 다른 경쟁적 설명은 모두 **포괄성(comprehensiveness)**과 **정밀성(delicacy)**의 검증을 거쳐야 한다. 전자는 어떤 현상이 환유적 활동에 얼마나 기반을 두는지 판단하는 제안의 능력과, 이를 서로 연관지어 설명하는 능력을 의미한다. 후자는 제안서에 포함될 현상에 대한 세밀한 설명을 제공하는 능력을 의미한다.

이러한 종류의 뼈대는 데이터 수집 및 편집 방식의 개선이 필요하며, 이를 통해 말뭉치 언어학을 보다 명확하게 분석할 수 있을 뿐만 아니라, Gibbs(1999, 2007)의 기존 연구를 확장하여 주요 가설에 대한 실험적 검증에 더욱 중점을 두어야 한다. 또한 더 많은 교차 언어적 노력이 필요하다. 편의상 이 장의 예는 대부분의 문헌과 마찬가지로 영어를 기준으로 하고 있다. 영어 이외의 다른 언어에서 데이터를 수집하고 대조하는 것이 필요하다. 예를 들어, 크로아티아어와 헝가리어를 대상으로 한 Brdar & Brdar-Szabó(2003), 스페인어와 영어를 대상으로 한 Ruiz de Mendoza & Peña(2008) 연구가 있다. 또한 중국어(Jing-Schmidt 2008) 및 독일어(Michl 2019)와 같은 개별 언어에 대한 연구도 존재한다. 그러나 환유적 사고에 대한 이해를 향상시키기 위해서는 두 가지 종류의 연구가 훨씬 더 필요하다. 예를 들어, 영어와 스페인어의 대조 연구에 따르면 영어는 특히 문법과 같은 일부 영역에서 스페인어보다 환유를 더 광범위하게 사용하는 것으로 나타났다. 이는 범주 전환의 경우에 해당한다(예: 영어에서 nail(동사)과 nail(명사) 대 스페인어에서 clavar(동사)와 clavo(명사)). 이러한 상황이 발생하는 이유는 스페인어가 영어보다 접미사 체계가 더 풍부하기 때문이다. 이는 환유적 사고의 확장을 제한한다. 또한 스페인어에서 부분적으로만 평행한 영어의 기동 구문의 표현도 마찬가지이다. 따라서 스페인어는 재귀 구조와 함께 se를 사용하여 목적어-주어 상승(The door open vs La puerta se abrió(문이 저절로 열렸다))으로 자동사화를 위한 대안의 문법적 해결책을 사용한다(Ruiz de Mendoza and Peña 2008, Ruiz de Mendoza and Miró 2019 참조). 그러나 스페인어 동사 abrir(열다)는 자동사화에 무감각하지 않지만(La puerta abrió), 자동사화가 되면 영어 동사에서 다루지 않는 의미 뉘앙스를 전달한다. 이는 실제로 문이 열리기 전에 문을 열려는 시도가 반복되었다는 아이디어를 담고 있다(예: Finalmente, la puerta abrió y pudimos entrar(마침내 문이 열렸고 우리는 들어갈 수 있었다)), se가 포함된 구문은 화자가 누가 또는 무엇이 문을 열었는지 알지 못한다는 아이디어를 전달한다. se가 포함된 스페인어 구문과 영어 기동 구문은 모두 과시 구문이다(Ruiz de Mendoza & Miró 2019). 스페인어에서는 화자가 문이 저절로 열린 척하는 반면, 영어에서는 화자가 실제로 외부 행위자 없이 일어난 과정인 척한다. 이러한 유형의 구조에 대한 비교 연구는 개념적 메커니즘으로서의 환유에 대한 더 깊은 이해를 확실히 제공할 것이다.

더 읽을거리

Blanco Carrión, O., A. Barcelona, & R. Pannain (Eds.) (2018). *Conceptual Metonymy. Methodological, theoretical, and descriptive issues*. Amsterdam and Philadelphia: John Benjamins. (이 책은 환유 분야의 주요 인사들의 논문 모음집으로, 데이터 수집, 설명 및 분류와 관련된 방

법론적 문제를 다루고 있다. 또한 은유 및 다른 환유 간의 상호작용 패턴, 환유의 추론 방식, 구문적 행위, 의미론적 외심, 스페인어 수어에서 환유의 역할과 같은 다양한 주제도 포함되어 있다.)

Brdar, M. (2017). *Metonymy and word formation. Their interactions and complementation*. Newcastle: Cambridge Scholars. (이 책은 단어 형성과 환유에 초점을 맞추고 있지만, 환유의 정의, 어휘화, 문법에서의 역할과 같은 관련 주제에 대한 접근 방식도 제시한다. 특히 단어 형성에서 환유가 연결어 형성, 약어, 고정 표현, 어휘 혼성, 중복, 변환, 합성 및 접미사 등 다양한 현상에 미치는 영향을 다룬다.)

Littlemore, J. (2015). *Metonymy. Hidden shortcuts in language, thought, and communication*. Cambridge: Cambridge University Press. (이 책은 환유 이론에 대한 최첨단의 비평적 개요를 제공한다. 이 책에서는 인접성, 환유 활동의 의사소통 층위, 활성 영역, 방사망 범주 그리고 환유의 창의적 사용 등 이 장에서 다루는 대부분의 주제와 추가적인 주제를 포함하고 있다.)

Ruiz de Mendoza, F. J., & Galera, A. (2014). *Cognitive modeling. A linguistic perspective*. Amsterdam and Philadelphia: John Benjamins. (이 책 특히 2.3.1, 3.1, 4.2, 4.3 및 4.4절에서는 인지적 작용에 기반한 의미 구문의 일반적 설명 내에서 환유 이론을 구성하고 있다. 또한 은유와 환유 사이의 관계와 복잡한 개념적 특성화에서 환유의 역할에 대해서도 논의한다.)

제13장
힘 역학

1. 서론

힘 역학은 레너드 타미(Leonard Talmy)가 인과관계(causatives)의 의미를 탐구하는 것뿐만 아니라, 힘의 작용과 상호작용을 표현하거나 은유적으로 분석할 수 있는 다양한 동사와 표현의 의미에 기반한 도식적인 개념 체계를 개발한 것이다(Talmy 1976, 1981, 1985, 1988, 2000, 2018). 이 장에서는 먼저 타미 이론의 전체 구조를 간략히 설명한 후, 기본 힘 역학 체계와 그 은유적 및 기타 확장 내용을 제시한다. 그런 다음, 타미의 이론이 인과관계에 대한 Wolff(2007)의 실험 연구에서 어떻게 활용되었는지를 설명하고, 타미와 이브 스위처(Eve Sweetser)의 서법동사의 접근 방식에 대한 의견을 개괄할 것이다. 마지막으로 향후 연구 주제에 대한 몇 가지 제안을 통해 결론을 맺는다.

2. 힘 역학적 Talmy의 도식적 체계

2.1 타미의 개념적 구조와 언어에 대한 전반적인 이론

타미의 이론은 언어의 폐쇄부류와 개방부류를 구분하는 것에서 출발한다. 이러한 구분은 형식적, 의미적, 기능적 관점에서 이루어질 수 있다. 형식적으로 개방부류는 언어에서 가장 큰 형식 집합을 구성하며, 항상 새로운 구성원을 통합할 수 있기 때문에 '개방형'이라고 부른다. 예를 들어, 명사, (조동사가 아닌) 완전동사, 형용사, 의성어 등이 여기에 해당한다. 반면, 폐쇄부류는 구성원 수가 적은 집합으로, 새로운 형태를 추가하기가 매우 어렵기 때문에 '폐쇄형'이라고 한다(Talmy 2018: 1). 이 집합에는 접사, 굴절, 파생어, 접어뿐만 아니라 전치사와 같은 자유형도 포함되며, '틀 및 구문과 같은 문법적 복합체'도 포함된다(Talmy 2006: 255). 의미론적 관점에서 개방부류 형태는 가능한 참조 대상에 대한 제약이 없는 반면, 폐쇄부류 형태는 제한된 수의 의미만을 표현할 수 있다. 대부분의 언어에는 수 대립을 표현하는 형태가 있으며, 예를 들어 지시어의 색을 나타내는 굴절이 있는 언어는 존재하지 않는다(Talmy 2000: 411). 또한, 숫자 범주 내에서 언어는 단수, 복수, 이중, 부분과 같은 제한된 구분만을 할 수 있다.

결국 타미에게 있어 두 가지 형식의 가장 중요한 특성은 기능적이다. 개방부류 형태는 개념적 내용을 표현하는 기능을 가지며, 폐쇄부류 형태는 개념적 구조를 표현하는 역할을 한다. 즉, 언어는 폐쇄부류 형태를 통해 표현되는 내용에 개념화를 부여한다. 이러한 폐쇄부류 형태는 개별 개념을 범주로 그룹화하여 표현하고, 이 범주들은 도식적 체계로 통합된다. 예를 들어, 영어 some은 (공간과 시간에서) 경계성 범주를 표현하는 폐쇄부류 형태의 일부로 사용된다. 즉, some water(약간의 물)에서 water라는 본질적으로 무한한 실체와 some을 결합하면 물이 경계가 있는 실체로 개념화된다. 이런 경계성은 이후 언어 사용자가 시간과 공간을 개념화할 수 있도록 하는 도식 체계의 다른 범주와 함께 그룹화된다. Talmy(2000: 47, 2018: 12)는 이를 '형상적 구조(configurational structure)'라고 부르며, 이는 '언어의 기본 개념 구조화 체계'(Lampert & Lampert 2013: 18) 중 하나로 원근감, 주의 분포, 힘 역학 및 인지 상태로 구성된다(Talmy 2000, 2006). 마지막으로 이 '언어 체계'는 우리의 전반적인 인지 구조의 일부로 간주되며(Lampert & Lampert 2013: 13), 타미는 이러한 체계를 노엄 촘스키(Noam Chomsky), 제리 포더(Jerry Fodor) 또는 레이 재킨도프(Ray Jackendoff)와 같은 저자들이 정의한 의미적 모듈로 간주하지 않는다(Deane 1996: 57). 그의 개념은 '인지 조직의 중첩 체계 모형'이라고 불리며, 시각과 언어 구조 사이의 중첩, 또는 경계성이 시간과 공간의 개념화에 적용되는 범주와 같은 다양한 중첩이 존재한다고 제안한다. 타미 모형의 이러한 계층적 특성은 뇌의 기능에 대한 신경과학의 최근 아이디어(Talmy 2003: 194)와 일치하는 것으로 보이지만, 개념적 체계와 뇌 구조의 정확한 관계는 아직 잘 알려져 있지 않기 때문에 항상 주의가 필요하다(Lampert & Lampert 2013: 14-17).

2.2 힘 역학

타미의 힘 역학(Force Dynamics) 체계는 힘의 상호작용을 언어로 표현하는 방식을 폐쇄부류와 개방부류 형태로 나누어 개념적으로 설명한다(Talmy 2000: 409, 2018: 59). Talmy(2018: 42)에 따르면, 이 체계는 실제 현상이 아니라 개념화를 표현하는 데 사용된다. 따라서 예를 들어, (1)과 (2)는 동일한 장면을 가리키지만 개념화는 다르다.

(1) The ball was rolling along the green. (공이 그린을 따라 굴러가고 있었다)
(2) The ball kept on rolling along the green. (공이 그린을 따라 계속 굴러갔다)

특히 (2)에서 보조사 keep -ing의 사용은 공이 정지하려는 경향이 있지만, 바람과 같은 외부 힘에 의해 이를 극복당한다는 느낌을 준다. 이 문장은 Talmy(1976: 61)가 개발한 원인(CAUSE) 분석과 같이 여러 요소로 나눌 수 있는 힘의 역동적인 대립을 표현한다. 이는 기존 분석이 원시적(primitive)이고 미분석된(unanalyzed) 개념으로 간주되었던 것을 대체하는 것이다(예를 들어, Jackendoff 1990 참조, Lampert & Lampert 2000: 217). 이 분석은 Talmy(2000: 413)에 의해 힘 역학의 도식 체계로 일반화되었다.

> 더 복잡한 힘 역학 패턴의 기저에는 (…) 두 힘의 대립이 존재한다. 언어가 드러내는 주요 구분은 힘을 행사하는 두 개체 간의 역할 차이에 있다. 한 개체[주힘(Agonist)]는 초점을 끌기 위해 선택되며, 이 개체가 힘의 경향을 나타낼 수 있는지 아니면 이를 극복할 수 있는지가 중요한 이슈이다. 두 번째 개체[반힘(Antagonist)]는 첫 번째 개체에 미치는 영향을 고려하여 효과적으로 극복할 수 있는지를 판단한다.

이 체계는 게슈탈트와 같은 구조로 주힘과 반힘을 구분하는 물리적 힘의 민속모형에 해당한다(Talmy 2000: 468, 각주 2, Lampert & Lampert 2013: 46-51, 57-58). 이 체계는 일종의 '순수한 물리학'을 구성하므로, 여기에 포함된 힘과 에너지 개념을 과학적 개념과 혼동해서는 안 된다(Talmy 2000: 410, 455, 2018: 9, 61-62, Lampert & Lampert 2013: 44, 각주 1, 57-59). 또한 이 도식적 체계는 언어 구조에 내장되어 있지만(Talmy 2000: 410), 생리학에서 근육 쌍의 반대 구성원을 지칭하는 '주힘' 및 '반힘'이라는 용어에서 볼 수 있듯이, '운동감각적/체성적 감각 양식'(Talmy 1983: 257, Lampert & Lampert 2000: 219)에 언어 독립적인 기반을 두고 있다(Talmy 2000: 413). 타미는 힘 역학 체계를 비언어적 운동감각에 기반하여 설명함으로써(Lampert & Lampert 2000: 218), 언어의 사용과 구조를 설명하는 인지적 구조가 사실 언어 형식의 사용에서 먼저 파생된다는 점에서 언어에 대한 인지적 접근의 순환성 비판을 피하고 있다(Keller 2018: 118 참조).

2.2.1 힘 역학의 필수적 체계와 기본 힘 역학 패턴

Talmy(2000: 415, 2018: 44-46)는 힘 역학 체계가 이미 언급된 '소위' 보조사 keep -ing나 because of, despite와 같은 전치사를 포함하는 (폐쇄부류) 형식의 문장을 어떻게 분석할 수 있는지를 설명한다.

(3) The ball kept rolling because of the wind blowing on it. (공은 바람이 불기 때문에 계속 굴러갔다)

(4) The shed kept standing despite the gale wind blowing against it. (창고는 강풍이 불어도 계속 서 있었다)

(5) The ball kept rolling despite the stiff grass. (공이 뻣뻣한 잔디에도 불구하고 계속 굴러갔다)

(6) The log kept lying on the incline because of the ridge there. (통나무는 산등성이 때문에 경사면에 계속 누워 있었다)

(3)에서는 ball(공)이 주힘에 해당하며 정지하려는 경향이 있지만, 바람이라는 반힘에 의해 계속 움직이고 있다. 반힘이 주힘에 지속적으로 작용함에 따라 타미는 이것을 '확장된 인과관계'의 예로 설명한다. (4)에서 shed(창고)는 주힘으로서 정지하려는 경향이 있지만, (3)의 ball과 달리 바람의 힘보다 강해 결국 정지 상태를 유지한다. 타미(Talmy 2018: 45, 61)는 이것을 첫째 'despite 패턴'이라고 부른다. (3), (4)에서는 주힘이 정지하려는 경향을 보이는 반면, (5), (6)에서는 이동하려는 경향을 보인다. (5)에서는 주힘인 ball의 이동 경향이 grass(잔디)라는 반힘에 의해 저항받지만, 그 저항이 충분히 강하지 않아 ball의 이동 경향성이 실현된다. 이는 둘째 'despite 패턴 = 방해'로 설명된다(Talmy 2018: 62). (6)에서는 ridge(산등성이)가 반힘으로서 더 강하게 작용하여 주힘인 log(통나무)를 저지하고 있다. 반힘이 주힘에 지속적으로 작용함에 따라, 이는 (3)과 마찬가지로 또 다른 확장된 인과관계의 예이다. 힘의 상호작용은 여러 구성요소로 분석할 수 있으며,

이 상호작용의 결과는 단순히 서로 다른 구성요소를 더한 것이 아니라 게슈탈트와 같은 통일되고 일관된 전체라는 점을 명심해야 한다(도식 표상은 Talmy 2000: 415, 2018: 61 참조).

	주힘 경향성		주힘 결과		반힘에 대한 주힘	
	정지 경향성	행위 경향성	행위	정지	더 적음	더 큼
(3)	+		+		+	
(4)	+			+		+
(5)		+	+			+
(6)		+		+	+	

해당 힘의 패턴은 주힘과 반힘 외에 추가되는 요소가 없기 때문에 '안정 상태의 힘 동적 패턴'이라고 한다. 다음 패턴에서는 반대로 요소들이 추가되어 시간이 지남에 따라 주힘이 반힘에 미치는 영향이 변화한다. 따라서 Talmy(2000: 417)는 이를 '힘 동적 패턴의 전이'라고 설명한다. 이러한 패턴을 설명하는 첫 번째 문장은 행위의 시작 원인을 나타낸다. 예를 들어, (7)의 lamp(램프)와 같이 정지하려는 경향이 있는 주힘은 이에 대항하는 더 강한 반힘인 ball(공)에 의해 작용한다.

(7) The ball's hitting it made the lamp topple from the table. (공이 테이블에 부딪히면서 램프가 테이블에서 넘어졌다)

(8)에서는 주힘인 fire(불)에 대항하는 반힘인 water(물)가 더 강하지만, 주힘을 이동하게 하는 대신 그것을 멈추게 한다. Talmy(2018: 48, 63)는 이것을 '정지의 초기 인과성'이라고 부른다.

(8) The water's dripping on it made the fire die down. (물이 떨어지면서 불이 꺼졌다)

(7), (8)과 같은 경우는 실제로 인과관계의 원형적인 사건에 해당하며, (3), (6)과 함께 주힘의 결과 상태(행위 또는 정지)가 초기 경향과 반대되는 일반적인 인과관계 범주를 형성한다(Talmy 2000: 418). 반대로 다음 두 패턴에서는 주힘의 결과 상태가 초기 상태와 일치하며, 이는 동사 let으로 표현된다. Talmy(2018: 48, 63)는 이를 각각 '행위의 초기 허용(onset letting of action)'(원형적인 letting 패턴) 및 '정지의 초기 허용(onset leting of rest)'이라고 부른다.

(9) The plug's coming loose let the water flow from the tank. (플러그가 느슨해지면서 탱크에서 물이 흐르기 시작한다)

(10) The stirring rod's breaking let the particles settle to the bottom. (교반봉이 부러지면서 입자가 바닥에 가라앉는다)

이러한 힘 패턴의 구성요소 결합은 다음과 같이 요약할 수 있다(해당 표는 Talmy 2000: 418, 2018: 63 참조).

	주힘 경향성		반힘의 효과성		주힘의 결과성	
	정지	행위	인과	허용	시작	정지
(7)	+		+		+	
(8)		+	+			+
(9)		+		+	+	
(10)	+			+		+

다음 문장에서 반힘은 주힘보다 더 강하고 지속적으로 분리되어 있다. 따라서 이 문장들은 각각 '확장된 이동 허용' 및 '확장된 정지 허용'을 표현한다(Talmy 2000: 420, 2018).

(11) The plug's staying loose let the water drain from the tank. (플러그가 느슨해져 있으면 탱크에서 물이 빠져나가게 된다)

(12) The fan's being broken let the smoke hang still in the chamber. (선풍기가 고장 나서 연기가 회의실에 그대로 머물러 있다)

이 문장들에서 알 수 있듯이, 힘 역학은 (예시 3, 6, 7, 8에서와 같이) 인과관계뿐만 아니라 동사 let 또는 despite, because of와 같은 전치사로 표현되는 개념을 나타내는 데도 사용될 수 있다. 따라서 인과관계의 개념을 더 많은 요소로 분석함으로써, 힘 역학이 처음에 타미가 분석한 인과관계 외에도 다양한 표현과 구성을 분석하는 데 활용될 수 있음을 알 수 있다. 이는 "전통 언어학의 인과적 개념에 대한 일반화"로 간주될 수 있다(Talmy 2011: 633, 2018: 50-51, Croft 2012: 203-204). 이러한 점은 Talmy(2000, 2018)와 다른 연구자들(3절 참조, Lampert & Lampert 2013,

Croft 2012: 204-205)이 힘 역학 모형을 기반으로 분석한 다양한 문장, 구성 및 표현을 통해서도 확인된다.

2.2.2 힘 역학의 확장

위의 예는 물리적 힘의 상호작용 영역에 속하는 개념을 나타낸다. 그러나 언어 사용자는 행위를 수행하고자 하는 자아의 한 부분이 다른 부분에 의해 반대되는 힘의 상호작용으로서의 정신의 순수한 모형을 바탕으로, 심리적 영역에서 힘 관계를 표현하기 위해 은유적 확장을 통해 힘 역학 체계를 적용할 수 있다(Talmy 2000: 410-411, 430-432, 2018: 51). 따라서 (13)은 중립적이지만, (14)는 동사 refrain(삼가다)을 추가하여 책임감이나 적절성에 따른 심리적 힘의 관계를 표현한다.

(13) He didn't close the door. (그는 문을 닫지 않았다)
(14) He refrained from closing the door. (그는 문을 닫는 것을 삼갔다)

힘 역학 체계는 한 대상이 다른 대상에 직접적으로 힘을 가하여 어떤 행위를 나타내는 것과 "한 지각 있는 개체가 다른 개체에 의해 인식되고, 자발적으로 특정 행위를 수행하는 이유로 해석되는 의사소통을 포함한 자극의 생산" 사이의 추론에 기반하여(Talmy 2000: 438), 사회적 힘의 상호작용을 표현하기 위해 사회적 영역으로 확장될 수 있다(Talmy 2000: 438, 2011: 634, 2018: 53-55). 이는 (15)와 (16)으로 설명할 수 있다.

(15) He let her present her opinion. (그는 그녀가 자신의 의견을 발표하게 했다)
(16) The gang pushed/pressured him to do things he didn't really want to do. (갱단은 그가 정말로 원하지 않는 일을 하도록 강요했다/압박했다)

Talmy(2000: 452-453)는 힘 역학 체계의 보다 확장된 사용을 설명하며, 예를 들어 논증에서 '논리적 사고(logic-gators)'의 의미를 설명하기 위해 but(하지만), besides(게다가), nevertheless(그럼에도 불구하고), moreover(게다가), granted(승인된), instead(대신), after all(결국) 또는 on the contrary(반대로)와 같은 단어가 주장되는 일부 요점에 대한 반대 또는 강화를 표현하여 논증의 흐름을 지시할 수 있다고 말한다.

여기서 언급할 힘 역학 체계의 마지막 확장은 영어 조동사의 의미를 분석하는 데 사용하는 것과 관련이 있다. 영어 동사의 부정사형 앞에서 to의 부재, 3인칭 단수에서 -s의 부재, 지연된 not, 그리고 의문형에서 주어의 역전과 같은 특정 형태적 및 통사적 속성으로 영어를 식별할 수 있다. 이러한 속성들은 can, must, may 등과 같은 동사의 특징이다. 이러한 속성을 표시하지 않는 have to, be supposed to, be to, get to와 같은 제한된 일련의 다른 동사는 그 의미와 사용이 '엄격한' 서법과 매우 유사하기 때문에, '소위' 서법성이라고 한다. 이 모든 동사는 또한 힘의 상호작용 측면에서 분석을 허용한다. 따라서 (17)에서 boy(소년)는 부정사에 기술된 행위(to do his homework(과제를 하다))를 수행하지 않으려는 경향이 있지만, 그 행위를 하지 않으려는 경향을 극복하고 행위를 실행하게 만드는 (암시적 및/또는 맥락적으로 주어진) 반힘(예: his parents(그의 부모)) 에 의해 힘의 경향이 극복되는 주힘으로 볼 수 있다(Talmy 1985: 326, Boogaert & Fortuin 2016: 516).

(17) The boy had to do his homework. (소년은 그의 과제를 해야만 했다)

주힘과 반힘의 경향성이 다를 수 있고 상호작용이 (18)에서와 같이 물리적일 수도 있고, (17)과 같이 심리사회적일 수도 있지만, 다른 동사도 비슷한 분석을 가능하게 한다.

(18) An electron has to stay in a particular orbit around the nucleus. (전자는 핵 주위의 특정 궤도에 머물러야 한다)

몇몇 동사들은 어근의 서법적 의미뿐만 아니라 인식적 의미도 표현할 수 있다. 예를 들어, (19)에서와 같이 may는 어근 의미(be allowed to)를 가질 수 있으며 장벽의 부재를 표현한다.

(19) John may leave the house. (존이 집을 나가도 된다)

그러나 (19)에서 may는 (대학 주차장에서 John의 차를 볼 때 발화된) (20)의 경우와 같이 동사가 특정 결론에 도달하는 데 인식적 장벽의 부재를 표현하는 것으로 이해될 수도 있다.

(20) John may be here. (존이 여기 있을지도 모른다)

Talmy(2000: 443)는 make, let, have, help와 같은 동사가 부정사 보문을 취하고 힘 역학적 참조를 강제하기 때문에, 위에 인용된 조동사와 함께 더 큰 구문 범주를 형성한다고 주장하며 이 부분을 더욱 확장한다. 이 두 범주의 동사 결합은 그가 '거대 서법 체계'라고 부르는 것을 형성한다.

실제로 Talmy(1988: 87)는 영어 서법의 기본 사용법을 심리사회적, 대인 관계적 영역에서 찾았지만(Lampert & Lampert 2000: 248), 힘 역학 개념의 기본 사용은 물리적 영역에 위치한다고 생각한다. 따라서 힘 역학의 개념적 패턴을 물리적 영역에서 사회적 상호작용 및 인과의 추론적 영역으로 사상할 수 있는 은유적 유추를 통해 서법동사의 기본 사용을 설명해야 하며, 이를 통해 서법 개념의 기반이 될 수 있다(Lampert & Lampert 2000: 221, 224).

타미와는 대조적으로 Sweetser(1984, 1990)는 대인 관계적, 심리사회적 영역이 서법동사의 기본이라고 주장한다. 그녀는 "여기서 must는 문장의 주체(혹은 그 행위를 가져오는)가 문장에 표현된 행위를 하도록(또는 그 행위를 유발하도록) 강요하는 화자(및/또는 다른 행위자)가 부과하는 실제 단어의 힘을 나타낸다"고 설명한다(Sweetser 1990: 64, Mortelmans 2007: 874). 그녀의 견해에 따르면 서법동사는 세 가지 수준으로 설명되어야 한다. (19) 또는 (20)에서와 같이 (의무적 서법성과 동적 서법성(예: 능력)을 포함하는) 어근 서법성, (21)과 같은 인식적 서법성, 그리고 may가 대화 세계에 장벽의 부재를 나타낼 수 있는 발화행위 서법성이다.

(21) He may be a university professor, but I doubt it because he's so dumb. (그가 대학교수일지 모르지만, 너무 멍청해서 의심스럽다)

서법동사가 마지막 두 가지 유형의 양식을 표현하는 방법을 설명하기 위해, Sweetser(1990: 28, 50)는 언어 사용자가 일반적으로 외부 세계를 참조하는 개념과 표현을 사용하여 내부 세계를 나타낸다고 말한다. 이러한 일반적인 은유로 인해, 예를 들어, 추론 과정은 실제 행동을 모형으로 삼아 강제, 강요, 의무 등의 대상을 표현하게 된다. 따라서 Sweetser(1990: 52)는 서법성을 '기본적으로 의도적이고 지시된 힘과 장벽을 지칭하는 것'으로 특성화하고, (19)에서와 같이 may의 인식적 사용은 '잠재적이지만 부재한 장벽'을 표현한다고 정의한다. 어근 의의에 해당하는 근원영역에서 목표영역인 인식적 영역(Lakoff & Johnson 1980)으로의 전이는 은유의 '영상도식 구조'일 뿐이며(Sweetser 1990: 61), 예를 들어, 어근 의의에서 저항성이 강요된 사람에게 존재한다고 가정되는 거부감은 아니다(예를 들어, You must come home by ten (Mama said)(엄마가 말했듯이, 10시까지 집에 와야 한다)). 그러나 인식적 영역에서는 더 이상 존재하지 않는다(예를 들어,

You must have been home last night(너는 어젯밤에 집에 있었던 게 틀림없어))(Sweetser 1990: 61). 영상도식은 Johnson(1987: 29)에 의해 반복적인 패턴 또는 규칙성으로 정의되며, 이는 "주로 공간을 통한 신체적 움직임, 사물의 조작, 지각적 상호작용의 층위에서 우리에게 의미 있는 구조로 나타난다"는 설명을 제공한다(Lampert & Lampert 2000: 235-244 참조). Johnson(1987: 48-57)에 따르면, 언어 사용자는 무엇보다도 서법동사의 의미를 근거로 삼는 데 사용할 수 있는 힘의 영상도식을 개발한다. 즉, COMPULSION(강요)의 영상도식은 must, REMOVAL OF RESTRAINT(통제의 제거)는 may, ENABLEMENT(가능성)는 can에 적용될 수 있다. 그러나 첫째, 영상도식에 정확히 무엇이 들어가는지에 대한 비판적 성찰이 필요하다(자세한 내용은 Lampert & Lampert 2000: 241-243 참조). 둘째, 존슨이 식별한 도식이 어떤 의미에서 영상도식에 해당하는지에 대한 의문이 있다(Mandler & Canovas 2014). 셋째, 만약 그렇다면 영상도식의 선개념적이고 신체화된 특성이 언어적 표현의 기초가 되는 힘 역학 표현의 다소 추상적인 특성과 양립할 수 있는지 여부에 대한 논의가 필요하다(Lampert & Lampert 2000: 219). 3.2절에서 서법에 대한 분석으로 돌아가겠지만, 먼저 타미의 기본 힘 역학 체계와 관련하여 공식화된 중요한 질문들을 살펴보기로 한다.

3. 논평 및 정교화

3.1 타미의 기본 체계에 대한 논평

타미의 기본 힘 역학 체계는 세 가지 요소로 구성된다. (i) 주힘의 정지 또는 이동에 대한 초기 경향성, (ii) 주힘과 반힘의 상대적 강도, (iii) 힘의 상호작용 결과이다. 그러나 Jackendoff(1990: 133-135)와 Wolff(2007: 110) 같은 일부 저자들은 더 복잡한 힘 역학 패턴이 두 가지 힘의 반대를 함축한다는 아이디어에 의문을 제기했다. 타미의 이러한 아이디어(Talmy 2000: 414 참조)는 예를 들어, (22)에서 약한 반힘이 이탈되고 있다고 주장한다(Talmy 1988: 64-65, 2018: 50, 65).

(22) Removing the benches helped the children cross the schoolyard. (벤치를 없애면 아이들이 학교 운동장을 건너는 데 도움이 된다)

그러나 Jackendoff(1990)에 이어 Wolff & Song(2003: 283)은 help(돕다)와 같은 서술어의 사용이 주힘과 반힘, 혹은 Wolff(2007)의 용어로 피동작주(patient)와 영향주(affector) 간의 대립보다는 일치를 포함할 수 있다고 제안했다(Lichtenberg 2018: 58 참조). 결과적으로 Wolff(2007: 87, 110)는 타미 체계의 세 가지 요소를 다음과 같이 재구성해야 한다고 주장한다. (i) 영향주와 피동작주 사이의 일치 여부, (ii) 최종 상태에 대한 피동작주의 경향성, (iii) 최종 상태를 향한 진행 과정이다. ((ii) 및 (iii)은 필립 울프(Phillip Wolff)에 따르면 타미의 요소에 이미 존재하는 요소에 해당함) 이러한 세 가지 기능을 통해 그는 CAUSE(원인), ENABLE(가능), PREVENT(예방) 및 DESPITE(불구하고)와 같은 다양한 개념을 분석할 수 있다고 한다(Wolff 2007: 88).

개념	피동작주 경향성의 최종 상태	영향주-피동작주 일치도	결과: 최종 상태 도달
CAUSE(원인)	N	N	Y
ENABLE(가능)	Y	Y	Y
PREVENT(예방)	Y	N	N
DESPITE(불구하고)	Y	N	Y

Wolff(2007)는 그의 모형이 타미보다 더 체계적인 방식으로 세 가지 기능의 가능한 모든 결합을 설명할 수 있다고 주장한다. 그가 언급한 것 외에도 ENABLE-NOT(N-Y-N)과 DESPITE_N(N-N-N)을 구별하며, 나머지 두 가지 기능 결합이 불가능한 이유를 설명한다. 예를 들어, Y-Y-N 조합은 피동작주와 영향주가 최종 상태를 가리키는 것을 의미하며, 이는 결과물도 최종 상태를 가리켜야 함을 나타낸다. 하지만 "결과물이 최종 상태를 가리키면 결과물이 발생해야 함을 의미한다. 따라서 이 결합의 마지막 자질은 'N'이 아니라 'Y'가 되어야 한다"고 설명한다(Wolff 2007: 110). 울프는 위에 요약된 세 가지 자질을 통해 다양한 부류의 인과 동사를 구분할 수 있다. 이러한 자질들은 그가 인과 동사의 여러 부류를 정의하는 데 필요한 범주 층위라고 부르는 것을 구성한다. 그러나 그의 견해에 따르면, 인과관계에 대한 완전한 설명은 계산적 층위라고 부르는 두 번째 층위가 필요하다. 이 수준에서는 경향성, 일치 및 결과와 같은 범주 층위의 구분이 인과적 상황에 해당하는 물리적 세계에서 힘의 상호작용을 나타내는 인지 단위의 관점에서 재기술되고, 힘의 벡터로 표시된다(Wolff 2007: 87-90, Goldschmidt 2018: 36). 이를 보다 구체적으로 설명하기 위해 한쪽에 등대가 있고 다른 쪽에 선풍기가 달린 보트가 수면을 건너는 실험 상황을 예로 들어보자. 이 상황에서 보트는 처음에는 등대를 향하지 않고 선풍기에 의해 항로를 이탈

하다가 결국 등대에 부딪힌다. 이 상황에 해당하는 힘의 형상화는 비동작주(boat)에서 발생되는 힘, 영향주(fans)에서 생성되는 힘, 그리고 이 힘들의 상호작용으로 발생하는 힘으로 구성되며, 이는 최종 상태를 가리킨다. 위에서 설명한 세 가지 기능으로 정의된 CAUSE(원인), ENABLE(가능), PREVENT(예방), DESPITE(불구하고)와 같은 개념은 각각 특정 힘의 형상화에 해당하며(Wolff 2007: 90 참조), 이 모형은 어떤 사건이 인과 혹은 예방이 아닌 인과관계로 간주되는지를 예측할 수 있어야 한다. 예를 들어, 위의 상황에서 보트는 처음에 등대에서 멀어지는데, 이는 범주 층위에서 '피동작주의 최종 상태에 대한 경향성'이라는 자질의 값이 N에 해당하는 상황이다. 또한, 선풍기가 등대 방향으로 불기 때문에 '영향주-피동작주-일치'라는 자질의 값도 N이 된다. 결과적으로 보트가 등대에 접근하므로 '최종 상태 접근'이라는 자질의 값은 Y가 된다. 이는 위에 제시된 CAUSE(원인) 분석에 해당하며, 실험에 참여하는 피험자는 상황을 설명하기 위해 선택할 수 있는 표현 목록에서 cause(유발하다)라는 동사를 선택할 것이라는 예측이 가능하다. 실제로 실험에 참여한 피험자들은 (23)의 문장으로 상황을 설명했다.

(23) The fans caused the boat to hit the lighthouse. (선풍기 때문에 보트가 등대에 부딪혔다)

Wolff(2007: 87-88)는 "사람들은 물리적 인과관계에 유추하여 비물리적 인과관계에 대해 생각할 수 있다"고 주장하며, 힘 벡터가 물리적 힘뿐만 아니라 사회적, 심리적 힘도 나타낼 수 있음을 언급한다. 그는 타미가 다루는 부분도 일부 포함하고 있다. 울프는 실험에 참여하는 피험자들이 CAUSE(원인), ENABLE(가능), PREVENT(예방), DESPITE(불구하고)와 같은 인과적 개념을 전달하는 표현을 기꺼이 사용하는지를 경험적으로 검증하기 위해 범주 층위의 자질과 계산 층위에서 기술된 힘의 패턴에 해당하는 상황을 설정했다. 이는 (23)에 대해 간략하게 설명한 것과 같은 몇 가지 실험 상황을 포함한다. 울프의 동적 모형은 타미의 모형과는 다르지만, 동적 술어 분석에서 힘의 역학적 기능의 적절성에 대한 실험적 증거를 제공한다(Lichtenberg 2018 참조).

3.2 서법 분석에 대한 논평

서법동사의 의미에 대한 타미와 스위처의 제안은 여러 가지 비판을 받았으며, 그 중 첫 번째 시리즈는 이러한 동사의 기본 용법에 대한 분석이다. Sweetser(1990: 51-56)의 분석은 타미의 힘 역학에 근거한 것이라 할지라도, 이미 타미의 분석과 약간의 차이가 있다. 이는 놀라운 일이 아니다. 일부 저자는 물리적 영역이 서법동사 분석의 기본인지에 대해 의문을 제기한다. 예를 들어, Winter & Gärdenfors(1995)는 심리사회적 힘이 기본적이며 물리적 힘에 대한 이해에서 파생되지 않는다고 주장하며, 화자와 청자(또는 다른 당사자) 간의 권력관계를 나타내는 스웨덴어 서법동사에 대한 분석을 제안한다. 반면 Diewald(1999: 108-109)는 John can't go out of the house(존은 집 밖으로 나갈 수 없다)와 같은 문장에서 부정사와 함께 서법 동사를 사용한 타미의 can(및 독일어 können)의 분석을 비판한다. 타미에 따르면, 이러한 문장은 존이 집 밖으로 나가고 싶어하지만 그 경향에 반대하는 어떤 장벽이 있다는 신호를 보낸다. 그러나 가브리엘 디왈드(Gabriele Diewald)에 따르면, 힘의 차단 및 반대라는 개념은 부정적 입자에 기인하며, can 자체는 의도성을 표현할 수 없고 주체가 특정 가능성이나 능력을 가지고 있다는 것만 표현할 수 있다(Lampert & Lampert 2000: 225, 각주 63 참조). 하지만 Lampert & Lampert(2000: 254)가 지적한 바와 같이, Talmy(1988: 77, 79)가 can을 not의 맥락에서만 분석한다는 사실은 그가 can 자체가 힘 역학에 기초하여 분석되어야 한다고 생각하지 않는다는 것을 암시한다. 또한, 왜 타미가 be able to를 언급하지 않았는지, 왜 can이 인식론적 사용을 갖지 않는 반면, cannot이 가능한지를 설명할 수 있다(Sweesser 1990: 154, 각주 17에서도 지적됨). 마지막으로 Fortuin(2005: 46)은 힘의 개념이 가능성보다 필연성과 관련하여 더 간단하다고 주장하며, 가능성을 표현하는 동사의 분석에 관여하는 힘의 종류는 연구 중인 동사에 따라 다를 수 있다고 지적한다. 예를 들어, 막힌 부분을 제거한다는 아이디어는 I can sing very well(나는 노래를 잘 부를 수 있다)(Narrog 2012: 81, 각주 23, 비교 설명 참조)에서 can을 사용하는 것보다 succeed(성공하다)와 같은 동사에 더 적합해 보인다.

Portner(2009)는 타미의 힘 역학이 줄리가 소득세를 납부했다는 것을 수반하지 않는 다음 문장에서와 같이 의무적 서법동사가 가능한 상황과 가설적 상황을 설명할 수 없다고 주장한다.

(24) The law compels Julie to pay income tax. (그 법은 줄리가 소득세를 납부하도록 강제했다)

(25) According to the law, Julie must pay income tax. (그 법에 따라, 줄리는 소득세를 납부해야 한다)

다음 문장에서 must로 표현되는 인식적 서법성에 대해서도 동일한 관찰이 가능하다.

(26) It must be raining. (비가 오는 것이 틀림없다)

사실, 가상적 사건에 대해 이야기를 할 필요성은 가능 세계가 (형식적) 의미론에 도입된 주된 이유 중 하나였다. 그럼에도 불구하고, 힘 역학적 뼈대가 서법적 의미의 이러한 측면을 설명할 수 있음을 시사하는 몇 가지 요소가 있다. 우선, Talmy(1988: 54)는 힘의 개념을 다룰 때 주힘은 운동이나 정지에 대한 초기 경향을 갖지만, 이러한 경향은 (그러나 반드시 그렇지는 않지만) 반힘에 의해 극복되어야 한다고 주장한다. 이는 적어도 "힘은 '(모든) 사물이 평등할 때'에만 발생하는 결과를 갖는다"라는 의미에 따라 '(모든) 다른 사정이 변함없다면(ceteris paribus)'의 속성이 있다는 아이디어와 양립할 수 있다(Copley 2019: 138). 다시 말해, 어떤 힘의 결과가 다른 힘이 그것을 막을 때 반드시 얻어지는 것은 아니며, 폴 포트너(Paul Portner)의 질문에 대한 답을 도출할 수 있는 아이디어가 될 수 있다. 그러나 Copley(2019: 146)는 단순한 물리적 힘과 달리 "의도나 인식적 힘이 어떻게든 명제를 포함해야 하며, 이는 (최소한) 단일 결과가 아닌 일련의 결과가 될 것이기 때문에 더 정교한 힘 분류가 필요하다"라고 지적한다(Copley 2019: 146). Portner(2009: 114, 각주 34)는 인지언어학이 가상적 상황에 대한 참조를 유도하기 위해 서법의 속성을 고려할 수 있는 또 다른 방법으로, 로널드 래내커(Ronald W. Langacker)의 효능감(potency) 개념을 언급한다. Langacker(1991: 269-270)에 따르면, 서법은 관련된 활동의 개념을 불러일으키며, 단순히 물리적 능력을 원하거나 가지고 있는 것이 아니라 **무언가(something)**를 원하거나 **무언가(something)**를 할 수 있는 능력을 가지고 있음을 나타낸다. Langacker(1991: 270) 용어로, 각 서법은 지표 역할을 하는 다른 처리 과정을 도식적으로 참조한다. 그 다음, 서법의 주체는 "지표적 처리 과정으로 향하는 어떤 종류의 힘의 궤적, 즉 촉발될 때 그 과정의 발생을 초래하는 경향이 있는 물리적 또는 정신적 힘"이며, Langacker(1991: 270)는 "이 힘의 발산과 그에 따른 지표의 처리 과정의 실현은 실제적이기보다는 잠재적"이라고 명시한다. 다시 말해, 서법동사가 지정하는 것은 결과 또는 최종 상태에 도달할 수 있는 힘의 잠재력이며 Boye(2005: 61)는 서법동사와 표현의 의미를 힘 역학적 잠재력의 개념을 참조하여 정의할 것을 제안하면서 채택한 것으로 보인다(Boogaert & Fortuin 2016: 517 참조).

마지막으로 언급할 비판의 요점은 서법의 인식론적 해석이 (은유의 근원영역으로서) 심리사회적 영역에서 (목표영역으로서) 인식적 영역으로 은유적으로 전달된 결과라는 스위처의 분석이다. 이는 각각 may와 must에 대한 의역으로 설명된 예에서 드러난다(Sweetser 1990: 61).

(27) a. John may go

"John은 (나 또는 다른) 권위에 의해 가는 것이 금지되지 않았다"

b. John may be there (인식적)

"나는 그가 거기에 있다는 결론이 내 전제에 의해 금지되지 않는다"

(28) a. You must come home by ten (mom said so)

"(엄마 권위의) 직접적 힘은 당신이 10시까지 집에 오도록 강요한다"

b. You must have been home last night (인식적)

"가능한 (직접적) 증거는 당신이 집에 있었다는 결론을 나에게 강요한다"

이 분석과 관련하여 몇 가지 비판적인 언급이 있었다.

(i) Langacker(1991)와 Pelyvás(1996)는 스위처의 은유적 분석이 옳다면, must, have to, may와 같은 제한된 수의 서법에만 적용되며, 인식적 사용의 will, would, might, should, ought to는 그런 식으로 설명될 수 없다고 주장한다. 또한 인식적 형용사와 부사도 마찬가지이다. Furmaniak(2011: 44)가 지적했듯이, 이러한 이유로 이 가설은 영어 서법의 인식적 사용이나 인식적 표현의 의미적 부류에 대한 단일 설명을 제공할 수 없다.

(ii) 스위처의 분석은 무엇보다도 교차언어학적 어휘 항목이 어근과 인식적 의의 사이에서 모호하다는 생각에 기초한다(Sweetser 1990: 49). 그러나 이 아이디어는 van der Auwera & Ammann(2005)에서 확인되지 않았다(Narrog 2012: 221 및 Furmaniak 2011: 45 참조).

(iii) Pelyvás(1996)는 통시적 증거, 특히 Traugott(1989: 36)가 제공한 통시적 증거를 언급하며, may의 인식적 의미가 의무적 의미보다 먼저 입증되었음을 보여주고, may의 어근과 인식적 사용은 (현재는 소멸된) 능력 의미에서 발전했다고 주장한다(스위처와 타미의 분석에 대한 다른 비판적 성찰에 대해서는 Pelyvás 2000 참조).

(iv) 역사적 관점에서 Traugott & Dasher(2002: 111, 119)는 Bybee, Perkins & Pagliuca(1994: 188)가 나열한 서법의 어휘적 근원이 힘과 장벽의 의미론에 대한 증거를 거의 보여주지 않는다고 지적한다.

(v) 엘리자베스 클로스 트라우고트와 리차드 대셔(Elizabeth Closs Traugott & Richard B. Dasher)는 무엇보다도 어근에서 인식적 의미로의 변화를 설명하기 위해 은유적 전이가 필요하지 않다는 것을 보여준다. 예를 들어, 그들은 must와 관련하여 초기 고대 영어에서는 능력과 허가를 표현한 반면, 후기 고대 영어(기원전 1,000년경)에서는 의무를 표현했으며, 인식적 must는 고대 영어 텍스트에서 매우 드물게 나타나고, 1,300년경까지 완전히 발전하지 않았다고

지적한다(Traugott & Dasher 2002: 121). 이는 인식적 의미보다 먼저 근원적 의미가 있어야 한다는 것을 확인시켜 주지만, 트라우고트와 대셔는 인식적 의미의 발달이 은유적 전이가 아니라 모호한 문맥에서 처음 전달된 대화적 함축의 관습화로 설명되어야 한다고 주장한다. 이는 다음과 같은 고전적인 예를 통해 설명될 수 있다.

(29) Ealle we moton sweltan
All we must die
"We must all die"(우리는 모두 죽을 것이다)
(?8th century Exodus, 12.33, Warner 1993: 162, Traugott & Dasher 2002: 127에서 발췌)

이 문장은 의무적 해석을 받을 수 있지만, 문맥상 must가 미래에 대한 필연적 결론을 표현하는 인식적 해석도 가능하다. 실제로 Warner(1993: 162)는 이 상황을 다음과 같이 설명한다. "이집트인들은 유대인들에게 이집트를 떠나라고 강요하며 이렇게 말한다. 너희 유대인들이 이집트를 떠나지 않으면 우리 이집트인들은 모두 죽을 수밖에 없다." 이 인식적 해석은 필요성이 넓은 범위, 즉 명제 전체에 걸쳐 있는 것으로 해석될 수 있는 방식으로 문장을 해석할 수 있다는 사실에 의해 선호된다.

(30) a. [ealle we, motan (sweltan)] (좁은 범위)
b. motan [ealle we, (sweltan)] (넓은 범위)

Narrog(2012: 225)이 지적한 바와 같이 넓은 범위는 (주관화의 관점에 따라 근원에서 인식적 의미로의 진화에 대한 Langacker(1991)의 분석을 연상시키는 아이디어인) 권위의 근원이 불특정하다는 것을 의미한다. 그러나 인식적 의미는 나중에야 빈번해졌기 때문에, 이러한 문맥은 아마도 비-인칭격의 사용이나 필수적으로 nede와 같은 부사에 의해 광범위하고 일반적인 해석이 확인되거나 강화되는 상황에서 나중에 발생하는 의미 변화의 근거를 마련하는 전제조건으로 간주되어야 한다(Diewald 1999)(자세한 내용은 Goossens 2000: 161 및 Narrog 2012: 224-233을 참조. 주의 창문화가 주힘과 반힘에서 (인식적) 힘의 강도로 옮겨간다는 아이디어에 기반한 다른 분석에 대해서는 Furmaniak 2011: 61-67 및 Lampert & Lampert 2000: 232-233, 252-253, 2013: 69-71을 참조).

4. 추가 응용 및 연구 질문

여러 종류의 표현에 대한 의미와 기능을 분석하기 위해 다른 연구자들이 힘 역학에 대한 타미의 아이디어를 적용한 모든 사례를 나열하는 것은 매우 많은 시간이 걸릴 것이다(부분적 참고문헌으로는 De Mulder 2007 및 Copley 2019를 참조). 그러나 그의 아이디어가 의미론뿐만 아니라, 예를 들어 문장이 행위 연쇄를 표현한다는 개념에 기반한 문법적 관계 분석(Langacker 1990, 1991, 짧은 개요는 De Mulder 2007 참조)이나 논항 실현(Croft 2012)에서 사용된 구문에도 적용되었다는 점은 주목할 만하다. 최근에는 힘 역학 개념이 보다 공식적인 의미적 접근 방식에 통합되기도 했다(예를 들어, Copley 2019 및 해당 기사에서 언급된 참고문헌 참조).

이러한 여러 새로운 확장 및 응용 외에도, 이론 자체는 여전히 몇 가지 매우 흥미로운 연구 질문을 제기한다. 그중 몇 가지를 요약하면 다음과 같다. (i) 힘 역학의 (도식적) 체계를 Johnson(1987)이 설명한 바와 같이 영상도식으로 볼 수 있는가, 아니면 좀 더 추상적인 성격의 (의미적 또는 인지적) 틀로 생각해야 하는가? (ii) 힘 역학 체계를 기반으로 분석할 수 있는 서법동사 표현은 무엇이며, 분석할 수 없는 것은 무엇인가? (iii) 결국 서법의 의미가 어근에서 인식적 의미로 진화하는 과정을 은유적 전이, 환유 과정, 대화적 함축의 관습화 또는 또 다른 유형의 과정으로 이해해야 하는가? (iv) 실제로 서법의 인식적 의미는 여전히 근원 의미와 관련이 있는가? 예를 들어, Lampert & Lampert(2000: 252-253, 2013: 70)는 타미가 인식적 사용의 서법동사를 개념적 체계의 인지 상태에서 하위 범주로 통합하는 것을 고려할 수 있다고 제안한다. (v) 마지막으로, Lichtenberg(2018)에서 영감을 받은 질문으로, 힘 역학에 대한 아이디어를 더욱 발전시키기 위한 출발점으로 타미, 울프, 또는 브리짓 커플리(Bridget Copley)의 접근법 중 어느 것이 더 적절한가?

더 읽을거리

힘 역학의 다양한 양상과 응용에 대한 풍부한 문헌이 존재한다. 이 기고문 말미에 인용된 참고문헌 외에도, 더 깊이 읽고 싶으신 분들을 위해 다음 저작물을 추천한다.

William Croft (2012). *Verbs: Aspect and causal structure*. Oxford: Oxford University Press. (크로프트는 그의 연구에서 힘 역학을 반복적으로 언급해 왔으며, 이 책에서는 양상적 표현과 통

합하여 사건 구조 이론을 발전시켰다.)

Martina Lampert (2015). How attention determines meaning: A cognitive-semantic study of the steady-state causatives *remain, stay, continue, keep, still, on*. In G. Marchetti, G. Benedetti, & A. Alharbi (Eds.), *Languages and linguistics. Attention and meaning: The attentional basis of meaning* (pp. 207-238). New York: Nova Science Publishers. (참고문헌에 인용된 Lampert & Lampert(2013)의 연구에 따르면, 이 글은 힘 역학이 언어의 주의 체계에 대한 타미의 최근 연구와 어떻게 결합될 수 있는지를 보여준다.)

P. Wolff & R. Thorstad (2017). Force dynamics. In M. R. Waldmann (Ed.), *The Oxford handbook of causal reasoning* (pp. 147-167). Oxford: Oxford University Press. (필립 울프의 연구는 타미의 이론을 사역 개념에 대한 보다 실험적인 접근법에 통합하고 적용한다. 이는 이 연구 분야의 최근 개요이다.)

Christopher Hart (2010). *Critical Discourse Analysis and Cognitive Science: New perspectives on immigration discourse*. Basingstoke: Palgrave. (이 책의 7장은 "Force Dynamics and epistemic modality"을 다루고 있으며, 힘 역학을 사회적 영역으로 확장한 것으로 볼 수 있다 (C. Hart 2011c 참조. 'Force-interactive patterns in immigration discourse: A Cognitive Linguistic approach to CDA', *Discourse & Society*, 22(3), 269-286).)

제14장
해석

1. 서론

언어학자들은 언어 표현의 의미를 설명할 때 두 가지 주요 접근 방식을 사용한다. 즉, 형식의미론과 인지의미론이다. 형식의미론은 논리 체계를 통해 표현의 의미를 설명하는 것을 목표로 하며, 이 중 하나는 **참조(reference)** 이론이다. 이 이론은 표현의 의미가 참조와 같다고 가정하며, 언어는 문자적 의미 내에서 외부 세계와 대응한다고 간주된다. 이런 점에서 의미는 본질적으로 객관적이며, 표현과 객관적 세계의 관계를 다룬다. 이 이론은 **진리조건적(truth-conditional)** 이론으로 발전하여, 표현의 의미를 그 표현이 참인지 거짓인지에 대한 조건으로 식별한다. Jackendoff(1983: 29)는 어휘 항목의 의미론적 가치는 관찰 가능한 상황의 특징으로 환원된다고 주장한다. 예를 들어, a/the book과 같은 표현의 의미를 알기 위해서는 세상을 살펴보고 그 표현이 참인지 확인해야 한다. 이를 통해 명제적 의미가 설명되고, 동의적 표현은 자유로운 대안으로 간주되며, 구체적인 개체가 분석의 주요 초점이 된다. 참조 이론의 핵심은 언어가 사고의 세계와 분리되어 있다는 점이다.

반면, Fillmore(1977, 1982), Talmy(1983, 2000), Fauconnier(1985, 1997), Lakoff(1987, 1990), Langacker(1987, 1991a)와 같은 언어학자들이 제시한 인지의미론은 의미와 마음의 관계를 중심으로 다룬다. 이 이론에서는 언어와 인지는 분리할 수 없는 관계로 간주되며, 언어적 구조가 개념적 구조를 반영한다고 본다. 인지의미론은 몇 가지 핵심 가정에 기반한다. 첫째, 개념적 구조는 신체화된다. 즉, 개념적 조직의 본질은 외부 세계와의 감각적 상호작용에서 비롯된다. 둘째, 의미적 구조는 개념적 구조와 동일하다. 표현의 의미는 현실 세계의 실체를 가리키는 것이 아니라, 화자의 마음속에 있는 개념을 기반으로 한다. 셋째, 의미 표상은 백과사전적이다. 표현의 의미는 언어적 및 비언어적 지식의 방대한 저장소를 포함한다. 넷째, 의미구성은 개념화이다. 의미구성은 언어 단위가 일련의 개념적 작용을 위한 촉진제 역할을 하는 역동적 과정이다. 마지막으로, 의미는 세 가지 이론의 관점에서 구성되고 특징지어진다. **범주(category)** 이론에 따르면 언어 표현은 구별되지만 서로 연관된 감각의 네트워크를 형성한다. **영역(domain)** 이론에 따르면 언어 표현의 의미는 해당 표현이 포함된 영역과 관련하여 이해될 수 있다. 이 연구의 주제인 **해석(construal)** 이론은 언어 표현의 의미가 그 표현이 해석되는 방식과 관련되어 있음을 강조한다.

2. 해석

이 연구에서 다루는 의미에 대한 한 가지 근본적인 의미 이론은 Langacker(1988, 1997)가 제시한 **해석(construal)** 이론이다. 이 이론에 따르면 표현의 의미는 화자의 마음속에 존재하며, 언어는 화자가 상황을 어떻게 해석하는지를 나타낸다고 볼 수 있다. 이런 점에서 의미는 본질적으로 주관적이다. 화자는 언어를 통해 기본적인 의미를 부호화한다. Lakoff(1987)와 Johnson(1987)이 주장하는 것처럼, 대부분의 언어는 경험에 대한 다양한 개념화를 부호화하는 방식으로 설명될 수 있다. 발화를 형성하는 화자의 태도는 **해석**의 개념에 통합된다. Langacker(1987: 487)는 이를 "화자(또는 청자)와 그가 개념화하고 묘사하는 상황 사이의 관계"로 정의한다. 화자는 한 가지 이상의 방식으로 상황을 해석할 수 있는 능력을 가지며, 이러한 대안적인 개념적 선택은 다른 언어적 표현으로 이어진다. 예를 들어, a book과 the book은 같은 상황을 묘사하지만, 그 의미는 다르다. 첫 번째 표현은 발화 참가자들이 book(책)을 모르는 것으로 해석하는 반면, 두 번째 표현은 그들의 공통 지식의 일부로 해석된다. 해석 이론의 핵심은 인간의 사고와 언어가 밀접하게 상호 연관되어 있다는 점이다.

2.1 본질

해석 이론은 언어 표현의 의미를 그 내용이 해석되는 방식으로 식별한다. 언어 표현의 의미는 개념적 내용과 해석의 기능을 모두 포함한다. **개념적 내용(conceptual content)**은 상황에 내재된 속성으로, 관습적으로 표현과 연결된 의미를 말한다. **해석(construal)**은 화자가 상황을 다르게 이해하고, 이를 표현하기 위해 다른 언어 구조를 사용하는 능력이다. 동일한 상황도 의사소통의 필요에 따라 여러 방식으로 해석될 수 있다. 두 개의 언어 표현이 동일한 내용을 공유할 때, 화자가 그 내용에 부여하는 해석 방식은 다를 수 있다. 이러한 해석의 차이는 경험의 차이를 반영한다. 각 대안은 고유한 의미를 부호화하며, 따라서 언어에서도 다르게 구현된다. 예를 들어, 동사 mistreat(학대하다)와 maltreat(학대하다)는 어근이 같지만, 접두사가 다르기 때문에 독립적으로 사용된다. Hamawand(2009: 143)의 분석에 따르면, mistreat(학대하다)는 누군가를 불친절하거나 불공정하게 대하는 것을 의미하며, 이는 본질적으로 우연적인 대우로서 모욕이나 불쾌감에 해당한다. 반면, maltreat(학대하다)는 누군가를 잔인하게 대하는 것을 의미하며, 이는 본질적으로 고의적이며 폭력과 고문을 포함한다. 따라서 해석은 상황을 어떻게 개념화하고 언어적으로 어떻게 부호화하느냐의 문제이다.

2.2 전제

인지의미론에서 사용되는 해석 이론은 Hamawand(2016)가 언급한 것처럼 어휘나 문법에 관계없이 언어 표현의 의미에 대한 중요한 기본 전제를 기반으로 한다.

1. 언어 표현은 상징적 집합체이다. 이는 의미극과 음운극이라는 두 극을 가지고 있다. 상징적 표현과 관련된 의미론은 특정한 정신적 경험인 **개념(concept)**과 연결되며, 이는 **지각체(percept)**에서 파생된다. 상징적 표현에 연결된 음운은 우리가 말하거나 쓸 수 있는 지각 가능한 형태이다. 따라서 상징적 표현을 사용하려면 그 의미를 형태에 사상해야 한다. 예를 들어, overtime은 의미 구조인 '초과시간'과 음운 구조인 /ˈəʊvətaɪm/ 사이의 연관성으로 이해된다. 언어는 이러한 표현을 생성할 때 형태와 의미를 연관시킨다.
2. 모든 언어 표현에는 개념적 내용이 있다. **개념적 내용(conceptual content)**은 상황에 내재된 속성을 의미하며, 이는 표현과 관습적으로 연결된 의미이다. 개념적 내용의 차이는 의미의 차이를 나타내고, 이는 다시 형태의 차이를 유발한다. 예를 들어, authentic과 genuine은 실제적인 것을 나타내지만 동의어는 아니다. 이 두 표현은 사물을 다르게 해석하며, 각 표현은 특정 의미 구조의 매개체이다. authentic은 It is a friendly restaurant offering authentic Greek food(전통의 그리스 음식을 제공하는 친근한 레스토랑이다)와 같이 대상을 전통적인 것으로 해석되고, genuine은 Is the painting a genuine Picasso?(이 그림이 진품의 피카소인가요?)와

같이 진짜인 것으로 해석된다.

3. 언어 표현의 사용은 특정 해석의 결과이다. **해석**은 화자가 여러 가지 대안적인 방식으로 상황을 해석할 수 있는 정신적 능력을 의미한다. 각 해석은 화자의 세계 경험을 반영하며, 해석상의 차이에 따라 의미가 달라진다. 예를 들어, empathy와 sympathy는 다른 사람의 문제를 이해하고 배려하는 것과 관련이 있지만 동의어는 아니다. 해석은 이 두 표현에 각각 다른 역할을 부여한다. empathy는 She felt empathy for the refugees(그녀는 난민들에게 공감을 느꼈다)와 같이 다른 사람의 감정을 공유하는 데 중점을 두고, sympathy는 She expressed sympathy for the refugees(그녀는 난민에 대한 안타까움을 표현했다)와 같이 누군가에 대한 안타까움에 중점을 둔다.
4. 해석은 여러 차원으로 구성된 다중적 현상이다. 각 차원은 하위 차원을 포함하며, 이러한 하위 차원은 화자가 경험을 언어에 사상하는 방식을 반영한다. 언어는 미묘한 경험의 전달을 가능하게 하는 관습으로 가득 차 있다. 언어는 일반적인 인지 과정과 밀접하게 관련된 경험적 현상이다. 예를 들어, allude와 refer는 동일한 명제를 공유하지만, 해석은 이 두 표현을 독립적으로 사용할 수 있도록 한다. allude는 The reporter alluded to the president's secret fortune(기자는 대통령의 비밀 재산에 대해 언급했다)과 같이 상황을 간접적으로 진술하는 데 사용되고, refer는 The reporter referred to the $250 million in the president's bank account(기자는 대통령의 은행 계좌에 있는 2억 5천만 달러에 대해 언급했다)와 같이 상황을 직접적으로 진술하는 데 사용된다.
5. 두 표현은 동일하거나 자유 변이는 아니다. 변이체는 서로 다른 개념화를 반영하며, 그 결과 언어적으로 다르게 부호화된다. 두 언어 표현은 개념적 내용이 같을 수 있지만 의미적으로는 대조적이다. 두 표현 사이의 의미적 대조는 그 내용에 대체 해석의 제약 조건이 부과되었기 때문이다. 예를 들어, pick과 select는 여러 가능성 중에서 무엇을 선택한다는 동일한 명제를 갖고 있지만, 해석상 다르다. pick은 Pick from the pack(이 팩에서 골라)과 같이 신중하게 생각하지 않고 선택하는 것을 의미하고, select는 How do you select people for promotion?(승진 대상자는 어떻게 선정하나요?)과 같이 매우 신중하게 선택하는 것을 의미한다.

2.3 장점

해석 이론은 이전의 언어학적 제안들이 직면한 많은 어려움을 해결할 수 있으며, 그 분석에 비해 여러 가지 장점을 제공한다. 이와 관련하여 Hamawand(2002, 2007, 2008, 2009, 2011)를 참조할 수 있다.

1. 해석 이론은 화자가 상황을 다른 방식으로 개념화하고 표현할 수 있게 해 준다. 예를 들어, 보어절에서 주어진 동사 뒤에 특정 유형의 보충절이 오는 경우가 있다. He desires to achieve fame(그는 명성을 얻기를 바란다)과 He enjoys achieving fame(그는 명성을 얻는 것을 즐긴다)에서 보어절 사건의 내용이 주절의 주어에 따라 다르게 두드러진다. to 부정사는 미래의 행위를 나타내며, 명성 획득을 갈망하는 목표로 묘사된다. 반면, -ing 동명사는 현재 진행 중인 행위를 의미하며, 명성을 얻는 것을 즐거운 활동으로 표현한다.
2. 해석 이론은 언어 표현을 선택할 때 의미론적 요소뿐만 아니라 화용론적 요소도 고려해야 한다고 주장한다. 예를 들어, 보어절에서 같은 동사 뒤에 두 가지 유형의 보어절이 올 수 있다. It is hard to come to terms with being unemployed(실직을 받아들이는 것은 어렵다)에서 to 부정사 보어절은 아직 발생하지 않았거나 곧 발생할 상황을 나타낸다. 이 경우 화용적으로 행위의 성공이 보장되지 않는다. 반면, It is hard coming to terms with being unemployed에서 -ing 동명사 보어절은 이미 발생했거나 현재 진행 중인 상황을 나타내며, 화용적으로는 행위의 성공이 보장된다.
3. 해석 이론은 언어 표현의 형태와 분포 모두에 초점을 맞춘다. 표현의 형태는 개념적 내용에 부과된 특정 해석의 관점에서 특징지어지며, 표현의 분포는 표현 간의 의미적 호환성의 결과이다. 형태와 분포라는 분리할 수 없는 관계로 간주되며, 이는 표현의 구조적 특이성에만 초점을 맞추는 경향과는 다르다. 예를 들어, Working in the garden cheered him up(정원에서 일하면서 그는 기운을 얻었다)에서 -ing 동명사는 실제 사건을 참조하기 때문에 일관성이 있다. 반면, to 부정사는 비실제적 사건을 가리키기 때문에 일관성이 없다.
4. 해석 이론은 언어의 동의성 현상도 설명한다. 어휘 또는 문법적으로 한 쌍의 언어 표현이 유사한 의미를 가질 수 있지만, 실제 사용에서는 여전히 구별된다. 예를 들어, tasty와 tasteful 간의 차이는 종종 다른 접미사를 사용하여 형태적으로 부호화된다. tasty는 tasty soup(맛있는 수프)에서처럼 음식을 해석하는 데 사용되고, tasteful은 tasteful décor(고상한 장식)에서처럼 대상을 해석하는 데 사용된다. 각 접미사는 경험의 다른 개념화를 표상하며, 각 단어의 특성에 특별한 의미를 추가한다. 따라서 두 어휘 항목은 서로 자유롭게 대체될 수 없다.
5. 해석 이론은 언어의 다의성 현상도 설명한다. 같은 단어가 다른 문맥에서 다른 의미를 가질 수

있다. key라는 단어는 다의성의 좋은 예이다. She opened the door with a key(그녀는 열쇠로 문을 열었다)에서 key는 문을 여는 데 사용되는 금속 물체를 나타낸다. She pressed the delete key(그녀는 삭제 키를 눌렀다)에서는 key가 키보드의 버튼을 의미하고, The key to success is hard work(성공의 열쇠는 노력이다)에서는 성공의 수단을 나타낸다. She listened to music played in major keys(그녀는 장조로 연주되는 음악을 들었다)에서 key는 특정 음에서 시작되는 음계를 의미하며, The reader will find a key at the front of the book(독자는 책의 앞부분에서 열쇠를 찾을 것이다)에서는 지도에서 사용되는 표지판의 목록을 나타낸다. 이는 표현의 의미가 고정되어 있지 않음을 보여준다. 표현이 획득하는 새로운 의미는 사용되는 문맥에 따라 달라진다.

3. 차원

앞서 언급했듯이 해석은 다양한 차원(dimension)으로 구성된 다면적 현상이다. 이러한 차원은 인간의 기본적인 인지 능력을 반영하고, 의미의 경험적 측면을 포착한다. Langacker(1991b: ix)는 "주어진 내용을 해석하는 방법에는 여러 가지가 있으며, 각 해석은 고유한 의미를 나타낸다. 이는 표현이 불러일으키는 내용에 특정한 이미지를 부과한다는 나의 의도이다"라고 지적한다. 언어 표현의 의미론적 가치는 그 내용에 부여된 해석의 차원에 있다. 이러한 표현은 Langacker(1987: 98)가 주장하는 것처럼 화자의 개념화를 언어적으로 실현한 것이다. 예를 들어, **구체성(specificity)**의 차원은 장면을 묘사하는 데 포함되는 세부 사항의 층위를 나타낸다. Langacker(2013: 55)에 따르면 온도를 다양한 방식으로 설명할 수 있다. 구체성이 낮으면 It is hot(덥다)이라고 말할 수 있고, 구체성이 높으면 It is about 45 degrees(온도가 약 45도이다) 또는 더 구체적으로 It is exactly 50 degrees(온도가 정확히 50도이다)라고 표현할 수 있다. 상황을 기술할 때 화자는 여러 대안 중에서 특정 차원을 선택하여 개념적 내용을 구조화한다. 그럼에도 불구하고 동일한 개념적 내용을 연상시키는 표현들은 해당 내용을 다른 방식으로 해석하기 때문에 의미적으로 구별될 수 있다.

해석 차원의 분류를 시작하기 전에 두 가지 주의할 점이 있다. 첫째, 해석 차원에 대한 포괄적인 분류 체계를 도출하는 것은 매우 어렵다. Langacker(1987: 116-137)와 Talmy(2000: 40-84)는 해석 차원에 대한 여러 분류 체계를 제안하였지만, 여기에 제안된 분류 체계는 많은 언어 현상을 포착할 수 있는 통합적인 뼈대를 제공한다. 이 체계는 해석의 차원을 기본 유형으로 구성하고, 각 유형은 추가 유형으로 구성된다. 그러나 이와 관련하여 완전성을 주장하지는 않는다. 둘째, 하나의 언어 표현의 의미에는 여러 차원의 해석이 관련될 수 있다. 각 차원은 표현의 개념적 내용을 다른 방식으로 바라본다. 해석 차원은 언어의 다양한 영역에 적용되며, 이러한 차원은 현저성(prominence), 원근화법(perspective) 및 초점화(focusing)라는 세 가지 주요 제목으로 그룹화할 수 있다. 각 차원은 다시 하위 차원으로 세분화된다. 예를 들어, 현저성은 윤곽화(profiling), 탄도체-지표 정렬(trajector-landmark alignment), 현저함(salience)으로 나뉘고, 원근화법은 주관성(subjectivity), 객관성(objectivity), 역동성(dynamicity)으로 분류된다. 초점화는 전경화(foreground) 대 배경(background) 및 범위(scope)로 분류된다.

3.1 현저성

지각 영역에서 어떤 것이 눈에 띄면 주변보다 더 많은 관심을 끌게 된다. 언어에서도 유사하게 표현의 특정 부분이 다른 부분보다 두드러져 관심의 초점이 된다. 담화의 필요에 따라 개념화 내의 하부 구조에 초점 상태를 부여하는 행위를 **현저성(prominence)**이라고 한다. 언어학적으로 하위 구조는 문장 내에서 서로 다른 위치에 배치된다. 예를 들어, Lucy hit Karen with snowball(루시가 눈덩이로 카렌을 쳤다)과 Karen hit Lucy with snowball(카렌이 루시를 눈덩이로 쳤다)라는 문장은 같은 단어를 사용하지만 각각 다른 해석을 나타낸다. 이 문장에서 두 사람은 관련되어 있지만, 각기 다른 정도의 현저성을 받는다. 첫 번째 문장에서 Lucy가 주어 위치에 배치되어 더 두드러지며, 두 번째 문장에서는 Karen이 주어로서 더 현저하게 나타난다. 두 개의 논항이 포함된 문장에서 행위자(주어)는 피동작주(목적어)보다 더 현저하게 인식된다. 이는 보고된 행위를 시작하고 수행하는 주체가 주어이기 때문이다.

현저성의 차원은 윤곽화, 탄도체-지표 정렬, 현저함의 세 가지 차원으로 구별된다.

3.1.1 윤곽화

이 맥락에서 모든 표현은 관심의 초점 역할을 하는 하부 구조를 지정한다. 이 하부 구조를 **윤곽(profile)**이라고 하며, 윤곽을 지정하는 과정을 **윤곽화(Profiling)**라고 한다. 이 과정은 윤곽의 의미를 이해하는 데 필수적이다. 예를 들어, 제기된 문장과 비-제기된 변이체를 구별하는 것은 Langacker(1995: 10-11)가 주장하는 것처럼 동일한 개념적 내용에 대한 두 가지 대안적 해석의 문제이다. 어떤 하부 구조가 윤곽으로 선정되는지는 중요한 문제이다. 비-제기된 변이체인 It is likely that Tom will win the lottery(톰이 복권에 당첨될 가능성이 높다)에서는 윤곽화의 후보가 없다. 대신 전체 보충절이 윤곽에 포함되며, 결과적으로 주어로 부호화된다. 반면, 제기된 변이체인 Tom is likely to win the lottery(톰은 복권에 당첨될 가능성이 높다)에서는 제기된 명사 Tom이 윤곽에 있으므로 주어로 부호화된다. 이 상승된 명사는 일종의 주제 역할을 하며, 비-상승된 명사보다 더 큰 화제성을 나타낸다. 이는 to 부정사 보어절로 표시되는 활성 영역의 기준점 역할을 한다. 따라서 각 대안은 내용의 다른 측면을 강조한다.

통사론에서 윤곽화 차원은 능동문과 수동문을 통해 평가할 수 있다. Hamawand(2002: 346)가 명확히 했듯이, 능동-수동 변형은 동일한 개념적 내용을 연상시키지만 서로 다른 맥락에서 사용되는 의미 있는 표현이다. 예를 들어, Nigel helped Kathy to make a presentation(나이젤은 캐시의 프레젠테이션을 도왔다)라는 능동문에서 주요 사건의 행위자인 가장 중요한 참가자인 Nigel이 윤곽에 등장해 주어로 선택된다. 반면, Kathy was helped to make a presentation(캐시는 프레젠테이션을 하는 데 도움을 받았다)라는 수동문에서는 가장 중요한 참가자인 Nigel이 덜 중요한 참가자인 Kathy로 우회되며, 결과적으로 Kathy가 주어로 선택된다. 이는 인지적 접근에서 주어 또는 목적어로 개체를 선택하는 것은 서로 다른 개념화의 결과로 발생한다는 것을 보여준다. 즉, 개체에 할당된 주어 또는 목적어의 기능은 의미론적 역할이 아니라 윤곽화에서 발생한다.

형태론에서 Hamawand(2007: 188)가 보여주듯이, 윤곽화 차원의 중요성은 접두사나 접미사의 기능을 조사하는 것으로 평가할 수 있다. 예를 들어, 결합 형태소 -able과 -ful은 어근 respect에 붙어 respectable과 respectful을 형성할 수 있다. 그러나 이 형용사들은 관계 내에서 서로 다른 개체를 윤곽화하므로 서로 다른 의미를 나타낸다. She is respectable(그녀는 존경받을 만하다)에서 형용사 respectable은 동사 respect에서 파생되어 '좋은 자질을 가지고 있어 다른 사람들에게 존경받을 수 있다'는 뜻이다. 접미사 -able은 '언어 어근에 언급된 행동을 수행할 수 있는'을 의미한다. respectable(존경받을 만한) 여성은 좋은 성격, 외모 또는 행동으로 존경을 받을 자격이 있다. 이 해석에서 명시적 주어는 윤곽에 있다. 반면 She is respectful(그녀는 존경한다)에서 형용사 respectful은 명사 respect에서 파생되어 '좋은 자질을 가진 다른 사람에게 존경심을 표하는 것'을 의미한다. 접미사 -ful은 '명사적 어근으로 표시된 것으로 가득 차다'를 의미한다. respectful(존경하는) 여성은 다른 사람과 그들의 신념을 존중한다. 이 해석에서 암시적 목적어는 윤곽에 있다.

3.1.2 탄도체-지표 배열

모든 표현 내에서 한 참여자가 다른 참여자보다 더 두드러지게 나타난다. 이때 **탄도체(trajector)** 라고 하는 한 명의 참여자가 1차적 초점이 된다. 이는 윤곽화된 관계 내에서 초점 참여자 역할을 하며, 위치, 평가 또는 설명되는 개체로 해석될 수 있다. 반면, **지표(landmark)**라고 하는 다른 참여자는 2차적 초점 역할을 한다. 탄도체와 지표를 언어 표현에서 구분하는 것은 전경-배경 조직이라는 보다 일반적인 지각 현상을 반영한다. 탄도체(주어) 또는 지표(목적어)의 역할을 개체에 할당하는 것은 서로 다른 개념화의 결과로 나타난다. 표현들은 같은 내용을 담고 있고 동일한 관계를 윤곽화할 수 있지만, 의미론적으로는 대조적이다. 이 의미적 대조는 관계 참여자에게 부여된 두드러짐의 정도에서 발생한다. 표현 간의 정확한 의미적 대조는 내용이 아니라 탄도체와 지표의 선택에 있다. 탄도체-지표 배열의 차원을 설명하기 위해 몇 가지 예를 살펴보자.

예를 들어, above와 below로 표현되는 공간 관계를 생각해 보자(Langacker 2008: 71). The lamp is above the table(램프는 테이블 위에 있다)에서 lamp와 table은 모두 윤곽화되어 있지만, lamp는 탄도체이고 table은 지표이다. 이 경우 lamp가 초점이 되고, table은 공간적 참조점으로 기능하며 상대적으로 배경이 된다. 반대로 The table is below the lamp(테이블은 램프 아래에 있다)에서는 상황이 역전되어, table이 탄도체의 역할을 하고 lamp가 지표가 된다. 또한, before와 after로 표현되는 시간적 관계도 살펴볼 수 있다(Langacker 2008: 72). The other guests all left before we arrived(다른 손님들은 우리가 도착하기 전에 모두 떠났다)에서 탄도체의 역할은 guests에게 주어지고, 지표의 역할은 we에게 할당된다. 반면 We arrived after the other guests all left(우리는 다른 손님들이 모두 떠난 후에 도착했다)에서는 we가 탄도체가 되고, guests가 지표가 된다. 이처럼 동일한 관계를 나타내더라도, 탄도체와 지표의 선택이 달라지기 때문에 의미도 달라진다.

형태론에서 탄도체-지표 정렬의 차원은 Hamawand(2008: 114, 112)가 설명하는 것처럼 접두사나 접미사의 기능을 통해 확인할 수 있다. 예를 들어, 접미사 -er 및 -ee는 동사 어근 employ에 붙어 새로운 단어를 만드는데, 이때 탄도체-지표 상태를 다르게 정렬한다. 접미사 -er는 결합하는 동사의 탄도체를 윤곽 짓는 명사를 만든다. 이 접미사는 '동사 어근에 의해 명명된 행위를 수행하는 사람'을 의미한다. 예를 들어, employer는 Kim needs a reference from her former employer(김 씨는 전 직장의 추천서가 필요하다)에서처럼 사람을 고용하는 사람이나 조직을 가리킨다. 이 경우 Kim은 동사 employ의 행위자이다. 대조적으로, 접미사 -ee는 결합하는 동사의 지표를 윤곽 짓는 명사를 만든다. 이 접미사는 '동사 어근에 의해 명명된 행위의 영향을 받는 사람'을 의미한다. 예를 들어, employee는 Kim is a former employee of the local council(김 씨는 전직 지방의회

직원이다)에서처럼 다른 사람이나 조직을 위해 일고 급여를 받는 사람을 뜻한다. 여기서 Kim은 동사 employ의 피동작주이다.

3.1.3 현저함

모든 지각 영역에서 어떤 요소는 배경보다 더욱 현저하게 나타난다. 언어적으로 문장의 하위 구조는 나머지 부분보다 더 현저해진다. **현저함(salience)**은 뚜렷하고 명백한 표현의 참여자를 나타내며, 윤곽화된 관계에서 두 개의 지표(landmark)가 있을 때, 이들은 서로 다른 정도의 현저함을 갖는다. 일차적 지표는 장면 내에서 가장 중요한 참여자를 나타내며, **초기 현저함(initial salience)**을 부여받는다. 언어학적으로 참여자는 배경에서 두드러지며, 그 중요도에 따라 표현에서 특정 위치에 배치된다. 반면, 이차적 지표는 현저함이 낮다. 예를 들어, Langacker(1987: 39-40)의 여격 전이에 대한 사례를 살펴보면, He sent a letter to Susan(그는 편지를 수잔에게 보냈다)에서 초기에 현저한 요소는 직접 목적어인 a letter이다. 반면, He sent Susan a letter(그는 수잔에게 편지를 보냈다)에서는 간접 목적어인 Susan이 초기에 현저하다. 이 두 문장은 서로 다른 의미를 전달하며, 두 번째 문장만이 Susan이 편지를 받았다는 것을 암시한다. 각 문장의 의미는 구조, 즉 to의 존재와 명사의 병치에 의해 반영된다.

Hamawand(2002: 43)는 보어절에서 동일한 내용의 윤곽화된 개체에 다양한 정도의 현저함을 부여하면 다양한 통사적 구문이 생성된다고 주장한다. 윤곽에 두 개의 개체가 있는 문장에서 현저함의 차이에 따라 화자가 어떤 개체를 더 현저하게 해석할지가 결정된다. 인과적 상황을 해석할 때 문법은 화자에게 두 가지 문장 옵션을 제공한다. 예를 들어, They made her accept low-paid jobs(그들은 그녀에게 저임금 일자리를 주었다)에서 화자가 원형 부정사를 선택하면 직접적인 행위를 나타내고, They forced her to accept low-paid jobs(그들은 그녀에게 저임금 일자리를 받아들이도록 강요했다)에서는 to 부정사를 선택함으로써 간접적인 행위를 나타낸다. 원형 부정사 문장에서는 본동사와 보조동사가 동일한 시간을 나타내는 반면, to 부정사에서는 보조동사가 본동사보다 뒤의 시간을 나타낸다.

주어가 목적어 위치에 있는 문장에서는 현저함의 차원이 해석에 중요한 영향을 미친다. The farmer sprayed fertilizer on the soil(농부가 토양에 비료를 뿌렸다)과 The farmer sprayed the soil with fertilizer(농부가 비료를 토양에 뿌렸다)는 같은 단어를 포함하지만 서로 다른 방식으로 상황을 해석한다. 첫 번째 문장에서 첫 번째 목적어는 fertilizer인 반면, 두 번째에서 첫 번째 목적어는 the soil이다. 초기 현저함 측면에서 첫 번째 문장의 직접 목적어는 fertilizer가 두 번째 문장의 간접 목적어는 the soil이다. 문법적 목적어의 어순과 사용된 전치사의 유형이 다르기 때문에 두 문장은 서로 다른 의미를 내포한다. 각 구문은 동일한 상황을 설명하지만, 각자의 방식으로 그 상황을 기술한다. 특히 두 번째 문장만이 토양이 비료로 완전히 채워졌다는 의미를 전달한다.

3.2 원근화법

지각 영역에서 지각자는 시각적 장면을 다양한 각도에서 바라볼 수 있다. 언어 영역에서 유추하자면, 화자는 상황을 다르게 인식하고 그에 따라 관점을 조정할 수 있다. 화자의 의도에 따라 특정 상황을 바라보는 시각을 **원근화법(perspective)**이라고 한다. 간단히 말해서, 원근화법은 대상에 대한 특정 사고방식이나 상황을 바라보는 관찰점을 의미한다. 지각 영역에서 지각자와 지각된 개체 간의 관계는 언어 영역에서 화자와 개념화 대상 간의 개념적 관계에 해당한다. 상황을 기술할 때는 담론의 필요에 따라 주의나 강조점을 한 부분에서 다른 부분으로 이동하는 경우가 많다. 예를 들어, 속담 Is the glass half empty or half full?(잔이 반쯤 비었니? 반쯤 찼니?)을 생각해 보면, 현실을 바라보는 관점에 따라 유리잔을 half empty나 half full이라고 설명할 수 있다. half empty는 부정적인 태도나 비관주의와 관련이 있고, half full은 긍정적인 태도나 낙관주의와 연관된다. 따라서 관점의 차이는 어휘나 문법 구조의 차이로 이어진다.

원근화법에는 관찰점(vantage point)과 관찰 배열(viewing arrangement)이라는 두 가지 요소가 포함된다.

관찰점(vantage point)은 동일한 상황을 관찰하고 기술하는 위치를 의미하며, 그 결과 다른 해석과 구조가 만들어진다. 이는 화자나 청자의 실제 위치를 나타낸다. 관찰점의 중요성은 두 가지이다. 첫째, 화행 참여자가 묘사된 장면을 관찰할 수 있는 창 역할을 하여 장면을 묘사하는 참여자의 위치를 지정하는 데 도움을 준다. 둘째, 장면이 외적 관찰점에서 해석되는 표현과 내부적 관점에서 해석되는 표현을 구분할 수 있게 해 준다. 예를 들어, Sara came in(사라가 들어왔다)과 Sara went in(사라가 들어갔다)에서 두 문장은 관찰점의 전이를 반영한다. 첫 번째 문장은 화자가 장소 안에 있을 때 사용되고, 두 번째 문장은 장소 외부에 있을 때 사용된다.

관찰 배열(viewing arrangement)은 화자와 묘사되는 상황 간의 관계를 나타낸다. 관찰 배열의 중요성도 두 가지이다. 첫째, 화자가 묘사하는 장면과 자신을 어떻게 연관시키는지를 보여준다. 이에 따라 두 가지 기본 유형이 있다. **최적 관찰 배열(Optimal Viewing Arrangement, OVA)**에서는 화자가 설명하는 장면에서 자신을 배제하고, **자아중심적 관찰 배열(Egocentric Viewing**

Arrangement, EVA)에서는 화자가 묘사된 장면의 일부로 자아를 포함한다. 둘째, 객관적 해석의 표현과 주관적 해석의 표현을 구분할 수 있다. 예를 들어, 짜증이 난 어머니가 아이를 훈계하며 Don't lie to me!(나에게 거짓말하지 마!) 또는 Don't lie to your mother!(네 어머니에게 거짓말하지 마!)라고 말할 수 있다(Langacker 1987: 128-132). 첫 번째 문장에서 어머니는 자신을 포함하여 주관적인 관점을 제공한다. 반면 두 번째 문장에서는 자신을 분리하여 객관적인 관점을 나타낸다.

관점에는 주관성, 객관성, 그리고 역동성이라는 세 가지 차원이 있다.

3.2.1 주관성

주관성(subjectivity)의 차원과 관련하여, 화자는 묘사되는 상황에 대한 참여를 표현한다. 화자와 상황의 내용 사이에는 밀접한 관계가 형성되며, 주관성은 화자가 묘사하는 장면의 일부로 자신을 포함하는 자아중심적 관찰 배열(EVA)을 나타낸다. 이 장면은 화자의 내부 시점에서 해석되며, 주의가 온전히 자신에게 집중된다. 주관성은 특정 상황이나 인물, 그리고 그들의 사적인 영역에 관련된다. 즉, 판단이 사실이 아닌 화자의 의견이나 감정에 의해 영향을 받는다는 뜻이다. 언어 영역에서 주관적으로 해석되는 표현은 화자가 묘사된 상황을 전적으로 자신과 연결짓는 방식으로 나타난다. 예를 들어, Don't lie to me!(나에게 거짓말하지 마!)는 어머니가 장면에 포함되어 있기 때문에 주관적으로 해석되며, 이는 직시대명사 me의 사용으로 확인할 수 있다.

3.2.2 객관성

객관성(objectivity)의 차원에서는 화자가 묘사되는 상황으로부터의 거리를 표현한다. 화자와 상황의 내용 사이에는 상대적으로 먼 관계가 있다. 객관성은 화자가 묘사하는 장면에서 자신을 배제하는 최적 관찰 배열(Optimal Viewpoint Arrangement, OVA)을 나타낸다. 이 장면은 외부의 관찰점에서 해석되며, 주의가 외부 개체에 집중된다. 객관성은 묘사하는 장면뿐만 아니라 대부분의 사람들이 공유하거나 영향을 받는 일반적인 상황과 관련이 있다. 이는 판단이 화자의 의견이나 감정이 아닌 사실에 의해 영향을 받는다는 것을 의미한다. 언어 영역에서 객관적으로 해석되는 표현은 화자가 묘사된 상황을 오로지 대중에게 전달하는 방식으로 나타난다. 예를 들어, Don't lie to your mother!(네 어머니에게 거짓말하지 마!)는 개념적으로 어머니가 장면에서 사라지고, 언어적으로 명사 mother가 사용되기 때문에 객관적으로 해석된다.

통사론에서 주관성-객관성의 차원은 인칭 및 비인칭 보충절을 비교하여 검증할 수 있다.

Hamawand(2002: 147)에 따르면, 두 절은 보충절 장면에 부여된 해석에서 서로 다른 선택으로 분석될 수 있다. 예를 들어, Robert desires to have some familiarity with computers(로버트는 컴퓨터에 어느 정도 익숙해지기를 바란다)라는 문장은 주어 위치가 어휘 명사구 Robert로 차지하고 있기에 인칭적 문장이다. 따라서 보충절은 Robert의 원근화법을 나타내며, 자아중심적 관찰 배열(EVA)을 표상하여 주절 주어의 관찰점에서 개념화된 사건에 대한 주관적 관점을 제공한다. 반면, It is desirable to have some familiarity with computers(컴퓨터에 어느 정도 익숙해지는 것이 바람직하다)라는 문장은 주어 위치에 대명사 it이 차지하므로 비인칭적 보충절이다. 이 문장은 특정 개체를 참조하지 않으며, 누군가의 원근화법을 나타내어, 최적 관찰 배열(OVA)을 제공한다.

3.2.3 역동성

역동성(Dynamicity)은 처리 시간이 어떻게 개념화가 전개되는지를 보여주는 것으로, 마음이 언어를 처리하는 방식과 관련이 있다. 역동성은 주사 방식, 표상 순서, 방향 경로의 세 가지 경우에서 관찰할 수 있다.

주사 방식(mode of scanning)에서는 묘사하는 장면이 움직이는지 정지해 있는지에 따라 차이가 나타난다. 화자는 복잡한 장면을 순차적으로 또는 요약적으로 해석하여 유연성을 발휘한다. **순차주사(sequential scanning)**에서는 화자가 시간이 지남에 따라 진화하는 상황을 연속적으로 상상한다. 반면 **요약주사(summary scanning)**에서는 화자가 전체 상황을 누적된 방식으로 파악한다. 이를 명확히 하기 위해 Hamawand(2002: 66)의 예를 살펴보면, I remember that I fell down the stairs(나는 계단에서 넘어졌던 기억이 있다)에서 화자는 넘어지는 과정을 영화처럼 하나하나 주사하며, 시간의 흐름에 따라 뚜렷한 구성요소를 살펴본다. 이 동사는 시간적 윤곽을 가지고 있다. 반면 I remember falling down the stairs(나는 계단에서 넘어진 기억이 있다)에서는 화자가 모든 구성요소의 상태를 동시에 보는 정지 사진처럼 주사하므로 동사에는 시간적 윤곽이 없다.

표상 순서(order of presentation)에서의 차이는 단어의 순서와 관련이 있다. 사건이 발생하는 순서는 사건이 개념화되는 순서와 일치하며, 대안적 단어 순서는 장면을 표현하기 위한 다양한 해석 전략을 나타낸다. 예를 들어, Langacker(2008: 80)의 A dead rat lay in the middle of the kitchen floor(죽은 쥐가 부엌 바닥 한가운데 놓여 있다)와 In the middle of the kitchen floor lay a dead rat(부엌 바닥 한가운데 죽은 쥐가 놓여 있다)라는 문장에서, 위치 표현 앞에 전치사를 붙이는 의미론적 효과를 확인할 수 있다. 이 두 표현은 동일한 객관적 상황을 특성화하기 위해 동일한 단어를 사용하지만, 의미적으로는 다르다. 첫 번째 표현은 주어인 a dead rat으로 시작하여 구정보를 표시하고, 두 번째 표현은 신정보를 표시하는 위치구 in the middle of the kitchen floor로 시작한다.

방향 경로(course of direction)에서는 사건을 관찰하는 노선(route)과 관련된 차이가 나타난다. 화자는 대조적인 방향을 채택하여 복잡한 장면을 해석함으로써 유연성을 발휘한다. 예를 들어, Langacker(2013: 82)의 The hill gently rises from the bank of the river(언덕은 강둑에서 완만하게 솟아 있다)와 The hill gently falls to the bank of the river(언덕은 강둑으로 완만하게 떨어진다)라는 두 문장은 동등한 내용을 갖지만, 의미적으로는 다르다. 이 두 문장은 동일한 공간 구상화를 묘사하지만, 언덕을 따라 위쪽 방향(첫 번째 문장) 또는 아래쪽 방향(두 번째 문장)으로 정신적 경로를 추적하여 언덕의 이미지를 구성하는 방식이 다르다. 사용된 단어에 따라 rises from은 정신적 주사를 상향으로 유도하고, falls to는 하향으로 유도한다.

3.3 초점화

화자가 해석된 상황에 대한 화자와의 관계는 관찰자가 지각한 장면에 대한 관찰자의 관계와 비교될 수 있다. 지각 행위에서 관찰자는 장면의 특정 부분을 선택하여 주의를 끌 수 있는 능력을 가지고 있다. 이와 유사하게, 담화 행위에서 화자는 표현의 다른 부분보다 특정 부분에 주의를 기울일 수 있는 능력이 있다. 의사소통의 요구와 관련하여 개념화 내에서 하부 구조에 특별히 주의를 기울이는 행위를 **초점(focus)**이라고 한다. 언어학적으로 하부 구조는 문장에서 특정 위치에 배치된다. 이와 관련하여 반전이 좋은 예로 들 수 있다. 예를 들어, They will not let him leave under any circumstances(그들은 어떤 상황에서도 그를 떠나지 못하게 할 것이다)와 Under no circumstances will they let him leave(어떤 상황에서도 그들은 그를 떠나지 못하게 할 것이다)라는 문장은 서로 다른 방식으로 내용을 전달하고 있다. 첫 번째 문장에서 화자는 전체 진술에 초점을 맞추고, 두 번째 문장에서는 부정적인 부분에 초점을 두고 있다. 화자는 의견의 불일치를 강조하기 때문에, under no circumstances라는 부정적 구문을 주어 위치에 두지 않는다.

여기서 초점의 전경화와 배경화, 그리고 범위라는 두 가지 차원이 존재한다.

3.3.1 전경화 대 배경화

지각 행위는 일반적으로 지각 영역의 일부분을 전경화하고, 이를 **전경(figure)**이라고 부르며, 나머지 부분은 **배경(ground)**이라고 한다. 주의가 전경에 집중되면, 배경보다 의식에 더 온전히 존재하게 된다. 언어에서 **전경화**는 **부각하기(highlighting)**라고도 하며, 특정 부분을 강조하는 것으로, 의사소통적 목적에 따라 다양한 구조를 통해 문법적으로 이루어질 수 있다. 예를 들어, It was Mark who posted the letter yesterday(어제 편지를 올린 것은 마크였다), It was the letter that Mark posted yesterday(이것은 어제 마크가 올린 편지였다), It was yesterday that Mark posted the letter(마크가 편지를 올린 것은 어제였다), What Mark posted yesterday was the letter(마크가 어제 올린 것은 편지였다)와 같이 예비적 it- 및 what-절에 의해 도입된 분열문이 전경화의 명확한 예이다. 이러한 구조를 **초점화 장치(focusing devices)**라고 하며, 발화에서 전경화된 부분을 **초점(focus)**이라고 한다. **윤곽(profile)**과 **바탕(base)**, **탄도체(trajector)**와 **지표(landmark)**의 인지적 개념은 전경화와 배경화 개념의 발전을 보여준다.

통사론에서 언어적으로 부호화된 공간 장면의 조직은 전경-배경의 구조를 반영한다. **탄도체(trajector)**, 즉 **윤곽(profile)**은 윤곽화된 관계의 주요 참여자이다. 반면 **지표(landmark)**, 즉 **배경(ground)**은 윤곽화된 관계의 2차적 참여자이다. 예를 들어, The football fans swarmed onto the pitch(축구팬들이 경기장으로 몰려들었다)와 The pitch swarmed with football fans(경기장은 축구팬들로 가득 찼다)는 동일한 상황을 묘사하지만, 두 문장은 명확한 차이를 보인다. 첫 번째 문장에서 화자는 football fans를 전경으로, pitch를 배경으로 설정한다. 두 번째 문장에서는 pitch를 전경, football fans를 배경으로 설정한다. 의미적으로 두 번째 문장에서만 경기장이 축구팬들로 가득 찼다는 것을 내포하고 있다. 결국, 서로 다른 의미는 상황을 바라보는 관점에 따라 달라진다는 것을 알 수 있다.

3.3.2 범위

표현의 범위는 표현이 구체적으로 불러일으키고 특성화하기 위해 의존하는 개념적 내용의 배열로 구성된다. 범위는 윤곽을 포함하며, 일반적인 주의의 초점을 나타낸다. 여기에는 **최대 범위(maximal scope)**와 **직접 범위(immediate scope)**가 있다. 최대 범위는 해당 범위의 전체를 포함하며, 직접 범위는 특정 목적과 직접적으로 관련된 범위이다. 직접 범위는 최대 범위에 비해 전경화된 부분으로, 가장 현저하고 적절성이 높은 범위이다. 이는 표현이 해석되는 과정에서 보기(viewing) 주의의 일반적 위치를 나타낸다. 최대 범위는 모호하고 비-한계적인 참조 범위이며, 화자가 표현의 의미를 평가할 때 인지하는 모든 것을 포함한다. 화자의 인식 범위는 **구역(field)**으로, 상황을 설명할 때 불러일으키는 모든 것을 의미한다. 예를 들어, **팔꿈치(elbow)**라는 용어는 최대 범위로 신체의 개념을 떠올리게 하고 **팔(arm)**의 특성을 설명하는 직접 범위로 팔의 개념을 떠올리게 한다. 특히 개념 **팔꿈치**와 직접적으로 연관된 것은 **팔**이다. 따라서 직접 범위는 윤곽의 특성화에 필요한 문맥으로 설명할 수 있다.

통사론에서 범위의 차원은 외치된 보충절과 비-외치된 보충절을 면밀히 조사하여 입증할 수 있다. Hamawand(2012: 159)가 보여주듯이 이 구별은 화자가 자신의 개념화를 다른 방식으로 해석할 수 있는 유연성을 제공하는 해석의 속성이기도 하다. 예를 들어, To build a house nowadays is easy(요즘 집을 짓는 것은 쉽다)와 같은 비-외치된 보충절은 이 상황의 좁은 보기를 취한다. 이는 it으로 표상된 **구역(field)**이 없기 때문이다. 이러한 해석에서 보충절은 화자의 경험을 유도하는 유일한 요소로 간주된다. 반면, It is easy to build a house nowadays(요즘 집을 짓는 것은 쉽다)에서 대명사 it으로 도입된 외치된 보충절은 이 상황의 넓은 보기를 제공한다. 이 경우 화자는 평가를 내릴 때 다양한 종류의 지식에 의존하며, 보충절의 내용이 가장 중요하다. it은 화자의 경험을 유도하는 요소들의 위치를 나타낸다. 따라서 외치된 표현에서 평가의 출처는 비-외치된 표현보다 범위가 더 넓고, 단순한 관찰을 넘어선다.

4. 결론

이 장에서는 인지의미론의 핵심 개념 중 하나인 해석 현상을 살펴보았다. 해석이란 화자가 상황을 다양한 방식으로 상상하고, 서로 다른 언어 구조를 사용하여 표현하는 정신적 능력을 의미한다. 두 언어 표현은 개념적 내용이 같지만, 의미적으로는 대조될 수 있다. 이러한 의미적 대조는 그 내용에 대한 대안적 해석이 반영되어 있기 때문이다. 따라서 표현의 의미는 단순히 그 표현이 불러일으키는 개념적 내용에만 국한되지 않으며, 그 내용이 어떻게 해석되는지도 중요하다. 화자는 다양한 차원에서 상황을 상상할 수 있으며, 그 결과 서로 다른 표현을 할 수 있다. 따라서 해석은 인간의 기본적인 인지 능력을 반영하는 다면적 현상이다. 여기에 제시된 범주화는 포괄적이지 않지만, 다양한 언어 현상을 포착하는 인간의 기본 능력을 반영한다. 언어는 다양한 차원의 해석을 위한 체계적인 수단을 제공한다. 일반적인 목표는 해석이 일상 언어 전반에 걸쳐 존재하며, 매우 중요한 역할을 한다는 점을 보여주는 것이었다. 구체적인 목표는 언어 표현을 해석하고 언어 문제를 해결하는 과정에서 해석이 얼마나 유용한지를 강조하는 것이었다.

5. 향후 방향

위의 논의에서 알 수 있듯이, 해석은 인지의미론의 핵심적인 특징이다. 이는 인간이 세계를 개념화하는 방식, 의미를 생성하는 방식, 그리고 의미를 언어로 표현되는 방식을 다룬다. 해석과 관련하여 주목할 만한 두 가지 문제가 있다. 첫 번째 문제는 언어적 보편성과 관련되며, 어떤 언어를 사용하는 사람이든 동일한 상황을 다양한 방식으로 해석할 수 있는 능력을 가진다는 점이다. 따라서 향후 연구에서는 언어가 상황을 개념화하는 유사한 수단을 가지고 있는지 조사해야 한다. 이를 위해 유형학적 기준에 따라 언어를 분류하는 작업이 필요하다. 두 번째 문제는 언어적 상대성과 관련되며, 한 언어의 화자는 동일한 상황을 특정 방식으로 해석하는 것을 선호하는 반면, 다른 언어의 화자는 또 다른 방식으로 해석하는 것을 선호할 수 있다. 따라서 향후 연구에서는 언어에 따라 상황을 개념화하는 방식이 다르거나 유사한지를 조사해야 하며, 이를 위해 언어 간 해석의 차이를 파악하는 것이 중요하다.

더 읽을거리

Ronald Langacker(1987, 1991a) 외에도, 해석의 개념은 John R. Taylor & Robert E. MacLaury(1995), Leonard Talmy(2000), William Croft & Alan Cruse(2004), Friedrich Ungerer & Hans-Jörg Schmid(2006), Vyvyan Evans & Melanie Green(2006), Dirk Geeraerts & Hubert Cuyckens(2007)와 같은 다른 언어학자들에 의해 다룬다.

제15장
개념과 개념화

1. 서론

인지언어학은 1970년대 말과 1980년대 초, 인지과학, 심리학, 철학 등의 인접 학문에서 많은 도움을 받으며 연구가 시작되었다. 이 과정에서 인지언어학자들은 이러한 학문에서 차용한 용어를 많이 사용했는데, 그중 가장 자주 등장하는 용어가 개념(concept)과 개념화(conceptualization)이다. 이 두 용어는 인지언어학의 필수적인 이론적 구성요소로, 현재에도 연구에서 광범위하게 활용되고 있다. 또한, 개념 구조, 개념 체계, 은유적 개념화, 환유적 개념화, 언어적 개념화, 문화적 개념화 등 다양한 개념들도 인지언어학자들 사이에서 자주 사용되며, 이들은 마치 자명한 것처럼 암묵적으로 활용되는 경우가 많다. 기본적으로 '개념'에 대한 논란은 없지만, '개념화'라는 용어는 학자마다 다르게 해석되고 있으며, 같은 학자의 정의도 시간이 지나면서 변화할 수 있다(3절 참조). 인지언어학자들은 의미 구조와 개념 구조에 대한 설명에서 개념과 관련된 문제를 암묵적으로 다루면서 개념화라는 틀 안에서 관련 내용을 논의하고 있지만(Lakoff 1987, Geiger & Rudzka-Ostyn 1993, Nuyts & Pederson 1997, Lakoff & Johnson 1999, Langacker 1999, Sharifian 2011, 2017), 이 두 용어 **자체에 대한** 체계적인 존재론적 정교화는 그들의 주요 관심사가 아닌 듯하다. 이 장에서는 그러한 임무를 수행하고자 한다.

이 장은 다음과 같이 구성된다. 2절에서는 "우리가 지각하는 것, 세상에서 얻는 방식, 다른 사람들과 관계를 맺는 방식"(Lakoff & Johnson 1980: 3)을 구조화하고, 개념화를 지배하는 개념에 대한 인지언어학적 관점을 설명한다. 3절에서는 개념화의 정의에 대한 개요를 제공하고, 비편향성, 상호작용성, 역동성, 상상력, 주관성, 신체화라는 6가지 매개변수에 따라 개념화를 특성화하려고 한다. 4절에서는 심리학적 문제와 사회학적 문제라는 두 가지 주요 문제를 개괄적으로 설명하고, 인지언어학에서 이 문제를 어떻게 다루는지를 논의한다. 5절에서는 이 장을 마무리하며, 개념화의 신비를 밝히기 위한 향후 방향을 제시한다.

2. 개념

사고의 구성요소이자 인간 인지의 초석인 개념(concept)은 우리의 정신생활에서 중요한 역할을 한다. 이는 아마도 철학, 인지과학, 심리학, 언어학 등 다양한 분야의 학자들 사이에서 비교적 논란이 없는 유일한 주장일 것이다. 하지만 개념과 관련된 여러 문제들은 마음, 언어, 철학, 심리학 등에서 채택한 다양한 이론적 지향 때문에 여전히 많은 논쟁의 대상이 되고 있다. 이 짧은 절에서는 개념에 대한 인지언어학적 입장에 한정하여 몇 가지 쟁점을 다룰 것이다.

첫 번째 쟁점은 개념의 존재론적 지위이다. 개념은 인지과학자, 철학자, 심리학자 및 언어학자에게 매우 중요하지만, 그 존재론적 지위는 여전히 불분명하다. Margolis & Lurence(2019)에 따르면, 개념은 정신적 표상, 능력, 추상적 대상과 동일시된다는 세 가지 주요 제안이 있다. 인지과학의 시작과 인지심리학의 발전이라는 맥락에서 생겨난 인지언어학은 주로 개념을 정신적 표상으로 간주하는 이 두 분야에서 이 용어를 차용해 왔다. 따라서 인지언어학자들은 이 존재론적 이슈에 대해 그다지 신경 쓰지 않으며, '인지적 신념(Cognitive Commitment)'에서 볼 수 있듯이 인지과학자 및 인지심리학자와 보조를 맞추는 경향이 있다.

두 번째 쟁점은 개념 구조, 특히 어휘 개념에 관한 것이다. Margolis & Laurence(2019)에 따르면, 개념 구조에 관한 모든 이론은 고전적 개념 이론의 발전 또는 이에 대한 반응이다. 고전 이론에 따르면, 개념은 정의적 구조를 가진 개념적 상징 또는 정신적 이미지이며, 원자적 기호 또는 이미지가 필요충분조건으로 작용하는 일련의 구성적 특징에 따라 구조화된다. 예를 들어, 어떤 상징이나 이미지가 WOMAN(여자)이라는 개념으로 적용되려면 HUMAN(인간), ADULT(성인), FEMALE(여성) 등의 자질 집합을 충족해야 한다. 고전 이론은 고대 플라톤 시대로 거슬러 올라가며, 철학과 심리학이 혁신적인 발전을 이루었던 1950년대와 1970년대까지 심각한 도전에 직면하지 않았다(고전 이론에 대한 비판에 대한 자세한 요약은 Laurence & Margolis 1999 참조). 이 시기에 개념 구조에 대한 새로운 관점인 원형이론이 등장하였다. 원형이론에 따르면, 개념은 범주의 중심 또는 전형적인 구성원과 덜 전형적이거나 주변적인 구성원이 있는 방식으로 구조화된다. 예를 들어, ROBIN(울새)과 SPARROW(참새)는 BIRD(새) 개념의 전형적인 구성원인 반면, OSTRICH(타조)와 PENGUIN(펭귄)은 비전형적 구성원이다. 개념의 가장 전형적인 구성원 또는 중심 원형은 일련의 특징적인 자질로 구성된 추상화 또는 기억 속에 표상된 실례로 이론화된다. 이러한 의미에서 개념은 전형성 효과를 나타내는 범주로 간주되며, 전형성 여부에 관계없이 모든 구성원은 가족 유사성에 따라 동일한 개념으로 묶인다. 각 구성원의 전형성은 가족 유사성의 정도에 따라 결정된다. 서로 다른 개념이 충돌할 수 있으며, 개념 간의 경계가 모호할 수 있다. 그러나 원형이론은 원형적 소수의 문제, 무지와 오류의 문제, 누락된 원형 문제, 합성성의 문제에 직면했을 때 더 이상 도전을 계속하지 않는다(Evans 2019).

인지언어학은 개념의 원형이론과 유사하지만, 앞서 언급한 문제를 해결하기 위해 한 걸음 더 나아간다. Lakoff(1987)가 제안한 바와 같이 개념은 기억 속의 특징적인 자질이나 예시들의 집합으로 구성된 추상화가 아니라 이상화된 인지모형(Idealized Cognitive Model, ICM)의 관점에서 구조화된다. ICM은 "세계에 대한 이론을 표상하는 비교적 안정적인 정신적 표상"이다(Evans 2019: 287). ICM은 가능한 모든 현실 세계 상황이 아닌 광범위한 경험에서 추상화되며, "외부 세계에 반드시 '올바르게' 맞지 않는"(Lakoff 1987: 125) 결과를 초래한다. 고전적인 예로는 MOTHER(어머니)이라는 개념이 있다. Lakoff(1987: 74-75)에 따르면, MOTHER(어머니)라는 개념은 출산하는 사람으로 정의하는 BIRTH MODEL(출생모형), 유전 물질을 제공하는 여성으로 정의하는 GENETIC MODEL(유전모형), 아이를 양육하는 여성 성인으로 정의하는 NURTURANCE MODEL(양육모형), 아버지의 아내로 정의하는 MARITAL MODEL(결혼모형), 가장 가까운 여성 조상으로 정의하는 GENEALOGICAL MODEL(가계모형)을 포함한 ICM의 모체(matrix)로 구성된 다발 ICM이다. 이 개념의 실제 사용에서는 (1)에서 예시된 바와 같이 MOTHER(어머니) 개념에 대한 다른 ICM이 호출될 수 있으며, 이는 BIRTH MODEL(출생모형)에 우선순위를 부여한다. ICM 모체 중 하나를 근본적으로 간주하면 전형성 효과가 발생한다. Lakoff(1987)는 또한 전형성 효과가 ICM 간의 불일치, 환유 및 방사망 ICM으로 설명될 수 있다고 지적했다. 예를 들어, 교황은 성직자의 결혼이 금지된 MARRIAGE(결혼) ICM과 CATHOLIC CHURCH(성당) ICM 사이에 불일치가 있기 때문에 BACHELOR(미혼남) 개념의 덜 전형적인 예이다. 또한, HOUSEWIFE(주부)라는 고정 관념이 MOTHER(어머니)의 하위 범주로 전체를 대표할 때, 이 ICM을 참조하여 MOTHER(어머니)의 다른 예는 덜 전형적인 것으로 평가된다. 또한 MOTHER(어머니)에 대한 다발 모형과 환유적 HOUSEWIFE(주부) 원형을 결합하여 MOTHER(어머니)에 대한 복합적 원형을 만들 수 있으며, 이러한 결합 과정에서 ADOPTIVE MOTHER(양모), FOSTER MOTHER(위탁모),

BIRTH MOTHER(생모), SURROGATE MOTHER(대리모)와 같은 추가 모형이 도출되고, 이 모형들이 함께 방사망 ICM을 형성하여 전형성 효과를 발생시킬 수 있다.

(1) I was adopted and I don't know who my real mother is. (나는 입양되었고, 친엄마가 누구인지 모른다)

세 번째 쟁점은 개념의 기원에 관한 것이다. 인지과학자들은 이 문제에 대해 다양한 의견을 가지고 있으며, 일반적으로 선천적 관점과 신체화된 관점의 두 가지 방향이 존재한다. 1세대 인지과학자들은 개념과 경험, 더 넓게는 마음과 신체를 원칙적으로 구분하는 비신체화된 관점을 갖고 있으며, 개념은 기본적으로 타고난 것이라고 주장한다. 반면, 2세대 인지과학자들은 신체화된 마음을 주장하는 신체화된 견해를 유지하며, 개념이 감각운동 경험과 정서적 상태를 포함한 지각적 경험에서 직접 발생한다고 주장한다(Lakoff & Johnson 1999, Evans 2015, 2019).

인지언어학자들은 2세대 인지과학자에 속하며, 개념이 기본적으로 신체화되어 있다는 견해를 지지한다. 신체화된 개념에 대한 이론은 행동 및 신경학적 실험에서 경험적 지지를 받고 있다. Evans(2015, 2019)가 결론지은 바와 같이, 인간의 감각운동 체계가 개념적 처리 중에 자동으로 활성화되며, 언어의 사용과 그에 따른 개념은 언어 사용자가 해당 감각운동 활동에 참여할 때 그러한 행동에 대한 원동력이 된다. 이러한 논의는 기능적 신경 영상, 경두개 자기 자극(Transcranial Magnetic Stimulation, TMS), 뇌파검사(Electroencephalography, EEG), 신경생리학적 기록, 운동학적 분석 등 다양한 방법론을 통해 입증되었다. 예를 들어, CAT(고양이)이라는 개념은 현실 세계의 고양이를 모방한 개념적 기호나 이미지가 아니라, 현실 세계의 고양이에 대한 우리의 지각적, 감각적, 정서적 경험에 직접적으로 기반을 둔 정신적 표상으로 이해된다. CAT(고양이)과 같은 단순하고 구체적인 개념 외에도, 영상도식과 같은 더 복잡한 개념도 신체화된 경험에서 동기가 부여된다. SOURCE-PATH-GOAL(근원-경로-목표)이라는 영상도식은 특정 경로를 따라 한 장소에서 다른 장소로 이동하는 반복적인 신체적 경험에서 비롯된다. 하지만 LOVE(사랑)와 같은 추상적인 개념은 어떻게 신체화될 수 있을까? 이 답은 은유적 개념화에 있다. 즉, 구체적인 개념과 영상도식과 같은 기초적인 개념으로부터 신체화되는 것이다. 예를 들어, My love is like a red, red rose(내 사랑은 붉고 붉은 장미와 같다)에서 ROSE(장미)라는 구체적 개념이나 Their relationship hit a dead-end street(그들의 관계는 막다른 골목에 부딪혔다)에서 SOURCE-PATH-GOAL(근원-경로-목표) 도식과 같이, 직접적으로 신체화된 개념으로부터 은유적 사상을 통해

LOVE(사랑)를 개념화할 수 있다.

네 번째 쟁점은 언어와 개념, 더 나아가 언어와 사고의 관계에 관한 것이다. 즉, 우리의 사고, 특히 우리가 가진 개념이 우리가 사용하는 언어에 의해 구조화되는지 여부이다. 이는 언어상대성 이론 또는 "사피어-워프 가설"이라고도 불린다. 언어상대성 이론에는 두 가지 버전이 있다. 언어적 결정론이라고도 하는 강력한 버전은 우리의 개념이 언어의 구조에 의해 조절된다는 의미에서 언어가 우리의 사고를 결정한다고 주장한다. 그러나 언어 결정론은 동물행동학, 발달 심리학, 인지심리학, 인류학적 언어학, 언어 습득 등의 연구 결과로 인해 심각하게 훼손되기 때문에, 이를 받아들이는 언어학자는 거의 없다. 예를 들어, 언어 이전의 유아는 기본적인 산술 연산과 같은 사고과정을 수행할 수 있으며, 인간과 유사한 다른 종도 초보적인 사고과정의 능력을 보여준다(Evans 2014). 인지언어학자들은 언어가 우리의 사고에 영향을 미친다고 주장하는 약한 버전의 언어 상대성 이론을 가정한다. 보다 구체적으로, 언어는 개념 체계와 사고 패턴을 반영한다. 실험에 따르면 참여자들은 동작 추적기를 통해 과거를 생각할 때 몸을 뒤로 젖히고, 미래를 생각할 때 앞으로 숙이는 경향이 있다. 이는 언어에서 미래는 앞서고 과거는 뒤처진다고 표현하는 조건에서 나타나며(Miles *et al.* 2010), 그들의 언어가 감정을 수직적 공간축으로 부호화한다면 긍정적 사건의 위치는 위쪽으로, 부정적 사건의 위치는 아래쪽으로 이동하는 경향이 있다(Brunyé *et al.* 2012). 이는 HAPPY IS UP(행복은 위이다) 및 SAD IS DOWN(슬픔은 아래이다)이라는 개념적 은유와 일치하는 결과로 설명된다.

3. 개념화: 정의 및 특성화

인지언어학은 의미를 우선시하고 인간 개념화에 전례 없는 중요성을 부여함으로써 의미론에 혁신을 가져왔다. 이러한 혁신의 뿌리는 2장에서 설명한 바와 같이 개념과 개념, 의미, 언어 간의 관계에 대한 관점의 변화에서 비롯되며, 이는 객관주의 의미론, 진리조건론, 관념론, 합성적 의미론, 그리고 급진적 상호작용적 접근에 대한 반응으로 볼 수 있다. 인지언어학자들은 의미가 개념화(conceptualization)라고 주장하며(Langacker 1987, Croft & Cruse 2004, Evens & Green 2006), 이는 의미에 대한 인지적 접근의 기본 신조 중 하나로 여겨진다. 그러나 이 개념화라는 용어는 애매모호하여 명확한 정의가 부족한 경우가 많다.

Lakoff(1987: 280-281)가 개념화를 상징 구조 형성, 은유적 투사 능력, 복잡한 개념과 일반 범주 형성 능력으로 구성된다고 주장했다. 즉, 개념화는 일상의 선개념적 경험과 기본층위 및 영상 도식 개념 간의 상징적 관계를 설정하고, 물리적 영역의 구조를 추상적 영역에 사상하는 인지 능력으로 이해될 수 있다. Langacker(1987)는 의미와 개념화를 동일시하며, 개념화를 인지 처리로 해석한 최초의 학자 중 한 명이다. 그는 가장 넓은 의미의 개념화가 새로운 개념과 고정된 개념 즉, 감각 감각운동적 및 정서적 경험과 (사회적, 물리적, 언어적) 즉각적인 맥락의 인식(Langacker 1991: 2) 그리고 "동시에 표현되지 않고 처리 시간을 통해 발전하고 전개되는 개념"(Langacker 2008: 30, 2013: 30)을 포함한다고 설명했다. Evans & Green(2006: 162)은 개념화를 "언어 단위가 일련의 개념적 작업과 배경지식의 모집을 위한 촉진제 역할을 하는 역동적 처리 과정"으로 정의하였고, Evans(2007)에서도 유사한 견해를 밝혔다. Evans(2019: 7)는 개념화를 "우리의 정신적 삶을 구성하는 감각, 경험, 반성 등의 범위를 해석하거나 '보기' 방식"으로 재정의했지만, 시뮬레이션과 개념화를 항상 일관되게 구분하지는 않았다. Croft & Cruse(2004)도 개념화와 해석 작용을 병행하는 경향을 지지했다. Sharifian(2011: 3)은 개념화를 "인간 인지의 생산품을 총칭하는 개념화"로 확장하여 도식화, 범주화, 은유 등을 포함하도록 했다.

Langacker(2008: 31)는 개념화의 일반적인 본질과 구체적 속성, 조사 방법에 대한 명확한 답이 없다고 언급했다. 이 장에서는 개념화의 절차적 읽기를 동의하며, 개념화를 일반적인 인지 처리와 언어적 의미구성을 위한 국부적 동적 처리로 가정한다. 또한 개념화에는 1차적 개념화와 2차적 개념화의 두 가지 층위가 있다. 1차적 개념화는 도식화와 기본층위 범주화, 해석 작용 등을 포함하며, 이는 물리적 영역에서 개념과 개념적 구조를 생성한다. 반면 2차적 개념화는 복잡한 범주화와 은유적 사상, 환유적 사상, 개념적 혼성 등을 포함하는 1차적 개념화를 바탕으로 기능하며, 더 추상적 영역이고 복잡한 개념과 개념 구조를 형성한다. Langacker(2008)는 개념화가 최소한 여섯 가지 매개변수, 즉 비편향성(non-insularity), 상호작용성(interactivity), 역동성(dynamicity), 상상력(imaginativeness), 주관성(subjectivity), 신체성(embodiedness)으로 특징지어질 수 있다고 제안했다.

개념화는 비편향적이며, 이는 물리적 세계, 정신적 세계, 언어적 세계를 연결한다. 이전에는 의미가 객관주의적 의미론에 따라 언어적 표현의 의미가 그것이 참조하는 대상이나 참이라는 조건(진리조건적 의미론), 혹은 물리적 세계에서 촉발하는 행동(행동주의적 이론)의 연결을 통해 의미에 접근한다. 하지만 인지언어학적 관점에서는 물리적 세계가 정신세계로 표상된 후, 행동주의 개념화를 통해 언어적 세계에 투영되고, 언어적 세계는 다시 정신세계에 영향을 미쳐 행동주의적 개념화를 제약한다고 본다. 간단히 말해, 개념화는 물리적 세계에서는 개념화되는 대상, 정신세계의 개념화자, 그리고 언어적 세계에서 개념화의 전달자 없이는 이루어질 수 없다. 이런 의미에서 개념화는 비편향적이다. 또한, 개념화는 특정 능력에 국한된 단순한 정신적 과정이 아니라, 신체적 경험, 사회문화적 맥락, 사회적 상호작용 등 다양한 인지 능력이 포함된 복잡한 인지적 처리이다. 예를 들어, 언어적 개념화는 언어적 행동과 관련된 개념과 구조를 불러올 뿐만 아니라 모든 인간 행동의 근본이 되는 개념 체계의 총체를 형성한다. 즉, 언어적 개념화는 일반적인 인지 처리에 편향된 모듈이 아니다. 이러한 비편향성은 비모듈성의 인지언어학적 가정과 일치하며, 인지언어학의 '인지적 신념'을 신체화한다.

개념화의 비편향성과 관련된 상호작용적 본질은 개념화가 개별 개념화자의 마음속에서 발생하지만, 개념화자 간, 개념화자와 개념화 대상 간, 그리고 개념화자와 언어 간의 상호작용을 통해 실현된다는 것을 의미한다. 개념화자 간의 상호작용은 주로 언어에 의존하며, 본질적으로 의미의 성공적인 교환을 기반으로 한다. 의미는 이러한 상호작용적 과정에서 협상을 통해 구성된다. 즉, 언어적 개념화는 특정 언어적, 물리적, 사회적, 문화적 맥락에서 개념화자 간의 상호작용적 협상에 기초한다. 이는 상호작용의 과정에서 의미가 나타난다는 상호주의적 관점의 핵심적인 동기이기도 하다. 하지만 이 주장은 일부 측면에서만 사실이며, 개념화자와 개념화 대상, 그리고 개념화자와 언어 간의 상호작용을 무시할 수 있다. 개념화자와 개념화 대상 간의 상호작용이 존재하는 이유는 개념화의 기초가 되는 개념이 개념화자의 마음속에 기계적으로 반영되는 것이 아니라, 개념화자가 주관적으로 주도권을 가지고 표현하기 때문이다. 이러한 상호작용성은 동일한 대상을 다른 개념화자가 개념화하거나, 동일한 개념화자가 다른 인지적 맥락에서 개념화할 때 변이를 초래할 수 있다. 예를 들어, '바나나'는 기본적으로 FRUIT(과일) 범주에 속하지만, 개념화자의 개인적 경험에 따라 이 범주에서 바나나의 원형에 대한 인식이 달라질 수 있다. 특히, 바나나가 대규모로 재배되고 소비되는 지역에서는 바나나가 원형으로 여겨질 수 있지만, 다른 지역에서는 그렇지 않을 수 있다. 이러한 변이는 위에서 예시한 범주화와 같은 1차적 개념화와 2차적 개념화 모두에서 관찰된다. 교차 문화적 은유 연구에 따르면(Yu 1998, Kövecses 2005, 2015), 동일한 목표영역에 대한 은유적 개념화에서 근원영역이 문화마다 상당히 다양함이 입증되었다. 이러한 변이는 개념화자와 개념화된 대상 간의 상호작용 차이에 기인하기도 한다. 개념화자와 언어 간의 상호작용에서, 개념화는 언어로 부호화되며, 개념화 자체가 언어의 영향을 많이 받는다. 즉, 개념화는 언어에 내재되어 있으며, 인지언어학자들이 이를 개념화자의 일반적 인식의 일부로 간주한다. 언어 표현의 차이는 필연적으로 개념화의 차이를 드러내며, 이는 문법에 대한 인지적 접근, 특히 구문문법에서 비동의어 원칙(Principle of No Synonymy; Goldberg 1995)으로 지지되는 기본 원리와 관련이 있다. 이 원칙에 따르면 (2a)와 (2b) 사이의 교체는 (2b)가 (2a)에 비해 트럭이 건초의 영향을 완전히 받는다는 점에서 개념화의 미세한 차이를 전달한다. 동일한 언어 내에서 다양한 언어적 장치를 통해 사소한 차이를 가진 개념화를 부호화하고, 교차 언어적으로 부호화하는 것은 통사적 복잡성과 유형학적 변이를 초래한다. 반면, 개념화자의 개념화는 언어의 영향을 받을 수도 있다. 예를 들어, Casasanto(2017)는 언어적 은유가 추상적 개념을 반영할 뿐만 아니라 새로운 개념화 방식을 생성할 수 있다고 지적했다. 이러한 상호작용의 측면은 2절에서 언급한 언어적 상대성과 밀접하게 관련되어 있다.

(2) a. I loaded the hay onto the truck. (나는 건초를 트럭에 실었다)
  b. I loaded the truck with the hay. (나는 건초로 트럭에 실었다)

개념화는 역동적이며, 그 역동성은 정신적 경험의 절차적 본질, 인지 처리의 시간적 본질, 그리고 통시적 발전에 반영되어 있다. 개념화는 동적인 정신적 절차, 특히 정신적 주사를 포함한다. 예를 들어, (3)의 문장은 정적인 상황을 설명하지만, 개념화자가 서 있는 곳에서부터 멀리 떨어진 방향으로 만리장성을 따라 정신적으로 주사하는 과정을 불러일으킨다. 이는 상황에 대한 동적 개념화를 부호화하는 데 기여한다. 이러한 역동성은 (4a)와 (4b) 사이의 미묘한 의미적 차이에 영향을 미치며, 두 문장은 동일한 객관적 상황을 특징짓지만 주사의 방향성에서 서로 다른 개념화를 활성화한다.

(3) The Great Wall winds its way along the mountain. (만리장성은 산을 따라 구불구불하게 이어져 있다)

(4) a. A line of trees extends from the highway to the river. (고속도로에서 강까지 나무 한 줄이 뻗어 있다)
  b. A line of trees extends from the river to the highway. (강에서 고속도로까지 나무 한 줄이 뻗어 있다)

인지 처리의 한 방법으로서 개념화는 처리 시간을 통해 전개된다. Langacker(2008: 79)는 "모든 개념화는 그 발생에 어느 정도의 처리 시간이 필요하다"라고 밝혔다. 아무리 단순한 개념화라도 대개 순간적으로 우리의 의식을 넘어서는 경험을 하며, 더 정교한 개념화일수록 시간적 진행이

의식의 대상이 될 가능성이 높아진다. 이는 언어적 개념화에서 특히 분명하게 드러나는데, 의미 구성은 순간적으로 이루어지지 않고 시간적으로 활성화가 확산되는 과정을 통해 이루어지기 때문이다. 예를 들어, move the mouse pointer to the menu(마우스 포인터를 메뉴로 이동하다)에서 menu(메뉴)라는 아주 단순한 단어를 개념화하려면, 컴퓨터 사용자가 사용할 수 있는 옵션 목록을 정신적으로 접근해야 한다. 이는 레스토랑의 요리 목록처럼 mouse pointer(마우스 포인터)라는 구가 COMPUTER(컴퓨터) 영역을 사전 활성화하는 데 필요하다. 또 다른 예로, We are seeking to find out what local people want, because they must own the work themselves(우리는 현지 사람들이 원하는 것이 무엇인지 파악하기 위해 노력하고 있다)와 같은 복합문을 개념화할 때, 시각이나 기억력 같은 인간의 생리적, 심리적 한계로 인해 문장의 모든 측면을 동시에 활성화하고 접근하는 것은 불가능하다. 이 과정은 구문별로, 절별로 진행되며, 각 절과 두 절 내의 모든 구문이 활성화되어 있고 접근 가능한 경우에만 상태-설명 관계를 사용할 수 있다. 개념화의 역동성 측면은 언어 처리에 대한 행동적, 심리학적 및 신경학적 실험의 기초가 되는 중요한 매개변수 중 하나이다.

정신적 경험 및 인지 처리와 관련된 개념화의 역동성은 대부분 동시적인 성격을 띤다. 개념화는 개체 발생적 관점과 계통 발생적 관점 모두에서 통시적으로도 역동적이다. 예를 들어, 어린이의 언어 발달 과정에서는 개념화가 항상 일정하지 않다. 대표적인 사례로 어린이들의 범주화 발달을 들 수 있다. 어린이들은 언어 발달 초기 단계에서 다양한 네 발 달린 동물을 '개'라고 부르거나 모든 남성을 '아빠'라고 지칭하는 등의 범주화 실수를 저지르는 경향이 있다(Clark 2009, Bloom 2000). 그러나 이러한 잘못된 개념화는 나중에 수정될 수 있다. 계통 발생적으로 볼 때, 인간 언어의 진화를 감안할 때 개념화도 그에 따라 진화할 수 있다. 이는 역동적 범주화, 즉 어휘의미의 변화에 의해 입증되는 범주의 역동적 본질에서 잘 드러난다. 예를 들어, '개'라는 단어는 현재 모든 품종의 개를 지칭하는 기본층위 범주를 나타내지만, 과거에는 강하고 힘이 센 특정 품종만을 지칭하는 하위 범주를 의미했다. 즉, dog의 의미는 DOG(개)라는 범주가 재개념화되면서 일반화된 것이다.

개념화는 세계를 직접적으로 반영하거나 객관적인 상황을 자율적으로 도출하는 것이 아니라, 상상력에 광범위하게 의존한다. 이런 의미에서 개념화는 상상적이다. 예를 들어, 가상 세계에서 상상 속의 실체를 개념화하는 과정을 살펴보면, 중국 문화의 토템인 '용'은 물리적 세계에 존재하지 않는 실제 동물이기 때문에 신체적 경험을 통해 직접 개념화할 수 없다. 대신, 용은 정신공간 구성과 개념적 혼성 같은 상상적 장치를 통해 개념화된다. 즉, 먼저 DEER(사슴), CAMEL(낙타), RABBIT(토끼), SNAKE(뱀), FISH(물고기), EAGLE(독수리), TIGER(호랑이), CATTLE(소)와 같은 정신공간을 구축한 후, 이들의 개념적 요소인 DEER(사슴)의 ANTLER(뿔), CAMEL(낙타)의 HEAD(머리), RABBIT(토끼)의 EYE(눈), SNAKE(뱀)의 NECK(목), FISH(물고기)의 SCALE(비늘), EAGLE(독수리)의 TALON(발톱), CATTLE(소)의 EAR(귀) 등을 각각 투영하여 혼성된 공간을 형성한다. 이와 같이 입력공간의 어떤 구조와도 다른 창발적 구조로 혼성된 정신적 표상은 상상의 동물인 용에 대한 중국의 개념화이다. 또한, 추상적 개체의 개념화는 개념적 은유와 정신공간 구성 같은 상상적 장치에 자주 의존한다. 이러한 상상적 현상은 LIFE(삶), LOVE(사랑), EMOTION(감정), IDEA(사고)와 같은 추상적 개체의 개념화에서 매우 두드러지게 나타난다(Lakoff & Johnson 1980, Lakoff & Turner 1989, Kövecses 2005, Wen & Yang 2016 등 참조). 심지어 공간 관계와 같은 기본 개념의 개념화조차도 상상력에서 자유로울 수 없다. 예를 들어, 공간 전치사 in을 살펴보면, 이 전치사가 부호화하는 공간 관계는 개념화자가 내부와 외부가 있는 3차원 용기를 연상하게 하고, 배경과 관련된 형상을 찾아내는 복잡한 상상적 지각 행위를 통해 개념화된다. Lakoff & Johnson(1999: 31)이 말한 것처럼, 이러한 복잡한 상상적 지각 행위는 "깨어 있는 삶의 모든 순간"에 걸쳐 수행된다.

"마음은 본질적으로 신체화되어 있다"라는 Lakoff & Johnson(1999: 3)의 주장처럼, 개념화는 마음 안에서 작동한다. 이들은 색채 개념, 기본층위 개념, 공간 관계 개념, 신체 행동 개념, 그리고 행동과 사건(또는 양상)의 일반적인 구조가 지각과 운동 능력을 통해 직접적으로 발생하고 이해된다는 충분한 증거를 제시했다. 다시 말해, 기본층위의 범주화, 도식화, 해석 작용 및 기타 인지 처리를 포함하는 이러한 개념의 개념화, 즉 우리가 '일차적 개념화'라고 부르는 것은 의심할 여지 없이 신체화되어 있다. 반면, 추상적이고 복잡한 개념의 개념화는 직관적으로 신체화된 논지와 충돌하는 것처럼 보일 수 있지만, 사실 상상력은 무에서 유를 창조하는 것이 아니다. 상상력은 본질적으로 신체적 경험에 의해 동기가 부여된다. 개념적 은유 연구에 따르면, 추상적 개념은 대부분 직접적으로 신체화된 개념에서 은유적 사고를 개념화된다. 예를 들어, DRAGON(용)과 같은 상상적 개념의 개념화도 사슴, 낙타, 토끼, 뱀, 물고기, 독수리, 호랑이, 소와 같은 실제 동물과의 지각 경험에서 도출된 개념에 기반한 정신공간을 활용한다. 따라서 은유적 사상, 개념적 혼성, 복잡한 범주화, 환유적 사상 등을 포함하는 이러한 종류의 개념화는 1차적 개념화에 뿌리를 두고 있기 때문에 신체화된다. 이는 2차적 개념화로 식별되는 이유이기도 하다.

개념화의 신체화된 본질은 언어적 보편성과 다양성의 근본적인 동기를 제공한다. 인간은 유사한 생리적 구조와 신경 구조를 가지고 태어나며, 동일한 지각 및 운동 능력을 갖추고, 유사한 물리적 세계에 직면해 있다. 이러한 공통 속성 덕분에 우리는 세계를 매우 유사한 방식으로 행동하고 지각하며 상상하게 되고, 이는 필연적으로 유사한 개념화와 그에 따른 유사한 개념적 구조 또는 의미적 구조를 수반한다. 예를 들어, 감정 은유의 보편성을 설명하면서 Kövecses(2010)는 PRESSURIZED CONTAINER(가압 용기) 은유(예: You make my blood **boil**(너는 내 피가 끓어오르게 한다))의 관점에서 ANGER(화)의 개념이 체온, 내부 압력 및 목과 얼굴 부위의 홍조와 같은 공통 생리적 과정으로 인해 보편적이라고 주장했다. 그는 감정 은유의 보편성이 신체적 경험의 보편성에 기인한다고 결론지었다. 하지만 신체화의 보편성에도 불구하고, 물리적 및 사회문화적 맥락을 포함한 다른 많은 요인들이 신체화의 차이를 초래할 수 있으며, 이는 개념화의 다양성과 결과적으로 개념적 구조 또는 의미적 구조의 다양성을 낳을 수 있다. 예를 들어, 네덜란드어와 아프리칸스어(남아프리카에서 네덜란드어의 파생어) 사이의 자연에 대한 은유적 개념화의 차이가 그 예이다. Dirven(1994)은 두 언어의 일반적인 은유를 비교한 결과, 아프리칸스어는 다양한 종류의 동물에 대한 은유에 널리 퍼져 있는 반면, 네덜란드어에서는 이러한 자연 은유가 유전적으로 연결되어 있지만 거의 찾아볼 수 없다는 사실을 발견했다. 이는 신체화의 차이에서 기인하며, 특히 아프리칸스 사람들은 자연적이고 물리적인 환경의 차이로 인해 네덜란드 사람들보다 동물과 접할 기회가 훨씬 더 많다.

개념화는 항상 개념화자의 주관성이 개입되기 때문에 주관성으로 특징지어진다. 개념화의 주관성은 개념화자와 개념화된 대상 사이의 비대칭적 관계와 개념화자의 관계 조작이라는 측면에서 설명할 수 있다. 개념화자와 개념화된 대상 사이에는 비대칭적 관계가 존재하며, 개념화자는 기본값의 참조점으로 간주된다. 이로 인해 모든 개념화는 불가피하게 개념화자의 개인적인 정서적 경험, 주관적 신념 상태 또는 태도와 함께 개념화자의 관점을 전제로 하게 된다. 예를 들어, FAMILY(가족)라는 동일한 개념도 개념화자의 긍정적 또는 부정적 정서에 따라 다르게 개념화될 수 있다. 또한, 개념화자는 상황에 대한 관찰지점 정렬 및 정신적 주사에서 개념화자와 개념화된 대상 사이의 관계를 완전히 통제할 수 있다. 예를 들어, 공 A가 공 B와 수평 관계에 있는 동일한 객관적 상황에서 관찰 지점이 A에 맞춰져 있다면 A가 B 앞에 있는 것으로 개념화될 수 있고, 반대로 B가 A 앞에 있는 것으로 개념화될 수도 있다. 또한, 동일한 활동을 순차적으로 She entered the cave(그녀는 동굴로 들어갔다)로 개념화하거나, 요약적으로 her entrance to the cave(동굴 입구)로 개념화할 수 있다.

개념화에 대한 완전한 특성화는 여전히 접근하기 어려운 주제처럼 보이지만, 개념화가 무엇인지에 대한 정교화를 위해 비편향성, 상호작용성, 역동성, 상상력, 주관성, 신체성 등 여러 매개변수를 제시하려고 시도했다. 이 매개변수 집합은 완전하지는 않지만, 개념화의 본질과 속성에 대해 많은 정보를 제공한다.

4. 개념화에 관한 중요한 문제

인지언어학은 주로 의미와 관련된 분야로, "의미는 개념화이다"라는 신조 아래 범주화, 해석, 개념적 은유 및 환유, 정신공간, 개념적 혼성, 개념적 구조, 인지문법, 구문문법 등의 다양한 영역에서 인지언어학적 작동 가설로 작용하고 있다. 이러한 영역들이 개념화를 직접적으로 다루고 있다고 주장하는 것은 아니지만, 본질적으로는 개념화와 관련된 두 가지 주요 이슈인 심리학적 쟁점과 사회학적 쟁점을 다루고 있다.

개념화와 관련된 심리학적 쟁점은 개념화의 인지적 처리 과정에서 마음과 뇌에서 일어나는 일에 관한 것이다. 이는 정신적 경험에 초점을 맞추고 있다. Langacker(2008: 31)는 이 이슈가 현상학적 또는 처리적 관점에서 조사될 수 있다고 제안했다. 현상학적 관점은 정신적 경험 자체를 특성화하려고 시도하며, 인지의미론과 인지언어학의 많은 연구들이 이러한 관점을 채택해 언어적 증거를 통해 정신적 경험을 특성화하고 있다. 이러한 언어적 증거는 개념화의 현상학을 보다 쉽게 접근하고 조사할 수 있게 해 준다(Langacker 2008).

처리적 관점은 개념화의 현상학에 기반해 정신적 경험을 구성하는 처리 활동을 파악하려고 한다. 이러한 처리 활동은 심리언어학적 실험, 임상 연구, 신경학적 영상, 컴퓨터 모형화 등 다양한 방법론적 수단을 통해 관찰할 수 있다(Langacker 2008). 최근 몇 년간 인지언어학의 양적 전환이 있었으며(Janda 2013, 2017), 심리학의 시선 추적, 사건 관련 전위(Event-Related Potential, ERP) 및 기능적 자기공명영상(Functional Magnetic Resonance Imaging, fMRI)와 같은 첨단 기술이 인지언어학 연구에 도입되고 있다. 현재 개념화 처리 활동에 대한 대부분의 연구는 비유적 언어, 특히 은유의 처리에 국한되어 있다. 예를 들어, Coulson & Patten(2002)은 ERP 기술을 통해 은유 처리에 대해 논의하며, 은유를 이해하는 데는 문자적 언어보다 더 많은 인지적 노력이 필요함을 발견했다. 그러나 은유적 언어와 비-은유적 언어는 모두 동일한 인지적 메커니즘을 통해 이해된다는 점도 강조했다. 그들은 은유적 개념화가 개념적 통합을 포함한다는 점을 추가로 보여주었다. Citron, Güsten, Michaelis & Goldberg(2016)도 은유의 처리에 관심을 가졌으며, fMRI 기술을 통해 은유 처리가 다른 처리 활동과 어떻게 관련되는지 탐구했다. 그들의 실험에서는 은유를 처리하는 동안 감정 처리와 관련된 뇌 영역이 활성화되는 것이 관찰되어, 은유성과 감정 사이에 유의미한 상관관계가 있음을 나타냈다. 이는 은유적 개념화와 언어적 개념화가 일반적으로 다른 인지적 처리와 분리될 수 없음을 입증하며, 인지언어학의 '인지적 신념'에 대한 확실한 증거를 제공한다. 처리 관점에서의 개념화에 대한 연구는 정신적 경험을 구성하는 처리 활동을 밝히는 데 도움을 줄 뿐만 아니라, 인지언어학자들이 공유하는 이론적 가설과 가정에 대한 수렴 증거를 제공하여 인지언어학 혁신의 발전을 촉진할 것이다.

개념화와 관련된 사회학적 이슈는 개념화가 사회에서 어떻게 분포되는지를 다룬다. 이는 사회문화적 경험에 초점을 맞추고 있으며, 사회문화적 보편성과 변이에 대한 연구를 통해 폭넓게 다루어져 왔다. 인지언어학은 범주화의 원형이론적 기초가 되는 여러 사회에서의 색 개념에 대한 연구로부터 성장하였으며, 초기 연구자들은 문화 간 보편성과 개념화의 다양성에 대해 인지하고 있었다. 그러나 이 사회학적 이슈는 인지언어학의 사회적 전환(Harder 2010)과 인지적 사회언어학(Kristiansen & Dirven 2008, Geeraerts *et al.* 2010, Pütz *et al.* 2014, Frank *et al.* 2008)의 출현으로 충분한 관심을 받지 못했다. 인지언어학자들은 이 이슈를 다루면서 은유와 환유의 보편성과 변이성을 탐구하는 데 에너지를 쏟아 왔다(Kövecses 2005, 2015, Sharifian 2011, 2017, Sharifian *et al.* 2008, Sharifian & Palmer 2016 참조). Gijssels & Casasanto(2017)는 일련의 실험에서 수집한 언어 간 데이터를 통해 TIME(시간)과 SPACE(공간) 간의 은유적 사상에 초점을 맞추어 TIME(시간)의 개념화를 조사했다. 그들은 문화적 관습과 인공물, 문화적 태도가 공간 측면에서 TIME(시간)의 개념화에 영향을 미친다는 사실을 발견했다. Kövecses(2005)는 문화 간 은유에 대한 체계적인 연구를 통해 은유적 개념화의 보편성이 보편적인 신체적 경험과 그 변이가 은유를 구성하는 여러 요소의 차이에 기인한다고 주장했다. Zhang(2016)은 교차 언어적 관점에서 PERSON(사람)의 환유를 정량적 연구로 수행하여 중국어와 영어의 환유적 변이를 분석했다. 그녀는 환유적 변이가 특정 종류의 PERSON(사람)에 대한 패턴의 변이, 패턴의 근원에서 변이를 식별하고 이러한 변이는 모범, 복장, 위치 개념 등의 문화적 요소에 의해 발생한다고 주장하며, 이러한 변이는 문화적 요소에 의해 발생한다는 점을 강조했다. 은유적 및 환유적 개념화의 보편성과 변이 연구는 개념화와 관련된 사회학적 이슈에 중요한 시사점을 제공했다.

요약하자면, 이 절에서는 개념화와 관련된 두 가지 주요 이슈, 즉 심리학적 쟁점과 사회학적 쟁점을 다루었다. 전자는 개념화 내부에서, 후자는 외부에서 접근하며, 인지언어학이 이 두 가지 쟁점을 설명하는 데 어떻게 기여했는지를 간략하게 소개했다. 언어와 인지의 관계에 초점을 맞춘 인지언어학은 개념화 연구에 가장 접근하기 쉬운 방법을 제공함으로써 다른 분야와 인지언어학 내부의 연구에도 많은 도움을 주고 있으며, 앞으로도 지속적으로 기여할 것이다.

5. 앞으로의 방향

인지언어학은 인지과학, 심리학 및 기타 인접 학문에서 많은 용어를 차용하고 있지만, 이들 중 상당수가 아직 정교화되지 않아 '개념' 및 '개념화'와 같은 용어에서 혼란과 오해를 초래하고 있다. 이 장에서는 이 두 용어를 비교적 체계적으로 설명하려고 했다. 먼저, 개념의 존재론적 지위, 구조, 기원, 언어와의 관계 등 네 가지 핵심 쟁점에 대한 인지언어학적 입장을 설명하였다. 인지언어학에서는 개념은 기본적으로 신체화에서 기원하며, 언어의 영향을 받는 원형을 기반으로 구조화된 정신적 표상이라고 주장한다. 이 장에서는 비편향성, 상호작용성, 역동성, 상상력, 주관성, 신체성을 포함한 개념화의 6가지 매개변수를 제시하고, 개념화는 심리학적 및 사회학적 문제라는 두 가지 핵심 쟁점과 관련하여, 내적·외적 관점에서 탐구될 수 있다고 결론지었다. 또한 인지언어학 연구가 이 두 가지 이슈를 어떻게 처리했는지 간략하게 검토했다.

그러나 인지언어학은 개념화 연구에 훨씬 더 많은 기여를 할 수 있을 것으로 기대된다. 향후 인지언어학의 양적 및 사회적 전환의 맥락에서, 최소한 두 가지 방향에서 추가 연구가 이루어질 것으로 예상된다. 첫 번째 방향은 개념화의 정신적 경험을 구성하는 인지적 처리 과정을 규명하는 것이다. 인지언어학자들의 관심이 주로 개념화에 대한 현상학에 집중되어 왔기 때문에 정신적 경험에 대해 많은 것이 밝혀졌다. 그러나 비유적 언어의 처리에 대한 연구가 일부 진행되었음에도 불구하고, 정신적 경험을 구성하는 인지적 처리 과정은 여전히 명확히 밝혀지지 않았다. 두 번째 방향은 개념화의 보편성과 다양성 외에도 개념화의 사회적 분포를 조사하는 것이다. 인지언어학에서 특히 은유적 및 환유적 개념화의 보편성과 변이에 대한 많은 연구가 진행되었지만, 개념화의 사회적 분포에 대해 부분적으로만 연구되었으며, 여전히 미개척 영역이 많다. Wen(2019)은 개념화의 사회적 분포에 대한 현재 대부분의 인지언어학 연구가 Geeraerts(Marín-Arrese 2007)가 제안한 인지적 사회언어학을 보완하기 위해, 인지언어학의 또 다른 하위 분야인 사회적 인지언어학을 시작했다고 언급했다. 사회적 인지언어학은 언어와 사회적 인지 사이의 특정 관계를 밝히고자 한다. 사회적 인지가 어떤 역할을 하는지, 그리고 사회적 인지언어학적 관점에서 사회적 인지와의 관계에 대한 해답은 여전히 남아 있다.

더 읽을거리

Margolis & Laurence (2019). (i) 개념의 존재론 (ii) 개념 구조 (iii) 개념에 대한 경험주의와 자연주의 (iv) 개념과 자연어 (v) 개념 및 개념 분석 등 개념에 관한 다섯 가지 이슈에 대한 철학적 관점을 체계적으로 문헌 고찰한다.

Langacker(1999). 문법과 의미, 즉 개념화 사이의 관계에 초점을 맞추며, 마지막 장에서는 개념화의 역동성을 지적하고 있다.

제16장
도상성

1. 역사적 배경

1965년, 러시아계 미국 언어학자인 로만 야콥슨(Roman Jakobson)은 언어의 도상성 연구의 시작을 알리는 『언어의 본질에 대한 탐구Quest for the essence of language』를 발표했다. 야콥슨은 거의 50년 동안 주목받지 못했던 철학자 찰스 퍼스(Charles C. Peirce)의 기호학적 연구의 '시대적 중요성(epochal significance)'을 재발견했다. 당시에는 형식주의가 주된 관심사였기 때문에 언어학계가 야콥슨의 선구적인 작업에 주목하기까지는 약 20년이 더 걸렸다.

야콥슨은 퍼스의 기호학적 개념이 지닌 광범위한 언어적 함축을 인식했다. 기호는 그것이 표상하는 대상과 '닮은' 특성을 지니며, 이는 "마음속에 유사한 감각을 자극"한다(Peirce 1931-1958: 2.229, Chandler 1994-2020에서 인용). 퍼스는 이미지와 도식(diagram)이라는 두 가지 종류의 기호에 초점을 맞췄다. 이미지는 대상의 '단순한 자질'을 표상한다. 예를 들어, 그림, 사진, 동상 그리고 baa(음매), pop(펑), tick-tock(똑딱똑딱)처럼 소리를 모방한 단어들이 이에 해당한다. 이러한 이미지와 표상되는 사물의 유사성은 객관적으로 주어진 것이 아니라 관찰자의 시각에 따라 달라진다. 〈그림 16.1a〉에서 6세 손자가 그린 그림은 그의 가족을 표현하고 있다. 그림은 오른쪽에서 왼쪽으로 아버지, 어머니, 어린 작가 자신, 그리고 뾰족한 모자를 쓴 남동생으로 구성되어 있으며, 이 가족을 잘 아는 관찰자만이 가족의 "자질" 즉 인물, 서로 다른 키, 아버지의 수염 등을 인식할 수 있다. 도식은 사물의 관계를 표상하는 기호의 관계를 포함한다. 〈그림 16.1b〉에서는 상승 및 하강 곡선이 세계 인구의 증가 및 감소와 유사하게 표현된다.

〈그림 16.1a〉 이미지

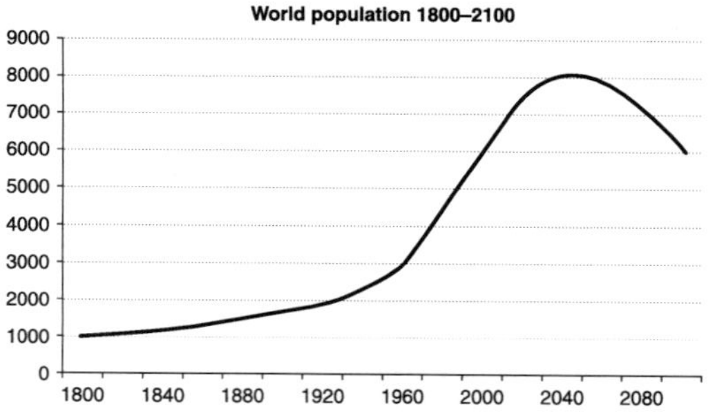

〈그림 16.1b〉 도식

퍼스가 구분한 세 번째 유형의 기호는 은유로, 일반적으로 도상성과는 별개로 다루어진다. 은유는 도상성과 마찬가지로 유사성의 관계를 포함하지만, 기호와 기호가 나타내는 대상 간의 관계가 아니라 기호의 대상과 다른 유사한 대상 간의 관계를 포함한다. 예를 들어, Hiraga(1994: 15)가 언급한 My love is a rose(내 사랑은 장미이다)에서 은유적 도상은 my love와 a rose라는 두 대상 간의 평행성을 통해 my love를 의미한다.

야콥슨은 언어의 동기화와 도상성에 대한 광범위한 증거를 발견하여, 당시의 지배적이었던 Saussure(1916)의 자의성 이론에 도전했다. 물론 meow(야옹)와 같은 단어는 도상적 동기화에 의심의 여지가 없다. meow(야옹)는 cuckoo(뻐꾸기)처럼 고양이가 내는 소리를 연상시킨다. 야콥슨은 몇몇 단어가 아니라 언어의 상당 부분이 동기화되어 있음을 설득력 있게 보여주었다. 그의 도상성에 대한 가장 잘 알려진 예는 카이사르(Gaius Julius Caesar, B.C. 100~B.C. 44)의 어록인 veni, vidi, vici(왔노라, 보았노라, 이겼노라)로, 여기에서 세 개의 동사는 사건이 발생한 시간적 순서를 반영하는 도식을 형성한다.

야콥슨은 또한 비슷한 소리를 가진 단어들이 그 어원과 관계없이 관련된 의미를 전달하는 것으로 느껴진다고 지적했다. 예를 들어, 페르디낭 드 소쉬르(Ferdinand de Saussure)의 관점에서 father, mother, brother라는 세 가지 친족 용어는 형태적으로 나눌 수 없기 때문에 완전히 자의적이다. 그러나 이 세 용어는 두 번째 음절인 -ther라는 공통점을 가지며, 이는 "의미적 근접성에 대한 일종의 음소적 암시"로 볼 수 있다(Jakobson 1965: 32). 따라서 한 언어의 화자는 공유된 형태를 통해 단어의 의미 사이의 체계적인 관계를 인식할 수 있다. 유사한 체계적 관계는 bash, mash, smash, crash, dash와 같은 단어에서도 나타난다. 여기서도 공시적 분석에서 유전적 질문은 중요하지 않다. 하지만 두 단어 집합은 한 가지 점에서 다르다. father, mother, brother의 공유 음절 /ðə/는 이러한 친족 용어의 의미적 유사성을 나타내지만, 형태 /ðə/는 '친족'의 의미와는 관련이 없다. 반면, bash, mash, smash, crash의 음소 다발인 /æʃ/는 이 단어들의 의미적 유사성을 나타낼 뿐만 아니라 그 의미를 암시하기도 한다. 따라서 splash나 blash와 같은 존재하지 않는 단어를 들으면 직관적으로 그 의미가 '강제적 행위'와 관련이 있다고 추측할 수 있다. 우리는 유사한 의미를 가진 영어의 많은 동사에서 /æʃ/의 일반적인 의미를 추출할 수 있다.

이러한 음소 다발을 음소테마(phonesthemes)라고 한다. 음소테마가 포함된 단어는 특히 표현력이 뛰어나며, 그 의미도 음질과 어느 정도 일치하는 것처럼 느껴진다. 예를 들어, 누군가가 The burglars smashed the door(도둑들이 문을 부숴버렸다)라고 말할 때 smash(부수다)라는 단어는 폭력적인 기물 파손의 장면을 떠올리게 한다. 단어의 소리 모양은 그 단어가 묘사하는 사건을 정확하게 반영하는 것으로 느껴지며, 우리는 단어의 형태와 의미 사이의 상징적 관계를 인식하게 된다.

결론적으로, **도상성(iconicity)**은 기호의 형태와 의미 사이의 지각된 유사성을 나타내는 것으로 정의할 수 있다.

2. 도상성의 종류

도상성은 이미지적 도상성, 도식적 도상성, 연상적 도상성의 세 가지 유형으로 나눌 수 있다.

이미지적 도상성(imagic iconicity), 즉 절대적 도상성은 기호의 형태와 의미 사이에 직접적으로 인식되는 유사성에 해당한다. 구어에서 기호의 형태는 음성 형태이며, 의미는 청각적 이미지와 그와 관련된 의미를 포함한다. 예를 들어, 음성 형태인 [mɪ'aʊ]는 고양이의 야옹 소리를 들을 때 떠오르는 청각적 이미지를 가장 잘 모방한다고 느껴진다.

도식적 도상성(diagrammatic iconicity)은 두 가지 종류의 관계, 즉 기호 간의 관계와 현실에서의 의미 또는 지시 대상 간의 관계 사이의 유사성에 적용된다. 예를 들어, 카이사르의 어록인 veni, vidi, vici(왔노라, 보았노라, 이겼노라)의 예는 도식적 도상성을 잘 보여준다. 여기서 절의 정렬된 관계는 사건의 시간적 순서를 반영하며, 기호의 상대적 근접성이나 수량과 관련된 다른 도식적 관계도 존재한다.

연상적 도상성(associative iconicity)은 관계적 도상성의 일종으로, 특정 음소테마에 따라 관련된 의미를 지닌 단어들이 연결되는 것을 의미한다. 예를 들어, bash, smash, crash는 모두 /-æʃ/라는 음소테마와 관련된 의미를 가진다. 또한 glitter, glisten, gleam, glare, glimmer, glow와 같은 단어들은 '빛', '시각'과 관련된 초성 /gl-/를 공유한다. 이러한 음소테마와 관련된 단어들은 하나의 패러다임을 형성하며(3.4 및 5절 참조), /gl-/ 단어들은 glamor, glitz, glory와 같이 '빛남(shining)'의 비유적 의미도 포함한다(Bloomfield 1933, Bolinger 1950, Sadowski 2000 참조). 특정 음소테마를 공유하는 단어가 많을수록 의미적 유사성이 강하게 느껴진다. 예를 들어, 『웹스터 대학용 사전Webster's 7th Collegiate Dictionary』에 따르면 /gl-/로 시작하는 단어의 60%가 '빛' 또는 '시각'과 관련된 의미를 가지고 있다(Bergen 2004: 293). 따라서 음소테마 /gl-/는 '빛'과 '시각'을 강하게 연상시킨다. 음소 자체는 본질적으로 의미 없거나 거의 없고, 이러한 의미는 패러다임에서 연결된 단어들의 집합적 의미에서 비롯된다.

위에서 구별된 세 가지 도상성은 〈그림 16.2〉에 도식화되어 있다. 화살표는 상징적 관계를, 실선은 연상적 연결을 나타낸다.

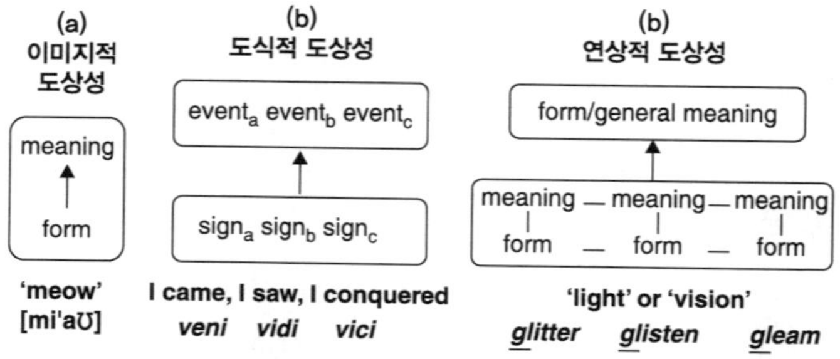

〈그림 16.2〉 도상성의 종류

〈그림 16.2〉에 도식화된 세 가지 도상성은 언어에서 명확한 범주로 구분되기 어렵다. 특히 이미지적 도상성과 연상적 도상성은 주로 음운 형태를 포함하고 있어 엄격하게 구분하기 어렵다. 마찬가지로 도식적 도상성과 연상적 도상성도 기호 간의 관계를 포함하고 있어 구분하기 어려울 수 있다. 이후 논의에서는 이러한 중복 사례를 고려할 것이다.

3. 이미지적 도상성

오늘 나는 'bed'라는 단어가 실제로
침대처럼 보인다는 사실을 깨달았다.

Fred Lavner 2016, 프레드의 머릿속에서 떠오르는 대로

3.1 시각적 도상성

이미지적 도상성은 〈그림 16.1〉에서 볼 수 있듯이 전형적으로 시각적 양상에서 나타난다. 언어는 주로 음성 매체로 사용되기 때문에 시각적 정보를 재생산하는 데 적합하지 않다. 그래서 말과 함께 제스처와 표정이 동반되는 경우가 많다. Bolinger(1985)는 억양과 제스처가 얼마나 밀접하게 작용하는지를 보여준다. 예를 들어, 놀람의 표현인 Ah!(아!)는 음높이(pitch)가 높아지면서 눈썹이 올라가는 것과 동시에 '놀라서 깨달음'의 표현으로 고개를 아래로 내리는 동작이 포함된다. 드와이트 볼링거(Dwight L. Bolinger)는 또한 제스처가 문장의 해석을 어떻게 바꿀 수 있는지를 보여주었다. 그는 무의미한 문장에 수반되는 제스처를 통해 이를 입증했는데, 예를 들어, 고개를 앞으로 내밀고 입술을 쭉 내밀고 옆으로 쳐다보면서 Canòbis afásco라고 하면 반항적인 태도를 나타내는 반면, 입술을 부딪치며 강렬한 기대의 표정을 지으며 같은 문장을 말하면 열정을 전달하게 된다.

시각적 도상성은 주로 수어에서 활용된다. 수어에서 사용되는 대부분의 기호는 도상적 기원을 가지고 있지만, 비-수어 사용자에게는 그 의미가 잘 드러나지 않는다. Klima & Bellugi(1979: 22)는 비-수어 사용자에게 미국 수어의 기본 기호인 APPLE(사과), BIRD(새), BOY(소년) 등을 제시했는데, 이들 중 90개의 기호에서 단 한 명도 정확한 의미를 추측하지 못했다고 한다.

문자 체계(writing systems)는 시각적 상징성의 또 다른 영역이다. 대부분의 문자 체계는 태양, 동물, 사람 등을 나타내는 그림 문자에서 발전했다. 이러한 이미지가 문자 체계의 관습적인 요소가 되면 도상성은 점차 불투명한 형태로 변하게 된다. 예를 들어, 팔과 발을 쭉 뻗은 남자의 그림은 big을 의미하는 중국어 상형문자 大에서 여전히 식별할 수 있지만, 라틴 문자 A에서는 그 형태가 더 이상 보이지 않는다. bull(황소), cattle(소)을 의미하는 히브리어 'lf의 그림 표현은 다양한 추상화 과정을 거쳐 점진적으로 발전해 왔다. Givón(1985: 193-195)에 따르면, 추상화의 첫 번째 단계는 (1) 황소의 머리가 동물 전체를 나타낸 것이었고 (2) 다음 단계는 머리의 세부 묘사를 제거했다. (3) 이어서 곡선을 추상적인 수직 삼각형으로 정규화하고, (4) 페니키아/히브리어 문자 체계에서 'alef가 옆으로 배치된 후, (5) 마지막으로 그리스 문자 알파 α와 (6) 로마 문자 A가 도상성을 완전히 상실하게 되는 단계로 이어졌다.

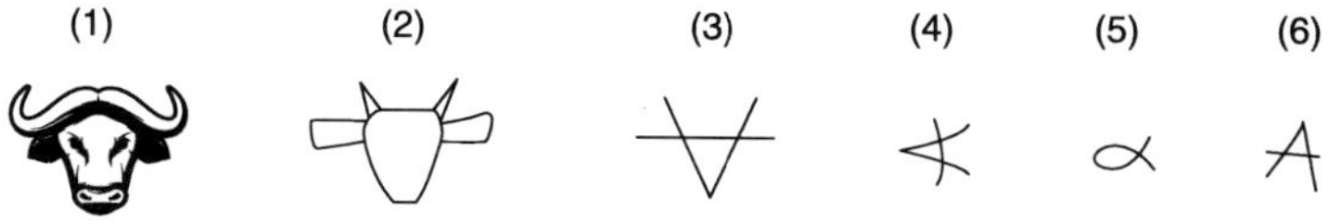

〈그림 16.3〉 문자 A의 진화

출처: Givón 1985

3.2 음운적 도상성

음성언어는 소리를 재현하는 데 매우 적합하다. 소리는 특정 출처에서 발생하며, 소리와 그 출처 간의 강력한 개념적 연관성을 통해 우리는 일반적으로 소리의 출처를 쉽게 식별할 수 있다. 보통 우리는 소리 그 자체보다 소리의 출처에 더 많은 관심을 둔다. 예를 들어, 갑자기 충돌 소리를 들었을 때 우리는 소리에 대한 걱정보다 무슨 일이 일어났는지를 더 걱정하게 된다. 소리의 출처에 대해 더 많이 알수록 더 많은 정보를 얻게 된다.

소리는 주로 발성 소리와 발성이 아닌 소리로 구분된다. 아래에서 발성 소리(1a 및 1b) 및 발성이 아닌 소리(1c 및 1d)에 대한 몇 가지 예가 나열되어 있다(더 포괄적인 목록은 Hinton, Nichols & Ohala 1994: 10 참조). 이러한 소리에 대한 단어들은 대체로 '소리 상징적'으로 느껴지며, 즉 의미의 일부 측면을 불러일으킨다.

(1) a. 동물 소리에 대한 단어: cuckoo(뻐꾹), buzz(윙윙), baa(음매), oink(꿀꿀)
b. 언어적 소리에 대한 단어: babble(와글와글), murmur(중얼거리다), stutter(더듬거리다), lisp(혀짤배기 소리를 하다)
c. 생물학적 소리에 대한 단어: sneeze(재채기하다), burp(트림하다), hiccup(딸꾹질하다), fart(방귀 뀌다)
d. 물리적 소리에 대한 단어: crash(충돌하다), bang(쾅하고 치다), click(딸깍하다), thump(쿵 치다)

동물 소리에 대한 단어는 동물의 울음소리를 모방한 것으로, 해당 동물이 속한 종의 특징을 담고 있다. 언어적 소리에 대한 단어는 인간의 소리를 나타내며, 일반적으로 사람의 말투나 상태를 표현한다. 생물학적 소리에 대한 단어는 우연히 발생하는 소리를 나타내며, 인간에게는 대개 당혹감을 유발하는 소리이다. 물리적 소리에 대한 단어는 출처가 불분명하지만, 강한 소리의 상징성을 통해 구체성이 결여된 부분을 보완한다. 따라서 동물 소리에 대한 단어는 가장 강한 이미지적 도상성을 지닌 표현으로 보인다.

3.3 동물 소리

전문가들은 동물이 내는 소리를 그 종에 따라 분류할 수 있다. 이러한 동물 소리의 특성이 도상적인 표현에도 영향을 미칠까? 동물 소리의 고유한 지위가 드러나는 다섯 가지 영역을 살펴보자.

(i) **소리와 동물의 이름**. 새의 이름은 종종 그 울음소리의 이름을 따른다. 우리는 일반적으로 새의 울음소리보다 그 새 자체에 더 관심을 가지지만, "실제로 동물을 보기 전에 새의 노래를 먼저 듣는 경우가 많다"라는 말이 있다(Marttila 2011: 94). 뻐꾸기(cuckoo)와 까마귀(crow)를 제외하고, 박새(titmouse)는 chickadee, 쏙독새(nightjar)는 whippoorwill이라는 이름이 그 울음소리를 따서 붙여졌다. 특히 whippoorwill이라는 이름은 흥미로운 측면을 드러낸다. 1709년『옥스퍼드 영어사전Oxford English Dictionary』에서 이 새의 이름이 처음 언급되었는데, 영국 탐험가인 존 로슨(John Lawson)이 이 새를 "Whippo-Will, 정확히 그 단어를 만들어서 그렇게 명명되었다"라고 설명했다. 이 울음소리는 분명히 모국어로 인식되고 표현된다. 이러한 형태는 사람들이 듣는 소리를 모방할 뿐만 아니라, 그 소리를 자신의 언어에 적용하려고 시도한다는 것을 보여준다.

(ii) **언어 습득**. 이미지적 도상성은 아이들의 초기 어휘에 널리 퍼져 있다. 동물이나 사물이 내는 소리를 모방하면, 그 소리에 해당하는 단어가 그 소리의 출처를 지정할 수 있다. 예를 들어, 개는 woof woof라고 하고, 오리는 quack quack이라고 말한다. 이는 대상에도 적용되며, 기차는 choo choo라고 한다. 이러한 중복된 형태는 호출의 반복적인 측면을 반영한다. Laing(2017, 2019)의 연구에 따르면, 영국의 10~11개월 아이들은 상징적 단어보다 비상징적 단어에 대한 지식이 더 뛰어난 것으로 나타났다. 예를 들어, 아이들은 Where is the doggie?라는 말보다 Where's the woof woof?라는 말을 들었을 때 강아지 사진에 더 오래 집중했다.

(iii) **소리 변화에 대한 저항**. 도상적 단어가 일반적인 소리 변화에 참여하면 도상성을 잃을 수 있다. 영어의 큰 소리 변화 중 하나는 대모음 추이(Great Vowel Shift)이다. 이 변화는 중세 영어의 모든 장모음에 영향을 미쳤다. 예를 들어, 장모음 /uː/는 이중모음 /aʊ/로 바뀌었고,

house는 /huːs/에서 /haʊs/로 변경되었다. 소리 변화는 /ˈkʊkuː/에서 /ˈkʊkaʊ/, 그리고 나중에는 /ˈkʌkaʊ/까지 뻐꾸기(cuckoo)의 발음에도 영향을 미쳤을 것이다. cuckoo는 더 이상 새의 울음소리를 흉내 낼 수 없으며, 더 중요한 것은 문화적 연상을 불러일으킬 수 없게 되었다. 반면 올빼미(owl)를 뜻하는 중세 영어 단어 /uːle/는 현대 영어 /aʊl/로 변경되었다. 이는 올빼미(owl)의 소리에 대한 별도의 단어인 hoot가 있기 때문일 수 있으며, 이 단어는 소리 변화에 저항하고 /huːt/에서 장모음 /uː/로 발음을 유지했다.

(iv) **언어 간 공통점**. 동물의 종은 전 세계적으로 동일하기 때문에, 동물의 울음소리도 언어에 따라 어느 정도 유사하게 모방되어야 한다. Abbott(2004)의 동물 소리 목록과 Marttila(2011)의 새 이름 연구는 언어 간의 광범위한 유사점과 현저한 차이점을 보여준다. 예를 들어, 뻐꾸기와 수탉이 내는 소리는 전형적으로 초기 연구개 파열음 /k/가 있는 음절로, 고양이와 소가 내는 소리는 양순 파열음 /m/을 갖는 단음절로 표현된다. 꿀벌은 유성 치경 마찰음으로 zzz로 표기되고, 뱀은 거의 보편적으로 무성 치경 마찰음으로 sss로 표기된다. 반면, 부엉이 울음소리의 이름을 딴 부엉이 이름은 일부 남미 언어에서 si-bi, márúcu 및 $ho^3ho^3ka^3lxi^3su^2$, 북미 언어인 푸레페차어에서 tu ʼkuru, 멘데어에서 mbu 및 발티어에서 uk-pa로 불린다(Marttila 2011: 97f).

(v) **음운적 재생산**. 동물의 소리를 모방한 단어는 동물의 음향 모형에 가까운 형태를 가진다. Rhodes(1994)는 이러한 단어의 음향적 형태가 **야생적**인 소리를 언어적으로 재생산하는 과정을 **길들임(tame)**으로 설명했다. 동물 소리의 자연 상태는 길들여진 소리와 크게 다르며, 동물 소리의 모방은 각 언어의 음운 체계에 따라 형성된다. 따라서 서로 다른 언어를 사용하는 화자들이 비슷한 모방을 찾아내는 것은 놀라운 일이다. 흥미롭게도 동물 소리를 나타내는 단어는 종종 특이한 음성학적 패턴으로 형성된다. 예를 들어, 영어에서 동물 소리를 설명하는 데 사용되는 음소 패턴은 다른 단어에서는 잘 나타나지 않는다. 예를 들어, meow는 /ɪˈaʊ/, woof는 /ʊf/, buzz는 /ʌz/, pig의 소리는 /ɔɪŋk/과 같은 형태이다. 이러한 소리 패턴은 사람의 소리 체계에서 벗어나지 않으면서도 동물의 소리와 사람의 소리 차이를 강조하기 위해 의도적으로 선택된 것일 수 있다. 물론 음성학적 규칙은 다른 소리 모방 단어에서도 위반될 수 있으며, 예를 들어, vroom /vruːm/이나 boing /bɔɪŋ/ 같은 경우가 있다.

3.4 의성어

(1)에 나열된 소리에 대한 단어는 '소리 상징적'으로 특징지어진다. **소리 상징성(sound symbolism)**은 단어의 소리가 그 의미의 일부와 유사하다는 것을 나타내는 용어이다. 그러나 이 개념은 일반적으로 비동기화된 기호로 이해되는 '상징'이라는 용어 때문에 오해의 소지가 있다. 그래서 소리가 상징적이라고 느껴지는 단어를 **의성어(onomatopoeia)**라고 부른다. 의성어는 "음운 형태의 일부가 지시어나 환유적으로 관련된 소리와 유사하게 인식되는 새롭거나 관습화된 단어"이다(Benczes 2019: 81). 이 정의에는 그리스어 onomatopoeia에서 알 수 있듯이 새로 만들어진 단어뿐만 아니라 기존의 의성어도 포함된다. 이는 단어의 소리 중 일부만이 (환유적으로) 그 단어의 도상성을 결정한다는 점을 분명히 한다. 이러한 소리들은 일반적으로 음소테마로 구성된다. 또한 이 정의는 유사성의 관계가 객관적으로 주어지는 것이 아니라 지각되는 것, 즉 주관성의 문제라는 점을 명확히 한다. 마지막으로 이 정의는 이미지적 도상성과 연상적 도상성을 모두 고려하여 '직접적' 유사성, 즉 소리의 모방과 '간접적' 유사성, 즉 한 단어를 패러다임의 다른 단어와 연관시킴으로써 유발되는 형태-의미 유사성을 포함한다.

이미지적 의성어와 연상적 의성어의 구분은 Ullmann(1972: 84)의 1차 의성어와 2차 의성어를 구분한 것과 일치한다. 1차 의성어는 "소리가 진정으로 감각의 메아리"이다. 1차 의성어의 예는 buzz(윙윙거리다), crack(갈라지다), growl(으르렁거리다), hum(흥얼거리다), plop(퐁당하다), roar(으르렁거리다), squeak(끽 소리 내다), squeal(끼익 소리 내다) 그리고 whizz(윙 소리 내다) 등이 있다. 2차 의성어의 예는 움직임을 나타내는 quiver(떨다), slink(슬그머니 움직이다), wriggle(꿈틀거리다) 또는 '일반적으로 바람직하지 않은 일부 신체적 또는 도덕적 특성'을 유발하는 gloom(우울), grumpy(성격이 나쁜), slimy(끈적끈적한) 등이 있다.

영어의 2차 의성어에서 움직임의 주된 역할에 대한 스티븐 울만(Stephen Ullmann)의 관찰은 의태어(ideophone)에 대한 연구와 일치한다. 의태어는 생생한 감각적 장면을 모방된 방식으로 묘사하는 표식어이다(Akita & Dingemanse 2019: 1).[1] 예를 들어, Blasi *et al.*(2016: 1)에서는 시에라리온에서 사용되는 언어인 키시키시어에서 habá는 '(인간의) 흔들리고 서투른 움직임'을 의미하며, hábá-hábá-hábá는 '(인간의) 장시간, 극도의 흔들림'을 의미한다고 보고한다. 여기서 감각적인 장

---

1 의태어의 가장 초기이자 자주 인용되는 특성은 Akita & Dingemanse(2019: 2)에서 인용된 Doke(1935: 118)의 설명이다. 도크는 반투어에 대한 연구에서 **의태어**를 "아이디어의 생생한 소리 표상"으로 정의했다.

면의 증가는 반복을 통해 전달된다. 다음 일본어의 예에서는 음소 교체를 최소화하여 다양한 종류의 동작을 나타낸다. goro는 무거운 물체가 구르는 것, koro는 가벼운 물체가 구르는 것, guru는 무거운 물체가 축을 중심으로 회전하는 것, kuru는 가벼운 물체가 축을 중심으로 회전하는 것을 의미한다(Imai *et al*. 2008: 55).

예문 (2)의 함축적 위계에서 볼 수 있듯이, 움직임에 대한 의태어는 소리에 대한 의태어 바로 뒤에 위치하며, 다른 모든 종류의 의태어보다 먼저 언어에서 빈도 순위를 차지한다(Dingemanse 2012: 663).

(2) 소리(SOUND) 〈 움직임(MOVEMENT) 〈 시각적 패턴(VISUAL PATTERNS) 〈 다른 감각 지각(OTHER SENSORY PERCEPTIONS) 〈 내적 감정 및 인지 상태(INNER FEELINGS AND COGNITIVE STATES)

함축적 계층구조는 다음과 같이 해석된다. "언어에서 움직임에 대한 의태어가 존재한다면 소리에 대한 의태어도 있을 것이다. 또한 언어에 시각적 패턴을 나타내는 의태어가 있다면 [⋯], 움직임과 소리에 대한 의태어도 존재할 것이다"(Dingemanse 2012: 663).

영어에서도 단어 간의 유사한 체계적인 관계는 발견된다. Bolinger(1950: 130)는 단어가 부분적으로 동일한 형태와 유사한 의미로 상호 관련되어 있음을 보여준다. (3)에 나열된 단어들은 다른 단어와의 유사성에 따라 배열되어 있다. 단어의 연결은 초기 음소를 공유할 때 종종 공명(assonance)이라고 하는 초성을 기반으로 하거나, 동일한 최종 음소를 공유할 때 압운 또는 운율을 기반으로 연결된다.

(3) wriggle wiggle squiggle jiggle
juggle snuggle struggle
strive strain

단어 wriggle, wiggle, squiggle, jiggle은 /ɪgəl/의 운율과 '빠르고 짧고 불규칙한 움직임'이라는 의미를 공유한다. 단어 jiggle과 juggle은 초성 /dʒ/와 운율 /gəl/을 공유할 뿐만 아니라, '위아래로 움직임'과 관련된 의미도 같다. 반면, 단어 juggle, snuggle, struggle은 /ʌgəl/의 운율을 공유하지만 서로 관련이 없는 의미를 지니고 있다. struggle, strive, strain은 다시 초성 /str/와 '억지로 노력함'의 의미로 연결된다.

초성의 음소 다발과 운율 /ɪgəl/은 전형적으로 음소테마이다. 단어 wriggle, wiggle, squiggle, jiggle은 음소테마를 공유하고 '반복적 이동'과 관련된 의미의 유사성으로 인해 연관되어 하나의 패러다임을 형성한다. 단어 giggle, niggle은 음소 다발을 공유하지만, 이 패러다임의 의미는 공유하지 않는다. 이 단어들은 기껏해야 이 패러다임의 주변적 구성원이라고 할 수 있다. 이러한 예는 '음소테마'의 개념이 명확하지 않음을 보여준다. 또한, 언어에서 가장 작은 의미 단위가 형태소라는 전통적인 가정과도 상충된다. 따라서 음소테마를 하위 형태소로 설명하는 일종의 절충안이 필요하다.

음소테마는 언어에 널리 퍼져 있으며, 광범위하게 수집되고 분류되어 왔다. 그러나 Benczes(2019: 25)가 관찰한 것처럼 "음소테마로 간주되는 것은 보는 사람의 눈에 달려 있다". 의성어와 그 음소테마를 이해하려면 적어도 두 가지 정신적 과정이 필요하다. 음소테마는 해당 패러다임의 단어에 대한 연상을 불러일으키고, 의성어는 전형적으로 특히 풍부한 개념적 틀을 불러일으킨다. "틀(frmae)은 우리가 세상을 보는 방식을 형성하는 정신적 구조이다"(Lakoff 2004: xv). 모든 단어는 틀을 불러일으키지만, 음소테마를 포함하는 단어가 불러일으키는 틀은 다르다. 같은 상황을 표현하는 다양한 방법을 살펴보자.

(4) a. I threw my phone away. (나는 휴대폰을 버렸다)
　　b. I dumped my phone. (나는 휴대폰을 폐기했다)

중립적 표현인 throw away(버리다)는 특정한 틀을 불러일으키지 않는데, 이는 아마도 내가 휴대폰을 숨기고 싶어서 버렸다는 암시를 담고 있을 수 있다. 반면, 음소테마 /-ʌmp/ 또는 /-ʌm/이 포함된 동사 dump(버리다)는 chump, rump 또는 dumb와 같은 불쾌감을 주는 단어와 폐기물 처리라는 틀을 연상시킨다. 이는 계속되는 전화에 짜증이 나서 아무도 내게 연락하지 못하도록 휴대폰을 버렸다는 연상을 불러일으킨다.

틀은 의성어의 패러다임을 확장하는 데에도 관여한다. 예를 들어, /sn-/ 음소테마를 생각해 보자. 세계 대부분의 언어에서 nose라는 단어에는 비강 /n/이 포함되어 있다(Blasi *et al.* 2016). 이는 영어의 nose, nostril, nuzzle, nozzle과 같은 단어에도 적용된다(Bolinger 1940: 68). nose 틀은 코와 관련된 과정과 행동을 불러일으킨다. 이러한 사건을 기술하는 동사에는 sneeze, sniff, snivel, snore, snort, snuff, snuffle, snicker, snarl 등이 있다. 여기서 음소테마 /sn-/은 동기를 부여한다. 즉, 코에서 나는 비음 때문에 /n/은 코와 관련되고, /s/는 코에서 발생하는 마찰음과 관련된다. 코를 푸는 것과 같은 행동은 나쁜 매너로 간주되며, nose 틀의 이러한 부정적인 측면은 derision과 mockery의 경멸적 의미를 포함한다. 이는 sneer, snippy, snoop, snub와 같은 단어들이 /sn-/ 패러다임에 포함되도록 동기를 부여했을 수 있다. snake, snail과 같은 불쾌한 것, snatch, snare, snide, snitch와 같은 불쾌한 행동을 가리키는 단어들도 이 틀에 들어맞는 것으로 보이며, 울만의 관찰에 따라 2차 의성어가 좋지 않은 특성을 연상시키는 경향이 있다. '거만한 사람'을 의미하는 단어 snob도 부정적 의미의 단어 패러다임에 속한다. 이 단어는 원래 구두닦이를 의미했으며, "상류층의 매너를 모방하는 저속한 사교계 사람들"이 경멸하는 서민들을 지칭했다.[2] 이후 snob이라는 단어는 look down one's nose at someone(멸시하다) 표현에서 볼 수 있듯이 하층민을 경멸하는 오만한 상류층을 지칭하는 말로 사용되기 시작했다.

의성어에 포함된 소리 상징적 요소가 많을수록 더 상징적이어야 한다. 단어 bang(쾅)은 소리 상징성이 높은 단어의 대표적인 예이다. 실제로 bang(쾅)은 zigzag, gaga, boing, boom과 함께 몇 안 되는 영어 의태어 중 하나이다(위키피디아에서 의태어로 발췌). 따라서 bang은 특히 생생한 이미지를 불러일으키고 통사적으로 독립적이며, The gun go bang(총성이 울리다)과 같이 인용구 go 뒤에서 발생한다. Taylor(2004: 64-71)는 Bang goes the weekend(주말이 시작된다)와 같은 구문에서 bang의 사용을 조사했으며 Marchand(1969)는 bang의 도상성을 다루었다. 두 저자는 bang의 소리 상징성을 조사하지만, 해석은 서로 다르다. Marchand(1969: 318)는 단어 bang을 구성하는 음소를 상황에서 전형적으로 발생하는 소리의 반영으로 해석한다. Taylor(2004: 69f)는 음소를 관련 단어와의 연관성에서 해석한다.

(5) a. [æ]는 문이 쾅 닫힐 때 나는 소리, [ŋ]는 그 뒤에 오는 공기, [b]는 둔탁한 폭발음을 표현한다. (Marchand 1969)
b. /æ/는 slam, slap, bat과 같이 단음절 단어에서 발생하며, 이는 시끄러운 충격 또는 갑작스러운 움직임과 관련이 있고, /ŋ/는 sing, ring, ping과 같은 단어에서 소리 또는 움직임과 관련된다. 또한, /b/는 boo, beat, bat과 같은 단어에서 갑작스러운 사건과 연결된다. (Taylor 2004)

---

2 영어 및 사용법, '속물'의 어원이라는 제목 아래의 영어 및 사용법. https://english.stackexchange.com/questions/22147/etymology-of-snob

물론 같은 단어에 대한 두 가지 도상적 해석은 모두 적절할 수 있다. 이러한 연구들은 도상성이 **지각된** 유사성의 문제이며, 이미지적 도상성과 연상적 도상성 사이에는 명확한 구분이 없음을 보여준다.

의성어는 음향학 연구에서도 흥미로운 영역이다. 현실에서 발생하는 소리가 언어의 음운론적 표현과 얼마나 정확하게 일치하는지에 따라 도상성의 정도를 객관화할 수 있다. Taub(2001: 24, 51-53)은 『아날로그 건축 모델Analogue Building Model』 연구에서 종소리의 진폭 파형을 구어 ding과 비교한다. 이 아날로그 구축 과정에는 화자의 네 단계가 포함된다. (1) 개념 형성하기 (2) 소리 이미지 선택하기 (3) 영어의 음운 범주에 맞게 소리 이미지를 도식화하기 (4) 부호화하기이다. 〈그림 16.4〉는 도상적 사상에서 가장 중요한 두 번째 및 네 번째 단계인 (A)의 종소리인 청각 이미지와 (B)의 ding /dɪŋ/로 부호화된 소리 이미지를 보여준다.

두 진폭 파형은 길이만 다를 뿐 놀라울 정도로 유사하다. 영어의 음소는 소리 연속체를 깔끔하게 표시할 수 있으며, 종소리의 세 단계를 도상적으로 반영한다. 파열음 /d/는 울림의 날카로운 초성을, 모음 /ɪ/는 고음, 비음 /ŋ/은 확장된 희미한 감쇄를 나타낸다. 〈그림 16.4〉에서 (A)와 (B)를 연결하는 화살표는 구조-보존 대응을 나타내며, 이 세 음소는 참조되는 소리의 세 단계와 동일한 순서로 나타난다.

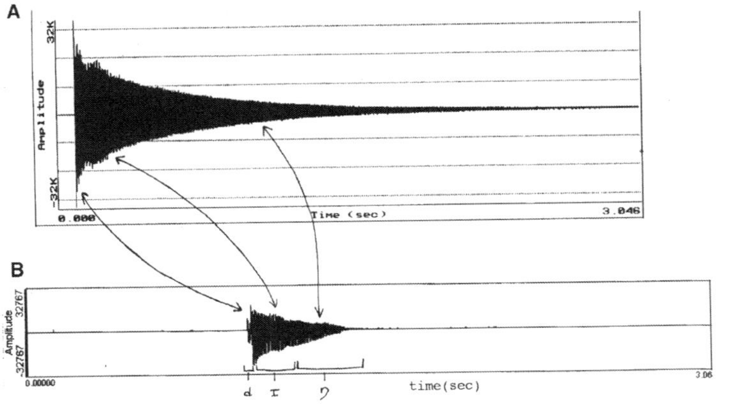

〈그림 16.4〉 종소리(A)와 미국인 여성이 말하는 영어 단어 ding(B)의 진폭 파형

출처: Taub 2001: 24에서 채택됨

최근 연구에 따르면 언어 사용자는 음소를 의미와 연관 짓는 경향이 있다는 사실이 밝혀졌다. 이 연구는 Köhler(1929)의 독창적인 실험에서 영감을 얻었다. 폴프강 쾰러(Wolfgang Köhler)는 피

험자들에게 〈그림 16.5〉의 도형과 유사 단어인 takete와 maluma를 맞추게 했고, 그 결과 takete는 각진 도형, maluma는 둥근 도형을 연상하게 되었다.

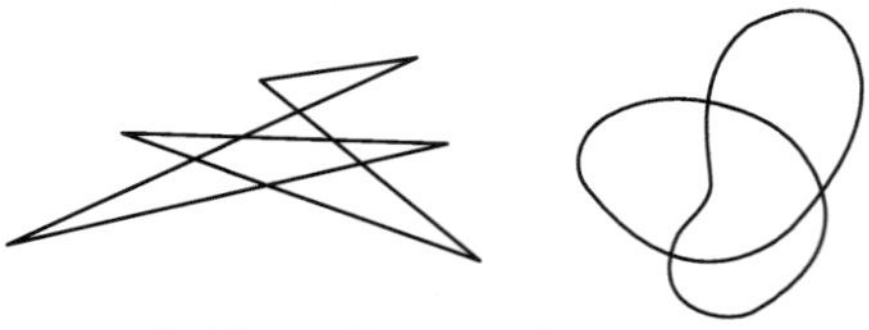

〈그림 16.5〉 takete와 maluma

출처: Köhler 1929/1947

쾰러의 연구 결과는 앵글로색슨 연구에서도 유사 단어 bouba와 kiki를 사용하여 여러 조건과 언어에 걸쳐 반복되었다. 시각적 자극과 음성 자극 사이의 공감각적 대응은 유사 단어의 소리 구조로만 설명할 수 있다. Nobile(2015)은 둥글고 각진 모양과 강한 유추를 갖는 조음 및 음향적 특징을 조사했다. 무성 파열음은 takete에게 불연속적인 음향 프로파일을 부여하는 반면, 공명음은 maluma에게 연속적인 음향 프로파일을 제공한다. 많은 연구에서 '각진' 음소와 '둥근' 음소 사이에 유사한 대응 관계가 있음을 발견했다(McCormick *et al*. 2015 참조).

특정 소리가 특정 유형의 성격과 일치한다는 연구 결과도 있다. Kawahara *et al*.(2015)은 영어와 일본어 화자에게 sataka와 meyana와 같은 각진 소리 형태의 가상의 이름을 보여주고, 그 사람의 성격을 판단하게 했다. 각진 모양의 이름을 가진 사람들은 무뚝뚝하고 자신감 있으며 접근하기 어려운 것으로 평가된 반면, 울림 모양의 이름을 가진 사람들은 겸손하고 귀여우며 접근하기 쉬운 것으로 평가되었다. 이 모든 연구는 도상성이 원래의 개념에서 생각했던 것보다 훨씬 더 넓은 범위를 지닌다는 것을 보여준다.

4. 도식적 도상성

도식적 도상성의 영향은 1980년대와 1990년대에 기능 문법에서 주목받기 시작했다. John Haiman(1985: 9-10)은 집의 번호 매기기를 통해 도식적 도상성을 설명했다. 예를 들어, '45'라는 집은 '43'과 '47' 사이에 위치하며, 이는 기본 숫자가 43과 47 사이의 수량을 나타내는 방식과 유사하다. 아랍 숫자 자체는 거의 전적으로 상징적이지만, "그 문법(집에 숫자를 할당하는 규칙)은 도식적으로 도상적이다".

문법은 전적으로 도상적이고 상대적으로 간단하지만, 강력한 상징적 원리들이 문법의 복잡성을 형성한다. 1983년 스탠퍼드 대학교에서 열린 "통사 구조에서의 도상성(Iconicity in Syntax)" 심포지엄에서는 유명한 언어학자들이 기능적 및 도상적 언어학에 대한 연구를 발표했다. 이 심포지엄의 논문집은 언어의 교차적 접근과 142개 언어의 데이터를 반영하여 Haiman(1985)에서 『언어의 유형론 연구Typological Studies in Language』 시리즈로 출판되었다. 이 책에 수록된 14편의 논문은 "언어 형식이 도식처럼 전달에 사용되는 개념적 구조와 유사하기 때문에 언어 형태가 종종 그 자체로 존재한다"는 점을 보여준다(Haiman 1985: 1). 도식적 도상성은 도상적 부호화의 세 가지 원칙, 즉 선형 순서의 원리, 근접성의 원리, 수량의 원리로 가장 널리 설명된다.

4.1 선형 순서의 원리

Saussure(2011 [1916]: 70)는 언어의 선형적 본질에 대해 주목했다. 그는 "언어의 전체 메커니즘은 그것에 의존한다"라고 말하며, "청각 기표는 오직 시간이라는 차원만을 명령할 수 있다"고 설명했다. 선형 순서의 원리는 **강력한** 도상적 동기부여를 제공한다. 이 원리는 주로 절의 순서에 적용된다. Givón(1991: 92)은 "일관된 담화에서 절의 순서는 묘사된 사건이 발생하는 시간적 순서와 일치하는 경향이 있다"라고 정의했다. Haiman(1985: 4)은 '거꾸로' 이야기하는 언어는 알려져 있지 않다고 덧붙였다.

Linde & Labov(1975)는 사람들이 아파트 배치를 설명할 때 이야기의 순차적인 순서를 사용한다는 것을 보여주었다. 그들은 다음과 같이 설명했다(Line & Labov 1975: 926).

(6) You walk into a long, narrow foyer, leading into a smaller, squarer foyer, eating place, dinette— area. And— uh— to the right is the kitchen, and— uh— to the left, my living room. (길고 좁은 현관으로 들어서면 더 작고 네모난 현관, 식사 공간, 식당으로 이어진다. 그리고 '어-' 오른쪽에는 주방이 있고 '어-' 왼쪽에는 내 거실이 있다)

언어의 선형적 도상성의 고전적인 카이사르가 폰투스의 파르나케스 2세(Pharnaces II)를 상대로 승리한 후 남긴 유명한 말, 즉 vēnī, vīdī, vīcī(왔노라, 보았노라, 이겼노라)가 있다. 사실 카이사르는 이 말을 직접 한 것이 아니라 로마 원로원에 보내는 메시지로 남긴 것이다. Saussure(2011

[1916]: 70)가 지적한 바와 같이, 문자 형태는 공간적으로 구어의 연속을 나타낸다. 이 경우 세 동사의 언어적 순서는 기술된 사건의 시간적 순서를 반영한다.

타미 기본(Talmy Givón)의 순차적 순서 원칙에 따르면, 사건과 이를 기술하는 절의 정렬된 순서는 하나의 경향 또는 기본값 추론에 불과하다. Langacker(2008: 79f)는 도상적 순서에서 나온 깔끔한 예를 제공하며, 적절한 맥락을 고려할 때 문장 (7a)에 기술된 사건의 순서는 문장 (7b)의 역순으로 기술될 수도 있음을 보여준다. 이는 What are the most important things that happened to you last year?(작년에 가장 중요했던 일은 무엇인가?)라는 질문에 대한 응답으로 제시될 수 있다.

(7) a. I quit my job, got married and had a baby. (나는 직장을 그만두고, 결혼하여 아기를 낳았다)
b. I had a baby, got married and quit my job (나는 아기를 낳고 결혼하고 직장을 그만뒀다) —역순 배열

사건의 발생 순서를 연대순으로 설명하는 것이 가장 자연스럽고 명확한 방법이다. 이 순서를 명시적으로 표시할 수도 있다. 예를 들어, She kissed me goodbye and left(그녀는 작별 인사를 하고 떠났다)라는 문장에서 두 개의 연속 사건의 순서는 아래와 같이 시간절을 사용하여 나타낼 수 있다. 여기서 시간절 뒤의 숫자는 사건의 순서를 나타낸다.

(8)	a. She kissed me goodbye (1)	*before* she left. (2)
	b. *Before* she left (2)	she kissed me goodbye. (1)
	c. She left (2)	*after* she kissed me goodbye. (1)
	d. *After* she kissed me goodbye	(1) she left. (2)

(8a)와 (8d)에서는 시간절의 순서가 사건의 도상적 순서와 일치한다. 반면, (8b)와 (8c)에서는 시간절의 순서가 사건의 도상적 순서와 상충된다. 여기서 나중 사건인 '떠남'이 먼저 언급되고, 이전 사건인 '키스'가 두 번째로 언급된다. 이러한 상충 상황에서는 문법적 구조가 도상성보다 우선하게 된다. 하지만 이런 상반된 문장은 이해하기 더 어려울 수 있다. 연구에 따르면, 3~6세 어린이는 "언급의 순서 전략"을 일관되게 따르며, 이러한 문장을 도상적 순서에 따라 해석한다

(Clark 1971). 성인은 (8b), (8c)와 같은 반-도상적 문장을 이해하기 위해 두 번 생각해야 할 수도 있다. 선형 도상성의 영향은 사용 빈도에서도 나타난다. Diesel(2008)의 연구에 따르면, 초기의 after- 및 before-절이 있는 문장의 81.8%가 도상적이며, 초기의 once- 및 until-절이 있는 문장에서는 93.9%가 도상적이라고 한다. 이는 부사절이 주절 뒤에 오는 경향이 있음을 보여주며, 이는 정보 구조와 처리 과정의 용이성 때문이다.

부사절은 또한 선형 순서의 원칙을 따르는 경향이 있다. (9)에 나열된 문장에서, '+' 기호로 표시된 절은 선호되는 선택, '-' 기호로 표시된 절은 선호되지 않는 선택을 나타낸다.

(9) 조건절

a. + 초기: If you apologize, I'll forgive you. (네가 사과하면, 용서할게)

b. − 말미: I'll forgive you if you apologize.

목적절

c. + 말미: You need to register to download the game. (네가 게임을 다운로드하려면 등록해야 해)

d. − 초기: To download the game, you need to register.

인과절

e. + 말미: I'm here because I love you. (나는 당신을 사랑해서 여기 왔어)

f. − 초기: Because I love you, I'm here.

조건절은 결과절, 즉 귀결절이 발생할 수 있는 가설적 조건인 전제절을 설명하기 때문에 (9a)에서와 같이 주절보다 앞에 오는 경향이 있다. Diessel(2008: 470)은 (9b)와 같이 최종 조건절에 기술된 결과가 사실적 진술로 잘못 해석될 수 있다고 지적한다. 목적절은 (9c)와 같이 의도한 사건이 나중에 실현될 것이기 때문에 주절 뒤에 오는 경향이 있다. (9d)에서 목적절은 조건절을 설명하는 것으로 이해되므로 if you want to download the game이 먼저 나오고, 주절은 결과로 기능하므로 후치사가 붙는다. 인과절은 원인이 결과를 설명하는 절보다 앞에 오도록 되어 있는데, 이는 원인이 결과에 선행하기 때문이다. 이 도상적 순서는 Givón(1991: 92)의 예에서와 같이 *He killed and shot her가 아닌 He shot and killed her(그가 그녀를 쏴 죽였다)와 같이 조정된 절에 적용된다. 그러나 인과적 종속절은 (9e)와 같이 주절 뒤에 올 가능성이 더 높다. Diesssel(2008: 470)은 인과적 종속절의 최종 위치가 선행 진술을 뒷받침하는 기능에 의해 동기가 부여된다고 추측한다.

원인-결과 관계는 전형적으로 행위 사슬, 즉 행위자와 피동작주가 관련된 에너지적인 사건에서 발생한다. Langacker(1991: 292)는 '행위 사슬'이라는 개념을 초기 에너지원에서 최종 에너지 싱크로 추적되는 에너지의 흐름으로 이해했다. 에너지 흐름의 방향은 행동의 시간적 순서와 거의 일치한다. 예를 들어, 평서문의 능동문인 Floyd broke the glass (with a hammer)(플로이드가 (망치로) 유리를 깨뜨렸다)는 행위 사슬의 자연스러운 부호화를 나타낸다. 행위의 주체인 Floyd는 문장의 주어로, 행위의 영향을 받는 개체인 the glass는 동사의 직접 목적어로 부호화된다.[3] 타동사 문장 패턴인 S-V-O는 원형적으로 에너지인 행위와 관련이 있다. 따라서 전 세계 대부분의 언어가 주어가 목적어에 선행하는 어순을 선호하는 것은 놀라운 일이 아니다.[4]

시간적 도상성의 현저한 사용은 중국어에서 발견된다. 중국어 어순에 대한 연구에서 Tai(1985)는 특정 문장 내부적 구성요소의 위치가 도상적으로 동기 부여된다는 것을 관찰했다. 그의 예 중 하나는 다음 문장 쌍이다.

(10) a. *tā zài chúfáng-li zuòfàn.*
he PREP kitchen-in cook
"He cooked in the kitchen"(그는 주방에서 요리했다)

b. *tā diào zài shuǐ- li.*
he fall PREP water- in
"He fell in the water"(그는 물에 빠졌다)

문장 (10a)에서는 요리를 하기 전에 부엌에 있었기 때문에 장소 부사 in the kitchen이 동사 앞에 위치해야 한다. 반면, 문장 (10b)에서는 사람이 물에 빠지기 전에 넘어졌기 때문에 장소 부사 in

3 Floyd broke the glass with the hammer(플로이드가 (망치로) 유리를 깨뜨렸다)에서 hammer의 도구격 역할은 행위자와 피동작주 사이에서 에너지 흐름의 중간에 있지만, 영향을 받는 대상에 대한 중요도가 두 번째로 높기 때문에 논항의 지위를 부여받지 못한다.

4 Hammerström(2015)은 5,230개 언어에서 다음과 같은 기본 어순의 빈도를 나열한다. 즉, SOV: 43.3%, SVO: 40.2%, VSO: 9.5%, VOS: 3.3%, OVS: 0.7%, OSV: 0.3%, NODOM 2.3%이다. 따라서 언어의 93%가 주어가 목적어 앞에 오는 어순을 가지고 있다.

the water가 동사 뒤에 오는 것이 적절하다.[5]

Cooper & Ross(1975)는 『세계의 어순World order』이라는 획기적인 논문에서 이항 접속사(binomal conjunct) 및 고정(freeze)으로 설명되는 광범위한 고정 표현들이 비가역적인 선형 순서로만 나타난다는 것을 증명했다. 따라서 우리는 now and then이나 law and order와 같이 사용하지만, then and now나 order and law와 같은 표현은 사용하지 않는다. 이러한 고정의 순서는 의미론적 및 음운론적 요인에 의해 결정된다. 윌리엄 쿠퍼와 존 로스(William E. Cooper & John R. Ross)가 규명한 19가지 의미적 요소 중 6가지를 살펴보면, (11)에 나열된 요소들이 첫 번째 접속사를 특징짓는다.

(11) a. Here(여기): here and there, this and that, come and go
b. Now(이제): now and then, sooner or later, today or tomorrow
c. Animate(유생물): people and things, men and machines, horse and cart
d. Adult(성인): mother and child, men, women and children, cat and kitten
e. Male(남성): husband and wife, king and queen, Adam and Eve
f. Agentive(행위자): agent and patient, speaker and hearer, cat and mouse

처음 두 가지 의미 요소는 전형적으로 현재 화자의 위치와 관련된 공간 및 시간 직시적 중심을 나타낸다. (11b)에서 시간적 접속사의 선형 도상성이 나타나며, 첫 번째 접속사가 설명하는 사건이 두 번째 접속사가 설명하는 사건보다 먼저 발생한다. Cooper & Ross(1975: 102)는 wash and wear, eat and run, hide and seek, park and ride와 같은 고정 표현을 나열하며, 이 목록은 Kiss and Ride, Coin and Call, Pay and Save와 같은 추가 예시를 통해 자유롭게 확장될 수 있다고 말한다. (11c)-(11f)의 의미적 요소는 남성 우월주의적인 자기중심적 세계관을 반영하며, 그가 세상에서 차지하는 위치는 '나 먼저'라는 원칙으로 특징지어진다. 예를 들어, you and I에서 대명사의 순서는 공손함의 관습에 따른 것이지만, 자기중심적 순서는 ??They and me의 순서와는 반대로 They believe me and you to be similar(그들은 나와 여러분이 비슷하다고 믿는다) 혹은 We and they(우리와 그들)와 같은 표현에 반영된다(Cooper & Ross 1975: 106-107). Panther(이 책)

5 중국어에서 공간적 접속사와 시간적 접속사의 도상적 순서를 지배하는 조건은 다음과 같다. (10a)와 같이 장소나 출처를 나타내는 자유 접속사는 동사 앞에 오고, (10b)에서처럼 목표를 나타내거나 상태를 서술하는 의무 접속사는 동사 뒤에 배치된다.

는 (11d)의 도상적 순서인 men, women and children(남성, 여성 그리고 아이들)이 가부장적 사회문화적 모형을 반영하며, 이 세 가지 명사를 순서화하는 여섯 가지 가능성 중에서 가장 빈번하게 사용되는 순서임을 보여주었다.

고정 표현의 첫 번째 접속사는 일반적으로 두 번째 접속사보다 음운적 재료가 적다. 예를 들어, (11a)에서 come(오다)은 단모음과 폐쇄음절로 이루어진 반면, go(가다)는 장모음과 개방음절로 이루어져 있다. 여기서 의미론적 요인과 음운론적 요인이 함께 고정의 순서를 결정하지만, 때때로 충돌할 수도 있다. 예를 들어, (11b)에서 now and then(때때로)의 순서는 사건의 순서와 일치하지만 음운론적 제약과 충돌한다. 단모음과 폐쇄음절의 then이 먼저 오고, 이중음절과 개방음절의 now가 두 번째로 와야 한다. 이 경우 의미론이 음운론보다 우선한다. 반면, 음운론이 의미론보다 우선할 수도 있다. Cooper & Ross(1975: 73)는 아이들이 핼로윈에 과자를 달라고 할 때 사용하는 trick or treat을 예로 들어 설명한다. 여기서 trick은 단모음이고 첫 번째로 언급되며, treat은 장모음으로 두 번째로 언급된다. 의미론적으로는 아이들이 If you don't give us a *treat*, we will play a *trick* on you(우리에게 간식을 주지 않으면, 우리가 장난을 칠 거야)라고 의미하기 때문에 treat이 먼저 언급되어야 한다.[6]

고정 표현의 비가역성을 결정하는 의미론적 및 음운론적 요인은 처리 부하의 원칙(principles of processing load)에 기반한다. 즉, 처리하기 쉬운 자료는 처리하기 어려운 자료보다 앞에 배치되는 경향이 있다(Cooper & Klouda 1995). 첫 번째 접속사에 기술된 자료는 화자가 즉시 이용할 수 있는 것으로, here의 자기 위치, 현재 now, 그리고 '나 먼저'로서의 세계관을 반영한다. 두 번째 접속사에서 설명하는 자료는 화자의 자기중심적 경험을 넘어 확장되어, 여기서 저쪽의 장소, 과거 또는 미래의 시간, 어린이, 기계, 쥐와 같은 다른 사람이나 사물을 포함한다. 첫 번째 접속사의 자료는 화자에게 친숙하며, 두 번째 접속사에 비해 음운 자료가 덜 필요하다.

언어 단위의 선형적 순서는 시간적 요인 외에도 다른 요인에 의해 결정될 수 있다. Posner(1986)가 보여주듯이, 선행 명사를 기준으로 한 속성-명사 구문에서 형용사의 순서는 의미적 속성에 의해 결정된다. 본질적 속성을 나타내는 형용사는 우발적 속성을 나타내는 형용사보다 명

---

6 동료인 캐서린 슈베린(Catherine Schwerin)이 지적했듯이, trick 혹은 treat의 어순은 역사적으로 동기가 부여된 것일 수 있다. 핼러윈은 전통적으로 유령이 나타나 인간에게 장난을 치거나 해를 끼치는 날로 여겨져 왔다. 이를 방지하기 위해 유령을 쫓아내야 하며, 따라서 유령은 달래지 않으면(given a 'treat'), 혼란을 일으킬 수 있다(play a 'trick'). 해악에 대한 두려움이 기본값이며, treat은 이를 방지하기 위한 조치이다. 현대 유령의 위협에 동기를 부여하는 것은 trick or treat이다.

사에 더 가깝다. 속성 형용사의 자연스러운 순서는 문장 (12a)에서 예를 통해 확인할 수 있다.

(12) a. a beautiful young Japanese woman (아름답고 젊은 일본 여성)

b. ?a Japanese young beautiful woman (일본인이면서 젊고 아름다운 여성)

형용사 Japanese(일본인)는 국적이 영구적이기 때문에 명사와 인접해야 하고, young(젊다)은 시간이 지남에 따라 나이가 변하기 때문에 명사와 조금 떨어져 있다. 반면, beautiful(아름답다)은 화자의 개인적인 평가를 기반으로 한 묘사 속성이기 때문에 명사와 가장 멀리 떨어져 있다. (12b)에서 속성의 자연스러운 순서가 반전되면 어색하게 들린다.

4.2 근접성의 원리

Givón(1991: 89)은 근접성 또는 거리의 도식적 원리를 가장 넓은 의미에서 정의한다. 그는 "기능적, 개념적 또는 인지적으로 서로 가까운 개체는 부호화 수준에서, 즉 시간적 또는 공간적으로 함께 배치된다"고 설명한다.[7] 그는 '근접성'이라는 개념을 "연상 기억, 확산 활성화 및 점화의 일반적인 요구 사항"과 연관 짓지만, 이는 현재 조사의 범위를 넘어서는 내용이다. 그럼에도 불구하고 근접성을 일반적인 인지적 성향으로 보는 견해는 시각적 지각에서 뒷받침된다. 근접성의 게슈탈트 원리에 따르면 "서로 가까이 있는 사물은 멀리 떨어져 있는 사물보다 더 적절성이 있는 것처럼 보인다"라고 한다.[8] 따라서 〈그림 16.6〉에서 서로 근접해 있는 패치와 점들은 서로 관련되어 그룹을 형성하는 것으로 보인다. 〈그림 16.6a〉에서 6개의 패치가 아니라 2쌍으로 이루어진 3개의 패치로, 〈그림 16.6b〉에서는 42개의 점이 아니라 2개의 점선으로 된 원으로 인식된다(Metzger [1936] 2006: 30, from Köhler 1933).

---

7 Otto Behaghel(1932: 4) 역시 언어 구조에서 근접성이 가장 중요하다고 언급하며, "정신적으로 가까운 것은 가까운 곳에 배치되는 것이 일차적 법칙이다"(daß das geistig eng Zusammengehörige auch eng zusammenegestellt wird)라고 말했다.

8 www.usertesting.com/blog/gestalt-principles#proximity

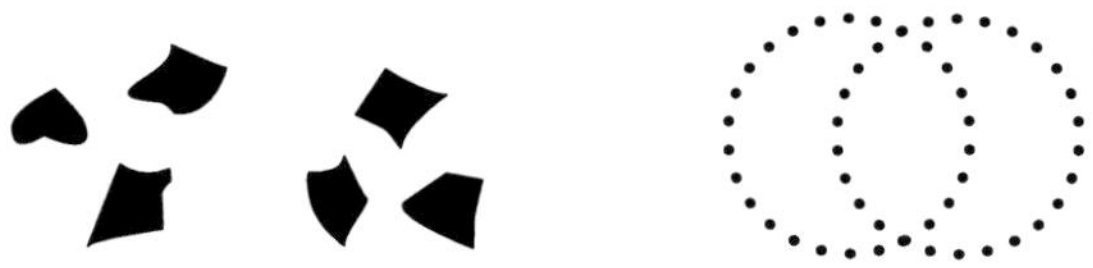

(a) (b)

〈그림 16.6〉 근접성의 게슈탈트 원리

우리의 뇌는 가깝고 먼 시각적 수치를 처리하는 방식과 유사하게, 가깝고 먼 언어 단위도 처리한다고 예상할 수 있다. 근접성의 원리가 작용하는 언어 영역에는 어휘 융합과 다양한 문법 현상이 포함된다.

어휘 융합(lexical fusion). 어휘 융합은 가장 긴밀한 근접성을 나타낸다. 예를 들어, 두 단어 또는 단어의 일부가 결합하여 새로운 단어를 형성하는 pictionary 또는 Brexit와 같은 혼성어에서 이를 확인할 수 있다. 1960년대 후반, 생성 의미론자들은 단순한 어휘 항목도 의미의 '원자적(atomic)' 요소의 융합으로 간주했다. 당시 논의의 중심이 되었던 어휘 항목은 동사 kill(죽이다)이었다. 이 인과 동사 kill은 원자 술어인 cause(원인), begin(시작) 및 resulting state(결과 상태)'로 구성된다고 주장되었다. 이는 cause to die(죽게 하다) 또는 cause to become dead(죽음이 되게 하다)와 같은 표현에서 파생된 것이다. 하지만 이러한 표현들은 동의어가 아니다. 어휘 동사 kill(죽이다)은 단일 사건을 가리키는 반면, 우언적 구문인 cause to die(죽게 하다)는 두 개의 사건을 나타낸다(Wierzbicka 1975, Haiman 1985: 108-111). 이는 사물에 대한 우리의 인식과 관련이 있다. 즉, 서로 가까이 있는 사물은 서로 관련성이 있다고 여겨지고, 멀리 떨어진 사물은 관련이 없다고 간주된다. 동사 kill(죽이다)에서 구성요소인 CAUSE(원인)와 RESULT(결과)는 서로 관련되어 있고 심지어 융합되어 있는 반면, 우언적 구문인 cause to die(죽게 하다)에서는 이 요소들이 서로 관련이 없고 떨어져 있다. 결과적으로 kill(죽이다)은 직접적인 인과관계와 물리적 접촉을 의미하는 반면, cause to die(죽게 하다)는 간접적인 인과관계와 물리적 접촉의 부재를 나타낸다. 따라서 cause to die(죽게 하다)나 bring about to die(죽음을 가져오다)는 인과관계가 있는 사건이 한 시점에 발생하고 그 결과가 이후에 생기는 복잡한 상황을 설명하는 데 사용될 수 있다. Lakoff(1977: 245)에서 제시된 다음 문장 쌍에서도 볼 수 있듯이, 단일 동사 kill(죽이다)에서는 이러한 구성이 허용되지 않는다.

(13) a. On Friday I brought it about that John would die on Saturday. (금요일에 나는 존이 토

요일에 죽게 될 것이라고 말했다)

b. *On Friday I killed John on Saturday. (*금요일에 나는 존을 토요일에 죽였다)

직접적 인과관계와 간접적 인과관계는 show, make someone see와 remind, make someone remember와 같은 쌍에서도 동일한 차이를 보인다. 그러나 대부분의 우언적 표현에는 단순한 어휘 대응어가 존재하지 않는다. 예를 들어, 영어에는 make someone hear, feel, like와 같은 인과 동사가 없다. 이러한 동사가 없는 이유는 일반적으로 이러한 효과를 직접적으로 가져올 수 없고, 간접적으로만 발생하기 때문이다.

보충성(complementation). 보충성은 거리에 대한 문제로, 다소 많고 적음의 문제이다. 따라서 일부 구문은 척도를 따라 배열될 수 있다. (14)의 문장은 Givón(1991: 95)이 정교화한 보충성의 정도에 대한 '구속력 있는 척도(binding scale)'에서 채택된 것이다. 밑줄 친 단어는 행렬과 보충절 사이의 거리를 증가시킨다. 즉, 절 사이의 거리가 멀어질수록 주 사건이 종속 사건에 미치는 영향은 줄어들게 된다.

(14) 보충성의 정도

a. 원형 부정사: She made him leave. (그녀는 그를 떠나게 했다)

b. to-부정사: She told him to leave. (그녀는 그에게 떠나라고 했다)

c. 가정법: She wished that he would leave. (그녀는 그가 떠나기를 바랐다)

타동절 이동(transitive motion). 팬더(Panther, 이 책)는 타동사 구문에서도 유사한 효과를 발견했다. 아래 문장에서 주절의 동사 order(명령하다)는 사람이 차에서 내리도록 강요하는 역할을 한다. 운전자가 준수할 것이라는 기대는 인과 및 결과 동사 사이의 거리와 상관관계가 있다.

(15) 타동절 이동 구문

a. 강한 함축: The detectives ordered him out of the car. (형사들은 그를 차에서 내리라고 명령했다)

b. 약한 함축: The detectives ordered him to step out of the car. (형사들은 그를 차에서 나가라고 명령했다)

문장 (15a)는 이 복잡한 상황을 단일 사건으로 부호화하며, 그 사건이 실제로 발생했다는 강한 함축을 불러일으킨다. 반면 문장 (15b)는 원인과 결과를 분리하는 부정사 to step을 사용하여 상황을 두 개의 사건으로 부호화한다. 결과적으로 이 해석은 사건이 실제로 일어났다는 것을 약하게 암시한다.

타동성(transitivity). 타동사와 직접 목적어 사이에는 개념적, 언어적 근접성이 특히 강하다. 아래 문장 쌍을 고려해 보자.

(16) 직접 목적어-전치사 접속사

a. + 효과적: Felix slapped a mosquito. (펠릭스는 모기를 때렸다)

b. − 효과적: Felix slapped at a mosquito. (펠릭스는 모기를 향해 손을 휘둘렀다)

문장 (16a)에서 동사가 기술하는 행위는 직접 목적어가 나타내는 사물에 즉시 영향을 미친다. 따라서 이 문장은 '펠릭스가 모기를 죽였다'는 의미로 해석될 수 있다. 반면 문장 (16b)에서는 목적어가 전치사 at에 의해 동사와 분리되어 있으므로, 행위의 영향을 받지 않는다. 이 문장은 '모기를 놓쳤다'는 의미로 이해된다. 마찬가지로 Felix kicked door(펠릭스가 문을 찼다)에서 직접 목적어는 발차기 행위의 영향을 받는다. 즉, 문이 열리거나 닫히거나 부서질 수 있다. 그러나 Felix kicked at the door(펠릭스가 문을 발로 찼다)에서는 펠릭스가 힘을 사용했을지라도 문이 열리거나 닫히거나 부서지지 않았다. 따라서 *Felix kicked at the door open이라고 표현할 수는 없다.

여격 전이(dative shift). 다음 문장 쌍은 여격 또는 간접 목적어를 포함한다는 점에서 앞의 문장과 다르다. (17)의 두 구문은 일반적으로 밀접하게 관련되어 있으며 '여격 전이' 또는 '여격 이동'이라고 한다.

(17) 간접 목적어-전치사 접속사

a. + 효과적: Heidi wrote her mother a letter. (하이디는 어머니에게 편지를 썼다)

b. − 효과적: Heidi wrote a letter to her mother. (하이디는 편지를 어머니에게 썼다)

문장 (17a)에서 간접 목적어는 동사에 인접해 있으며, 직접 목적어와 마찬가지로 글쓰기 행위의 영향을 받는다. 따라서 이 문장은 '하이디의 어머니가 아마 그 편지를 받았을 것이다'라는 의미로 해석된다. 반면, 문장 (17b)에서는 전치사 목적어가 동사와 분리되어 있어 행위의 영향을 받지 않는다. 전치사 to는 일반적으로 이동의 목표를 나타내므로, 이 문장은 '하이디가 편지를 다 썼다'는 의미로 이해되지만, 하이디가 편지를 보냈는지 또는 어머니가 그 편지를 받았는지는 알 수 없다. I taught Harry Greek(나는 해리에게 그리스어를 가르쳤다)는 해리가 실제로 그리스어를 배웠음을 의미하지만, I taught Greek to Harry(나는 해리에게 그리스어를 가르쳤다)에서는 학습이 이루어졌는지에 대한 언급이 없다. 이 두 문장 사이에서도 유사한 대조가 관찰된다(Lakoff & Johnson 1980: 130, Thompson & Koide 1987).

소유(possession). 다음 두 문장은 양도할 수 없는 소유(cannot be given up)와 양도할 수 있는 소유(can be given up)의 언어적 차이를 보여준다. 양도할 수 없는 '소유'는 신체 부위나 친척 관계를 나타내고, 양도할 수 있는 소유는 우리가 소유한 사물을 나타낸다. 이 두 가지 소유의 구분은 매우 근본적이어서 언어에 자주 반영된다. 예를 들어, 양도할 수 없는 소유는 접사를 사용하여 표현하고, 양도할 수 있는 소유는 별도의 명사를 사용하여 서로 다른 개념적 거리를 나타낸다(Fox 1981, Haiman 1983: 791-795). (18)의 문장은 두 종류의 소유가 영어에서도 매우 미묘하게 구별된다는 것을 보여준다.

(18) 소유

a. 양도할 수 없는: (i) I kissed her lips(나는 그녀의 입술에 키스했다).
(ii) I kissed her <u>on</u> the lips.

b. 양도할 수 있는: (i) I kissed her shoes(나는 그녀의 신발에 키스했다).
(ii) ?I kissed her <u>on</u> the shoes.

(18a)에서와 같이 양도할 수 없는 소유는 (i) 소유한 신체 부위의 이름을 지정하거나 (ii) 사람**과** 신체 부위의 이름을 함께 표현하는 두 가지 방식을 허용한다. 문장 (i)에서 소유자가 her lips에서 소유 대명사로 나타나고, 문장 (ii)에서는 소유자가 직접 목적어의 위치로 '상승'하여 동사의 행위에 영향을 받는다. 반면, 신체 부위는 전치사 부속물 on the lips로 격하된다. (18b)와 같이 양도할 수 있는 소유는 소유 대상인 그녀의 신발에만 이름을 붙일 수 있다. 만약 (ii)와 같이 소유자가 직접 목적어로 명명되면, 우리는 이 문장을 양도할 수 없는 소유로만 해석할 수 있다. 이제 소유물인 신발은 사람의 신체 부위의 연장으로 이해된다. '상승된 소유자(ascended possessor)'를 직접 목적어로 사용하는 구문 (ii)에서 소유, 즉 입술과 신발은 동사가 기술하는 행위와 분리되지만, 이는 도상적으로 타당한 이유로 수행된다. 즉, 이제 키스에 실제로 영향을 받는 사람이 동사 옆에

놓이게 된다.

절 일관성(clausal coherence). 이미 순차적 순서의 예시로 인용된 카이사르의 격언인 veni, vidi, vici(왔노라, 보았노라, 이겼노라)도 도상적 근접성의 예가 될 수 있다. 이 세 개의 절이 나란히 병치되어 단일 사건으로 압축되어 있다. 이 절의 긴밀한 연결은 카이사르의 군사 행위가 승리로 이어지는 신속성을 반영한다(Nänny & Fischer 1999: 3).

절 내적 일관성(Inter-clausal coherence). (12)의 예에서 알 수 있듯이 속성 형용사는 일반적으로 병치된다. 이와 대조적으로 서술 형용사는 (19b)와 같이 일반적으로 and와 함께 조정된다.

(19) 속성 형용사-서술 형용사

a. 속성적 병치: a beautiful young girl(아름다운 어린 소녀)

b. + 서술적 조정: The girl is young and beautiful(그 소녀는 젊고 아름답다).

c. − 서술적 병치: *The girl is young, beautiful.

가장 먼저 주목해야 할 점은 (19b)의 서술 형용사가 (19a)의 속성 형용사와 역순으로 나타난다는 것이다. 이 순서는 완벽한 도상적 의미를 지니고 있다. 즉, 영구적인 속성을 나타내는 형용사 young(젊다)은 우발적 속성만을 나타내는 형용사 beautiful(아름답다)보다 여전히 명사에 더 가깝다. 형용사의 연결에도 의미가 있다. 속성 형용사는 명사가 기술하는 사물의 속성을 공동으로 설명하는 반면, 서술 형용사는 각각 명사가 나타내는 사물에 새로운 속성을 할당하므로 별도로 부호화된다.[9]

정치적 정확성(Political correctness). 정치적 정확성을 지지하는 사람들은 특정 사회 집단에 불쾌감을 줄 수 있는 표현을 정치적으로 허용가능한 표현으로 대체할 것을 요구한다. 정치적으로 피해야 하고 올바른 표현으로 대체해야 하는 모욕적인 표현의 전형적인 예는 (20)에 나열되어 있다.

---

9 일관성의 종류, 특히 강세와 억양 윤곽을 구분하는 더 많은 예시와 언어적 표지는 Givón(1991: 90-91)을 참고할 수 있다.

(20) 모욕적인 표현 / 정치적으로 올바른 표현

모욕적인 표현	정치적으로 올바른 표현
a. colored person(유색인종)	person of color
b. dyslexic student(난독증 학생)	student with dyslexia
c. cripple(불구자)	person with a physical disability
d. blind person(맹인)	person with visual impairment/who has low vision
e. slow learner(느린 학습자)	person with a learning or cognitive disability

두 표현의 가장 눈에 띄는 차이점은 길이가 다르다는 것이다. 이는 아래에서 논의할 도상적 양의 원리와 관련이 있을 수 있지만, 확실히 또 다른 관련 요소는 근접성이다. 정치적으로 올바른 표현 집합에서 명사와 부가어는 전치사로 구분되어, 장애인이나 기타 낙인 대상이 인물로부터 분리된다. 또한 두 집합의 속성도 다르다. 대부분의 모욕적인 표현에는 전치사 형용사가 포함되어 있으며, 영어에서는 a reviewed article(검증된 논문)처럼 영구적이고 일반적인 속성을 지정하는 경향이 있다(속성 및 술어 조정에 대해서는 Bolinger 1967 및 Radden & Dirven 2007: 7장 참조). 반면, 정치적으로 올바른 표현에는 an article reviewed(검증된 논문)과 같이 변경 가능하고 특정 속성을 지정하는 사후 수식절이 포함되어 있다. 따라서 정치적으로 올바른 표현과 관련된 약화 효과는 수식어 구의 후치사와 전치사로 인물을 나타내는 명사와의 분리에 의해 촉발된다. 긍정적 공손 표현의 길이가 긴 것은 일반성을 표현하는 데 이보다 더 나은 방법이 없기 때문이다. a person with a physical disability(신체 장애가 있는 사람)라는 구는 a person with a gleeful smile(환하게 웃는 사람)만큼이나 평범하게 들린다.

4.3 양의 원리

> Would you say that again using more words?(좀 더 많은 단어를 사용하여 다시 말씀해 주시겠어요?)
>
> Jim McCawley

양의 원리는 언어 내부의 도상적 관계뿐만 아니라 언어 외부의 도상적 관계에도 적용된다. 언어 내부 도상성에서는 MORE MEANING IS MORE SOUND(더 많은 의미는 더 많은 소리이다)라는 원리가 작용한다. 예를 들어, That was looooong story(긴 이야기였다)에서 길게 늘어진 모음은 이야기의 길이를 강조한다. 언어 외부 도상성에서는 MORE SOCIAL DISTANCE AND RESPECT IS MORE SOUND(더 많은 사회적 거리와 존중은 더 많은 소리이다)가 적용된다. 예를 들어, 영국 하원에서 국회의원을 The Honorable Member(존경하는 의원)라고 부르며, 하원의원인 경우를 The *Right* Honorable Member(매우 존경하는 의원)로 부른다.

4.3.1 언어의 양의 원리-내부 도상성

Givón(1991: 87)은 다음과 같은 영역에서 '이 원리의 발자국'을 발견한다.

(i) 더 큰 정보 덩어리에는 더 큰 부호 덩어리가 제공된다. 예를 들어, 파생적 어휘는 파생되지 않은 어휘보다 더 많은 부호화 자료를 포함한다. 따라서 active는 act보다 더 길다.

(ii) 예측 가능성이 낮고 더 중요한 정보에는 더 많은 부호화 자료가 제공된다. 예를 들어, I saw **Bill** leave, not Harry(나는 해리가 아니라 빌이 떠나는 걸 봤다)에서 대조적 요소는 현저한 강세를 받는다. 반대로 동일한 정보에 대해서는 이미 알려진 내용은 말할 필요가 없는 만큼 부호화 자료가 적게 제공된다(Haiman 1983: 802). 따라서 Mary wanted [Ø] to leave(메리는 떠나고 싶었다)에서 보어절의 핵심 주어인 Mary가 삭제되었다.

양의 원리의 가장 간단한 적용은 단어의 소리 및 의미와 관련이 있다. 더 많은 소리를 포함하는 단어는 더 많은 의미를 전달하는 것으로 느껴진다. 예를 들어, 사람들은 [vaːz]로 발음되는 꽃병을 [veɪz]로 발음되는 꽃병보다 더 크다고 생각한다. Bolinger(1980: 19)는 다른 과거시제 형태가 전달하는 의미 차이에 주목했다. 따라서 dreamed의 발음은 '천천히 움직이는 동작'을 나타내고, dreamt의 발음은 '완료된 동작'을 나타낸다. 비슷한 차이가 spilled와 spilt, burned와 burnt, smelled와 smelt에도 적용된다.

언어 내부의 양의 원리는 주로 형태론과 통사론에서 작동한다. 몇 가지 예가 아래에 나와 있다.

등급성(gradation). Jakobson(1965: 29)이 제시한 도상성의 예 중 하나는 인도유럽어에서 형용사의 등급성이다. 원급, 비교급 및 최상급의 형태는 영어의 high-higher-highest 또는 라틴어의 altus-alterior-altissimus에서처럼 음소 수가 증가하는 형태를 포함한다. 야콥슨은 "signatia는 signata의 등급성 영역을 반영한다"고 했으며, Givón(1991)에 따르면 이는 더 큰 부호 덩어리가 더 큰 정보 덩어리를 반영한다는 의미로 해석할 수 있다. 야콥슨의 분석은 small-smaller-smallest와 같은 형용사가 묘사하는 크기가 증가하기보다는 감소한다는 이유로 비판을 받아왔다. 그러나 형용사의 의미론이 아니라 개념적 범위의 도식적 확대가 중요하다. 원급은 하나의 지시어, 비교급은 두 개의 지시어, 최상급은 적어도 세 개의 지시어를 호출한다. 형용사의 등급성은 현재에서 미래 및 과거로의 시간적 거리가 증가하는 것과 비교할 수 있다. 따라서 영어에서는 grandparents(조부모)와 grandchildren(손주), great-grandfather(증조부)와 great-grandson(증손주) 등의 오름차순 및 내림차순 세대의 특정 친척은 동일한 대칭 방식으로 형성된다.

복수(plurality). Jakobson(1965: 30)은 복수형의 길이 증가를 '수적 증가의 의미'를 반영하는 것으로 나열한다. 이는 대부분의 복수형에 적용되지만, 라틴어 중성 명사인 -um에는 적용되지 않는다. 즉, 단수형인 oppidum(마을)은 복수형인 oppida(마을들)보다 음소가 더 많다. 외래어에서 유래한 많은 영어 단어가 더 짧은 외래 복수형 어미를 유지하고 있다. curriculum(교육과정)의 선호되는 복수형은 ?curriculums이 아닌 curricula(교육과정들)이다. 짧은 복수형인 bacteria(박테리아들), phenomena(현상들), alumni(졸업생들) 및 stimuli(자극들)도 마찬가지이다. 여기에서 학습된 학문적 용어의 고리가 도상적 원리보다 우선한다. 동시에 이러한 비체계적인 복수형을 피하는 경향이 있다. 가장 경제적인 방식은 data(데이터)와 media(미디어)에서처럼 단수형과 복수형 모두에 원래 더 짧은 복수형을 사용하는 것이다.

복제(reduplication). 복제의 개념은 주로 형태적 과정으로 이해된다. 단어의 어근 음절을 복제하는 것은 사실이나 양의 증가를 나타내는 데 가장 적합하다. 복제는 모든 언어와 다양한 기능에서 널리 입증되었다. 주요 기능은 (21)에 설명되어 있다.

(21) a. 복수(Plurality): 일본어 ie '집', ieie '집들'
b. 집단성(Collectivity): 인도네시아어 orang '남자', orang orang '사람'
c. 반복(Iteration): 피지어 kai '부르다', kaikai '반복해서 부르다'
d. 강화(Intensification): 사모아어 taaba '말하다', taaba taaba '비명을 지르다'
e. 지속(Duration): 베트남어 nói '이야기하다', nóinói '계속 이야기하다'
f. 축소(Diminution): 사합턴어 kušú '돼지', kusúkusu '새로 태어난 돼지' 네팔어 sānā sānā bastu '매우 작은 것' 구우어 이미티르어 gunggaarr '북쪽', gungga=gunggaarr '약간 북쪽'

Aoki(1994: 19), Pharies(1985: 50), Haviland(1998: 9)에서 가져온 축소의 예는 복제가 의미 정보의 증가와 반드시 연관되어 있지 않다는 것을 보여준다. 형용사 등급성과 마찬가지로 복제의 증가는 도식적으로 적용되며, 어느 방향으로든 진행될 수 있다. Haspelmath(2008: 5)가 언급한 바와 같이 복제는 또한 복제된 형태가 항상 더 희귀하다는 점에서 빈도와 관련해서도 나타난다.

단어의 반복을 통해서도 복제가 이루어질 수 있다. 예를 들어, 명사(There's forms form forms forms)나 동사(She talks talks talks talks), 좌표 동사(The ball bounced and bounced and bounced), 또는 동사구(He told me and told me and told me)를 함께 묶일 수 있다. 단어의 독립적인 지위로 인해 단어의 복제는 순차적 순서의 원리를 따르며, 몇 단위의 복제는 전체 순서를 나타낸다. 이러한 경험적 기초는 Bolinger(1980: 43)에서 지적되었다. He kept telling me(그는 계속 말했다)는 He told me and told me and told me and…(그는 나에게 말하고 또 말하고 또 말하고…)" 의 약칭으로 이해할 수 있다.

축약(contraction). Givón(1991: 88)은 I have two books(나는 두 권의 책이 있다)에서 완전한 어휘 형태인 have와 I've read two books(나는 두 권의 책을 읽었다)에서 축약된 문법 형태 've를 비교한다. 완전형 have는 '소유하다'를 의미하는 어휘 동사로 사용되므로 완료 표지로서 기능을 가지며, '소유하다'의 의미로 사용할 수 없는 축약형 've보다 더 많은 정보를 포함한다.

Brown & Levinson(1978: 271)은 축약형이 대응하는 관습적 형태와는 다른 의사소통 기능을 가지고 있다고 주장한다. 완전형과 축약형을 비교하는 세 가지 예가 아래에 나열되어 있다.

(22) 부정적 공손형	긍정적으로 공손한 축약형
a. I want to	I wanna
b. Do you want to	Wanna
c. Do you need a	Needa

부정적 공손형은 "자신의 행위를 방해받지 않으려는 욕구"로 이해할 수 있다. 반면, 긍정적 공손형은 "(어떤 면에서) 인정받고 싶은 욕구"로 해석된다(Brown & Levinson 1978: 13). 긍정적 공손형의 축약은 그룹 내 소속감과 일상적인 비공식성을 나타낸다. 이는 더 크고 작은 정보 덩어리를 불러오는 대신, 다양한 형태가 사회적 거리에 따라 사용되는 특징을 반영한다. 따라서 이러한 형태 간의 양적 차이는 언어 외부의 도상성과 관련이 있다.

4.3.2 언어 외부 도상성에서 양의 원리

언어 외부 요인과 양적 표현 사이의 상관관계는 모욕적이거나 경멸적, 기타 감정적 표현에서 두드러진다. shit나 fuck 같은 금기어는 공공장소에서는 저속하고 부적절하게 여겨지지만, 탈의실 대화에서는 충분히 용인될 수 있다. 반면에 defecate(배변 보다)나 fornicate(간통하다)와 같은 표현은 진료실에서는 적절하지만, 탈의실에서는 부적절하게 간주된다. Haiman(1983: 802)은 단어의 길이가 그 단어에 대한 친숙도를 나타내는 지표이자 사회적 거리감을 표현한다고 주장한다. 네 글자로 된 짧은 단어는 친숙한 의미 영역과 관련이 있으며, 가까운 사회적 거리를 나타낸다. 반면, 완곡어를 포함한 긴 표현은 덜 친숙한 영역과 관련이 있으며, 사회적 거리를 존중한다는 신호로 해석된다. 은유적으로 말하자면, 완곡어법을 사용할 때 화자는 메시지의 불쾌한 내용을 보호적인 표현으로 감싸는 것이다(Haiman 1983: 801).

사람들은 단어의 적절성을 인식하고 있지만, "화자에게 '적절해 보이는 것'은 종종 도상적으로 동기 부여된 것일 수 있다"(Haiman 1983: 800). 표현의 길이 또는 단어 사이의 거리가 '어떤 다른 거리', 특히 사회적 거리와 격식 및 공손과 같은 측면에 해당할 때 표현이 적절하다고 느껴진다.[10] 다음의 일상적인 요청 예시는 사회적 거리의 증가를 반영하는 언어적인 양적 증가를 보여준다.

(23) a. Come here! (이리 와!)
b. Please come here! (이리 오세요!)
c. Can you come here? (이리 올 수 있어요?)
d. Could you please come here? (이리 와 줄래요?)
e. Would you mind if I asked you to come here? (이리로 와 주시겠어요?)

(23a)의 짧은 직접 요청은 어린아이거나 강아지와 대화할 때 사용할 수 있으며, (23b)의 약간 긴 요청은 더 큰 아이나 친구에게 말할 때 적합하다. 두 경우 모두 수신인과의 사회적 거리가 가까운 것을 반영하지만, 지인에게 사용할 경우 무례하게 들릴 수 있다. 간접 요청은 더 길고 억양 윤곽이 열려 있어 청자가 거부할 수 있는 여지를 준다. (23c)와 (23d)의 요청은 사회적 지위가 중립적인 사람들에게 사용하는 공손한 형태이다. (23e)에서 가장 긴 간접 요청은 존경하는 사람에게

---

10 사회적 거리가 언어에 미치는 영향에 대한 좋은 예는 클라우스-우베 팬더(Klaus-Uwe Panther)가 제공한 것이다. 별명은 사회적 거리가 가깝다는 것을 나타내며 Dick vs. Richard 또는 Bess vs. Elizabeth처럼 항상 주어진 이름보다 짧은 것이 특징이다.

부탁할 때 사용된다.

표현의 양은 대체 표현과 경쟁할 때 더욱 뚜렷하게 나타난다. 이는 잘 알려진 게르만어와 라틴어 어원의 단어들, 즉 buy(사다)와 purchase(구매하다), talk(말하다)와 converse(대화하다), think(생각하다)와 reflect(반성하다), guess(추측하다)와 conjecture(추론하다)에서 사용역 차이에 적용된다. 라틴어 기원의 단어는 게르만어에서 유래한 단어보다 항상 더 긴 경향이 있다. 많은 비평가들이 오늘날의 글쓰기에서 analyze(분석하다)를 perform an analysis로 사용하는 것과 같은 가식적인 어법과 사이비 학술 용어를 지적하고 조롱했다. 이러한 부풀려진 문체에 대한 초기 비평가 중 한 사람인 Orwell(1946)은 "일단 습관이 생기면 I think라고 말하는 것보다 In my opinion it is not an unjustifiable assumption that(내 생각에는 다음과 같은 가정이 부당하지 않다고 생각한다)이라고 말하는 것이 더 쉽고 빠르다"고 언급했다(Orwell 1946: 149).

언어 내부의 양적 원리에 따르면, 더 많은 양의 형태일수록 더 많은 양의 정보를 반영할 것으로 예상된다. 그러나 가식적인 어법으로 과도한 표현을 사용하는 것은 존중, 격식 또는 주제와 같은 사회적 거리 두기 요인에 의해 허용되지 않는다. 따라서 이는 언어 외부의 양의 원리와 충돌하게 된다. 언어 내부와 언어 외부의 양의 원리 간의 충돌은 그러한 발언을 문자 그대로가 아닌 다른 방식으로 해석함으로써 해결된다. 즉, 고의적인 과장이나 자랑, 자기 비하 또는 겸손한 태도, 또는 개인적인 진술에 전념하지 않으려는 시도로 해석되는 것이다. 따라서 양의 도상적 원리는 양의 격률을 위반함으로써 발생하는 함의를 설명한다(Grice 1975, Brown & Levinson 1978: 219-220).

5. 연상적 도상성

Words of a feather flock together. (깃털 같은 단어들이 모여든다.)

Birds of a feather flock together(유유상종)라는 속담은 비슷한 것끼리 서로 끌린다는 민속적 관점을 잘 드러낸다. 이러한 견해는 언어에도 반영되어 있다. 공간적 관점에서 유사성의 개념을 표현하는 언어는 대체로 similar to(유사한)에서 전치사 to와 같은 목표(Goal) 표지를 사용한다. 비슷한 것들이 서로 은유적으로 이동한다. 반면, 차이를 표현할 때는 different from(다른)처럼 근원(Source) 표지로 부호화되는 경향이 있다. 서로 다른 것들은 은유적으로 서로 멀어지게 된다

(Radden & Matthis 2002). 이와 같이 유사한 언어 기호는 서로 끌어당기고 연관되며, 서로 다른 기호는 밀어내고 분리되는 경향이 있다.

3.2절과 3.4절에서는 의성어가 유사한 단어와 연관되어 하나의 패러다임을 형성하는 연상적 도상성의 사례를 살펴보았다. 이 패러다임의 본질은 연관된 기호의 형태와 의미에서 추출되며, 종종 음소테마와 그것이 연상시키는 틀의 형태로 도식적으로 포착될 수 있다. 이러한 **패러다임적 연상**의 도상적 과정은 다음과 같은 단계를 거친다.

(24) 패러다임적 연상

(i) 어떤 기호가 주어짐: crash

(ii) 그 기호는 유사한 기호와 연상됨: crack, crush, crunch

(iii) 그 기호들은 패러다임을 형성함: /kr-/ '파괴적 소리'

연상적 과정은 동일한 틀에 속하지 않거나 반드시 그렇지 않은 두 개 이상의 기호 문자열에 의해 촉발될 수도 있다. 이러한 기호의 예로는 일반적으로 두운법(alliteration), 모음 반복(assonance) 또는 운율(rhyme)로 연결된 단어들이 있다. 이러한 종류의 연상적 예로는 윌리엄 셰익스피어(William Shakespeare)가 대중화한 neither rhyme nor reason(도대체 영문을 모를)이 있다.[11] rhyme과 reason은 두운법으로 인해 서로를 끌어당기며, 두 개념을 정의하는 공통의 틀을 찾도록 유도한다. neither rhyme nor reason은 전혀 말이 되지 않는다는 의미로 해석될 수 있다.[12] 이 도상적 과정을 '**자극적 연상(prompted association)**'이라고 하며, 다음 세 단계로 나타낼 수 있다.

(25) 자극적 연상

(i) 일련의 기호가 주어짐: neither rhyme nor reason

(ii) 그 기호는 형태 일부를 공유함: /r-/과 어말 비강

(iii) 그 기호가 합성의 의미를 불러일으킴: '전혀 의미 없음'

---

11 셰익스피어는 그의 희곡 『착오희극, 뜻대로 하세요The Comedy of Errors, As You Like It』과 『윈저의 즐거운 아낙네들The Merry Wives of Windsor』에서 이 표현을 사용했다.

12 Benczes(2019)는 수정된 문구인 『이성에 대한 운율Rhyme over Reason』을 책 제목으로 선택했다. 그녀는 언어적 관점에서 **운율**은 시적인 것을 의미하고, **이성**은 언어의 참조 기능을 의미한다고 설명한다(Benczes 2019: 1).

자극적 연상의 힘은 Jakobson(1960: 357)이 다음과 같은 유쾌한 대화에서 잘 설명하고 있다.

(26) A girl used to talk about "the horrible Harry." "Why horrible?" "Because I hate him." "But why not *dreadful*, *terrible*, *frightful*, *disgusting*?" "I don't know why, but horrible fits him better." Without realizing it, she clung to the poetic device of paronomasia. (한 소녀는 "무서운 해리"에 대해 말하곤 했다. "왜 '무서운(horrible)'이야?" "그를 싫어하니까." "하지만 왜 '무시무시한(dreadful)', '끔찍한(terrible)', '소름 끼치는(frightful)', '역겨운(disgusting)'은 아니고?" "왜인지는 모르겠지만, '무서운'이 그에게 더 잘 어울려." 그녀는 자신도 모르게 말장난이라는 시적 장치에 집착하고 있었다)

우리는 비슷하게 들리는 단어의 연결을 통해 일반적으로 관련이 없는 개념을 연관시키는 언어유희(paronomasia)를 즐긴다. horrible Harry(무서운 해리)에서 반복되는 두 자음 /h/와 /r/은 두 단어를 서로 끌어당겨, horrible(무섭다)이라는 속성을 Harry의 영구적이고 특징적인 속성으로 여겨지게 만든다. 반면 dreadful(무시무시한)이나 terrible(끔찍한)을 Harry와 연결한다고 해서 같은 효과가 나타나지는 않지만, dreadful을 Dan과 연결하거나 terrible을 Tom과 연결하면 비슷하게 불쾌한 연상을 불러일으킬 수 있다.

두운법, 모음 반복 또는 운율이 만들어내는 연상은 일상생활 곳곳에서 발견된다. 다음은 (27a와 b)의 동요, (27c와 d)의 광고, (27e와 f)의 정치적 슬로건, (27g와 h)의 기타 슬로건에서 두운법과 운율의 예시다.

(27) 두운법 / 운율

두운법	운율
a. Mary had a **l**ittle **l**amb.	b. Ee**ny**, **meeny**, **miny**, **m**oe
c. **My Goodness**, **my Guinness**	d. **Loan** by ph**one**
e. **b**uild a **b**ig, **b**eautiful wall	f. No **Deal** is I**deal**.
g. **F**riday for **F**uture	h. **Randy Andy**

아이들은 동요와 숫자 세기 운율에서 단어의 조화를 좋아한다. (27a)와 (27b)에서 두운법, 모음 반복, 운율 및 비음 자음이 서로 어우러져 멜로디를 형성한다. 광고는 예상치 못한 연결을 통해 흥미를 유발한다. (27c)에서 기네스 맥주의 유명한 슬로건은 1936년에 만들어졌으며, 그 오랜 매

력은 풍부한 모음 반복과 운율 덕분이다. (27e)에서 트럼프의 선거 공약은 거의 시적으로 들리며, 전체 문구에는 … along the US border to Mexico(미국 국경을 따라 멕시코로…)라는 또 다른 두운법이 포함되어 있다. (27f)에서 보리스 존슨의 운율은 강경한 브렉시트를 의미하며, (27h)에서는 앤드류 왕자에 대한 조롱 섞인 별명이 그의 성적 일탈을 노골적으로 지적하고 있다.

이 모든 예에서 우리는 간단한 문장에 재치 있고 미학적인 장식을 추가한 점을 높이 평가하지만, 사실 두운법, 모음 반복, 운율에 주목하지 않을 수 없다. 자극적 연상은 두 개 이상의 기호 사이의 관계를 포함하므로 일종의 도식적 도상성에 해당한다. 따라서 자극적 연상이 도식적 도상성에 중첩될 수 있다는 것은 놀라운 일이 아니다. 이는 다시 한번 카이사르의 격언에서 잘 드러난다. Jakobson(1960: 358)은 3음절 동사 veni, vidi, vici가 동일한 초성 자음과 동일한 종성 모음으로 대칭을 이루며, "간결한 승리의 메시지에 화려함을 더했다"라고 언급한다. Müller(2000: 305-307)는 사건의 추진력이 증가하고 있음을 나타내는 두 개의 마지막 두 절인 vidi, vici의 자음이 강화되며, 객관적 현실보다는 화자의 현실관을 반영하고 '화자의 개인적인 승리'를 암시하는 1인칭 단수 동사 형태를 사용하고 있음을 지적한다.

카이사르의 격언에 대한 해석은 무한히 넓은 범위를 가지고 있지만, 우리의 해석은 여전히 도상성에 의해 주도된다. 즉, 우리는 형태가 불러일으키는 의미를 찾고 있다. 따라서 아래와 같은 유머러스한 말장난을 접할 때에도 우리는 여전히 도상성의 영역에 있다.

(28) a. Veni, vidi, amavi (왔노라, 보았노라, 사랑했노라)
b. Veni, vidi, edi (왔노라, 보았노라, 먹었노라)
c. I came, I saw, I forgot what I was doing.(왔노라, 보았노라, 내가 무엇을 했는지 잊어버렸노라)

자동차 광고인 Eye it, Try it, But it이나 명품 재판매 광고인 Buy It, Sell It, Make Money와 같이 야콥슨의 고전적인 삼중항에는 다양한 변형이 존재한다. 이 모든 형식은 도상적이다. 고전적인 모형처럼 순차적인 순서와 연결된 연상을 포함한다. 따라서 카이사르의 격언을 들어본 적이 없는 사람도 이 문장을 완벽하게 이해될 수 있지만, 그 사람은 이 슬로건의 중요한 요점을 놓칠 수 있다. 이 격언에 익숙해지면 (28)의 문장을 유머러스한 부조리라는 본래의 의미로 이해하게 된다.

6. 도상성, 자의성, 체계성

도상성은 일반적으로 자의성에 반대되는 개념으로 볼 수 있다. 도상성은 언어의 **탁월한** 동기부여를 나타내는 반면, 자의성은 동기부여의 부족을 의미한다. Givón(1985: 189)이 자주 인용하는 도상성의 메타원리는 "다른 모든 조건이 동일하다면, 부호화된 경험은 부호가 경험과 최대한 동형적일 때 저장, 검색 및 전달이 더 쉽다"는 내용을 담고 있다. 도상성의 세 가지 장점은 아동 언어와 피진어의 습득에 적용되며, 의사소통 측면에서는 생생한 감각 묘사를 불러일으키는 의태어에도 적용된다.

이러한 도상성의 유익한 속성은 언어가 항상 자의적인 방향으로 발전한다는 사실과 상충되는 것처럼 보인다. 예를 들어, laugh(웃다), sob(흐느끼다), spank(때리다)와 같은 단어는 원래 도상적이었다. 동사 laugh(웃다)는 웃음소리를 표상하는 감탄사 ha ha에서 유래했으며, 그 흔적은 고대 영어 형태 hlæhhan에서도 볼 수 있다. 그러나 이러한 동사의 도상적 기원은 대부분 화자에게 더 이상 투명하지 않으며, 자의적이라고 할 수 있다. Akita & Dingemanse(2019: 5)는 일본어에서 유사한 '탈의태화(deideophonization)' 과정을 관찰했다. 예를 들어, 동사 hikaru(빛나다)는 의태어 pikapika(밝게 빛나다)에서 파생된다. 하지만 일본어 화자들은 hikaru를 pikapika와 연관짓지 않게 된다.

구어뿐만 아니라 문자 체계도 도상적 그림문자(3.1절)에서 점차 멀어지고, 수어도 도상적 제스처에서 멀어진다. 나이가 들면서 아이들은 또한 임의의 단어로 전환하는데, 이는 언어 발달의 과정을 요약한다. 언어 발달의 초기 단계에서는 도상성이 널리 퍼지고, 후기 단계에서는 자의성이 뒤처지는 이유는 무엇일까?

언어 습득에서 도상성의 역할에 대한 많은 연구가 진행되었다. 의성어 연구, 소리 상징주의 연구, 음소테마 연구 등 세 가지를 간략히 소개하겠다.

경험적 연구에 따르면, 어린이가 가장 먼저 습득하는 단어는 의성어이다. Laing(2014)은 의성어(OW)의 습득을 관습적 단어(CW)와 비교하여 더 자세히 살펴보았다. 독일 출신의 소녀 안날레나는 0~8세, 특히 0~11세 사이에 주로 의성어로 구성된 어휘를 구축했다. 이 시기에 점점 더 많은 의성어가 관습적 단어로 대체되었고, 1~6세에는 새로운 의성어 습득이 완전히 중단되었다. 특히 1~0세와 1~3세 사이의 과도기 단계가 두드러졌다. 안날레나는 의성어 단어의 자음 목록을 갖추고 있었지만, 관습적 단어 목록과는 완전히 일치하지 않았다. 그녀가 겪은 음운론적 어려움은 Katze(고양이)의 발음 /katsə/에서 잘 드러난다. 1~2세에는 [aka], 1~3세에는 [taðːə]와 [taxːa],

1~4세에는 [daksə]와 [kaça]로 발음했다. 안날레나는 의성어 목록에서 [k]를 가지고 있었지만, 초성 위치에서는 사용되지 않았기 때문에 이를 삭제하거나 다른 자음으로 대체했다. 또한 익숙하지 않은 파찰음 /ts/를 먼저 친숙한 소리인 [k]로 대체한 후, 마찰음을 사용하고 마지막으로 연구개 파찰음을 사용했다. 그녀는 [aka]와 [taxːa]에서 모음 조화의 익숙한 의성어 패턴을 어말 schwa 대신 적용했다. 캐서린 랭(Catherine E. Laing)은 이러한 형태를 음성학에서 음운론으로 전환되는 중간 단계로 해석하며, 의성어는 음운 구조와 기존 단어를 구현할 수 있는 음성 및 어휘 형판을 제공하고, '단어 학습을 위한 자동 처리 메커니즘'으로 작용한다고 설명한다(Laing 2014: 40).

자동 처리의 개념은 Imai & Kita(2014)에 의해 소리 상징주의에도 적용되었다. 일본 아동을 대상으로 한 연구에 따르면, 11개월 된 유아는 이미 쾰러의 소리 상징주의에 민감하게 반응하는 것으로 나타났다(Asano *et al.*, Imai & Kita 2014: 6에서 인용, 쾰러의 경우 〈그림 16.5〉 참조). 아이들은 뾰족하고 둥근 모양의 그림에 kipi 및 moma와 같은 새로운 단어를 일치시킬 수 있었으며, 이러한 생물학적 능력은 말소리를 의미와 연결하는 데도 도움이 된다. 이렇게 소리 상징주의는 영유아기부터 유아기까지 단어 학습의 발판이 된다.

Bergen(2004)의 연구에 따르면, 음소테마는 심리적 실제성을 가지고 있다. 그의 미취학 아동 피험자들은 druid 및 drip과 같은 의미적으로 관련이 없는 단어보다 glitter 및 glow와 같은 단어에 훨씬 더 빠르게 반응했는데, 이는 단어의 친밀도에 대한 아동의 인식을 보여준다. 또한 crony 및 crook과 같은 자주 사용되지 않는 단어보다 빈도가 높은 단어에 훨씬 더 빨리 반응했으며, 이는 어린이가 형태-의미 짝짓기를 처리하는 데 통계적 정보를 사용한다는 것을 나타낸다. 언어 사용자가 사람의 성별과 이름의 음운 사이의 통계적 상관관계를 내면화한 것처럼, 아이들도 소리-의미의 통계적 상관관계를 내면화했을 것이다. 예를 들어, Richard, Arthur와 같은 남성 이름은 초성 강세와 자음으로 끝나는 경향이 있고, Irene, Michelle과 같은 여성 이름은 단어 어말에 강세와 모음으로 끝나는 경향이 있다(Cassidy *et al.* 1999). 두 경우 모두에서 언어 사용자는 무의식적으로 이러한 미묘한 통계적 경향을 파악하고 도상적 사상에 활용한다.

중요한 문제는 어린이가 도상적 사상을 수행하는지, 또는 어느 정도 수행하는지에 대한 것이다. 앞서 언급했듯이 도상성은 보는 사람의 눈에 달려 있다(Occhino *et al.* 2017). 즉, 도상성은 이미지와 지시체 사이의 객관적인 관계가 아니라 이미지와 지시체에 대한 우리의 정신적 모형 사이의 관계이다(Taub 2001: 19). 도상성의 인지적 기반이 어린이의 언어 사용에도 적용될 수 있는가? 어린이는 slurp(후루룩)과 같은 도상적인 단어의 소리와 의미 사이의 도상적 연결을 '인식하는 것'일까요? 다음 대화에서 아동이 보호자에게 하는 반응은 도상적인 것으로 간주될 수 있는가? 어머니가 You're a chicken. Buck buck buck …(넌 닭이야. 벅 벅 벅)라고 말했을 때, 어린이(나이마 1~5세)는 Buck buck [bæp bæp]라고 대답한다(Laing 2019: 181). 여기서 아이는 할 수 있는 한 최선을 다해 의성어를 모방하지만, 여전히 도상적으로 해석하지 않는 것처럼 보인다.

레브 비고츠키(Lev Vygotsky)와 진 피아제(Jean Piaget)의 연구에 따르면, 어린이의 개념 세계는 성인의 개념 세계와 크게 다르다. 따라서 사물의 이름은 사물의 필수적인 부분으로 이해된다. 미취학 아동에게 소를 cow라고 부르는 이유를 물으면 "소는 뿔이 있어서 cow라고 한다"와 같은 대답을 할 수 있다(Vygotsky 1987: 254). Chandler(2007: 74)는 "아이에게 단어는 전혀 자의적으로 보이지 않는다"라고 결론지었다. 과연 단어가 아이에게 도상적일 수 있는가?

언어의 기본 속성으로서의 도상성에 대한 재평가는 자의성에 대한 재평가와 함께 이루어졌다. Dingemanse *et al.*(2015)은 동기가 부여된 어휘 구조 모형에서 세 가지 유형의 형태-의미 대응을 제안하며, 각 유형은 각각 다른 장점을 특징짓는다고 주장한다. **자의성(arbitrariness)**은 유연성, 추상적인 개념 전달, 유형과 토큰의 구분, 그리고 표현의 경제성과 같은 장점이 있다. **도상성(iconicity)**은 지각과 운동의 유추를 가능하게 하고 감각 정보를 전달할 수 있다는 장점이 있다. **체계성(systematicity)**은 단어 그룹에 대한 소리 패턴 간의 통계적 관계를 기반으로 하며 범주화를 지원하는 장점이 있다. Dingemanse *et al.*(2015: 612)은 "자연어에는 형태와 의미 대응의 세 가지 유형이 모두 혼합되어 있으며, 이는 학습과 의사소통에서 자연어 특유의 선택적 이점을 반영한다"라고 결론지었다.

이러한 원칙의 결합은 유용성 측면에서도 살펴볼 수 있다. 도상성은 새로운 표현을 습득하는 데 유용하지만, 형태와 의미의 상관관계가 확고하게 확립되면 불필요한 부담이 될 수 있다. 자의성과 경제성은 유용하지만 새로운 단어를 습득하는 데는 거의 도움이 되지 않는다. 체계성은 음소에서 형태소, 단어, 문법 구조에 이르기까지 일반화를 가능하게 하기 때문에 언어의 가장 근본적인 원리라고 할 수 있다. 체계성은 유용할 뿐만 아니라 필수 불가결한 언어의 자산이다. 체계성은 또한 도식적이고 연상적인 도상성, 즉 이미지적 도상성을 배제하는 전제조건으로 작용한다. 이는 형태와 의미 사이의 대응이 아니라 기호 또는 기호의 형태 또는 의미 사이의 대응을 확립한다. 어린아이들이 음소테마의 도상성을 인식할 수 있는 것은 단어와 그 소리 사이의 체계적인 관계를 먼저 발견했기 때문이다.

7. 결론

이 장의 주요 목표는 도상성의 형태와 측면을 검토하는 것이었다. 도상성은 언어에 널리 퍼져 있으며 모든 언어 수준에 적용된다. 여기서 세 가지 주요 유형의 도상성을 구분할 수 있다. meow(야옹)와 같이 기호의 형태가 의미를 모방하는 이미지적 도상성, veni, vidi, vici(왔노라, 보았노라, 이겼노라)와 같이 기호의 구조가 인식된 구조를 반영하는 도식적 도상성, 그리고 의성어 bash, smash, crash와 같이 공유된 음소테마가 공유된 의미를 불러일으키는 연상적 도상성이다. 도상성은 등급성의 개념으로, 〈그림 16.7〉에서와 같이 유사성의 정도에 따라 연속체에 표시할 수 있다(Waugh 1994: 65 참조).

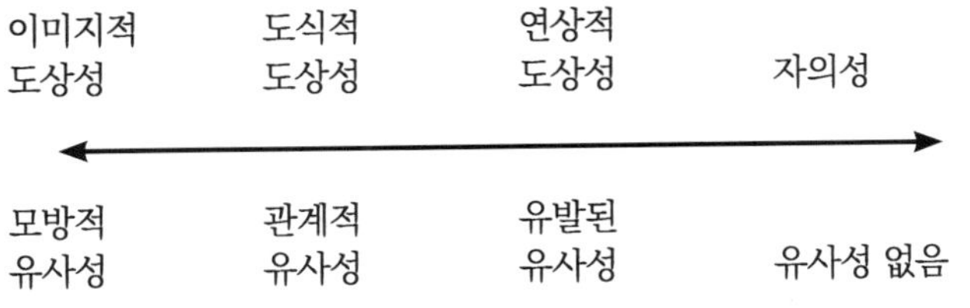

〈그림 16.7〉 도상성의 연속체

연속체의 왼쪽 극은 완전히 동기가 부여된 형태-의미 관계를 나타내고, 오른쪽 극은 동기가 부여되지 않거나 자의적인 관계를 나타낸다. 중간 범위는 소쉬르의 의미에서 '상대적 동기'의 정도를 표현한다(Panther, 이 책 참조).

이미지적 도상성은 단어의 형태와 의미 사이의 직접적인 일대일 사상을 나타내며, 구어에서는 소리와 음운적 변환 간의 사상을 보여준다. 이는 '최고'의 도상성으로 간주되지만, 의사소통의 일부에만 적합하다. 이미지적 도상성은 유아기 언어에서 주로 볼 수 있으며, 기본적인 목적에만 적합하다는 점이 분명하다.

도식적 도상성은 체계적 관계의 사전 설정에 의존하므로 간접적이고 추상적인 형태-의미의 상관관계를 포함한다. 도식적 관계의 수는 제한적이며, 여기서는 선형성(linearity), 근접성(proximity), 수량성(quantity)이라는 세 가지 주요 유형에 초점을 맞췄다. 도식적 관계는 일반적으로 당연한 것으로 간주되어 기본값 해석을 나타낸다. 예를 들어, (7b)에서 시간 순서가 역순인 사건에 대한 설명에서는 기본값이 아닌 해석이 우리의 주의를 끌게 된다.

연상적 도상성은 체계적인 단어 간의 선호 관계와 음소테마 형태의 압축된 공통성에 따라 달라진다. 음소테마란 의성어에서 표현적인 소리 상징적 특성과 관련된 음소 또는 음소 다발을 의미한다. 음소테마의 도상성은 보는 사람의 눈에 간접적으로 드러나며, 언어 사용자가 일반적으로 인식하는 도상성의 유형이다. 그 범위는 무한하며, 창의적이고 매력적인 연관성을 불러일으킨다. 아이들은 특히 연상적인 소리 상징성을 좋아하고 운율과 단어 게임을 즐긴다. Waugh(1993: 78, Bolinger & Sears 1975에서 인용)는 7세 어린이가 발굴 현장의 바닥에 있는 흙을 언급하며 창의적으로 단어를 사용하는 유쾌한 예를 제시한다. 예를 들어, If the house is as old as that it's raggy, shaggy, and daggy(집이 그 정도로 오래되었다면 해지고, 덥수룩하고, 너저분하다)라는 표현이다.

이미지적 도상성과 연상적 도상성은 모두 단어와 관련이 있지만, 그 차이는 상당하다. 즉, 이미지적 도상성은 직접적이고 긴밀한 형태-의미 대응과 관련이 있는 반면, 연상적 도상성은 간접적이며 보다 자유로운 형태-의미 대응과 관련이 있다. 이미지적 도상성과 연상적 도상성은 어느 정도 **소리 상징적**을 가지며, **의성어**와도 관련이 있고, 다소 **도상적**이라고 느껴지는 단어의 척도를 나타낸다. 이러한 도상성의 구분이 모호하거나 두드러지지 않는 것은 놀랍지 않다. 단어는 언어 단위 중에서도 특별한 지위를 가지며, 유일한 의미 전달 단위로 간주되기 때문에, 시각적으로 부호화되지 않는 문법 구조보다 더 많은 주목을 받는다. '도상성'을 탐구하는 연구는 일반적으로 단어 도상성과 관련이 있다. 도식적 도상성은 현재 연구에서 거의 다뤄지지 않지만, 향후 연구에서는 동등한 평가를 받을 가치가 있다.

감사 인사

이 장에 대한 통찰력 있는 논평을 해 주신 캐서린 슈베린(Catherine Schwerin), 린다 숀버그(Linda Thornburg), 클라우스-우베 팬더(Klaus-Uwe Panther), 토마스 베르그(Thomas Berg), 첸팅 마(Chenting Ma), 요시히사 나카무라(Yoshihisa Nakamura)에게 깊은 감사의 말씀을 전한다.

더 읽을거리

Benczes, R. (2019). *Rhyme over reason: Phonological motivation in English*. Cambridge: Cambridge University Press. (영어의 음운론적 동기부여와 도상성에 관한 가장 포괄적인 책이다.)

De Cuypere, L. (2008). *Limiting the iconic: From the metatheoretical foundations to the creative possibilities of iconicity in language*. Amsterdam and Philadelphia: John Benjamins. (도상성에 대한 전통적인 접근 방식과 최근의 접근 방식을 비판적으로 종합한 훌륭한 책이다.)

Haiman, J. (Ed.). (1985). *Iconicity in syntax*. Cambridge: Cambridge University Press. (기능적 뼈대 내에서 도식적 도상성을 다룬 최초의 획기적인 논문 모음집이다.)

Hiraga, M. K. (1994). Diagrams and metaphors: Iconic aspects of language. *Journal of Pragmatics*, 22, 5-21. (풍부한 언어 데이터를 바탕으로 도상성의 종류에 대한 통찰력 있는 논문이다.)

Waugh, L. R. (1994). Degrees of iconicity in the lexicon. *Journal of Pragmatics,* 22, 55-70. (단어 선호 관계와 도상성의 연속성에 초점을 맞춘 어휘 도상성에 대한 우수한 연구이다.)

제17장
동기화

1. 서론

'동기화(motivation)'라는 용어는 일상적인 언어에서도 주로 사용되지만, 언어학을 포함한 인문과학 및 사회과학과도 깊은 연관이 있으며, 보다 기술적인 의미를 지니고 있다. 인지심리학자 Shulamith Kreitler(2013: 2)는 동기화를 "유기체가 원하는 목표를 향해 행동하도록 자극하고, 행동의 이유와 목적을 제공하는 힘"으로 정의한다. 일상적인 언어 사용에서 이러한 동기화에 대한 관점은 다음과 같은 예시로 나타난다(이 장에서 특별히 언급되지 않는 한 언어 데이터는 현대 영어 코퍼스(Corpus of Contemporary English, COCA)(https://corpus.byu.edu/coca)에서 검색되었다).

(1) What motivated people to give to charity? (사람들이 자선 단체에 기부하게 된 동기는 무엇인가?)
(2) His research is motivated by challenging real world problems [⋯]. (그의 연구는 현실의 어려운 문제에 도전하는 것이 동기이다)

(1)과 (2)에서 '유기체'는 여기서 인간을 의미하며, 일반적으로 특정 목표나 목적을 의식적으로 인식하여 특정 방식으로 행동하도록 유도된다고 볼 수 있다.

사회과학 및 인문과학에서 동기화 연구는 "성격, 감정, 건강 및 상황적 요인"(Kreitler 2013: 2)이 인간 행동에 미치는 영향에 미치는 영향을 다룬다. Au, Wan & Chiu(2013: 158)는 개인이 "사회생활의 불확실성을 줄이고 실존적 공포를 관리하며 소속감의 욕구를 충족하기 위해 문화적 지식을 활성화"한다는 사실을 보여준다. 일상적인 동기화 개념과는 달리, 이러한 동기화 요인은 종종 잠재의식에서 작용한다. 이러한 관찰은 언어의 동기화에도 적용된다. 일반적인 언어 사용자는 모국어 사용을 지배하는 문법적 원리를 잘 인식하지 못하며, 언어 체계와 의사소통에서의 언어 사용을 형성하는 동기화에 자동으로 이끌리게 된다.

언어의 동기화는 동기적 근원과 언어적 목표 사이의 관계로 이해될 수 있다. 동기화 과정에서 언어 기호(목표)의 형태와 개념적 또는 기능적 표지는 인지, 경험, 지각 및 사회문화적 맥락과 같은 **언어 내부** 및 **외부** 요인에 의해 **형성될** 수 있다(4절 참조). 동기적 근원과 동기적 목표 사이의 관계는 **비결정적**이며, 즉 예측할 수 없다는 점에 대해 일반적으로 동의한다. 주어진 근원이 반드시 미리 결정된 목표가 되는 것은 아니다(Langacker 2011: 29-30, Kowalewski 2015: 29). 예측 불가능성에도 불구하고, 동기화는 언어의 기능 및 인지적 이론에서 핵심적인 설명적 개념으로 여겨진다.

2. 몇 가지 역사적 배경

서양 철학에서 언어의 동기화에 대한 최초의 언급과 논의는 아마도 그리스 철학자 플라톤(Plato, B.C. 429~B.C. 347)의 작품에서 나타난다. 그의 대화집 『크레틸러스Cratylus』에서는 '이름'에 대한 두 가지 경쟁 개념이 논의된다(Sedley 2003: 4 참조). 즉, 이름(예: 고유명사, 명사, 형용사)과 그 이름이 지정하는 것 사이에 자연스러운 연결이 있는지, 즉 현대 용어로 말하면 언어적 기호가 **동기부여**되는 것인지, 아니면 이 관계가 순전히 관습적이고 자의적인 것인지를 질문한다. 이러한 두 가지 이론은 각각 **자연주의(naturalism)**와 **관습주의(conventionalism)**로 알려지게 되었다.

그로부터 약 2,000년 후, Arnaud & Lancelot(1660)은 포트 로얄(Port Royal) 문법으로 알려진 저서에서 언어 기호의 형식과 그것이 표현하는 사고 사이의 관계에 대한 자연주의적 모형을 제안한다. 저자들은 프랑스어의 기본 어순인 **주어-동사-목적어**(SVO)가 논리적인 사고의 법칙과 동기화된다고 주장한다. 이 주장은 18세기에 Antoine de Rivarol(2014 [1784]: 50)에 의해 반복되었으며, 드 리바롤(A. de Rivarol)은 C qui n'est pas clair, n'est pas français […](명확하지 않은 것은 모두 프랑스어가 아니다 […])라는 유명한 격언을 통해 프랑스어의 우월성을 강조했다.

프랑스어가 논리적 언어이며 다른 언어보다 '명확성'이 뛰어나다는 아르노, 랑슬로, 리바롤의 주장은 현대 언어학자들에 의해 '언어 신화'(Lodge 1998)로 비판받고 있다. 이는 과학적 언어 이론이 아닌 민속적 또는 문화적 모형에 기반하고 있다는 점에서이다. 그럼에도 불구하고 많은 언어에서 평서문의 주어가 서두에 위치해 있다는 점은 주목할 만하다. Tomlin(1986: 2)은 402개 언어에 대한 유형학적 연구에 따르면, 조사 대상 언어 중 348개, 즉 87%가 기본 어순인 SOV(45%) 또는 SVO(42%)를 사용하고 있다. 이러한 결과는 기본 어순이 VSO인 켈트어의 주어가 서두에 위치해 있다는 언어보다 덜 '논리적'이거나 '이성적'이라는 것을 의미하는 것인가?(Ball & Müller 2010: 13) 이 결론은 매우 추측적이며, 현재로서는 이 논문에 대한 실증적 증거가 제공되지 않았다.

20세기 초 구조주의의 창시자 중 한 명인 Ferdinand de Saussure(1995: 67)는 언어적 기호가 개념(concept; signifié, '기의')과 소리 이미지(sound image; signifiant, '기표')를 연결한다고 가정했다. Saussure(1995: 100)에 따르면, 기표와 기의 사이의 연결은 자의적이며 동기가 없다는 주장한다.

그는 음운 형태(기표)와 의미(기의) 사이에 자연스러운 연결이 없는 프랑스어 sœur(자매)와 같은 단형어를 통해 자의성의 개념을 설명한다. 독일어, 이탈리아어, 중국어 등 다른 언어에서 '자매'라는 개념은 각각 Schwester, sorella, meimei라는 기표로 표현된다. 그러나 소쉬르는 언어가 의사소통 및 표현 기능을 수행하기 위해 어느 정도 동기부여**되어야 한다고** 인정했다. 이를 그는 **상대적 동기화(relative motivation)**라고 부른다. 예를 들어, 프랑스어 숫자 용어인 dix-neuf(문자적으로 'ten-nine')와 같은 보다 복잡한 언어 기호의 경우, ten과 nine의 연결을 통해 이 숫자를 부호화하는 데 명확한 동기부여가 있다고 주장한다.

미국의 언어학자 Dwight L. Bolinger(1949)는 소쉬르의 자의적 언어 기호 개념에 이의를 제기했다. 그는 언어 기호의 동기화, 즉 비자의성이 예외가 아니라 일반적이라고 주장했다. Bolinger(1949: 52)는 "형식은 의미와 분리해서 연구할 수 있다"라고 주장해 온 '한 세대의 언어학자'를 비판하며, 형식은 의미에 영향을 미칠 수 있고 의미는 형식에 영향을 미칠 수 있다고 강조했다. 그는 예로 부사 irregardless가 regardless와 같은 의미로 사용되는 경우를 들며, irregardless의 형태가 의미에 동기를 부여했다고 주장했다. 문자적으로 irregardless는 regardless를 부정하고(예: relevant와 irrelevant(not relevant) 사이의 대조를 비교할 수 있다), 형태와 의미가 긴밀하게 연결된 또 다른 사례로는 동음이의어인 chute에서 water slide into a swimming pool(수영장에 워터 슬라이드)이라는 의미를 획득한 명사 shoot를 설명할 수 있다. Bolinger(1949: 58)는 "[…] 음성적으로 수렴되는 두 형태는 의미적으로도 수렴된다"라고 적절하게 표현했다.

형식주의적 언어 이론, 예를 들어 생성문법은 형식과 의미 사이의 동기적 관계를 **하찮게 여기**

거나(quantité négligeable) 언어의 설명 이론과 관련이 없는 현상으로 간주하는 경향이 있다. 생성문법론에서 공식화된 다음과 같은 방법론적 원칙을 고려해 보자. "어떠한 통사적 규칙도 화용적, 음운적 또는 의미적 정보를 참조할 수 없다"(Radford 1988: 31). 이는 **통사론의 자율성 원리(Autonomy of Syntax Principle)**로 알려진 것으로, 통사적 형식과 개념적 의미 및/또는 화용적 기능 사이에 동기적 관계가 존재하지 않는다고 제안한다. 그러나 Newmeyer(1992: 756)는 도상적 원리가 생성문법에 대한 도전이 아니라 "문법 구조는 개념 구조의 반영"이라는 가설과 양립할 수 있다고 주장한다('도상(icon)'의 용어에 대해서는 3절 참조). 즉, 프레드릭 뉴메이어(Frederick J. Newmeyer)는 문법 구조가 개념 구조에 의해 도상적으로 동기화될 수 있다는 생각을 거부하지 않는다. 이후 출판물에서 Newmeyer(1994)는 Chomsky(1975: 56)의 "구조와 기능 사이에는 분명 중요한 연결이 있으며 이것은 의심의 여지가 없다"라는 말을 인용한다. 언어 철학자 John Searle(1972)은 노엄 촘스키(Noam Chomsky)의 언어 구조와 의사소통 기능 사이에는 아무런 관련이 없다는 입장을 거부한다. 마지막으로 Newmeyer(1994: 245)가 다시 지적했듯이, 촘스키는 의사소통적 '필요'가 언어 구조에 영향을 미친다는 존 설(John Searle)의 논지에 동의한다.

기능언어학 및 인지언어학(Givón 2001, Goldberg 2006, Lakoff 1987, Langacker 2011 참조)에서는 동기화의 중요성이 핵심 이론적 개념으로 일반적으로 인정되며, 이러한 전통에서 연구하는 학자들이 동기화에 관한 중요한 연구를 진행해 왔다.

3. 퍼스의 기호 범주화

기능주의 언어학의 대표적 인물 중 한 명인 로만 야콥슨(Roman Jakobson)은 자연어에서 동기화의 편재성을 강력히 주장했다. 그는 미국의 철학자이자 기호학자인 찰스 퍼스(Charles C. Peirce)의 기호 이론에 중요한 기여를 한 최초의 언어학자 중 한 명으로 알려져 있다(간결한 소개는 Jakobson 1965 참조). 퍼스는 **상징(symbol)**, **지표(index)**, **도상(icon)**이라는 세 가지 유형의 기호를 구분한다(Buchler 1955: 102-103 참조). 상징(symbol)의 경우, 기호의 형태와 의미 사이의 관계는 순전히 관습적이며 비동기화된다고 할 수 있다. 즉, 소쉬르의 의미에서 자의적이다. 반면 지표(index)는 형태와 의미 사이에 "인과적 또는 자연적 관계"(Merrell 2001: 36)가 특징이다. 도상(icon)은 형태와 의미 간의 유사성 관계를 나타낸다. 퍼스의 기호 삼분법은 교통 표지판이나 사진과 같은 시각적 기호를 예로 들어 설명할 수 있다.

예를 들어, 〈그림 17.1〉은 퍼스의 의미에서 상징인 교통 표지판을 보여준다.

〈그림 17.1〉 '우선도로 통행량' 상징(저자가 그린 그림)

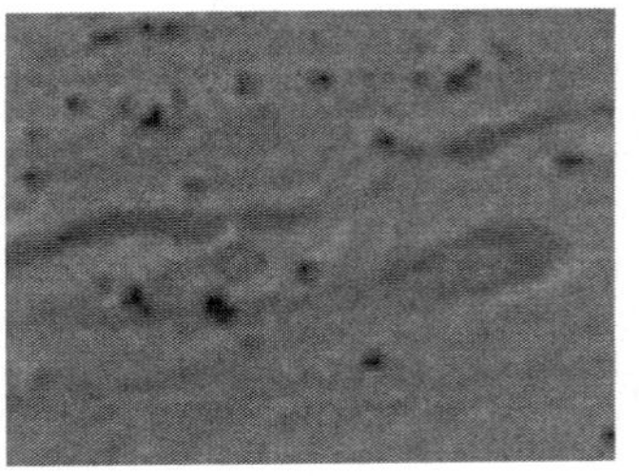

〈그림 17.2〉 사막의 발자국 → 낙타(저자의 사진)
X → Y: 지표적 관계

〈그림 17.1〉의 역삼각형은 기하학적 형태에서 '우선도로 통행량에 대한 양보'라는 의미를 유추할 수 없기 때문에 동기부여되지 않지만, 지시적 의미는 학습하고 기억해야 한다.

지표는 라틴어 어원인 '집게손가락'이라는 의미에서 알 수 있듯이 '지시체(pointer)'이다. 지표적 기호는 형태와 의미 사이에 (종종 인과 관계의) 자연스러운 연결을 나타낸다. 예를 들어, 연기는 불의 지표로 해석되며, 연기를 시각적 또는 후각적으로 인식하는 것은 불에 의해 발생한 것으로 해석된다. 또 다른 예로, 〈그림 17.2〉에서 사막의 모래에 남겨진 낙타의 발자국이 그 존재를 나타낸다.

〈그림 17.3〉 소년의 사진 ⇒ 소년(저작권: 저자)
X ⇒ Y: 도상적 관계

〈그림 17.3〉의 사진은 도상의 예가 될 수 있다. 이 (2차원) 사진은 3차원 현실의 소년과 유사성을 지니고 있다.

요약하자면, 상징은 (임의적으로) 동기가 부여되지 않는 반면, 지표와 도상은 기호의 형태와 그

의미 사이에 자연스러운 연결이 있기 때문에 정의상 동기가 부여된다. 그러나 기호가 특정 기호학적 범주에 전형적인 예가 될 수 있으며, 특히 언어 기호는 종종 하나 이상의 기호학적 유형에 속하는 경우가 많다는 점을 염두에 두어야 한다. 〈그림 17.1〉의 yield 기호는 상징이지만, 빨간색 윤곽선은 지표적 기능을 하는 것으로 볼 수 있다. 즉, 많은 사람들이 '빨간색'을 '위험'이나 '경고'와 같은 의미와 연결 짓는다. 〈그림 17.3〉의 소년 사진은 상징적인 특성 외에도 지표적으로도 해석될 수 있다. 소년의 신체 자세와 표정에서 감정 상태를 추론할 수 있기 때문이다. 예를 들어, 소년은 카메라에 초점을 맞추지 않고 얼굴을 찌푸리며 입술을 아래로 내밀고 눈을 오므리며, 몸을 약간 앞으로 구부리고 있다. 이러한 모든 지표(또는 보다 구체적으로 말하면 증상)는 우울함, 불안감, 그리고 사진 촬영을 꺼리는 특정한 정신 상태를 나타낼 수 있다.

시각적 기호의 경우와 마찬가지로, 언어적 기호도 여러 기호적 범주를 실례로 보여준다. Lehmann(2007: 20)에 따르면, 이는 퍼스에 의해 제기된 지시이다.

4. 언어의 동기화

4.1 동기화 및 관습

언어에서 동기화와 그 역할을 더 잘 이해하려면 동기화와 관습의 관계를 고려하는 것이 유익하다. 이 관계는 〈그림 17.4〉에 도식화되어 있다.

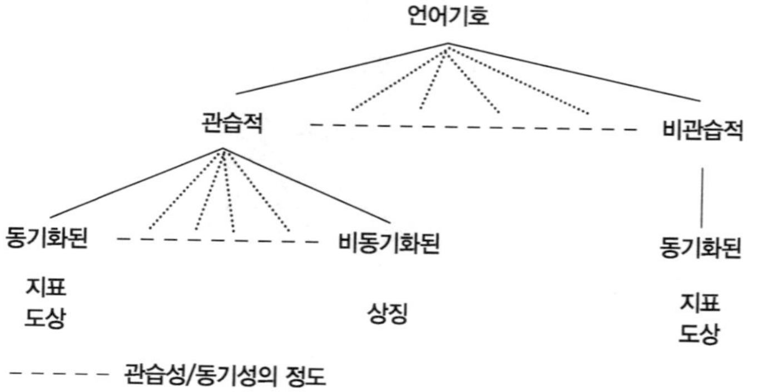

〈그림 17.4〉 관습성과 동기성의 척도

출처: Panther(2013: 409)에서 재인용

동기화와 관습은 척도 개념으로 각각 '관습적'과 '비관습적', '동기 부여된'과 '동기 부여되지 않은'의 양극 사이에 위치한다. 관습과 관련하여, 지표와 도상, 그리고 기호 사이에는 근본적인 차이가 존재한다. 3절에서 언급했듯이, 지표와 도상은 정의에 따라 동기가 부여되며, 그 정도에 따라 관습적일 수도 있고 비관습적일 수도 있다. 동기 부여된 관습적인 기호의 잘 알려진 예로는 뻐꾸기(cuckoo)라는 새 이름이 있다. 이 명사의 음운 형태는 새의 울음소리를 도상적으로 반영하며, 동시에 울음소리는 새 자체에 대한 (즉, 환유적으로) 지표적인 의미를 지니고 있다.

반면, 상징은 소쉬르의 용어로 동기화되지 않은, 즉 자의적인 것이다. 이 전제로부터 상징이 필연적으로 관습적이라는 결론이 도출된다. 비관습적 상징은 해석할 수 없기 때문에 언어에서 의사소통 기능을 수행할 수 없기 때문이다. 이를 확인하기 위해 (3)에서 음성학적으로 전사된 일련의 형태를 고려해 보자. 미국 영어에서 음운론적으로 가능하지만 의미가 없는 형태는 영어 원어민의 정신적 어휘집에 저장되지 않는다.

(3) [krəb ˈkræspjʊlət lim]

이와 대조적으로 동기 부여된 기호(지표 및 도상)는 해석의 단서, 즉 도상의 경우 형태와 의미의 유사성, 지표의 경우 연상 관계를 제공하기 때문에 다소 관습화될 수 있다. 지표적(및 추론적) 동기부여를 통한 해석의 예는 다음과 같다.

(4) "It's cold in here", she complained. ("여기 너무 춥다"라고 그녀는 불평했다)

(4)에서 she라는 인칭 대명사는 특정 여성 캐릭터를 지칭하며, 그녀는 문자적으로 **단언(assertive)** 화행을 수행한다. 화행에서 더 나아가 그녀는 여기서 언급하는 위치를 miserable hovel(비참한 오두막)이라고 표현한다. 그녀의 주장에 대한 문자적 의미로부터 몇 가지 지표적 및 추론적으로 동기화된 해석을 도출할 수 있다(4.2절 및 〈그림 17.5〉 참조). 첫째, 화자는 여성의 발화를 **불만(complain)**으로 특징짓는다. 둘째, '불만'이라는 해석에서 유추할 수 있는 또 다른 추론은, 인용 부호 내의 단언 화행이 궁극적으로 수신인에게 오두막의 낮은 온도에 대한 조치를 **요청(request)**하는 의도라는 점이다.

4.2 동기적 요인

이 절에서는 언어와 그 사용을 형성하는 동기적 요소를 보다 자세히 설명하고, 예를 들어 이러한 요소들을 살펴볼 것이다. 〈그림 17.5〉에는 동기적 요인의 (완전하지 않은) 집합이 도표화되어 있다.

〈그림 17.5〉에서 바깥쪽 원은 신체화(신체 경험), 감정, 지각, 문화, 행위 및 의사소통과 같은 '주변적' 매개변수의 영향을 받는 전체 인지 체계를 나타낸다. 이러한 모든 요인은 (인지를 통해) 언어 체계의 속성과 그 사용(가장 안쪽 원)에 동기를 부여할 수 있다. 사실, 이러한 구성요소는 종종 상호작용하며, 동기화는 잠재적으로 양방향 관계를 형성한다(Panther & Radden 2011: 2 참조). 예를 들어, 지각은 어휘, 관용구 및 문법 구조와 같은 언어에서 인지적으로 처리되고 부호화되며, 인지 및 언어적 요인은 지각 자체에도 피드백을 줄 수 있다. 즉, 인간이 세상을 인식하는 방식에는 인지와 언어의 상호 영향이 있다(이러한 양방향 영향에 대한 자세한 논의는 Panther & Radden 2011 참조). 아래에서는 동기화의 한 방향성, 즉 주변적 및 인지적 요인이 언어 구조 및 사용에 미치는 영향을 단방향적 화살표로 표시하여 초점을 맞춘다.

〈그림 17.5〉에서 가장 안쪽 원은 **언어 체계**로 나타나며, 곡선 화살표는 언어 체계가 어느 정도는 그 자체의 구조적 특성에 의해 동기화된다는 것을 보여준다. 이러한 반사적 관계를 **체계적 동기화**라고 하며, 다음 절에서 이에 대해 설명할 것이다.

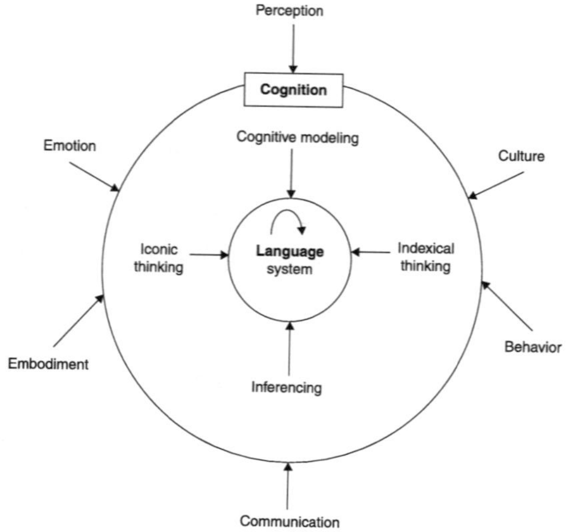

〈그림 17.5〉 언어 체계를 형성하는 동기적 요인

4.2.1 체계적 동기화

일반적으로 언어학에서는 한 언어의 문법이 서로 연관된 체계를 형성한다고 가정한다. 프랑스 언어학자인 앙투안 메이예(Antoine Meillet)는 이를 "모든 것이 하나의 체계(un système où tout se tient)"라고 표현했다(Hewson 1990). 체계적 동기화는 **생태적 동기화(ecological motivation)** 라고도 불리며(Taylor 2004), Dingemanse Blasi, Lupyan, Christiansen & Monaghan(2015)은 이러한 체계성이 문법 범주를 학습하고 인식하는 데 중요한 역할을 한다고 주장한다. 예를 들어, 이탈리아어 동사의 부정사 어미는 -are, -ere 또는 -ire이다. Dingemanse *et al.*(2015)에 따르면, 이러한 음운적 단서는 동사를 습득하고 새로운 동사를 문법 체계에 통합하는 데 도움을 준다. 이 과정을 잘 보여주는 예로는 독일어 동사 mailen(이메일을 보내다)와 downloaden(다운로드하다)가 있다. 이 동사들은 영어에서 차용된 것이지만, 어간 mail과 download 뒤에 오는 부정사 형태소 -en 덕분에 독일어 동사로 인식될 수 있다. 영어에서는 부정사 형태를 식별하는 음운론적 단서가 굴절 체계가 더 발달한 언어만큼 간단하지 않다. 그러나 영어 동사를 식별할 수 있는 단서도 존재한다. 예를 들어, 제한된 동사 집합의 경우 형태소 -ize[-aiz]가 analyze, fossilize, pasteurize, hospitalize와 같은 단서를 제공한다. 또한 동사와 명사를 구별할 수 있는 추가적인 단서로 음운 및/또는 운율(강세)이 있다. 예를 들어, use, excuse, abuse와 같은 동사는 [-z]로 끝나는 반면, 철자가 동일한 해당 명사는 마지막에 [-s]로 발음된다. 음운 및 운율 특징은 명사와 동사를 구별하는 데 함께 작용할 수 있다. 두 가지 예로는 contact와 suspect가 있다. 즉, [ˈkɑnˌtækt](명사) 대 [kənˈtækt](동사) 및 [ˈsəsˌpɛkt](명사) 대 [səˈspɛkt](동사)이다.

어떤 경우에는 차용어가 언어 체계에 통합하는 방식이 더 간접적일 수 있다. 예를 들어, 영어 명사 computer(컴퓨터)는 여러 언어에서 그대로 차용되었다. 흥미롭게도 이탈리아어에서는 (영어 복수형 -s가 사용되는 경우도 있지만) 전형적으로 computer의 단수형과 복수형을 공식적으로 구분하지 않는다. 그러나 단수-복수 구분은 정관사 il computer(컴퓨터) 대 i computer(컴퓨터들), alcuni computer(몇몇 컴퓨터) 및 multipli computer(다양한 컴퓨터)와 같은 수량어 및 형용사 수식어를 사용하여 각각 구분할 수 있다(www.linguee.com/English-italian/translation/computers.html에서 검색).

4.3 동기화의 인지적 요인

언어에 영향을 미치는 인지적 동기화 요인으로는 인지모형, 도상적 및 지표적 사고, 그리고 추론이 있다. 여기서 인지모형은 인간이 세상을 이해하는 지식 구조로 정의된다(Dirven, Franck & Pütz 2003 참조). 도상적 사고는 주로 인지언어학에서 근원영역에서 목표영역으로 은유의 생성 및 이해와 관련되어 활성화된다(Hiraga 2005). 목표영역은 연극 무대의 배우와 속성이 현실 세계의 인간과 그 속성에 명시적으로 사상되는 윌리엄 셰익스피어(William Shakespeare)의 은유 The world's a stage(전 세계가 하나의 무대)(As You Like It(네가 원하는 대로), Act II, Scene VII)와 같이 근원영역과 유사하게 개념적으로 구조화된다(Lakoff & Johnson 1980). 도상성은 언어의 하위 형태소 층위에서도 관찰될 수 있다. 언어 사용자는 음소테마(phonesthemes) 또는 의태어(ideophones)라고 하는 소리 또는 소리 집합을 특정 감각 지각과 연관시킨다. 예를 들어, 영어에서 glisten, glitter, glow, glare, glimpse와 같은 소리 연속체 [gl-]로 시작하는 동사는 시각적 인식과 관련이 있다. 지표적 사고는 예를 들어 Mary is not in the address book(메리는 주소록에 없다)과 같이 Mary를 사람으로 지칭하지 않고 그녀의 이름으로 지칭하는 환유에서 나타난다. 마지막으로, 언어적 의미를 구성할 때 추론을 이끌어내는 인지 능력은 언어 체계의 속성과 그 사용에 동기를 부여하는 주요 요인이다. 추론적 동기화의 예는 4.4.6절에 나와 있다.

4.4 인지와 언어를 형성하는 주변 요인들

〈그림 17.5〉의 '인지'라고 표시된 원 외부에 있는 동기적 요인들은 언어 체계의 속성을 형성하는 데 종종 중복되거나 함께 작용한다. 가장 포괄적인 요인은 아마도 신체화로, 이는 지각, 감정 및 행위가 언어로 개념화되고 부호화되는 방식에 영향을 미친다.

4.4.1 신체화

Gibbs(2005: 1)는 "신체화란 […] 행위자의 일상적인 인식에서 행위자의 신체가 하는 역할을 이해하는 것"이라고 정의한다. Pfeifer & Bongard(2007)는 지적 사고와 추론 능력조차도 신체 없이는 불가능하다고 주장한다.

신체의 속성과 활동이 인지와 언어를 형성하는 데 얼마나 중요한 역할을 하는지는 언어와 문화에서 숫자를 개념화하고 부호화하는 방식을 통해 설명할 수 있다. 예를 들어, 10을 기본으로 하는 숫자 체계는 인간의 손가락이 10개라는 해부학적 사실에 의해 동기가 부여되며, 많은 문화권에서 이 손가락을 제스처로 사용하여 숫자를 표시한다. 발가락을 더하면 기본이 20이 되고, 이 수는 프랑스어 quatre-vingt(문자적으로 4-20, 즉 4 × 20)와 같은 숫자에 반영된다(Menninger 1969: 49

참조). 1971년까지 영국에서 **파운드**의 가치는 20**실링**이었고 이는 12**펜스**에 해당했다. 지금은 다소 고리타분한 용어인 score는 에이브러햄 링컨(Abraham Lincoln)의 게티스버그 연설(1863년)에서 four score and seven이 십진법으로 87을 의미하는 20개의 집합을 나타낸다.

(5) Four score and seven years ago our fathers brought forth on this continent, a new nation, conceived in Liberty, and dedicated to the proposition that all men are created equal. (87년 전, 우리 선조들은 이 대륙에 자유를 바탕으로 모든 인간은 평등하게 창조되었다는 명제에 헌신하는 새로운 국가를 탄생시켰다) (www.historynet.com/gettysburg-address-text)

신체화는 특히 은유에서 잘 나타난다. Gibbs(2005: 98)의 다음 예에서처럼, 많은 관습적인 은유는 신체적 활동에 기반을 두고 있다.

(6) She easily grasped the difficult concept. (그녀는 어려운 개념을 쉽게 이해했다) (UNDERSTANDING IS GRASPING(이해하는 것은 잡는 것이다))
(7) He has an appetite for learning. (그는 배움에 대한 욕구가 있다) (ACQUIRING IDEAS IS APPETITE FOR FOOD(아이디어를 얻는 것은 음식에 대한 욕구이다)

Littlemore(2019)는 최근 논문에서 보편적으로 신체화된 은유 외에도 신체화된 은유에는 상당한 교차 언어적 변이가 있음을 보여준다. 신체화된 은유는 성별, 성격, 체형 및 장애와 같은 요인에 의해 형성된다. 게다가 사람들의 세계에 대한 이해는 종종 신체와 그 부위에 대한 문화 특유의 개념으로 사상된다. 문화적으로 형성된 은유의 한 가지 예는 심장을 감정과 느낌의 자리로 보는 서양의 개념이다.

(8) I say thank you, thank you, thank you from the bottom of my heart. (감사합니다, 감사합니다, 진심으로 감사합니다)
(9) She broke his heart. (그녀는 그의 마음을 아프게 했다)

(8)에서 '마음'은 감사의 '그릇'으로 (9)에서는 사랑과 애정의 자리를 나타내는 개념으로 사용된다. 이와 대조적으로, Yu(2015: 235)에 따르면, 중국 문화에서는 '인지의 중심 능력'으로 더 넓게

개념화된다. 이는 "정신적, 지적, 합리적, 도덕적, 정서적, 기질적 등 인간의 모든 종류의 인지적 및 정서적 측면"과 관련되어 있다(Yu 2015: 235).

4.4.2 감정

감정의 개념화는 종종 지표적(환유적) 사고와 도상적(은유적) 사고에 의해 형성된다. 지표적 사고의 예로는 동사 blush(붉히다)가 있다. 이는 얼굴이 붉어지는 과정을 나타내며, (10)과 같이 '당혹감 또는 수치심'의 증상으로 표현된다.

(10) And then I blushed at having volunteered too much information, a problem I often had with strangers. (그리고 나는 낯선 사람에게 너무 많은 정보를 제공한 것 같아 얼굴을 붉혔다)

슬픔이나 두려움과 같은 감정을 전달하는 신체화된 은유는 (11)과 (12)에서처럼 weigh down(짓누르다)이나 torn apart(찢어버리다)로 나타난다.

(11) Despair weighed her down [⋯]. (절망이 그녀를 짓눌렀다)

(12) I need to feel we have a purpose here or I'll be torn apart by my fear [⋯]. (우리가 여기에 목적이 있다고 느껴야 한다. 그렇지 않으면 두려움에 휩싸여 찢어질 것이다)

4.4.3 지각

지각적 경험은 인지와 언어 모두에 깊은 영향을 미친다. 17세기 초 철학자 John Locke(1690)는 르네 데카르트(René Descartes)의 선천적 관념에 이의를 제기하며, 지식은 감각을 통해 습득된다고 주장했다. 자연어에서 지식과 이해는 실제로 다음 문장과 같이 감각 지각, 특히 시각적 지각의 관점에서 개념화된다.

(13) I see what you mean. (무슨 뜻인지 알겠다)

(14) Essentially, when she was young, a seer told Cersei [⋯] about marrying a king and the children she would lose. (본질적으로, 그녀가 어렸을 때 한 선지자가 세르세이에게 [⋯] 왕과 결혼하면 잃게 될 아이들에 대해 알려주었다)

(13)에서 see는 "이해하다"로 환유적, 은유적으로 해석되며, (14)에서 seer는 미래를 foresee, 즉 알 수 있는 사람을 비유적으로 나타낸다.

지식 습득에서 감각 지각의 중요성은 직 · 간접 증거가 대조되는 사법 체계에서도 확인할 수 있다. 직접 증거는 "증인이 자신의 감각으로 지각한 사실에 대한 증거"로 정의되며(Osborn 1927: 103), 간접 증거의 하위 유형은 소문으로 "목격자가 실제로 자신의 감각으로 인지한 것이 아니라 다른 사람이 진술한 것으로 입증된 것"으로 설명된다(Osborn 1927: 103). 따라서 범죄와 같은 특정 사건에 대한 목격자 진술은 일반적으로 소문에 근거한 증언보다 더 신뢰할 수 있는 것으로 간주된다.

지각은 또한 문법 구조와 의사소통 기능의 중요한 동기화 요소이다. 게슈탈트 심리학의 원리를 채택하여(Köhler 1929 참조), Talmy(2000)는 구절 및 문장의 분석에서 개념 **전경(figure)**과 **배경(ground)**의 적절성을 보여준다. Talmy(2000: 314)는 전경을 "위치, 경로 또는 방향이 가변적인 것으로 인식되는 이동하거나 개념적으로 이동 가능한 개체"로 정의한다. 배경은 "전경의 위치, 경로 또는 방향이 특성화되는 [⋯] 참조 개체"라고 설명한다. 다음 문장의 대조를 고려해 보자.

(15) The bike is near the house. (자전거가 집 근처에 있다)
(16) The house is near the bike. (집이 자전거 근처에 있다)

레너드 타미(Leonard Talmy)는 문장 (15)와 (16)이 진리조건적으로 동등하지만, 동일한 기능을 가지고 있지 않다고 지적한다. (15)에서 bike는 전경, house는 배경을 구성하며, 후자는 '참조 틀에서 설정된 위치'를 가진다. 예 (16)에서는 이러한 상세화가 반전되어, 다소 놀랍게도 전경의 지각 기능이 정적 대상인 house에 할당되고, 배경의 기능은 이동 가능한 대상인 bike에 할당된다.

게슈탈트 심리학자들이 연구한 흥미로운 현상은 〈그림 17.6〉에서 경험할 수 있는 지각 반전이라는 지각 현상이다(Köhler 1929: 189-190).

〈그림 17.6〉은 두 가지 방식으로 인식될 수 있으며, 관찰자는 한 가지 시각적 해석에서 다른 시각적 해석으로 갑자기 반전되는 경험을 하게 된다. 한편 이 그림은 검은색 바탕에 흰색 꽃병(전경)을 보여주는 것으로 볼 수 있다. 다른 한편으로는 흰색 바탕에 두 개의 검은색 얼굴(전경)이 나란히 있는 것으로 인식될 수도 있다.

〈그림 17.6〉 전경-배경 반전

출처: https://en.wikipedia.org/wiki/Figure-ground_(perception)(2020년 1월 29일 접속)

시각적 전경-배경 반전과 유사한 현상은 자연어에서도 발견된다. (17)과 (18)에서 명사구 a caricature of a politician(정치인 캐리커처)의 해석을 비교해 보자.

(17) The newspaper showed a caricature of a politician on the front page. (신문 1면에 한 정치인의 캐리커처를 실었다)

(18) This man is a caricature of a politician. (이 사람은 정치인 캐리커처이다)

a caricature of a politician(정치인 캐리커처)의 중의성은 전경-배경 반전의 관점에서 설명할 수 있다(유사한 예에 대한 논의는 Panther 2014: 35 참조). (17)에서 이탤릭체로 된 명사구는 정치인의 그림(예: 만화)을 나타내는 반면, (18)에서는 a ludicrous and grotesquely unqualified politician(우스꽝스럽고 괴기스러울 정도로 자격이 없는 정치인)을 의미한다. (17)에서 caricature는 배경이고, politician은 전경이다. 이 관계는 (18)에서 역전되어 caricature가 전경으로 기능하고 politician이 배경으로 작용한다.

4.4.4 사회문화적 모형

언어 및 기타 기호 체계가 문화 및 민속모형에 의해 동기화되었다는 강력한 증거가 있다(Wierzbicka 1997, Friedrich 2006, Langacker 2008, Panther & Thornburg 2012, Panther 2014). 비언어적 예로, 월스트리트의 뉴욕증권거래소 앞에 있는 황소와 곰 조각상을 생각해 보자. bull(황소)와 bear(곰)의 문화적 의미는 각각 bull market(강세장)과 bear market(약세장)과 같은 합성어로 나타난다. 강세장에서는 시간이 지남에 따라 주가가 빠르게 **상승하고**, 약세장에서는 그 반대로 주가가 **하락하는** 경향이 관찰된다. 중개인과 투자자는 특정 행동 특성을 해당 동물에 귀속시키며, 이러한 특성은 주식 시장의 변동에 도상적, 즉 은유적으로 투영된다. 황소는 dynamic(역동적), strong(강한) 및 aggressive(공격적) 속성으로 인지적으로 모형화되는 반면, 곰은 물리적인 힘에도 불구하고 inactive(비활동적), sluggish(부진한) 및 hibernating(동면하는) 속성을 떠올리게 된다.

영어에서 동물에 대한 민속모형은 rat out(알리다) 또는 chicken out(두려워서 무언가를 하지 않다)와 같은 구 동사에 동기를 부여한다. 이 동사의 의미는 각각 쥐와 닭의 (부정적) 동물 모형을 기반으로 한다. 쥐는 사악하고 닭은 두려운 존재로 간주되며, 이러한 속성이 인간에게 은유적으로 사상된다(Panther & Thornburg 2012, Panther 2014 참조).

문화적 키워드에 반영된 문화모형의 중요성(Wierzbicka 1997)은 mere talk(단순한 말), just a theory(단순한 이론) 또는 just semantics(단지 의미론)와 같은 표현으로도 설명할 수 있으며, 그 의미와 사용은 언어의 민속모형에 의해 동기화된다(이탤릭체는 저자 추가).

(19) The 2020 election may provide us with the confluence of circumstances necessary to move the conversation in the direction of action rather than *mere talk*. (2020년 선거는 우리에게 단순한 말이 아닌 행동의 방향으로 대화를 이끌어가는 데 필요한 상황의 융합을 제공할 수 있다)

(20) To use the word 'tip' instead of a usury charge, an interest rate or a fee, it's *just semantics*. (이자, 이자율 또는 수수료 대신 '팁'이라는 단어를 사용하는 것은 단지 말장난일 뿐이다) (NOW Corpus)

(21) Human-caused climate change isn't *just a theory*, it's reality. (인간이 초래한 기후 변화는 단순한 이론이 아니라 현실이다)

예 (19)는 말만 하는 화행을 '실제 행위'와 대조되는 민속모형을 기반으로 한다(자세한 논의는 Panther 2016: 180-181 참조). (20)에서 just semantics(단지 말장난)를 사용한 것은 역시 민속적 언어모형에 기반한 것이다. 전문적으로 의미론은 기술적으로나 이론적으로 의미와 관련된 학문이다. 그러나 신문기사나 미디어 토크와 같은 특정 장르에서 semantics는 "단어와 의미를 가지고 놀지만, 실제 의미는 없다"라는 의미로 경멸적으로 사용되는 경우가 많다. 마지막으로 (21)에서 just a theory(단순한 이론)는 실증적 증거에 의해 뒷받침되지 않는, 즉 현실과 (필연적으로) 일치하지 않는 사변적 사고의 모형을 불러일으키며, 과학자일 가능성이 있는 화자는 인간이 초래한 기후 변화가 비현실적인 추측이라는 것을 명백히 부인해야 한다.

언어 속성에 동기를 부여하는 사회문화적 요인의 마지막 예로, (22)-(24)의 이탤릭체로 된 표현에서와 같이 접속사 연속체를 고려해 보자(이탤릭체는 저자 추가).

(22) In two hours, multiple groups of *men, women, and children* cross the river. (두 시간 안에, 여러 그룹의 남성, 여성 그리고 어린이들이 강을 건넌다)

(23) *Women, men, and children* are saved every year from forced labor [⋯] (매년 여성, 남성 그리고 어린이들이 강제 노동에서 구출된다)

(24) During the long night, *children, women, and men* often doze alongside their protector saint [⋯] (긴 밤 동안, 어린이, 여성 그리고 남성은 종종 수호자와 함께 졸기도 한다)

〈표 17.1〉에서 볼 수 있듯이, (22)에서와 같이 men, women, and children(남성, 여성 그리고 어린이) 순서가 가장 빈번하게 사용되는 것은 우연이 아니다.

men, women, and children 순서의 압도적인 빈도(94%)는 가부장적 사회문화적 모형에 의해 동기가 부여되며, 이는 접속사의 순차적 순서에 도상적으로 반영된다. Cooper & Ross(1975: 65)는 또한 관습화된 이분법 접속사에서 husband and wife(남편과 아내), brother and sister(형제자매) 또는 boy and girl(소년과 소녀)과 같이 '남성-여성'의 순서가 널리 퍼져 있음을 관찰했다.

〈표 17.1〉 문화적으로 동기화된 접속사의 순서

패턴	N	%
men, women, and children	**374**	**94%**
men, children, and women	1	0.25%
women, men, and children	9	2.25%
women, children, and men	10	2.5%
children, men, and women	2	0.5%
children, women, and men	2	0.5%
합계	**398**	100%

출처: COCA.

4.4.5 행위

행위를 나타내는 단어와 표현은 종종 인간의 태도, 감정 및 느낌을 지칭하는 지표, 즉 환유로 사용된다. 결과적으로 (25)와 (26)에서와 같은 자연어에서 관찰된 행위를 근본적인 정신적 또는 정서적 원인과 관련되는 비유적 동기화의 표현과 구문을 많이 발견할 수 있다. 다음 말뭉치 데이터도 신체화, 즉 추상적인 개념을 신체 활동의 측면에서 이해하는 것을 보여준다.

(25) My mind was staggered. I could not believe the evidence I had witnessed. (내 마음은 비틀거렸다. 내가 목격한 증거를 믿을 수 없었다)

(26) The economy is still limping along [···]. (경제는 여전히 절뚝거리고 있다)

(25)에서, 동사 stagger(비틀거리다)는 신체적 행위인 '넘어질 듯이 불안정하게 걷거나 움직이다'를 나타내며, 이는 근육, 척추 또는 신경 문제를 시사한다. 은유적으로 stagger는 shock(충격이다)나 astonish(놀라게 하다)와 같은 감각을 자극한다. 동사 limp(절뚝거리다)는 문자적으로 발이나 다리의 손상으로 인한 느린 움직임을 의미하며, (26)과 같은 은유적 사용에서는 경제 발전이 느리고 역동적이지 않다는 특징을 나타낸다.

4.4.6 의사소통

언어와 그 사용은 성공적이고 효율적인 의사소통을 안내하는 원칙에 의해 동기가 부여된다. Grice(1975)는 일반적인 협력 원칙과 상호작용자가 준수해야 하는 다양한 대화 격률에 의존하는 합리적인 대화 모형을 제안했다. 대화 격률은 인지적 추론을 유발하며, 이를 현대 화용론에서는 **함축(implicature)**이라고 부른다(Horn 1984, Levinson 1995, 2000, Sperber & Wilson 1995 참조). 대화 격률의 준수(또는 인식 가능한 위반)는 어휘 항목, 문법 구조 및 담화의 속성에 동기를 부여한다.

예를 들어, 주어진 의사소통 상황에서 화자가 가능한 한 많은 정보를 제공해야 한다는 양의 격률(Maxim of Quantity)을 고려해 보자(Grice 1975: 45). 침입 사건의 목격자가 경찰에게 다음과 같은 정보를 제공한다고 가정해 보자.

(27) The burglar was about six feet tall and wore a hood. (도둑은 키가 6피트 정도였고 두건을 쓰고 있었다)

발화 (27)에서 증인은 용의자의 신원을 모른다는 화용적 추론(함축)을 유도한다. 만약 증인이 실제로 도둑을 알아봤다면, (27)에서 주장한 두 가지 명제가 모두 사실이라고 하더라도 증인은 충분한 증언을 하지 않았고 자신의 진술로 경찰을 오도한 것이다. 더욱이 주어진 맥락에서 범죄 수사관에게 가장 적절한 정보는 증인이 도둑을 알아봤다는 것이며, 이 중요한 정보를 증인이 혼자만 알고 있었기 때문에 이 증인은 폴 그라이스(Paul Grice)의 적절성 격률(Maxim of Relevance)을 위반한 것이다.

그라이스의 격률은 합리적인 의사소통에 대한 서구 문화모형의 일부이자 꾸러미이다. 그럼에도 불구하고, 민족학자들은 이러한 격률이 반드시 보편적으로 적용되는 것은 아니라고 지적했다. 예를 들어, 엘리너 오크스 키넌(Eleanor Ochs Keenan)은 마다가스카르 시골 사회에서 화자들이 '할 수 있는 만큼 말하라'라는 격률을 체계적으로 지키지 않는다는 사실을 보여주었다. Ochs Keenan(1976: 70)은 마다가스카르의 소규모 공동체에서는 정보가 '희귀 상품'으로 간주되기 때문에 상호작용자가 가능한 많은 정보를 전달할 것으로 기대하지 않는다고 밝혔다.

영어를 비롯한 여러 언어에서 양의 격률(Quantity Maxim)은 (27)에서처럼 담화 수준뿐만 아니라 서법동사, 수량사 및 인지 동사와 같은 어휘 항목의 해석에도 영향을 미칠 수 있다(이탤릭체는 저자 추가).

(28) Was he naive? *Perhaps*. Was he mistaken? *Perhaps*. (그가 순진했어? 아마도. 실수였어? 아마도)

(29) *A few* people laughed, a few people cried, *most* people were silent. (몇몇 사람들은 웃었고, 몇몇 사람들은 울었고, 대부분 사람들은 침묵했다)

(30) We *believe* he will change his policy. (우리는 그가 정책을 바꿀 것이라고 믿는다)

(28)에서 화자는 서법 부사 perhaps로 대명사 he가 순진한 사람인지 실수한 사람인지 **확신하지 못한다(not certain)**는 기본 추론을 유발한다. (29)에서 수량사 a few는 많은 사람들이 침묵하지 않았거나(*not* many), 대부분의 사람들이 침묵하지 않았거나(not most), 모든 사람들이 침묵하지 않았다(not all)는 추론을 강하게 유도한다. (30)에서 we는 he가 그의 정책을 바꿀지 확실하지 않다(not know)는 함축성을 전달한다.

마지막으로 Hawkins(2004)가 주장한 바와 같이, 효율성 및 처리 용이성과 같은 의사소통 요인이 통사 구조에 동기를 부여한다는 증거도 있다. 예를 들어, 여러 처리 원칙 중에서 Hawkins(2004: 26)는 (31)과 (32) 사이의 구조적 대비로 설명할 수 있는 통사적 영역의 최소화 원칙을 제안한다(괄호 안의 표시는 통사적 구조를 나타낸다: VP = 동사구, NP = 명사구, PP = 전치사구).

(31) Mary [$_{VP}$ *gave* [$_{NP}$ *the book she had been searching for since last Christmas*] [$_{PP}$ *to* Bill]]. (메리는 지난 크리스마스부터 찾고 있던 책을 빌에게 주었다)

(32) Mary [$_{VP}$ *gave* [$_{PP}$ *to Bill*] [$_{NP}$ the book she had been searching for since last Christmas]]. (메리는 빌에게 지난 크리스마스부터 찾고 있던 책을 주었다)

호킨스는 문장 (31)에서 동사구(VP) 내의 세 가지 '통사적 자매항'을 올바르게 식별하기 위해 처리자가 (이탤릭체의) 12개 단어를 구문 분석해야 한다고 관찰했다. 대조적으로 (32)에서 동사구(VP)의 내부 통사적 구조를 파악하기 위해 (이탤릭체의) 단 세 개의 단어만 구문 분석하면 된다. 호킨스는 처리의 용이성을 위해 문장 끝에 '무거운' 명사구(NP)가 있는 (32)와 같은 구조가 (31)과 같은 구조보다 선호된다고 주장한다. 따라서 유형 (32)의 문장이 유형 (31)의 문장보다 언어 사용에서 더 높은 빈도를 보일 것으로 예상할 수 있다. 높은 빈도는 관습화, 즉 (32)에서 예시된 것과 같은 구조의 언어 체계로의 통합을 유도하는 동기부여 요인이다.

4.5 동기화의 다른 측면

4.5.1 동기화의 상실(비동기화)

비동기화(demotivation)란 원래 동기화 요인이 더 이상 투명하지 않게 되는 현상을 말한다. Ariel(2008: 123)은 동기화가 이행적 관계가 아니며, 여기서 '이행적'은 논리적 의미로 이해되어야 한다고 설명한다. 따라서 M_1, M_2, ⋯, M_n으로 이어지는 동기적 연쇄에서 연쇄가 길어질수록 M_n은 M_1에 의해 동기부여된 것으로 인식되지 않을 가능성이 높다. 예를 들어, 영어 과거시제 접미사 -ed는 동사 do의 변형된 형태에서 발전했을 수 있으며, 따라서 원시 게르만어에서는 현재 영어 형태인 walked가 walk-did와 동일했을 것이다(Barber, Beal & Shaw 2009: 95, Hogg & Fulk 2011: 259 참조).

비동기화의 또 다른 예는 다음과 같은 감탄문에서 볼 수 있다.

(33) Thank goodness! (다행이다!)

(34) Goodness knows how much was smuggled in. (얼마나 많은 양이 밀반입되었는지 신만이 안다) (iWeb)

(33)과 (34)에서 명사 goodness는 God에 대한 완곡어법으로 사용된다. 즉, 후자의 용어는 문화적(종교적) 이유로 사용을 피하는 것이다. 명사 goodness의 초성도 God와 음운적으로 유사하지만, 오늘날 언어 사용자들에게 good-과 God의 연결이 여전히 투명하게 드러나는지는 의문이다.

동사 atone(보상하다 혹은 배상하다)의 경우, 그 역사적 기원과 동기화는 오늘날의 언어 사용자에게는 완전히 불투명할 가능성이 높다. 이 동사는 전치사 at과 숫자 one이 결합된 형태로, 중세 영어의 원래 의미인 '만들다, 결합하다', 즉 '죄의 배상 또는 속죄'를 의미하며 신과 화해하는 행위를 나타낸다. 원래의 형태와 음절 구조가 보존되었다면 atone의 현재 발음은 [æt'wʌn]이어야 하지만 실제로 현대 영어에서는 [ə'təʊn]으로 발음되며, 전치사 at의 말음 [t]가 두 번째 음절의 초성으로 기능하고 -one은 only에서와 같이 [əʊn]으로 발음된다.

4.5.2 경쟁적 동기화

동기적 요인은 서로 경쟁할 수 있으며, 갈등을 해결하는 방법에는 여러 가지가 있다. 간단한 예로, 동기적 요인인 patriarchism(가부장 제도)와 politeness(공손성) 간의 잠재적인 충돌을 고려해보자. 어떤 사교 행사에서 참가자들을 Ladies and Gentlemen!이라고 부르는 화자는 남성이 여성보다 먼저 호명되어야 한다는 가부장적 사회문화적 위계질서를 따르지 않는다. 대신 화자는 '여성 우선' 규칙이라고 부를 수 있는 정중한 행동의 경쟁적 규칙을 구현한다. 다른 말로 하자면, 공손성은 가부장주의를 상쇄하는 것이다(Cooper & Ross 1975도 참조). 이 공손성 규칙은 언어 외적인 행동에도 동기를 부여한다. 예를 들어, 예의 바른 신사는 여성을 위해 문을 열어주고 건물이나 방에 먼저 들어가게 하거나, 만원 버스에서 자신의 자리를 양보할 것이다.

남성 우선 원칙과 충돌하는 또 다른 동기적 요인은 어린이가 성인보다 신체적, 인지적으로 '더 약한(weaker)' 존재라는 가정과 여성이 남성보다 덜 강하다는 가정에 기반한다. 이러한 가정은 defenseless children, women, and men(무방비의 어린이, 여성 그리고 남성; COCA에서 가져옴)과 같은 표현에서 나타나며, 이는 (아마도) 약한, 즉 보호해야 할 어린이와 여성이 남성보다 먼저 명명되는 언어적 효과로 인해 남성 우선의 순서가 역전되는 것이다.

4.5.3 자의성

인간 언어의 핵심적인 설계 특징 중 하나는 구조언어학자들이 '패턴의 이중성'(Trask 1999: 1-3, 152) 또는 '이중 조음'(Martinet 1980: 13-15에서 차용)이라고 부르는 것이다. 인간의 언어는 형태소, 단어, 문장 등과 같은 의미 있는 단위로 구성되며, 이는 의미를 구별하는 소리(음소)로 구성되어 있지만 그 자체로는 의미가 없다. 이 2-층위의 언어 조직은 기호의 형태와 의미를 직접적으로 연관시키는 1-층위 체계에 비해 결정적인 이점이 있다. 제한된 수의 무의미한 요소(음소)를 기반으로 크기와 복잡성이 다른 의미 있는 기호를 개방적으로 구성할 수 있기 때문이다. 이러한 자의적 기호 체계는 표현력과 의사소통 능력이 풍부하며, 동시에 매우 경제적이다. 언어 체계의 많은 부분의 자의적 특성은 궁극적으로 의미가 있다. Dingemanse *et al.*(2015: 603, 610-611)에 따르면, 자의성은 "독특한 형태를 통한 의미의 개별화"를 촉진한다는 점에서 '동기부여'가 된다고 한다.

5. 결론 및 향후 연구를 위한 제언

이 장에서는 언어 이론에서 동기화가 필수적인 분석 개념임을 보여주었다. 많은 기능 및 인지언어학자들이 지적했듯이, 동기적 과정은 예측할 수 없지만, 동기화 개념은 하위 형태소 단위, 형태소, 단어, 문장, 담화 구조에 이르기까지 단순한 것부터 복잡한 것까지 다양한 언어 기호의 형식적, 개념적, 화용적 속성에 대해 통찰력 있는 설명을 제공한다. 향후 연구에서는 경쟁적 동기와 동기적 경쟁이 어떻게 해결되는지에 대한 심층적 연구가 필요하다. 또한, 언어유형학적 관점에서 동기화에 대한 교차 언어 연구도 중요할 것이다.

더 읽을거리

MacWhinney, B., Malchukov, A., & Moravscik, E. (Eds.). (2014). *Competing motivations in grammar and usage*. Oxford: Oxford University Press. (주요 학자들의 기고문이 수록된 이 총서에서는 문법적 관계와 어순, 통사론, 형태론 및 어휘에 대한 경쟁적인 동기적 요인의 영향을 다루고 있다. 서론에서 에디스 모라브식(Edith Moravscik)은 특히 동기적 충돌이 어떻게 해결되는지를 개괄적으로 설명한다.)

Panther, K.-U., & Thornburg, L. L. (2017). *Motivation and inference: A cognitive linguistic ap-*

proach. Shanghai: Shanghai Foreign Language Education Press. (이 책에는 언어 구조와 사용의 동기화, 그리고 개념적 및 화용적 의미 생산과 이해에서 추론의 역할에 초점을 맞춘 여러 연구가 포함되어 있다.)

Radden, G., & Panther, K.-U. (Eds.). (2004). *Studies in linguistic motivation* (Cognitive Linguistics Research 28). Berlin: Mouton de Gruyter. (편집자의 소개에 따르면, 이 책은 생태적 동기화(이 장에서는 '체계적 동기화'라고 함), 유전적 동기화(즉, 역사적 동기화), 경험적 동기화, 인지적 동기화와 같은 다양한 주제를 다룬다.)

제18장
문법화, 어휘화 그리고 구문화

1. 서론

지난 수십 년 동안 우리는 문법화, 어휘화 그리고 최근에는 구문화에 대한 연구가 급증하는 것을 목격해 왔다. 기본적으로 이러한 개념은 구체적인 의미를 지닌 어휘 형태에서 시작하여, (접어 또는 접사와 같은) 문법 단위나 무표지, 새로운 어휘 단위 또는 고정된 문법 패턴이나 구문으로 이어지는 언어 변화의 현상을 의미한다. 이 과정에서 원래의 어휘 형태는 형태통사적 및 음성적 형태뿐만 아니라 의미적 내용도 상실하거나, 적어도 상당한 변형을 겪게 된다. 광범위한 참고문헌은 이러한 언어 과정의 모든 가능한 측면에 대한 지속적인 논의를 반영하고 있다.[1] 기본 용어 외에도 대부분의 연구는 문법화와 어휘화의 정의 및 내부 관계, 예를 들어 문법화가 어휘화와 정반대인지 또는 두 현상이 중복되는지 등을 다루고 있다.[2] 구문화와 관련된 대부분의 연구는 기존 문법화 연구와 근본적으로 다르지 않지만, 이 이론의 장점은 어휘적 및 문법적 변화 현상에 대한 포괄적인 접근에 있다고 할 수 있다.

그럼에도 불구하고 이러한 **-ization 이론들**은 문법 변화의 특정 사례를 주로 구체적인 언어 사

1 MLA 국제 서지학 데이터베이스에서 **문법화** 항목을 검색하면 1980년대에 80개의 출판된 논문이 증가하여 현재는 2,770개 이상의 결과가 나타나고, 최근 10년 동안에는 1,200개 이상의 기록이 존재한다. **어휘화**라는 용어는 440개의 기록을 반환하며, 비슷한 연대순의 경로를 따른다. **구문화** 항목은 21개의 참고문헌만 제공되지만, 모두 2012년에서 2019년 사이에 출판된 것이다. 이러한 데이터는 문법화와 어휘화에 대한 논의가 서로 밀접하게 연관되어 있으며 여전히 관심을 받고 있음을 보여준다. 구문화 이론은 더 최근에 등장한 개념이다.

2 가장 널리 사용되는 **문법화(grammaticalization)**라는 용어는 grammaticization(Himmelmann 2004), grammatization(Matisoff 1991)과 혼용되어 사용된다.

용의 결과로 설명한다는 공통된 특징이 있다는 **선천적 문법 가정**에 반대되는 **창발 문법(Emergent Grammar)**의 개념과 관련이 있다(Hopper 1987 참조). 언어 변화는 의사소통의 성공과 효율성을 위해 노력할 때 개별 언어 사용자들이 처음 생성해 낸 혁신적인 언어 특성이 집단적으로 정착되는 과정으로 이해된다. 문법화, 어휘화 및 구문화는 Keller(1989)의 **보이지 않는 손(invisible hand)** 이론에 따라 기능하며, 언어 단위의 사용을 변화시키는 선택 과정의 결과로 보인다(Harder & Boye 2011). 예를 들어 well, I mean, I think, you know와 같은 담화 표지의 문법화는 문장 문법에서 어휘 항목을 가져와 담화 구성에 기여하도록 재활용하는 과정으로 이해할 수 있다. 실제로 변화의 효율적인 구조화는 성공적인 의사소통을 위해 매우 중요하다. 따라서 화자는 전체 대화 목표에 기여하기 위해 개별 부사, 동사 또는 구의 사용을 확장하여 기능과 형태를 모두 변경할 수 있다(Heine 2013, 및 **아래** 2.3절).

이러한 공통된 뼈대는 문법화 및 기타 이론들이 인지언어학과 기능언어학의 혁신적 출현 및 확장과 함께 발전해 온 이유를 설명해 준다. 초기 생성주의자 노엄 촘스키(Noam Chomsky)는 의미론과 화용론을 무시하고 거의 독점적으로 형식적 및 (형태-)통사적 현상만을 연구하며 언어를 다른 형태의 인지와는 독립된 학문으로 간주했다. 반면, 인지-기능적 접근법은 다음 세 가지 원칙을 중심으로 구축된다. (1) **통합(integration)**은 언어가 기억, 운동 체계 경험 및 지각과 같은 다른 인지 능력과 평행하게 처리된다는 의미이다. (2) **상징화(symbolization)**는 서로 다른 언어 수준이 상징적 구조 또는 형태-의미 쌍의 연속체를 구성하며, 언어적 의미가 근본적으로 형식적 구조와 상호작용한다고 믿는다. (3) **관찰(observation)**은 언어가 실제 담화를 통해 습득된다고 가정한다(Evans & Green 2006 참조).[3] 이 뼈대 내에서 언어는 언어 사용자, 맥락, 의사소통적 목적에 따라 그 성격과 구조가 달라지는 사회적, 문화적 현상으로 정의된다. 언어의 또 다른 기반은 경제성의 원리를 따른다는 것이다. 인간은 사용 가능한 자원을 최적으로 관리하기 위해 노력하며, 이는 최소한의 노력으로 최대의 결과를 얻는 것을 의미한다. 이 장 전체에서 볼 수 있듯이 이러한 원칙은 위에서 언급한 언어 변화 이론의 근본적인 기반이 된다. 예를 들어, 상징화 원리에 따르면 문법화는 언어 표현의 형태(구조)와 의미(기능) 모두의 변화를 포함한다.

이러한 현상의 근본적이고 매우 시사적인 특성으로 인해 독자들은 Heine(2003), Traugott(2010) 또는 Narrog & Heine(2011)가 편집한 다른 입문 및 요약 장을 쉽게 찾을 수 있다. 이 장의 주요 목

3 그러나 문법화에 대한 대부분의 연구가 인지-기능적 접근법 내에서 개발되었음에도 불구하고, 최근 문법화는 형식언어학의 관심을 불러일으켰다는 점도 중요하다(일반적인 개요는 van Gelderen 2011 참조).

적은 독자들에게 다양한 이론과 방법론을 익히는 것이므로, 필연적으로 전체 이론의 주요 기여자에 대한 논의로 이어질 것이다.[4] 이 장의 나머지 부분은 분석 대상인 언어 변화의 세 가지 현상, 즉 문법화(2절), 어휘화(3절), 구문적 변화 또는 구문화(4절)에 해당하는 4개의 절을 중심으로 구성된다. 5절에서는 이 장을 마무리하고 추가 연구를 위한 제안을 제공할 것이다.

2. 문법화

2.1 역사적 관점과 다양한 견해

문법화에 대한 연구는 18세기로 거슬러 올라가며, 이 시기에 이미 현재 문법화 이론의 근본적인 통찰이 제시되었다(Heine 2003: 575-576).[5] 이 과정에서는 시제 접사 같은 문법 요소가 구체적인 어휘에서 파생되며, 명사나 동사 같은 기본 단어 부류가 전치사, 접속사와 같은 다른 단어 부류로 발전할 수 있다는 아이디어가 포함된다. 19세기에는 이러한 통찰이 특정 언어의 초기 단계를 재구성하는 데 관심을 가진 역사적 대조언어학 연구의 중심이 되었다. 이 연구에는 본 슐레겔(A. W. von Schlegel) 및 본 훔볼트(W. von Humboldt)의 연구가 포함된다.[6] 문법화의 개념은 1912년 앙투안 메이예(Antoine Meillet)에 의해 도입되었으며, 그는 이를 '이전의 자율적 단어에 대한 문법적 특성의 귀속(l'attribution du caractère grammatical à un mot jadis autonome)'으로 정의했다(Meillet 1958: 131). 그의 연구는 이후 세기에 정교화될 여러 주제를 소개했다. 여기에는 유추의 개념, 형태소의 융합 가능성, 어휘 항목의 의미 상실, 어순의 고정성, 그리고 반복과 용법이 언어 변화의 책임이 있다는 메커니즘이 포함된다. 메이예의 이론은 Kuryłowicz(1965)에 의해 발전되었으며, 문법화 이론의 주요 발전은 1970년대에 제안된 통사적 변화 모형과 함께 시작되었다. 이

4 안타깝게도 지면 제약으로 인해 매우 흥미로운 대안적 관점과 구체적인 사례 연구는 다루지 못했다. 또한 어휘화 및 구조화보다 문법화 개념에 상대적으로 더 많은 지면을 할애하고 있는데, 이 명백한 불균형은 이 두 개념이 문법화의 배경에서 가장 잘 정의된다는 점에서 기인한다(각주 1 참조).

5 문법화는 특정 언어 변화 현상을 가리키며, 이를 기술하고 설명하는 이론으로 구별될 수 있다(Heine 2002, 위의 2.3절 참조).

6 그러나 두 접근 방식 간에는 두 가지 중요한 차이점이 존재한다. 첫째, 언어 간 문법화 패턴은 반복적으로 관찰되지만, 문법화 이론은 언어 비교에 주로 관심을 두지 않는다. 둘째, 대부분의 문법화 연구에서 언어적 의미가 중요한 반면, 역사적 비교 방법은 언어 변화의 형식적 측면에 주로 초점을 맞춘다.

모형은 "오늘날의 형태론은 어제의 통사론이다"라는 Givón(1971: 12)의 아이디어를 기반으로 하여 담화 〉 통사론 〉 형태론 〉 형태음소학 〉 무표지의 순서를 제안하며 자주 관찰되는 언어 변화 패턴을 설명한다.

1970년대와 1980년대에 문법화 이론은 주로 형태통사적 변화 현상에 집중하였고, 추상적이고 문법적인 의미가 구체적 어휘의미에서 직접 도출된다는 일방향성 가설은 여전히 의문을 제기하지 않았다(Lehmann 1985). 초기 문법화 이론의 비교적 동질적인 특성은 언어 변화에서 의미론의 역할에 관한 다양한 가설과 (일-)방향성 개념이 등장하면서 점차 붕괴되었다. 따라서 1990년대와 21세기 초에는 문법화 이론이 화용적으로 정의된 언어 변화 현상을 설명하기 위해 부분적으로 재구성되었다. 여기에는 삽입구(Brinton 2008), 담화 표지(Traugott 1995, 2.5절 참조), 그리고 특정 구문의 기원 및 발전(Hilpert 2013, 4절 참조)과 같은 주제가 포함된다. Traugott(2010)는 이 복잡한 문법화 이론의 역사를 축소 및 의존성 증가로서의 문법화(2.2절)와 확장으로서의 문법화(2.5절)라는 두 가지 주요 접근 방식으로 정리하였다.

2.2 축소로서의 문법화: 정의, 기준 및 매개변수

문법화의 축소 관점은 전통적으로 동결(freezing), 요소의 감소(reduction of elements), 강세의 손실(loss of stress) 등으로 정의된다. 이러한 정의는 접사, 접어, 보조사의 형성을 포함한 형태적 변화 연구에서 시작되었으며(Andersen 2010 참조), 형태적 융합을 향한 방향성 변화가 특정 계통, 경로나 연쇄를 따른다는 생각이 지배적이었다. 축소의 관점은 크게 두 가지로 나뉜다. 첫 번째는 문법을 음운론, 형태론, 통사론 수준의 결합으로 정의하여 주로 형태 변화의 관점에서 문법화를 설명하는 이론이다. 이와 관련하여 크리스챤 레만과 마틴 하스펠마트(Christian Lehmann & Martin Haspelmath)의 이론이 잘 알려져 있으며,[7] 두 번째 관점은 문법화를 주로 의미적 변화에 의해 설명하는 것이다(Bybee 2003, Traugott& Dasher 2002, Hopper & Traugott 2003 참조).

형태적 관점에서 Lehmann(1985)이 제안한 문법화 매개변수가 큰 영향을 미쳤다. 그의 정의에 따르면, 문법화는 "어휘소를 문법적 형성소로 바꾸고, 문법적 형성소를 더욱 문법적으로 만드는" 과정이라고 한다(Lehmann 1985: 303).[8] 그의 이론은 시간이 지남에 따라 언어 요소가 얼마나 보

7 Haspelmath(2004: 26)는 문법화를 "구문적 도식의 일부가 더 강한 내적 종속성을 갖게 되는 통시적 변화"로 정의하고 있다. 이 정의는 언어 변화에 대한 구문주의적 관점에도 기여했을 수 있다(아래 4절 참조).

8 초기 이론에서는 1차 문법화와 2차 문법화를 구분했으며, 전자는 어휘에서 문법으로의 변화를, 후자는 문법에

편화되고 고정되며 일상화되는지에 대한 관심을 가지고 있어 축소 관점에 적합하다. 이 모형이 획기적인 이유는 문법화가 **점진적인** 언어 변화를 일으키는 상호작용하는 현상의 **집합**으로 명시적으로 정의되었기 때문이다. 〈표 18.1〉에서 볼 수 있듯이, 이 모형은 통합적 제약과 계열적 제약의 상호 연관된 집합을 형성하며, 언어 항목의 가중치, 응집력, 가변성의 세 가지 분석 수준과 관련된 6개의 매개변수를 포함하고 있다.

〈표 18.1〉 레만에 따른 문법화의 매개변수

	계열적	통합적
가중치	무결성	범위
응집력	계열성	종속성
가변성	계열적 가변성	통합적 가변성

출처: Lehmann 1985: 305-307.

구체적으로 말하자면, 축소로서의 문법화는 다음과 같은 의미를 내포한다.

(1) 기호의 의미론적 및 음운론적 가중치의 상실. 이는 기호의 **무결성(integrity)**이 감소하는 것을 의미한다. 예를 들어, 프랑스어 정관사 le는 라틴어 지시어 ille에서 유래하였으며, 이 과정을 **소모(attrition)**라고 부른다. 이 과정은 탈의미화와 형태적 탈일반화를 모두 포함한다.

(2) 기호의 구조적 **범위(scope)**의 축소. **응축(condensation)**을 통해 언어 기호의 범위가 축소된다. 그 결과 기호를 구성하는 요소는 덜 복잡해지고, 기호 자체가 다른 기호를 서술하는 능력을 잃을 수 있다. 예를 들어, 라틴어 동사 habeo는 to have(가지다)라는 소유 의미를 잃고, 로망스어에서 의무적 언어 구문으로 진화하여 보조동사가 되었다. 프랑스어 avoir à + inf., 카탈로니아어 haver de + inf., 스페인어 haber de + inf.와 같은 형태로 나타난다.

(3) **계열화(paradigmaticization)**. 기호가 점점 더 작아지면서 동질적인 계열을 형성하는 경향이 있다. 예를 들어, 소유와 존재의 동사로부터 보조동사 avoir 및 être가 생성된다.

(4) 기호와 다른 기호의 **종속성(boundedness)** 또는 응집력(cohesion)의 증가. 이는 **융합(coales-**

서 더 문법적인 것으로의 변화를 의미한다(Givón 1991: 305, Traugott 2002 참조). 최근에는 문법화에 대한 의문이 제기되기도 했다(Breban 2014, Detges & Waltereit 2002, Waltereit 2011 참조).

cence)을 의미하며, 특정 맥락 내에서 기호가 서로 결합하는 경향이 있다. 예를 들어, 기호의 병치 → 접어화 → 응집 → 결합으로 이어지는 과정을 포함한다.

(5) 계열적 가변성 감소 또는 **의무화(obligatorification)**. 계열 내에서 구성원 간의 선택이 더욱 제한되는 것을 의미한다. 예를 들어, 스페인어에서 직접 목적어(DO)가 [+human]인 경우, 직접 목적어가 매우 구체적인 개체가 아닐지라도 전치사 a의 사용이 점점 더 필요해졌다. He visto a unos niños는 I have seen some children(몇몇 아이들을 본 적이 있다)라는 의미이다.

(6) 통합적 가변성(syntagmatic variability) 또는 **고정성(fixation)**의 감소. 이는 특정 기호를 중심으로 이동할 가능성이 점차 줄어든다는 것을 의미한다. 예를 들어, 라틴어의 자유 어순은 로망스어에서 더 고정된 형태로 변했다. 예를 들어, 라틴어 mente clara/clara mente는 프랑스어 clairement(분명하게)로 변형되었다.

이러한 기준들은 대부분의 중서부 로망스어에서 habeo가 포함된 라틴어 부정사 구문에서 미래시제 및 조건부 의미를 가진 접사의 발달에 직접 적용될 수 있다(Coleman 1971 참조). 원래 habeo는 소유격 의미를 가진 통합적으로 자유로운 형태였으나, 점차 어휘적 및 음운적 소모를 겪었다. 결국, 추상적 시제 표지로 변모하면서 초성 h를 잃고, 절 수준에서 동사구 수준으로 조동사로서, 마지막으로 접사로 단어 수준으로 이동하여 그 범위가 축소되었다. 다른 어휘 항목과 점점 더 결합하여 미래시제의 필수 접사가 되었으며, 결국 미래시제 계열의 일부로 통합되었다.

문법화 이론의 초기 단계에서 Hopper(1991)는 현대의 여러 접근 방식의 기초가 되는 흥미로운 문법화 원칙을 제안했다. 여기에는 여러 중요한 요소가 포함된다.

(1) **계층화(layering)**: 특정 기능을 표현하기 위해 언어는 서로 다른 시기에 다양한 자원을 개발할 수 있으며, 이러한 서로 다른 계층이 공존하고 상호작용할 수 있다.

(2) **발산(divergence)**: 문법화된 어휘 형태와 원래 형태가 언어 내에서 공존할 수 있지만, 대부분은 서로 다른 기능을 발달시킬 것이다.

(3) 형태 선택의 **특수화(specialization)** 및 축소(narrowing): 보다 축소된 형태 집합은 더 일반적인 기능을 맡게 된다.

(4) **지속성(persistence)**: 원래 형태의 (의미적) 특성이 문법화된 형태에서도 지속될 수 있다.

(5) **탈범주화(decategorialization)**: 형태의 원래 형태통사적 능력이 손실되며, 언어 항목의 독

립적인 단어 지위를 상실하게 된다.

흥미로운 점은 교차 언어학적으로 유효한 몇 가지 문법화 과정이 관찰되었다는 것이다. 예를 들어, 시제, 양상, 서법의 영역에서 미래시제는 이동 도식(예: 영어의 going to, 덴마크어의 gaan, 스페인어의 ir a, 프랑스어의 aller + inf.)이나 의지 도식(예: 루마니아어의 vrea + inf. 또는 영어의 will + inf.)에서 자주 유래한다. 명사 영역에서는 지시어가 정관사의 어원을 구성할 수 있다(프랑스어의 supra Latin ille 〉 le, 스페인어의 el, 이탈리아어의 il 참조). 숫자 one은 종종 부정관사의 어원으로 인용된다.

그러나 축소 관점으로서의 문법화는 이론의 세 가지 기본 신조, 즉 의미론과 화용론에 대한 주의(2.3절), 단일방향성 문제(2.4절), 축소 관점(2.5절)과 관련하여 많은 비판에 직면해 있다.

2.3 축소로서의 문법화에서 의미의 역할: 문맥, 동기화 및 메커니즘

연구자들은 문법화의 형식적 경로를 설명하는 것 외에도 이러한 과정의 동기화와 언어적 변화가 발생하는 이유에 대해 점점 더 관심을 가지게 되었다. 이에 따라 다양한 의미적 및 화용적 설명으로 구성된 문법화의 기능적 의미에 대한 관심이 증가했다. 이러한 관심은 "문법 범주가 어떻게 그리고 왜 발생하고 발전하는지에 대한 설명을 제공하는 이론"으로 정의되는 진정한 문법화 **이론** 발전의 기초가 되었다(Heine 2003: 578). 언어 변화의 동기화(왜 발생하는가?)와 변화의 메커니즘(어떻게 발생하는가?)을 구분할 수 있다. 아래 그림에서 예시된 바와 같이, 전자는 언어 사용자의 혁신, 창의성, 언어의 경제적 원리(1절 참조)와 관련이 있으며, 후자는 유추와 재분석과 같은 중요한 현상을 이해하는 것이다.

일반적으로 문법화가 의미적으로 제한된 요소 집합에 적용된다는 생각은 비록 초기 단계에 있지만 레만의 이론에서 이미 존재한다. 이를 **문법화의 채널화(channelization of grammaticalization)**라고 하며, 이는 "새로운 문법 형태소가 모집될 수 있는 요소의 수가 제한되어 있다"라는 의미이다(Lehmann 1985: 312, 위의 2.2절 참조). 이후 많은 저자들(Heine *et al.* 1991, Bybee 2003, Kuteva 2001, Traugott & Dasher 2002, Hopper & Traugott 2003)은 언어 간 및 유형학적 관점에서 문법화의 기저에 있는 은유적 및 환유적 과정의 역할에 점점 더 집중하고 있다. 어휘 항목에서 문법 형태가 반복적인 개발 경로를 보이는 경우가 관찰되며(조동사에 대한 Kuteva 2001 참조), 일반적으로 받아들여지는 생각은 어휘 항목의 구체적인 의미가 문법화 과정에서 점차 침식되고 더 일반적이고 추상화된 형태로 변화하여 **의미 표백(semantic bleaching)**을 겪는다는 것이다. Heine *et al.*(1991: 48)에 따르면 이러한 반복적인 의미 변화는 사람(person) 〉 대상(object) 〉 활동(activity) 〉 공간(space) 〉 시간(time) 〉 질(quality)로 전이되는 것으로 요약할 수 있다. 예를 들어, front(앞)에 대한 문법적 표지는 종종 얼굴이나 눈과 같은 신체 부위에서 파생되며, back(뒤)의 표지는 보통 등을 나타내는 신체 부위에서 파생된다. 즉, 위치적 직시 표지와 신체 부위 사이에는 언어적으로 유효한 관계가 있다. 스페인어 부사인 enfrente de(앞에)와 espaldas de(뒤에)는 각각 신체 부위 명사 frente(이마)와 espalda(등)에서 파생된 예시이다. 이러한 제안에 따르면, 유추라고도 불리는 유추적(은유적) 사고는 문법화와 같은 언어 변화 과정의 주요 원동력이 될 수 있다(Heine *et al.* 1991, Fischer 2007).[9]

다른 모형들은 주로 문법화를 가능하게 하는 화용적인 매개변수나 특정 문맥을 강조해 왔다. 앞서 언급한 바와 같이(위의 1절 참조), 언어는 그 자체로 변화하는 것이 아니라 언어 사용자가 특정한 용도로 언어를 사용할 때 변화한다. 문법화는 다양한 동기화가 작용하는 길고 복잡한 관습화 과정의 결과로 간주된다.

a. 화자는 표현력이 풍부하고 창의적이기를 원하며(Lehmann 1985: 311-312), 심지어 사치스러운 표현을 원하기도 한다(Haspelmath(1999: 1055): Talk in such a way that you are noticed(당신이 눈에 띄는 방식으로 이야기하세요) 참조).
b. 의미 변화는 특정 형태와 원래 의미 사이의 불일치를 초래할 수 있다. 이로 인해 청자는 화자가 어떤 해석을 의도했는지 더 이상 알 수 없게 되어 문맥이 모호해진다. 그러나 화자는 청자가 다른 의미를 고려하기 원했을 것이다.[10] 이 현상은 **초대된 추론(invited inferencing)**(Geis & Zwicky 1971, Traugott & Dasher 2002) 또는 일반적으로 **화용적 추론(pragmatic inferencing)**이라고 불린다. 이러한 추론 패턴의 반복은 관습화되어 새로운 분석이나 재분석으로 이어질 수 있으며,[11] 따라서 언어 항목의 의미와 형태는 모두 바뀔 수 있다.

9 그러나 **유추(analogy)**라는 용어는 논란의 여지가 있으며 여러 가지 정의가 존재한다는 점에 유의해야 한다. 예를 들어, 메이예의 이론에서는 유추가 형태적 정규성을 설명하는 현상을 지칭하는 것으로, 이 용어의 의미적 해석과는 관련이 없다.

10 Heine(2002: 590)에서는 이러한 모호한 문맥을 **연결 문맥(bridging contexts)** 또는 **전환 문맥(switch contexts)**이라고 명명했다. 예를 들어, A 〉 A, B 〉 B와 같은 경우이다.

11 **유추(analogy)**라는 개념과 유사하게 **재분석(reanalysis)**의 개념도 논의의 대상이 되어 왔다. 일반적으로 재분석은 표현의 구문 분석 변화와 관련이 있다. Hopper & Traugott(1993)에 따르면 모든 문법화 사례는 재분석

창의적 사용, 새로운 추론, 불일치 등의 반복 및 높은 빈도는 종종 새로운 언어 특성의 확산을 이끄는 원동력으로 언급되어 왔다(Bybee 2003 참조). 그러나 후속 질문은 왜 일부 항목이 다른 항목보다 더 자주 발생하는지, 또는 문법화가 항상 빈도를 수반하지 않는 이유와 관련이 있다 (Hoffmann 2005).

2.4 단일방향성 가설에 대한 도전

축소 관점으로서의 문법화의 두 번째 주요 주제는 방향성 문제, 특히 '문법화의 비가역성'(Haspelmath 1999: 1044)과 고정된 문법화 경로(예: 2.1절에서 제안한 기본 모형 참조)에 관한 것이다. 이 '영구적 단일방향적 경로'(Lehmann 1985: 313)에 대한 많은 반례가 제시되었으며, "역의(converse) 움직임은 거의 일어나지 않는다"라는 레만의 주장에 심각한 도전을 하고 있다. 21세기 초에 많은 이론의 초점이 된 이러한 반례들은 언어 항목의 문법적 지위가 더 많은 것에서 덜한 것으로, 또는 문법적 지위에서 어휘 지위로의 변화를 암시한다. 흥미로운 사례 중 하나는 소유격 접미사의 사용이다. 명사에 접두사로 제한적으로 사용되는 경우(예: Mary's book(메리의 책))가 더 높은 층위로 확장되어 형태적 수준에서 통사적 수준으로 이동할 수 있다(예: It's that girl's book(이것은 그 소녀의 책이다) vs. It's that girl I told you about's book(이것은 내가 말했던 그 소녀의 책이다) (Parrot 2010: 15)). 또 다른 예로는 세 개의 전치사 de, ex, de를 결합하여 스페인어로 since, from이라는 새로운 어휘 항목인 desde를 만드는 경우가 있다. 이러한 예는 **반-문법화(antigrammaticalization)**(Haspelmath 2004), **비문법화(degrammaticalization)**(Norde 2001: 236-237) 또는 **어휘화(lexicalization)**(Brinton & Traugott 2005, 3절 참조)의 사례로 분류되었다.

그 결과, 단일방향성의 주장은 더 이상 절대적인 것으로 여겨지지 않지만, 대부분의 연구자들은 이러한 반례가 문법화 이론을 훼손할 필요가 없다고 생각한다. 앞서 살펴본 바와 같이 비문법화 과정은 대부분의 문법화 사례와 달리 상대적으로 고립된 사례로 구성되어 있으며, 고정된 경로를 포함하지 않거나 교차 언어적 일반화를 허용하지 않는 것으로 관찰되었다. 이러한 (드문) 발생에 대한 설명으로 "언어 사용을 형성하는 사회적, 심리적, 문화적 조건"에 대한 언급이 있었다

을 포함하지만, 모든 재분석 사례가 문법화를 포함하는 것은 아니다. 반면 Haspelmath(1998)는 문법화와 재분석이 서로 다른 두 가지 현상이며, 문법화의 일부 사례만 재분석에 해당하고 그 반대의 경우도 마찬가지라고 주장한다. Heine(2003: 593)는 오해의 소지가 있기 때문에 문법화에 대한 논의에서 유추라는 용어를 사용하지 말 것을 제안한다.

(Heine 2003: 582). 예를 들어, 일부 언어에서는 성적인 신체 부위를 원래 문법적으로 직시적 공간 방향을 나타내는 용어로 표시한다. 따라서 화자는 어휘적 용어를 사용하는 대신 the thing in front(앞에 있는 것) 또는 the thing below(아래에 있는 것)와 같은 표현을 사용한다. 전치사가 어휘로 비문법화되는 것은 성적인 신체 부위에 대해 명시적인 방식으로 이야기하는 것을 허용하지 않는 문화적 규범 때문일 수 있다.

Norde(2009)는 세 가지 드문 유형의 비문법화를 식별한다. (1) **비문법화(degrammation)**, 즉 주변 단어 부류의 구성원이 주요 단어 부류의 구성원으로 재분석되는 경우이다. 예를 들어, 전치사 〉 동사, to up the internet(인터넷에 접속하다). (2) **탈굴절화(deinflectionalization)**, 굴절 접사가 새로운 기능을 얻지만 여전히 결합되는 과정이다. 예를 들어, 영어의 소유격 단수 접사 -s에서 소유격으로 바뀌는 것이다. (3) 결합 형태소가 자유로워지는 **탈결합(debonding)**, 예를 들어, 노르웨이어에서 접어 부정사 표지인 å가 자유 형태소가 되는 경우이다.

또 다른 흥미로운 사례는 20세기 말에 Lass(1990)가 언어학에 도입한 진화 생물학의 개념인 **확장적응(exaptation)**이다. 로저 래스(Roger Lass)는 확장적응을 "어떤 특징의 기원이 그 후의 사용과 관련이 없거나 조금만 관련되어 있는 기회주의적 공-조화(co-optation)"로 정의했다(Lass 1990: 80). 래스의 제안에 따르면 확장적응은 일종의 언어 **쓰레기**로, 언어 형태가 진화하면서 사라지지 않고 새로운 언어 목적을 위해 재활용되는 과정을 설명한다. 자주 인용되는 예로는 라틴어의 중립적 복수형 어미 -a가 있다. 이 어미는 이탈리아어에서 일반 복수 형태소와 대조적으로 집합적 의미를 가진 복수 형태소로 재활용되었다. 예를 들어, 라틴어 cornu(중성 단수형) → 라틴어 cornus(남성 단수형) → 이탈리아어 남성 단수형 corno(뿔) → 이탈리아어 남성 복수형 corni(뿔들) vs. 라틴어 corna(중립적 복수형) → 이탈리아어 여성 복수형 corna(동물의 두 개의 뿔)(Giacalone Ramat 1998).[12] 그러나 Lass(1990)에 의해 정의된 개념인 확장적응 개념은 언어학에서 논쟁의 여지가 있는 개념이 되었으며, 복수형 어미 -a와 같은 형태는 형태적 쓰레기가 될 수 있다는 생각이 논의되고 있다. 따라서 21세기 초에 언어학자들이 이 개념으로 돌아왔을 때, 그들은 확장적응이 언어적 자료의 예측할 수 없는 재기능화 사례를 설명한다는 생각에만 집중했다. 예를 들어, Wall & Octavio de Toledo(2016)는 완료형 that-절의 머리어에 스페인어 정관사의 진화를 확장적응의 사례로 제시한다. 예를 들어, Yo, ni niego, ni afirmo <u>el</u> que en este género de letras

12 이와 유사한 사례가 **비문법화(degrammaticalization)** 관점에서 설명되었지만(Heine 2003), 현재는 일반적으로 그 자체로 언어 변화 과정의 사례로 간주되고 있다.

tenga [⋯] algún razonable o moderado caudal (I neither deny nor confirm that I might have any reasonable or even average talent for this kind of study)는 "나는 이런 종류의 공부에 대해 합리적이거나 평균적인 재능이 있다는 것을 부정하지도 확인하지도 않는다"라는 의미이다(Norde & Van de Velde 2016의 다른 논의도 참조).

2.5 확장으로서의 문법화

전통적인 관점에 대한 마지막 의문은 문법화가 모든 층위에서 축소를 내포하는지의 여부이다. 확장으로서의 문법화 관점은 2.2절에 설명한 모형과 맞지 않는 두 가지 현상, 즉 (1) 언어 요소의 문법화로 인한 문맥적 확장과 (2) 담화 표지의 특정 행위를 포함한다.

첫째, 조동사 형성에 내재된 의미 표백 및 탈범주화 과정에서 원래 특정한 문맥에서 사용되던 언어 항목이 새로운 문맥에서 사용될 수 있다. 예를 들어, 주로 인간 주어를 필요로 하는 이동 동사는 주변부에서 조동사로 사용될 때 무생물 주어로 확장될 수 있다. 예를 들어, John/*the house goes는 John is going to eat(존이 먹고 있다) 또는 The house is going to be built(이 집이 지어지고 있다)와 같이 사용될 수 있다. 이러한 통찰력은 고립된 요소 기반의 관점을 비난하며, 보다 구문에 기반한 문법화 이론의 기초가 되었다(Diewald 2002, Heine 2002 참조). 이에 대한 대안으로 Himmelmann(2004: 31)은 "문법화되는 것은 **통사적 맥락에서** 문법화된 요소이다. 즉, 문법화가 제대로 적용되는 단위는 **구문**이다"라고 제안했다.[13] 가능한 확장의 세 가지 유형이 식별된다.

(1) **호스트 부류 확장(host-class expansion)**은 문법화 과정에서 문법 항목이 점점 더 많은 부류의 요소와 호환되는 것을 의미하는 구문 내적인 개념이다. 예를 들어, 위에서 언급한 무생물 주제로 확장되는 조동사가 있다.
(2) **통사적 문맥 확장(syntactic context expansion)**은 특정 구문이 사용되는 통사적 문맥이 확장되는 것을 말한다. 예를 들어, 정관사가 지시어로 문법화될 때 처음에는 핵심 논항 위치에서 발생하지만, 점차 다른 통사적 문맥으로 확장되는 경우이다.
(3) **의미-화용적 확장(semantic-pragmatic expansion)**은 문법화된 항목이 점점 더 다양한 의

13 강조점은 저자의 것이다. 이러한 통찰력은 아래 4절에서 설명하는 바와 같이 구문화 이론의 발전에 크게 기여했다.

미적 및 화용적 맥락에서 사용된다는 것을 의미한다.

힘멜만의 설명은 **언어 생산성** 개념, 특히 문법화 및 구문화에 수반되는 토큰 및 유형 빈도 증가(Bybee 2003)와 연어 빈도 증가(Stefanowitsch & Gries 2003)를 더 잘 이해하도록 이끌었다(아래 4절 참조).

둘째, 손실이 아닌 이득에 초점을 맞추는 것은 화용적 표지(예: well, look 등), 접속사(예: because, however 등), 그리고 삽입 어구(예: I mean, you know 등)의 문법화 연구에서도 관찰된다. 초기 문법 이론에서는 이러한 항목과 구조가 핵심 문법 외부에 있는 별도의 상위 담화 수준으로 간주되었다. 그러나 인지언어학의 틀 내에서 문법이 무엇인지에 대한 정의가 근본적으로 바뀌었고, 의미론과 화용론이 포함되었다. 그 결과 1990년대 중반 이후 구어적 (비공식적) 언어 현상에 대한 관심이 높아졌다.[14]

Erman & Kotsinas(1993) 및 Aijmer(1997)와 같은 저자들은 전통적인 문법화 사례(2.2절에 정의)와 화용적 표지 등의 발달 사이에 많은 유사점이 있음을 인식했다. 즉, 층위화, 발산, 지속성, 화석화, 탈범주화, 형식적 무결성 상실과 같은 원칙과 개념은 대부분 화용적 표지의 개발에 적용될 수 있다(you know에 대한 Vincent *et al.* 2009 참조). 그러나 이러한 언어 항목의 사용은 (의미 표백이 있더라도) 의미적 무결성의 손실을 수반하지 않으며, 오히려 화용적 기능과 절차적 의미를 획득한다. 이러한 표지들은 구조적 범위와 통합적 가변성의 축소를 포함하는 것이 아니라, 전체 교체나 발화의 일부분에 도달할 수 있고, 다양한 담화 층위에서 다양한 위치를 차지할 수 있다(Beeching & Detges 2014). 이러한 이유로 Erman & Kotsinas(1993)와 이후 Dostie(2004)는 화용적 표지, 접속사 및 삽입 어구가 형성되는 언어적 과정을 **화용화(pragmaticalization)**의 사례라고 명명했다.

여전히 Traugott(2003)는 용어적 논쟁(문법화 대 화용화)이 문법을 정의하는 방법과 관련이 있다고 주장했다. 인지언어학의 개념처럼 형태통사적 층위를 넘어 화용적 기능까지 포함하는 더 넓은 개념화로 정의할 경우, 화용화의 개념은 어느 정도 무의미해질 수 있다. 결과적으로 많은 저자들(Diewald 2011)은 문법화라는 용어를 관련된 부류(형태소, 접어, 조동사, 화용적 표지 등) 또는 변화의 방향(Degand & Evers-Vermeul 2015 참조)과 무관하게 모든 변화를 지칭하는 포괄적 용어로 사용하기로 했다.

14 또한 구어 텍스트에서 발생하는 문법화에도 관심을 기울였다(Narrog & Ohori 2011).

2.6 문법화: 한계

앞서 논의한 바와 같이, 문법화는 Narrog & Heine(2011: 2)에서 언급된 것처럼 획일적인 개념이 아니다. 일부 정의는 문법화되는 단어 또는 구문이 경험하는 형태통사적 변화에 의존하는 반면, 다른 정의는 변화 과정의 화용적 측면에 초점을 맞추고 있다. 그러나 이 두 가지 접근 방식이 서로 다르다기보다는 연구하는 언어 변화 현상의 종류와 관련이 있다. 예를 들어, 어미 동사나 어휘 동사에서 보조동사의 출현은 문법화의 문법적 측면을 강조한다. 반대로 담화 표지의 발달에 초점을 맞추면 화용적 관점이 강조된다. 이러한 상황을 고려할 때, 문법화에 대한 다양한 정의가 제안되는 것은 놀라운 일이 아니다(Narrog & Heine 2011: 2). 따라서 대부분의 연구에서 공유하는 기본 아이디어는 문법화가 메이예의 정의와 관련이 있다는 것이다. 즉, 문법화는 어휘 또는 더 복잡한 구문에서 문법 구문으로의 진화와 관련이 있다. Winter-Froëmel(2014: 509)이 지적한 것처럼 다른 유형의 변화와의 경계가 모호할 때 문제가 발생할 수 있다.

> 요약하자면, 문법화에 대한 전통적인 정의는 변화의 끝점(예: 문법 항목)이나 방향성을 강조하면서 크게 다르다. 동시에 점점 더 많은 현상이 이 범주에 포함되는 경향이 있으며, 이는 문법화가 다른 유형의 변화(예: 화용화, 어휘화)와 구별되어야 하는 방식에 즉각적인 영향을 미친다.

에스메 윈터-프로멜(Esme Winter-Froemel)의 아이디어에 따라 다양한 연구가 발표되었다(Pons & Loureda 2018의 기고문 참조).

3. 어휘화

어휘화(lexicalization)는 종종 문법화의 대척점에 있는 것으로 여겨져 왔다. Traugott(2010: 276)에 따르면, 어휘화는 "의미상 완전히 구성적이지 않고 상대적으로 특이한 새로운 내용적 형태로 통사적 문자열 또는 단어 형성을 사용하는 것"으로 정의된다. 이 과정의 결과로, 예를 들어 why(왜)를 의미하는 접속사 porque에서 reason(이유)를 뜻하는 스페인어 명사 el porqué가 생성되는 것과 같이 새로운 (문법적 어휘가 아닌) 어휘 항목이 탄생한다. 문법화와 어휘화 과정은 각각 어휘가 문법 항목으로 바뀌고, 문법 항목이 어휘 항목으로 바뀌는 것으로 오랫동안 간주되어 왔다(Lehmann 1989 참조). 그러나 두 현상 사이의 관계가 항상 명확하지 않다.

Himmelmann(2004: 27)은 어휘화라는 용어에 대해 적어도 다섯 가지 해석을 제시하는데, 그중 가장 중요한 해석은 다음과 같다.

- 새로운 어휘는 두 개 이상의 어휘 항목이 단일어휘화(univerbation) 및 화석화를 통해 생성된다. 예를 들어, skyscraper(고층빌딩)와 같은 합성 명사, workaholic(일벌레)과 같은 혼성어, Interpol(인터폴) 〈 international police(국제경찰)와 같은 약어, 그리고 When pigs fly(해가 서쪽에서 뜨면)와 같은 관용구가 있다.
- 새로운 파생 패턴이 나타난다. 예를 들어, 접미사 -ly, -ment(e), -dom이 있다.
- 일반적으로 완전한 어휘 항목이 예상되는 위치에 문법 항목이 사용되는 경우이다. 예를 들어, 전치사 up이 the up and down에서 명사로 사용되는 경우이다.

그러나 후자의 경우는 2.4절에서 제안한 바와 같이 단일방향성 원칙에 모순되기 때문에 어휘화와 비문법화를 동일시하여 비문법화의 예시로 제시되기도 한다. 하지만 단일방향성 개념이 폐기된 이후 어휘화는 그 자체로 일종의 언어적 변화로 여겨지게 되었다. 문법화와 어휘화 사이에는 언어 변화의 점진성, 항목의 융합(fusion) 및 병합(coalescence) 같은 많은 유사점이 있지만, 주요 차이점은 어휘화의 경우 탈범주화, 의미 표백, 공어휘소, 토큰 및 유형 빈도의 증가가 없다는 것이다(Brinton & Traugott 2005: 110).

가장 큰 문제는 무엇이 어휘소의 일부로 간주되어야 하는지 여부가 항상 명확하지 않다는 것이다. 예를 들어, 파생 형태소(예: 로망스어 부사 접미사 -mente를 발생시킨 라틴어 mens)를 어휘소에 속하는 것으로 분류해야 하는지, 아니면 일반적으로 문법 범주처럼 다양한 범위에서 생산적인 것으로 분류해야 하는지에 대한 논의가 있었다. 결과적으로 파생 형태소의 출현은 문법화(Hopper & Traugott 1993)와 어휘화(Lehmann 1989)로 정의되어 왔다. 이 문제를 해결하기 위해 다양한 해결책이 제안되었다.

일부 저자(Anttila 1989)는 두 과정이 병렬적이며 상호 의존적이라고 주장한다. 즉, 언어 항목의 문법화는 새로운 어휘 항목의 생성으로 이어지며, 따라서 어휘화를 포함한다. 또한 인지-기능적 이론에서는 문법과 어휘를 명확하게 구분하지 않고 하나의 연속체로 정의한다. 따라서 원형성의 관점에서 접근하는 방식이 제안되었으며, 구체적인 사례는 둘 중 하나 또는 다른 과정에 더 가깝다고 할 수 있다.

이 논의에 중요한 기여를 한 이론은 Himmelmann(2004)이 제안한 것으로, 두 가지 언어 변화 과정의 공통점은 관습화의 산물이라는 점이다. 즉, 특정 조합이나 표현이 점차 더 널리 사용된다는 점이다(위의 2.3절 참조). 주요 차이점은 생산성의 개념과 관련이 있다. 문법화는 대부분 확장의 관점에서 정의되는 반면(2.5절 참조), 어휘화는 특정 연어에 들어갈 때 항목의 범위가 축소됨을 의미한다. 표현은 '분석 불가능한 단위 상태'를 획득하고 점차 단일 처리 단위로 취급됨에 따라 '형태통사적 특이성'을 나타내며, 덜 널리 적용할 수 있게 된다(Himmelmann 2004: 35-36). 또한 어휘화는 특정 개별 항목에만 적용되는 것으로 알려져 있는 반면, 문법화는 대부분 더 광범위한 항목 집합을 포함한다.

앞서 언급한 언어 생산성 개념은 최근 언어 변화에 대한 설명에서 핵심적인 개념으로, 항목 기반 변화에서 고정 패턴이나 구문의 발달로 관심이 이동하고 있다. 이 접근 방식은 4절에서 더 자세히 설명될 것이다.

4. 구문화

4.1 구문문법: 기본 개념

구문문법의 틀은 1980년대 중반 찰스 필모어와 폴 케이(Charles Fillmore & Paul Kay)의 연구를 통해 발전했다(Fillmore 1988, Fillmore & Kay 1997). 이들은 문법을 개별 단어의 의미로부터 추론할 수 없는 형태와 의미의 상징적 쌍으로 구성된 것으로 보았다. 초기 연구는 let alone과 같은 관용적 표현의 분석에 중점을 두었지만(Fillmore *et al.* 1988), 이 분석은 빠르게 문법 전반으로 확장되었다. 따라서 Goldberg(2006: 5)는 문법적 구문을 "형태소나 단어, 관용구, 부분적으로 어휘적으로 채워진 구문 패턴과 완전히 일반적인 구문 패턴을 포함하는" 의미적 또는 화용적 기능을 가진 형식의 쌍으로 정의했다. 이러한 구문들은 다양한 층위의 도식성에 따라 구조화된 언어 목록인 **구문(construction)**에 저장된다(Traugott & Trousdale 2013, Traugott 2015 참조). 도식이라고 불리는 일부 구문들은 [원인 구문] 도식처럼 최소한의 포화된 형태로 존재하며, 이러한 도식은 보다 구체적인 하위 도식으로 구체화될 수 있다. 예를 들어, [원인 구문] 도식은 [PUT X TO Y] 또는 [DO X-Y]와 같은 하위 도식을 포함한다. 하위 도식은 **미시-구문(micro-construction)**이라는 실질적이고 항목별 문법적 구문으로 더욱 구체화된다. 예를 들어, 하위 도식인 [PUT X

TO Y]는 미시-구문인 Put the water to boil(물을 끓여라)로 실례화될 수 있다. 마지막으로, 구체적인 발화에 사용되는 미시-구문을 **구성체(construct)**라고 부른다. 따라서 구문은 상속성, 다의성 및 동의어 관계가 있는 계층적 네트워크로 조직된다.

구문에는 어휘적 구문과 문법적 구문이 모두 포함된다는 점을 강조하는 것이 중요하다. 결과적으로, 언어 연구에 대한 다른 접근 방식과 달리 구문문법은 어휘와 문법 사이의 연속체를 지지한다. 어휘적 구문은 "내용적이고 지시적 의미, 즉 이름 명명하기 전략"을 제시하는 반면(Traugott 2015: 54), 문법적 구문은 "주로 절차적, 언어적 관계 및 비지시적 의미를 갖는 즉, 관계형 전략"이다(Traugott 2015: 54). 이런 방식으로 어휘화와 문법화의 연구는 언어 변화에 대한 보다 전체적인 이론 내에서 수행될 수 있다. 따라서 구문문법은 어휘소와 통사론 사이에 엄격한 구분이 없는 인지-기능적 모형과 유사한 접근 방식을 따른다. 어휘와 문법 사이의 거리는 형식주의적 접근법에서 제안하는 모듈성 개념에 명백히 반대되는 점진적 연속체의 관점에서 이해된다.

4.2 구문화와 언어 변화

21세기 초부터 통시적 변이를 구문문법의 관점에서 연구하자는 제안이 있었다. Fried(2009)는 『통시적 분석 도구로서의 구문문법Construction Grammar as a tool for diachronic analysis』 논문에서 역사적 언어 분석을 위한 이론적 틀의 필요성을 강조했다. Rostila(2004)와 Noël(2007)은 문법화라는 개념과 유사한 **구문화(constructionalization)**라는 용어를 만들어 냈다. 문법화가 문법의 생성 연구와 관련이 있다면, 구문화는 문법적 구문의 생성에 관한 연구이다.

문법화와 구문화의 차이는 크지 않다(Traugott & Trousdale 2013, Traugott 2015 참조). 구문에서 문법적 변화가 발생한다는 아이디어는 메이예로 거슬러 올라가며, 문법화에 관한 Hopper & Traugott(1993, 2003)의 논문 초판에서도 이미 나타난다(위의 2.1절 참조).[15] 그러나 이러한 초기 구문 분석은 언어 변화의 의미론이나 형태통사적 영향에 초점을 맞추었다(위의 2.1, 2.2, 2.3절 참조). 따라서 문법화 이론과 구문화 이론의 주요 차이점 중 하나는 후자가 의미 변화, 즉 문법적 구

15 메이예는 남은 유일한 과정인 문법화는 자율적인 단어 또는 단어를 그룹화하는 방법에 문법적 역할을 점진적으로 할당하는 것(le seul procédé qui reste [la grammaticalization] est l'atribution Progressive d'un rôle grammatical à des mots autonomes ou à des manières de grouper les mots)이라고 설명했다(Meillet 1912: 132). 호퍼와 트라우고트는 그들의 저서에서 "문법화는 어휘 항목이나 구문이 문법적 기능을 수행하기 위해 특정 언어적 맥락에 들어오는 과정"이라고 평가했다(Hopper & Traugott 1993).

문의 의미론, 화용론, 담화적 기능과 형태 변화 즉, 구문의 통사론, 형태론 및 음운론에 영향을 미치는 수정에 동등한 관심을 기울인다는 것이다. 형태와 의미에 대한 이러한 동등한 관심은 변화의 점진성을 보다 정확하게 측정할 수 있게 해 준다.

통시적 구문문법은 형태와 의미의 새로운 쌍이 어떻게 발생하는지에 관심을 가지고 있다. Traugott & Trousdale(2013)에 따르면, 문법적 변화는 구문적 변화와 구문화라는 두 가지 유형으로 나눌 수 있다. 구문적 변화는 패턴의 의미 또는 형태 측면의 수정을 포함하며, 구문화는 형태와 의미의 새로운 쌍이 나타날 때, 즉 새로운 문법적 구문의 발전을 의미할 때 발생한다. 구문적 변화는 새로운 형태-의미 쌍의 출현으로 이어지는 이전 단계이거나 구문화 이후에 발생하여 추가적인 문법적 변화(문법화 이후)로 이어질 수 있다. 또 다른 흥미로운 점은 구문화 이론이 어휘 변화(4.2.2절)만큼이나 문법적 변화(4.2.1절)에도 관심을 가진다는 것이다.

하지만 구문화는 문법화의 원칙을 재구성하는 것 이상의 의미를 가진다. 구문에 대한 이론적 개념의 (재)도입과 통시성 분야에서의 적용은 문법적 변화의 점진성을 보다 정확하게 측정할 수 있는 가능성을 열어주었다. 구문화는 주어진 진화가 의미적 변화인지 통사적 변화인지, 아니면 두 가지의 조합인지를 정확하게 판단할 수 있게 해 준다. 이는 언어에서 새로운 구문의 출현을 의미하는 중요한 요소이다.

4.2.1 문법적 구문화

앞서 소개한 구문적 변화와 문법적 구문화의 개념은 스페인어의 ir a + inf. 구문이 미래 시간 값의 발달시키는 과정을 통해 설명할 수 있으며, 이는 영어의 be going to + inf.의 발전과 유사하다(Traugott 2015 참조). 여기서 ir(가다)는 화자의 위치에서 시작되는 움직임을 표현하는 직시동사이다. 이 움직임은 전치사 a로 도입된 전치사구(예: ir a casa(집에 가다))로 표시된 장소를 향한다. 때때로 ir(가다) + LOCATIVE(처소격)는 움직임의 목표를 나타내는 구문으로 보완되기도 한다(예: ir a casa a dormir(집에 가서 잠자다)). 다음 단계에서는 처소격 보충이 생략되면서 목표 의미가 활성화되어 미래를 향해 투사된다(예: ir a dormir(잠자러 가다)). 처음에는 미래 시간적 의미의 추론이 공간적 의미와 명확하게 구분되지 않으며, 예를 들어, '싸우러 가는 곳'이라는 의미와 I am going to fight against you(나는 너와 맞서 싸울 것이다)라는 미래 시간의 의미가 모호하게 나타난다((1)의 예 참조). 그러나 미래적 가치는 결국 구문의 모든 특성에 영향을 미치는 변화의 과정을 통해 문법화된다.

(1) & sepas que *vo* yo *lidiar* contigo. (익명, *Bocados de oro*, 13세기)

"And you must know that *I am going to fight* against you" (그리고 너는 내가 너에게 맞서 싸울 것이라는 것을 알아야 한다)

ir a + inf.가 미래 시간을 명확하게 표현하는 첫 번째 예 (2)는 이동 동사 ir을 사용하여 어원적 구문의 통사론을 보존한다. 이 시점에서 구문적 변화는 ir a + inf.의 형태와 무언가를 하기 위해 장소에 간다는 의미 쌍의 불일치가 발생한다. 실제로 이동의 감각은 일부 문맥에서 이미 미래시제 의미로 진화하고 있다. 그러나 통사론은 아직 이 과정의 영향을 받지 않는다. 동사 ir에 의해 하위 범주화된 논항은 외부 논항의 경우 계속해서 [+animate] 개체로, 부정사의 경우 활동 동사(예: to give, to fight, to throw)로 유지된다. 조동사와 부정사 사이에 전치사 a를 사용할 때 변동이 발생하는 것을 제외하고는 중요한 형식적 수정이 관찰되지 않으며, 이는 몇 세기 동안 (2)로 나타나거나 (1)로 나타나지 않을 수 있다.

(2) E si quisieres que sea bien de ti e de tu linage después, e que dures tú mucho tiempo señor sobre la tierra que Dios te *va a dar*, guarda estos mandados. (Alfonso X, *General estoria I*, 13th century, Gradia)

"And if you want you and your lineage to live well and if you want to be lord over the land that *God will give you* for a long time, keep these commandments"(그리고 만약 네가 너와 네 자손이 잘 살기를 원하고, 또 하나님이 너에게 주실 그 땅에서 오래도록 주인이 되기를 원한다면, 이 계명들을 지켜라)

점차적으로, 의미의 진화는 통사적 변화를 촉발하여 형태와 의미의 쌍을 재조정하는 데 기여한다. 이러한 형식적 변화의 첫 번째 증상은 부정사 위치에 새로운 어휘 배열이 나타나는 것이다. 따라서 16세기부터 활동 부정사 (1-2) 외에도 상태 동사 (3)과 비인칭 또는 기상 동사 (4)가 문서화되었다. 이러한 동사들은 더 이상 ir a + inf.의 물리적 움직임 해석과 호환되지 않는다.

(3) a. De manera que muestras bien cuánto cuidado tuviste de parecer a aquel gran Dios de quien *vas a gozar*. (Juan de Valdés, *Diálogo de Mercurio y Carón*, 13th century, Gradia)

"As a consequence you show very well how much you tried to act like the great God whom *you are going to enjoy*" (그 결과로, 너는 네가 앞으로 누리게 될 위대한 하나님처럼 행동하려 얼마나 애썼는지를 아주 잘 보여준다)

b. *va a haber* aquí una yeción. (Benito Pérez Galdós, *Fortunata y Jacinta. Dos historias de casadas*, 19th century, Gradia)

"There is going to be a mess here" (여기는 엉망이 될 것이다)

(4) Sí que *va a llover*, dijo Rita. (Fernán Caballero, *La familia de Alvareda*, 19th century, CORDE)

"Yes, it's going to rain, said Rita" (네, 비가 올 거라고 리타가 말했다)

(5) el cuerpo [⋯] luego me *va fallir*. (Pedro López de Ayala, *Libro de Palacio*, 14th century, Gradia)

"My body is going to break down" (내 몸이 망가질 거 같다)

주제 유형에 영향을 미치는 변화도 관찰된다. 즉, 14세기부터 무생물 주어가 (5)처럼 허용되었고, 19세기에는 (4, 3b)와 같이 무표지 주어가 발견된다. 이러한 주어들은 ir a + inf. 구문의 미래 시간 의미의 통합을 확인한다. 이러한 작은 단계의 축적은 미래 시간 주변부의 출현을 허용하며, 구문화에서 구문이 작동하는 통사적 맥락에 크게 의존한다는 점을 강조한다. 더욱이 어원적 구문과 미래 시간 주변부를 비교할 때 초기 구문에서 경험된 구성요소의 계층구조에 대한 재분석이 분명해진다. 즉, (1) 동사 ir는 더 이상 본동사로 기능하지 않으며 논항을 하위 범주화하는 것을 중단했다. (2) 전치사 a는 더 이상 전치사구를 도입하지 않고 주변부의 두 가지 언어 형태 사이의 연결고리가 된다. (3) 부정사의 동사가 구문의 본동사가 된다. 이때 새로운 의미가 새로운 형태와 연결되어 새로운 구문이 나타난다. 이러한 패턴이 형성된 후 주변부가 음성에 영향을 미치고 형태의 축소(**후기-구문화**)로 구성된 수정을 겪을 때 새로운 구문적 변화가 발생한다. 실제로 비공식 대화에서 te voy a dar[te βój a ðáɾ]는 [tiβjaðáɾ]로 발음되기도 한다.

구문이 서로 다르게 상호 연결된 도식성 층위에서 구성된다는 가설에 따라, 통시적 변화는 더 포화된 층위, 즉 미시-구문과 구조뿐만 아니라 더 도식적 층위에서도 연구될 수 있다. 스페인어 차등 목적어 표지의 상승에 대한 분석은 이러한 방법론적 이점을 잘 보여준다. 새로운 거시-구문은 전치사 to가 도입하는 전치사구로 구성된 직접목적어로 이루어진다. 이 구문은 주로 특정 인간 개체(때로는 동물과 같은 특정 유생물 개체)를 참조하는 직접목적어에 적용되지만(예: Encontré a María en el supermercado(나는 슈퍼마켓에서 메리를 만났다)), 점차적으로 비유생물의 개체로 확장된다(예: Vi al camión de la basura(나는 쓰레기 트럭을 봤다)). 이 거시-구문의 출현은 중세 시대에 전치사를 사용하여 강세 인칭 대명사로 구성된 직접목적어를 표시하는 새로운 구조로 시작되었다(예: Te vi a ti(나는 너를 봤다)). 이러한 구조는 형태(타동사 + 전치사 직접목적어)와 기능(주로 인간을 지칭하는 경우, 특정 직접목적어의 표현)의 새로운 쌍을 생성할 때까지 확산되었다. 간단히 말해, 매우 구체적인 새로운 구조들이 새로운 거시-구문의 출현을 가능하게 한 것이다.

마찬가지로 구문들은 수직적으로 연결될 뿐만 아니라 수평적으로도 연결되며, 이는 동일한 층위의 도식성에 위치한 구문들 사이에 관계가 있다는 것을 의미한다. 결과적으로 특정 미시-구문의 집합은 새로운 도식과 하위 도식의 출현에 동기를 부여할 수 있다. 실제로 **지지 구문(support construction)**은 해당 모형을 따르는 다른 도식의 출현에 동기를 부여할 수 있다(De Smet & Fischer 2017). 이러한 종류의 유추는 일부 언어적 주변부의 출현을 설명한다. 예를 들어, 의무를 나타내는 habere + inf.의 라틴어 주변부는 스페인어 동의어인 언어적 주변부 부사 haber de + inf.로 진화했다. 이 구문은 새로운 문법 구문인 tener de + inf.의 출현을 위한 지지 구문이 되었다. 새로운 주변부는 어휘 동사로 사용되는 haber(to have)와 tener(to have)의 동의어에서 비롯되었다. 화자들은 이 동의어를 문법으로 확장했고, 이에 따라 tener는 조동사로 비지시적 의미를 획득하게 되었다.

구문이 다양한 층위의 추상화로 구성되어 있다는 아이디어는 유사한 형태와 관련된 다른 구문의 존재를 설명할 수 있다. 예를 들어, 스페인어에서 동사 ir(to go), 전치사 a(to), 부정사(ir a + inf.)의 조합으로 이루어진 구문은 미래시제 (5)를 표현할 뿐만 아니라 초점 표지 (6)으로도 기능한다(Bravo 2014 참조).

(5) *Te va a gustar*.
"You will enjoy it" (당신은 즐길 것이다)

(6) a. *Fue a llover* el día de mi boda.
"Of all the days of the year, it had to rain my wedding day" (1년 중 모든 날들 중에, 꼭 내 결혼식 날에 비가 와야만 했었다.)

b. *Fue a aparecer* en el peor momento. (NGLE: § 28.8j, Bravo 2014: 205)
"Of all of the moments of the day, s/he had to appear at the worst moment"(하루의 모든 순간들 중에서, 그 사람은 꼭 최악의 순간에 나타나야만 했다)

구문이 페르디낭 드 소쉬르(Ferdinand de Saussure)의 의미에서 기호라는 주장은 언어 주변부와 같은 복잡한 구문이 어휘 단어와 같은 방식으로 작용한다는 것을 의미하지 않는다. 복잡한 구문의 명백한 다의성은 종종 다른 구문을 숨기기도 한다. 예를 들어, 스페인어 도식 ir + inf.는 적어도 두 가지 서로 다른 하위 도식을 나타낸다. 하나는 미래시제 (5)를 의미하고 다른 하나는 ir a + inf.가 척도 초점 표지 (6)으로 상상할 수 있는 모든 상황 중 최악의 상황을 소개한다(Bravo 2014: 203). 미래 구문과 초점자 구문의 차이점은 의미적일 뿐만 아니라 통사적으로도 다르다. 두 구문 모두 형태와 의미의 다른 쌍을 나타내기 때문이다. 미래시제 구문은 동사 ir(가다)가 현재시제로 활용되는 것만 허용하고(예시 5의 va), 초점 표지 구문은 주로 과거시제의 동사 ir과 함께 나타난다(예시 6의 fue). 또한 초점 표지 구문은 초점을 맞출 구성요소가 필요하다. 이는 스페인어가 어순이 유연한 언어임에도 불구하고 초점 표지가 초점에 대한 구성요소 없이는 절대 나타날 수 없는 이유와 (7)이 (6a-6b)만큼 자연스럽게 들리지 않는 이유를 설명해 준다(Bravo 2014 참조). 마지막으로, 미래 구문은 부정사 위치에 있는 동사에 대해 어떠한 제한도 보이지 않는 반면, 초점 표지 구문은 이 구문이 사용되는 맥락에서 부정적인 의미 뉘앙스를 가진 동사에만 제한되는 것으로 보인다.

(7) *El día de mi boda fue a llover.
"It rained on my wedding day" (내 결혼식 날에 비가 내렸다)

4.2.2 구문적 관점에서 본 어휘화

어휘화에 대한 통시적 구문 연구는 주로 to give somebody a talking to(누군가에게 말을 걸다), to give somebody a kicking(누군가를 걷어차다), to have a shower(샤워하다)와 같은 관용 구조나 스페인어에서 venir en gana(욕망을 갖다), dar la campanada(모두를 놀라게 하다), dar la charla a alguien(누군가를 꾸짖다)와 같은 다른 언어의 생성 및 발달에 초점을 맞춘다. 이러한 표현들은 비합성적 의미를 가지지만 부분적인 문법적 특성을 지니고 있다. Brinton(2008)은 to give somebody a kicking(누군가를 걷어차다)이나 to have a shower(샤워하다)와 같은 관용구에서 동사 give(주다)와 have(가지다)가 어휘에 문법적 의미를 더하며, 목적격, 끝점 지향, 양상의 표지로 기능한다고 주장한다.

이러한 어휘 구문은 종종 언어에 고정된 구문적 하위 도식의 노후화로 인해 발생한다(Salas-Alba 2019 참조). 이러한 어휘 출현은 구문의 형태와 의미에 대한 점진적인 재분석(또는 Traugott

&Trousdale 2013에 따른 신-분석(neoanalysis))의 결과이다. 따라서 어휘적 구문화는 원래 표현의 의미적 합성성을 상실하고 통사적 분석성을 잃는 과정을 포함한다.

예를 들어, 스페인어 관용 표현인 darle la charla a alguien(누군가를 꾸짖다)은 20세기 이전에는 사용되지 않았다. 어원적 구문은 상당히 합성적 의미를 갖는다. 즉, dar una charla는 to give a talk(이야기하다) 또는 to speak before an audience about a scientific topic(과학적 주제에 대해 청중 앞에서 연설하다)을 의미한다. 동사 dar(주다)는 물리적 대상을 사람에게 전달한다는 기본 의미를 가지지만, 지식을 전달한다는 비유적 의미로도 사용된다. 동사의 문자적 사용에 대한 목적격 양상은 어휘화된 구문에 의해 승계된다. 환유 과정을 통해 이 구문은 부정적 의미를 갖게 된다. 즉, dar la charla a alguien(문자적으로 to give the talk to someone)은 '누군가를 꾸짖다'를 의미한다. 의미론적 신-분석 또는 재분석은 to give a talk(이야기하다)의 의미에 대한 새로운 해석의 결과로 이루어진다. 즉, 회의는 그다지 흥미롭지 않을 수 있으며, 심지어 지루하거나 실망스러울 수도 있다. 변화의 과정에는 구문론적 재분석도 포함되며, dar la charla가 고정된 구조가 된다. 즉, 동사 dar는 DO charla로 선택되지 않지만, dar la charla라는 집합은 높은 강도를 표현하기 위해 정관사만 부정관사로 교체할 수 있는 합성 단위를 형성한다(dar una charla a alguien은 to scold somebody a lot(누군가를 많이 꾸짖다)을 의미한다). 반대로 명사 charla는 어떤 수정도 허용하지 않으며 단수형으로만 나타나고, 꾸짖는다는 개념을 강화하는 보충어만 허용된다. 예를 들어, me dio la charla del siglo(그/그녀는 나를 많이 혼냈다)와 같은 표현이 있다.

5. 현재 이슈와 향후 방향

문법화, 어휘화, 구문화에 관한 광범위한 문헌이 존재하지만, 이 분야에서는 여전히 향후 연구에서 해결해야 할 몇 가지 문제가 남아 있다. 첫째, 여러 흥미로운 연구들은 언어 접촉의 결과로 언어 변화에 초점을 맞추고 있다(Heine & Kuteva 2005, Mithun 2008, Palacios & Pfänder 2018). 이러한 접근법에 따르면 문법화 과정은 접촉 언어 문맥에서 활성화되며, 유추가 중요한 역할을 한다고 강조된다. 그러나 이 연구 분야는 아직 그 잠재력을 충분히 탐구하지 못했다. A 언어의 한 구문이 접촉하여 보조 구문으로 작용할 때, B 언어에서도 유사한 구문이 새로운 의미를 발달시키도록 동기를 부여한다는 증거가 있다.

둘째, 구문화 접근법은 비교적 최근에 개발되었다. 따라서 해결해야 할 몇 가지 문제가 남아 있으며, 여전히 논의 중인 핵심 주제가 많다. 예를 들어, 구문적 변화와 구문화의 정확한 현황에 대한 합의가 이루어지지 않았다. Boye & Harder(2012: 35-36)는 구체적인 정의 없이 두 개념 사이에 차이가 있다고 제안한다. Traugott & Trousdale(2013)에 따르면 구문적 변화는 구문화가 일어나기 전과 후 모두 발생할 수 있으며, 이는 새로운 구문의 출현을 준비하거나 내용에 대한 형식의 추가 조정에 기여할 수 있다. 그러나 일부 연구자들은 이러한 견해를 비판적으로 평가한다. Hilpert(2018)는 새로운 구문이 등장하기 전까지 얼마나 많은 구문적 변화가 필요한지에 대한 증거가 없다고 지적한다. Smirnova(2015)는 구문화가 구문적 변화에 선행한다고 주장한다. 통시적 구문 문법에 대한 이러한 개념의 중심성을 감안할 때, 이 논쟁은 합의로 이어져야 한다. 게다가, 대부분의 연구는 문법적 구문화의 사례에 집중되어 있으며, 어휘적 구문화는 거의 다뤄지지 않고 있다.

마지막으로, 언어 변화에 대한 연구는 정교한 통계 기법을 적용하는 등 보다 집중적인 정량적 관점으로 접근하는 것이 도움이 될 수 있다(Rosemeyer & Garachana 2019). 문법화와 구문화 이론이 언어 변화 연구에서 용법 기반 접근법을 따른다는 점을 고려할 때, 빈도는 핵심적인 역할을 한다. 특히, 언어 생산성의 핵심 개념을 실증적으로 적용하는 연구가 향후 더 주목받아야 한다.

더 읽을거리

문법화에 대한 포괄적인 입문서로는 Hopper & Traugott(1993, 2003), Heine *et al.*(1991), Bybee *et al.*(1991)의 논문이 있으며, 문법화에 대한 가장 완전한 개요를 제공하는 Narrog & Heine(2011)도 매우 가치 있다. 어휘화에 관한 흥미로운 핸드북으로는 Brinton & Traugott(2005)를 추천할 수 있다. 구문화에 대한 포괄적인 소개는 Traugott & Trousdale(2013)에서 확인할 수 있다. 또한, Fried(2009), Hilpert(2013) 및 Coussé, Andersson & Olofsson(2018)에 수록된 논문은 이 이론의 구체적인 적용 사례를 제공한다.

제19장
주관성과 주관화

1. 서론

상호주관성은 종종 화자가 사용하는 언어적 표현의 주관성과 관련되거나 이를 기반으로 정의된다. 따라서 상호주관성은 화자뿐만 아니라 청자, 즉 수신인도 강조하는 개념이다. 최근 주관성에 대한 연구가 활발히 이루어지고 있는 반면(De Smet & Verstraete 2006 참조), 상호주관성에 대한 명확한 정의와 인식 기준에 대한 비판적 조사는 상대적으로 부족한 상황이다(Davidse *et al.* 2010, Brems, Ghesquière & Van de Velde 2014 참조). 상호주관성은 다양한 (공시적 및 통시적) 언어 분야에서 나타나지만, 때로는 서로 상충되는 정의를 사용할 수 있어 혼란을 초래하기도 한다. 예를 들어, Traugott(2010)는 상호주관성을 좀 더 일반적인 주관화 과정의 일환으로 보며 일본어의 경어법과 같은 특정한 언어 현상에 국한하여 설명한다(Traugott & Dasher 2002: 263-276)(4.2절 참조). 반면, Verhagen(2005)은 상호주관성이 화자와 청자 사이의 인지 체계 조정을 포함하며 담화의 근본을 형성한다고 주장한다. 이렇듯 어떤 구문은 다른 구문보다 더 상호주관적일 수 있으며, 예를 들어 부정 패턴이나 부정 접속사 등이 그러하다. Traugott(2010)는 후자의 구성을 상호주관적이라기보다는 주관적이라고 규정하여 혼란을 가중시킨다. 또한, 평가, 태도 또는 메타 담론과 같은 개념을 활용한 보다 응용적인 접근 방식에서는 주관적 개념과 상호주관적 개념이 부분적으로 겹치는 것으로 보인다(Hunston & Thompson 2000, Hyland 2005). 이 접근법에서는 울타리표현이나 텍스트 조직이 상호주관적인 요소로 간주될 수 있다.

이 장에서는 상호주관성과 상호주관화와 관련된 용어의 혼란을 정리하고, 이를 해결할 방법을 제시하는 것을 목표로 한다. 주요 질문은 상호주관성/상호주관화가 독립적인 개념인지, 아니면 주관성과 주관화에 의존하는 개념인지이다. 예를 들어, 상호주관적 의미가 주관적 의미보다 늦게 발달하고 일반적으로 주관적 의미에서 파생된다고 가정할 수 있다. 또한, De Smet & Verstraete(2006)의 주관성 유형 범주화에 따라 상호주관성의 하위 유형을 구분할 수 있는지, 상호주관성이 주로 의미적 개념인지 아니면 형식적 상관관계를 찾을 수 있는지에 대한 논의도 필요하다. 마지막으로, 상호주관성과 상호주관화의 의미적 및 형식적 매개변수에 대해서도 검토할 것이다. Brems, Ghesquière & Van de Velde(2014)에 따르면, 이 글에서는 상호주관성을 독립적인 개념으로 정의하는 것을 제안하며, 태도적, 반응적 및 텍스트적 상호주관성 등 다양한 하위 유형에 대해 논의할 것이다. 또한, 상호주관적 의미의 체계적인 형식적 상관관계를 정의할 가능성과 주관성에서 단방향으로 발전하는 상호주관성의 필요성도 평가할 것이다.

2. 역사적 관점

상호주관성이라는 용어는 다양한 언어적 맥락에서 여러 해석과 정의를 받아왔으며, 이로 인해 때때로 매우 다른 현상을 포착하는 데 사용된다. 문헌에는 상호주관성에 대한 세 가지 주요 개념이 나타나는데, 이는 엘리자베스 클로스 트라우고트(Elizabeth Closs Traugott)의 문법화와 관련된 통시적 접근, 아리아 베르하겐(Arie Verhagen)의 인지문법 이론에 기반한 개념, 그리고 잔 나이츠(Jan Nuyts)의 공유된 의미에 대한 개념이다.

트라우고트의 상호주관성 개념은 아마 가장 널리 퍼진 개념으로, 전형적으로 청자의 사회적 자아에 대한 주의를 부호화하는 의미로 이해된다(Traugott & Dasher 2002). 그 대표적인 예가 일본어의 경어법으로, 이는 존중, 친밀감 또는 사회적 거리와 같은 측면에서 화자와 청자 사이의 특정한 사회적 관계를 나타내는 접미사이다. Traugott & Dasher(2002: 22)와 Traugott(2014)에 따르면, 상호주관성은 주관성과 밀접하게 연관되어 있으며, 주관성을 언급하지 않고는 상호주관성을 정의할 수 없다. 공시적이든 통시적이든 주관성은 상호주관성을 형성하는 데 필수적이다. 주관적 표현이 화자의 태도나 관점을 나타내는 표지라면, 상호주관성의 표지는 화자가 "말하는 세계가 아닌 발화 사건의 참여자로서 수신인(AD[dressee])/독자(R[reader])에 대한 주의"를 추가적으로 나타낸다(Traugott & Dasher 2002: 22).

Langacker(1991)의 인지문법적 틀을 바탕으로 Verhagen(2005, 2007)은 화자와 청자 사이의 인지적 조정 측면에서 상호주관성을 설명했다. 상호주관적 구문에서 청자는 화자의 발화를 능동적으로 해석하는 주체로, 보다 명시적으로 전경화된다. 이러한 관점에서 청자는 화자가 제시하는 개념적 내용에 초점을 맞추도록 유도되는 수동적인 수신인일 뿐만 아니라, 결정적으로 능동적인 개념화자 역할도 수행한다. Verhagen(2005)에 따르면, 화자와 청자의 인지적 조정 작업은 의사소통에서 항상 존재하지만, 부정 패턴과 같은 특정 구문에서는 더 명확하게 부호화된다. 예를 들어, She is **not happy**(그녀는 행복하지 않다)와 She is **unhappy**(그녀는 불행하다)를 비교할 때, 전자의 경우 not happy(행복하지 않다)는 화자의 관점이 아닌 다른 관점을 고려한 후 부정되는 것이다. 반면, unhappy(불행한)는 뚜렷한 관점을 가지지 않는다.

Nuyts(2001a, 2001b, 2014)는 양태적 의미의 표현에 대한 연구를 바탕으로 상호주관성에 대한 또 다른 관점을 발전시켰다. 그에 따르면, 상호주관성은 "평가자와 청자를 포함하여 (반드시 그런 것은 아니지만) 더 많은 사람들이 공유하는 것으로 제시되는" 의미를 나타낸다(Nuyts 2014). 예를 들어, Given the instability in the country **it is likely** that the army will intervene(국가의 불안정성을 고려할 때 군대가 개입할 가능성이 있다)은 상호주관적인 표현으로 간주되지만, In such an unstable situation **I think** the army will intervene(이렇게 불안정한 상황에서는 군대가 개입할 것이라고 생각한다)은 주관적인 표현으로 분류된다.

3. 핵심 쟁점 및 주제

2절의 짧은 설명에서 알 수 있듯이, 상호주관성에 대한 세 가지 주요 관점은 모두 상당히 다르며 서로 교환할 수 없다. 중요한 분기점은 상호주관적 의미의 지위와 관련이 있다. 즉, 상호주관적 의미가 부호화된(즉, 의미적 또는 의미론적으로) 것으로 간주되는지 아니면 본질적으로 화용적 인지에 대한 질문이다. 둘째, 상호주관화 관점에서 상호주관성을 어떻게 통시적으로 작동시키는지에 대한 문제가 있다. 셋째, 어떤 유형의 언어 현상을 상호주관성의 관점에서 기술하고 설명할 수 있는지에 대한 질문이 있으며, 이는 상호주관성의 하위 유형을 구분하는 것이 유용하거나 가능한지에 대한 의문과 연결된다. 넷째, 특히 주관성(및 주관화)과 관련하여, 상호주관성(및 상호주관화)이 개념적으로 독립적일 수 있는지에 대한 중요한 질문이 있다. López-Couso(2010)와 같은 일부 저자들은 괄호 안에 '(상호) 주관성'이라는 용어를 사용하여 두 개념을 모두 포함하거나 함께 묶는 듯한 인상을 주기도 한다. 이러한 혼용된 용어 사용은 비주관성, 주관성 및 상호주관성 사이의 경계가 명확하기보다는 모호하거나 퍼지하다는 점을 시사한다. 이러한 개념을 구분할 수 있는 가능성은 결국 상호주관성과 상호주관화를 위한 인식 기준을 마련하는 데 기여하며, 그 언어적 타당성을 부분적으로 결정하게 될 것이다.

트라우고트 방식의 상호주관성은 구문의 의미론, 즉 (부호화된) 의미를 나타낸다. 예를 들어, 일본어의 경어법은 문법 내에서 잘 확립된 체계를 형성하며, 의무적으로 사용해야 하므로 생략할 경우 사회적 **결례(faux pas)**가 발생할 수 있다. 트라우고트는 또한 특정 표현이 특정 상황에 따라 상호주관적 의미를 가질 수 있지만, 이는 본질적으로 화용적 의미에 해당한다고 주장한다. 예를 들어, a bit (of)는 It was a bit boring(지루했다)에서처럼 청자의 기분을 상하게 하지 않기 위해 명사나 형용사를 완화하는 울타리표현의 역할을 할 수 있다. 하지만 다른 상황에서는 촉진제로 사용되거나 단순히 소량을 나타내는 데 쓰일 수 있다.

반면, 베르하겐과 나이츠의 상호주관성에 대한 이해는 의미 자체를 지칭하기보다는 의미의 수사적 표현에 초점을 맞추고 있어 본질적으로 더 화용적이다. Nuyts(2014)의 경우, 상호주관성은 화자가 의미를 한 화자에게만 국한되지 않고 공유된 것으로 표현할 수 있도록 하는 담론적 도구 또는 전략으로 설명된다. 서법적 맥락에서 Nutys(2014: 58)는 "비-서법적 평가가 평가자와 더 많은 사람들(반드시 청자는 아니지만) 사이에서 공유되는 것으로 제시된다면 '상호주관적'이다"라고 말한다. 따라서 **It is unacceptable** they left already(이미 떠난 것은 용납할 수 없다)는 상호주관적으로 의무를 나타내지만, **I really regret** that they left already(벌써 떠난 게 정말 아쉽다)는 "엄격하게 평가자의 전적인 책임"으로 제시되기 때문에 주관적인 의무적 평가를 나타낸다(Nuyts 2014: 60, 강조는 저자).

트라우고트의 이론은 공시적 및 통시적 측면에서 잘 발달된 유일한 틀이다. Traugott(2014)는 상호주관적으로 발생할 가능성이 가장 높은 두 가지 주요 언어 기능인 공손성과 특정 메타담론 기능을 제시하였으며, 이는 더 광범위한 현상에 적용될 수 있을 것으로 보인다.

Verhagen(2005, 2007)이 제시한 상호주관성의 인지문법적 개념은 아직 통시적으로 발전하지 못했다. 반면, 나이츠는 상호주관성과 상호주관화를 모두 설명할 수 있는 틀을 개발했지만, 서법성과 강하게 연결되어 있어 다른 언어 영역으로 어떻게 확장될 수 있는지는 불확실하다.

결론적으로, 트라우고트의 틀은 공시적 변화뿐만 아니라 통시적 변화 과정도 설명할 수 있는 가장 유망한 접근법으로 보이며, 공손성과 메타담론적 표지뿐만 아니라 서법성, 동사구, 형용사, 명사구 등 다양한 영역의 현상을 설명할 수 있을 만큼 일반적일 수 있다. 그러나 트라우고트의 상호주관성과 상호주관화 개념은 주관성과 주관화에 의존한다는 점을 기억하는 것이 중요하다. 상호주관적 의미는 주관적 의미보다 나중에 발전하며, 후자는 전자의 전제조건이다.

4절에서는 이와 관련된 주요 문제와 주제에 대해 가장 적절한 최신 답변을 요약할 것이다.

4. 현재 기여 및 연구

4.1 의미론 대 화용론

트라우고트와 같은 저자들은 화용적 상호주관성과 의미적 상호주관성을 구분하는 것의 중요성을 강조하고 있다. Traugott(2010: 32)는 의사소통이 항상 일반적인 의미에서 상호주관성을 포함하며, 담화가 화자가 청자의 요구를 고려하고 이를 '상호 관리'할 때만 성공적으로 이루어진다고 인정한다(Schiffrin 1990, Nuyts 2001a, 2001b, Verhagen 2005). Thompson(2014: 78) 또한 모든 담화가 "각 상호작용자가 상대방을 수용하고 영향을 미치기 위해 메시지를 형성하는 의사소통 사건에서 상호작용자 간의 교류의 관점에서 구성된다"라고 언급한다. 3절에서 지적했듯이, 트라우고트의 상호주관성 개념은 나이츠나 베르하겐의 접근 방식과 구별되는 점이 있다. 그는 부호화된 상호주관적(또는 상호주관화된) 의미에 관심을 두고 있다. 화용적 상호주관성은 "언어적 변화가 일어나고 언어적 변화가 기여하는 주변 맥락"을 의미한다(Traugott 2010: 32).

특히 현재 진행 중인 변화의 경우 화용적 상호주관성과 의미적 상호주관성을 구분하는 것이 매우 어렵다. 이 글에서는 다음 절에서 논의될 상호주관적 의미의 화용적 또는 의미적 본질에 대해 대담한 주장을 하지 않을 것이며, 이를 화용적-의미적 현상으로 다룰 것을 제안한다.

4.2 주관성의 현상과 하위 유형의 범위

Traugott(2003: 128)는 다음과 같이 주장한다.

> 상호주관성이 인식론적 의의(말하는 내용에 대한 추정된 태도)와 사회적 의의(사회적 태도 및 정체성과 관련된 '체면' 혹은 '이미지 요구') 모두에서 수신자/독자의 '자아'에 대한 SP/W의 주의를 명시적으로 표현하는 것이다.

앞서 언급했듯이, Traugott(2014)는 언어의 두 가지 주요 기능인 공손성과 메타담론적 기능을 상호주관성과 연결한다. 공손성은 "화자가 수신인의 사회적 지위에 대한 감사와 인식을 부호화하는 것"(Traugott 2003: 128)을 포함하며, 이는 상호주관적이라고 할 수 있다.

> 상호주관적 의미는 결정적으로 사회적 직시(화자가 1~2인칭 직시에 부과하는 지위에 대한 태도)를 포함하고, 이는 SP/W 또는 AD/R의 자아상 또는 '체면' 요구에 직접적인 영향을 미친다.
>
> Traugott & Dasher 2002: 23,
> SP/W는 화자/작가, AD/R은 수신자/독자를 나타냄

공손성의 맥락에서 상호주관적 의미의 예로는 일본어 경어법이 있다. 예를 들어, 현대 일본어의 mas-u-(오게 하다)는 겸손을 부호화하는 주관적 언어 접미사로 문법화되어 특정 사회적 맥락에서 의무화된 상호주관적 수신인의 경어법이 되었다.

(1) Go-kyōryoku no hodo o-negaimōshiage**masu**
"We respectfully request the favor of a measure of your cooperation"(우리는 여러분의 협조를 정중히 요청한다) (Narrog & Heine 2018)

덜 이국적인 예로는 T/V 대명사(프랑스어 tu 및 vous에서 유래)로, 예를 들어, vous와 Sie는 각각 프랑스어와 독일어에서 원래 2인칭 복수 대명사였지만 단수 공손성 호칭으로 발전하거나 사회적 거리를 표시하는 데 사용된다. 또한, 특정 단어의 잠재적인 부정적 영향을 줄여주는 sort of와 같은 울타리표현도 일반적으로 상호주관적인 것으로 받아들여진다.

(2) No it's not that bad the game actually it's alright but, it is a bit, **sort of** boring when you play it every day(아니오, 실제로 게임이 그렇게 나쁘지는 않지만, 매일 하면 약간 지루해요) (Brems 2011: 314)

유사하게, 담화 표지인 well은 안내말 또는 비-선호적 응답 신호로 사용될 수 있다(Defour 2008).

(3) You think all these dudes are throwing their muscles around here just for fun and games?(이 친구들이 단지 재미와 게임을 위해 근육을 쓰고 있다고 생각하세요?)

Well, it's partly that, I guess. But, Teach, a lot of it has to do with money.[1] (글쎄, 부분적으로는 그런 것 같기도 해요. 하지만 가르치는, 많은 부분이 돈과 관련이 있어요)

그러나 역설적으로 이러한 표현들은 화자가 청자에게 언어적으로 주의를 기울이는 것을 명시적으로 포함하지만, 예를 들어 Traugott & Dasher(2002)는 T/V 대명사를 상호주관적이라기보다는 **주관적인 것으로 분류하고, Traugott(2014)는 상호주관적으로 well을 간주하지만** 화용적으로만, 즉 상호주관적 기능을 부호화하지 않는 것으로 본다(4.1절 참조).

메타담화적 표지에 관해서 Traugott(2014)는 질문 태그(isn't it?)나 절 마지막의 right?와 같은 "차례를 주거나 응답을 유도하는 것"을 언급한다. 이러한 표지는 체면 보호 장치의 역할보다는 청자에게 어떤 행위를 유도하고 담화의 연속성을 지원하는 데 목표가 있다.

Ghesquière *et al.*(2014: 134)은 공손성과 메타담화적 의미보다 더 많은 유형의 의미가 상호주관적인 것으로 간주될 수 있다고 주장한다. 이들은 상호주관성이 본질적으로 청자 지향적이며 '공동 관심의 생성'에 의존한다고 강조한다(Diesel 2006 참조). 이 주의는 다양한 측면과 관련될 수 있기 때문에, 이들은 상호주관적 의미의 유형론을 제안하고 태도적, 반응적 및 텍스트적 상호주관성을 구분한다. 이들은 이러한 하위 유형 간의 경계가 불연속적이지 않으며, 표현이 다양한 상호주관적 의미의 하위 유형을 결합할 수 있다고 주장한다.

태도적 상호주관성은 청자의 사회적 자아에 대한 화자의 관심과 체면 요구를 표현한다. 경어법과 영어 sort of 및 기타 울타리표현들이 이 하위 유형을 잘 보여준다. 반응적 상호주관성은 질문 태그(isn't it?), 절 마지막의 right?와 같은 말차례 장치로 설명되며, 청자의 구어적 반응이나 행위를 이끌어내고 담화의 연속성을 강화하는 데 기여한다. 텍스트적 상호주관성은 특정 담화 지시체를 식별하거나 추적하는 데 도움을 주는 요소와 관련된다. 예를 들어, this/that 또는 these/those와 같은 지시어는 담화 지시체를 명시적으로 가리키고 "청자의 주의를 진행 중인 담화의 요소에 집중"시킨다(Ghesquière *et al.* 2014: 136). 또한, 영어 a(n) 및 the와 같은 (부정)관사 한정사는 지시어의 지시적 의미가 없기 때문에 텍스트적 상호주관적이라고 볼 수 있다. 이들은 지시체가 알려진 것으로 추정되는지 여부를 신호하여 수신자가 의도한 지시 대상에 대한 인지적 접근을 할 수 있도록 돕는다(Ghesquière 2011, 2014 참조).

중요한 점은, 상호주관성의 개념에 대해 저자들 간에 항상 의견이 일치하지는 않는다는 것이

1 특정 출처를 언급하지 않은 모든 예는 콜린스 워드뱅크 온라인(Collins Wordbank Online)에서 추출한 것이다.

다. Traugott(1982)는 while(…하는 동안)과 같은 '양보' 접속사에서 화자가 두 절의 내용에 양보적 연결을 부과할 수 있기 때문에, 본질적으로 주관적이지도 상호주관적이지 않다고 본다. 반면 Narrog(2014)는 텍스트적 의미가 객관적이지도 주관적이지도 상호주관적이지도 않으며, 그 발전은 (상호) 주관성에 의해 포착될 수 없고 **별도의(sui generis)** 과정으로 인식되어야 한다고 주장한다. Breban(2010: 115)은 모든 텍스트 의미를 상호주관적인 것으로 보는 것 같다. Ghesquière *et al.*(2014)과 함께, 위에서 설명한 것처럼 일부 텍스트적 의미는 상호주관적인 것으로 간주될 수 있다고 주장하고 싶다.

결론적으로, 상호주관성은 공손성 표지 그 이상을 포함하며, 화자가 청자를 위해 담화 지시체 추적을 협상할 수 있게 해 주는 결정자이자 응답 유도 장치로 확장될 수 있다. 상호주관성에는 청자의 사회적 자아와 체면에 초점을 맞춘 태도적 의미(Traugott & Dasher 2002)뿐만 아니라 반응적이고 텍스트적 상호주관성도 포함된다.

4.3 개념적 (비-)의존성, 통시성, 방향성

여러 저자들은 비주관성(또는 객관성), 주관성, 상호주관성 사이의 관계를 개념적 (비-)의존성뿐만 아니라 주관화 및 상호주관화의 상대적인 연대순으로 조사했다. 앞서 언급했듯이, 트라우고트와 같은 저자들은 상호주관적 의미, 특히 상호주관화가 전형적으로 또는 항상 주관성과 주관화의 초기 단계를 전제로 한다고 주장한다. 따라서 상호주관화는 주관적에서 상호주관적으로의 단방향적 의미 변화로 간주되며, 이는 주관화에 개념적, 시간적으로 의존한다고 볼 수 있다. 이 견해를 뒷받침하는 Degand & Fagard(2012: 159)는 "상호작용적 [상호주관적] 요소는 필연적으로 주관적이지만 그 반대는 사실이 아니다. 다시 말해, 상호주관화는 주관화를 전제로 한다"라고 주장한다. 이들은 프랑스어 접속사 parce que(왜냐하면)의 사례를 통해 자신의 주장을 예시한다. 이 접속사는 처음에는 주관적 의미(4)(소위 외적 부정)로 나타나고, 나중에는 상호주관적 의미(5)(소위 내적 부정)로 나타난다.

(4) mort me fis en mi la voie por ce que trop grantfain avoie (Roman de Renart, early 13th century)
"I played dead in the middle of the road, because I was terribly hungry"(나는 너무 배가 고파서 길 한가운데서 죽은 척했다)

(5) Bon, vous me racontez. Qui conduisait votre taxi?— Que je vous explique. J'ai un ami, Toni, enfin un copain. Parce que, vé, on est pas intimes, vous comprenez (Contemporary French, Sicca & Izzo 1995)

"Ok, you tell me. Who was driving your cab?— Let me explain. I have a friend, Toni, well, a buddy. Because, y'see we aren't intimate, you understand" (좋아, 네가 말해봐. 네 택시를 누가 운전하고 있었던 거야?— 설명할게요. 내 친구가 있어, 토니라고, 음, 친구라기보단 그냥 아는 사이야. 왜냐면, 그러니까 우리가 친한 건 아니거든, 무슨 말인지 알지?)

(4)에서 주관적 parce que(왜냐하면)는 두 가지 상태를 인과적으로 연결하는 반면, (5)에서 상호주관적 parce que는 특정 추론에 대한 근거를 제시한다. 주관적 구문이 상호주관적 구문보다 우선한다는 것을 보여주는 다른 예로는 트라우고트와 헤이코 나롱(Heiko Narrog)의 연구에서 경어법과 울타리표현, 그리고 나이츠의 연구에서 서법 보조사를 들 수 있다.

트라우고트의 정의에 따른 상호주관화는 단일방향성에 의존하는 반면, 4.2절의 상호주관성(하위 유형)의 정의는 상호주관적 의미가 반드시 이전의 주관적 의미에서 파생된다고 가정하지 않기 때문에 주관성과 독립적으로 정의하려는 시도로 볼 수 있다. 이러한 맥락에서 Ghesquière(2011, 2014)는 특정 구문의 상호주관적 사용이 주관적 사용을 따르지 않고 선행할 수 있음을 보여주었다. 그녀의 사례 연구에서는 한정사 (6) 또는 강조사 (7)로 사용될 수 있는 such(그러한)에 대해 논의한다.

(6) Breast cancer is the most common cause of death from cancer in Australian women. Diagnosing **such** a cancer early, while it's still small, enables the best possible chance of a cure. (유방암은 호주 여성에게 있어 암으로 인한 사망의 가장 흔한 원인이다. 이러한 암을 아직 작을 때 조기에 진단하는 것은 완치의 최선의 가능성을 가능하게 한다)

(7) You've been so good to me and I've been **such** a horrible, horrible bitch of a friend. (너는 나에게 정말 잘해줬는데, 나는 정말 끔찍하고, 끔찍한 개같은 친구였다)

Ghesquière *et al.*(2014)에 따르면, 한정사는 (6)에서 breast cancer(유방암)에 대한 대용적 참조를 설정하여 의도된 참조 대상을 식별하는 데 도움이 되므로 텍스트 상호주관적이다. 강조사로서 such(그러한)는 화자가 자신을 끔찍하다고 평가하는 정도를 표현할 수 있다는 점에서 주관적이다. 결정적으로 상호주관적 한정사의 사용은 주관적 강조사 사용보다 먼저 증명되므로, such는 '예상되는' 방향성에 반하는 경우이다. 말할 필요도 없이 이는 한정사의 사용을 상호주관적으로 분류하는 것에 따라 사용된 (상호) 주관화의 정의에 따라 달라질 수 있다. 어쨌든 주관적 의미와 상호주관적 의미, 그리고 이를 발생시키는 통시적 과정이 독립적으로 정의될 때, 상호주관적 의미가 주관적 의미에 선행할 수 있다.

더욱이, 상호주관적 의미의 다양한 하위 유형(태도적, 반응적 및 텍스트적)은 (이전 또는 이후) 주관적 사용과 관련하여 통시적으로 다른 경향을 나타낼 수 있다. 또한 상호주관적 의미의 다양한 하위 유형이 그들 사이에서 방향성을 나타내는지 여부에 대한 질문이 있다. 예를 들어, Cornillie(2008: 56)는 Ghesquière *et al.*(2014)에서 태도적으로 상호주관적인 것으로 분류된 담화 표지나 괄호들이 이전의 주관적 용법에서 파생되었을 수 있다는 가설을 제기한다. 그러나 스페인어 준조동사 parecer와 resultar의 증거적 및 인식적 사용의 출현은 주관적 사용보다 상호주관적 사용이 선행하는 반대의 연대기를 시사한다. 상호주관적 의미의 하위 유형 간의 방향성에 관해서는 Ghesquière *et al*. (2014: 144)은 "텍스트적으로 상호주관적인 항목이 반응적으로 상호주관적 항목에서 발전할 수 있다"라고 제시했지만, 다른 방향 경로를 제안하는 데에는 신중하다. 이들은 "주관화된 용례와 상호주관화된 용례 사이의 연대기적 연결은 다방향으로 기술하는 것이 더 낫다"라고 결론지었다.

추가 연구에서는 제안된 하위 유형에 대한 타당성을 평가한 후, 다양한 하위 유형에 대해 체계적인 방향성을 찾을 수 있는지 확인해야 한다.

4.4 재인식 기준

상호주관성은 화용적이고 의미적 개념이지만, 어떤 기능-인지적 또는 구문적 틀에서도 형식적 상관관계를 확인하고 이를 통해 개념을 보다 효과적으로 작동시키기 위한 형식적 재인식 기준을 찾는 것이 중요하다. 주관화된 요소는 더 이상 부정의 범위에 포함될 수 없고, 초점을 맞추거나 하위 수정 및 등급을 매길 수 없으며, 대명사 대체를 허용하지 않는 등의 여러 가지 형식적 속성을 상실했다고 지적된다(De Smet & Verstraete 2006 참조). Adamson(2000: 44)은 항목이 객관적 의미에서 주관적 의미로 이동함에 따라, lovely(사랑스러운)와 같은 단어가 통시적으로 소위 '왼쪽으로 이동한다'고 주장했다. 예를 들어, a **lovely** lady(사랑스러운 여성)에서의 묘사적 사용과 **lovely** long legs(사랑스러운 긴 다리)에서의 주관적 강화제로서의 사용을 비교해 볼 수 있다. 후자의 경우, lovely는 머리어 명사에 대해 더 왼쪽 슬롯에서 발생한다.

다시 말해, 상호주관적 의미의 여러 하위 유형이 서로 다른 형식적 상관관계와 일치하거나, 심지어 모든 하위 유형의 상호주관적 의미에 명확하고 배타적으로 적용되는 형식적 상관관계 집합을 찾기 어려울 수도 있다. 비초점성과 부정에 대한 저항성은 한정사와 같은 텍스트적으로 상호주관적 항목에는 적용되지 않는 것으로 보이지만, 울타리표현이나 담화 표지처럼 태도적으로 상호주관적인 항목에는 더 쉽게 적용될 수 있다. 예를 들어, (9)에서 sort of는 it-분열문의 초점이 될 수 없지만, 영어 지시사는 의문을 제기하거나 초점을 맞추거나 부정할 수 있다(Was it THAT girl or THIS one?).

(8) It kept **sort of** pouring out of his pocket, his brother said(그게 계속 주머니에서 쏟아져 나오는 것 같았다고, 그의 형이 말했다.).

(9) *It was **sort of** that it kept pouring out of his pocket, his brother said.

(상호) 주관성에 대해 제안된 형식적 상관관계(López-Couso 2010 참조)는 주관성과 일부 유형의 상호주관성에 대해 작동하는 것으로 보이며, 비객관적 의미를 진단할 수 있다. 문헌에서 제안된 두 가지 명제를 살펴보겠지만, 이러한 명제가 상호주관적 의미에만 국한되지 않고 언어에 따라 다를 수 있다는 점에 유의해야 한다.

첫째, 해당 절에서 좌우 주변부 사이에 기능적 분업이 있다는 사실을 지적했다. Degand(2011)는 오른쪽 주변부를 수신인의 수용 즉, 상호주관성과 연관시킨다. Traugott(2014: 22)는 이 주장에 대한 몇 가지 추가 증거를 제공하지만, 일반화로서 "견고한 것처럼 보이지만" 예외가 없지는 않다고 확인한다. 다른 예로는 영어 태그 질문 (10)과 (11)의 절 마지막에 위치한 한국어 조사 -tanikka가 있다. 이는 흔히 알고 있는 영어 삽입구인 you know와 기능적으로 유사하다.

(10) It is the twenty fourth of September **isn't it**? (9월 24일이죠, 그렇죠?) (Kimps 2007: 283)

(11) pi-ka on-n-**tanikka**

"It's raining, you know!"(How many times should I tell you?/Don't you trust me?/…)(비가 온다니까! (몇 번이나 말해야 해요?/날 못 믿어요?) (Rhee 2010: 3)

상호주관성이 무엇보다도 "말차례를 넘기거나 응답을 이끌어내는 것, 그리고 의사소통 상황에 대한 수신인의 태도와 참여를 지향하는 것"(Traugott 2014)이라면, 오른쪽 주변부는 "화자가 자신의 대화 차례를 넘기고 담화의 지속적인 흐름을 보장하기 위해 수신인을 수용하고자 하는 곳" 이므로 적절한 장소로 보인다(Ghesquière *et al*. 2014).

반면에 왼쪽 주변부(및 왼쪽으로의 이동)는 Adamson(2000)뿐만 아니라 Beeching *et al*.(2009)도 주관성 및 주관화와 관련이 있다고 주장한다. 다시 말해, 영어뿐만 아니라 유형학적 관점에서 (하위) 의미 유형과 왼쪽 또는 오른쪽 주변부 사이의 이러한 연관성을 테스트하기 위해서는 더 많은 연구가 필요하다. 더욱이, 태도적, 반응적, 그리고 텍스트적 상호주관적 표지가 오른쪽 주변부에 대해 동일한 선호도를 표시하는지 여부는 아직 밝혀지지 않았다.

둘째, 운율과 더 구체적으로 억양은 상호주관성 및 상호주관화에 대한 잠재적 진단으로 사용된다. Kimps(2007)는 (반응적으로 상호주관적인) 영어 질문 태그와 상승하는 억양 및/또는 고음 사이의 연관성을 보여주었다. 물론 이러한 운율적 특성이 의문문 자체의 특징일 수 있다고 주장할 수도 있지만, 의문문은 본질적으로 수신자 지향적이기 때문에 적어도 화용적으로는 상호주관적이라고 주장할 수 있다. Ohala(1983, 1984, 1994)는 높은 피치와 상승 억양이 복종(submission)의 생물학적인 표지이며, 이는 상호주관적 개념으로 보인다. 분명히 여기에도 더 많은 연구가 필요하다.

5. 향후 방향

앞에서 지적한 바와 같이, 상호주관적 의미의 유형론과 제안된 인식 기준 및 방향성 가설의 타당성을 검증하기 위해서는 추가 연구가 필요하다. 4.4절에서는 상호주관적 요소를 배타적으로 정의하는 형식적 인식 기준을 찾기가 어렵다는 점을 보였다. 추가적인 질문은 이러한 기준이 유형학적으로 다양한 언어 샘플에서 유효한지를 검증하는 것이다. 영어, 네덜란드어, 독일어, 노르웨이어와 같은 게르만어뿐만 아니라, 프랑스어, 이탈리아어와 같은 로망스어, 그리고 일본어, 중국어, 한국어에서도 상호주관적 요소가 절의 오른쪽 주변부와 연관되는 경향이 확인되었다. 이는 교차 언어학적으로도 검증된 것으로 해석된다(Van der Wouden & Foolen 2011).

더 읽을거리

Brems, L., Ghesquière L., & Van de Velde, F.(Eds.). (2014). *Benjamins Current Topics: Vol. 72. Intersubjectivity and intersubjectification in grammar and discourse: Theoretical and descriptive advances*. Amsterdam: John Benjamins. (이 책에는 평가, 태도, 판단, 메타담화와 같은 개념이 상호주관성 개념과 부분적으로 겹치는 응용언어학 내의 상호주관성에 대한 연구도 포함되어 있다. 예를 들어, Thompson(2014)은 영국의 두 신문을 대상으로 각 신문이 독자와 상호작용할 때의 상호주관적 선택의 차이를 비교한 사례 연구를 제시한다. Ädel(2014)은 영어에서 상호주관성을 다루기 위해 학문적 목적의 구어 및 문어 데이터에서 2인칭 대명사 you의 사용을 연구하였다. 이 연구에서는 you가 다양한 담화 기능을 수행하지만, 모든 것이 참여 표지로 작동한다고 해서 반드시 상호주관적으로 분석될 수는 없다는 점을 설득력 있게 주장한다.)

De Clerck, B., Decock, S., Vandenberghe, J., & Seghers, M. (2019). Theory versus practice: A closer look at transactional and interpersonal stance in English electronic complaint refusal notifications. *English Text Construction*, 12(1), 103-136. (이 논문은 영어 전자 민원 거부 통지서에서의 거래 및 대인 관계 태도를 연구한다. 말뭉치 연구와 실험을 기반으로, 이 특정 비즈니스 장르에서의 불만 협상의 수사학적 움직임과 언어적 실현을 분석한다. 잠재적으로 체면을 위협할 수 있는 이 언어 행위의 위력을 완화하기 위한 언어 전략도 설명된다. 저자는 상호주관성이라는 용어를 사용하지 않지만, '상호작용적 정의'나 공손성, 존중, 투명성의 중요성과 같은 개념은 상호주관성과 쉽게 연결될 수 있다.)

영어 이외의 언어에서 상호주관성 및 상호주관화에 대한 연구는 다음을 참조할 수 있다.

Cornillie, B., & Cabedo, A. (2011). On the prosody of subjective and intersubjective modal adverbs in Spanish. Paper presented at the 12th International Pragmatics Association Conference (IPrA). Manchester, July 3-8, 2011.

Narrog, H. (2010). (Inter)subjectification in the area of modality and mood—concepts and cross-linguistic realities. In K. Davidse, L. Vandelanotte, & H. Cuyckens (Eds.), *Subjectification, intersubjectification and grammaticalization* (pp. 385-429). Berlin: De Gruyter Mouton.

Beeching, K., & Detges, U. (Eds.). (2014). *Discourse functions at the right and left periphery: Crosslinguistic investigations of language use and language change*. Boston: Brill. (이 책에서는 절의 왼쪽 주변부와 오른쪽 주변부가 서로 다른 유형의 의미에 대응하기 때문에 대칭적이지 않다는 가설을 탐구한다. 영어, 프랑스어, 이탈리아어, 중국어, 한국어, 일본어 말뭉치 연구를 통해 주로 오른쪽 주변부와 상호주관적 요소 간의 연관성을 확인한다.)

제20장
배경화

1. 서론

배경화는 유형 개념작용(예: apple(사과), to rain(비 오다))에서 특정 실례의 개념작용(예: the apple(사과), It's raining(비가 오고 있다))으로 가는 마지막 단계와 관련이 있다. 이는 명사구(소위 명사절)와 한정절의 해석뿐만 아니라 필수적인 개념으로, 인지문법에서 중요한 역할을 한다. 명사구에서는 thing(사물)이 전형적으로 공간에 기반하고, process(처리 과정)는 시간에 기반을 두고 있다는 점이 특징이다. **배경화 술어(grounding predication)**에 해당하는 문법 범주에는 명사구의 경우 한정사 및 특정 수량사, 한정절의 경우 시제 표지 및 특정 조동사가 포함된다. 인지문법(Cognitive Grammar)은 이러한 모든 구문들이 사용되는 준거와 일관된 담화에서의 기본 인지 메커니즘 및 심리적 관심사(예: 대담자의 주의를 집중시키는 방법)를 불러일으킨다고 본다. 또한, 명사와 동사가 기본 범주로 구성되는 방식에 따라, 이 두 범주 간의 병렬성을 감지하고, 모든 배경화 술어는 본질적으로 인식론적 관심사의 표현으로 간주된다.

2절에서는 공간 문법(Space Grammar)과 '화자 통제'와 같은 주요 개념을 소개하며, 영어 보조사에 대한 분석을 제시한다. 또한, 인지문법에서 처음 개발된 Langacker(1991)의 '표준 이론'[1]을 간략히 개관할 것이다. 3절에서는 제로 상태와 주변부 배경화 상태에 대한 초점을 맞추고, 최근 제안된 개정안을 소개한다. 이 과정에서 흥미로운 시사점을 제시할 것이다. 4.1절에서는 향후 연

1 이는 순수하게 수사학적 목적으로 작성된 것이며, 래내커가 최근 간행물에서 배경화에 대한 이전 설명을 수정했음을 인정한 데서 기인한다.

구 방향을 설명하기 위해 세 가지 질문을 제기하며, 마지막으로 4.2-4.4절에서는 중간 배경화의 가능한 사례로 주변부 (현재) 진행형에 대해 간략하게 논의하면서 글을 마무리할 것이다. 5절에서는 몇 가지 결론을 제시한다.

2. 표준 이론

가장 일반적으로 배경화는 사물이나 과정의 실례[2]를 다루며, 화행 참여자와 그 지식 영역(**배경**) 간의 관계를 포함한다. 사물이나 상황의 실례를 인식하는 것은 이를 참조하기 위한 전제조건이며, 반대로 참조는 실례의 개념작용으로 이루어진다.

> 어떤 실례의 개념작용은 유형이 실례화 영역에 '고정'될 때 발생한다. 즉, 전경화된 개체가 해당 영역의 특정 위치를 차지하게 되어 다른 실례와 구별될 때이다.
>
> Langacker 1991: 96

실례화의 영역에서 개체의 위치는 개체가 단수 사물이고 그 영역이 공간일 경우 문자적으로 받아들여질 수 있지만, 그렇지 않은 경우 비공간적이거나 비단일적 토큰은 '질적 공간'에서 추상적 영역으로 경계가 설정되어 동일한 유형의 다른 토큰과 구별된다. 처리 과정에서는 실례화의 영역이 시간으로 설정되며, 이는 화자들이 현실을 인식하는 '기본 인식적 모형'의 한 형태인 타임라인 모형에서 나타난다. 다른 '정교한 인식적 모형'은 다양한 유형의 비현실성을 허용하며, 이는 서법 조동사에 근거한 절의 의미를 설명하는 데 사용된다. 정의에 따르면, 배경화 술어는 개념작용의 배경이 되는 배경화 관계가 아니라 배경화된 개체를 **전경화한다**. 전경화는 개념적 지정 행위로, 화자가 지칭하고자 하는 대상과 관련이 있다. 의미론적으로 볼 때, 개념적 구상화는 어떤 요소(개체 또는 관계)에 다른 요소보다 더 많은 중요성을 부여함으로써, 표현이 실제로 다루는 **최소 범위**와 개념적 배경(의미론적으로 관련되지만 표현의 요점은 아닌)의 **최대 범위**를 특

2 인지문법에서 사물은 특정 영역에 대한 개념으로, 원형적으로는 공간(예: apple, democracy, running)에 국한되지 않고 모든 영역의 개념을 포함한다. 과정은 시간적 관계를 기반으로 하며, 개념화된 시간의 연속성을 통해 서로 연결된 개체들 간의 상호작용을 나타낸다. 이러한 사물과 과정은 각각 명사와 동사의 의미극을 나타낸다.

징으로 하는 구상화에 기여한다고 요약할 수 있다.

다양한 정도의 현저성으로 배경을 나타내는 표현의 차이를 설명하기 위해 영어의 직시 부사 now(이제)와 단순 현재시제의 대비를 고려해 보자. 두 표현 모두 발화 시점에 대한 개념을 포함하지만, 어휘적이나 문법적으로 다르게 해석된다. 부사 now를 사용하면 발화 시간이 실제로 전경화되지만, "절은 그 존재로 인해 유한하게 표현되지 않으며, 부정사 보충절의 일부로 발생한다"는 점에 주목해야 한다. She would really like **to be here now**(그녀는 지금 여기에 있고 싶어한다)(Langacker 2002a: 8). 대조적으로 현재시제 표지는 직시적이지만 부사 now와 같은 방식으로 현재를 언급하지 않는다. 발화의 전경과 배경/시간과의 관계는 함축적이며 현저하지 않으며, '무대 밖' 참조점으로 기능할 뿐이다. 이때 전경화된 것은 현재시제 표지와 결합하는 동사가 지칭하는 과정이다.

명사구 배경화와 절 배경화를 도식화하면 〈그림 20.1〉과 같이 나타낼 수 있다. 〈그림 20.1(a)〉에서 배경(G)은 명사구 개체의 도식적 개념과 연결되어 있으며, 이는 배경화 관계(R_g)를 나타낸다. 이 표현의 즉각적 범위는 점선 직사각형으로 도식화된다. 따라서 명사구 표현 the apple에서 실제 참조는 정관사의 의미적 기여를 통해 식별되는 범주 '사과'의 실례이며, 이는 해당 실례에 대한 (문맥 또는 이전 언급에서) 친밀도를 나타낸다. 후자의 정보는 정관사에 규정된 배경화 관계에 포함된 정보이다. 〈그림 20.1(b)〉에서도 동일한 현저성 관계가 나타나지만, 배경화는 이제 탄도체(tr) 즉, 동사의 주어와 이차적으로 현저한 비주어 보충절인 지표(lm) 사이의 관계로 표현되는 처리 과정에 관한 것이다. 과정과 두 참여자 모두 전경화되지만, 배경과 시간적 관계를 나타내는 배경화 관계는 전경화되지 않는다. 다시 말해, 한정절 She loved me(그녀는 나를 사랑했다)에서 두 사람 간의 특정한 사랑의 상태를 가리키며, 이 상태가 발화 시간보다 선행한다는 시제 표지가 제공하는 정보를 통해 식별할 수 있다.

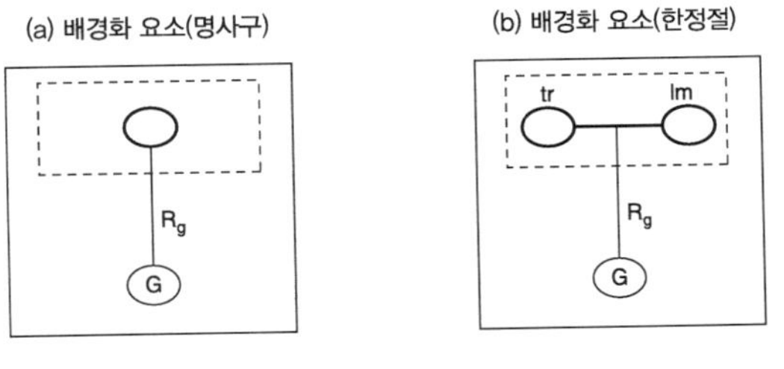

〈그림 20.1〉 명사구와 절 배경화

출처: Langacker 2002a: 13

명사구 배경화 술어에는 한정사와 특정한 상대적 수량사(즉, 한정사 자질을 가진 것)가 포함된다. 절 배경화는 시제 표지와 특정 서법 조동사(즉, 시간적으로 해석할 수 있는 시제 대조가 없는 것)로 이루어진다. 어떤 수량사와 서법이 배경화 술어로 적합한지는 부분적으로 언어에 따라 다르다. 영어의 경우, 명사구 및 절 배경화 술어 목록은 〈표 20.1〉과 같다.[3]

〈표 20.1〉 영어에서 명사구와 절 배경화

	정관사	수량사
명사구	*th* + prox/dist (*-is*, *-at*, …)	*Ø, sm, a, some, most,* …
한정절	*Ø* + prox/dist (*Ø*, *-ed*, …)	*may, will,* … + prox/dist

출처: Langacker 2002b: 30.

배경화 술어로 표현의 지위를 결정하는 자질은 부분적으로 형식적이지만(예: 관사, 지시사 및 배경화 수량사의 상호 배타성 또는 배경화 서법과 시제 대조의 비시간적 해석), 이러한 형식적 자질은 항상 표현의 의미론과 연결된다. 모든 명사구와 한정절은 인식론적으로 한 번만 고정될 수 있기 때문에, 배경화 술어는 다른 배경화 술어와 결합할 수 없다. 이는 명사구와 절의 모든 배경화 술어의 공통적인 특징이다. 즉, 배경화 술어는 배경에 대한 배경화된 실례의 인식적 상태를 나타내므로, 동일한 유형 개념의 다른 실례들과 구별할 수 있게 해 준다(즉, 참조를 설정하기 위해 고유한 실례를 선택한다). 인지문법은 명사구와 절에 대한 핵심 배경화 체계를 특징짓는 기본적인 병렬성을 보여주기 위해 한정성과 수량화라는 두 가지 범주를 제안한다. 명사구와 절의 실례화 영역이 다르기 때문에 인식론적 고정은 다르게 실현된다. 명사구 배경화의 경우, 명사구가 전형적으로 가리키는 대상은 지속적인 경향이 있으며 그 존재가 전제되는 반면, 절 배경화의 경우 언급된 상황이 실현되지는가 핵심 질문이기 때문에 식별과 관련된 문제로 나타난다. 명사구 배경화는 여러 대상 중에서 어떤 대상이 선택되는지를 다루는 반면, 절 배경화는 어떤 일이 발생했는지(발생했다면 언제 일어났는지)를 다룬다.

배경화는 본질적으로 주관적인 해석의 한 예이다. 일반적으로 화행 참여자(화자와 청자)가 언어적으로 기술되는 외부 대상이나 상황에 관심을 가진다고 가정한다. 그러나 해당 대상이나 상

3 영어 명사구 배경화 술어는 정관사 the와 this/that(및 그 복수형), 부정관사 a/ø 및 수량사 some, sm(무강세적 some), most, all, no, each, every, any가 포함된다. 절 배경화는 현재시제와 과거시제, 그리고 형태적으로 불완전한 서법동사 may, will, can, shall, must 등으로 이루어진다.

황에 대한 참조는 기본적으로 배경과의 관계를 표시함으로써 설정되므로, 명사구나 한정절을 구성할 때 표현의 범위는 배경의 관련 측면도 포함된다. 배경의 역할이 이 기능에 제한되어 있고 실제 주의가 무대 위의 객관적 개체에 향하기 때문에 주관적으로/무대 밖에서 해석된다. 이러한 배경화 술어의 주관적 특성은 일반적으로 통시적인 주관화 과정의 결과이며, 어떤 경우에도 표현의 주관적 및 객관적 의미 요소의 구성이 문법화의 맥락에서 변경될 수 있다. 인지문법의 서법 표지에 대한 일반적 분석에 따르면, 시간적 선행성의 주변적 표지로 취급되는 진정한 배경화 술어가 아닌 프랑스어 과거시제(passé composé)의 경우를 고려해 보자. 즉, "프랑스어 과거시제는 […] 시간적 선행성의 관계를 구체적으로 윤곽화한다. 따라서 그것은 배경화 술어가 아니며 실제로 보조동사 avoir 자체는 한정적 동사 [즉, 시제, FB] 굴절을 취한다"(Langacker 1991: 225). 이 설명은 문법화 과정의 어느 시점에서 이 구문의 구성에 대한 정확한 설명으로 볼 수 있지만, 오늘날 프랑스어가 과거시제와 유사하게 기능하는 것처럼 보일지라도 이 점에 의문을 제기할 수 있다. 많은 유럽 언어에서 과거시제 영역의 재조직('과거형 손실(preterite loss)'로 알려짐)은 일반적으로 오래된 단순 과거 옆에 새로운 구문이 도입된 후 발생했다. 따라서 passé composé와 같은 구문이 과거의 단순 과거 문맥(I saw her yesterday(나는 그녀를 어제 만났다) vs. Je l'ai vue hier, ??Je la voyais hier)[4]에서 사용될 수 있다는 사실을 설명하기 위해 제시된 분석이 추가적인 변화를 겪어야 한다. 구문이 더 진화할 때, 결과적으로 획득되는 배경화 상태는 의미적으로 더 높은 수준의 주관화 및 배경화 관계에서 배경화된 상황(어휘 동사로 표현)으로 전경의 전이와 함께 진행될 것이라고 가정해야 한다. 이러한 진화는 원칙적으로 모든 종류의 완료 구문에 적용될 수 있지만, 형식적으로 실현된다.

이 가능성은 인지문법에서 명시적으로 인정되었지만(Langacker 1991: 225), 배경화 술어 그 자체가 배경화될 수 없다는 점을 감안할 때, 왜 보조사에 시제 표지를 할당하는 것이 여전히 가능한지에 대한 의문이 즉시 제기된다. 여기서 우리는 기능적 기준, 즉 프랑스어 시제/상 체계에서 passé composé가 단순 과거와 함께 개별 속성을 가진 별도의 구문이라는 점과 과거 시간 참조를 위한 노력이 둘 사이에 분할되어 있다는 관찰에 반대되는 형식적 기준(보조사에 시제 표지)을 고려해야 한다. 이 문제에서 벗어날 수 있는 한 가지 방법은 배경화 상태를 구성적이면서도 주변적인, 배경화에 의해 영향을 받는 도식적 기능 유형과 의미적 친밀성을 나타내는 더 큰 단위로 할당

4 불가능한 것은 아니지만 이해를 돕기 위해 특별한 유형의 문맥이 필요하다(예: to start a narrative(이야기를 시작하다)). 이러한 용도로만 사용되던 passé simple은 현대 프랑스어에서는 더 이상 사용되지 않는다.

할 수 있도록 하는 것이다. 이는 특히 시제/상 구문이 완전한 배경화 요소가 되어 언어의 절 배경화 술어 패러다임의 오래된 구성원과 경쟁하는 과정에서 특히 관련이 있을 것으로 보인다. 예를 들어, 영어의 be going to/gonna(Langacker 1990 참조) 및 현재 완료와 같은 구문은 진정한 배경화 술어의 사용과 관련된 인식론적 관심사와 연결된 여러 특정 의미를 표현하는 데 특화된 것으로 분석될 수 있다(몇 가지 주장에 대해서는 Brisard 2013 참조). 유사하게 배경화 상태에 해당하는 서법 조동사의 집합은 고정되어 있지 않으며,[5] 일부 서법은 시제 및 서법 표지를 취할 수 있지만, 의미론에 기초하여 절을 배경화하는 것처럼 보일 수 있다는 주장이 제기되었다(3절 참조). 따라서 배경화는 특정 (보편적인?) 핵심 구성원과 (더 많은?) 주변 구성원이 있는 경사도 범주로 볼 수 있으며, 배경화 술어로서 구문의 상태는 시간이 지남에 따라 진화할 가능성이 있다.

인지문법의 배경화에 대한 표준 설명 내에서는 명사구(예: 질량 명사와 복수형의 부정관사)와 절 영역 모두에서 배경화 기능을 수행하는 무표지 요소를 언급한다. 예를 들어, 영어의 단순 현재는 음운론적으로 표시되지 않으며, 3인칭 단수에서 주어-동사 일치가 *-s*로 표시되는 것은 지정된 과정의 탄도체를 지정하는 배경화 술어의 일부로 분석된다. 무표지는 (이 경우 시간적) 즉시성의 표현과 도상적으로 상관관계가 있어야 한다. 즉, "[어떤] 배경화 술어는 명백한 징표가 없는 경우에도 한정절에 대해 정립된다"(예: They like her(그들은 그녀를 좋아한다)). 따라서 배경화 요소 중에는 음운론적으로 무표지인 요소(즉, [[…] → […]])가 있으며, 윤곽부여된 과정을 즉각적인 현실에 배치한다"(Langacker 1991: 247). 유사하게 무표지 요소는 영어의 절대 수량사와 함께 사용되는데, 이는 배경화 술어로 간주되지 않기 때문에 해당 요소가 명사구를 배경화하기 위해 다른 표현(무표지 부정관사)이 필요하다. 따라서 명사구 three chairs는 Ø three chairs로 분석된다. 그러나 돌이켜 보면 무표지 요소를 가정하는 것은 "이론적으로 의심스럽고 기술적으로 불필요한" 것으로 인정된다(Langacker 2017: 236). 사실, 인지문법에서 배경화에 대한 수정된 설명을 촉발시킨 것은 무표지의 문제가 되는 상태이며, 이는 배경화 상태에 대한 한계와 중간 후보에 대한 분석을 구체적으로 '통합'하는 데 기여한다.

---

5 보다 일반적으로 표 20.1의 수량적 표현은 언어에서 덜 안정적인 것으로 보인다. 이는 이 표현들이 (문법적 구문으로서) 언어에서 가장 최근에 등장한 요소이며, 그에 영향을 미치는 문법화 과정이 아직 어떤 형태의 완성에 도달했을 가능성이 낮기 때문이다.

3. 개정/확장

위에서 제안한 바와 같이, 배경화는 전통적으로 인식된 배경화 술어에 국한되지 않을 수 있다. Mortelmans(2006: 152)는 독일어 서법 조동사가 시제, 인칭, 서법 굴절에 기반을 두고 있다는 점에서 전체적으로 덜 문법화되어 있지만, (1)의 예에서 설명하는 것처럼 일부는 영어에서 진정한 배경화 술어로 간주되는 것과 의미적으로 동일하게 볼 수 있다고 주장한다.

(1) (a) *You* must *come right away*. (너는 바로 와야 한다)

(b) *Du* musst (=IND+müssen) *gleich kommen*.

(c) *You* should *be more careful*. (너는 더 조심해야 한다)

(d) *Du* solltest (=KONJII+sollen) *vorsichtiger sein*.

(e) *That* might *be true*. (그럴 수도 있다)

(f) *Das* könnte (KONJII+können) *stimmen*.

Mortelmans(2016)와 Diewald(1999)는 이러한 배경화 기능을 가진 서법 조동사의 문법적 속성이 표현하는 서법성의 유형에 따라 다를 수 있음을 보여준다. 특히, 인식론적으로 사용되는 서법의 경우 비한정적 형태의 형성은 다소 불가능하다. 동일한 인식론적 서법이 선험적 형태로 나타나기도 쉽지 않으며, 선험적 형태가 나타나더라도 이는 전형적으로 시간적 선험성보다는 관점의 전이를 나타낸다. 이러한 모든 것은 인식적 서법이 시제와 서법으로 형식적 근거를 갖는 것처럼 보일지라도(예: könnte는 과거 접속사) 독일어에서 의무적/어근 대응물보다 더 고도로 문법화된 것으로 분석될 수 있으며, 따라서 후자보다 배경화 술어로 기능하는 것으로 더 쉽게 자격을 부여할 수 있음을 시사한다. 배경화 상태가 정도의 문제가 될 수 있다는 아이디어는 영어 서법 체계에 대해서도 제안되었으며, 구성원은 선호하는 '범위' 해석 측면에서 다양한 선호도를 나타내는 것으로 보인다(Pelyvás 2006). (광범위한 해석의 전형이며 서법성의 탄도체가 확산되고 문법적 주어와 동일시되지 않는) 주어 통제의 약화는 주제화의 정도가 증가했음을 나타내는데(Langacker 1999: 308), 전형적으로 좁은 범위(예: We must find out(우리는 알아내야 한다) = [we, MUST (find out)])에서 사용되는 어근적 서법 must, can보다 광범위한 사용의 의무적 should/ought to(예: This ought to be fun(이것은 재미있을 것이다) = OUGHT TO [this, (be fun)])가 진정한 배경화 상태에 더 적합한 후보일 수 있다. 또는 must와 can이 수동적 보어나 비속어의 주어와 함께 사용되는 경우, 넓은 범위의 해석이 적용되고 주어가 보다 주관화된 방식으로 해석된다. 따라서 개별 서법의 경우에도 배경화 상태는 표현하는 서법의 유형을 넘어 그 사용의 세부 사항에 따라 달라진다고 할 수 있다.

위에 제시된 관찰은 확실히 적절하지만, 인지문법에 제시된 배경화의 그림을 근본적으로 바꾸지는 않았다. 이 이론은 본질적으로 어느 정도의 범주 구성원을 수용하며, 로널드 래내커(Ronald W. Langacker)는 영어에 대한 그의 기술이 "핵심 배경화 체계에 집중되어 있으며, 이것이 완전하거나 다른 현상과 뚜렷하게 구별되는 척하지 않는다"고 반복해서 언급했다(Langacker 2009: 150). 표준적으로 배경화 술어로 인식되지 않는 초기 절대 수량사를 그 자체로 명사구를 배경화로 분석해야 한다는 것은 Davidse(2004)의 제안에 따르면 무표지 요소(여기서는 추정 무표지 부정관사)의 '이론적으로 의심스러운' 본질에 정면으로 맞서게 된다. 이로 인해 배경화 범주가 무엇인지에 대한 재형식화로 이어졌다. 즉, 언어의 문법 체계에서 중심적인 역할을 하지만, 문법 범주가 아니라 명백하게 실현된 형태가 아닌 다른 형태를 통해 충족될 수 있는 의미론의 기능으로 간주되어야 한다. 명사구 또는 절의 배경화에 대한 형식적 요구 사항을 상대적으로 경시하는 것은 다른 은밀하거나 간접적인 전략들의 적절성을 인정하고 궁극적으로 어떤 종류의 무표지 문법 요소를 상정할 필요성을 제거한다(Langacker 2008: 272ff 참조). 이제 이것이 영어의 절대 수량사에 대해 어떻게 작용하는지 살펴보자.

영어의 명사구 수량화의 배경화 술어에 관한 첫 번째 관찰 중 하나는 그것이 절 머리 역할을 할 수 없다는 것이다(Langacker 2002a: 12). 이는 (2)의 처음 두 쌍의 예에 의해 설명되며, (2b)의 소위 상대 수량사만이 이 속성에 따라 배경화 요소로 자격이 된다(Langacker 2017: 236에서 발췌).

(2) (a) *Our problems are* {difficult / many / few / three / numerous}. (우리의 문제는 {어렵다/많다/적다/세 개이다/수많다}

(b) **Our problems are* {all / most / some / no / any}.

(c) those three suggestions(그 세 가지 제안), his many complaints(그의 많은 불만), the few victims who survived(생존한 소수의 희생자), the little money we are able to save(우리가 저축할 수 있는 적은 돈)

(d) three chairs(의자 세 개), many professors(많은 교수들), little attention(적은 관심), several houses(여러 집), numerous criticisms(수많은 비판)

(2a)의 절대 수량사는 형용사(예: difficult)와 유사하게 작동하며, 형용사 위치에 나타날 수 있지만 상대 수량사는 전형적으로 그렇지 않다. 형용사와 마찬가지로, (2c)의 한정 명사에서는 한정사를 따르며, 이는 관련 대응어(*those all suggestions)와 함께 다시 배제된다. (2d)에서와 같이 부정 명사의 경우, (2c)의 구조와 평행성을 위해 형용사 수량사 앞에 무표지의 부정관사(Ø three chairs)가 배치되는 것으로 가정하는 분석이 전통적이다.

이 설명은 이제 거부되었다. Davidse(2004: 531)는 절대 수량사를 "NP 구조의 가장 바깥층에서 기능할 때"(즉, 최초의) 배경화 요소로 분석하자는 제안을 내놓았다. 이 새로운 접근 방식은 배경화 기능을 실현하기 위한 '은밀한 전략'의 적절성을 문법 구조에 똑같이 내재된 다른 전략과 함께 인식하고, 수량화와 관련된 한정적 및 비한정적 명사에 대해 다음과 같이 분석한다(Langacker 2017: 245에서 발췌).

(3) (a) [[*those*]$_{\text{GR}}$ [*four*]$_{\text{QNT}}$ [*boys*]$_{\text{H}}$]$_{\text{NML}}$

(b) [[*four*]$_{\text{GR/QNT}}$ [*boys*]$_{\text{H}}$]$_{\text{NML}}$

four(넷)와 같은 절대 수량사의 기본 기능은 지시적인 것이 아니라 수량적이다. 다시 말해, 이들은 전형적으로 (배경화 요소가 하는 것인) 참조체의 개별화/식별화를 허용하기 위해 모집되지 않는다. 따라서 (3a)에서 표현 four의 역할은 수량을 가리키는 것이며, 실제 배경화는 앞의 설명으로 수행된다. '한정 배경화 기능'은 절대 수량사에 내재되어 있지 않다고 말할 수 있다. 그러나 비한정 명사구가 사용되는 경우 (고유한 개체 또는 질량의 최대 확장을 가리키는 좁은 의미에서) 식별화는 비식별화된 참조체에 대한 수량화의 우려를 초래한다. 이러한 경우 명백한 배경화 술어가 없기 때문에, (한정 명사구에서) 절대 수량사와 관련된 중립적 인식론적 지위가 해제되고 수량사는 '기능적으로 증강된' 것으로 간주된다. four boys(네 명의 소년)와 같은 표현은 지시체의 인식론적 지위에 대한 일부 표시를 포함하는 [무한정, FB] 명사구 참조의 기능을 수행하기 때문에 명사구로 간주된다"(Langacker 2017: 246). 따라서 수량을 지정하는 것은 더 강력한(즉, 명시적) 수단이 존재하지 않을 때 '인식적 통제를 달성'하는 한 가지 방법이다. 지시체에 대한 인식론적 통제는 궁극적으로 배경화의 핵심 요소이다. 즉, 명사구에서 식별화와 수량화는 세상에 대한 지식을 표현하는 상호 보완적인 방법이다.[6] 이 결론은 배경화 역할이 별도의 표현으로 명백하게 수

6 상대적 수량사는 또한 지시체를 해당 유형의 최대 확장(보편성)과 동일시하거나 비례 관계를 나타내기 때문에,

행되지 않는 경우, 더 약한 표현이 인식론적으로 중립적인 일반 기능에 추가되어 그 역할을 수행할 수 있다는 것을 나타낸다.

Langacker(2008, 2016, 2017)는 이제 배경화를 본질적인 '의미론적 기능'(이행해야 할 상호작용적 작업)으로 간주하며, 이는 다른 방식으로 공식적으로 구현될 수 있다고 주장한다. 명백하게 실현된 배경화 술어에 대한 초점은 방금 명사구와 관련하여 논의한 것과 은밀한 배경화의 사례를 포함하도록 확대된다. 예를 들어, They drank the beer(그들은 맥주를 마셨다), some beer(약간의 맥주), beer(맥주)의 대조 집합에서 마지막 옵션은 앞의 두 구조와 유사하게 사용되기 때문에 배경화 명사구로 해석되지만, 더 이상 무표지 요소를 가정할 필요가 없다((3b)의 분석 참조). 배경화는 인칭 대명사나 고유명사, 소유격과 같이 간접적일 수 있다. 예를 들어, Sheila's(쉴라의 것), this woman's(이 여성의 것), a lady's camera(여성의 카메라)에서[7] 명사구는 내포된 배경화 명사구인 Sheila(쉴라), this woman(이 여성), a lady(어떤 여성)를 통해 camera(카메라)의 전경화된 실례에 대한 참조(첫 두 경우에는 한정, 세 번째 경우에는 비한정)를 얻는다. 의미적 기능으로서 배경화는 배경이 구조에서 최소한의 존재감 이상을 가질 때마다 발생하며, "표현이 명사구 또는 한정절로 자격을 부여하는 개념적 조직의 측면"(Langacker 2008: 272)으로 문제가 되는 구조적 기술/집합체에 추가된 것이 아니라 내재되어 있다.

배경화된 표현의 목적이 인식된 개체에 대한 참조를 확립하는 것이라면 이를 달성하기 위한 다양한 전략이 존재한다. 가장 명백한 전략은 담화의 맥락에서 상대적인 용어로 참조체를 식별하는 직시적 전략이다. 예를 들어, 대명사로 사용되든 한정사로 사용되든, 지시어는 (상징적으로) 가리키는 개체를 식별한다는 의미에서 지속적인 참조성을 갖는다. 또한, (머리어 명사를 수식하여 참조 후보의 범위를 좁히는) 서술적 전략과 함께 관사나 지시어로 서술적으로 근거한 명사구는 청자가 의도된 참조 대상을 골라낼 수 있는 설명을 제공한다. 이와 대조적으로, 수량화 전략은 "적격한 후보군, 즉 기본 또는 정교한 유형 설명에 부합하는 모든 것"으로 구성된 다른 (가상적) 개체와 관련하여 크기를 지정함으로써 상대적인 용어로 참조를 설정한다(Langacker 2008: 279). 이 유형의 최대 확장은 화자가 beer(맥주) 또는 dogs(개들) 유형의 기본 명사구로 직시적 또는 정량적 전략에 명백하게 의존하지 않을 때 참조하려는 것이다. 인지문법 내의 이전 공식화와 마찬가

명확성 표현과 동등하게 강력한 인식론적 통제를 표현하는 것으로 간주된다. 두 전략 모두 (상대적) 고유성에 대한 해석으로 이어지며, 이 점이 진정한 배경화 술어의 이유이다.

7 세 번째 a lady's camera(여성의 카메라)는 여기서 카메라의 종류가 아닌 불특정 여성의 카메라를 의미한다. 이 경우 배경화는 단순히 부정관사로 이루어지고 lady's는 형용사 기능을 가진다.

지로, 직시적 및 수량적 전략은 모두 명사구 영역뿐만 아니라 절 영역에서도 배경화 술어의 행위를 특성화한다. 한정절의 경우, 직시적 배경화 술어는 현재시제와 과거시제로 이루어지며, 수량적 배경화는 일련의 핵심 서법[8]에 의해 수행된다(표 20.1 참조). 그러나 이전 버전과 달리, 배경화 기능을 수행하는 특정 장치가 배경화 요소의 지위에서 중간일 수 있음을 명시적으로 인정한다. 어떤 전략을 선택하든 모든 언어는 화자가 제한된 수의 근본적이고 도식적인 기본 대립의 관점에서 지시체의 인식론적 지위를 알릴 수 있는 수단을 제공한다. 의미적 기능으로서 배경화는 이러한 의미에서 언어와 의사소통에 필수 불가결하며, 따라서 보편적이다.

4. 예시: 진행형 표지와 본질적인 서법적 (현재) 시제

4.1 (*Ø) 세 가지 질문

인지문법과 같은 이론에서는 무표지를 포함한 모든 표현이 상징적인 것으로 간주되기 때문에, 문법적인 무표지 요소를 제시하는 것의 매력은 해당 요소에 의미를 부여할 수 있는 모형에서 더욱 강화된다. 많은 경우, 이러한 의미는 형식적으로 표현할 필요가 없다는 일반적인 화용적 원칙에 따라 일종의 개념적 '즉시성'을 나타내는 방식으로 공식화될 수 있다. 이는 특히 '무표지(0)'가 전통적으로 현재시제와 연결된 발화 시간과 관련이 있다는 점에서 확인된다. 현재성은 시간적 즉시성의 한 형태이며, 인식론적 의미를 표현하는 배경화 술어의 보다 도식적인 특성에 따라 현재시제의 의미는 어떤 종류의 지식이나 확실성을 표현하는지에 따라 분석될 수 있다(Langacker 2011). 영어에서 현재시제의 단순 형태와 진행형 형태 간의 대조는 서로 다른 유형의 지식을 언급하는 것으로 분석될 수 있으며(구조적 대 현상적, Goldsmith & Woisetschlaeger 1982 참조), 단순 현재는 인식론적 즉시성과 연관되어 있다. 즉, 고도의 인식론적 통제를 통해 직접 관찰된 사건으로 구성된 지식 영역인 '즉각적 실재'는 단순 현재로 표현된 한정절의 서법 평가의 직접적인 기초가 된다.[9]

---

8 서법적 배경화 술어의 표지는 알려진 또는 인식된 현실에서 배경화된 과정을 반영하는 것으로 설명할 수 있다. 이는 과정에서 식별이 아닌 존재가 문제라는 사실에서 비롯된다(2절 참조). 인식론적으로 사용될 때, 다른 서법은 이러한 과정이 수행될 수 있는 다양한 정도의 확신을 나타낸다.

9 Langacker(2011)에 따르면, 절에 서법이 포함된 경우와 그렇지 않은 경우에서, 즉 '시제'만으로 배경화된 절에

영어 현재시제의 의미와 진행형과의 관계는 여러 출판물에서 논의되었다(Brisard 2002, Langacker 2001, 2011). 이 논의를 바탕으로 절 영역의 은밀한 근거와 직접적으로 관련이 있으며 여전히 논의의 여지가 있는 세 가지 질문을 다룰 것이다. 그 질문은 다음과 같다.

Q1: 어떤 구문이 인증 가능한 **인식론적 의미**를 나타낸다면, 그렇지 않은 다른 문맥(예: 절대 수량사, 시제/서법이 표기된 서법동사, 양상)에서도 그 구문이 배경화된다고 가정할 수 있는가?

Q2: 시제 + 서법 표지의 주변부 조합과 같이 배경화 술어로 기능할 수 있는 **단위**(문법 표지의 관습적인 배열)를 배치할 수 있는가?

Q3: 명시적인 서법적 형태가 없는 경우에도 시제 표지에 서법적 값을 할당해야 하는가? 시제는 항상 서법적 값과 함께 제공되는가(아마도 과소 지정될 수 있음)?

4.2 인지문법의 진행형 양상

〈그림 20.2〉에서 보여지는 바와 같이, 표준적인 설명에서 진행형은 동적 사건에 대한 내부 관점을 생성한다. 영어에서 진행형의 사용은 본질적으로 완료형, 즉 경계가 있는 동적 사건에 대한 언급과 관련이 있다.[10] 이는 동적 사건의 경계를 명시적으로 표현하는 방식으로 상징화된다. 진행형의 경우, 구문에 의해 부여된 서법적 즉각 범위(aspectual immediate scope, IS_A)를 넘어서는데, 이는 사용의 특성을 나타내기 위해 적용되는 확대 효과를 보여준다. 인지문법에서 분석된 모든 서법적 표시와 마찬가지로, 실제 배경화나 참조(그림에서 볼드체로 표시됨)는 시제 표시로 나타나며, 이는 처리 과정을 발화 시간과 연결시킨다. 시제가 과거인 경우에는 〈그림 20.3(a)〉의 구성이 적용되고, 현재의 경우에는 〈그림 20.3(b)〉와 같이 된다.

서는 발화 시간과 실제 또는 가상의 시간적 의미가 충분하다고 주장한다. 브리사드와 래내커가 제안한 분석의 일부 세부 사항은 다를 수 있지만, 가장 도식적인 분석 수준에서 원형적 사용과 서법적 사용 모두 시간적 의미를 가정한다는 점에 대해서는 동의한다.

10 이는 단순히 미완료된 것이 아니라, 구체적으로 진행형으로 사용되는 이유이다. 지정된 과정의 완료성은 〈그림 20.2〉와 같이 해당 과정을 불완전하게 만드는 진행형의 사용을 전제로 한다. 예를 들어, I'm love it(나는 그것을 사랑한다)과 같이 서법적 강제와 함께 사용될 때 미완료된 상태를 역동적으로 재해석하는 데에서 이러한 점이 입증된다.

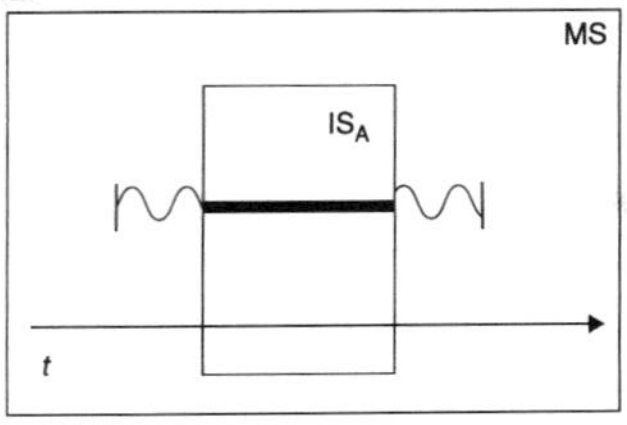

〈그림 20.2〉 진행형

출처: Langacker 2001: 259에서 각색

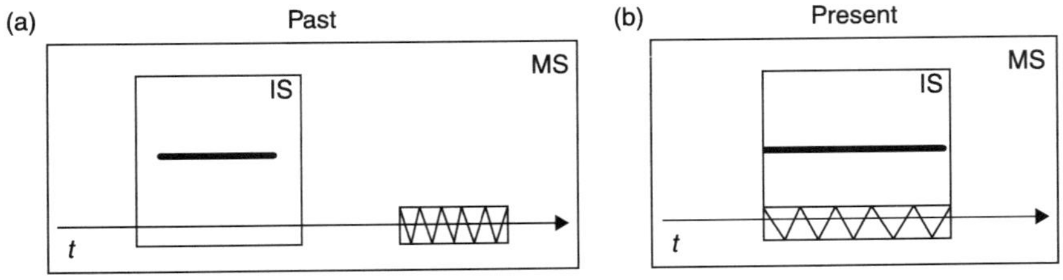

〈그림 20.3〉 과거 진행형과 현재 진행형

출처: Langacker 2001: 260

다시 말해, 볼드체로 윤곽화된 처리 과정은 시제로 표시된 것처럼 후경(최대 범위 MS)과의 관계를 기반으로 하고 있다. 서법론적 범위(IS)는 사건 **그 자체를** 개별화하는 데 기여하지 않는다. 이러한 의미에서 현재 진행형은 그 자체로 배경화 지위를 가져서는 안 되는 주변적 구문의 예라고 할 수 있다.

영어에서 현재 진행형은 발화 시간과 일치하는 진행 중인 단일 사건에 대해 문법적으로 의무적이다(예: I'm eat(나는 먹는다)/*eat an apple right now 참조). 또한, 반복이나 점진적 표명 등을 나타내는 데도 사용할 수 있다. 이러한 용법은 모두 순전히 시간적인 것이며, 현재 진행 중인 사건을 나타내는 단순 현재와 체계적으로 대조될 수 있다. 의외로 현재 진행 중인 사건을 나타내는 경우는 거의 없고, 대신 단순 현재는 안정적인 형태의 지식을 표현하는 데 주로 사용된다. 즉, 상태나 습관에 대한 언급이나 화자가 상당한 정도의 인식론적 통제력을 행사하는 사건(예를 들어, 예측 가능성이 높은 미래 사건)을 표현할 때 주로 사용된다.[11] 이에 비해 현재 진행형은 전형적으로 실제 발생하지만, 세계 구조에 대해 특별히 정보를 제공하지 않는 단일 사건을 언급하는 데 사용

---

11 이와 같이 개념적으로 관련된 경우, 인지문법은 과정의 '가상적' 사례가 발화 시간과 일치한다고 가정하며, 영어 현재시제의 시간적 정의를 "윤곽화된 과정의 실례가 발생하고 발화 시간과 정확히 일치함"(Langacker 2011: 56)이라고 설명한다.

된다. 그래서 Brisard(2002)는 영어 현재시제 패러다임에서 단순/진행의 대비를 상황의 '구조적' 대 '우발적' 측면에서 도식적으로 특성화할 것을 제안한다. 구조적 지식(예: The engine doesn't smoke anymore(이 엔진에서 더 이상 연기가 나지 않는다))은 "세계가 어떻게 만들어져서 그런 일이 일어날 수 있는지"(Goldsmith & Woisetschlaeger 1982: 80)를 설명하며, 현상적 지식인 우연성(The engine doesn't smoke anymore)은 "무슨 일이 일어나고 있는지 단순히 눈을 뜨면 무엇을 볼 수 있는지"(Goldsmith & Woisetschlaeger 1982: 81)를 나타낸다.[12] 또한 현재 진행형이 표현하는 우연성의 의미는 발화 시간 패러다임 내에서뿐만 아니라 비전형적이거나 놀라운 문맥에서도 두드러지게 나타난다.[13] 다음 하위 절의 예가 보여주듯, 이는 영어에만 해당되는 것은 아니다.

4.3 진행형의 비시간적 사용: 배경화의 경우?

프랑스어의 진행형 구문인 être en train de(~ 진행 중이다)는 영어보다 훨씬 덜 문법화되어 있으며, 따라서 사용 빈도도 상대적으로 적다. 그러나 이 동사가 사용될 때, (4b)에서처럼 평범하지 않은 사건을 표현하는 경향이 있다.

(4) (a) ?? *Il* est en train de *bien* lire.

"He's reading well" (그는 잘 읽고 있다)

(b) Il est en train de lire *de travers*.

"He's reading aslant/askew" (그는 비스듬하게/삐딱하게 읽고 있다)

(4a)와 같이 '일반적' 사건과 함께 구문을 사용하면, 객관적으로 사건(발화 시간과 일치하는 진행 중인 과정)이 순수하게 시간적 특질에 기초하여 영어에서 진행 표지를 할 수 있다고 하더라도 이상하게 느껴진다.

---

12 첫 번째 진술은 단순 현재시제에서 경험적 확인이 필요 없는 엔진 수리에 대한 자신감 있는 주장으로 요약된다. 두 번째 진술은 관찰에 불과하며, "확실히 엔진을 먼저 시동해야 한다"(Goldsmith & Woisetschlaeger 1982: 81)라는 점을 강조한다.

13 De Wit *et al.*(2020)에 따르면, 이러한 의미는 진행형이 보고한 상황의 공통점을 기술하는 데 사용할 수 있는 '사치'라는 개념과 관련이 있다. 사치는 통시적 문법화의 과정과 연결되어 있으며, 혁신적인 화자는 새로운 구문이나 기존 구문을 현저히 새로운 방식으로 사용하여 주목받고 싶어 한다. 이는 특히 화자가 기술하는 내용에 평소보다 더 많이 관여할 때, 즉 상황이 어떤 식으로든 '현저한' 경우에 발생한다.

마찬가지로, 네덜란드어에서도 예기치 않은 사건이나 일어나서는 안 되는 사건으로 인해 발생하는 짜증이나 기타 부정적인 감정을 표현할 때, 영어보다 덜 문법화된 진행형으로 전환하는 경향이 있다. 예를 들어, (5)에서 이동 동사 lopen(걷다)는 진행형 의미를 표현하는 데 사용된다.

(5) *was d ook één jongen in 't team en z en dat vind ik nou wel een beetje irritant worden want die* loopt *altijd heel erg* te roepen *van uh als je iets fout doet*
"There was also one guy in the team and I think it's getting a little annoying because he's always shouting if you do something wrong" [lit. he always walks to shout] (그 팀에 남자 한 명이 있었는데, 무언가를 잘못하면 그는 항상 소리쳐서 좀 짜증나기 시작하는 것 같아 [문자적으로, 그는 항상 소리치러 걸어온다]) (CGN NL Dutch, Anthonissen *et al*. 2019)

현재 진행형에 대한 시간적 해석도 여기에서 중요한데, 네덜란드어 aan het(on) 및 기타 문법화된 태도 동사를 포함하는 관련 구문은 언급된 상황에 대한 보다 집중적인 (일반적으로 부정적) 자격과 밀접하게 관련이 있다.

진행형은 또한 확실성이나 주장을 수식적으로 표현하는 데 사용될 수 있으며, 이는 윤곽화된 과정을 인식론적으로 규정한다. (6)의 독일어 예에서와 같이 잠정적으로 사용하면 완화 효과를 보여준다.

(6) [Renate Götschl, an alpine ski racer:] "*Die Strecke ist interessant, [...] hat Wellen, ich* bin *noch ein bisschen* am Probieren", *meinte die Steirerin, die bisher in der Abfahrt ebenfalls hinter ihren Erwartungen geblieben war*.
"'The ski slope is interesting, [···] has curves, I'm still testing it a little', said the woman from Styria, who hitherto had not lived up to expectations in the downhill race either"('스키 슬로프가 흥미롭다, [···] 굴곡이 있다. 나는 아직 그것을 조금 시험해 보고 있다'라고 말했다, 슈타이어 출신의 여자 선수가, 그녀는 지금까지 활강 경기에서도 기대에 미치지 못했었다) (Anthonissen *et al*. 2016)

또한, 서구 아르메니아어의 예를 통해 보여지는 화행 동사의 소위 해석적(Ljung 1980) 사용에서도 확실성이나 주장이 높아질 수 있다.

(7) *O č', č'unim, k'ësem kor, anpayman k'uzes ëllay, č'unim!*

"No, I haven't got any, and I'm telling you, you absolutely want there to be some, and I haven't got any!"(아니, 나는 하나도 안 가졌어, 그리고 말하는 건데, 너는 정말 어떤 것이 있기를 바라고 있어, 그런데 나는 하나도 안 가졌어!) (Donabédian-Demopoulos 2012: 9)

동사 kor(말하다)은 강조를 위해 진행형으로 표시된다. 즉, 동일한 발화행위에 대한 이전 참조의 반복이거나 화자가 '그들이 **실제로** 말하는 것'에 대한 청중의 주의를 끌기 위한 것이다. 이러한 사용은 영어에서도 매우 일반적이다. 예를 들어, (8)은 동일한 대화 차례 내에서 단순 현재와 현재 진행형 모두에서 사용되는 의사소통 동사인 talk(이야기하다)를 특징으로 한다.

(8) [In a discussion between a professor and his students about Jesse Jackson:] *Well, he says minorities. He's smart, he* talks *about minorities. But he's really* talking *about African Americans*. ([교수와 학생들 사이에서 제시 잭슨에 대해 논의하는 중] 음, 그는 소수자들이라고 말한다. 그는 영리해서, 소수자들에 대해 말한다. 그러나 그는 실제로는 아프리카계 미국인들에 대해 말하고 있는 것이다.) (Santa Barbara Corpus of Spoken American English, Part 1, De Wit & Brisard 2014: 52)

이 예에서 동일한 사건(talking)에 대한 앞선 단순 현재시제 보고와의 서법적 차이는 여기서 중요하지 않다. 화자는 진행형을 통해 Jesse Jackson에 대한 앞선 진술을 인식론적으로 규정한다. 이는 '실제' 상태를 드러내는 해석적 사용과 함께 really(실제로) 또는 actually(진짜로)와 같은 인식론적 표현이 수반되는 전형적인 사례이다. 여기서 says(말하다)와 talks(이야기하다)의 형태는 습관적인 단순 현재로 분석할 수 있다. 다시 말해, 진행형 변이체는 동일한 습관적 참조를 갖지만, 일시적으로 습관적 의미가 아니라는 점에서 그 사용은 동기가 부여되지 않는 경우이다.

우리가 위의 예에서 발견한 진행형 표지의 양질화는 상황의 인식적 상태와 항상 관련되어 있기 때문에 본질적으로 서법적이라고 설명할 수 있다.[14] 시제와 (인식론적) 서법은 다르지만, 우연성과 같은 자질은 (즉각적인) 현실에서 발생하는 사건의 중요한 하위 집합의 속성을 가리킨다. 이

14 문헌에서 잘 알려진 또 다른 예는 단순 현재와 진행형 미래의 대조이다(예: I leave tomorrow(나는 내일 떠난다)/I am leaving tomorrow(나는 내일 떠날 것이다)). 이는 (비-)우발성의 측면에서 쉽게 특성화할 수 있다.

는 핵심 절의 배경화 술어의 의미를 특성화하는 데 사용되는 '기본 인식적 모형'(Langacker 1991: 242)에서 다른 영역을 정의하지 않는다.[15] 현실적이지만 필연적이지 않은, 즉 세계의 구조로부터 반드시 따르지 않는 것으로 특징지어진다. (현재) 진행형의 사용이 순전히 시간적으로 동기가 부여되지 않은 경우, 우연성의 표현이 주요 동기적 요인이 되며, 이 구문이 (반-)배경화 상태의 무언가를 획득한다고 볼 수 있다.

4.4 무강세 some(sm)의 임시 답변

현재 진행형과 같은 구문이 (영어에서) 최소 쌍의 한 구성원으로 작용하고, 단순 현재가 다른 구성원으로서 각 구문이 즉각적인 현실의 동일한 영역에서 서로 다른 상황의 하위 집합을 식별하는 방식으로 체계적으로 사용된다는 점을 감안할 때, 한 쌍의 한 구성원이 현재 상황을 지칭하는 것과 관련된 동일한 기능적 분업에 분명히 참여하고 있다. 그렇다면 한 구성원의 배경화 지위를 거부하는 이유는 무엇인가? 배경화 지위에 반대하는 주장은 서법의 표지로서 진행형이 시제에 의해 배경화된다는 형식적인 주장으로 해석될 수 있다. 그러나 우리는 이전에(특정 독일어 서법처럼) 주변부 구문이 비주변부 구문과 기능적으로 동등하게 분석될 수 있음을 보았다(3절 참조). 최근에 배경화를 의미적 기능으로 보는 경향을 고려할 때, 위의 Q1에 대한 답변은 긍정적으로 간주될 수 있다. 그럼에도 불구하고 진행형과 같은 서법적 구문이 **정의에 따라** 배경화 술어로 분석되어야 한다는 것은 아니다. 예를 들어, 영어의 절대 수량사처럼 다른 명백하게 실현된 배경화 술어가 없는 문맥에서 이 기능을 획득할 수 있다. 영어에서 역동적 동사와 함께 진행형을 의무적으로 사용하는 것은 현재시제 패러다임에서 이 구문의 특별한 문법적 지위를 분명히 나타낸다. 과거와 미래라는 다른 시간적 패러다임에서는 진행형을 배경화 술어로 취급하는 경우가 훨씬 적다. 단순 현재가 실제로 형식적으로 표지되는 다른 언어에서 현재 진행형이 반드시 그렇게 될 필요는 없다(언어에서 그 형태가 원형 부정사와 다를 때만 해당함). 그러나 단순 현재에서 동사의 무표지 형태 자체가 주어진 언어에서 현재 진행형이 배경화 술어로 발전할 수 있는 이유는 아니

15 과거시제와 미래시제 표지와 함께 진행형이 나타날 수도 있다. 이 경우, 관련된 인식론적 영역은 (비-직접적) 현실과 비현실이지만, 기술된 사건에 대한 우연성의 속성은 여전히 적용된다. 그러나 진행형의 서법적 사용은 주로 현재시제 패러다임에서 발생할 가능성이 높다. 이는 진행 중인 완료 과정을 동시에 관찰하고 설명하는 것은 현재에 있기 때문에 인식론적 지위에 특별한 주의를 기울여야 하는 여러 가지 역설이나 문제를 야기한다(De Wit 2017 참조).

다. 위에서 제안한 바와 같이, 후자가 배경화 술어의 패러다임에 참여한다고 주장하기 전에 현재 시제의 단순 변이와 진행형 변이 사이에 체계적인 분업이 있어야 한다. 이는 영어에서 정확히 일어나는 일이며, 단순 현재는 (광의적으로 인식되는) 상태를 참조하기 위해 예약되고, 현재 진행형은 진행 중인 역동적 사건을 설명하는 데 의무적인 방식으로 진화했다.

단순 현재가 진행 중인 역동적 사건을 지칭하는 데 쉽게 사용될 수 있는 언어에서는 진행형 구문이 일반적으로 영어보다 덜 문법화되어 있는 경향이 있다. 예를 들어, 영어에서는 What is she doing? She is brushing(그녀는 무엇을 하고 있니? 그녀는 양치질 중이다)와 같은 표현이 사용되지만, *brushes her hair는 부자연스럽다. 네덜란드어의 경우 Wat is ze aan't doen? Ze borstelt haar haar(그녀는 지금 무엇을 하고 있니? 그녀는 머리를 빗고 있다), 프랑스어의 경우 Qu'est-ce qu'elle fait? Elle se brosse les cheveux(그녀는 무엇을 하고 있니? 그녀는 머리를 빗고 있다)와 같은 표현을 비교할 수 있다. 이러한 언어에서는 시간적 동기가 아닌 서법적/인식론적 동기를 가진 진행형의 사용이 전형적으로 더 두드러지게 나타나는 경우가 많다. 예를 들어, 네덜란드어에서는 현재 사건을 언급하기 위해 진행형 표지가 필요하지 않기 때문에, 진행형의 사용이 진행성을 표현하는 데 한정되지 않고 언급된 사건의 (인식론적) 상태를 제한하는 방식으로 자주 사용된다. 이는 화자가 놀라움이나 짜증을 표현하거나, 진행 중인 사건의 비전형적 본질을 알리려는 문맥에서 진행형 구문의 상대적 현저성을 설명한다. 이제 역설처럼 보일 수 있는 점은 진정한 배경화 술어가 아닌 현저한 선택인 언어에서 진행형이 더 분명하게 서법적 동기를 갖는다는 것이다. 즉, 영어에서 서법적 동기가 덜 두드러진 것은 현재시제 패러다임에서 진행형이 고도로 문법화되고 의무적인 지위에 있기 때문이다. 영어와 덜 문법화된 진행형이 사용되는 언어에서 이 구문은 (De Wit & Brisard 2014에서 제안된 내용에 따라) 하나의 공통 스키마를 가진 의미적 네트워크와 우연성의 개념을 포함하는 다양한 정교화로 분석될 수 있다. 일부는 주로 시간적이고, 다른 일부는 명시적으로 서법을 포함한다.

둘 이상의 문법적 표지(예: 시제 또는 서법과 양상 또는 서법 표지의 주변부 조합)로 구성된 배경화 술어의 가능성을 고려하는 것은 불합리하지 않다. 어떤 경우에는 독일어의 인식적 서법이나 새로운 완전한 구문이 이전의 많은 기능을 대신하는 경우처럼 언어의 배경화 패러다임이 상당히 확장될 수 있다. 그러나 주변부 구문을 배경화 상태를 가진 기존 단위(Q2)로 잠재적으로 인식한다고 해서 영어의 절대 수량사와 현재 진행형과 같이 무표지와 결합하는 것처럼 보이는 구문을 어떻게 분석해야 하는지에 대한 답이 반드시 나오는 것은 아니다. 현재 인지문법의 개념은 단위의 관점에서 보는 것이 아니라 무표지 구문의 존재를 부정하고, 표준적 배경화 술어가 없는 경우 다른 구문이 그 자리를 채울 수 있다고 제안하는 것이다. 엄밀히 말하면, 이는 영어에 단순 현재시제 구문이 없다는 것을 의미하며, 부정관사의 무표지 접사가 없는 것처럼 0으로 표시되는 구문(*I drink-Ø)도 없다는 것을 의미한다. 대신 영어의 단순 현재시제 사용과 관련된 전형적인 해석(states에 대한 참조)은 명백한 배경화가 없다는 것에 기반한 추론으로 볼 수 있다. 즉, 원형 명사의 최대한으로 정보적 해석과 유사하게 (I like dogs(나는 개를 좋아한다), 즉 dog(개) 유형의 모든 경우와 같이) 화자가 절을 명백하게 근거하지 않기로 한 결정, 즉 기본/비굴절 동사 형태의 존재는 최대 정보 해석, 즉 발화 시간에 유지될 뿐만 아니라 시간에도 지속되는 상태에 대한 해석을 유도한다.

마지막으로, 영어의 단순 현재가 안정된 상태, 즉 상태와 전형적으로 연관되는 것은 다양한 역사적 이유로 인해 이 시제가 특정한 서법적 가치를 획득했음을 시사한다(Q3, De Wit 2017 참조). 영어의 단순 현재시제로 '표지된' 동사는 우연적이라기보다는 구조적인 상황을 전달한다. 다른 언어에서는 서법적으로 **미명세된** 단순 현재형일 수 있으며, 이 경우 선택적인 진행형 구문의 인식론적 의미를 더 충분히 활용할 수 있다. 영어 현재시제의 완료상의 가치를 지지하는 강력한 주장은 수행 동사의 행위로 발화 시간 내내 실례화되는 발화행위를 기술한다(Bary 2012 참조). 실제로, De Wit *et al.*(2018)은 언어가 일반적으로 안정된 상태와 고도로 예측 가능한 사건을 가리키는 데 사용되는 수행형에 대해 완료형이든 미완료형이든 해당 양상을 선택하는 뚜렷한 경향이 있음을 보여줌으로써 영어에서 단순 현재형의 특정 사용과 상황의 구조적 자격 사이의 강력한 연관성을 확인했다. 따라서 가장 일반적으로 영어 단순 현재시제는 하위 간격적 속성(임의의 분절을 기반으로 완전히 검증할 수 있는 상태를 포함)을 기반으로 하거나, 가상적 표상이 발화 시점에 완전한 인식적 통제를 시사하기 때문에 완전하고 즉각적으로 식별 가능한 상황을 나타내는 데 사용된다고 말할 수 있다. 시제와 배경화**로서** 술어가 그 자체의 서법적 구체화를 가지고 있다면, 그 서법적 대응물인 미완료 진행형 구문이 형식적으로 주변적이라고 하더라도, 동일한 층위에서 기능한다는 것은 놀라운 일이 아니다.

5. 결론

배경화에 대한 인지문법의 설명에서 가장 중요한 발전은 의미론적 기능의 구현으로서 문법 범주의 본질을 더욱 강조하고, 언어가 이러한 구현을 구성하는 다양한 방식을 명확히 인정하는 것이다. 이는 중간적인 경우를 허용하며, 특정 문맥에서 비-배경화 구문이 기능적으로 보강될 가능성을 제시한다. 그 결과, 다양한 유형의 (준-)배경화 구문을 더 쉽게 수용할 수 있게 되었으며, 배경화 패러다임의 역사적 발전을 더 잘 설명할 수 있는 통합적인 분석이 가능해졌다. 인지문법에서 배경화 설명의 출발점인 명사/명사구와 동사/한정절 사이의 기본적인 병렬성은 참조를 형성하고 일관된 담화를 구축하는 데 활용할 수 있는 다양한 전략과 관련되어 더욱 구체적으로 정의된다. 문법 이론에서 배경화에 대한 이러한 설명은 본질적으로 도식적이며 '비유적'인 일련의 인지적 경향으로, 형식주의적 접근과 대비되는 자연 문법의 역동적 개념을 따른다. 이에 따라, 겉보기에는 문제가 있는 언어 현상도 인간 경험의 기본 측면과 관련되어 실현될 기능의 암묵적인 구조적 결과로 분석될 수 있다는 인지언어학의 일반적인 가정을 강화한다.

더 읽을거리

Langacker, R. W. (2008). *Cognitive Grammar: A basic introduction*. Oxford: Oxford University Press. (이 책은 제목에서 알 수 있듯이 인지문법에 대한 소개이다. 9장에서는 배경화에 초점을 맞추고, 수정된 설명의 두 가지 핵심 개념인 의미적 기능으로서의 배경화와 배경화의 기초 전략을 소개한다.)

Langacker, R. W. (2016). Baseline and elaboration. *Cognitive Linguistics*, 27, 405-439. (이 책에서는 현재 인지문법에서 개발되고 있는 의미 기능 설명에 대한 보다 일반적인 논의를 다룬다.)

제21장
유머와 인지언어학

1. 서론과 정의

이 연구는 유머에 초점을 맞추고 있으며, 유머는 Raskin(1985)에서 정의한 바와 같이 웃음을 유발하는 모든 현상을 포괄하는 넓은 개념으로 이해된다(자세한 논의는 Attardo 2020a 참조).[1] 그러나 지면의 제약으로 인해 아이러니, 풍자 또는 다른 장르의 유머에 대한 구체적인 논의는 포함하지 않았다.

인지언어학은 로널드 래내커(Ronald W. Langacker), 조지 레이코프와 마크 존슨(George Lakoff & Mark Johnson), 질 포코니에(Gilles Fauconnier), 아델 골드버그(Adele E. Goldberg), 비비안 에반스(Vyvyan Evans) 등의 연구에 영향을 받은 접근 방식으로 정의된다. 이는 "인지적"을 "인지와 관련된" 것으로 해석하는 다른 견해(Dynel 2018)와는 대조적이며, 이는 논리적으로 심리학(특히 인지심리학)과 일치해야 한다.

구체적으로, 이 연구는 인지언어학자로부터 차용된 개념과 아이디어를 명시적으로 사용하는 이론만을 고려할 것이다. 예를 들어, Giora(2003)의 등급화된 현저성(Graded Salience) 이론은 이 연구에서 다루지 않았다(오히려, 나는 이 이론의 지지자이며 직접 사용해 본 적이 있다, Attardo 1997). 등급화된 현저성은 인지언어학과 유머에 대한 거의 모든 논의에서 언급되면서도 인지언어학적 관점으로는 다뤄지지 않았고, 의미론/화용론의 심리언어학적 처리 이론으로 분류된다. 마찬

1 유머에 대한 인지언어학적 연구에 대한 다른 조사로는 Brône *et al.*(2006), Veale *et al.*(2015), Brône(2017) 및 Dynel(2018) 등이 있다.

가지로 Yus(2016)나 Ritchie(2018)역시 고려하지 않을 것인데, 이 두 사람 모두 넓은 의미의 "인지적" 틀에 속한다고 주장할 수는 있기 때문이다.

인지언어학과 유머 연구 간의 관계는 "오래 지속되는 유혹"(Piata 2017: 126)으로 설명되었다. 즉, "두 분야는 확실히 상호적 관심을 가지고 있으며, 이 관계가 완전히 발전된 로맨스로 성장할 수 있는 충분한 잠재력을 지니고 있지만, 실제로는 그렇지 않다"(Piata 2017: 126)는 것이다. 그러나 그 이유는 안나 피아타(Anna Piata)가 상상하는 것처럼 학문적 담론에 대한 매우 창의적인 은유에서 "장기적인 '중요한 상대'"의 존재 때문이 아니라, 이 분야가 발전해 온 방식에 있다고 생각한다.

2. 역사적 관점

인지언어학은 Lakoff & Johnson(1980), Langacker(1987)에 의해 탄생했다고 해도 과언이 아니다. 그러나 구문문법을 간과해서는 안 된다(Goldberg 1995). 이 이름들만 보더라도 레이코프와 필모어가 두드러지게 등장했던 소위 '언어학 전쟁'(Harris 1993)에서 '생성의미론' 진영과 상당한 연결이 있으며, 래내커는 좀 더 '주변적'(Harris 1993: 251)인 위치에 있다는 점을 알 수 있다. 유머의 의미론적 스크립트 이론(Semantic Script Theory of Humor, SSTH; Raskin 1979, 1985)은 동일한 생성의미론적 배경에서 비롯되었다.

예를 들어, 1985년에 빅터 라스킨(Victor Raskin)은 『의미론의 노트Quaderni di semantica』에서 스크립트/틀의미론에 대한 원탁회의를 편집했으며, 이 회의에는 필모어 등도 참여했다. 이 원탁회의에 실린 필모어의 글은 인지언어학계에서 널리 인용되고 있다. 여기서 자세히 설명할 여유는 없지만,[2] 인지언어학, 유머의 의미론적 스크립트 이론, 그리고 그 확장인 일반 언어 유머 이론(General Theory of Verbal Humor, GTVH)[3]이 서로 연결된 '친족' 집합을 공유하고 있다는 점은 분명

2 스크립트/틀의미론과 인지언어학의 연관성에 대한 진지한 논의는 인공지능의 의미 표상이라는 복잡한 역사 외에도, 원형이론에 대한 심리학적 연구(Rosch & Mervis 1975), 격 문법의 영향, 두 접근 방식에 대한 게슈탈트 이론의 영향을 고려해야 할 것이다. 초기 인공지능 작업과 스크립트/틀의미론 간의 관계에 대해서는 Attardo(2020)를 참조할 수 있다.

3 일반 언어 유머 이론(GTVH)은 Attardo & Raskin(1991)에 의해 소개되었다. 이는 유머의 의미론적 스크립트 이론(SSTH)을 확장하여 농담과 관련된 다양한 정보인 5개의 다른 지식 근원을 포함하고 있다. 예를 들어, 일부 농담에는 목표가 존재하는데, 이는 농담의 대상 즉, 놀림의 대상이 되는 개체를 의미한다. GTVH는 몇 차례

하다고 생각한다.

Attardo(2006: 359, 각주 2)에서는 유머의 의미론적 스크립트 이론과 인지언어학 이론이 "대부분의 사람들이 인식하는 것보다 더 많은 공통점을 가지고 있다"라고 주장했다. 또한 Attardo(2002)에서는 유머의 의미론적 스크립트 이론과 일반 언어 유머 이론의 언어학을 '인지적 문체'라고 언급하며, 이 두 이론의 유사성 중 하나인 원형적 의의를 사용하는 틀/스크립트 기반의 의미론 사용을 탐구했다. 아래에서 볼 수 있듯이, 스크립트와 틀이라는 용어적 차이는 사실상 존재하지 않는다. Attardo(2002)에서 특별히 다루지 않은 또 다른 측면은 일반 언어 유머 이론이 정신적 공간(또는 정신적 공간과 유사한 구조)을 활용하여 텍스트와 문자 간의 상호 연결을 역동적으로 표상한다는 점이다. 앞서 언급한 두 가지 측면보다 훨씬 더 심오한 세 번째 측면이 있는데, 이는 내가 아는 한 이전에 논의된 적이 없다. 라스킨의 의미론에 대한 접근 방식은 의미론적/화용론적 경계의 존재 또는 가능성을 명시적으로 부정한다는 점에서 매우 독특하다. 의미에 대한 인지언어학적 분석 또한 의미론과 화용론의 구별을 부정한다. Langacker(1987: 154)는 "의미론과 화용론의 구분은 (…) 대체로 인위적인 것이며, 언어 의미론의 유일한 실행 가능한 개념은 그러한 잘못된 이분법을 피하는 개념이다"라고 말했다.

따라서 인지언어학 접근 방식과 유머의 의미론적 스크립트 이론/일반 언어 유머 이론이 중요한 이론적 측면을 공유한다면, Brône *et al.*(2006)에서 일반 언어 유머 이론에 대한 특정한 적대감을 감지한 피아타가 언급한 경쟁의 동기는 무엇인가? Attardo(2006)가 주장한 바와 같이, 유머에 대한 인지언어학 접근법의 지지자들은 최소주의(Minimalism)와 의미적-화용적 이론 사이의 중요한 차이점을 간과했기 때문에, 촘스키 학파는 모든 것을 거부하면서 결국 생성주의의 목욕물과 함께 유머의 의미론적 스크립트 이론을 버렸을 가능성이 있다.

인지언어학 이론과 유머 이론은 '양립할 수' 없는 이론인가?(Müller 2015: 114) 동일한 층위의 개념(예: 틀, 정신공간 등)을 사용하기 때문에 용어는 분명히 다르지만(틀 vs. 스크립트), 추상화나 형식화의 층위가 다르다고 가정할 이유는 없다. 물론 인지언어학과 유머의 의미론적 스크립트 이론/일반 언어 유머 이론 사이에는 실제적인 차이점이 존재한다. 우선, 유머의 의미론적 스크립트 이론/일반 언어 유머 이론은 그 범위를 언어능력으로 한정하는 반면, 인지언어학은 용법 이론(또는 용법 기반)을 제안한다. 그러나 언어능력(competence)과 언어수행(performance)을 추상화의

개정을 거쳤으며, 주로 Attardo(2001)에 의해 수정되었다. 이 글에서는 GTVH에 대해 자세히 설명하지 않으므로, 관심이 있으면 Attardo(2017) 및 Attardo(2020)를 참조할 수 있다.

연속체로 간주하면 그 차이가 그렇게 크지 않다고 주장할 수도 있다(Attardo 2020a). 더 중요한 것은, 아래에서 볼 수 있듯이 의미에 대한 인지언어학 접근 방식이 일반 언어 유머 이론에서 사용되는 추론적 접근 방식에 대한 진정한 대안이 될 수 있다는 점이다. 그렇다고 해서 몇몇 저자들이 유머에 대한 일반 언어 유머 이론과 인지언어학 접근 방식을 결합할 수 있다고 제안하는 것을 막지는 못했다.

Howell(2007)은 베를린 장벽의 붕괴와 동독에서의 삶에 관한 유머 소설(『우리와 같은 영웅들 Helden wie Wir』, Thomas Brussig, 1995)에서 시에나 콜슨(Seana Coulson)의 혼성 및 틀 전이 접근 방식을 먼저 사용한 다음, 일반 언어 유머 이론을 적용하여 세 구절을 검토한다.

Schubert(2018)는 시트콤에 관한 연구에서 혼성을 논리적 메커니즘으로 활용하여 인지언어학과 일반 언어 유머 이론을 모두 사용한다. 그는 미국 드라마 시리즈 3편(Dexter, Breaking Bad, House of Cards)의 13개 에피소드를 분석하며, TV에서 유머에 대한 연구가 대부분 'Friends'와 같은 코미디에 초점을 맞추고 있다는 점에 주목하여 독창적인 선택을 했다(Dore 2015). 또한 마르게리따 도르(Margherita Dore)는 특히 논리적 메커니즘을 포함하여 인지언어학과 일반 언어 유머 이론 도구를 혼성하여 사용한다. 그러나 인지언어학과 일반 언어 유머 이론을 혼성한(다소 의도된 말장난) 가장 중요한 연구는 아마도 엘레니 안토노풀루(Eleni Antonopoulou)의 문체 분석일 것이다(아래 참조).

궁극적으로 이 이슈의 역사적 뿌리와 관계없이 피아타가 정확하게 감지하는 문제는 인지언어학이 아래에서 논의되는 몇 가지 근본적인 메타이론적 문제와 씨름해 왔다는 사실로 귀결된다.

무엇보다도 텍스트에서 특정 언어 현상의 존재는 유머러스할 수도 있고 그렇지 않을 수도 있다. 은유는 좋은 예로, 어떤 은유는 유머러스하고 어떤 은유는 그렇지 않다. 텍스트에 유머러스하지 않은 은유가 있을 수 있다. 그렇다면 분명히 설명이 필요한 두 가지 문제가 있다. (a) 유머러스한 은유는 왜 유머러스한가? (b) 유머러스한 텍스트에 은유가 있다면, 그 은유가 유머의 원인인가, 아닌가?(Muller 2015 참조)

두 번째 문제는 첫 번째 문제와 관련이 있다. 혼성이라는 아이디어를 고려해 보자. 분명히 일부 혼성은 유머러스하지만, 그렇지 않은 혼성도 존재한다. 이제 유머를 혼성(또는 개념적 통합)의 관점에서 설명하고자 하는 Jablonska-Hood(2015)를 고려해 보자. 그녀의 설명이 성공한다면,[4] 이러

---

4 그렇지 않다면 그녀의 설명은 (유머를 연구하는 다른 인지언어학자들을 무시하고) 충분히 연구되지 않았고 오류와 허위 진술로 가득 차 있으며, 궁극적으로 그녀는 혼성 이론 밖에서 수행할 수 있는 혼성 용어의 분석을 혼성 용어로 표현하고 있다.

한 논리적인 문제는 발생할 수 있다. 혼성이 유머를 설명한다면, 왜 모든 혼성이 유머러스하지 않은가? 어떤 혼성은 유머러스하고 어떤 혼성은 그렇지 않은지를 설명하려면 혼성 이외에 다른 대안이 필요하다. 이는 유머가 혼성과 같다는 생각을 논리적으로 무효화하는 것과 같다. 유머를 연구한 모든 인지언어학자가 이 문제를 모르는 것은 아니며, 예를 들어 Bergen & Binsted(2004)와 아래의 논의를 참조할 수 있다.

3. 주요 이슈 및 주제

3.1. 틀 전이

콜슨은 유머와 농담에 대한 설명으로 틀 전이(frame shift)라는 개념을 도입했다(1996, 2001). 이 개념은 화자가 하나의 틀이나 스크립트에서 다른 틀이나 스크립트로 이동하는 로스킨의 스크립트 전환과 유사하다. 필모어와 로스킨은 1980년대 중반의 용어적 혼란을 포괄하는 용어로 이를 사용하고 있다(자세한 내용은 Attardo 2020b 참조). Coulson(2001: 20)도 스크립트를 포함하는 다양한 구조에 대해 필모어의 '틀(frame)'을 '덮개(cover)'라는 용어로 채택했다. 또한 콜슨의 틀 개념이 보다 '역동적'이라는 주장도 있었는데, 이는 정신공간에서 이동 중에 구축되기 때문이다(Bone *et al*. 2006: 207 참조). Attardo(2001)는 텍스트 표상과 같은 정신공간에서 구축된 역동적 스크립트 개념을 독립적으로 도입했다.

Barcelona(2003)는 로스킨의 의미에서 스크립트 전환이 틀 전이와 동일하다고 분명히 밝혔다.

> 유머 이해는 급소를 찌르는 말(punch-line) 직전의 농담 텍스트에 대한 초기의 직설적인 해석을 지원하는 인지적 스크립트 또는 Fillmore(1985) 의미에서의 틀을 새로운 스크립트나 틀로 조정하거나 변경하는 과정을 포함한다.
>
> Barcelona 2003: 82

Barcelona(2003: 86-87)는 틀 혼성을 로스킨의 스크립트 중복, 즉 텍스트가 두 개의 스크립트나 틀과 호환되어야 한다는 개념과 혼동하고 있다. Brône(2017: 252)도 틀 전이와 스크립트 전환이 '대체로 동일하다'라고 결론짓고 있다.

틀 전이에 대한 콜슨의 수십 년에 걸친 연구가 중요한 이유는 그녀가 수행한 신경 및 심리언어학적 연구가 이 모형을 본질적으로 검증하고, 신경언어학의 유머 연구와 융합되어 있기 때문이다. 콜슨은 자신의 연구를 Coulson(2015)에서 효과적으로 요약하고 있으므로, 여기서는 몇 가지 주요 사항만 소개하겠다. 콜슨은 '틀 전이와 관련된 처리 비용'(Coulson 2015: 174)이 발생하여 유머러스한 문장을 읽는 데 걸리는 시간이 늘어난다는 사실을 발견했다. 또한 시선-추적 실험에서 "참가자들은 직설적인 결말보다 농담의 결말을 접했을 때 퇴행할 가능성이 더 높았다"라고 한다(Coulson 2015: 175). 또 다른 연구에서는 잘 알려진 N400 및 P700(사건 관련 잠재성)이 각각 부조화 및 해결과 관련이 있다는 사실을 발견했다. 콜슨은 유머의 신경언어학에 대해서도 언급하며, 이는 이 모형과 일치하고 신체화된 인지가 문장 처리에도 영향을 미친다는 생각과도 관련이 있다. 유머의 신경언어학에 대해서는 Vrticka *et al.*(2013), Chen *et al.*(2017) 및 Rodden(2018)을 참조할 수 있다.

또 다른 측면은 설명하기가 더 복잡하다는 것이다. 콜슨의 심리언어학적 의미 처리 모형은 스크립트 기반 의미론에서 사용되는 접근 방식과 상당히 다르며, 어쩌면 상반될 수도 있다. 내가 아는 한, 두 모형 간의 진지하고 심층적인 비교는 시도된 적이 없다. Coulson(2001)에서 제공한 세부 사항 덕분에 비교가 가능하고 의미가 있지만, 콜슨의 접근 방식이 너무 모호하여 비교하기 어렵다고 주장하는 Veale(2008: 75)과는 대조적이다. Ritchie(2018)의 접근 방식과의 비교도 흥미로울 것이다. 하지만 이것이 콜슨의 상세한 설명(Coulson 2001)이 가치 있는 유일한 이유는 아니다. 즉, 콜슨의 설명은 자신이 도출한 결론에 도달하는 방법에 대한 구체적인 설명을 제공하여, 종종 인용되는 Koestler(1964)의 설명보다 훨씬 더 유용하다. 코에슬러의 설명은 순전히 인상주의적이며 재현성을 제공하지 않기 때문이다.

3.2. 정신공간

Brône(2008)은 정신공간의 맥락에서 Veale *et al.*(2006)에서 소개한 과잉 이해(hyperunderstanding)에 대해 논의한다. 과잉 이해는 다음과 같이 정의된다.

> 과잉 이해는 개념적 의미의 미묘함을 인식하는 것으로, 이 인식은 언어적 재치에서 악용되어 상대방의 언어적 선택의 잠재적 약점을 드러내며, 이를 통해 상대방에게 유리한 국면으로 전환할 수 있다.

Brône 2008: 2031

길트 브론(Geert Brône)이 제공한 TV 코미디 "블랙애더(Blackadder)"의 예가 이를 가장 잘 설명해 준다.

> Darling: You'll regret this, Blackadder. You'd better find the real spy or I'll make it very hard for you. (넌 후회하게 될 거야, 블랙애더. 너는 진짜 스파이를 찾거나 아니면 내가 널 아주 힘들게 만들 거야)
> Edmund: (Protesting) Please, Darling—there are ladies present. ((항의하며) 제발, 여보. 여기 숙녀분들도 계시잖아)
>
> Brône 2008: 2032

이를 좀 더 자세히 분석하면 "첫 번째 화자가 의도한 것과 다른 해석[대명사 it과 hard]을 채택함으로써 두 번째 화자는 첫 번째 화자의 의도를 훼손한다"라는 결론에 도달할 수 있다(Brône 2008: 2032). 지금까지 분석은 (모호성의 원인, 즉 과잉 이해로 악용되는 "핵심 요소" 목록에서 볼 수 있듯이) 단순한 모호성으로 축소될 수 있다. 그러나 브론은 Darling의 발화와 다른 정신공간에서 Edmund가 암묵적으로 다시 발화하는 것, 즉 Edmund Blackadder가 Darling을 신사답지 못하다고 책망하는 것 사이에는 암묵적인 반향적 병렬성이 존재한다고 지적한다. 이러한 재맥락화를 통해 화자는 교환의 권력관계를 전복할 수 있다. 따라서 위의 예에서 위협을 가하는 사람은 위협을 받는 사람에 대해 어느 정도의 권력을 가지고 있지만, 상황을 성적 호의를 제공하는 것으로 재맥락화함으로써 권력의 역동성이 역전된다. 정신공간의 측면에서 반향적 병렬성에 대한 이러한 분석은 유머 연구에 대한 독창적인 기여라고 할 수 있다.

3.3 혼성 및 개념적 통합

Fauconnier(1997: 183, 185)는 유머러스한 발화를 (표준화된 혼성이 아닌) '창의적인 온라인 혼성'의 관점으로 분석하며, "유머는 혼성을 풍부하게 활용한다"라고 언급한다. Coulson & Oakley(2003: 52)는 혼성을 "정신공간 네트워크의 역동적 인지모형(Fauconnier 1994) 또는 화자의 참조 표상 분할"(원문에서 강조)의 조합으로 정의한다. 혼성을 유머에 적용한 대표적인 사례인 콜슨의 틀 전이 모형(1996, 2001)은 이미 검토했으므로, 다른 개념화로 넘어간다.

3.3.1 이중 배경화

Fauconnier & Turner(2002)는 다중 혼성, 즉 표준의 4개 이상의 공백을 갖는 복잡한 혼성을 설명한다. 이러한 맥락에서 Feyaerts & Brône(2002: 321)은 이중 배경화라는 개념을 소개하는데, 이는 "혼성의 한 요소가 두 개의 다른 입력공간에 의미 있게 연결되어 유머러스한 효과를 창출하는 개념적 통합"을 의미한다. 이 개념은 Brône & Coulson(2010: 215)의 다음 예로 더 쉽게 설명할 수 있다. 즉, Russia takes the froth off Carlsberg results(러시아가 칼스버그의 결과에서 거품을 뺀다)라는 표현이다. 이 제목은 러시아에서 칼스버그의 판매가 목표 회사의 전체 실적에 부정적인 영향을 미쳤다는 것을 암시한다. 브론과 콜슨의 설명에 따르면, 이 표현은 근원영역(UP(위)은 더 많고 DOWN(아래)은 덜 개념적 도식), 첫 번째 목표영역(예상보다 적은 매출 감소), 그리고 칼스버그를 가장 현저한 제품인 맥주와 동일시하는 두 번째 목표영역(따라서 이중 배경화)을 혼성하고 있다. 이렇게 혼성함으로써 거품이 올라가는 것과 실망스러운 매출이 거품이 빠지는 것, 즉 매출 감소와 동일하게 연결된다. 흥미롭게도 Feyarts & Brône(2002: 320)은 혼성의 '비관습성'이 개념 사이의 '거리'에 기인한다고 말한다. 거리 이론에 대한 자세한 내용은 아래를 참조할 수 있다. 만화 데이터에 대한 혼성 및 부조화 기반 접근법의 또 다른 적용 사례로는 Abdel-Raheem(2018)을 들 수 있다.

다소 축소된 요약에 따르면, 이중 배경화는 (복잡한) 은유의 문자적 의미와 비유적 의미를 포함하는 모호성의 한 유형에 불과하다. 그렇다면 이중 배경화의 역할은 환유를 통해 모호성을 "무대 위로 끌어올리고" 그 연상을 "동기부여"하는 것이다. 유머러스한 만화를 분석하는 Marín-Arrese(2008: 16)는 환유, 은유, 혼성을 "만화의 해석적 처리에서 '풀기 장치'로의 단서"라고 설명한다. 환유에 대해서는 Tabacaru & Feyarts(2016)도 참조할 수 있다.

Dynel(2011)은 혼성이 유머의 요건(단순화, 부조화 및 해결)을 충족하면 유머러스하다고 주장하는데, 이는 혼성이 독립적으로 유머러스한 경우 유머를 생성할 수 있다는 의미이다. 따라서 혼성 자체가 유머러스하거나 그렇지 않다는 결론에 이르게 된다. 마르타 다이넬(Marta Dynel)이 이렇게 명시적으로 언급하지는 않았지만, 이러한 분석은 혼성을 비롯한 다른 인지적 현상이 논리적 메커니즘이라는 가설과 양립할 수 있다.

3.3.2 우월성

이 유머 전략은 Veale(2003), Brône *et al.*(2006), Brône(2008, 2012, 2017), Feyarts(2006) 및 Veale *et al.*(2006)에서 크게 주목받았다. Veale *et al.*(2006: 306)에서는 '적대적 유머'의 하위 유형으로 정의되며, 더 구체적으로 "교환의 언어적 형태를 전복하여 유머를 생성하는 다중 행위자 언어 게임" 또는 구어적으로 언어적 상대방에게 "전세를 뒤집는 것"으로 설명된다. 그러나 우월성(Trumping)은 "적어도 부분적으로는 행위자의 언어적 숙달에 대한 우리의 감사에서 유머가 발생하는 즉흥적 재치"이기 때문에 '병렬성'의 사용을 동반해야 한다(Veale *et al.* 2006: 312). 따라서 다음 예는 1945년에 윈스턴 처칠(Winston Leonard Spencer Churchill)이 패배한 후 처칠 부부가 한 말이다.

Mrs. Churchill: Perhaps it is a blessing in disguise. (어쩌면 이는 뜻밖의 결과일지도 모른다)
Mr. Churchill: Well, it must be a bloody good disguise then. (그러면, 정말 뜻밖의 결과임에 틀림없다)

이 예에서 병렬성은 두 번째 발화에서 음악 용어를 사용하여 표준 은유인 blessing in disguise(뜻밖의 결과)를 반복하는 것으로 구성된다(Veale *et al.* 2006: 313).

Veale *et al.*(2006: 307)은 유머의 공격성 이론과의 연관성에 주목하지만, Hamrick(2007)은 비공격적인 유머에도 동일한 언어적 메커니즘이 작용한다고 주장한다(아래 참조). 이는 우월성의 정의적 특성이 아님을 보여준다.[5] 또한, 청자가 화자의 '전제(premises)'를 사용하여 우월성을 나타내는 경우, "화자가 그러한 전제에서 작업하려면 분명히 혼란스럽고 부적절하거나 적어도 정보가 부족해야 한다"라고 주장한다(Veale *et al.* 2006: 313-314). 그러나 위의 처칠의 예를 생각해 보면, 이는 의심스러운 가정으로 보인다. 이제 Hamrick(2007) 및 Attardo(2020a)에서 논의된 예를 고려해 보자.

고객: Can I get $100 cash? (100달러는 현금으로 받을 수 있나요?)
은행원: Should I take it from your checking [account]? (당좌[계좌]에서 인출해야 하나요?)

5 공격성은 Veale *et al.*(2006)의 정의에는 포함되지만, Veale(2003: 15)의 정의에는 없다는 점이 특징이다. 즉, "어떤 경우에는 우월성이 화자의 목표를 훼손하기보다는 오히려 지원할 수 있다"라는 것이다.

고객: No, take it from someone else's. (아니요, 다른 사람의 계좌에서 가져가세요)

이 경우에 take it from X's account라는 표현이 재사용되었기 때문에 명백히 병렬 처리이다. 은행원이 혼란스러워하는 것은 물론, 무능하거나 잘못된 정보를 가지고 있다는 것은 의심의 여지가 없다.

우월성의 핵심은 병렬성이다. "병렬성은 유머 전략으로서의 우월성의 대표적인 특징이다"(Veale *et al*. 2006: 313). 청자가 원래 화자의 발언에 반박하는 경우는 어떤가? 위의 예를 독백 형태로 쉽게 바꿀 수 있기 때문에, 이것도 의심스러워 보인다.

처칠: "My defeat in 1945 was a blessing in disguise. A bloody good disguise, I might add."
(1945년 나의 패배는 뜻밖의 결과였다. 아주 좋은 결과였다)

토니 빌(Tony Veale)이 이미 언급했듯이(2003: 14, '자아 우월성'), 실제로 병렬성도 제거할 수 있다.

보스: You should have been here at 8:00 am? (당신은 오전 8시에 왔어야 했나요?)
직원: Why, what happened at 8:00? (왜요, 8시에 무슨 일이 있었나요?)

요약하자면, 우월성이 일관된 범주인지는 분명하지 않다. 이 범주에 대한 관심은 일반화 가능성에 의해서만 정당화되기 때문에 궁극적으로 논쟁의 여지가 있다(Veale *et al*. 2006: 308). 빌은 은유, 현저성, 환유, '복잡한 해석'(즉, 둘 이상의 해석이 작용하는 것) 및 과잉 이해를 포함하는 다양한 해석(즉, 정보를 표시하는 방법)을 고려한다. Semino(2008: 114-116)는 만화에서 유머러스한 시각적 은유를 분석하고, 텍스트의 풍자적 측면을 제공하는 환유적 사상을 강조한다. 마지막으로, Veale(2008)은 부조화 해결에 대한 다양한 개념화를 훨씬 더 확장된 개념인 전경-배경 반전으로 대체할 것을 제안하고 있다.

3.4 유머와 은유

놀랍게도 유머와 은유의 상호작용은 최근까지 큰 관심을 끌지 못했다. 이 주제에 대한 인지언어학, 심리학 및 유머 이론의 연구를 광범위하게 검토한 Krikmann(2009)이 있다.

은유의 문자적 의미와 비유적 의미 사이의 모호성은 유머러스한 부조화를 유발하는 아주 일반적인 방법이다(Goatly 2012: 180-181). 예를 들어, Goatly(2012: 176)가 제시한 사례를 살펴보자.

> A car mechanic becomes addicted to drinking brake fluid. One of his friends confronts him and tells him that drinking brake fluid is very dangerous as the stuff is poisonous. "Don't worry", said the mechanic. "I can stop any time." (한 자동차 정비사가 브레이크액을 마시는 것에 중독되었다. 그의 친구가 그에게 브레이크액이 독성이 있어서 마시는 것이 매우 위험하다고 경고한다. 그러자 정비사는 "걱정하지 마, 언제든지 멈출 수 있어"라고 말했다)

여기서 두 가지 의의가 뚜렷하게 드러난다. 즉, '멈추다'라는 음주와 '정지하다'라는 이동의 의미이다. 이 두 감각의 연결은 은유적 도식인 ACTION IS MOTION(행위는 이동이다)로 설명될 수 있다.

가장 일반적인 접근 방식은 거리 이론이다. 이 이론은 은유적 해석에서 두 영역 사이의 연결이 '확장된'(즉, 너무 멀어짐) 유머러스한 것으로 인식된다는 '의미론적 거리'의 가정에 기반하고 있다. 이는 종종 개념 간의 유사점(은유) 또는 차이점(유머)에 주의를 기울이는 것으로 표현된다(Fónagy 1982, Morrissey 1989, Pollio 1996, Kyratzis 2003, Dynel 2009, Kang 2016). Ritchie(2005, 2013)는 은유가 틀 전이에서 비롯되지만, 이를 '다르게' 그리고 '전복'함으로써 수행된다고 주장하지만, '전복'에 대한 명확한 정의는 제시하지 않고 있다.

거리 이론은 심리학 연구에 뿌리를 두고 있으며, Martin(2007: 92-95)에 의해 유용하게 요약되었다. 이 연구에 따르면 의미론적 거리(찰스 에거튼 오스굿(Charles Egerton Osgood)의 의미적 미분(Osgood *et al*. 1957) 및 기타 방법으로 측정)가 클수록 유머에 대한 인식이 더 커진다는 결과가 나타났다. Kang(2016)의 합성어 연구는 매우 가까운 단어 쌍에 대한 연구로, 이러한 거리 이론의 방법론에 가장 근접한 연구이다. 그러나 거리 이론의 가장 큰 문제점은 두 단어 또는 두 영역이 재미있을 만큼 '충분히' 멀리 떨어져 있는지를 판단할 수 있는 기준이 제공되지 않는다는 것이다. 이 문제가 해결되기 전까지 이 이론은 대체로 인상주의적이다. 최근에는 계산적 어휘의미론과 온톨로지에서 의미론적 거리를 측정하는 새로운 기법이 개발되고 있어, 이 문제가 해결될 가능성이 높아 보인다(리뷰는 Meng *et al*. 2013, Mohammad & Hirst 2012, Mihalcea *et al*. 2006 참조).

Oring(2003)의 관점에 따르면, 은유와 유머의 차이점은 유머의 경우 사상의 부조화가 부분적으로 해결되는 반면, 은유적 부조화는 완전한 해결을 받는다는 것이다. 사상의 불일치에 대해서는 Attardo(2015: 96)를 참조할 수 있다. Müller(2015: 115)는 "유머는 (…) 두 개념 사이의 반대를 유지하는 반면, (…) 은유는 두 개념을 융합한다"라고 말한다. Veale & Valitutti(2017)는 엘리엇 오링(Elliott Oring)의 아이디어를 유머의 계산적 생성에 적용한다.

Attardo(2015)는 유머러스한 은유의 범주가 일관된 개념이 아니며, 단일 설명으로 포괄할 수 없는 다양한 현상을 포괄하는 용어로 이해하는 것이 가장 바람직하다고 결론짓는다. 여기에는 우스꽝스러운 참조 대상을 가진 은유, 실패한 은유(예: 스스로 사상된 영역), 혼합된 은유, 지나치게 구체적이어서 기본 은유 관계를 위반하는 은유 등이 포함된다.

Piata(2016)는 유머러스한 은유에 대한 살바토레 아타르도(Salvatore Attardo)의 설명을 확장하여, 유머러스한 은유의 또 다른 범주인 재활용 은유(recycled metaphor)를 추가했다. 이는 밈(meme)에서 상호텍스트적으로 유머러스하게 재활용되는 은유로 정의된다. Piata(2016: 43)에 따르면, "밈의 재미는 서로 어울리지 않는 두 영역을 결합하는 데 있는 것이 아니라, 기존의 사상을 어울리지 않는 방식으로 활용하는 데 있다"라고 언급한다. GOVERNING A COUNTRY IS (LIKE) DRIVING A TRAIN(국가를 통치하는 것은 기차를 운전하는 것이다)와 같은 은유적 광고를 패러디한 사례는 매우 흥미롭다.

피아타는 은유와 유머의 차이에 대한 확답을 주지 않지만, "유머와 은유 사이의 친화성은 화용적/담화적 층위에 있으며, 담화에서의 평가 기능과 관련이 있다"(Piata 2016: 40)고 주장한다. 또한, "유머와 은유는 평가와 설득의 메커니즘으로서 공통의 담론적 기능을 공유한다는 점에서 수렴된다"(Piata 2016: 42)라고 강조한다.

4. 현재 기여 및 연구

4.1. 신체화된 인지

신체화된 인지는 인지언어학의 핵심 개념 중 하나이다(Evans & Green 2006: 44-47 참조). 이와 관련된 한 가지 예로, 은유를 이해하기 위해서는 신체적 행위에 대한 정신적 시뮬레이션이 필요하며, 이는 동일한 신경 경로를 활성화한다(Gallese 2005, Gallese & Lakoff 2005, Wilson & Gibbs 2007)는 점이 있다.

유머도 이러한 설명으로 잘 이해된다는 주장이 있다. Bergen & Binsted(2015)는 영상(image)과 구문이 유머의 중심이며, 유머가 신체화된 인지의 일부이기 때문에 유머 자체도 신체화된 인지에 속한다고 주장한다. 즉, 언어적으로 표현된 유머는 신체화된 언어로 표현될 때 유머가 신체화된 것이다. 이는 유머가 아닌 (진지한) 언어도 마찬가지로 신체화된다는 것을 함축한다.

Samermit & Gibbs(2016: 32)는 유머 처리에 '신체화된 시뮬레이션 과정'이 포함된다는 것을 보여주었다. 유머에서 신체화가 중요한 역할을 한다는 생각은 타당하다. 레이몬드 깁스(Raymond W. Gibbs Jr.)는 신체화가 간지럼과 같은 활동과 연결되어 있다고 주장한다. 하지만 이는 놀이 이론, 특히 놀이를 메타신호("이것이 놀이다")로 보는 베이트슨 접근법(Batesonian approach)과의 연관성을 간과하는 것처럼 보인다. 따라서 깁스의 신체화 주장은 유머가 놀이와 밀접하게 연결되어 있다는 오랜 사실로 축소되는 경향이 있다.

Bergen & Binsted(2015), Samermit & Gibbs(2016), Gibbs *et al.*(2018)은 신체화가 (언어 또는 놀이에 의해) 매개된다고 가정하지만, 신체화와 유머 인식 사이의 직접적인 인과 관계를 보여주는 또 다른 관점도 있다. 예를 들어, 펜을 입에 물고 미소를 짓는 것만으로도 유머에 대한 반응이 향상된다는 연구 결과가 있다(Strack *et al.* 1988, Glenberg *et al.* 2005, Chang *et al.* 2014). Kaspar *et al.*(2016)은 무거운 클립보드를 들고 있는 것이 남성과 여성의 유머 인식에 다른 영향을 미친다는 사실을 발견했다. 남성의 경우 무거운 클립보드가 유머 인식을 강화한 반면, 여성의 경우에는 오히려 저하시켰다.

Attardo(2018)에서 지속적인 유머(세 차례 이상 반복되는 유머러스한 교환)는 화자가 감정적인 유머에 참여할 때 발생하는 상쾌함(일명, 환희)과 웃거나 웃는 표정에 의해 촉발된 거울 뉴런의 점화로 촉진된다고 주장한다. 즉, 유쾌한 기분이 있는 사람은 더 많은 유머를 생성하거나 웃음에 참여할 가능성이 높기 때문에, 유쾌한 기분은 지속적인 유머의 원인이자 **결과**가 된다. 미소, 신체화 및 거울 뉴런에 대한 자세한 내용은 Schilbach *et al.*(2008)을 참조할 수 있다.

4.2 문체와 구문문법

인지언어학과 유머의 문체에 대한 중요한 공헌은 Antonopoulou(2002, Antonopoulou & Nikiforidou 2009, Antonopoulou *et al.* 2015)의 연구에서 비롯된다. 안토노풀루와 그녀의 공동 저자들은 관용성과 구문을 포함하도록 일반 언어 유머 이론의 언어 지식 자원을 개정할 것을 제안한다.

안토노풀루의 분석은 복잡한 부분이 많지만, 한 가지 예를 통해 논지를 파악할 수 있다. 예를 들어, 관용성의 충돌은 '가산명사에서 질량명사로 전환'(Antonopoulou 2002: 204)이라는 방식으로 설명된다. 이와 관련된 예문은 다음과 같다.

> Anna Halsey was about two hundred and forty pounds of middle-aged putty-faced woman in a black tailor-made suit. (안나 할시는 검은 양복을 입은 약 240파운드 중년의 퍼티 같은 표정을 지닌 여성이었다)

안토노풀루는 이 예문에 대해 다음과 같은 상세한 분석을 제공한다.

> (…) [어떤] 부조화가 of로 시작하는 문장 후반부에 부호화된 것처럼 보이지만, 실제로 그 해결은 독자가 전환을 유도하는 이유, 즉 그녀가 너무 뚱뚱해서 '가산명사보다 질량명사'라는 것을 깨닫는 데 달려 있다.
>
> Antonopoulou 2002: 204

Bergen & Binsted(2004)도 구문을 검토하며 다음과 같은 구조인 the X is so Y that Z를 제시한다.

> It was so cold, I saw a lawyer with his hands in his own pockets. (날씨가 너무 추워서, 나는 주머니에 손을 넣은 변호사를 본 적이 있다)

그들은 인지문법이 다루는 언어적 측면 중 어느 것도 구문의 유머를 설명할 수 없으며, 예문은 유머의 부조화/해결 및 공격성 이론으로 설명해야 한다고 결론지었다.[6]

인지언어학자와 일반 언어 유머 이론의 지지자들 사이에는 유머에 특정한 언어적 메커니즘이 없다는 데 의견이 일치하고 있다. 예를 들어, 벤자민 베르겐과 김 빈스테드(Benjamin Bergen & Kim Binsted)는 다음과 같이 말한다.

---

6 척도 유머의 언어적 근거(X IS SO Y THAT Z 구문)와 이 구문에 부호화된 화용적 추론이 어떻게 작용하는지에 대해 개괄적으로 설명했다. 그러나 두 번째 근본적인 질문은 여전히 남아 있다. 이러한 다양한 방식에서 무엇이 웃음을 유발하는가? (…) 이에 대한 답을 찾기 위해 우리는 유머 연구에서 무엇이 웃기는지에 대한 이론을 찾아야 한다(Bergen & Binsted 2004: 10).

> **유머 생산이나 이해와 무관하게**, 언어 사용자는 다의성과 은유에 대한 지식을 가지고 있다. 언어적 능력과는 완전히 별개로 상상력, 과장, 그럴듯한 추론을 수행할 수 있다. 즉, 척도 유머는 **사용된 부분**으로 구성될 수 있다.
>
> Bergen & Binsted 2004: 10, 필자 강조

Veale *et al*.(2006: 334)도 이에 동의하며, "우리는 화자들이 적대적 유머 게임에서 매우 일반적인 해석 작용을 활용한다는 것을 관찰했다. (…) 우월성 전략에 대한 완전한 의미론적 설명을 위해 유머에 특정한 논리적 메커니즘이 필요하지 않다." Attardo(2006: 357) 또한 "일반 언어 유머 이론은 유머 외부에서 작용하는 일상적인 인지적 메커니즘의 조합으로 구성된다"라고 주장한다.

5. 향후 방향

여전히 미해결된 몇 가지 질문이 남아 있으며, 향후 더 많은 연구가 필요할 것으로 보인다. 인지언어학에서 규명한 인지적 메커니즘이 논리적 메커니즘에 해당하는지에 대한 보다 광범위한 질문이 제기되고 있다. Hamrick(2007), Attardo(2007, 2015)는 "은유, 혼성, 환유 및 이와 유사한 인지 현상은 논리적 메커니즘의 한 부류일 수 있다"라는 가설을 제안했다(Attardo 2015: 108). Barcelona(2003) 역시 환유가 이 아이디어와 양립할 수 있다고 주장한다. Veale(2003: 2)는 "은유가 (…) 그 자체가 유머를 작동시키는 논리적 메커니즘의 일부가 될 수 있다"라고 단호하게 주장했지만, 후속 출판물에서는 이 아이디어를 다소 철회한 것으로 보인다. Veale *et al*.(2006: 333-334)에 제시된 해석 목록은 다른 많은 인지언어학 분석 및 일반 언어 유머 이론의 논리적 메커니즘과 일치한다. Müller(2015: 116)와 Dore(2015)도 이 아이디어에 찬성한다. Schubert(2018: 169)는 이 가설에 동의하며 이를 설득력 있게 설명한다. 필립 햄릭(Philip Hamrick), 살바토레 아타르도(Salvatore Attardo), 마르게리타 도르(Margherita Dore), 크리스토프 슈베르트(Christoph Schubert)의 가설이 옳다면, 어떤 은유나 환유는 왜 웃음을 유발하고, 어떤 것은 그렇지 않은지를 설명하는 데 유용한 통찰을 제공할 수 있다.

유머와 유머러스한 교환의 신체화된 본질은 특히 유머의 다중양상성에 대한 연구가 진행됨에 따라 향후 연구에서 중요한 주제가 될 것으로 예상된다(초기 연구를 종합적으로 살펴보려면 Gironzetti 2017 참조). 일반적으로 유머 언어학의 전체 분야는 상호작용주의의 민족지학적 방법론

을 채택하고 있는 것으로 보이며(Attardo 2020a 참조), 따라서 인지언어학도 유머의 상호작용적 측면을 계속 탐구할 것으로 보인다.

결론적으로, 인지언어학과 유머 연구가 '안정적'이고 '프로그램적'인 단계를 넘어설 것인지(Brône 2017: 262) 아니면 적절성 이론, 말뭉치 언어학, 그리고 다양한 심리학 이론과 함께 다원적 관계 속에서 일반 언어 유머 이론에 합류할 것인지를 지켜보는 것은 흥미로운 일이다. 시간이 그 해답을 제시할 것이다.

더 읽을거리

Brône, G. (2017). Cognitive linguistics and humor research. In S. Attardo (Ed.), *The Routledge handbook of language and humor* (pp. 250-266). New York: Routledge. (이 분야의 중심 인물 중 한 명이 제공하는 최신 개요이다.)

Brône, G., K. Feyaerts, & T. Veale (Eds.). (2015). *Cognitive linguistics and humor research*. Berlin: Mouton de Gruyter. (이 분야에 대한 필수적인 기사 모음과 종합을 제공한다.)

Coulson, S. (2001). *Semantic leaps. Frame-shifting and conceptual blending in meaning construction*. Cambridge: Cambridge University Press. (유머의 틀 이동과 혼성 분석에 대한 고전적인 접근법이다.)

제22장
언어적 공감각

1. 개요[1]

공감각(synaesthesia)이라는 용어는 '함께'를 의미하는 그리스어 syn과 '감각'을 뜻하는 aisthē-sis에서 유래하며, 감각의 혼합을 나타낸다. 보다 구체적으로, **언어적** 공감각은 한 감각 양상의 경험을 다른 감각 양상의 표현으로 설명하는 것으로, 예를 들어 미각과 후각이 결합한 bitter smell(쓴 냄새) 같은 표현이 이에 해당한다. 반면 **신경인지적** 공감각은 감각 양상 간에 뇌 기능이 중첩되는 신경학적 상태를 의미한다. 이 장에서는 공감각에 대한 언어학적 연구를 조사하고 요약하며, 특히 다음 문제를 다룬다.

- 언어적 공감각이란 무엇인가? 일반적으로 학교에서는 샤를 피에르 보들레르(Charles Pierre Baudelaire)나 진 니콜라 아서 랭보(Jean Nicolas Arthur Rimbaud)의 시에서 흔히 볼 수 있는 비유로 가르친다. 그러나 이것이 정말 비유인가? 그렇다면 어떤 비유인지 구체적으로 알아봐야 한다.
- Ullmann(1957)과 문학 텍스트의 공감각에 대한 다른 초기 연구에서 관찰된 감각 결합 선호도가, 다양한 텍스트 유형과 언어에서 수집된 더 많은 데이터로 확인될 수 있는가?
- 이러한 결합 선호도가 확인되면 어떻게 설명할 수 있는가? 지각 기능이나 신경인지적 공감각

1 프란체스카 스트릭 리버스가 2절, 3절, 3.1절, 3.3절, 4절의 초안을 작성했고, 추-런 황이 1절과 5절의 초안을 담당했으며, 찌아찌위엔 씨옹은 3.2절의 초안을 작성했다. 세 명의 저자 모두 최종 버전의 논의와 수정에 기여했다.

과의 관계를 살펴보아야 하는가? 아니면 문화와 언어에서 이 동기화를 찾아야 하는가?

- 선호하는 패턴과 관련하여 한 언어 내에서 또는 언어 간에 불일치가 있는 경우에는 어떻게 해야 하는가?

이러한 질문들을 해결함으로써, 감각 지각, 인지 및 언어 간의 복잡한 상호작용을 관찰하는 창구로서 언어적 공감각이 수행하는 역할을 강조할 수 있다. 언어와 관련하여 한편으로는 지각 기능의 일부 양상을 반영하고, 다른 한편으로는 언어마다 다를 수 있는 개별 언어의 감각 어휘 구성을 면밀히 조사하는 것이 중요하다는 점을 강조한다. 이 두 가지 양상 모두 언어적 공감각의 특성과 관련이 있는 것으로 보인다.

2. (비유적) 언어의 공감각

언어의 공감각에 대한 연구는 낭만주의와 프랑스 상징주의와 같은 문학 사조의 특징 중 하나인 고도로 창의적인 감각적 비유에서 시작되었을 가능성이 크다. 20세기 전반기에 이 주제에 대해 수행된 풍부한 연구는 주로 문학적 장치로서의 공감각에 관한 것이었다(Ullmann 1957 참조). 비문학적 언어에서의 공감각의 사용도 인정되었지만, 최근에 와서야 언어 공감각 연구의 주요 주제가 되었다. 이러한 관심의 전환은 은유 연구에서의 '인지적 전환'과 대규모 전자 말뭉치의 가용성이라는 두 가지 상황의 맞물리면서 이루어졌을 것이다. Lakoff & Johnson(1980) 이후 인지언어학적 전통은 은유적 사고의 기초가 되는 신체적, 감각적 지각의 역할을 강조하며, 은유적 사고가 만연한 일상 언어 사용에 대한 관심을 불러일으켰다. 이러한 요인들이 **탁월한** 감각적 비유, 즉 공감각과 비문학적 언어에서의 사용에 대한 관심을 다시 촉발하는 데 기여했을 수 있다. 공감각은 일상 언어에서는 다소 드물기 때문에(Marotta 2012, Strik Lievers & Huang 2016), 대규모 비문학적 말뭉치에서 공감각 사례를 자동으로 추출하는 도구의 존재는 이러한 연구를 가능하게 하는 데 결정적인 역할을 했다(3절 참조).

그렇다면 언어에서 공감각이란 정확히 무엇인가? 통사적으로는 다양한 구상화로 나타날 수 있지만, 일반적으로 속성 관계로 변환될 수 있다(Marotta 2011, Huang & Xiong 2019). 보다 구체적으로, 특히 비문학적 언어에서 가장 빈번하게 나타나는 형태는 sweet melody(달콤한 멜로디), bitter smell(쓴 냄새), bright voice(밝은 목소리)와 같은 형용사 수식어와 명사로 구성된 명사구이다.

그러나 이론적 관점에서 공감각의 정의에 대한 의견이 분분하기 때문에 공감각의 지위에 대해서는 논의가 필요하다. 문헌에서 세 가지 주요 입장을 확인할 수 있다(Strik Lievers 2017, Winter 2019a: 7장 참조). (i) 공감각은 은유이다 (ii) 공감각은 환유와 연결되어 있다 (iii) 공감각은 비유가 아니다.

심리학 및 신경과학 연구(Day 1996, Ramachandran & Hubbard 2001, Marks 2011)에서는 언어적 공감각과 신경인지적 공감각을 구분하기 위해 공감각적 은유(synaesthetic metaphor)라는 용어를 사용하며, 초기 언어학 및 문학 연구(O'Malley 1957)에서는 공감각을 보통 은유라고도 불렀다. 그러나 이러한 명칭은 논의되거나 정의되지 않았고 오히려 당연한 것으로 여겨졌다.

인지언어학 전통 내에서 일부 학자들은 공감각이 환유와 관련이 있다고 제안하며 '기본값' 은유적 해석에 이의를 제기했다. 한 가지 견해는 경험적 인접성이 환유와 공감각의 기초가 되는 메커니즘이라는 것이다. 예를 들어, 일반적으로 color(색)는 warm(따뜻하다) 또는 cold(차갑다)라고 말할 때, 이는 해당 색의 물체와 그 온도 사이의 경험적 상관성에 기초한다. 즉, 불은 뜨겁고 빨간색/노란색이며, 얼음은 차갑고 흰색/파란색이다(유사한 고려 사항에 대해서는 Dromard 1908, Dirven 1985: 100, Marks 1990, Cacciari 2008와 같은 심리학자들의 연구를 참조할 수 있다). 또 다른 환유적 관점은 공감각이 다른 종류의 은유와 마찬가지로 근본적인 환유적 동기를 가진다는 것이다. 공감각의 경우 이러한 환유적 동기화는 지각자의 반응에 있다. 예를 들어, 어떤 color(색)는 loud(시끄럽다)일 수 있는데, 이는 비정상적인 색과 비정상적인 소리가 지각자에게 유사한 효과, 즉 주의를 끌기 때문이다(Dromard 1908, Barcelona 2008, Ruiz de Mendoza 2020: 24-25 참조).

언어적 공감각의 본질에 대한 세 번째 분석은 공감각이 결코 비유가 아니라고 주장한다(Rakova 2003, Paradis & Eeg-Olofsson 2013, Paradis 2015, Winter 2019a, 2019b). 이러한 관점에서 형용사 sweet(달콤하다)를 smell(냄새)의 수식어로 사용하거나 hot(뜨겁다)을 chilli peppers(고추)의 수식어로 사용하는 것은 은유적이거나 환유적인 것이 아니다. 감각 영역 간 확장된 사용은 실제 지각의 다중 감각성을 반영하는 언어적 표현일 수 있다(Calvert, Spence & Stein 2004, Sathian & Ramachandran 2019). 즉, sweet(달콤하다)이 sweet taste(달콤한 맛)와 sweet smell(달콤한 냄새)에 동등하게 잘 사용될 수 있다면, 이는 미각과 후각이 서로 밀접하게 연결된 감각이기 때문이다(리뷰는 Auvray & Spence 2008 참조). 또한 고온과 매운맛이 유사한 신경생리학적 반응을 일으키고 비슷한 감각을 유발하기 때문에 stove(스토브)와 chilli pepper(고추)는 모두 hot(뜨겁다)으로 묘사될 수 있다(확장된 토론 및 참조를 위해 Rakova 2003: 34-47 및 Winter 2019a: 87-90 참조). 따라서 sweet(달콤하다)와 hot(뜨겁다)은 단수 형용사로, 다중양상적 개념을 혼합적으로 표현한다. 실제 지각에서 연결에 의해 동기화가 부여되지 않을 수 있는 다른 표현들은 많은 감각 단어도 높은 평가를 받는다는 사실로 설명될 수 있다. 예를 들어, sweet melody(달콤한 멜로디)에서 형용사 sweet(달콤하다)은 맛과 관련된 의미보다는 쾌적함이라는 긍정적인 가치를 전달한다. 즉, sweet melody(달콤한 멜로디)는 sweet smell(달콤한 냄새)이나 hot chilli peppers(뜨거운 고추)와 같이 공감각적이지도 않고 비유적이지도 않다(Lehrer 1978, Shibuya, Nozawa & Kanamaru 2007, Paradis & Eeg-Olofsson 2013, Winter 2016, 2019a).

환유적 설명과 비유적 설명은 구체적 예에 대해서는 매력적이지만, cold sound(차가운 소리)라는 표현이나 키츠 하우스(Keats House)의 velvet summer song(벨벳의 여름 노래)과 조지 고든 바이런(George Gordon Byron)의 eyes have ears(눈에는 귀가 있다)(Ullmann 1945의 예)와 같은 창의적인 감각적 이미지에 대해서는 설득력이 없어 보인다. 여기서 경험적 인접성이나 평가성은 충분한 동기화로 보이지 않는다. 공감각을 전통적인 연구와 마찬가지로 은유로 보는 것은 새로운 인식을 통해 보다 포괄적인 설명을 가능하게 하는 것 같다. 그 이유를 간략하게 논의할 것이다.

우리의 감각적 경험은 대부분 다중감각적이며 교차 감각적이지만, 우리는 대부분의 감각을 다소 뚜렷한 개념적 범주로 분류하는 경향이 있다(문화와 언어에 따라 다를 수 있음, Classen 1993, Levinson & Majid 2014 참조). 예를 들어, Lynott *et al.*(2019)의 연구에서 3,500명의 참가자들이 판단한 감각적 규범에 따르면, 명사 smell(냄새)은 후각(5점 만점에 4.9)으로, 형용사 bitter(쓰다)는 미각(4.2)으로 평가되었다. 이는 bitter smell(쓴 냄새)이라는 표현에서 개념적으로 구별되는 두 감각 영역 사이의 갈등(Prandi 2017의 의미에서)에 의해 생성된 전이가 있다는 아이디어를 뒷받침한다. 즉, 미각과 후각이 서로 밀접하게 연관되어 있다는 사실과 bitter(쓰다)가 평가적 요소가 강하다는 점이 기여하여, bitter smell(쓴 냄새)이 일반적으로 사용되며 개념적으로 도전적이거나 창의적이라고 느껴지지 않는 이유를 설명할 수 있다. 개념적 갈등의 결과적 전이는 실제로 은유의 정의적 특징이며, 이러한 설명에 따르면 bitter smell(쓴 냄새), loud color(시끄러운 색), sweet melody(달콤한 멜로디), velvet summer song(벨벳의 여름 노래) 등은 (공감각적) 은유, 즉 다소 창의적인 은유로 간주될 수 있다(공감각적 은유의 창의성을 평가하는 계산 모형에 대해서는 Chersoni, Strik Lievers & Huang 2019 참조).

또한 공감각이 다른 감각과 관련된 개념이 연관될 수 있는 유일한 발화의 비유가 아니라는 점도 주목해야 한다. 다른 비유에서는 개념적 충돌이 없거나 비유가 식별되면 충돌이 해소된다(Strik Lievers 2018, 다른 비유와 공감각의 상호작용, Tornitore 2000, De Salazar 2019 참조). 예를 들어, 직유의 경우에서 퍼시 비시 셸리(Percy Bysshe Shelley)는 Music spread like light(음악이 빛처럼 퍼진다)라는 표현을 통해 음악과 빛의 확산 방식이 비슷하다고 말하지만, shining music(빛나는 음악)에서처럼 시각적 속성을 음악에 부여하지는 않는다. 대치법과 환유의 경우도 마찬가지이다. 바이런의 The odorous purple of a new-born rose(갓 태어난 장미의 향기로운 보라색)에서 odorous(향기롭다)와 purple(보라색) 사이의 갈등은 대치법을 통해 odorous가 지속적으로 rose(장미)를 의미한다는 점에 주목하자마자 사라진다. black music(검은 음악)에서 black(검다)이 음악을 연주하는 사람을 환유적으로 가리키는 것으로 해석되면 시각적 개념과 청각적 개념 사이에 갈등이 없다. 따라서 개념적 갈등으로 인해 실제 전이가 발생하는 유일한 경우는 공감각의 경우이다. 우리는 공감각을 진정한 감각의 은유로 정의할 수 있다. 가장 자주 발생하는 형태인 형용사 수식어가 있는 명사구에서 형용사는 전형적으로 전이의 근원을 표현하고, 명사는 그 목표를 표현한다. 예를 들어 loud color(시끄러운 색)에서 은유적 전이는 청각 양식에서 시각 양식으로 이동한다.

3. 언어적 공감각의 방향성

전통적으로 문학 연구자들이 다루거나 심리학 연구에서 언급되던 공감각은 1930년대 후반부터 스티븐 울만(Stephen Ullmann)의 연구 덕분에 언어학의 영역으로 들어왔다. 그의 연구 결과는 1957년 출간된 『의미론The Principles of Semantics』에 요약되어 있다. 울만은 19세기 영어, 프랑스어, 헝가리어의 대규모 말뭉치를 분석한 결과, 개별 작가의 시학적 차이에도 불구하고 공감각적 은유에서 교차 감각적 전이가 특정한 패턴을 따른다는 사실을 발견했다. 그는 감각을 6가지(전통적인 5가지 감각과 온도를 포함)로 나누고, 감각의 위계적 성향을 가정했다. 그에 따르면, 공감각적 전이는 일반적으로 낮은 양상(촉각/온각, 미각, 후각)에서 높은 양상(청각, 시각)으로 이동하는 경향이 있으며, 그의 샘플에서는 83%의 전이가 이러한 방향성을 따르는 것으로 나타났다. 청각과 시각은 선호되는 목표 양식인 반면, 다른 감각들은 주로 근원의 역할을 한다고 볼 수 있다. 예를 들어 롱펠로(H. W. Longfellow)의 시에서 (Thou shalt hear sweet <u>music</u>/And breathe the fragrance/Of flowers immortal!(너는 달콤한 음악을 듣고/그리고 향기를 호흡하라/불멸의 꽃의 향기를!) 청각은 가장 일반적인 목표 양식으로 사용되고, 스윈번(A. Swinburne)의 경우 (I lay there till the <u>warm</u> smell grew/More <u>sharp</u>(따뜻한 냄새가 날 때까지 거기 누웠다/더 날카롭게), 촉각/

온도는 가장 일반적인 근원으로 나타난다. 울만은 이러한 패턴이 '공통적이고 반복되는 현상'을 나타내지만, 개별 전이에 대한 구체적인 정보는 제공하지 않는 의미론적 규칙성의 일종이라고 제안했다. 그는 이러한 규칙성이 "실제로 발전을 **예측할** 수는 없더라도, 적어도 확률에 대한 대략적인 개념을 형성할 수 있게 해 주는" **범연대기적 통계 법칙(panchronistic statistical laws)**의 한 예라고 설명했다(Ullmann 1957: 290).

울만은 공감각 전이에 대해 그의 관찰을 확인하기 위해 "많은 실증적 연구"(1957: 192)가 필요하다고 언급했다. 이상적으로 이러한 연구는 다음과 같은 분석으로 구성되어야 한다. (i) 패턴의 통계적 견고성을 확인하기 위한 대량의 데이터, (ii) 통계적 법칙의 교차 언어적 타당성을 테스트하기 위한 다양한 언어 데이터, (iii) 시에서 관찰된 패턴이 다른 텍스트 장르에서도 유사하게 유지되는지 확인하기 위한 다양한 텍스트 장르의 데이터이다. 아래에서는 이 문제에 대해 수행된 몇 가지 연구를 검토할 것이다.

3.1 영어 및 기타 인도-유럽어

다양한 인도-유럽어족 언어와 시대별로 활동한 작가들(주로 시인)의 공감각적 은유 사용에 관한 여러 연구가 이루어졌다. 이 연구들 중 일부는 울만의 '법칙'의 유효성을 검증하는 것을 목표로 하기도 했다. 예를 들어, Rosiello(1963)는 이탈리아 시인 에우제니오 몬텔레(Eugenio Montale, 1896-1981)의 작품을 분석하여 대부분의 전이(66%)가 낮은 감각 양식에서 높은 감각 양식으로 이동한다는 사실을 확인했다. 또한, Mancaş(1962)는 루마니아 작가 3명의 연구를 통해 대상으로 84%의 전이가 방향성을 가진다는 것을 관찰했으며(루마니아어의 공감각에 대해서는 De Salazar 2019 및 해당 참조를 확인), 기원전 1세기 라틴 시에 대한 De Felice(2014)도 유사한 결과를 도출했다.

이러한 연구들은 공감각에 강한 방향성이 있음을 확인하며, 일반적으로 문학 텍스트, 특히 감각적 이미지를 많이 사용하는 작가들의 작품을 기반으로 하고 있다. 만약 입증된 교차 감각 전이 유형을 정량적으로 평가하는 것이 목표라면, 공감각적 은유를 많이 사용하는 텍스트를 분석하는 것이 합리적이다. 하지만 공감각이 드물게 발생하는 비문학적 언어에서의 사용은 어떤가? 이를 위해 다양한 장르의 텍스트로 구성된 대규모 말뭉치가 필요하며, 연구자들이 희소한 공감각 사례를 식별하는 데 도움이 되는 방법도 필요하다. 대규모 웹 말뭉치는 다양한 텍스트 유형을 포함하고 있기 때문에 이러한 연구에 적합한 후보가 될 수 있다.

Strik Lievers(2015a)는 공감각적 사례를 자동으로 검색할 수 있는 방법을 사용하여 영어와 이탈리아어 웹 말뭉치를 분석했다(Strik Lievers & Huang 2016 참조). 먼저 어휘 자원을 활용해 각 단어 부류(명사, 형용사, 동사)와 감각 양식(전통적인 오감)에 대한 감각 어휘 집합을 구축하고, 이를 통해 공감각을 포함할 가능성이 있는 모든 문장을 자동으로 검색했다. 마지막으로 자동으로 추출된 문장을 주의 깊게 검토하여 실제 공감각의 사례가 문장을 제거했다(예: black music(검은 음악)은 일반적으로 환유인데, 여기서 black은 색이 아니라 인간을 지칭함). 이 방법을 통해 공감각적 은유는 영어와 이탈리아어 모두에서 Ullmann(1957)과 후속 연구에서 관찰된 강력한 방향 전이의 우위를 확인했다. 이탈리아어에 대한 유사한 결과는 Ronga *et al.*(2021)에서도 나타났다. 따라서 일반적인 상하 패턴이 확인된 것으로 보이지만, 울만이 언급한 것처럼, 개별적인 역방향 전이도 발생할 수 있으며, 연구 전반에 걸쳐 낮은 양식 내에서 더 많은 다양한 양상이 발견된다는 점을 강조해야 한다.

Zawisławska *et al.*(2018)이 블로그 텍스트에 대한 수작업 주석을 통해 구축한 폴란드어 공감각적 은유 말뭉치(Synamet)에서는 매우 다른 연상의 패턴이 발견되었다고 보고했다. 이 말뭉치에서는 냄새와 맛이 전이의 주요 목표로 나타나는데, 이는 주로 향과 음식 관련 블로그, 즉 후각과 미각을 각각 다루는 텍스트가 대부분을 차지하기 때문이다. 같은 이유로, 후각을 통해 주변 세계를 경험하는 주인공이 등장하는 패트릭 쥐스킨드(Patrick Süskind)의 소설 『향기Perfume』에서도 후각이 대부분의 공감각적 대상이 된다(Strik Lievers 2015a, 2016 참조).

마지막으로, Strik Lievers(2015a)에서 밝혀진 바에 따르면, 대부분의 역방향 전이는 웹 말뭉치의 일부인 문학 텍스트에서 비롯되었다는 점도 주목할 필요가 있다. 이는 원칙적으로 어떤 의미와 다른 의미를 연결할 수 있는 언어 구조와 관계의 창조적 힘을 강조하며, "생각을 초월하는 것이 시적 표현의 법칙"이라는 사실을 보다 일반적으로 입증한다(Gaston Bachelard, Brunn 2011: 620에서 인용).

3.2 중국어 및 기타 비-인도유럽어

언어적 공감각의 방향성에 대한 초기 연구는 주로 인도유럽어에 초점을 맞추었다. 예를 들어, 헝가리어에 대한 Dombi(1970)와 히브리어에 대한 Shen(1997 및 후속 작업)은 일반적으로 낮은 패턴에서 높은 패턴으로의 전환을 확인했으며, 이 과정에서 내부적으로 약간의 변이가 있음을 보여주었다. 특히, 엘리사벳 돔비(Erzsébet P. Dombi)의 데이터에서는 가장 선호되는 감각이 청각이 아닌 시각임을 나타냈다. 아시아 언어에 대한 연구는 상대적으로 적은 수의 언어에 국한되어 있으며, 중국어(Lien 1994, Yu 2003), 인도네시아어(Shen & Gil 2008), 일본어(Shinohara & Nakayama 2011) 등이 보고되었다. 그러나 Strik Lievers(2015a)가 언어적 공감각에 대한 말뭉치 기반 접근 방식을 도입한 이후, 보다 광범위한 연구가 진행되었다. 최근의 많은 연구는 공감각의 방향성에 초점을 맞추고 있으며, 다양한 데이터에 대해 이 패턴의 유효성을 검증하는 것을 목표로 하고 있다.

전반적으로, 공감각적 사상의 방향은 낮음에서 높음으로 입증되지만, 특정 교차 감각 연상에 대한 언어별 선호도가 존재한다. 미각을 예로 들어 보면, 미각을 근원영역으로 하는 공감각적 전이는 중국어에서 시각(Zhao, Huang & Long 2018), 한국어에서는 청각(Jo 2019), 일본어에서는 후각(Shinohara & Nakayama 2011)과 가장 밀접하게 연결되는 경향이 있다. 하위 양식성 내의 공감각적 전이에 대해서는 다양한 결합이 발견되며, 종종 양방향적 패턴을 나타낸다. 이와 관련하여 단방향, 편향적, 양방향 전이를 구분한 Zhao, Huang & Ahrens 2019의 연구를 참고할 수 있다. 예를 들어, '낮음' 통증 감각을 고려한 일련의 연구에서는 중국어에서 통증과 미각 간의 전이가 입증되었다. 구체적으로, 미각에서 통증으로의 전이(낮음에서 높음)와 통증에서 미각으로의 전이(높음에서 낮음)가 모두 확인되었으며, 이는 澀味(sè-wèi)(떫은맛)이나 脚站酸了(jiǎo-zhànsuānle)(서 있어서 발이 통증을 느끼다)와 같은 표현으로 예시된다(Zhao, Huang & Long 2018, Zhao, Huang & Xiong 2019). 또한 苦痛(kǔ-tòng)(쓴 고통)이라는 표현도 정신적 고통을 나타내는 예로 언급될 수 있다(Xiong & Huang 2016). 더욱이, 미각은 한국어와 중국어 모두에서 특히 현저한 근원적 양식으로 기능한다. 예를 들어, Xiong & Huang(2016)은 불교 문헌에서 맛과 관련된 표현을 조사한 결과, 味(wèi)(맛)이 모든 종류의 감각적 느낌을 가리키는 포괄적 용어로 사용되며, 다른 모든 감각에 대한 풍부한 공감각적 사상을 보여준다는 사실을 발견했다.

흥미롭게도, 낮은 감각과 높은 감각 사이에서도 양방향 전이가 관찰된다. 촉각과 시각에 관한 예로는 冷色(lěng-sè)(차가운 색), 暖色(nuǎn-sè)(따뜻한 색)이 있으며, 이는 촉각에서 시각으로(낮음에서 높음) 전이되는 경우이다. 반면, 清凉(qīng-liáng)(상쾌하다-시원하다)와 清寒(qīng-hán)(맑다-차다, 추운 날씨, 맨손으로 빈곤)은 시각에서 촉각으로(높음에서 낮음) 전이되는 예시이다(Huang & Xiong 2019). 마찬가지로, 후각과 시각은 한국어에서도 양방향으로 사상될 수 있다. 예를 들어, "향기로운 시선을 보내다"라는 의미의 hyangkilo-wun sisen-ul ponay-ta(후각에서 시각, 낮음-높음)와 "다채로운 향기 속에서"라는 의미의 tachaylo-wun hyangki sok-eyse(시각에서 후각으로, 높음-낮음) 같은 표현이 있다(Jo 2019). 또한 1,000만 단어로 구성된 시니카 코퍼스의 광범위한 데이터를 기반으로 한 Zhao(2020)와 Zhao *et al.*(2018)의 연구는 시각이 촉각 및 미각과 함께 중국어에서 중요한 근원영역으로 기능한다는 것을 보여준다. 예를 들어, 清(qīng)(깨끗하다)는 이미 언급한 清凉(qīng-liáng)(상쾌하게 시원하다)(시각에서 촉각)와 같이 공감각의 매우 다양한 근원이 된다.

마지막으로, Chen *et al.*(2019)의 실험 논문에서도 중국어에 대한 관련 결과가 보고되고 있다. 이 연구는 언어에 대한 감각 양상 규범을 수집하기 위한 것으로, Lynott *et al.*(2019)이 영어에 대해 수행한 것과 유사하게, 참여자들이 두 가지 다른 양상을 참조하는 두 문자/형태소로 구성된 단어의 지배적 양식을 평가해야 했다. 그 결과, 대부분의 경우 선택된 우세한 양식은 시각적 요소였다. 흥미롭게도, 두 구성요소 중 시각과 관련이 없는 경우에도 시각이 우세한 경우가 많았는데, 예를 들어 冷酷(lěng-kù)는 문자적으로 '차가운-강한 맛, 와인'이라는 의미를 가지며, 주로 시각적 단어와 관련이 있었다. 이 연구에서도 몇 가지 역방향적 연상이 발견되었다.

따라서 낮음에서 높음으로의 방향성에 대한 선호도는 일반적으로 빈도 측면에서 확인된다고 할 수 있다. 그러나 Ullmann(1957)이 주장한 것처럼, 더 많은 실증적 연구가 필요하며, 광범위한 말뭉치 기반 및 실험적 연구 결과는 보다 미묘하고 포괄적인 이해를 제공할 수 있다.

3.3 논의

전반적으로 여러 언어와 다양한 텍스트 유형의 데이터는 울만이 관찰한 공감각적 은유의 낮음에서 높음으로의 전이에 대한 강한 선호를 확인하는 것 같다. 이 주제에 대해 수행된 몇 가지 통시적 연구도 이를 뒷받침한다. 예를 들어, 형용사에 초점을 맞춘 Williams(1976: 464-465)는 "영어의 감각 어휘는 생리학적으로 가장 덜 분화되고 가장 진화적인 원시 감각 양식에서 가장 분화되고 가장 진보된 감각 양상으로 체계적으로 전이되었지만, 그 반대는 그렇지 않다"라고 말한다. 예를 들어, 어원적으로 dulcet은 맛과 관련이 있지만(라틴어 dulcis(달콤하다) 참조), 현재는 주로 dulcet tones(부드러운 톤)에서처럼 소리에 사용된다. Strik Lievers & De Felice(2019)는 라틴어에서 이탈리아어로의 전이 과정에서 감각 형용사의 새로운 의미가 시간이 지남에 따라 발생한다면, 그러한 새로운 의미는 항상 계층적으로 더 높은 양식에 속한다는 것을 보여주며, 이는 이러한 언어에 대해 울만의 법칙의 예측적 가치를 뒷받침하는 것으로 보인다. 예를 들어, 라틴어 caldus는 오직 온도(뜨겁다)의 감각적 의미를 가지며, 이탈리아어의 caldo도 청각 및 시각적 경험을 묘사하는 데 사용될 수 있다(예: voce calda(따뜻한 목소리), colori caldi(따뜻한 색)). 그러나 공시적 방향성 경향과 마찬가지로 통시적 방향성도 개별적인 역방향 전이를 배제하지 않는 '통계 법칙'으로 간주되어야 한다는 점을 강조해야 한다. 예를 들어, 중국어에서 기본 감각 동사 闻(wén)(냄새 맡다)은 어원적으로 to hear(듣다)와 관련이 있는데, 이는 귀 어근 耳에서 알 수 있듯이 청각이 후각으로 전이된다는 것을 보여준다(Huang & Xiong 2019, Zhao, Huang & Ahrens 2019). 이러한 청각에서 후각으로의 전이는 실제로 여러 중국어에서 입증되었다(Wang & Akitani 2014).

마지막으로 여러 언어에서 sweet melody(달콤한 멜로디)와 같은 방향성 공감각적 표현이 melodious sweetness(멜로디가 나는 달콤함)와 같은 역방향적 표현에 비해 화자가 더 자연스럽고 이해하기 쉬우며 기억하기 쉽다고 판단한다는 사실이 실험적으로 밝혀진 연구도 있다(Shen 1997, Shen & Cohen 1998, Shen & Aisenman 2008, Shen & Gil 2008). 이러한 결과는 방향적 전이의 선호도에 대한 추가 증거로 볼 수 있지만, 언어 입력에서 방향적 전이가 더 일반적이라는 빈도 효과도 반영할 가능성이 높다(Winter 2019a: 114, 각주 5 참조).

요컨대, (말뭉치 기반 연구에서 입증된 바와 같이) 언어 사용과 (실험적 연구에서 입증된 바와 같이) 언어 수용 모두에서 동일한 패턴이 나타나며, 약간의 차이는 있지만 전반적으로 방향성 공감각에 대한 강한 선호도가 확인된다. 이러한 선호도에 대한 근본적인 인지적 및 지각적 동기가 있는지, 아니면 언어의 문제인지에 대한 질문은 다음 절에서 다루겠다.

4. 감각 양상성과 감각 어휘집

공감각은 "감각의 은유"(Engstrom 1946, O'Malley 1957)로서, 지각적 사실은 종종 그 속성, 특히 이전 절에서 논의한 방향적 경향을 설명하기 위해 인용된다. 언어적 공감각과 신경인지적 공감각 사이의 직접적인 연결은 배제되어야 하지만(Tsur 2007, Strik Lievers 2015b, Zhao *et al.* 2018, Winter 2019a: 6장), 많은 학자들은 인간의 감각 지각 기능 및/또는 문화적 조직에 기초한 설명을 제안한다. 공감각적 은유에서 관찰되는 감각 조합의 선호도는 시각이 가장 위에 있고, 그다음에 청각, 그리고 다른 감각들이 뒤따르는 개별 감각의 계층적 성향을 반영한다는 것이 주요 아이디어이다.

시각은 인간 지각에서 우세한 감각으로 간주되며(Stokes & Biggs 2014), 이는 다른 감각에서 오는 상충되는 정보를 수신할 때 가장 의존하는 감각이 시각이라는 연구 결과에서도 확인된다(McGurk & MacDonald 1976). 예샤야후 셴(Yeshayahu Shen)과 동료들에 따르면, 이러한 지각의 비대칭성은 인지적 비대칭성으로 반영되며, 계층적으로 낮은 감각의 개념이 더 접근하기 쉽고 공감각적 전이의 결합에서 선호되는 것은 "더 '접근 가능한' 개념에서 '접근 불가능한' 개념으로의 사상이 더 '자연스럽고', 반대 사상보다 선호되는" 방향성의 '인지적 제약'을 따른다고 해석된다(Shen 1997: 54). 이와 관련하여 감각의 신체화 정도가 전이 가능성을 예측하는 요소로 보고되며, 신체화 정도가 낮은 감각일수록 근원이 될 가능성이 높다고 보는 설명도 있다(Zhao *et al*. 2018 참조).

시각은 또한 아리스토텔레스에게서 물려받은 감각의 문화적 위계에서 최상위에 위치하며, 수 세기에 걸쳐 논쟁의 여지가 없지만 여전히 유지되고 있다. 이는 적어도 지각적 위계와 공통적으로 시각적 우위를 차지하는 것으로 보인다. 기능적 뇌 활성화 데이터를 수집하는 데이터베이스와 영어 감각 어휘소에 대한 감각 규범 데이터베이스를 비교하여 지각적 계층과 문화적 계층 사이에 더욱 긴밀한 병렬성을 주장한 연구도 있다(Reilly, Flurie & Peelle 2020 참조).

시각적 우위는 실제로 시각이 공감각 전이의 근원보다 훨씬 더 자주 목표가 되는 이유를 설명할 수 있다. 우리 삶에서 시각의 지각적 및 문화적 중심성을 고려할 때, 우리는 다른 감각의 경험보다 시각적 경험에 대해 더 자주 이야기한다(San Roque *et al*. 2015, Strik Lievers 2015a). 그러나 모든 결합 선호도가 이 감각적 위계 구조를 통해 정당화되기는 쉽지 않다. 예를 들어, 왜 많은 언어에서 공감각 전이의 궁극적인 목표가 '최고' 감각인 시각이 아니라 (대부분 시각을 근원으로 하는) 청각인가? 서구 문화적 감각 위계에서 후각은 그보다 낮거나 더 낮을 가능성이 높은데, 왜 촉각이 가장 빈번한 근원이 되는가? 그리고 중국어의 경우, 시각을 근원 서법성으로 자주 사용하는 경우와 같이 교차 언어적 변이가 입증되는 이유는 무엇인가? 문화적 위계에 관해 문화에 따라 큰 차이가 있으며, 감각 기관의 내적 분할이 다양할 뿐만 아니라 개별 감각에 부여된 상대적 중요성도 다르다(Classen1993, 불교 철학의 감각에 대한 Xiong & Huang 2018 참조).

공감각적 은유는 언어를 통해 표현되기 때문에, 언어적 특성, 더 구체적으로 감각 어휘의 구성을 고려하는 것도 탐구할 가치가 있는 또 다른 경로이다. 첫째, 감각 서법성은 단일 언어 내에서나 언어/문화에 따라 언어적 부호화의 정도가 다르다. 둘째, 감각 서법성은 이를 기술하는 데 우선적으로 사용되는 어휘소의 종류가 다르다.

부호화 가능성의 정도와 관련하여, 대부분의 언어에서 시각과 청각은 전용 어휘소를 가지고 있으며, 다른 감각에 비해 더 풍부한 어휘에 의존할 수 있다(Buck 1949, Viberg 1983). 반면, 후각의 경우 언어와 문화에 따라 더 많은 가변성이 관찰된다. 영어와 기타 인도유럽어에서 후각은 어휘적으로 '가장 빈약한' 감각으로 알려져 있으며, 이는 이러한 언어에서 후각이 어휘적으로 풍부한 촉각보다 덜 빈번하게 근원으로 사용되는 이유를 설명하는 데 기여할 수 있다. 후각이 덜 빈번하게 사용되는 것은 더 많은 어휘를 '차용'할 수 있기 때문이다. 그러나 다른 언어들은 풍부하고 차별화된 후각 어휘를 가지고 있으며, 이는 해당 언어가 사용되는 사회와 문화에서 후각이 더 큰 적절성을 가지고 있음을 반영한다(Majid & Burenhult 2014). 이러한 문화적, 어휘적 차이가 공감각 전이에서 서로 다른 선호도와 관련이 있는지 알아보는 것은 흥미로운 주제지만, 아직까지 이 문제에 대한 언어적 데이터는 부족하다.

감각에 사용할 수 있는 어휘소의 종류와 관련하여, Strik Lievers & Winter(2018)는 어휘 범주가 영어 감각 어휘집의 서법성에 따라 고르지 않게 분포되어 있음을 보여준다. 특히 형용사가 청각에 대해 과소 표상되는 반면, 시각에 대해서는 과대 표상된다는 점이 주목할 만하다. 대부분의 경우, 공감각적 은유가 형용사/근원과 명사/목표로 형성된다는 점을 고려할 때, (예: bright voice(밝은 목소리)) 시각과 청각이 결합될 때 시각이 목표보다 더 일반적으로 근원이 되는 것은 놀라운 일이 아니다. Winter(2019a: 9장)가 설득력 있게 주장한 것처럼, 많은 청각 단어의 높은 도상성이 은유적 근원으로 사용되는 것을 방해할 수 있다. 감각 어휘집 내 어휘 범주 분포에 대한 연구도 중국어를 대상으로 Zhong(2020)에서 수행되었으며, 이 연구에서는 촉각과 미각뿐만 아니라 시각도 형용사가 특히 풍부하다는 점이 밝혀졌다. 이는 공감각적 전이의 근원으로 작용하는 언어 간 특이한 성향을 설명할 수 있을 것으로 보인다. 다른 언어의 감각 어휘집 구성에 대한 더 많은 연구를 통해 영어와 중국어 이외의 언어에서도 유사한 상관관계가 있는지 확인할 수 있을 것이다.

이 간략한 개요에서 알 수 있듯이, 공감각적 감각 연상에 대한 강한 선호도는 단일 동기화로는 완전히 설명할 수 없으며, 지각적, 문화적, 언어적 요인의 결합으로 설명될 수 있다(Strik Lievers 2015a, Winter 2019a). 이러한 요인들은 서로 밀접하게 얽혀 있는 경우가 많다. 예를 들어, sigh(한숨 짓다)의 풍부한 어휘집은 지각에서 시각이 우세하다는 것과 관련이 있을 가능성이 높다. 이 설명은 다면적일 뿐만 아니라, 문화적 및 언어적 동기화의 적절성을 고려할 때 언어에 따라 부분적으로 다를 수 있다. 이 양상에 대한 추가 연구와 다른 언어에 대한 데이터 수집이 필요하다.

5. 결론

이 장에서는 인지, 언어, 감각 및 감각 영역 간의 상호작용을 탐구하는 창으로서 언어적 공감각에 대한 연구를 개괄적으로 검토하였다. 감각 어휘집에 초점을 맞춤으로써 공감각의 메커니즘을 보다 명확히 이해할 수 있었으며, 언어적 공감각을 활용하여 문법 범주의 인지적 기반과 같은 근본적인 문제를 탐구하는 새로운 연구도 가능해졌다. 이 장에서 다룬 핵심적인 문제는 다음과 같다.

- **언어적 공감각이란 무엇인가?** 이 주제에 대해 다양한 견해가 존재하며, 두 가지 다른 감각 양식이 결합되어 개념적 충돌을 일으키는 일종의 은유라는 주장도 제기되었다.
- **언어적 공감각에 방향적 패턴이 존재하는가? 존재한다면, 그 본질은 무엇인가?** Ullmann(1957)은 공감각적 전이가 소위 낮은 감각에서 높은 감각으로 이동하는 특정 패턴을 따르는 경향이 강하다고 제안했다. 우리는 (1) 문학적 언어와 비문학적 언어, (2) 동시성과 통시성, (3) 다른 언어에서 이 문제를 다루는 연구를 검토했다. 그 결과, 언어에 따라 특정 교차 감각 결합의 방향성과 관련하여 약간의 변이는 있지만, 전반적으로 낮은 감각에서 높은 감각으로의 방향성이 강하게 확인되었다.
- **언어적 공감각의 방향적 패턴을 설명하는 데 가장 적합한 이론적 모형은 무엇인가?** 문헌에서 제안된 지각적, 문화적, 언어적 설명을 검토한 결과, 이러한 설명이 결합되어야만 일반적인 공유 패턴과 언어별 차이를 모두 설명할 수 있다는 결론에 도달하였다.
- **언어 체계의 인지적 기반은 무엇인가?** 감각 어휘집과 이에 기반한 서법성의 배타성 규범에 대한 최근 연구는 언어의 인지적 기반을 탐구하는 새로운 접근 방식을 제공하며, 언어적 공감각은 이러한 연구에서 가장 중요한 데이터 집합 중 하나로 자리 잡고 있다.

더 읽을거리

이 장에서 인용하고 논의한 연구 외에도, 보다 구체적인 영역을 탐색하고자 하는 독자에게 다음 자료를 추천한다.

Winter(2019a)의 『감각 언어학Sensory linguistics』은 인지언어학에서 감각과 관련된 새로운 이슈에 대한 업데이트되고 포괄적인 내용을 제공한다.

Cytowic(1998)의 『형태를 맛본 남자The man who tasted shapes』는 생의학적 배경지식 없이도 신경인지 공감각에 관심이 있는 누구나 쉽게 읽을 수 있는 좋은 책이다.

Strik Lievers & Huang(2016)은 공감각 식별을 위한 말뭉치 기반 방법론을 소개하며, 자연어 처리에서 가능한 연구와 응용 프로그램에 대한 링크를 제공한다.

Strik Lievers & Winter(2018)는 어휘 범주의 속성과 실제 지각에서 감각의 현상학적 속성 간의 관계에 초점을 맞춰 영어 감각 어휘집의 구성을 탐구한다.

Huang & Xiong(2019)은 중국어의 공감각 연구에 대한 포괄적인 개요를 제공한다.

또한, “A rose called by any other name would smell as sweet!”(장미는 다른 어떤 이름으로 불려도 그 향기는 똑같이 달다)와 같은 발견을 위해 문학 분야의 참고문헌의 책을 읽어보기 바란다.

참고문헌

〈도입〉

Achard, M., & Niemeier, S. (Eds.). (2004). *Cognitive linguistics, second language acquisition, and foreign language teaching*. Berlin: Mouton de Gruyter.

Barðdal, J., Smirnova, E., Sommerer, L., & Gildea, S. (Eds.). (2015). *Diachronic construction grammar*. Amsterdam: John Benjamins.

Bielak, J., & Pawlak, M. (2013). *Applying cognitive grammar in the foreign language classroom*. Heidelberg: Springer.

Brône, G., & Vandaele, J. (Eds.). (2009). *Cognitive poetics: Goals, gains and gaps*. Berlin: Mouton de Gruyter.

Caballero, R. (2005). *Reviewing space: Figurative language in architects' assessment of built space*. Berlin: Mouton de Gruyter.

Croft, W. (2009). Toward a social cognitive linguistics. In V. Evans & S. Pourcel (Eds.), *New directions in cognitive linguistics* (pp. 395-420). Amsterdam: John Benjamins.

Croft, W. (2016). Typology and the future of cognitive linguistics. *Cognitive Linguistics*, 27(4), 587-602.

De Knop, S., & De Rycker, T. (Eds.). (2008). *Cognitive approaches to pedagogical grammar*. Berlin: Mouton de Gruyter.

Fillmore, C. J., Kay, P., & O'Connor, M. C. (1988). Regularity and idiomaticity in grammatical constructions: The case of let alone. *Language*, 64, 501-538.

Gavins, J., & Steen, G. (Eds.). (2003). *Cognitive poetics in practice*. London: Routledge.

Geeraerts, D. (1997). *Diachronic prototype semantics: A contribution to historical lexicology*. Oxford: Clarendon Press.

Geeraerts, D., Kristiansen, G., & Peirsman, Y. (Eds.). (2010). *Advances in cognitive sociolinguistics*. Berlin and New York: Walter de Gruyter.

Gibbs, R. (1994). *The poetics of mind: Figurative thought, language, and understanding*. Cambridge: Cambridge University Press.

Gibbs, R. (2005). *Embodiment and cognitive science*. Cambridge: Cambridge University Press.

Goldberg, A. (2006). *Constructions at work: The nature of generalization in language*. Oxford: Oxford University Press.

Hilpert, M. (2013). *Constructional change in English*. Cambridge: Cambridge University Press.

Hoffmann, T. (2019). *English comparative correlatives: Diachronic and synchronic variation at the lexicon-syntax interface*. Cambridge: Cambridge University Press.

Holme, R. (2004). *Mind, metaphor and language teaching*. New York: Palgrave Macmillan.

Kövecses, Z. (2005). *Metaphor in culture: Universality and variation*. Cambridge: Cambridge University Press.

Kövecses, Z. (2020). *Extended conceptual metaphor theory*. Cambridge: Cambridge University Press.

Lakoff, G. (1987). *Women, fire, and dangerous things*. Chicago: University of Chicago Press.

Lakoff, G. (1990). The invariance hypothesis: Is abstract reason based on image schemas? *Cognitive Linguistics*, 1(1), 39-74.

Lakoff, G. (2004). *Don't think of an elephant: Know your values and frame the debate*. Vermont: Chelsea Green Publishing.

Lakoff, G., & Johnson, M. (1980). *Metaphors we live by*. Chicago: University of Chicago Press.

Lakoff, G., & Johnson, M. (1999). *Philosophy in the flesh*. New York: Basic Books.

Lakoff, G., & Turner, M. (1989). *More than cool reason: A field guide to poetic metaphor*. Chicago: University of Chicago Press.

Langacker, R. (1987/1991). *Foundations of cognitive grammar* (2 vols.). Stanford: Stanford University Press.

Langacker, R. (1990). *Concept, image, and symbol: The cognitive basis of grammar*. Berlin: Mouton de Gruyter.

Langacker, R. (2013). *Essentials of cognitive grammar*. Oxford: Oxford University Press.

Littlemore, J. (2009). *Appling cognitive linguistics to second language learning and teaching*. Basingstoke: Palgrave Macmillan.

Nagel, T. (1974). What is it like to be a bat? *Philosophical Review*, 83, 435-450.

Pütz, M., Niemeier, S., & Dirven, R. (Eds.). (2001). *Applied cognitive linguistics* (2 vols.). Berlin: Mouton de Gruyter.

Robinson, P., & Ellis, N. (Eds.). (2008). *Handbook of cognitive linguistics and second language acquisition*. New York and London: Routledge.

Rojo, A., & Ibarretxe-Antuñano, I. (2013). *Cognitive linguistics and translation*. Berlin: De Gruyter Mouton.

Sommerer, L., & Smirnova, E. (2020). *Nodes and networks in diachronic construction grammar*. Amsterdam: John Benjamins.

Stockwell, P. (2002). *Cognitive poetics: An introduction*. London: Routledge.

Tabakowska, E. (1993). *Cognitive linguistics and poetics of translation*. Tübingen: Gunter NarrVerlag.

Taylor, J. (2002). Cognitive grammar. Oxford: Oxford University Press.

Tenbrink, T. (2020). *Cognitive discourse analysis: An introduction*. Cambridge: Cambridge University Press.

Tomasello, M. (2003). *Constructing a language: A usage- based theory of language acquisition*. Cambridge, MA: Harvard University Press.

Traugott, E. C. (2014). Toward a constructional framework for research on language change. *Cognitive Linguistic Studies*, 1(1), 3-21.

Traugott, E. C., & Trousdale, G. (2013). *Constructionalization and constructional changes*. Oxford: Oxford University Press.

Turner, M. (1996). *The literary mind: The origins of thought and language*. Oxford: Oxford University Press.

Tyler, A. (2012). *Cognitive linguistics and second language learning*. New York: Routledge.

Tyler, A., Takada, M., Kim, Y., & Marinova, D. (Eds.). (2005). *Language in use: Cognitive and discourse perspectives on language and language learning*. Washington, DC: Georgetown University Press.

Wen, X. (2019). Sociocognitive linguistics based on social cognition. *Modern Foreign Languages*, 3, 293-305.

〈제1장〉

Barcelona, A. (Ed.). (2000). *Metaphor and metonymy at the crossroads. A cognitive perspective*. Berlin: Mouton de Gruyter.

Brugman, C. (1988). *The story of 'over'. Polysemy, semantics and the structure of the lexicon*. New York: Garland.

Dirven, R., & Pörings, R. (Eds.). (2002). *Metaphor and metonymy in comparison and contrast*. Berlin: Mouton de Gruyter.

Fauconnier, G. (1985). *Mental spaces. Aspects of meaning construction in natural language*. Cambridge, MA: MIT Press.

Fauconnier, G., & Turner, M. (2002). *The way we think. Conceptual blending and the mind's hidden complexities*. New York: Basic Books.

Fillmore, C. J. (1977). Scenes-and-frames semantics. In A. Zampolli (Ed.), *Linguistic structures processing* (pp. 55-81). Amsterdam: North-Holland Publishing Company.

Fillmore, C. J. (1985). Frames and the semantics of understanding. *Quaderni di semantica*, 6, 222-254.

Geeraerts, D. (1989). Prospects and problems of prototype theory. *Linguistics*, 27, 587-612.

Geeraerts, D. (1990). The lexicographical treatment of prototypical polysemy. In S. L. Tsohatzidis (Ed.), *Meanings and prototypes: Studies in linguistic categorization* (pp. 195-210). London: Routledge.

Geeraerts, D. (2005). Lectal variation and empirical data in Cognitive Linguistics. In F. Ruiz de

Mendoza Ibáñez & S. Peña Cervel (Eds.), *Cognitive Linguistics. Internal dynamics and interdisciplinary interactions* (pp. 163-189). Berlin/New York: Mouton de Gruyter.

Geeraerts, D. (2006). A rough guide to Cognitive Linguistics. In D. Geeraerts (Ed.), *Cognitive Linguistics: Basic readings* (pp. 1-28). Berlin/New York: Mouton de Gruyter.

Geeraerts, D. (2010). *Theories of lexical semantics*. Oxford: Oxford University Press.

Geeraerts, D. (2016). *The sociosemiotic commitment*. Cognitive Linguistics, 27, 527-542.

Geeraerts, D., & Grondelaers, S. (1995). Looking back at anger: Cultural traditions and metaphorical patterns. In J. Taylor & R. E. MacLaury (Eds.), *Language and the construal of the world* (pp. 153-180). Berlin: Mouton de Gruyter.

Geeraerts, D., & Kristiansen, G. (2015). Variationist linguistics. In E. Dąbrowska & D. Divjak (Eds.), *Handbook of Cognitive Linguistics* (pp. 366-389). Berlin: De Gruyter Mouton.

Gilquin, G., & Gries, S. T. (2009). Corpora and experimental methods: A state-of-the-art review. *Corpus Linguistics and Linguistic Theory*, 5, 1-26.

Hampe, B. (Ed.). (2005). *From perception to meaning. Image schemas in Cognitive Linguistics*. Berlin: Mouton de Gruyter.

Harder, P. (2010). *Meaning in mind and society. A functional contribution to the social turn in Cognitive Linguistics*. Berlin/New York: De Gruyter Mouton.

Heylen, K., Tummers, J., & Geeraerts, D. (2008). Methodological issues in corpus-based Cognitive Linguistics. In G. Kristiansen & R. Dirven (Eds.), *Cognitive sociolinguistics. Language variation, cultural models, social systems* (pp. 91-128). Berlin/New York: Mouton de Gruyter.

Johnson, M. (1987). *The body in the mind. The bodily basis of meaning, imagination, and reason*. Chicago: University of Chicago Press.

Kövecses, Z. (2005). *Metaphor in culture. Universality and variation*. Oxford: Oxford Uiversity Press.

Kövecses, Z., & Radden, G. (1998). Metonymy: Developing a cognitive linguistic view. *Cognitive Linguistics*, 9, 37-77.

Kristiansen, G., & Dirven, R. (Eds.). (2008). *Cognitive sociolinguistics: Language variation, cultural models, social systems*. Berlin/New York: Mouton de Gruyter.

Lakoff, G. (1987). *Women, fire and dangerous things. What categories reveal about the mind*. Chicago: University of Chicago Press.

Lakoff, G. (1990). The invariance hypothesis: Is abstract reason based on image-schemas? *Cognitive Linguistics*, 1, 39-74.

Lakoff, G., & Johnson, M. (1980). *Metaphors we live by*. Chicago: University of Chicago Press.

Lakoff, G., & Kövecses, Z. (1987). The cognitive model of anger inherent in American English. In D. Holland & N. Quinn (Eds.), *Cultural models in language and thought* (pp. 195-221). Cambridge: Cambridge University Press.

Langacker, R. W. (1987). *Foundations of cognitive grammar 1. Theoretical prerequisites*. Stanford:

Stanford University Press.

Langacker, R. W. (1991). *Foundations of cognitive grammar 2. Theoretical prerequisites*. Stanford: Stanford University Press.

McCawley, J. D. (1968). Lexical insertion in a transformational grammar without deep structure. In B. J. Darden, C. Bailey & A. Davidson (Eds.), *Fourth Regional Meeting of the Chicago Linguistic Society* (pp. 71-80). Chicago: Chicago Linguistic Society.

Montague, R. (1974). *Formal philosophy: Selected papers of Richard Montague*. New Haven: Yale University Press.

Palmer, G. B. (1996). *Toward a theory of Cultural Linguistics*. Austin: University of Texas Press.

Partee, B. H. (Ed.). (1976). *Montague grammar*. New York: Academic Press.

Rosch, E. (1978). Principles of categorization. In E. Rosch & B. B. Lloyd (Eds.), *Cognition and categorization* (pp. 27-48). Hillsdale, NJ: Lawrence Erlbaum Associates.

Schmid, H. (2010). Does frequency in text instantiate entrenchment in the cognitive system? In D. Glynn & K. Fischer (Eds.), *Quantitative methods in cognitive semantics: Corpus-driven approaches* (pp. 101-133). Berlin/New York: De Gruyter Mouton.

Schmid, H. J. (2016). Why cognitive linguistics must embrace the social and pragmatic dimensions of language and how it could do so more seriously. *Cognitive Linguistics*, 27(4), 543-557.

Sharifian, F. (2017). *Advances in cultural linguistics*. Dordrecht: Springer.

Sinha, C., & Jensen de López, K. (2000). Language, culture, and the embodiment of spatial cognition. *Cognitive Linguistics*, 11, 17-41.

Talmy, L. (2000). *Toward a cognitive semantics*. Cambridge, MA: MIT Press.

Taylor, J. R. (1989). *Linguistic categorization. Prototypes in linguistic theory*. Oxford: Clarendon Press.

Zlatev, J., Timothy P. R., Sinha, C., & Itkonen, E. (Eds.). (2008). *The shared mind: Perspectives on intersubjectivity*. Amsterdam: Benjamins.

〈제2장〉

Broccias, C. (2003). *The English change network: Forcing changes into schemas*. Berlin: Mouton de Gruyter.

Broccias, C., & Hollmann, W. B. (2007). Do we need summary and sequential scanning in (Cognitive) Grammar? *Cognitive Linguistics*, 18, 487-522.

Bybee, J. (2010). *Phonology and language use*. Cambridge: Cambridge University Press.

Chafe, W. (1994). *Discourse, consciousness and time: The flow and displacement of conscious experience in speaking and writing*. Chicago: University of Chicago Press.

Fauconnier, G., & Turner, M. (2002). *The way we think: Conceptual blending and the mind's hidden complexities*. New York: Basic Books.

Goldberg, A. E. (1995). *Constructions: A construction grammar approach to argument structure*.

Chicago: University of Chicago Press.
Langacker, R. W. (1987). *Foundations of cognitive grammar,* vol. 1, *Theoretical prerequisites*. Stanford: Stanford University Press.
Langacker, R. W. (1991). *Foundations of cognitive grammar,* vol. 2, *Descriptive application*. Stanford: Stanford University Press.
Langacker, R. W. (1999). *Grammar and conceptualization*. Berlin: Mouton de Gruyter.
Langacker, R. W. (2000). *Concept, image, and symbol: The cognitive basis of grammar* (2nd ed.). Berlin: Mouton de Gruyter.
Langacker, R. W. (2001a). Discourse in Cognitive Grammar. *Cognitive Linguistics*, 12, 143-188.
Langacker, R. W. (2001b). Dynamicity in grammar. *Axiomathes*, 12, 7-33.
Langacker, R. W. (2008a). *Cognitive grammar: A basic introduction*. New York: Oxford University Press.
Langacker, R. W. (2008b). Sequential and summary scanning: A reply. *Cognitive Linguistics*, 19, 571-584.
Langacker, R. W. (2009). *Investigations in cognitive grammar*. Berlin: Mouton de Gruyter.
Langacker, R. W. (2014). Subordination in a dynamic account of grammar. In L. Visapää, J. Kalliokoski & H. Sorva (Eds.), *Contexts of subordination: Cognitive, typological and discourse perspectives* (pp. 17-72). Amsterdam: John Benjamins.
Langacker, R. W. (2015). Descriptive and discursive organization in Cognitive Grammar. In J. Daems, E. Zenner, K. Heylen, D. Speelman & H. Cuyckens (Eds.), *Change of paradigms-new paradoxes: Recontextualizing language and linguistics* (pp. 205-218). Berlin: De Gruyter Mouton.
Langacker, R. W. (2016). Toward an integrated view of structure, processing, and discourse. In G. Drodżdż (Ed.), *Studies in lexicogrammar: Theory and applications* (pp. 23-53). Amsterdam: John Benjamins.
Pinheiro, D. (2018). Interview with Ronald W. Langacker. *Revista Lingística*, 14, 35-47.
Taylor, J. R. (2002). *Cognitive grammar*. Oxford: Oxford University Press.

〈제3장〉

Achard, M. (2018). Teaching usage and concepts: Toward a cognitive pedagogical grammar. In A. Tyler, L. Huang, & H. Jan (Eds.), *What is applied cognitive linguistics? Answers from current SLA research* (pp. 37-63). Berlin/Boston: Walter de Gruyter.
Ackermann, F., & Webelhuth, G. (1998). *A theory of predicates*. Stanford: CSLI Publications.
Altenberg, B., & Granger, S. (2000). Recent trends in cross-linguistic lexical studies. In B. Altenberg & S. Granger (Eds.), *Lexis in contrast* (pp. 3-50). Amsterdam/Philadelphia: John Benjamins.
Auer, P. (2006). Construction Grammar meets conversation: Einige Überlegungen am Beispiel von "so"- Konstruktionenen. In S. Günthner & W. Imo (Eds.), *Konstruktionen in der Interak-*

tion (pp. 295-315). Berlin/New York: Mouton de Gruyter.

Baker, C., Ellsworth, M., & Erk, K. (2007). SemEval'07 task 19: Frame semantic structure extraction. In *Proceedings of the 4th International Workshop on Semantic Evaluations* (pp. 99-104). Association for Computational Linguistics.

Barlow, M., & Kemmer, S. (Eds.). (2000). *Usage-based models of language*. Stanford: CSLI Publications.

Barðdal, J. (1999). Case in Icelandic: A construction grammar approach. *TijdSchrift voor Skandinavistiek*, 20(2), 65-100.

Barðdal, J. (2008). *Productivity. Evidence from case and argument structure in Icelandic*. Amsterdam/Philadelphia: John Benjamins.

Barðdal, J. (2011). The rise of Dative Substitution in the history of Icelandic: A diachronic construction grammar account. *Lingua*, 121(1), 60-79.

Barðdal, J. (2013). Construction-based historical-comparative reconstruction. In T. Hoffmann & G. Trousdale (Eds.), *The Oxford handbook of Construction Grammar* (pp. 438-457). Oxford: Oxford University Press.

Barðdal, J. (2015). Syntax and syntactic reconstruction. In C. Bowern & B. Evans (Eds.), *The Routledge handbook of historical linguistics* (pp. 343-373). London: Routledge.

Barðdal, J., Smirnova, E., Sommerer, L, & Gildea, S. (Eds.). (2015). *Diachronic Construction Grammar*. Amsterdam/Philadelphia: John Benjamins.

Behrens, H., & Pfänder, S. (Eds.). (2016). *Experience counts: Frequency effects in language*. Berlin/Boston: Walter de Gruyter.

Bencini, G. (2013). Psycholinguistics. In T. Hoffmann & G. Trousdale (Eds.), *The Oxford handbook of Construction Grammar* (pp. 379-396). Oxford: Oxford University Press.

Bergen, B., & Chang, N. (2005). Embodied Construction Grammar in simulation-based language understanding. In J.-O. Östman & M. Fried (Eds.), *Construction grammars. Cognitive grounding and theoretical extensions* (pp. 147-190). Amsterdam/Philadelphia: John Benjamins.

Bergen, B., & Chang, N. (2013). Embodied Construction Grammar. In T. Hoffmann & G. Trousdale (Eds.), *The Oxford handbook of Construction Grammar* (pp. 191-210). Oxford: Oxford University Press.

Bergs, A., & Diewald, G. (Eds.). (2008). *Constructions and language change*. Amsterdam/Philadelphia: John Benjamins.

Boas, H. C. (2002a). On constructional polysemy and verbal polysemy in Construction Grammar. In V. Samiian (ed.), *Proceedings of the 2000 Western Conference on Linguistics*. Vol. 12, 126-139.

Boas, H. C. (2002b). Bilingual FrameNet dictionaries for machine translation. In González Rodríguez & C. Paz Suárez Araujo (Eds.), *Proceedings of the Third International Conference on Language Resources and Evaluation*. Las Palmas, Spain. Vol. IV, 1364-1371.

Boas, H. C. (2003a). *A constructional approach to resultatives*. Stanford: CSLI Publications.

Boas, H. C. (2003b). A lexical-constructional account of the locative alternation. In L. Carmichael, C.-H. Huang, & V. Samiian (Eds.), *Proceedings of the 2001 Western Conference on Linguistics* (Vol. 13) (pp. 27-42). Fresno, CA: California State University Publications.

Boas, H. C. (2004). You wanna consider a constructional approach to wanna-contraction? In M. Achard & S. Kemmer (Eds.), *Language, culture, and mind* (pp. 479-491). Stanford, CA: CSLI Publications.

Boas, H. C. (2005a). Determining the productivity of resultative constructions: A reply to Goldberg & Jackendoff. *Language*, 81(2), 448-464.

Boas, H. C. (2005b). From theory to practice: Frame Semantics and the design of FrameNet. In S. Langer & D. Schnorbusch (Eds.), *Semantik im Lexikon* (pp. 129-160). Tübingen: Narr.

Boas, H. C. (2005c). Semantic frames as interlingual representations for multilingual lexical databases. *International Journal of Lexicography*, 18(4), 445-478.

Boas, H. C. (2008a). Resolving form-meaning discrepancies in Construction Grammar. In J. Leino (Ed.), *Constructional reorganization* (pp. 11-36). Amsterdam/Philadelphia: Benjamins.

Boas, H. C. (2008b). Determining the structure of lexical entries and grammatical constructions in Construction Grammar. *Annual Review of Cognitive Linguistics*, 6, 113-144.

Boas, H. C. (Ed.). (2009). *Multilingual FrameNets in computational lexicography. Methods and applications*. Berlin/New York: Mouton de Gruyter.

Boas, H. C. (Ed.). (2010a). *Contrastive studies in Construction Grammar*. Amsterdam/Philadelphia: John Benjamins.

Boas, H. C. (2010b). Comparing constructions across languages. In H. C. Boas (Ed.), *Contrastive studies in Construction Grammar* (pp. 1-20). Amsterdam/Philadelphia: John Benjamins.

Boas, H. C. (2010c). The syntax-lexicon continuum in Construction Grammar: A case study of English communication verbs. *Belgian Journal of Linguistics*, 24, 58-86.

Boas, H. C. (2011a). Coercion and leaking argument structures in Construction Grammar. *Linguistics*, 49(6), 1271-1303.

Boas, H. C. (2011b). Zum Abstraktionsgrad von Resultativkonstruktionen. In S. Engelberg, A. Holler, & K. Proost (Eds.), *Sprachliches Wissen zwischen Lexikon und Grammatik* (pp. 37-69). Berlin/New York: Walter de Gruyter.

Boas, H. C. (2013a). Wie viel Wissen steckt in Wörterbüchern? Eine frame-semantische Perspektive. *Zeitschrift für Angewandte Linguistik*, 57, 75-97.

Boas, H. C. (2013b). Cognitive Construction Grammar. In T. Hoffmann & G. Trousdale (Eds.), *The Oxford handbook of Construction Grammar* (pp. 233-254). Oxford: Oxford University Press.

Boas, H. C. (2017a). Computational resources: FrameNet and constructicon. In B. Dancygier (Ed.), *The Cambridge handbook of cognitive linguistics* (pp. 549-573). Cambridge: Cambridge University Press.

Boas, H. C. (2017b). What you see is not what you get: Capturing the meaning of missing words with Frame Semantics. *Proceedings of the Chicago Linguistics Society*, 52, 53-70.

Boas, H. C. (2019). Zur methodologischen Grundlage der empirischen Konstruktikographie. In D. Czicza, V. Dekalo, & G. Diewald (Eds.), *Konstruktionsgrammatik VI. Varianz in der konstruktionalen Schematizität* (pp. 237-263). Tübingen: Stauffenburg.

Boas, H. C. (2020a). English constructions. In B. Aarts, L. Hinrichs, & A. McMahon (Eds.), *The handbook of English linguistics* (pp. 277-297). Oxford: Wiley.

Boas, H. C. (2020b). A roadmap towards determining the universal status of semantic frames. In R. Enghels & M. Lansegers (Eds.), *New approaches to contrastive linguistics: Empirical and methodological challenges* (pp. 21-52). Berlin/New York: Walter de Gruyter.

Boas, H. C., & Dux, R. (2017). From the past into the present: From case frames to semantic frames. *Linguistics Vanguard*, 2017, 1-14. DOI: 10.1515/lingvan-2016-0003.

Boas, H. C., & Fried, M. (2005). Introduction. In M. Fried & H. C. Boas (Eds.), *Grammatical constructions: Back to the roots* (pp. 1-11). Amsterdam/Philadelphia: Benjamins.

Boas, H. C., & Höder, S. (Eds.). (2018a). *Constructions in contact. Constructional perspectives on contact phenomena in Germanic languages*. Amsterdam/Philadelphia: John Benjamins.

Boas, H. C., & Höder, S. (2018b). Construction Grammar and language contact: An introduction. In H. C. Boas & S. Höder (Eds.), *Constructions in contact. Constructional perspectives on contact phenomena in Germanic languages* (pp. 5-36). Amsterdam/Philadelphia: John Benjamins.

Boas, H. C., & Höder S. (Eds.). (2021). *Constructions in contact 2*. Amsterdam/Philadelphia: John Benjamins.

Boas, H. C., Lyngfelt, B., & Torrent, T. T. (2019). Framing constructicography. *Lexicographica*, 35(1), 41-95.

Boas, H. C., & Sag, I. (Eds.). (2012). *Sign-based Construction Grammar*. Stanford: CSLI Publications.

Boas, H. C., & Ziem, A. (2018a). Constructing a constructicon for German: Empirical, theoretical, and methodological issues. In B. Lyngfelt, T. Timponi Torrent, L. Borin, & K. Hirose Ohara (Eds.), *Constructicography. Constructicon development across languages* (pp. 183-228). Amsterdam/Philadelphia: John Benjamins.

Boas, H. C., & Ziem, A. (2018b). Approaching German syntax from a constructionist perspective. In H. C. Boas & A. Ziem (Eds.), *Constructional approaches to syntactic structures in German* (pp. 1-46). Berlin/Boston: De Gruyter Mouton.

Booij, G. (2013). Morphology in Construction Grammar. In T. Hoffmann & G. Trousdale (Eds.), *The Oxford handbook of Construction Grammar* (pp. 255-273). Oxford: Oxford University Press.

Booij, G. (2017). Morphology in Construction Grammar. In T. Hoffmann & G. Trousdale (Eds.), *The Oxford handbook of Construction Grammar* (pp. 255-273). Oxford: Oxford University Press.

Broccias, C. (2013). Cognitive Grammar. In T. Hoffmann & G. Trousdale (Eds.), *The Oxford handbook of Construction Grammar* (pp. 211-232). Oxford: Oxford University Press.

Bücker, J., Günthner, S., & Imo, W. (Eds.). (2015). *Konstruktionsgrammatik V. Konstruktionen im Spannungsfeld von sequenziellen Mustern, kommunikativen Gattungen und Textsorten*. Tübingen: Stauffenburg.

Butt, M., Dalrymple, M., & Frank, A. (1997). An architecture for linking theory in LFG. In *Proceedings of the LFG97 Conference* (pp. 1-16). University of California San Diego.

Bybee, J. (1985). *Morphology: A study of the relation between meaning and form*. Amsterdam/Philadelphia: John Benjamins Publishing.

Bybee, J. (1988). Morphology as lexical organization. In M. Hammond & M. Noonan (Eds.), *Theoretical morphology* (pp. 119-141). San Diego, CA: Academic Press.

Bybee, J. (2006). From usage to grammar: The mind's response to repetition. *Language*, 82, 711-733.

Bybee, J. (2010). *Language, usage and cognition*. Cambridge: Cambridge University Press.

Bybee, J. (2013). Usage-based theory and exemplar representations. In T. Hoffmann & G. Trousdale (Eds.), *The Oxford handbook of Construction Grammar* (pp. 49-69). Oxford: Oxford University Press.

Chapin, P. G. (1972). Review of Stockwell, Schachter & Hall Partee (1968), Integration of Transformational Theories on English Syntax. *Language*, 48, 645-667.

Chomsky, N. (1961). On the notion 'rule of grammar'. In *Proceedings of the Twelfth Symposium in Applied Mathematics* (Vol. 12, pp. 6-24). American Mathematical Society.

Chomsky, N. (1981). *Government and Binding Theory*. Dordrecht: Foris Publications.

Chomsky, N. (1988). *Language and problems of knowledge: The Managua lectures*. Cambridge, MA: MIT Press.

Chomsky, N. (1989). *Language and mind*. The Darwin Lecture, Darwin College.

Clausner, T. C., & Croft, W. (1997). Productivity and schematicity in metaphors. *Cognitive Science*, 21(3), 247-282.

Clyne, M. (2003). *Dynamics of language contact: English and immigrant languages*. Cambridge: Cambridge University Press.

Colleman, T., & De Clerck, B. (2008). Accounting for ditransitive constructions with envy and forgive. *Functions of Language*, 15(2), 187-215.

Colleman, T., & De Clerck, B. (2011). Constructional semantics on the move: On semantic specialization in the English double object construction. *Cognitive Linguistics*, 22(1), 183-209.

Croft, W. (2001). *Radical Construction Grammar*. Oxford: Oxford University Press.

Croft, W. (2003). Lexical rules vs. constructions: A false dichotomy. In H. Cuyckens, T. Berg, R. Dirven, & K.-U. Panther (Eds.), *Motivation in language: Studies in honor of Günther Radden* (pp. 49-68). Amsterdam/Philadelphia: John Benjamins.

Croft, W. (2012). *Verbs. Aspect and causal structure*. Oxford: Oxford University Press.
Croft, W. (2013). Radical Construction Grammar. In T. Hoffmann & G. Trousdale (Eds.), *The Oxford handbook of Construction Grammar* (pp. 211-232). Oxford: Oxford University Press.
Croft, W., & Cruse, D. A. (2004). *Cognitive linguistics*. Cambridge: Cambridge University Press.
Dąbrowska, E. (2004). *Language, mind, and brain: Some psychological and neurological constraints on theories of grammar*. Edinburgh: Edinburgh University Press.
Dąbrowska, E. (2008). The effects of frequency and neighbourhood density on adult speakers' productivity with Polish case inflections: An empirical test of usage-based approaches to morphology. *Journal of Memory and Language*, 58(4), 931-951.
Das, D., *et al.* (2010). Probabilistic frame-semantic parsing. *Conference Proceedings of Human Language Technologies: The 2010 Annual Conference of the North American Chapter of the Association for Computational Linguistics* (pp. 948-956).
De Knop, S., & Gilquin, G. (Eds.). (2016). *Applied Construction Grammar*. Berlin/Boston: De Gruyter.
De Knop, S., & Mollica, F. (2017). The family of German dative constructions. In F. J. R. de Mendoza Ibañez, A. L. Oyon, & P. P. Sobrino (Eds.), *Constructing families of constructions* (pp. 205-240). Amsterdam/Philadelphia: John Benjamins.
Deppermann, A., Fiehler, R., & Spranz-Fogasy, T. (Eds.). (2006). *Grammatik und Interaktion—Untersuchungen zum Zusammenhang von grammatischen Strukturen und Gesprächsprozessen*. Radolfszell: Verlag für Gesprächsforschung.
Diessel, H. (2004). *The acquisition of complex sentences*. Cambridge: Cambridge University Press.
Diessel, H. (2013). Where does language come from? Some reflections on the role of deictic gesture and demonstratives in the evolution of language. *Language and Cognition*, 5, 239-249.
Diessel, H. (2019). *The grammar network*. Cambridge: Cambridge University Press.
Diewald, G., & Smirnova, E. (2010). *Evidentiality in German: Linguistic realization and regularities in grammaticalization*. Berlin/New York: Mouton de Gruyter.
Domínguez Vázquez, M. J. (2015). Die Form und Bedeutung der Konstruktion bei der hierarchischen Vernetzung, Verlinkung und Vererbung. Vorschlag zu einem Konstruktionsnetz. In S. Engelberg, M. Meliss, K. Proost, & E. Winkler (Eds.), *Argumentstruktur zwischen Valenz und Konstruktion* (pp. 109-126). Tübingen: Narr.
Dux, R. (2016). *A usage-based account of verb classes in English and German*. Unpublished PhD dissertation, University of Texas at Austin.
Ellis, N. (2013). Construction Grammar and second language acquisition. In T. Hoffmann & G. Trousdale (Eds.), *The Oxford handbook of Construction Grammar* (pp. 365-378). Oxford: Oxford University Press.
Ellis, N., Römer, U., & Brook O'Donnell, M. (2016). *Usage-based approaches to language acquisition and processing: Cognitive and corpus investigations of Construction Grammar*.

Oxford: Wiley.

Engelberg, S. (2018). The argument structure of psych-verbs: A quantitative corpus study on cognitive entrenchment. In H. C. Boas & A. Ziem (Eds.), *Constructional approaches to syntactic structures in German* (pp. 47-84). Berlin: De Gruyter Mouton.

Fillmore, C. J. (1968). The case for case. In E. Bach & R. T. Harms (Eds.), *Universals in linguistic theory* (pp. 1-88). New York: Holt, Rinehart and Winston.

Fillmore, C. J. (1977a). Topics in lexical semantics. In P. Cole (Ed.), *Current issues in linguistic theory* (pp. 76-136). Bloomington: Indiana University Press.

Fillmore, C. J. (1977b). The case for case reopened. In P. Cole (Ed.), *Grammatical relations* (pp. 59-81). New York: Academic Press.

Fillmore, C. J. (1978). On the organization of semantic information in the lexicon. *Papers from the Parasession on the Lexicon, Chicago Linguistic Society*, 148-173.

Fillmore, C. J. (1979). Innocence: A second idealization for linguistics. *Proceedings of the Fifth Annual Meeting of the Berkeley Linguistic Society*, 63-76.

Fillmore, C. J. (1982). Frame Semantics. In *Linguistics in the morning calm, ed. Linguistic Society of Korea* (pp. 111-138). Seoul: Hanshin.

Fillmore, C. J. (1985a). Syntactic intrusions and the notion of grammatical construction. *Berkeley Linguistic Society*, 11, 73-86.

Fillmore, C. J. (1985b). Frames and the semantics of understanding. *Quaderni di semantica*, 6(2), 222-254.

Fillmore, C. J. (1986a). Pragmatically controlled zero anaphora. *Proceedings of the 12th Annual Meeting of the Berkeley Linguistics Society*, 95-107.

Fillmore, C. J. (1986b). Varieties of conditional sentences. In F. Marshall, A. Miller, & Z.-S. Zhang (Eds.), *Proceedings of the Third Eastern States Conference on Linguistics* (pp. 163-182). Columbus, OH: Ohio State Department of Linguistics.

Fillmore, C. J. (1988). The mechanisms of "Construction Grammar." *Proceedings of the Fourteenth Annual Meeting of the Berkeley Linguistics Society*, 35-55.

Fillmore, C. J. (1989). Grammatical construction theory and the familiar dichotomies. In R. Dietrich & C. F. Graumann (Eds.), *Language processing in social context* (pp. 17-38). Amsterdam: North-Holland/Elsevier.

Fillmore, C. J. (1992). Corpus linguistics vs. computer-aided armchair linguistics. In J. Svartvik (Ed.), *Directions in corpus linguistics* (pp. 35-60). Berlin/New York: Mouton de Gruyter.

Fillmore, C. J. (1999). Inversion and constructional inheritance. In G. Webelhuth, J.-P. Koenig, & A. Kathol (Eds.), *Lexical and constructional aspects of linguistic explanation* (pp. 113-128). Stanford: CSLI Publications.

Fillmore, C. J. (2003). *Form and meaning in language.* Volume 1. *Papers on semantic roles*. Stanford: CSLI Publications.

Fillmore, C. J. (2006). Frame semantics. In D. Geeraerts (Ed.), *Cognitive linguistics: Basic readings* (pp. 373-400). Berlin/New York: Mouton de Gruyter.

Fillmore, C. J. (2008). Border conflicts: FrameNet meets Construction Grammar. *Proceedings of the XIII EURALEX International Congress* (Barcelona, July 15-19, 2008), 49-68.

Fillmore, C. J. (2013). Berkeley Construction Grammar. In T. Hoffmann & G. Trousdale (Eds.), *The Oxford handbook of Construction Grammar* (pp. 111-132). Oxford: Oxford University Press.

Fillmore, C. J., & Baker, C. (2001). Frame semantics for text understanding. In *Proceedings of WordNet and other lexical resources workshop*. Pittsburgh: NAACL.

Fillmore, C. J., & Kay, P. (1993). *Construction Grammar course book*. UC Berkeley: Department of Linguistics.

Fillmore, C., Kay, P., & O'Connor, M. C. (1988). Regularity and idiomaticity in grammatical constructions: The case for let alone. *Language*, 64, 501-538.

Fillmore, C. J., Lee-Goldman, R., & Rhodes, R. (2012). The FrameNet constructicon. In H. C. Boas & I. Sag (Eds.), *Sign-based Construction Grammar* (pp. 309-372). Stanford: CSLI Publications.

Fontenelle, T. (1997). *Turning a bilingual dictionary into a lexical-semantic database*. Tübingen: Niemeyer.

Fried, M. (2003). Dimensions of syntactic change: Evidence from the long—nt—participle in Old Czech texts. In R. A. Maguire & A. Timberlake (Eds.), *The American contributions to the Thirteenth International Congress of Slavists*, 79-92.

Fried, M. (2004). Predicate semantics and event construal in Czech case marking. In M. Fried & J.-O. Östman (Eds.), *Construction grammar in a cross-language perspective* (pp. 87-120). Amsterdam: John Benjamins.

Fried, M. (2009). Representing contextual factors in language change: Between frames and constructions. In A. Bergs & G. Diewald (Eds.), *Context and constructions* (pp. 63-96). Amsterdam/Philadelphia: John Benjamins.

Fried, M. (2013). Principles of constructional change. In T. Hoffmann & G. Trousdale (Eds.), *The Oxford handbook of Construction Grammar* (pp. 419-438). Oxford: Oxford University Press.

Fujii, S. (2004). Lexically (un)filled constructional schemes and construction types: The case of Japanese modal conditional constructions. In M. Fried & J.-O. Östman (Eds.), *Construction Grammar in a cross-language perspective* (pp. 121-156). Amsterdam/Philadelphia: John Benjamins.

Garibyan, A., Balog, E., & Herbst, T. (2019). L2-constructions that go together more on valency constructions and learner language. In C. Juchem-Grundmann, M. Pleyer, & M. Pleyer (Eds.), *Yearbook of the German Cognitive Linguistics Association* (pp. 9-30). Berlin/Boston: De Gruyter Mouton.

Gildea, D., & Jurafsky, D. (2002). Automatic labeling of semantic roles. *Computational Linguistics*,

28(3), 245-288.

Gilquin, G., & Gries, S. T. (2009). Corpora and experimental methods: A state-of-the-art review. *Corpus Linguistics and Linguistic Theory*, 5, 1-26.

Goldberg, A. (1995). *Constructions: A Construction Grammar approach to argument structure*. Chicago: University of Chicago Press.

Goldberg, A. E. (2001). Patient arguments of causative verbs can be omitted: The role of information structure in argument distribution. *Language Science*, 34, 503-524.

Goldberg, A. (2006). *Constructions at work*. Oxford: Oxford University Press.

Goldberg, A. (2019). *Explain me this*. Princeton: Princeton University Press.

Goldberg, A., & Jackendoff, R. (2004). The English resultative as a family of constructions. *Language*, 80, 532-568.

Gonzálvez-García, F. (2017). Exploring inter-constructional relations in the constructicon: A view from Contrastive (Cognitive) Construction Grammar. In F. J. R. de Mendoza Ibañez, A. L. Oyon, & P. P. Sobrino (Eds.), *Constructing families of constructions* (pp. 135-174). Amsterdam/Philadelphia: John Benjamins.

Gries, S. (2013). Data in Construction Grammar. In T. Hoffmann & G. Trousdale (Eds.), *The Oxford handbook of Construction Grammar* (pp. 93-110). Oxford: Oxford University Press.

Gries, S. T. (2017). *Ten lectures on quantitative approaches in cognitive linguistics: Corpus-linguistic, experimental, and statistical applications*. Leiden/Boston: Brill.

Gries, S. T. (2019). 15 years of collostructions: Some long overdue additions corrections (to/of actually all sorts of corpus- linguistics measures). *International Journal of Corpus Linguistics*, 24(3), 385-412.

Gries, S. T., & Stefanowitsch, A. (2004). Extending collostructional analysis: A corpus-based perspective on 'alternations'. *International Journal of Corpus Linguistics*, 9(1), 97-129.

Günthner, S., & Imo, W. (Eds.). (2006). *Konstruktionen in der Interaktion*. Berlin/New York: Mouton de Gruyter.

Hanks, P. (2013). *Lexical analysis*. Cambridge, MA: MIT Press.

Hens, G. (1996). (jm)(einen Brief) schreiben: Zur Valenz in der Konstruktionsgrammatik. *Linguistische Berichte*, 164, 334-356.

Herbst, T. (2017). Grünes Licht für pädagogische Konstruktionsgrammatik—Denn: Linguistik ist nicht (mehr) nur Chomsky. *Fremdsprachen Lehren und Lernen*, 46(2), 119-135.

Hilpert, M. (2013a). Corpus-based approaches to constructional change. In T. Hoffmann & G. Trousdale (Eds.), *The Oxford handbook of Construction Grammar* (pp. 458-475). Oxford: Oxford University Press.

Hilpert, M. (2013b). *Constructional change in English: Developments in allomorphy, word formation, and syntax*. Cambridge: Cambridge University Press.

Hilpert, M. (2014). *Construction Grammar and its applications to English*. Edinburgh: Edinburgh University Press.

Hilpert, M. (2017). Frequencies in diachronic corpora and knowledge of language. In M. Hundt, S. Pfenninger, & S. Mollin (Eds.), *The changing English language—Psycholinguistic perspectives* (pp. 49-68). Cambridge: Cambridge University Press.

Höder, S. (2012). Multilingual constructions: A diasystematic approach to common structures. In K. Braunmüller & C. Gabriel (Eds.), *Multilingual individuals and multilingual societies* (pp. 241-257). Amsterdam/Philadelphia: Benjamins.

Höder, S. (2014a). Constructing diasystems. Grammatical organisation in bilingual groups. In T. A. Åfarli & B. Mæhlum (Eds.), *The sociolinguistics of grammar* (pp. 137-152). Amsterdam/Philadelphia: Benjamins.

Höder, S. (2014b). Phonological elements and Diasystematic Construction Grammar. *Constructions and Frames*, 6, 202-231.

Höder, S. (2016). Niederdeutsche Form, unspezifische Struktur. Diasystematische Konstruktionen in der deutsch-dänischen Kontaktzone. In H. Spiekermann *et al.* (Eds.), *Niederdeutsch: Grenzen, Strukturen, Variation* (pp. 293-309). Wien/Köln/Weimar: Böhlau.

Hoffmann, T. (2013). Abstract phrasal and clausal constructions. In T. Hoffmann & G. Trousdale (Eds.), *The Oxford handbook of Construction Grammar* (pp. 307-328). Oxford: Oxford University Press.

Hoffmann, T., & Trousdale, G. (Eds.). (2013). *The Oxford handbook of Construction Grammar*. Oxford: Oxford University Press.

Hollmann, W. (2013). Constructions in cognitive sociolinguistics. In T. Hoffmann & G. Trousdale (Eds.), *The Oxford handbook of Construction Grammar* (pp. 491-510). Oxford: Oxford University Press.

Hollmann, W., & Siewerska, A. (2006). Corpora and (the need for) other methods in a study of Lancashire dialect. *Zeitschrift für Anglistik und Amerikanistik*, 54, 203-216.

Hollmann, W., & Siewerska, A. (2011). The status of frequency, schemas and identity in cognitive sociolinguistics: A case study on definite article reduction. *Cognitive Linguistics*, 22, 25-54.

Imo, W. (2013). *Sprache in Interaktion. Analysemethoden und Untersuchungsfelder*. Berlin/New York: De Gruyter.

Israel, M. (1996).The way-constructions grow. In A. Goldberg (Ed.), *Conceptual structure, discourse and language* (pp. 217-230). Stanford: CSLI Publications.

Iwata, S. (2005). The role of verb meaning in locative alternations. In M. Fried & H. C. Boas (Eds.), *Grammatical constructions: Back to the roots* (pp. 101-118). Amsterdam: John Benjamins.

Iwata, S. (2008). *Locative alternation: A lexical-constructional account*. Amsterdam/Philadelphia: John Benjamins.

Jackendoff, R. (1997). Twistin' the night away. *Language*, 73, 532-559.

Jurafsky, D. (1992). *An on-line computational model of human sentence interpretation: A theory of the representation and use of linguistic knowledge*. PhD dissertation, University of California, Berkeley.

Kay, P. (2002). English subjectless tagged sentences. *Language*, 78, 453-481.

Kay, P. (2005). Argument structure constructions and the argument-adjunct distinction. In M. Fried & H. C. Boas (Eds.), *Grammatical constructions: Back to the roots* (pp. 71-98). Amsterdam/Philadelphia: John Benjamins.

Kay, P., & Fillmore, C. J. (1999). Grammatical constructions and linguistic generalizations: The 'What's X doing Y?' construction. *Language*, 75, 1-33.

Klotz, M. (2000). Grammatik und Lexik. Tübingen: Stauffenburg Verlag.

Labov, W. (2019). What has been built on empirical foundations. In H. C. Boas & M. Pierce (Eds.), *New directions for historical linguistics* (pp. 42-57). Leiden: Brill.

Lakoff, G. (1987). *Women, fire, and dangerous things*. Chicago: University of Chicago Press.

Lambrecht, K. (1994). *Information structure and sentence form*. Cambridge: Cambridge University Press.

Lambrecht, K. (2004). On the interaction of information structure and formal structure in constructions. In M. Fried & J.-O. Östman (Eds.), *Construction Grammar in a cross-language perspective* (pp. 157-199). Amsterdam/Philadelphia: John Benjamins.

Lambrecht, K., & Lemoine, K. (2005). Definite null objects in (spoken) French. In M. Fried & H. C. Boas (Eds.), *Grammatical constructions: Back to the roots* (pp. 13-56). Amsterdam/Philadelphia: John Benjamins.

Langacker, R. (1987). *Foundations of Cognitive Grammar*. Vol. I. Stanford: Stanford University Press.

Langacker, R. (1988). A usage-based model. In B. Rudzka-Ostyn (Ed.), *Topics in Cognitive Linguistics* (pp. 127-161). Amsterdam/Philadelphia: John Benjamins.

Langacker, R. (2000). A dynamic usage-based model. In S. Kemmer & M. Barlow (Eds.), *Usage-based models of language* (pp. 1-64). Stanford: CSLI Publications.

Lasch, A. (2016). *Nonagentive Konstruktionen des Deutschen*. Berlin/Boston: De Gruyter.

Lee-Goldman, R., & Petruck, M. R. L. (2018). The FrameNet constructicon in action. In B. Lyngfelt, L. Borin, K. Ohara, & T. T. Torrent (Eds.), *Constructicography. Constructicon development across languages* (pp. 19-41). Amsterdam/Philadelphia: John Benjamins.

Lehmann, C. (1985). On grammatical relationality. *Folia Linguistica*, 19, 67-110.

Leino, J. (2005). Frames, profiles and constructions: Two collaborating CGs meet the Finnish permissive construction. In J.-O. Östman & M. Fried (Eds.), *Construction grammars: Cognitive grounding and theoretical extensions* (pp. 89-120). Amsterdam: John Benjamins.

Leino, J. (2013). Information structure. In T. Hoffmann & G. Trousdale (Eds.), *The Oxford handbook of Construction Grammar* (pp. 329-346). Oxford: Oxford University Press.

Levin, B. (1993). *English verb classes and alternations*. Chicago: University of Chicago Press.

Levin, B., & Rappaport Hovav, M. (2005). *Argument realization*. Oxford: Oxford University Press.

Luzondo, A. (2014). Constraining factors on the family of resultative constructions. *Review of Cognitive Linguistics*, 12(1), 30-63.

Lyngfelt, B. (2018). Introduction: Constructions and constructicography. In B. Lyngfelt, L. Borin , K. Ohara, & T. T. Torrent (Eds.), *Constructicography. Constructicon development across languages* (pp. 1-18). Amsterdam/Philadelphia: John Benjamins.

Lyngfelt, B., Borin, L., Ohara, K., & Torrent, T. T. (Eds.). (2018). *Constructicography: Constructicon development across languages*. Amsterdam/Philadelphia: John Benjamins.

Madlener, K. (2015). *Frequency effects in instructed second language acquisition*. Berlin/Boston: Walter de Gruyter.

Medina, P.G. (2017). The English conative as a family of constructions. Towards a usage- based approach. In F. J. R. de Mendoza Ibanez, A. L. Oyon, & P. P. Sobrino (Eds.), *Constructing families of constructions* (pp. 277-300). Amsterdam/Philadelphia: John Benjamins.

Michaelis, L. A. (2004). Type shifting in construction grammar: An integrated approach to aspectual coercion. *Cognitive Linguistics*, 15(1), 1-68.

Michaelis, L. (2005). Entity and event coercion in a symbolic theory of syntax. In J.-O. Östman & M. Fried (Eds.), *Construction grammars. Cognitive grounding and theoretical extensions* (pp. 45-89). Amsterdam/Philadelphia: John Benjamins.

Michaelis, L. (2012). Making the case for Construction Grammar. In H. C. Boas & I. Sag (Eds.), *Sign-based Construction Grammar* (pp. 30-68). Stanford: CSLI Publications.

Michaelis, L. (2013). Sign-Based Construction Grammar. In T. Hoffmann & G. Trousdale (Eds.), *The Oxford handbook of Construction Grammar* (pp. 133-152). Oxford: Oxford University Press.

Michaelis, L., & Lambrecht, K. (1996a). Toward a construction-based theory of language function: The case of nominal extraposition. Language, 72, 215-247.

Michaelis, L. A., & Lambrecht, K. (1996b). The exclamative sentence type in English. In A. Goldberg (Ed.), Conceptual structure, discourse and language (pp. 375-389). Stanford: CSLI Publications.

Michaelis, L., & Ruppenhofer, J. (2001). *Beyond alternations. A constructional model of the German applicative pattern*. Stanford: CSLI Publications.

Mukherjee, J., & Gries, S. T. (2009). Collostructional nativisation in New Englishes: Verb-construction associations in the International Corpus of English. *English World-Wide*, 30(1), 27-51.

Nemoto, N. (2005). Verbal polysemy and Frame Semantics in Construction Grammar: Some observations on the locative alternation. In M. Fried & H. C. Boas (Eds.), *Grammatical constructions: Back to the roots* (pp. 119-136). Amsterdam/Philadelphia: John Benjamins.

Ohara, K. H. (1996). *A constructional approach to Japanese internally headed relativization*. PhD dissertation, University of California, Berkeley.

Osswald, R., & Van Valin, R. D. (2014). FrameNet, frame structure, and the syntax-semantics interface. In *Frames and concept types* (pp. 125-156). Cham: Springer.

Östman, J.-O., & Trousdale, G. (2013). Dialects, discourse, and Construction Grammar. In T. Hoffmann & G. Trousdale (Eds.), *The Oxford handbook of Construction Grammar* (pp. 476-490). Oxford: Oxford University Press.

Peña, M. S. (2017). Revisiting the English resultative family of constructions. In F. J. Ruiz de Mendoza Ibañez, A. L. Oyon, & P. P. Sobrino (Eds.), *Constructing families of constructions* (pp. 175-204). Amsterdam/Philadelphia: John Benjamins.

Perek, F. (2015). *Argument structure in usage-based construction grammar: Experimental and corpus-based perspectives*. Amsterdam/Philadelphia: John Benjamins.

Perek, F., & Patten, A. L. (2019). Towards an English Constructicon using patterns and frames. *International Journal of Corpus Linguistics*, 24(3), 354-384.

Petruck, M. R. L., Fillmore, C. J., Baker, C., Ellsworth, M., & Ruppenhofer, J. (2004). Reframing FrameNet data. *Proceedings of the 11th EURALEX International Congress*, Lorient, France, 405-416.

Pierce, M., & Boas, H. C. (2019). Where was historical linguistics in 1968 and where is it now? In H. C. Boas & M. Pierce (Eds.), *New directions for historical linguistics* (pp. 1-41). Leiden: Brill.

Proost, K. (2017). The role of verbs and verb classes in identifying German search-constructions. In F. J. R. de Mendoza Ibañez, A. L. Oyon, & P. P. Sobrino (Eds.), Constructing families of constructions (pp. 17-52). Amsterdam/Philadelphia: John Benjamins.

Rosch, E., & Mervis, C. B. (1975). Family resemblances: Studies in the internal structure of categories. *Cognitive Psychology*, 7(4), 573-605.

Ruppenhofer, J., Ellsworth, M., Petruck, M. R. C., Johnson, C., & Scheffczyk, J. (2016). *FrameNet II: Extended theory and practice*. Available at [http://framenet.icsi.berkeley.edu].

Ruppenhofer, J., & Michaelis, L. (2014). Frames and the interpretation of omitted arguments in English. In S. Katz Bourns & L. Myers (Eds.), *Linguistic perspectives on structure and context: Studies in honor of Knud Lambrecht* (pp. 57-86). Amsterdam: Benjamins.

Ruppenhofer, J., & Rehbein, I. (2012). Semantic frames as an anchor representation for sentiment analysis. In *Proceedings of the 3rd Workshop in Computational Approaches to Subjectivity and Sentiment Analysis*, 104-109. Association for Computational Linguistics.

Sag, I. (2010). English filler-gap constructions. *Language*, 86(3), 486-545.

Sag, I. (2012). Sign-Based Construction Grammar: An informal synopsis. In H. C. Boas & I. Sag (Eds.), *Sign-Based Construction Grammar* (pp. 69-201). Stanford: CSLI Publications.

Sag, I., Boas, H. C., & Kay, P. (2012). Introducing Sign-Based Construction Grammar. In H. C. Boas & I. Sag (Eds.), *Sign-Based Construction Grammar* (pp. 1-30). Stanford: CSLI Publications.

Salkoff, M. (1983). Bees are swarming in the garden: A systematic synchronic study of productivity. *Language*, 59(2), 288-346.

Sampson, G. (2003). *Empirical linguistics*. London/New York: Continuum Publications.

Saussure, F. D. (1916). *Course in general linguistics* (trans. Wade Baskin). London: Fontana/Collins.

Scheffczyk, J., Baker, C., & Narayanan, S. (2010). Reasoning over natural language text by means of FrameNet and ontologies. In Huang, Chu-ren *et al*. (Eds.), *Ontology and the lexicon: A natural language processing perspective. Studies in natural language processing* (pp. 53-71). Cambridge: Cambridge University Press.

Somers, H. L. (1987). *Valency and case in computational linguistics*. Edinburgh: Edinburgh University Press.

Sommerer, L. (2018). *Article emergence in Old English*. Berlin/Boston: De Gruyter.

Steels, L. (2013). Fluid Construction Grammar. In T. Hoffmann & G. Trousdale (Eds.), *The Oxford handbook of Construction Grammar* (pp. 152-167). Oxford: Oxford University Press.

Stefanowitsch, A. (2008). Negative evidence and preemption: A constructional approach to ungrammaticality. *Cognitive Linguistics*, 19(3), 513-531.

Stefanowitsch, A. (2013). Collostructional analysis. In T. Hoffmann & G. Trousdale (Eds.), *The Oxford handbook of Construction Grammar* (pp. 290-306). Oxford: Oxford University Press.

Stefanowitsch, A., & Gries, S. T. (2003). Collostructions: On the interaction between verbs and constructions. *International Journal of Corpus Linguistics*, 8(2), 209-243.

Stefanowitsch, A., & Gries, S. T. (2005). Covarying collexemes. *Corpus Linguistics and Linguistic Theory*, 1(1), 1-43.

Thomason, S. (2019). Historical linguistics since 1968: On some of the causes of linguistic change. In H. C. Boas & M. Pierce (Eds.), *New directions for historical linguistics* (pp. 110-131). Leiden: Brill.

Tomasello, M. (2003). *Constructing a language: A usage-based theory of language acquisition*. Cambridge, MA: Harvard University Press.

Traugott, E. C (2019). Precursors of work on grammaticalization and constructionalization in directions for historical linguistics. In H. C. Boas & M. Pierce (Eds.), *New directions for historical linguistics* (pp. 132-152). Leiden: Brill.

Traugott, E. C., & Trousdale, G. (2013). *Constructionalization and constructional changes*. Oxford: Oxford University Press.

Tsujimura, N. (2005). A constructional approach to mimetic verbs. In M. Fried & H. C. Boas (Eds.), *Grammatical constructions: Back to the roots* (pp. 137-156). Amsterdam/Philadelphia: John Benjamins.

Van der Leek, F. (2000). Caused-motion and the 'bottom-up' role of grammar. In A. Foolen & F. van der Leek (Eds.), *Constructions in cognitive linguistics* (pp. 301-331). Amsterdam/Philadelphia: John Benjamins.

Van Trijp, R. (2013). A comparison between Fluid Construction Grammar and Sign-Based Construction Grammar. *Constructions and Frames*, 5(1), 88-116.

Van Trijp, R. (2015). Cognitive vs. generative construction grammar: The case of coercion and argument structure. *Cognitive Linguistics*, 26(4), 613-632.

Vázquez-González, J. G., & Barðdal, J. (2019). Reconstructing the ditransitive construction for Proto-Germanic: Gothic, Old English and Old Norse-Icelandic. *Folia Linguistica Historica*, 40(2), 555-620.

Webelhuth, G. (2012). The distribution of that-clauses in English: An SB.C.G account. In H. C. Boas & I. Sag (Eds.), *Sign-Based Construction Grammar* (pp. 203-228). Stanford: CSLI Publications.

Wechsler, S. (2015). *Word meaning and syntax. Approaches to the interface*. Oxford: Oxford University Press.

Weigand, E. (1998). Contrastive lexical semantics. In E. Weigand (Ed.), *Contrastive lexical semantics* (pp. 25-44). Amsterdam/Philadelphia: John Benjamins.

Weinreich, U., Labov, W., & Herzog, M. (1968). Empirical foundations for a theory of language change. In W. P. Lehmann & Y. Malkiel (Eds.), *Directions for historical linguistics* (pp. 95-188). Austin: University of Texas Press.

Wulff, S. (2013). Words and idioms. In T. Hoffmann & G. Trousdale (Eds.), The Oxford handbook of Construction Grammar (pp. 274-289). Oxford: Oxford University Press.

Wulff, S., Griss, S. T., & Lester, N. (2018). Optional that complementation by German and Spanish learners. In A. Tyler, L. Huang, & H. Jan (Eds.), *What is applied cognitive linguistics? Answers from current SLA research* (pp. 99-120). Berlin/Boston: Walter de Gruyter.

Yoon, J., & Gries, S. T. (Eds.). (2016). *Corpus-based approaches to Construction Grammar*. Amsterdam/Philadelphia: John Benjamins.

Zeschel, A. (2008). Funktionsverbgefüge als Idiomverbände. In A. Stefanowitsch & K. Fischer (Eds.), *Konstruktionsgrammatik II. Von der Konstruktion zur Grammatik* (pp. 263-278). Tübingen: Stauffenburg.

Zeschel, A. (2015). Semiautomatische Identifikation von Argumentstrukturkonstruktionen in großen Korpora. In S. Engelberg, M. Meliss, K. Proost, & E. Winkler (Eds.), *Argumentstruktur zwischen Valenz und Konstruktion* (pp. 451-468). Tübingen: Narr.

Ziem, A. (2008). *Frames und sprachliches Wissen*. Berlin/New York: De Gruyter.

Ziem, A. (2015). Probleme und Desiderata einer Social Construction Grammar. In A. Ziem & A. Lasch (Eds.), *Konstruktionsgrammatik IV. Konstruktionen als soziale Konventionen und kognitive Routinen* (pp. 1-22). Tübingen: Stauffenburg.

Ziem, A., Boas, H. C., & Ruppenhofer, J. (2014). Grammatische Konstruktionen und semantische Frames für die Textanalyse. In J. Hagemann & S. Staffeldt (Eds.), *Syntaxtheorien. Analysen im Vergleich* (pp. 297-333). Tübingen: Stauffenburg.

Zwicky, A. M. (1994). Dealing out meaning: Fundamentals of grammatical constructions. In S. Gahl, A. Dolbey, & C. Johnson (Eds.), *Proceedings of the Twentieth Annual Meeting of the Berkeley Linguistics Society* (pp. 611-625). Berkeley: Berkeley Linguistics Society, Inc.

Zwicky, A. M. (1995). Exceptional degree markers: A puzzle in internal and external syntax. *Ohio Working Papers in Linguistics*, 47, 111-123.

〈제4장〉

Andrén, M. (2010). Children's gestures from 18 to 30 months. (Doctoral dissertation, Lund University: Centre for Languages and Literature).

Beck, S. (1997). On the semantics of comparative conditionals. *Linguistics and Philosophy*, 20(3), 229-271.

Bergen, B. K., & Chang, N. (2005). Embodied construction grammar in simulation-based language understanding. In J. O. Östman & M. Fried (Eds.), *Construction grammars: Cognitive grounding and theoretical extensions* (pp. 147-190). Amsterdam: John Benjamins.

Bergen, B. K., & Chang, N. (2013). Embodied construction grammar. In T. Hoffmann & G. Trousdale (Eds.), *The Oxford handbook of construction grammar* (pp. 168-190). Oxford: Oxford University Press.

Bergs, A., & Hoffmann, T. (2018). A Construction Grammar approach to genre. *CogniTextes*, 18, 1-27.

Boas, H. C., & Sag, I. (Eds.). (2012). *Sign-based construction grammar*. Stanford, CA: CSLI Publications.

Bressem, J. (2013). A linguistic perspective on the notation of form features in gestures. In C. Müller *et al*. (Eds.), *Body—language—communication: An international handbook on multimodality in human interaction*. Vol. 1. (pp. 1079-1098). Berlin/Boston: De Gruyter Mouton.

Bressem, J., & Müller, C. (2017). The "Negative-Assessment-Construction"-A multimodal pattern based on a recurrent gesture? *Linguistics Vanguard*, 3(s1).

Bybee, J. L. (2006). From usage to grammar: The mind's response to repetition. *Language*, 82, 711-733.

Bybee, J. L. (2010). *Language, usage and cognition*. Cambridge: Cambridge University Press.

Bybee, J. L. (2013). Usage-based theory and exemplar representations of constructions. In T. Hoffmann & G. Trousdale (Eds.), *The Oxford handbook of construction grammar* (pp. 49-69). Oxford: Oxford University Press.

Cappelle, B. (2011). The the…the…construction: Meaning and readings. *Journal of Pragmatics*, 43(1), 99-117.

Cienki, A. (2015). Spoken language usage events. *Language and Cognition*, 7, 499-514.

Cohen, A. A. (1977). The communicative function of hand illustrators. *Journal of Communication*, 27, 54-63.

Cowan, N. (2008). What are the differences between long-term, short-term, and working memory?

Progress in Brain Research, 169, 323-333.

Croft, W. (2001). *Radical construction grammar: Syntactic theory in typological perspective*. Oxford: Oxford University Press.

Croft, W., & Cruse, A. D. (2004). *Cognitive linguistics*. Cambridge: Cambridge University Press.

Culicover, P. W., & Jackendoff, R. (1999). The view from the periphery: The English comparative correlative. *Linguistic Inquiry*, 30, 543-571.

Deacon, T. (1997). *The symbolic species: The co-evolution of language and the human brain*. London: Penguin.

Diamond, A. (2013). Executive functions. *Annual Review of Psychology*, 64, 135-168.

Ellis, N. (2013). Construction grammar and second language acquisition. In T. Hoffmann & G. Trousdale (Eds.), *The Oxford handbook of construction grammar* (pp. 365-378). Oxford: Oxford University Press.

Fauconnier, G., & Turner, M. (2002). *The way we think: Conceptual blending and the mind's hidden complexities*. New York: Basic Books.

Fillmore, C. J. (1988). The mechanisms of 'Construction Grammar'. *Berkeley Linguistic Society,* 14, 35-55. DOI: 10.3765/bls.v14i0.1794

Fillmore, C. J., Kay, P., & O'Connor, M. C. (1988). Regularity and idiomaticity in grammatical constructions: The case of let alone. *Language*, 64(3), 501-538.

Goldberg, A. E. (2003). Constructions: A new theoretical approach to language. *Trends in Cognitive Sciences*, 7(5), 219-224.

Goldberg, A. E. (2006). *Constructions at work: The nature of generalization in language*. Oxford: Oxford University Press.

Goldberg, A. E. (2013). Constructionist approaches. In T. Hoffmann & G. Trousdale (Eds.), *The Oxford handbook of construction grammar* (pp. 15-31). Oxford: Oxford University Press.

Goldberg, E. (2018). *Creativity: The human brain in the age of innovation*. Oxford: Oxford University Press.

Gries, S. T. (2013). Data in construction grammar. In T. Hoffmann & G. Trousdale (Eds.), *The Oxford handbook of construction grammar* (pp. 99-100). Oxford: Oxford University Press.

Harari, Y. N. (2014). *Sapiens: A brief history of humankind*. London: Harvill Secker.

Hoffmann, T. (2017a). From constructions to construction grammar. In B. Dancygier (Ed.), *The Cambridge handbook of cognitive linguistics* (pp. 284-309). Cambridge: Cambridge University Press.

Hoffmann, T. (2017b). Construction grammars. In B. Dancygier (Ed.), *The Cambridge handbook of cognitive linguistics* (pp. 310-329). Cambridge: Cambridge University Press.

Hoffmann, T. (2017c). Multimodal constructs-Multimodal constructions? The role of constructions in the working memory. *Linguistics Vanguard*, 3(s1), 1-10.

Hoffmann, T. (2018). Creativity and construction grammar: Cognitive and psychological issues. *Zeitschrift für Anglistik und Amerikanistik*, 66(3), 259-276.

Hoffmann, T. (2019a). *English comparative correlatives: Diachronic and synchronic variation at the lexicon-syntax interface* (Studies in English Language). Cambridge: Cambridge University Press.

Hoffmann, T. (2019b). Language and creativity: A construction grammar approach to linguistic creativity. *Linguistics Vanguard*, 5(1), 379-396.

Hoffmann, T., & Trousdale, G. (Eds.). (2013). *The Oxford handbook of construction grammar*. Oxford: Oxford University Press.

Jurafsky, D. (1992). An on-line computational model of human sentence interpretation. In American Association for Artificial Intelligence (Eds.), *Proceedings of the National Conference on Artificial Intelligence (AAAI-92)* (pp. 302-308). Cambridge, MA: MIT Press.

Kendon, A. (2013). Exploring the utterance roles of visible bodily action: A personal account. In C. Müller *et al.* (Eds.), *Body—language—communication: An international handbook on multimodality in human interaction*. Vol. 1 (pp. 7-28). Berlin/Boston: De Gruyter Mouton.

Lakoff, G. (1987). *Women, fire and dangerous things: What categories reveal about the mind*. Chicago: University of Chicago Press.

Langacker, R. W. (2005). Construction Grammars: Cognitive, radical, and less so. In F. J. R. de Mendoza Ibáñez & M. S. P. Cervel (Eds.), *Cognitive linguistics: Internal dynamics and interdisciplinary interaction* (pp. 101-159). Berlin/New York: Mouton de Gruyter.

Lanwer, J. P. (2017). Apposition: A multimodal construction? The multimodality of linguistic constructions in the light of usage-based theory. *Linguistics Vanguard*, 3(s1), 1-12.

McNeill, D. (1992). *Hand and mind: What gestures reveal about thought*. Chicago: University of Chicago Press.

McNeill, D. (2000). Introduction. In D. McNeill (Ed.), *Language and gesture* (pp. 1-10). Cambridge: Cambridge University Press.

McNeill, D. (2013a). Gesture as a window onto mind and brain, and the relationship to linguistic relativity and ontogenesis. In C. Müller *et al.* (Eds.), *Body—language—communication: An international handbook on multimodality in human interaction*. Vol. 1 (pp. 28-54). Berlin/Boston: De Gruyter Mouton.

McNeill, D. (2013b). Gestures as a medium of expression: The linguistic potential of gestures. In C. Müller *et al.* (Eds.), *Body— language—communication: An international handbook on multimodality in human interaction*. Vol. 1 (pp. 202-217). Berlin/Boston: De Gruyter Mouton.

Michaelis, L. A. (2010). Sign-based construction grammar. In B. Heine & H. Narrog (Eds.), *The Oxford handbook of linguistic analysis* (pp. 155-176). Oxford: Oxford University Press.

Michaelis, L. A. (2013). Sign-based construction grammar. In T. Hoffmann & G. Trousdale (Eds.), *The Oxford handbook of construction grammar* (pp. 133-152). Oxford: Oxford University Press.

Mittelberg, I. (2013). The exbodied mind: Cognitive-semiotic principles as motivating forces in gesture. In C. Müller *et al.* (Eds.), *Body—language—communication: An international handbook on multimodality in human interaction*. Vol. 1 (pp. 755-784). Berlin/Boston: De Gruyter Mouton.

Mittelberg, I. (2017). Multimodal existential constructions in German: Manual actions of giving as experiential substrate for grammatical and gestural patterns. *Linguistics Vanguard*, 3(s1), 1-14. DOI: 10.1515/lingvan-2016-0047

Müller, C., Cienki, A., Fricke, E., Ladewig, S. H., McNeill D., & Teßendorf, S. (Eds.). (2013). *Body—language—communication: An international handbook on multimodality in human interaction*. Vol. 1 (Handbooks of Linguistics and Communication Science 38.1). Berlin/Boston: De Gruyter Mouton.

Müller, C., Cienki, A., Fricke, E., Ladewig, S. H., McNeill D., & SedinhaTeßendorf (Eds.). (2014). *Body—language—communication: An international handbook on multimodality in human interaction*. Vol. 2 (Handbooks of Linguistics and Communication Science 38.2). Berlin/Boston: De Gruyter Mouton.

Müller, S. (2018). *Grammatical theory: From transformational grammar to constraint-based approaches* (2nd revised and extended ed.) (Textbooks in Language Sciences 1). Berlin: Language Science Press.

Ningelgen, J., & Auer, P. (2017). Is there a multimodal construction based on non- deictic so in German? *Linguistics Vanguard*, 3(s1), 1-15. DOI: 10.1515/lingvan-2016-0051

Pagán Cánovas, C., & Antović, M. (2016). Formulaic creativity: Oral poetics and cognitive grammar. *Language and Communication*, 47, 66-74. DOI: 10.1016/j.langcom.2015.12.001

Schmid, H. J. (2020). *The dynamics of the linguistic system: Usage, conventionalization, and entrenchment*. Oxford: Oxford University Press.

Schoonjans, S. (2014). Modalpartikeln als multimodale Konstruktionen. *Eine korpusbasierte Kookkurrenzanalyse von Modalpartikeln und Gestik im Deutschen*. (Unpublished Doctoral dissertation, University of Leuven, Leuven).

Schoonjans, S. (2017). Multimodal construction grammar issues are construction grammar issues. *Linguistics Vanguard*, 3(s1), 1-8. DOI: 10.1515/lingvan-2016-0050

Schoonjans, S., Brône, G., & Feyaerts, K. (2015). Multimodalität in der Konstruktionsgrammatik: Eine kritische Betrachtung illustriert anhand einer Gestikanalyse der Partikeleinfach. In J. Bücker, W. Imo, & S. Günthner (Eds.), *Konstruktionsgrammatik V* (pp. 291-308). Tübingen: Stauffenburg.

Steels, L. (2013). Fluid construction grammar. In T. Hoffmann & G. Trousdale (Eds.), *The Oxford handbook of construction grammar* (pp. 153-167). Oxford: Oxford University Press.

Steen, F., & Turner, M. (2013). Multimodal construction grammar. In M. Borkent, B. Dancygier, & J. Hinnell (Eds.), *Language and the creative mind* (pp. 255-274). Stanford, CA: CSLI Publications.

Steen, F., *et al.* (2018). Toward an infrastructure for data-driven multimodal communication research. *Linguistics Vanguard*, 4(1), 1-9. DOI: 10.1515/lingvan-2017-0041

Stefanowitsch, A. (2013). In T. Hoffmann & G. Trousdale (Eds.), *The Oxford handbook of construction grammar* (pp. 290-306). Oxford: Oxford University Press.

Tomasello, M. (1999). *The cultural origins of human cognition: An essay*. Cambridge, MA: Harvard University Press.

Turner, M. (2018). The role of creativity in multimodal construction grammar. *Zeitschrift für Anglistik und Amerikanistik*, 66(3), 357-370. DOI: 10.1515/zaa-2018-0030

Ziem, A. (2017). Do we really need a multimodal construction grammar? *Linguistics Vanguard*, 3(s1), 1-9.

Zima, E. (2014). Gibt es multimodale Konstruktionen? Eine Studiezu [V(motion) in circles] und [all the way from X PREP Y]. *Gesprächsforschung—Online-Zeitschrift zur verbalen Interaktion*, 15, 1-18.

Zima, E. (2017). On the multimodality of [all the way from X PREP Y]. *Linguistics Vanguard*, 3(s1), 1-12. DOI: 10.1515/lingvan-2016-0055

Zima, E., & Bergs, A. (2017a). Multimodality and construction grammar. *Linguistics Vanguard*, 3(s1), 1-9.

Zima, E., & Bergs, A. (Eds.). (2017b). Towards a multimodal construction grammar. *Linguistics Vanguard* (Special Issue), 3.

〈제5장〉

Bromhead, H. (2009). *The reign of truth and faith: Epistemic expressions in 16th and 17th century English*. Berlin: Mouton de Gruyter.

Bromhead, H. (2018). *Landscape and culture—Cross-linguistic perspectives*. Amsterdam: Benjamins.

Bullock, D. (2012-2020). *Learn these words first. Multi-layer dictionary for second-language learners of English* [https://learnthesewordsfirst.com]

Caffery, J., & Hill, D. (2019). Expensive English: An accessible language approach for Papua New Guinea agricultural development. *Development in Practice*, 29(2), 147-158. doi: 10.1080/ 09614524.2018.1530195

Farese, G. M. (2018a). *The cultural semantics of address practices: A contrastive study between English and Italian*. London: Lexington Books.

Farese, G. M. (2018b). Is KNOW a semantic universal? *Shiru, wakaru* and Japanese ethno-epistemology. *Language Sciences*, 66, 135-150.

Fillmore, C. J. (1982). Towards a descriptive framework for spatial deixis. In R. J. Jarvell & W. Klein (Eds.), *Speech, place and action: Studies in deixis and related topics* (pp. 31-59). London: Wiley.

Forbes, A. (2020). Using Minimal English to model a parental understanding of autism. In Sadow *et al*. (Eds.), *Studies in ethnopragmatics, cultural semantics, and intercultural communication* (pp. 143-163). Singapore: Springer.

Gladkova, A. (2010). *Russkajakul'turnajasemantika: Émocii, cennosti, žiznennyeustanovki* [Russian cultural semantics: Emotions, values, attitudes]. Moscow: Languages of Slavic Cultures.

Goddard, C. (1989). Issues in Natural Semantic Metalanguage. *Quaderni di semantica*, 10(1), 51-64.

Goddard, C. (2008). Natural Semantic Metalanguage: The state of the art. In C. Goddard (Ed.), *Cross-linguistic semantics* (pp. 1-34). Amsterdam: Benjamins.

Goddard, C. (2010). A piece of cheese, a grain of sand: The semantics of mass nouns and unitizers. In F. J. Pelletier (Ed.), *Kinds, things and stuff. Mass terms and generics* (pp. 132-165). New York: Oxford University Press.

Goddard, C. (2015). Verb classes and valency alternations (NSM approach), with special reference to English physical activity verbs. In A. Malchukov & B. Comrie (Eds.), *Valency classes in the world's languages* (pp. 1649-1680). Berlin: Mouton de Gruyter.

Goddard, C. (2018a). *Ten lectures on Natural Semantic Metalanguage: Exploring language, thought and culture using simple, translatable words*. Leiden: Brill.

Goddard, C. (2018b). Minimal English: The science behind it. In C. Goddard (Ed.), *Minimal English for a global world* (pp. 29-70). Cham: Palgrave Macmillan.

Goddard, C. (2020a). Prototypes, polysemy, and constructional semantics: The lexicogrammar of the English verb climb. In H. Bromhead & Z. Ye (Eds.), *Meaning, life and culture: In conversation with Anna Wierzbicka* (pp. 13-32). Canberra: ANU Press.

Goddard, C. (2020b). Overcoming the linguistic challenges for ethno- epistemology: NSM perspectives. In M. Mizumoto, J. Ganeri, & C. Goddard (Eds.), *Ethno-epistemology: New directions for global epistemology*. London: Routledge.

Goddard, C. (Ed.). (2021). *Minimal languages in action*. Cham: Palgrave Macmillan.

Goddard, C., & Wierzbicka, A. (Eds.). (2002). *Meaning and universal grammar—Theory and empirical findings*. Vols. I and II. Amsterdam: Benjamins.

Goddard, C., & Wierzbicka, A. (2014). *Words and meanings: Lexical semantics across domains, languages and cultures*. Oxford: Oxford University Press.

Goddard, C., & Wierzbicka, A. (2016). Explicating the English lexicon of "doing" and "happening". *Functions of Language*, 23(2), 214-256.

Goddard, C., & Wierzbicka, A. (2019). Cognitive semantics, linguistic typology and grammatical polysemy: "Possession" and the English genitive. *Cognitive Semantics*, 5, 224-247.

Goddard, C., & Wierzbicka, A. (2021). "We": Conceptual semantics, linguistic typology and social cognition. *Language Sciences* 83 (January) [published online October 2020]

Goddard, C., Wierzbicka, A., & Fábrega, H., Jr. (2014). Evolutionary semantics: Using NSM to model stages in human cognitive evolution. *Language Sciences*, 42, 60-79.

Goddard, C., Wierzbicka, A., & Wong, J. (2016). 'Walking' and 'running' in English and German:

The conceptual semantics of verbs of human locomotion. *Review of Cognitive Linguistics*, 14(2), 303-336.

Goddard, C., & Ye, Z. (Eds.). (2016). *"Happiness" and "pain" across languages and cultures*. Amsterdam: Benjamins.

Hein, J. (2020). Europeanized places, Europeanized people: The discursive construction of Argentina. *Journal of Postcolonial Linguistics*, 2, 28-45.

Jordan, P. (2017). *How to start, carry on, and end conversations. Scripts for social interaction for people on the autism spectrum*. London: Jessica Kingsley Publications.

Leibniz, G. W. (1966). *Opuscules et fragments inédits de Leibniz*. Ed. Louis Couturat. Paris: Alcan, 1903, reprint ed. Hildesheim: Olms.

Leibniz, G. W. (1989/1690). Preface to an edition of Nizolius. In L. E. Loemker (Ed.), *Philosophical papers and letters* (pp. 121-130). Dordrecht: Kluwer.

Levisen, C. (2012). *Cultural semantics and social cognition. A case study on the Danish universe of meaning*. Berlin: Mouton de Gruyter.

Levisen, C., & Waters, S. (Eds.). (2017). *Cultural keywords in discourse*. Amsterdam: Benjamins.

Machin, E. (2021). Minimal English and revitalisation education: Assisting linguists to explain grammar in simple, everyday words. In C. Goddard (Ed.), *Minimal languages in action* (pp. 83-107). Cham: Palgrave Macmillan.

Newman, J. (Ed.). (2009). *The linguistics of eating and drinking*. Amsterdam: Benjamins.

Peeters, B. (Ed.). (2006). *Semantic primes and universal grammar: Empirical findings from the Romance languages*. Amsterdam: Benjamins.

Sadow, L. (2019). An NSM-based cultural dictionary of Australian English: From theory to practice. PhD thesis, The Australian National University.

Sadow, L., Peeters, B., & Mullan, K. (Eds.). (2020). *Studies in ethnopragmatics, cultural semantics, and intercultural communication: Minimal English (and beyond)*. Singapore: Springer.

Sibly, A. (2010). *Harry slapped Hugo, Tracey smacked Ritchie*: The semantics of *slap* and *smack*. *Australian Journal of Linguistics*, 30(3), 323-348.

Tien, A. (2015). *The semantics of Chinese music*. Amsterdam: Benjamins.

Wierzbicka, A. (1972). *Semantic primitives*. Frankfurt: Athenäum.

Wierzbicka, A. (1988). *The semantics of grammar*. Amsterdam: Benjamins.

Wierzbicka, A. (1992). *Semantics: Culture and cognition*. New York: Oxford University Press.

Wierzbicka, A. (1996). *Semantics: Primes and universals*. New York: Oxford University Press.

Wierzbicka, A. (1997). *Understanding cultures through their key words*. New York: Oxford University Press.

Wierzbicka, A. (1999). *Emotions across languages and cultures*. Cambridge: Cambridge University Press.

Wierzbicka, A. (2003). *Cross-cultural pragmatics* (expanded 2nd ed.). Berlin: Mouton de Gruyter.

Wierzbicka, A. (2006). *English: Meaning and culture*. New York: Oxford University Press.

Wierzbicka, A. (2009a). "Reciprocity": An NSM approach to linguistic typology and social universals. *Studies in Language*, 33(1), 103-174.

Wierzbicka, A. (2009b). Case in NSM: A reanalysis of the Polish dative. In A. Malchukov & A. Spencer (Eds.), *The Oxford handbook of case* (pp. 151-169). New York: Oxford University Press.

Wierzbicka, A. (2010). *Experience, evidence, sense: The hidden cultural legacy of English*. New York: Oxford University Press.

Wierzbicka, A. (2014). *Imprisoned in English: The hazards of English as a default language*. New York: Oxford University Press.

Wierzbicka, A. (2015). Innate conceptual primitives manifested in the languages of the world and in infant cognition. In E. Margolis & S. Laurence (Eds.), *Concepts: New directions* (pp. 379-412). Cambridge, MA: MIT Press.

Wierzbicka, A. (2018a). I KNOW: A human universal. In M. Mizumoto, S. Stich, & E. McCready (Eds.), *Epistemology for the rest of the world* (pp. 215-250). Oxford: Oxford University Press.

Wierzbicka, A. (2018b). Talking about the universe in Minimal English: Teaching science through words that children can understand. In C. Goddard (Ed.), *Minimal English for a global world* (pp. 169-200). Cham: Palgrave Macmillan.

Wierzbicka, A. (2019). *What Christians believe. The story of God and people in Minimal English*. Oxford: Oxford University Press.

Wierzbicka, A. (2020). The biblical roots of English 'love': The concept of 'love' in a historical and cross-linguistic perspective. *International Journal of Language and Culture*, 6(2), 225-254.

Wierzbicka, A. (in press). The meaning of the Christian confession of faith: Explaining the Nicene Creed through universal human concepts. In L. Iomdin (Ed.), *Semantics: Festschrift for Juri Apresjan*. Moscow: Jazyki slavianskix kul'tur.

Wong, J. O. (2014). *The culture of Singapore English*. Singapore: Oxford University Press.

Vanhatalo, U., Tissari, H., & Idström, A. (2014). Revisiting the universality of Natural Semantic Metalanguage: A view through Finnish. *SKY Journal of Linguistics*, 27, 67-94.

Ye, Z. (Ed.). (2017). *The semantics of nouns*. Oxford: Oxford University Press.

〈제6장〉

Adger, D., & Trousdale, G. (2007). Variation in English syntax: Theoretical implications. *English Language and Linguistics*, 11, 261-278.

Berry, M. (2019). The clause. An overview of the lexicogrammar. In G. Thompson, W. Bowcher, L. Fontaine, & D. Schönthal (Eds.), *The Cambridge handbook of Systemic Functional Linguistics* (pp. 92-117). Cambridge: Cambridge University Press.

Bloomfield, L. (1933). *Language*. New York: Henry Holt.

Brooks, T., & Cid de Garcia, D. (2015). Evidence for morphological composition in compound words using MEG. *Frontiers of Human Neuroscience*. https://doi.org/10.3389/fnhum.2015.00215

Brown, D., & Hippisley, A. (2012). *Network morphology. A default-based theory of word structure*. Cambridge: Cambridge University Press.

Camdzic, A., & Hudson, R. (2007). Serbo-Croat clitics and word grammar. *Research in Language* (University of Lodz), 4, 5-50.

Dahl, Ö. (1980). Some arguments for higher nodes in syntax: A reply to Hudson's "Constituency and dependency". *Linguistics*, 18, 485-488.

Duran Eppler, E. (2011a). *Emigranto. The syntax of German-English code- switching*. Vienna: Braumüller.

Duran Eppler, E. (2011b). The Dependency Distance Hypothesis for bilingual code-switching. In *Proceedings of DepLing 2011*.

Fiorentino, R., & Fund-Reznicek, E. (2009). Masked morphological priming of compound constituents. *The Mental Lexicon*, 4, 159-193.

Geeraerts, D., & Cuyckens, H. (2007). *The Oxford handbook of cognitive linguistics*. Oxford: Oxford University Press.

Gisborne, N. (2008). Dependencies are constructions. In G. Trousdale & N. Gisborne (Eds.), *Constructional approaches to English grammar* (pp. 219-256). New York: Mouton.

Gisborne, N. (2010). *The event structure of perception verbs*. Oxford: Oxford University Press.

Gisborne, N. (2011). Constructions, Word Grammar, and grammaticalization. *Cognitive Linguistics*, 22, 155-182.

Gisborne, N. (2017). Defaulting to the new Romance synthetic future. In N. Gisborne & A. Hippisley (Eds.), *Defaults in morphological theory* (pp. 151-181). Oxford: Oxford Univesity Press.

Gisborne, N. (2019). Word Grammar morphology. In F. Mansini & J. Audring (Eds.), *Oxford handbook of morphological theory* (pp. 327-345). Oxford: Oxford University Press.

Gisborne, N. (forthcoming). *Ten lectures on event structure in a network theory of language*. Leiden: Brill.

Goldberg, A. (1995). *Constructions. A Construction Grammar approach to argument structure*. Chicago: University of Chicago Press.

Holmes, J. (2005). *Lexical properties of English verbs*. London: UCL.

Holmes, J., & Hudson, R. (2005). Constructions in Word Grammar. In J.-O. Östman & M. Fried (Eds.), *Construction Grammars. Cognitive grounding and theoretical extensions* (pp. 243-272). Amsterdam: Benjamins. www.benjamins.com/cgi-bin/t_bookview.cgi?bookid=CAL%203

Hudson, R. (1980). A second attack on constituency: A reply to Dahl. *Linguistics*, 18, 489-504.

Hudson, R. (1984). *Word Grammar*. Oxford: Blackwell.

Hudson, R. (1990). *English Word Grammar*. Oxford: Blackwell.

Hudson, R. (1996). *Sociolinguistics* (2nd ed.). Cambridge: Cambridge University Press.

Hudson, R. (1997a). Inherent variability and linguistic theory. *Cognitive Linguistics*, 8(1), 73-108.

Hudson, R. (1997b). The rise of auxiliary DO: Verb-non-raising or category-strengthening? *Transactions of the Philological Society*, 95(1), 41-72.

Hudson, R. (2000). *I amn't. *Language*, 76, 297-323.

Hudson, R. (2003). Gerunds without phrase structure. *Natural Language & Linguistic Theory*, 21, 579-615.

Hudson, R. (2007). *Language networks: The new Word Grammar*. Oxford: Oxford University Press.

Hudson, R. (2008a). Buying and selling in Word Grammar. In P. Hanks (Ed.), *Critical concepts in lexicology*. London: Routledge.

Hudson, R. (2008b). Word Grammar and Construction Grammar. In G. Trousdale & N. Gisborne (Eds.), *Constructional approaches to English grammar* (pp. 257-302). New York: Mouton.

Hudson, R. (2008c). Word Grammar, cognitive linguistics and second- language learning and teaching. In P. Robinson & N. Ellis (Eds.), *Handbook of cognitive linguistics and second language acquisition* (pp. 89-113). London: Routledge.

Hudson, R. (2010). *An introduction to Word Grammar*. Cambridge: Cambridge University Press.

Hudson, R. (2013). A cognitive analysis of John's hat. In K. Börjars, D. Denison, & A. Scott (Eds.), *Morphosyntactic categories and the expression of possession* (pp. 149-175). Amsterdam: John Benjamins.

Hudson, R. (2017). French pronouns in cognition. In A. Hippisley & N. Gisborne (Eds.), *Defaults in morphological theory* (pp. 114-150). Oxford: Oxford University Press.

Hudson, R. (2018). Pied piping in cognition. *Journal of Linguistics*, 54, 85-138. https://doi.org/10.1017/S0022226717000056

Hudson, R., & Holmes, J. (2000). Re-cycling in the encyclopedia. In B. Peeters (Ed.), *The lexicon/encyclopedia interface*. (pp. 259-290). Amsterdam: Elsevier.

Hudson, R., Rosta, A., Holmes, J., & Gisborne, N. (1996). *Synonyms and syntax. Journal of Linguistics*, 32, 439-446.

Lamb, S. (1966). *Outline of stratificational grammar*. Washington, DC: Georgetown University Press.

Lamb, S. (1998). *Pathways of the brain. The neurocognitive basis of language*. Amsterdam: John Benjamins.

Langacker, R. (2007). Cognitive grammar. In D. Geeraerts & H. Cuyckens (Eds.), *The Oxford handbook of cognitive linguistics* (pp. 421-462). Oxford: Oxford University Press.

Levy, R., Fedorenko, E., Breen, M., & Gibson, E. (2014). The processing of extraposed structures in English. *Cognition*, 122, 12-36.

Liu, H., Xu, C., & Liang, J. (2017). Dependency distance: A new perspective on syntactic patterns in natural languages. *Physics of Life Reviews*.

Michaelis, L. (2013). Sign-based Construction Grammar. In T. Hoffmann & G. Trousdale (Eds.), *The Oxford handbook of Construction Grammar* (pp. 132-152). Oxford: Oxford University Press.

Percival, K. (1976). On the historical source of immediate constituent analysis. In J. McCawley (Ed.), *Notes from the linguistic underground*. (pp. 229-242). London: Academic Press.

Percival, K. (1990). Reflections on the history of dependency notions in linguistics. *Historiographia Linguistica*, 17, 29-47.

Traugott, E., & Trousdale, G. (2013). *Constructionalization and constructional changes*. Oxford: Oxford University Press.

Trousdale, G. (2013). Multiple inheritance and constructional change. *Studies in Language*, 37, 491-514.

〈제7장〉

Beardsley, C. M. (1958). *Aesthetics*. New York: Harcourt, Brace and World.

Du Bois, W. J. (2014). Towards a dialogic syntax. *Cognitive Linguistics*, 25(3), 359-410.

Filik, R., Howman, H., Ralph-Nearman. C., & Giora, R. (2018). The role of defaultness in sarcasm interpretation: Evidence from eye-tracking during reading. *Metaphor and Symbol*, 33(3), 148-162.

Gibbs, W. R., Jr. (1994). *The poetics of mind: Figurative thought, language, and understanding*. New York: Cambridge University Press.

Giora, R. (1997). Understanding figurative and literal language: The graded salience hypothesis. *Cognitive Linguistics*, 8(3), 183-206.

Giora, R. (2003). *On our mind: Salience, context, and figurative language*. New York: Oxford University Press.

Giora, R. (2006). Anything negatives can do affirmatives can do just as well, except for some metaphors. *Journal of Pragmatics*, 38, 981-1014.

Giora, R. (2007). 'A good Arab is not a dead Arab a racist incitement': On the accessibility of negated concepts. In I. Kecskes & L. R. Horn (Eds.), *Explorations in pragmatics: Linguistic, cognitive and intercultural aspects* (pp. 129-162). Berlin: Mouton de Gruyter.

Giora, R. (2020). How defaultness shapes our language production: A usage-based study of discoursal resonance with default interpretations of metaphor and sarcasm. In J. Barnden & A. Gargett (Eds.), *Production of figurative language*. Amsterdam: John Benjamins.

Giora, R., Balaban, N., Fein, O., & Alkabets, I. (2005). Negation as positivity in disguise. In H. L. Colston & N. A. Katz (Eds.), *Figurative language comprehension: Social and cultural influences* (pp. 233-258). Hillsdale, NJ: Erlbaum.

Giora, R., & Becker, I. (2019). S/he is not the most sparkling drink in the pub: Global vs. local cue which will reign supreme? *Metaphor and Symbol*, 34(3), 141-157.

Giora, R., Cholev, A., Fein, O., & Peleg, O. (2018). On the superiority of defaultness: Hemispheric perspectives of processing negative and affirmative sarcasm. *Metaphor and Symbol*, 33(3), 163-174.

Giora, R., Drucker, A., & Fein, O. (2014). Resonating with default nonsalient interpretations: A corpus-based study of negative sarcasm. *Belgian Journal of Linguistics*, 28, 3-18.

Giora, R., Drucker, A., Fein, O., & Mendelson, I. (2015). Default sarcastic interpretations: On the priority of nonsalient interpretations. *Discourse Processes*, 52(3), 173-200.

Giora, R., Fein, O., Metuki, N., & Stern, P. (2010). Negation as a metaphor-inducing operator. In L. Horn (Ed.), *The expression of negation* (pp. 225-256). Berlin/New York: Mouton de Gruyter.

Giora, R., Givoni, S., & Becker, I. (2020). How defaultness affects text production. Resonating with default interpretations and negative sarcasm. In A. Athanasiadou & H. Colston (Eds.), *The diversity of irony* (pp. 66-77). Berlin/Boston: Walter de Gruyter.

Giora, R., Givoni, S., & Fein, O. (2015). Defaultness reigns: The case of sarcasm. *Metaphor and Symbol*, 30(4), 290-313.

Giora, R., Heruti, V., Metuki, N., & Fein, O. (2009). "When we say no we mean no": Interpreting negation in vision and language. *Journal of Pragmatics*, 41, 2222-2239.

Giora, R., Jaffe, I., Becker, I., & Fein, O. (2018). Strongly mitigating a highly positive concept: The case of default sarcastic interpretations. *Review of Cognitive Linguistics*, 6(1), 19-47.

Giora, R., Livnat, E., Fein, O., Barnea, A., Zeiman, R., & Berger, I. (2013). Negation generates nonliteral interpretations by default. *Metaphor and Symbol*, 28, 89-115.

Givoni, S., & Giora, R. (2018). Salience and defaultness. In F. Liedtke & A. Tuchen (Eds.), *Handbuch Pragmatik* (pp. 207-213). Stuttgart: J.B. Metzler.

Givoni, S., Giora, R., & Bergerbest, D. (2013). How speakers alert addressees to multiple meanings. *Journal of Pragmatics*, 48(1), 29-40.

Goldberg, E. A. (2003). Constructions: A new theoretical approach to language. *Trends in Cognitive Sciences*, 7(5), 219-224.

Goldberg, E. A. (2006). *Constructions at work: The nature of generalization in language*. Oxford: Oxford University Press.

Grice, H. P. (1975). Logic and conversation. In P. Cole & J. Morgan (Eds.), *Speech acts: Syntax and semantics* (Vol. 3, pp. 41-58). New York: Academic Press.

Navon, D. (1977). Forest before trees: The precedence of global features in visual perception. *Cognitive Psychology*, 9, 353-383.

Navon, D. (1981). The forest revisited: More on global precedence. *Psychological Research*, 43, 1-32.

Partington, A. (2011). Phrasal irony: Its form, function and exploitation. *Journal of Pragmatics*, 43, 1786-1800.

Veale, T. (2013). Humorous similes. *Humor*, 26(1), 3-22.

Woodland, J., & Voyer, D. (2011). Context and intonation in the perception of sarcasm. *Metaphor and Symbol*, 26, 227-239.

〈제8장〉

Ackerman, J., Nocera, C. C., & Bargh, J. A. (2010). Incidental haptic sensations influence social judgments and decisions. *Science*, 328, 1712-1715.

Bergen, B. (2012). *Louder than words: The new science of how the mind makes meaning*. New York: Basic Books.

Bergen, B. (2019). Embodiment. In E. Dąbrowska & D. Divjak (Eds.), *Cognitive Linguistics: Foundations of language* (pp. 11-35). Berlin/Boston: Walter de Gruyter.

Buccino, G., Riggio, L., Melli, G., Binkofski, F., Gallese, V., & Rizzolatti, G. (2005). Listening to action-related sentences modulates the activity of the motor system: A combined TMS and behavioral study. *Cognitive Brain Research*, 24, 355-363.

Casasanto, D. (2008). Similarity and proximity: When does close in space mean close in mind? *Memory and Cognition*, 36, 1047-1056.

Casasanto, D., & Dijkstra, K. (2010). Motor action and emotional memory. *Cognition*, 115, 179-185.

Chatterjee, A. (2010). Disembodying cognition. *Language and Cognition*, 2, 79-116.

Citron, F., & Goldberg, A. E. (2014). Metaphorical sentences are more emotionally engaging than their literal counterparts. *Journal of Cognitive Neuroscience*, 26(11), 2585-2595.

Clarke, C., & Lemon, R. (2016). Nervous system structure and function. In C. Clarke, R. Howard, M. Rossor, & S. Shorvon (Eds.), *Neurology: A Queen Square textbook* (pp. 11-67). Chichester: Blackwell Publishing.

Damasio, A., & Tranel, D. (1993). Nouns and verbs are retrieved with differently distributed neural systems. *Proceedings of the National Academy of Sciences*, 90, 4957-4960.

Desai, R., Binder, J., Conant, L., Mano, Q., & Seidenberg, M. (2011). The neural career of sensory-motor metaphors. *Journal of Cognitive Neuroscience*, 23, 2376-2386.

Dove, G. (2009). Beyond perceptual symbols: A call for representational pluralism. *Cognition*, 110, 412-431.

Dove, G. (2011). On the need for embodied and dis-embodied cognition. *Frontiers in Cognition*, 1, 1-13.

Dove, G. (2016). Three symbol ungrounding problems: Abstract concepts and the future of embodied cognition. *Psychonomic Bulletin and Review*, 23, 1109-1121.

Evans, V. (2019). *Cognitive Linguistics: A complete guide*. Edinburgh: Edinburgh University Press.

Fischer, K. 2006. *What computer talk is and isn't*. Saarbrücken: AQ-Verlag.

Gibbs, R. W., Jr. (2005). *Embodiment and cognitive science*. Cambridge: Cambridge University Press.

Gibbs, R. W., Jr. (2017). Embodiment. In B. Dancygier (Ed.), *The Cambridge handbook of Cogni-*

tive Linguistics (pp. 449-462). Cambridge: Cambridge University Press.

Glenberg, A. M., & Kaschak, M. P. (2002). Grounding language in action. *Psychonomic Bulletin and Review*, 9(3), 558-565.

Glenberg, A. M., Sato, M., & Cattaneo, L. (2008). Use-induced motor plasticity affects the processing of abstract and concrete language. *Current Biology*, 18, R290-R291.

Goldberg, R. F., Perfetti, C. A., & Schneider, W. (2006a). Perceptual knowledge retrieval activates sensory brain regions. *The Journal of Neuroscience*, 26(18), 4917-4921.

Goldberg, R. F., Perfetti, C. A., & Schneider, W. (2006b) Distinct and common cortical activations for multimodal semantic categories. Cognitive, *Affective, & Behavioral Neuroscience*, 6(3), 214-222.

Grady, J. (1997). Foundations of meaning: Primary metaphors and primary scenes. PhD dissertation. Berkeley: University of California.

Grady, J. E., Oakley, T., & Coulson, S. (1999). Conceptual blending and metaphor. In R. Gibbs (Ed.), *Metaphor in Cognitive Linguistics* (pp. 101-124). Amsterdam: John Benjamins.

Hampe, B., & Grady, J. (2005). *From perception to meaning: Image schemas in Cognitive Linguistics*. Berlin: Mouton de Gruyter.

Hanna, R., & Maiese, M. (2009). *Embodied minds in action*. Oxford: Oxford University Press.

Heine, B. (1997). *Cognitive foundations of grammar*. Oxford: Oxford University Press.

Heine, B. (2014). The body in language: Observations from grammaticalization. In M. Brenzinger & I. Kraska-Szlenk (Eds.), *The body in language: Comparative studies of linguistic embodiment* (pp. 13-32). Leiden/Boston: Brill.

Hockema, S. A., & Smith, L. B. (2009). Learning your language, outside-in and inside-out. *Linguistics*, 2, 453-479.

IJzerman, H., & Semin, G. R. (2009). The thermometer of social relations: Mapping social proximity on temperature. *Psychological Science*, 20(10), 1214-1220.

Isenberg, N., Silbersweig, D., Engelien, A., Emmerich, S., Malavade, K., Beattie, B., Leon, A. C., & Stern, E. (1999). *Threat activates the human amygdala. Proceedings of the National Academy of Sciences of the United States of America*, 18, 10456-10459.

Iverson, J. M., & Goldin-Meadow, S. (2005). Gesture paves the way for language development. *Psychological Science*, 16(5), 367-371.

Jiang, C., & Kuang, F. (2019). Motivating construction use: A sociocognitive perspective. *Modern Foreign Languages*, 3, 328-338.

Johnson, M. (1987). *The body in the mind: The bodily basis of meaning, imagination, and reason*. Chicago/London: University of Chicago Press.

Kövecses, Z. (2000). *Metaphor and emotion: Language, culture, and body in human feeling*. Cambridge: Cambridge University Press.

Kövecses, Z. (2005). *Metaphor in culture: Universality and variation*. Cambridge: Cambridge University Press.

Kövecses, Z. (2010). *Metaphor: A practical introduction* (2nd ed.). Oxford: Oxford University Press.

Kövecses, Z. (2015). *Where metaphors come from: Reconsidering context in metaphor*. Oxford: Oxford University Press.

Lacey, S., Stilla, R., & Sathian, K. (2012). Metaphorically feeling: Comprehending textural metaphors activates somatosensory cortex. *Brain and Language*, 120, 416-421.

Lakoff, G. (1987). *Women, fire, and dangerous things: What categories reveal about the mind*. Chicago/London: University of Chicago Press.

Lakoff, G. (1990). The invariance hypothesis: Is abstract reason based on image-schemas? *Cognitive Linguistics*, 1, 39-74.

Lakoff, G. (1993). The contemporary theory of metaphor. In A. Ortony (Ed.), *Metaphor and thought* (2nd ed.) (pp. 202-251). Cambridge: Cambridge University Press.

Lakoff, G. (1994). What is a conceptual system? In W. F. Overton & D. S. Palermo (Eds.), *The nature and ontogenesis of meaning* (pp. 41-90). Hillsdale, NJ: Lawrence Erlbaum.

Lakoff, G., & Johnson, M. (1980). *Metaphors we live by*. Chicago/London: University of Chicago Press.

Lakoff, G., & Johnson, M. (1999). *Philosophy in the flesh: The embodied mind and its challenge to Western thought*. New York: Basic Books.

Langacker, R. W. (1987). *Foundations of Cognitive Grammar* (Vol. 1): *Theoretical prerequisites*. Stanford, CA: Stanford University Press.

Langacker, R. W. (1991). *Foundations of Cognitive Grammar* (Vol. 2): *Descriptive application*. Stanford, CA: Stanford University Press.

Lee, S. W., & Schwarz, N. (2012). Bidirectionality, mediation, and moderation of metaphorical effects: The embodiment of social suspicion and fishy smells. *Journal of Personality and Social Psychology*, 103(5), 737-749.

Lin, C. Y., & Depner, S. C. (2016). Food metaphors in Taiwan Hakka. In S. C. Depner (Ed.), *Embodiment in language (II): Food, emotion and beyond* (pp. 7-20). Singapore: Springer.

Lindblom, J. (2015). *Embodied social cognition*. New York/London: Springer.

Maalej, Z. A., & Yu, N. (Eds.). (2011). *Embodiment via body parts: Studies from various languages and cultures*. Amsterdam/Philadelphia: John Benjamins.

Mahon, B. Z. (2015). What is embodied about cognition? *Language, Cognition, and Neuroscience*, 30, 420-429.

Mahon, B. Z., & Caramazza, A. (2008). A critical look at the embodied cognition hypothesis and a new proposal for grounding conceptual content. *Journal of Physiology*, 102, 59-70.

Maouene, J., Hidaka, S., & Smith, L. B. (2008). Body parts and early-learned verbs. *Cognitive Science*, 32, 1200-1216.

Maouene, J. C., Sethuraman, N., Maouene, M. M., & Otieno, S. (2016). Contingencies between verbs, body parts, and argument structures in maternal and child speech: A corpus study.

Language and Cognition, 8, 237-282.

Pulvermüller, F., Hauk, O., Nikulin, V. V., & Ilmoniemi, R. J. (2005). Functional links between motor and language systems. *European Journal of Neuroscience*, 21, 793-797.

Rohrer, T. (2007). Embodiment and experientialism. In D. Geeraerts & H. Cuyckens (Eds.), *The Oxford handbook of cognitive linguistics* (pp. 25-47). Oxford: Oxford University Press.

Schmidt-Snoek, G. L., Drew, A. R., Barile, E. C., & Agauas, S. J. (2015). Auditory and motion metaphors have different scalp distributions: An ERP study. Frontiers in Human *Neuroscience*, 9, 126.

Shapiro, K. A., Pascual-Leone, A., Mottaghy, F. M., Gangitano, M., & Caramazza, A. (2001). Grammatical distinctions in the left frontal cortex. *Journal of Cognitive Neuroscience*, 13(6), 713-720.

Sharifian, F. (2011). *Cultural conceptualisations and language: Theoretical framework and applications*. Amsterdam/Philadelphia: John Benjamins.

Sharifian, F. (2017). *Cultural linguistics: Cultural conceptualisations and language*. Amsterdam/Philadelphia: John Benjamins.

Sharifian, F., Dirven, R., Yu, N., & Niemeier, S. (Eds.). (2008). *Culture, body, and language: Conceptualization of heart and other internal body organs across languages and cultures*. Berlin/New York: Mouton de Gruyter.

Sinha, C., & Jensen de López, K. (2000). Language, culture and the embodiment of spatial cognition. *Cognitive Linguistics*, 11(1), 17-41.

Smith, L. B. (2003). Using space to bind words to objects. In R. Alterman & D. Kirsh (Eds.), *Proceedings of the 25th Annual Meeting of the Cognitive Science Society* (pp. 60-61). Hillsdale, NJ: Lawrence Erlbaum.

Stanfield, R. A., & Zwaan, R. A. (2001). The effect of implied orientation derived from verbal context on picture recognition. *Psychological Science*, 12, 153-156.

Sweetser, E. (1990). *From etymology to pragmatics: Metaphorical and cultural aspects of semantic structure*. Cambridge: Cambridge University Press.

Talmy, L. (1988). Force dynamics in language and cognition. *Cognitive Science*, 12, 49-100.

Tettamanti, M., Buccino, G., Saccuman, M. C., Gallese, V., Danna, M., Scifo, P., Fazio, F., Rizzolatti, G., Cappa, S. F., & Perani, D. (2005). Listening to action-related sentences activates fronto-parietal motor circuits. *Journal of Cognitive Neuroscience*, 17(2), 273-281.

Tomasello, M. (1999). *The cultural origins of human cognition*. Cambridge, MA: Harvard University Press.

Tomasello, M. (2009). *Why we cooperate*. Cambridge, MA: MIT Press.

Weiskopf, D. (2007). Concept empiricism and the vehicles of thought. *Journal of Consciousness Studies*, 14, 156-183.

Wilkowski, B. M., Meier, B. P., Robinson, M. D., Carter, M. S., & Feltman, R. (2009). "Hotheaded" is more than an expression: The embodied representation of anger in terms of heat. *Emo-*

tion, 9(4), 464-477.

Williams, L., & Bargh, J. (2008). Experiencing physical warm influences interpersonal warmth. *Science*, 322, 606-607.

Wilson, N. L., & Gibbs, R. W., Jr. (2007). Real and imagined body movement primes metaphor comprehension. *Cognitive Science*, 31, 721-731.

Yu, N. (1998). *The contemporary theory of metaphor: A perspective from Chinese*. Amsterdam/Philadelphia: John Benjamins.

Yu, N. (2008). The Chinese heart as the central faculty of cognition. In F. Sharifian, R. Dirven, N. Yu, & S. Niemeier (Eds.), *Culture, body, and language: Conceptualizations of internal body organs across cultures and languages* (pp. 131-168). Berlin/New York: Mouton de Gruyter.

Yu, N. (2009). *The Chinese HEART in a cognitive perspective*. Berlin/New York: Mouton de Gruyter.

Yu, N. (2014). LIFE AS OPERA: A cultural metaphor in Chinese. In F. Sharifian (Ed.), *Advances in cultural linguistics* (pp. 65-87). Singapore: Springer.

Zhang, Y., Wang, K., Yue, C., Mo, N., Wu, D., Wen, X., & Qiu, J. (2018). The motor features of action verbs: fMRI evidence using picture naming. *Brain and Language*, 179, 22-32.

Zhong, C., & Liljenquist, K. (2006). Washing away your sins: Threatened morality and physical cleansing. *Science*, 313, 1451-1452.

Zwaan, R. A. (2004). The immersed experiencer: Toward an embodied theory of language comprehension. In B. H. Ross (Ed.), *The psychology of learning and motivation* (Vol. 44) (pp. 35-62). New York: Academic Press.

Zwaan, R. A., Stanfield, R. A., & Yaxley, R. H. (2002). Language comprehenders mentally represent the shapes of objects. *Psychological Science*, 13, 168-171.

〈제9장〉

Anderson, M. (2003). Embodied cognition: A field guide. *Artificial Intelligence*, 149, 91-130.

Asikhia, O. K., & Setchi, R. (2018). Evaluating the affective aspect of intuitive interactions using image schemas. *Journal of Computing and Information Science in Engineering*, 18(4), 6-41.

Baltzer, M. C. A., López, D., & Flemisch, F. (2019). Towards an interaction pattern language for human machine cooperation and cooperative movement. Cognition, *Technology and Work*, 21, 593-606.

Britton, A., Setchi, R., & Marsh, A. (2013). Intuitive interaction with multi-functional mobile interfaces. *Journal of King Saud University-Computer and Information Sciences*, 25(2), 187-196.

Brugman, C. (1981). *Story of over*. Berkeley: University of California.

Cienki, A. (1997). Some properties and groupings of image schemas. In M. Verspoor, K. D. Lee, &

E. Sweetser (Eds.), *Lexical and syntactical constructions and the construction of meaning* (pp. 3-15). Amsterdam and Philadelphia: John Benjamins.

Cienki, A. (1998). Straight: An image schema and its metaphorical extensions. *Cognitive Linguistics*, 9(2), 107-149.

Cienki, A. (2005). Image schemas and gesture. In B. Hampe & J. Grady (Eds.), *From perception to meaning: Image schemas in cognitive linguistics* (pp. 421-442). Berlin and New York: Mouton de Gruyter.

Clausner, T. C., & Croft, W. (1999). Domains and image-schemas. *Cognitive Linguistics*, 10(1), 1-31.

Correa-Beningfield, M., Kristansen, G., Navarro-Ferrando, I., & Vandeloise, C. (2005). Image schemas vs. complex primitives in cross-cultural spatial cognition. In B. Hampe & J. Grady (Eds.), *From perception to meaning: Image schemas in cognitive linguistics* (pp. 343-368). Berlin and New York: Mouton de Gruyter.

Crits-Christoph, P., Gibbons, M. B. C., & Mukherjee, D. (2013). Psychotherapy process-outcome research. In M. J. Lambert (Ed.), *Bergin and Garfield's handbook of psychotherapy and behavior change* (6th ed.) (pp. 298-340). New York: Wiley.

D'Andrade, R. G. (1995). *The development of cognitive anthropology*. Cambridge: Cambridge University Press.

Deligiannis, A. (2018). Imagining with the body in analytical psychology. Movement as active imagination: An interdisciplinary perspective from philosophy and neuroscience. *Journal of Analytical Psychology*, 63(2), 166-185.

Ekberg, L. (1995). The mental manipulation of the vertical axis: How to go from "up" to "out" or from "above" to "behind." In M. Verspoor, K. D. Lee, & E. E. Sweetser (Eds.), *Lexical and syntactical constructions and the construction of meaning* (pp. 69-88). Amsterdam: John Benjamins.

Evans, V., & Green, M. (2006). *Cognitive linguistics: An introduction*. Edinburgh: Edinburgh University Press.

Feldman, G. (2006). *From molecule to metaphor: A neural theory of language*. Cambridge, MA: MIT Press.

Frank, R. M. (2008). Introduction: Sociocultural situatedness. In R. M. Frank, R. Dirven, T. Ziemke, & E. Bernárdez (Eds.), *Body, language and mind. Vol. 2: Sociocultural situatedness* (pp. 1-18). Berlin and New York: Mouton de Gruyter.

Freeman, D. C. (1995). "Catch[ing] the nearest way": Macbeth and cognitive metaphor. *Journal of Pragmatics*, 24(6), 689-708.

Gallagher, S. (2006). *How the body shapes the mind*. Oxford and New York: Oxford University Press.

Geeraerts, D., & Grondelaers, S. (1995). Looking back at anger: Cultural traditions and metaphorical patterns. In J. R. Taylor & R. E. MacLaury (Eds.), *Language and the cognitive con-*

strual of the world (pp. 153-180). Berlin and New York: Mouton de Gruyter.

Gibbs, R. W., & Colston, H. L. (1995). The cognitive psychological reality of image schemas and their transformations. *Cognitive Linguistics*, 6(4), 347-378.

Gibbs, R. W., & Colston, H. L. (2006). The cognitive psychological reality of image schemas and their transformations. In D. Geeraerts (Ed.), *Cognitive linguistics: Basic readings* (pp. 239-268). Berlin and New York: Mouton de Gruyter.

Gibbs, R. W., & Perlman, M. (2006). The contested impact of cognitive linguistic research on the psycholinguistics of metaphor understanding. In G. Kristiansen, M. Achard, R. Dirven, & R. de Mendoza (Eds.), *Cognitive linguistics: Current applications and future perspectives* (pp. 211-228). Berlin and New York: Mouton de Gruyter.

Grady, J. (1997). *Foundations of meaning: Primary metaphors and primary scenes*. Berkeley: University of California.

Hampe, B., & Grady, J. (Eds.). (2005). *From perception to meaning: Image schemas in cognitive linguistics*. Berlin and New York: Mouton de Gruyter.

Haser, V. (2003). Metaphor in semantic change. In A. Barcelona (Ed.), *Metaphor and metonymy at the crossroads: A cognitive perspective* (pp. 171-194). Berlin and New York: Mouton de Gruyter.

Haser, V. (2005). *Metaphor, metonymy, and experientialist philosophy: Challenging cognitive semantics*. Berlin and New York: Mouton de Gruyter.

Hurtienne, J., Klöckner, K., Diefenbach, S., Nass, C., & Maier, A. (2015). Designing with image schemas: Resolving the tension between innovation, inclusion and intuitive use. *Interacting with Computers*, 27(3), 235-255.

Hurtienne, J., Weber, K., & Blessing, L. (2008). Prior experience and intuitive use: Image schemas in user-centred design. In P. Langdon, P. J. Clarkson, & P. Robinson (Eds.), *Designing inclusive futures* (pp. 107-116). London: Springer.

Johnson, M. (1987). *The body in the mind: The bodily basis of meaning, imagination and reason*. Chicago: University of Chicago Press.

Kant, I. (1990). *Critique of pure reason*. Translated by J. M. D. Meiklejohn. Buffalo, NY: Prometheus Books.

Kemmer, S., & Barlow, M. (2000). Introduction. In S. Kemmer & M. Barlow (Eds.), *Usage-based models of language* (pp. vii-xxviii). Chicago: University of Chicago Press.

Kennedy, J. M., & Vervaeke, J. (1993). Metaphor and knowledge attained via the body. *Philosophical Psychology*, 6(4), 407-412.

Kimmel, M. (2005). Culture regained: Situated and compound image schemas. In B. Hampe (Ed.), *From perception to meaning: Image schemas in cognitive linguistics* (pp. 285-312). Berlin and New York: Mouton de Gruyter.

Knox, J. M. (2001). Memories, fantasies, archetypes: An exploration of some connections between cognitive science and analytical psychology. *Journal of Analytical Psychology*, 46, 613-

635.

Kopp, R. R., & Craw, M. J. (1998). Metaphoric language, metaphoric cognition, and cognitive therapy. *Psychotherapy*, 35(3), 306-311.

Kövecses, Z. (2000). The concept of anger: Universal or culture specific? *Psychopathology*, 33(4), 159-170.

Kövecses, Z. (2010). *Metaphor: A practical introduction* (2nd ed.). Oxford and New York: Oxford University Press.

Kuhn, W., & Frank, A. U. (1991). A formalization of metaphors and image schema in user interfaces. In D. M. Mark & A. U. Frank (Eds.), *Cognitive and linguistic aspects of geographical space* (pp. 419-434). Dordrecht, The Netherlands: Kluwer Academic Publishers.

Lakoff, G. (1987). *Women, fire and dangerous things: What categories reveal about the mind*. Chicago and London: University of Chicago Press.

Lakoff, G. (1990). The invariance hypothesis: Is abstract reason based on image-schemas? *Cognitive Linguistics*, 1(1), 39-74.

Lakoff, G. (1993). The contemporary theory of metaphor. In A. Ortony (Ed.), *Metaphor and thought* (2nd ed.) (pp. 202-251). Cambridge: Cambridge University Press.

Lakoff, G. (1996). *Moral politics: What conservatives know that liberals don't*. Chicago: University of Chicago Press.

Lakoff, G. (2014). Mapping the brain's metaphor circuitry: Metaphorical thought in everyday reason. *Frontiers in Human Neuroscience*, 8, 1-14.

Lakoff, G., & Johnson, M. (1980). *Metaphors we live by*. Chicago: University of Chicago Press.

Lakoff, G., & Johnson, M. (1999). *Philosophy in the flesh: The embodied mind and its challenges to western thought*. New York: Basic Books.

Lakoff, G., & Núñez, R. E. (2000). *Where mathematics comes from: How the embodied mind brings mathematics into being*. New York: Basic Books.

Lakoff, G., & Turner, M. (1989). *More than cool reason: A field guide to poetic metaphor*. Chicago: University of Chicago Press.

Langacker, R. W. (1991). *Foundations of cognitive grammar* (Vol. 1: Theoretical prerequisites). Stanford, CA: Stanford University Press.

Langacker, R. W. (1999). *Grammar and conceptualization: Cognitive linguistics research*. Berlin and New York: Mouton de Gruyter.

Littlemore, J. (2009). *Applying cognitive linguistics to second language learning and teaching*. Basingstoke: Palgrave Macmillan.

Mandler, J. M., & Cánovas, C. P. (2014). On defining image schemas. *Language and Cognition*, 6(4), 510-532.

Matsumoto, Y. (1995). From attribution/purpose to cause: Image schema and grammaticalization of some cause markers in Japanese. In M. Verspoor, K. D. Lee, & E. Sweetser (Eds.), *Lexical and syntactical constructions and the construction of meaning* (pp. 287-307). Amster-

dam: John Benjamins.
McDonough, L., Choi, S., & Mandler, J. M. (2003). Understanding spatial relations: Flexible infants, lexical adults. *Cognitive Psychology*, 46(3), 229-259.
McMullen, L. M. (2008). Putting it in context: Metaphor and psychotherapy. In R. W. Gibbs (Ed.), *The Cambridge handbook of metaphor and thought* (pp. 397-411). Cambridge: Cambridge University Press.
McNeill, D. (1992). *Hand and mind: What gestures reveal about thought*. Chicago: University of Chicago Press.
Merchant, J. (2016). The image schema and innate archetypes: Theoretical and clinical implications. *Journal of Analytical Psychology*, 61(1), 63-78.
Mittelberg, I. (2018). Gestures as image schemas and force gestalts: A dynamic systems approach augmented with motion-capture data analyses. *Cognitive Semiotics*, 11(1), 1-21.
Narayanan, S. (1997). Talking the talk is like walking the walk: A computational model of verbal aspect. In M. G. Shafto & P. Langley (Eds.), *Proceedings of the Nineteenth Annual Conference of the Cognitive Science Society* (pp. 548-553). Mahwah, NJ: Lawrence Erlbaum.
Narayanan, S. (1999). Moving right along: A computational model of metaphoric reasoning about events. In *Proceedings of the National Conference on Artificial Intelligence* (AAAI-99) (pp. 121-127). Menlo Park, CA: AAAI Press.
Norcross, J. C. (1990). An eclectic definition of psychotherapy. In J. K. Zeig & W. M. Munion (Eds.), *What is psychotherapy? Contemporary perspectives* (pp. 218-220). San Francisco, CA: Jossey-Bass.
Oakley, T. (2005). Force dynamic dimensions of rhetorical effect. In B. Hampe (Ed.), *From perception to meaning: Image schemas in cognitive linguistics* (pp. 443-473). Berlin and New York: Mouton de Gruyter.
Oakley, T. (2007). Image schemas. In D. Geeraerts & H. Cuyckens (Eds.), *The Oxford handbook of cognitive linguistics* (pp. 214-235). Oxford and New York: Oxford University Press.
Pan, X. M. (2019). The effectiveness of the conceptual metaphor approach to English idiom acquisition by young Chinese learners. *Metaphor and the Social World*, 9(1), 59-82.
Plug, L., Sharrack, B., & Reuber, M. (2009). Seizure metaphors differ in patients' accounts of epileptic and psychogenic nonepileptic seizures. *Epilepsia*, 50(5), 994-1000.
Rhee, S. (2002). Semantic changes of English prepositions against a grammaticalization perspective. *Language Research*, 38(2), 563-583.
Rumelhart, D. E. (1980). Schemas: The building blocks of cognition. In R. J. Spiro, B. C. Bruce, & W. F. Brewer (Eds.), *Theoretical issues in reading comprehension: Perspectives in cognitive psychology* (pp. 33-58). Hillsdale, NJ: Lawrence Erlbaum.
Semino, E., & Culpeper, J. (2002). *Cognitive stylistics: Language and cognition in text analysis*. Amsterdam and Philadelphia: John Benjamins.
Sims, P. A., & Whynot, C. A. (1997). Hearing metaphor: An approach to working with family-gen-

erated metaphor. *Family Process*, 36(4), 341-355.

Sinha, C., & Jensen de López, K. (2000). Language, culture and the embodiment of spatial cognition. *Cognitive Linguistics*, 11(1), 17-41.

Smith, M. B. (2002). The polysemy of German es: Iconicity and the notion of conceptual distance. *Cognitive Linguistics*, 13(1), 67-112.

Stockwell, P. (2002). *Cognitive poetics: An introduction*. London: Routledge.

Sweetser, E. E. (1988). Grammaticalization and semantic bleaching. In *Proceedings of the Fourteenth Annual Meeting* (pp. 389-405). Berkeley, CA: Berkeley Linguistics Society.

Talmy, L. (1988). Force dynamics in language and cognition. *Cognitive Science*, 12(1), 49-100.

Talmy, L. (2000). *Toward a cognitive semantics* (2 vols.). Cambridge, MA: MIT Press.

Tay, D. (2013). *Metaphor in psychotherapy. A descriptive and prescriptive analysis*. Amsterdam and Philadelphia: John Benjamins.

Tay, D. (2014). Bodily experience as both source and target of meaning making: Implications from metaphors in psychotherapy for posttraumatic stress disorder. *Cognitive Linguistic Studies*, 1(1), 84-100.

Tay, D. (2016). Metaphor and psychological transference. *Metaphor and Symbol*, 31(1), 11-30.

Tay, D. (2017). Exploring the metaphor–body–psychotherapy relationship. *Metaphor and Symbol*, 32(3), 178-191.

Tay, D., & Jordan, J. (2015). Metaphor and the notion of control in trauma talk. *Text & Talk*, 35(4), 553-573.

Tyler, A. (2008). Cognitive linguistics and second language instruction. In P. Robinson & N. C. Ellis (Eds.), *Handbook of cognitive linguistics and second language acquisition* (pp. 456-488). New York and London: Routledge.

Vandeloise, C. (1994). Methodology and analyses of the preposition in. *Cognitive Linguistics*, 5(2), 157-184.

Wang, B. P.-Y., & Su, I. L. (2015). On the principled polysemy of -kai in Chinese resultative verbs. *Chinese Language and Discourse*, 6(1), 2-27.

Watters, J. K. (1995). Frames and the semantics of applicatives in Tepehua. In E. Casad (Ed.), *Cognitive linguistics in the Redwoods: The expansion of a new paradigm in linguistics* (pp. 971-996). Berlin: Mouton de Gruyter.

Wertheimer, M. (1938). Gestalt theory. In W. D. Ellis (Ed.), *A source book of gestalt psychology* (pp. 1-11). London: Routledge and Kegan Paul.

Yu, Y., & Tay, D. (2020). A mixed-method analysis of image-schematic metaphors in describing anger, anxiety, and depression. *Metaphor and the Social World*, 10(2), 253-272.

Zlatev, J. (2007). Embodiment, language, and mimesis. In T. Ziemke, J. Zlatev, & R. M. Frank (Eds.), *Body, language and mind. Vol. 1: Embodiment* (pp. 297-338). Berlin and New York: Mouton de Gruyter.

〈제10장〉

Austin, J. L. (1962). *How to do things with words*. Oxford: Clarendon Press.

Barsalou, L. W. (1987). The instability of graded structure: Implications for the nature of concepts. In Ulric Neisser (Ed.), *Concepts and conceptual development: Ecological and intellectual factors in categorization* (pp. 101-140). Cambridge: Cambridge University Press.

Berlin, B., & Kay, P. (1969). *Basic color terms: Their universality and evolution*. Berkeley: University of California Press.

Croft, W., & Cruse, D. A. (2004). *Cognitive linguistics*. Cambridge: Cambridge University Press.

Evans, V. (2007). *A glossary of cognitive linguistics*. Edinburgh: Edinburgh University Press.

Fillmore, C. (1982). Frames Semantics. In Linguistic Society of Korea (Ed.), *Linguistics in the morning calm* (pp. 111-122). Seoul: Hanshin.

Geeraerts, D. (1989). Introduction: Prospects and problems of prototype theory. *Linguistics*, 27, 587-612.

Głaz, A. (2010). Towards extended vantage theory. *Language Sciences*, 32, 259-275.

Głaz, A. (2013). Vantage theory as a model of categorization. In Adam Głaz *et al.* (Eds.), *Vantage theory: A view on language, cognition and categorization* (pp. 249-292). Cambridge: Cambridge Scholars Publishing.

Hopper, P. J., & Thompson, A. (1984). The discourse basis for lexical categories in universal grammar. *Language*, 60(4), 703-752.

Jackendoff, R. (1983). *Semantics and cognition*. Cambridge, MA: MIT Press.

Labov, W. (1973). The boundaries of words and their meanings. In C. Bailey & R. Shuy (Eds.), *New ways of analysing variation in English* (pp. 340-373). Washington, DC: Georgetown University Press.

Lakoff, G. (1987). *Women, fire and dangerous things: What categories reveal about the mind*. Chicago: University of Chicago Press.

Langacker, R. W. (1991). *Foundations of cognitive grammar, Vol. II: Descriptive application*. Stanford, CA: Stanford University Press.

MacLaury, R. E. (2013). Vantage theory in outline. In Adam Głaz *et al.* (Eds.), *Vantage theory: A view on language, cognition and categorization* (pp. 66-136). Cambridge: Cambridge Scholars Publishing.

Quirk, R., *et al.* (1985). *A comprehensive grammar of the English language*. New York: Longman Group Limited.

Rosch, E. (1978). Principle of categorization. In E. Rosch & B. B. Lloyd (Eds.), *Cognition and categorization* (pp. 27-48). Hillsdale, NJ: Lawrence Erlbaum.

Shen, Jiaxuan. (2016). *Nouns and verbs*. Beijing: Commercial Press.

Shen, Jiaxuan. (2017). Western and Chinese views of categories seen from a linguistic perspective. *Social Sciences in China*, 7, 131-143.

Shen, Jiaxuan. (2018). Negative transfer of Chinese nominalism in learning English as a second language. *Foreign Language and Literature Studies*, 35(1), 4-22.

Taylor, J. (2003). *Linguistic categorization: Prototypes in linguistic theory* (3rd ed.). Oxford: Oxford University Press.

Ungerer, F., & Schmid, H. J. (2006). *An introduction to cognitive linguistics* (2nd ed.). London: Pearson Education Limited.

Wen, X. (2014). *Cognitive foundations of language*. Beijing: Science Press.

Wen, X., & Xiao, K. (2019). *Cognitive translatology*. Beijing: Peking University Press.

Wu, Tieping. (1999). *Fuzzy linguistics*. Shanghai: Shanghai Foreign Language Education Press.

Zhu, Dexi. (1985). *On grammar*. Beijing: Commercial Press.

〈제11장〉

Boroditsky, L. (2001). Does language shape thought? Mandarin and English speakers' conception of time. *Cognitive Psychology*, 43, 1-22.

Boroditsky, L., & Ramscar, M. (2002). The roles of body and mind in abstract thought. *Psychological Science*, 13(2), 185-189.

Cameron, L. (2003). *Metaphor in educational discourse*. London: Continuum.

Casasanto, D. (2009). Embodiment of abstract concepts: Good and bad in right and left handers. *Journal of Experimental Psychology: General*, 138(3), 351-367.

Cienki, A., & Müller, C. (2008). Metaphor, gesture, and thought. In R. Gibbs (Ed.), *The Cambridge handbook of metaphor and thought* (pp. 483-501). New York: Cambridge University Press.

Coulson, S. (2008). Metaphor comprehension and the brain. In R. Gibbs (Ed.), *The Cambridge handbook of metaphor and thought* (pp. 177-194). Cambridge: Cambridge University Press.

Dancygier, B., & Sweetser, E. (2014). *Figurative language*. Cambridge: Cambridge University Press.

David, O., Lakoff, G., & Stickles, E. (2016). Cascades in metaphor and grammar. *Constructions and Frames*, 8(2), 214-255.

Deignan, A. (1995). *Collins Cobuild English Guides 7: Metaphor*. London: HarperCollins.

Deignan, A. (2003). Metaphorical expressions and culture: An indirect link. *Metaphor and Symbol*, 18(4), 255-271.

Deignan, A. (2005). *Metaphor and corpus linguistics*. Amsterdam: John Benjamins.

El Refaie, E. (2019). *Visual metaphor and embodiment in graphic illness narratives*. New York: Oxford University Press.

Fauconnier, G., & Turner, M. (2002). *The way we think: Conceptual blending and the mind's hidden complexities*. New York: Basic Books.

Feldman, J. (2006). *From molecule to metaphor*. Cambridge, MA: MIT Press.

Forceville, C. (2008). Metaphor in pictures and multimodal representations. In R. Gibbs (Ed.), *The*

Cambridge handbook of metaphor and thought (pp. 462-482). New York: Cambridge University Press.

Forceville, C. (2016). Pictorial and multimodal metaphor. In N.-M. Klug & H. Stöckl (Eds.), *Handbuch Sprache im multimodalen Kontext* (pp. 241-260). Berlin: Mouton de Gruyter.

Gallese, V., & Lakoff, G. (2005). The brain's concepts. *Cognitive Neuropsychology*, 22(3-4), 455-479.

Geeraerts, D., & Grondelaers, S. (1995). Looking back at anger: Cultural traditions and metaphorical patterns. In J. Taylor & R. MacLaury (Eds.), *Language and the cognitive construal of the world* (pp. 153-179). Berlin: Mouton de Gruyter.

Gelfand, M., & McCusker, C. (2001). *Culture, metaphor and negotiation. Handbook of cross-cultural management* (pp. 292-314). New York: Blackwell Publishers.

Gibbs, R. W. (1994). *The poetics of mind*. Cambridge and New York: Cambridge University Press.

Gibbs, R. W. (1999). Taking metaphor out of our heads and putting it into the cultural world. In R. W. Gibbs & G. Steen (Eds.), *Metaphor in cognitive linguistics* (pp. 145-66). Amsterdam: John Benjamins.

Gibbs, R. W. (2006). *Embodiment and cognitive science*. Cambridge and New York: Cambridge University Press.

Gibbs, R. W., & Cameron, L. (2008). The social-cognitive dynamics of metaphor performance. *Cognitive Systems Research*, 9, 64-75.

Goatly, A. (2007). *Washing the brain. Metaphor and hidden ideology*. Amsterdam: John Benjamins.

Goldberg, A. (1995). *Constructions: A construction grammar approach to argument structure*. Chicago: University of Chicago Press.

Grady, J. (1997a). theories are buildings revisited. *Cognitive Linguistics*, 8, 267-290.

Grady, J. (1997b). Foundations of meaning: Primary metaphors and primary scenes. Doctoral dissertation, Department of Linguistics, University of California at Berkeley.

Johnson, M. (1987). *The body in the mind: The bodily basis of meaning, imagination and reason*. Chicago: University of Chicago Press.

Kövecses, Z. (1986). *Metaphors of anger, pride, and love*. Amsterdam: John Benjamins.

Kövecses, Z. (1988). *The language of love*. Lewisburg: Bucknell University Press.

Kövecses, Z. (1990). *Emotion concepts*. New York and Berlin: Springer-Verlag.

Kövecses, Z. (1995). Anger: Its language, conceptualization, and physiology. In J. Taylor & R. MacLaury (Eds.), *Language and the cognitive construal of the world* (pp. 181-196). Berlin: Mouton de Gruyter.

Kövecses, Z. (2000a). *Metaphor and emotion*. Cambridge: Cambridge University Press.

Kövecses, Z. (2000b). *American English. An introduction*. Peterborough, Canada: Broadview Press.

Kövecses, Z. (2002/2010). *Metaphor. A practical introduction* (2nd ed. 2010). Oxford and New York: Oxford University Press.

Kövecses, Z. (2005). *Metaphor in culture. Universality and variation*. Cambridge and New York:

Cambridge University Press.
Kövecses, Z. (2010). A new look at metaphorical creativity in cognitive linguistics. *Cognitive Linguistics*, 21(4), 663-697.
Kövecses, Z. (2015). *Where metaphors come from. Reconsidering context in metaphor*. Oxford and New York: Oxford University Press.
Kövecses, Z. (2017). Conceptual metaphor theory. In E. Semino & Z. Demjén (Eds.), *The Routledge handbook of metaphor and language* (1st ed.) (pp. 13-27). London: Routledge.
Kövecses, Z. (2020). *Extended conceptual metaphor theory*. Cambridge: Cambridge University Press.
Lakoff, G. (1987). *Women, fire, and dangerous things. What categories reveal about the mind*. Chicago: University of Chicago Press.
Lakoff, G. (1993). The contemporary theory of metaphor. In A. Ortony (Ed.), *Metaphor and thought* (pp. 202-251). Cambridge: Cambridge University Press.
Lakoff, G. (1996). *Moral politics. How liberals and conservatives think*. Chicago: University of Chicago Press.
Lakoff, G. (2008). The neural theory of metaphor. In R. Gibbs (Ed.), *The Cambridge handbook of metaphor* (pp. 17-38). Cambridge and New York: Cambridge University Press.
Lakoff, G., & Johnson, M. (1980). *Metaphors we live by*. Chicago: University of Chicago Press.
Lakoff, G., & Johnson, M. (1999). *Philosophy in the flesh*. New York: Basic Books.
Lakoff, G., & Kövecses, Z. (1987). The cognitive model of anger inherent in American English. In D. Holland & N. Quinn (Eds.), *Cultural models in language and thought* (pp. 195-221). Cambridge: Cambridge University Press.
Lakoff, G., & Núñez, R. (2002). *Where mathematics comes from*. New York: Basic Books.
Lakoff, G., & Turner, M. (1989). *More than cool reason. A field guide to poetic metaphor*. Chicago: University of Chicago Press.
Langacker, R. (1987). *Foundations of cognitive grammar*. Stanford, CA: Stanford University Press.
Maalej, Z., & Yu, N. (Eds). (2011). *Embodiment via body parts: Studies from various languages and cultures*. Amsterdam: John Benjamins.
Musolff, A. (2004). *Metaphor and political discourse. Analogical reasoning in discourse about Europe*. London: Palgrave Macmillan.
Musolff, A. (2006). Metaphor scenarios in public discourse. *Metaphor and Symbol*, 21(1), 23-38.
Ortony, A. (Ed.). (1993). *Metaphor and thought* (2nd ed.). Cambridge: Cambridge University Press.
Reddy, M. (1979). The conduit metaphor—a case frame conflict in our language about language. In A. Ortony (Ed.), *Metaphor and thought* (pp. 284-324). Cambridge: Cambridge University Press.
Semino, E. (2008). *Metaphor in discourse*. Cambridge: Cambridge University Press.
Steen, G. J. (2007). *Finding metaphor in grammar and usage*. Amsterdam and Philadelphia: John Benjamins.

Sullivan, K. (2016). Integrating constructional semantics and conceptual metaphor. *Constructions and Frames*, 8(2), 141-165.

Sweetser, E. (1990). *From etymology to pragmatics: Metaphorical and cultural aspects of semantic structure*. Cambridge: Cambridge University Press.

Taylor, J. (2002). *Cognitive grammar*. Oxford: Oxford University Press.

Taylor, J. R., & MacLaury, R. (Eds). (1995). *Language and the cognitive construal of the world*. Berlin: Mouton de Gruyter.

Taylor, J., & Mbense, T. (1998). Red dogs and rotten mealies: How Zulus talk about anger. In A. Athanasiadou & E. Tabakowska (Eds.), *Speaking of emotions* (pp. 191-226). Berlin: Mouton de Gruyter.

Turner, M. (1991). *Reading minds: The study of English in the age of cognitive science*. Princeton, NJ: Princeton University Press.

Turner, M. (1996). *The literary mind: The origins of thought and language*. New York: Oxford University Press.

Yu, N. (1998). *The contemporary theory of metaphor in Chinese: A perspective from Chinese*. Amsterdam: John Benjamins.

Yu, N. (2002). Body and emotion: Body parts in Chinese expression of emotion. *Pragmatics & Cognition*, 10(1), 341-367.

〈제12장〉

Barcelona, A. (2018). General description of the metonymy database in the Córdoba project, with particular attention to the issues of hierarchy, prototypicality, and taxonomic domains. In O. Blanco Carrión, A. Barcelona, & R. Pannain (Eds.), *Conceptual metonymy. Methodological, theoretical, and descriptive issues* (pp. 27-54). Amsterdam and Philadelphia: John Benjamins.

Barcelona, A. (Ed.). (2000a). *Metaphor and metonymy at the crossroads*. Berlin and New York: Mouton de Gruyter.

Barcelona, A. (2000b). On the plausibility of claiming a metonymic motivation for conceptual metaphor. In A. Barcelona (Ed.), *Metaphor and metonymy at the crossroads* (pp. 31-58). Berlin and New York: Mouton de Gruyter.

Barnden, J. A. (2010). Metaphor and metonymy: Making their connections more slippery. *Cognitive Linguistics*, 21(1), 1-34.

Benczes, R., Barcelona, A., & Ruiz de Mendoza, F. J. (Eds.). (2011). *Defining metonymy in Cognitive Linguistics: Towards a consensus view*. Amsterdam and Philadelphia: John Benjamins.

Bierwiaczonek, B. (2013). *Metonymy in language, thought and brain*. Sheffield and Bristol: Equinox.

Brdar, M. (2017). *Metonymy and word formation. Their interactions and complementation*. Newcastle: Cambridge Scholars.

Brdar, M., & Brdar-Szabó, R. (2003). Metonymic coding of linguistic action in English, Croatian and Hungarian. In K.-U. Panther & L. Thornburg (Eds.), *Metonymy and pragmatic inferencing* (pp. 241-266). Amsterdam and Philadelphia: John Benjamins.

Clark, H. H. (1977). Bridging. In P. N. Johnson-Laird & P. C. Wason (Eds.), *Thinking: Readings in cognitive science* (pp. 411-420). Cambridge: Cambridge University Press.

Clark, H. H., & Marshall, C. R. (1981). Definite reference and mutual knowledge. In A. K. Joshi, B. L. Webber, & I. A. Sag (Eds.), *Elements of discourse understanding* (pp. 10-63). Cambridge: Cambridge University Press.

Croft, W. (1993). The role of domains in the interpretation of metaphors and metonymies. *Cognitive Linguistics*, 4, 335-370.

Dik, S. C. (1997). [Hengeveld, K. (Ed.)] *The theory of Functional Grammar. Part 1: The structure of the clause*. Berlin and New York: Mouton de Gruyter.

Dirven, R. (1993) *Metonymy and metaphor: Different mental strategies of conceptualisation*. Leuvense Bijdragen, 8(2), 1-25.

Dirven, R., & Pörings, R. (Eds.). (2002). *Metaphor and metonymy in comparison and contrast*. Berlin and New York: Mouton de Gruyter.

Dirven, R., & Ruiz de Mendoza, F. J. (2010). Looking back at 30 years of Cognitive Linguistics. In E. Tabakowska, M. Choiński, & Ł. Wiraszka (Eds.), *Cognitive Linguistics in action. From theory to application and back* (pp. 13-70). Berlin and New York: Mouton de Gruyter.

Fauconnier, G. (1985). *Mental spaces. Aspects of meaning construction in natural language*. Cambridge, MA: MIT Press.

Gibbs, R. (1999). Speaking and thinking with metonymy. In K.-U. Panther & G. Radden (Eds.), *Metonymy in language and thought* (pp. 61-76). Amsterdam and Philadelphia: John Benjamins.

Gibbs, R. (2007). Experiential tests of figurative meaning construction. In G. Radden, K.-M. Köpcke, T. Berg, & P. Siemund (Eds.), *Aspects of meaning construction* (pp. 19-32). Amsterdam and Philadelphia: John Benjamins.

Goldberg, A. (1995). *Constructions: A construction grammar approach to argument structure*. Chicago: University of Chicago Press.

Goldberg, A. (2006). *Constructions at work. The nature of generalization in language*. Oxford: Oxford University Press.

Goossens, L. (1990). Metaphtonymy: The interaction of metaphor and metonymy in expressions for linguistic action. *Cognitive Linguistics*, 1(3), 323-340.

Grady, J. (1999). A typology of motivation for conceptual metaphor: Correlation vs. resemblance. In R. W. Gibbs & G. Steen (Eds.), *Metaphor in cognitive linguistics* (pp. 79-100). Amsterdam and Philadelphia: John Benjamins.

Jackendoff, R. (1997). *The architecture of the language faculty*. Cambridge, MA: MIT Press.

Jing-Schmidt, Z. (2008). Much mouth much tongue: Chinese metonymies and metaphors of verbal behavior. *Cognitive Linguistics*, 19(2), 241-282.

Kövecses, Z. (2002). *Metaphor: A practical introduction*. Oxford: Oxford University Press.

Kövecses, Z. (2013). The metaphor–metonymy relationship: Correlation metaphors are based on metonymy. *Metaphor and Symbol*, 28(2), 75-88.

Kövecses, Z., & Radden, G. (1998). Metonymy: Developing a cognitive linguistic view. *Cognitive Linguistics*, 9, 37-77.

Lakoff, G. (1993). The contemporary theory of metaphor. In A. Ortony (Ed.), *Metaphor and thought* (2nd ed.) (pp. 202-251). Cambridge: Cambridge University Press.

Lakoff, G. (2009). The neural theory of metaphor. In R. Gibbs (Ed.), *The Cambridge handbook of metaphor and thought*. New York: Cambridge University Press.

Lakoff, G., & Johnson, M. (1980). *Metaphors we live by*. Chicago: University of Chicago Press.

Lakoff, G., & Johnson, M. (1999). *Philosophy in the flesh*. New York: Basic Books.

Langacker, R. W. (1987). *Foundations of Cognitive Grammar (Vol. 1): Theoretical prerequisites*. Stanford, CA: Stanford University Press.

Langacker, R. W. (1993). Reference-point constructions. *Cognitive Linguistics*, 4(1), 1-38.

Langacker, R. W. (1999). *Grammar and conceptualization*. Berlin and New York: Mouton de Gruyter.

Langacker, R. W. (2009). *Investigations in cognitive grammar*. Berlin and New York: Mouton de Gruyter.

Littlemore, J. (2015). *Metonymy. Hidden shortcuts in language, thought, and communication*. Cambridge: Cambridge University Press.

Michl, D. (2019). Metonymies are more literal than metaphors: Evidence from ratings of German idioms. *Language and Cognition*, 11(1), 98-124.

Miró, I. (2018). Combining metaphors: From metaphoric amalgams to binary systems. *Australian Journal of Linguistics*, 38(1), 81-104.

Panther, K.-U. (2005). The role of conceptual metonymy in meaning construction. In F. J. Ruiz de Mendoza & S. Peña (Eds.), *Cognitive Linguistics. Internal dynamics and interdisciplinary interaction* (pp. 353-386). Berlin and New York: Mouton de Gruyter.

Panther, K.-U., & Radden, G. (Eds.). (1999a). *Metonymy in language and thought*. Amsterdam and Philadelphia: John Benjamins.

Panther, K.-U., & Radden, G. (1999b). Introduction. In K.-U. Panther & G. Radden (Eds.), *Metonymy in language and thought* (pp. 1-16). Amsterdam and Philadelphia: John Benjamins.

Panther, K.-U., & Thornburg, L. (1998). A cognitive approach to inferencing in conversation. *Journal of Pragmatics*, 30, 755-769.

Panther, K.-U., & Thornburg, L. (2018). What kind of reasoning mode is metonymy? In O. Blanco Carrión, A. Barcelona, & R. Pannain (Eds.), *Conceptual metonymy. Methodological, the-*

oretical, and descriptive issues (pp. 121-160). Amsterdam and Philadelphia: John Benjamins.

Panther, K-U., Thornburg, L., & Barcelona, A. (Eds.). (2009). *Metonymy and metaphor in grammar*. Amsterdam and Philadelphia: John Benjamins.

Ruiz de Mendoza, F. J. (1997). Cognitive and pragmatic aspects of metonymy. *Cuadernos de Filología Inglesa*, 6(2), 161-178.

Ruiz de Mendoza, F. J. (2000). The role of mappings and domains in understanding metonymy. In A. Barcelona (Ed.), *Metaphor and metonymy at the crossroads* (pp. 109-132). Berlin and New York: Mouton de Gruyter.

Ruiz de Mendoza, F. J. (2011). Metonymy and cognitive operations. In R. Benczes, A. Barcelona, & F. J. Ruiz de Mendoza (Eds.), *Defining metonymy in Cognitive Linguistics. Towards a consensus view* (pp. 103-123). Amsterdam and Philadelphia: John Benjamins.

Ruiz de Mendoza, F. J. (2014). On the nature and scope of metonymy in linguistic description and explanation: Towards settling some controversies. In J. Littlemore & J. Taylor (Eds.), *Bloomsbury companion to Cognitive Linguistics* (pp. 143-166). London: Bloomsbury.

Ruiz de Mendoza, F. J. (2017). Metaphor and other cognitive operations in interaction: From basicity to complexity. In B. Hampe (Ed.), *Metaphor: Embodied cognition, and discourse* (pp. 138-159). Cambridge: Cambridge University Press.

Ruiz de Mendoza, F. J. (2020). Understanding figures of speech: Dependency relations and organizational patterns. *Language and Communication*, 71, 16-38.

Ruiz de Mendoza, F. J., & Díez, O. (2002). Patterns of conceptual interaction. In R. Dirven & R. Pörings (Eds.), *Metaphor and metonymy in comparison and contrast* (pp. 489-532). Berlin and New York: Mouton de Gruyter.

Ruiz de Mendoza, F. J., & Díez, O. (2004). Metonymic motivation in anaphoric reference. In G. Radden & K.-U. Panther (Eds.), *Studies in linguistic motivation* (pp. 293-320). Berlin and New York: Mouton de Gruyter.

Ruiz de Mendoza, F. J., & Galera, A. (2014). *Cognitive modeling. A linguistic perspective*. Amsterdam and Philadelphia: John Benjamins.

Ruiz de Mendoza, F. J., & Miró, I. (2019). On the cognitive grounding of agent-deprofiling constructions as a case of pretense constructions. *Revista Española de Lingüística Aplicada*, 32(2), 572-588.

Ruiz de Mendoza, F. J., & Otal, J. L. (2002). *Metonymy, grammar, and communication*. Granada: Comares.

Ruiz de Mendoza, F. J., & Peña, S. (2008). Grammatical metonymy within the 'action' frame in English and Spanish. In M. Á. Gómez-González, J. L. Mackenzie, & E. M. González-Álvarez (Eds.), *Current trends in contrastive linguistics: Functional and cognitive perspectives* (pp. 251-280). Amsterdam and Philadelphia: John Benjamins.

Ruiz de Mendoza, F. J., & Pérez, L. (2001). Metonymy and the grammar: Motivation, constraints, and interaction. *Language and Communication*, 21, 321-357.

Ruiz de Mendoza, F. J., & Pérez, L. (2003). Cognitive operations and pragmatic implication. In K.-U. Panther & L. Thornburg (Eds.), *Metonymy and pragmatic inferencing* (pp. 23-49). Amsterdam and Philadelphia: John Benjamins.

Ruiz de Mendoza, F. J., & Pérez, L. (2011). The contemporary theory of metaphor: Myths, developments and challenges. *Metaphor and Symbol*, 26, 161-185.

Searle, J. (1969). *Speech acts: An essay in the philosophy of language*. Cambridge: Cambridge University Press.

Thornburg, L., & Panther, K.-U. (1997). Speech act metonymies. In N.-A. Liebert, G. Redeker, & L. Waugh (Eds.), *Discourse and perspective in cognitive linguistics* (pp. 205-219). Philadelphia: John Benjamins.

〈제13장〉

Boogaert, R., & Fortuin, E.(2016). Modality and mood in cognitive linguistics and construction grammars. In J. Nuyts & J. Van der Auwera (Eds.), *The Oxford handbook of modality and mood* (pp. 514-534). Oxford: Oxford University Press.

Boye, K. (2005). Modality and the concept of force-dynamic potential. In A. Klinge & H. H. Müller (Eds.), *Modality: Studies in form and function* (pp. 49-80). London: Equinox.

Bybee, J. L., Perkins, R., & Pagliuca, W. (1994). *The evolution of grammar: Tense, aspect and modality in the languages of the world*. Chicago: University of Chicago Press.

Copley, B. (2019). Force Dynamics. In R. Truswell (Ed.), *The Oxford handbook of event structure* (pp. 137-170). Oxford: Oxford University Press.

Croft, W. (2012). *Verbs. Aspect and causal structure*. Oxford: Oxford University Press.

Deane, P. D. (1996). On Jackendoff's conceptual semantics. *Cognitive Linguistics*, 7, 35-91.

De Mulder, W. (2007). Force dynamics. In D. Geeraerts & H. Cuyckens (Eds.), *The Oxford handbook of cognitive linguistics* (pp. 294-316). Oxford: Oxford University Press.

Diewald, G. (1999). *Die Modalverben im Deutschen: Grammatikalisierung und Polyfunktionalität*. Tübingen: Max Niemeyer Verlag.

Fortuin, E. (2005). From possibility to necessity: The semantic spectrum of the dative-infinitive construction in Russian. In B. Hansen & P. Karlik (Eds.), *Modality in Slavonic languages: New perspectives* (pp. 39-60). München: Otto Sagner.

Furmaniak, G. (2011). On the emergence of the epistemic use of must. *SKY Journal of Linguistics*, 24, 41-73.

Goldschmidt, A. (2018). Hitting playfully but hard: Conceptual effects of verb-adverb modification in the domain of force. PhD dissertation, University of Utrecht, LOT Publications n° 505.

Goossens, L. (2000). Patterns of meaning extension, "parallel chaining", subjectification, and modal shifts. In A. Barcelona (Ed.), *Metaphor and metonymy at the crossroads: A cognitive perspective* (pp. 149-170). Berlin: Mouton de Gruyter.

Jackendoff, R. (1990). *Semantic structures*. Cambridge, MA: MIT Press.

Johnson, M. (1987). *The body in the mind: The bodily basis of meaning, imagination, and reason*. Chicago: University of Chicago Press.

Keller, R. (2018). *Zeichentheorie. Zu einer Theorie semiotischen Wissens* (2nd ed.). Tübingen/Basel: Francke.

Lakoff, G., & Johnson, M. (1980). *Metaphors we live by*. Chicago: University of Chicago Press.

Lampert, G., & Lampert, M. (2000). *The conceptual structure(s) of modality: Essences and ideologies. A study in linguistic (meta-)categorization*. Frankfurt am Main: Peter Lang Verlag.

Lampert, M., & Lampert, G. (2013). *... the ball seemed to keep rolling ... Linking up cognitive systems in language: Attention and force dynamics*. Bern: Peter Lang.

Langacker, R. W. (1990). Settings, participants, and grammatical relations. In S. L. Tsohatzidis (Ed.), *Meanings and prototypes: Studies in linguistic categorization* (pp. 213-238). London: Routledge.

Langacker, R. W. (1991). *Foundations of cognitive grammar. Vol. 2: Descriptive application*. Stanford, CA: Stanford University Press.

Lichtenberg, B. R. (2018). Force dynamicity in language: A comparison of a selection of force theoretic frameworks. *LingUU Journal*, 2(2), 56-64.

Mandler, J., & Cánovas, P. C. (2014). On defining image schemas. *Language and Cognition*, 6(4), 1-23.

Mortelmans, T. (2007). Modality in cognitive linguistics. In D. Geeraerts & H. Cuyckens (Eds.), *The Oxford handbook of cognitive linguistics* (pp. 869-889). Oxford: Oxford University Press.

Narrog, H. (2012). *Modality, subjectivity, and semantic change: A cross-linguistic perspective*. Oxford: Oxford University Press.

Pelyvás, P. (1996). *Subjectivity in English: Generative grammar versus the cognitive theory of epistemic grounding*. Frankfurt am Main: Peter Lang Verlag.

Pelyvás, P. (2000). Metaphorical extension of *may* and *must* into the epistemic domain. In A. Barcelona (Ed.), *Metaphor and metonymy at the crossroads: A cognitive perspective* (pp. 233-250). Berlin: Mouton de Gruyter.

Portner, P. (2009). *Modality*. Oxford: Oxford University Press.

Sweetser, E. (1984). Semantic structure and semantic change: A cognitive linguistic study of modality, perception, speech acts, and logical relations. PhD dissertation, University of California at Berkeley.

Sweetser, E. (1990). *From etymology to pragmatics: Metaphorical and cultural aspects of semantic structure*. Cambridge: Cambridge University Press.

Talmy, L. (1976). Semantic causative types. In M. Shibatani (Ed.), *Syntax and semantics. Vol. 6: The grammar of causative constructions* (pp. 43-116). New York: Academic Press.

Talmy, L. (1981). Force dynamics. Paper presented at the Conference on Language and Mental Imagery, University of California, Berkeley, May 1981.

Talmy, L. (1983). How language structures space. In H. L. Pick & L. P. Acredolo (Eds.), *Spatial orientation. Theory, research, and application* (pp. 225-282). New York: Plenum Press.

Talmy, L. (1985). Force dynamics in language and thought. In W. H. Eikfont, P. D. Kroeber, & K. L. Peterson (Eds.), Papers from the Parasession on causatives and agentivity at the Twenty-First Regional Meeting of the Chicago Linguistic Society (pp. 293-337). *CLS Publications*, vol. 21, pt. 2. Chicago: Chicago Linguistic Society.

Talmy, L. (1988). Force dynamics in language and cognition. *Cognitive Science*, 12, 49-100.

Talmy, L. (2000). *Toward a cognitive semantics*. Cambridge, MA: MIT Press.

Talmy, L. (2003). The representation of spatial structure in spoken and signed language. In K. Emmorey (Ed.), *Perspectives on classifier constructions in sign languages* (pp. 169-195). London: Psychology Press.

Talmy, L. (2006). A windowing onto conceptual structure and language. Part 2: Language and cognition: Past and future (interview with Iraide Ibarretxe-Antuñano). In F. J. Ruiz de Mendoza Ibáñez (Ed.), *Annual Review of Cognitive Linguistics*, 4, 253-268.

Talmy, L. (2011). Cognitive semantics: An overview. In C. Maienborn *et al.* (Eds.), *Semantics: An international handbook of natural language meaning*, Vol. 1 (pp. 622-642). Berlin: Mouton de Gruyter.

Talmy, L. (2018). *Ten lectures on Cognitive Semantics*. Leiden: Brill.

Traugott, E. C. (1989). On the rise of epistemic meanings in English: An example of subjectification in semantic change. *Language*, 65(1), 31-55.

Traugott, E. C., & Dasher, R. B. (2002). *Regularity in semantic change*. Cambridge: Cambridge University Press.

van der Auwera, J., & Ammann, A. (2005). Overlap between situational and epistemic modal marking. In M. Dryer, D. Gil, M. Haspelmath, & B. Comrie (Eds.), *World atlas of language structures* (pp. 310-313). Oxford: Oxford University Press.

Warner, A. R. (1993). *English auxiliaries: Structure and history*. Cambridge: Cambridge University Press.

Winter, S., & Gärdenfors, P. (1995). Linguistic modality as expressions of social power. *Nordic Journal of Linguistics*, 18(2), 137-165.

Wolff, P. (2007). Representing causation. *Journal of Experimental Psychology: General*, 136(1), 82-111.

Wolff, P., & Song, G. (2003). Models of causation and the semantics of causal verbs. *Cognitive Psychology*, 47(3), 276-332.

〈제14장〉

Croft, W., & Alan, C. (2004). *Cognitive linguistics*. Cambridge: Cambridge University Press.

Evans, V., & Melanie, G. (2006). *Cognitive linguistics: An introduction*. Edinburgh: Edinburgh Uni-

versity Press.
Fauconnier, G. (1985) *Mental spaces*. Cambridge: Cambridge University Press.
Fauconnier, G. (1997). *Mappings in thought and language*. New York: Cambridge University Press.
Fillmore, C. (1977). Scenes-and-frames. In A. Zampolli (ed.), *Linguistic structures processing* (pp. 55-81). Dordrecht, The Netherlands: North Holland.
Fillmore, C. (1982). Frame semantics. In Linguistic Society of Korea (Ed.), *Linguistics in the morning calm* (pp. 111-138). Seoul: Hanshin.
Geeraerts, D., & Hubert, C. (2007). *The Oxford handbook of cognitive linguistics*. Oxford: Oxford University Press.
Hamawand, Z. (2002). *Atemporal complement clauses in English: A cognitive grammar analysis*. München: Lincom.
Hamawand, Z. (2007). *Suffixal rivalry in adjective formation. A cognitive-corpus analysis*. London: Equinox.
Hamawand, Z. (2008). *Morpho-lexical alternation in noun formation*. London: Palgrave Macmillan.
Hamawand, Z. (2009). *The semantics of English negative prefixes*. London: Equinox.
Hamawand, Z. (2011). *Morphology in English. Word formation in cognitive grammar*. London: Continuum.
Hamawand, Z. (2012). The pronoun it: A study in cognitive grammar. *International Journal of Cognitive Linguistics*, 11(2). New York: Nova Science Publishers, Inc.
Hamawand, Z. (2016). *Semantics: A cognitive account of linguistic meaning*. Sheffield: Equinox.
Jackendoff, R. (1983). *Semantics and cognition*. Cambridge, MA: MIT Press.
Johnson, M. (1987) *The body in the mind*. Chicago: University of Chicago Press.
Lakoff, G. (1987) *Women, fire and dangerous things: What categories reveal about the mind*. Chicago: University of Chicago Press.
Lakoff, G. (1990). The invariance hypothesis: Is abstract reason based on image schemas? *Cognitive Linguistics*, 1, 39-74.
Langacker, R. W. (1987). *Foundations of Cognitive Grammar. Vol. 1: Theoretical prerequisites*. Stanford, CA: Stanford University Press.
Langacker, R. W. (1988). A view of linguistic semantics. In B. Rudzka-Ostyn (Ed.), *Topics in Cognitive Linguistics* (pp. 49-90). Amsterdam: John Benjamins.
Langacker, R. W. (1991a). *Foundations of Cognitive Grammar. Vol. 2: Descriptive application*. Stanford, CA: Stanford University Press.
Langacker, R. W. (1991b). *Concept, image and symbol*. Berlin: Mouton de Gruyter.
Langacker, R. W. (1995). Raising and transparency. *Language*, 71, 1-62.
Langacker, R. W. (1997). The contextual basis of cognitive semantics. In J. Nuyts & E. Pederson (Eds.), *Language and conceptualisation* (pp. 229-232). Cambridge: Cambridge University Press.
Langacker, R. W. (2008). *Cognitive grammar: A basic introduction*. Oxford: Oxford University

Press.
Langacker, R. W. (2013). *Essentials of cognitive grammar*. Oxford: Oxford University Press.
Talmy, L. (1983). How language structures space. In H. Pick and L. Arcedolo (Eds.), *Spatial orientation: Theory, research, and application* (pp. 225-282). New York: Plenum Press.
Talmy, L. (2000) *Toward a cognitive semantics* (2 vols.). Cambridge, MA: MIT Press.
Taylor, J., & MacLaury, R. E (Eds.). (1995). *Language and the cognitive construal of the world*. Berlin: Mouton de Gruyter.
Ungerer, F., & Schmid, H.-J. (2006). *An introduction to cognitive linguistics* (2nd ed.). London: Pearson Education.

〈제15장〉

Bloom, P. (2000). *How children learn the meanings of words*. Cambridge, MA: MIT Press.
Brunyé, T. T., Gardony, A., Mahoney, C. R., & Taylor, H. A. (2012). Body-specific representations of spatial location. *Cognition*, 23(2), 229-239.
Citron, F. M. M., Güsten, J., Michaelis, N., & Goldberg, A. E. (2016). Conventional metaphors in longer passages evoke an affective fMRI response. *NeuroImage*, 139, 218-230.
Clark, E. V. (2009). *First language acquisition* (2nd ed.). Cambridge: Cambridge University Press.
Coulson, S., & Patten, V. (2002). Conceptual integration and metaphor: An event-related potential study. *Memory and Cognition*, 30(6), 958-968.
Croft, W., & Cruse, D. A. (2004). *Cognitive Linguistics*. Cambridge: Cambridge University Press.
Dirven, R. (1994). *Metaphor and nation: Metaphors Afrikaners live by*. Frankfurt am Main: Peter Lang.
Evans, V. (2007). *A glossary of Cognitive Linguistics*. Edinburgh: Edinburgh University Press.
Evans, V. (2014). *The language myth: Why language is not an instinct*. Cambridge: Cambridge University Press.
Evans, V. (2015). *The crucible of language: How language and mind create meaning*. Cambridge: Cambridge University Press.
Evans, V. (2019). *Cognitive Linguistics: A complete guide*. Edinburgh: Edinburgh University Press.
Evens, V., & Green, M. (2006). *Cognitive Linguistics: An introduction*. Edinburgh: Edinburgh University Press.
Frank, R. M., Dirven, R., Ziemke, T., & Bernárdez, E. (2008). *Body, language and mind. Vol. II: Sociocultural situatedness*. Berlin/New York: Mouton de Gruyter.
Geeraerts, D., Kristiansen, G., & Peirsman, Y. (2010). *Advances in Cognitive Sociolinguistics*. Berlin: Mouton de Gruyter.
Geiger, R. A., & Rudzka-Ostyn, B. (1993). *Conceptualizations and mental processing in language*. Berlin: Mouton de Gruyter.
Gijssels, T., & Casasanto, D. (2017). Conceptualizing time in terms of space: Experimental evidence. In B. Dancygier (Ed.), *The Cambridge handbook of Cognitive Linguistics* (pp.

651-668). Cambridge: Cambridge University Press.

Goldberg, A. E. (1995). *Constructions: A construction grammar approach to argument structure*. Chicago/London: University of Chicago Press.

Harder, P. (2010). *Meaning in mind and society: A functional contribution to the social turn in Cognitive Linguistics*. Berlin: Mouton de Gruyter.

Janda, L. A. (2013). *Cognitive Linguistics: The quantitative turn*. Berlin: De Gruyter Mouton.

Janda, L. A. (2017). The quantitative turn. In B. Dancygier (Ed.), *The Cambridge handbook of Cognitive Linguistics* (pp. 496-514). Cambridge: Cambridge University Press.

Kövecses, Z. (2005). *Metaphor in culture: Universality and variation*. Cambridge: Cambridge University Press.

Kövecses, Z. (2010). *Metaphor: A practical guide* (2nd ed.). Oxford: Oxford University Press.

Kövecses, Z. (2015). *Where metaphors come from: Reconsidering context in metaphor*. Oxford: Oxford University Press.

Kristiansen, G., & Dirven, D. (2008). *Cognitive Sociolinguistics: Language variation, cultural models, social systems*. Berlin/New York: Mouton de Gruyter.

Lakoff, G. (1987). *Women, fire, and dangerous things: What categories reveal about the mind*. Chicago: University of Chicago Press.

Lakoff, G., & Johnson, M. (1980). *Metaphors we live by*. Chicago/London: University of Chicago Press.

Lakoff, G., & Johnson, M. (1999). *Philosophy in the flesh: The embodied mind and its challenge to Western thought*. New York: Basic Books.

Lakoff, G., & Turner, M. (1989). *More than cool reason*. Chicago/London: University of Chicago Press.

Langacker, R. W. (1987). *Foundations of cognitive grammar. Vol. I: Theoretical prerequisites*. Berlin: Mouton de Gruyter.

Langacker, R. W. (1991). *Concept, image, and symbol: The cognitive basis of grammar*. Berlin: Mouton de Gruyter.

Langacker, R. W. (1999). *Grammar and conceptualization*. Berlin: Mouton de Gruyter.

Langacker, R. W. (2008). *Cognitive Grammar: A basic introduction*. Oxford: Oxford University Press.

Langacker, R. W. (2013). *Essentials of Cognitive Grammar*. Oxford: Oxford University Press.

Laurence, S., & Margolis, E. (1999). *Concepts: Core readings*. Cambridge, MA: MIT Press.

Margolis, E., & Laurence, S. (2019). Concepts. In E. N. Zalta (Ed.), *The Stanford encyclopedia of philosophy*(Summer 2019 ed.). https://plato.stanford.edu/archives/sum2019/entries/concepts/

Marín-Arrese, J. I. (2007). Dirk Geeraerts: Cognitive sociolinguistics and the sociology of Cognitive Linguistics. *Annual Review of Cognitive Linguistics*, 5(1), 289-305.

Miles, L. K., Nind, L. K., & Macrae, C. N. (2010). Moving through time. *Psychological Science*,

21(2), 222-223.

Nuyts, J., & Pederson, E. (1997). *Language and conceptualization*. Cambridge: Cambridge University Press.

Pütz, M., Robinson, J. A., & Reif, M. (2014). *Cognitive sociolinguistics: Social and cultural variation in cognition and language use*. Amsterdam/Philadelphia: John Benjamins.

Sharifian, F. (2011). *Cultural conceptualisations and language*. Amsterdam: John Benjamins.

Sharifian, F. (2017). *Advances in cultural linguistics*. Singapore: Springer.

Sharifian, F., Dirven, R., Yu, N., & Niemeier, S. (2008). *Culture, body, and language: Conceptualizations of internal body organs across cultures and languages*. Berlin/New York: Mouton de Gruyter.

Sharifian, F., & Palmer, G. B. (2007). *Applied cultural linguistics: Implications for second language learning and intercultural communication*. Amsterdam: John Benjamins.

Wen, X. (2019). Sociocognitive Linguistics based on social cognition. *Modern Foreign Languages*, 3, 239-305.

Wen, X., & Yang, K. (2016). Systematicity and complexity of IDEA metaphors in Chinese. *Metaphor and Symbol*, 31(4), 230-249.

Yu, N. (1998). *The contemporary theory of metaphor: A perspective from Chinese*. Amsterdam: John Benjamins.

Zhang, W. (2016). *Variation in metonymy*. Berlin: Mouton de Gruyter.

〈제16장〉

Abbott, D. (2004). Derek Abbott's animal noise page. Online. www.eleceng.adelaide.edu.au/personal/dabbott/animal.html

Akita, K., & Dingemanse, M. (2019). Ideophones (mimetics, expressives). In M. Aronoff (Ed.), *Oxford research encyclopedia of linguistics* (pp. 1-18). Oxford: Oxford University Press.

Aoki, H. (1994). Symbolism in Nez Perce. In L. Hinton, J. Nichols, & J. J. Ohala (Eds.), *Sound symbolism* (pp. 15-22). Cambridge: Cambridge University Press.

Behaghel, O. (1932). Deutsche syntax: Eine geschichtliche darstellung. Band 4: *Wortstellung, periodenbau*. Heidelberg: Winter.

Benczes, R. (2019). *Rhyme over reason: Phonological motivation in English*. Cambridge: Cambridge University Press.

Bergen, B. K. (2004). The psychological reality of phonaesthemes. *Language*, 80(2), 290-311.

Blasi, D. E., Wichmann, S., Hammarström, H., Stadler, P. F., & Christiansen, M. H. (2016). Sound-meaning association biases evidenced across thousands of languages. *Proceedings of the National Academy of Sciences of the United States of America*, 113(39), 10818-10823.

Bloomfield, L. (1933). *Language*. New York: Henry Holt.

Bolinger, D. (1940). Word affinities. *American Speech*, 15(1), 62-73.

Bolinger, D. (1950). Rime, assonance, and morpheme analysis. *Word*, 6(2), 117-136.

Bolinger, D. (1967). Adjectives in English: Attribution and predication. *Lingua*, 18, 1-34.

Bolinger, D. (1980). *Language: The loaded weapon*. London and New York: Longman.

Bolinger, D. (1985). The inherent iconism of intonation. In J. Haiman (Ed.), *Iconicity in syntax* (pp. 97-108). Amsterdam and Philadelphia: John Benjamins.

Bolinger, D., & Sears, D. A. (1975). *Aspects of language*. New York: Harcourt Brace Jovanovich.

Brown, P., & Levinson, S. C. (1978). *Politeness: Some universals in language use*. Cambridge: Cambridge University Press.

Cassidy, K., Kelly, M., & Sharoni, L. (1999). Inferring gender from name phonology. *Journal of Experimental Psychology: General*, 128(3), 362-381.

Chandler, D. (1994-2020). Signs. In *Semiotics for beginners*. http://visual-memory.co.uk/daniel/Documents/S4B/

Chandler, D. (2007/2002). *Semiotics: The basics* (2nd ed.). London and New York: Routledge.

Clark, E. V. (1971). On the acquisition of the meaning of after and before. *Journal of Verbal Learning and Verbal Behavior*, 10, 266-275.

Cooper, W. E., & Klouda, G. V. (1995). The psychological basis of syntactic iconicity. In M. E. Landsberg (Ed.), *Syntactic iconicity and linguistic freezes: The human dimension* (pp. 331-341). Berlin and New York: Mouton de Gruyter.

Cooper, W. E., & Ross, J. R. (1975). World order. In R. E. Grossman, L. J. San, & T. J. Vance (Eds.), *Papers from the parasession on functionalism* (pp. 63-111). Chicago: Chicago Linguistic Society.

Diessel, H. (2008). Iconicity of sequence: A corpus-based analysis of the positioning of temporal adverbial clauses in English. *Cognitive Linguistics*, 19(3), 465-490.

Dingemanse, M. (2012). Advances in the cross-linguistic study of ideophones. *Language and Linguistics Compass*, 6(10), 654-672.

Dingemanse, M., Blasi, D. E., Lupyan, G., Christiansen, M. H., & Monaghan, P. (2015). Arbitrariness, iconicity, and systematicity in language. *Trends in Cognitive Sciences*, 19(10), 603-615.

Doke, C. M. (1935). *Bantu linguistic terminology*. London: Longmans, Green, and Co.

Fox, B. (1981). Body-part syntax: Toward a universal characterization. *Studies in Language*, 5, 323-342.

Givón, T. (1985). Iconicity, isomorphism and non-arbitrary coding in syntax. In J. Haiman (Ed.), *Iconicity in syntax* (pp. 187-219). Amsterdam and Philadelphia: John Benjamins.

Givón, T. (1991). Isomorphism in the grammatical code: Cognitive and biological considerations. *Studies in Language*, 15(1), 85-114.

Grice, P. (1975). Logic and conversation. In P. Cole & J. L. Morgan (Eds.), *Syntax and semantics*. Vol. 3: Speech acts (pp. 41-58). New York: Academic Press.

Haiman, J. (1983). Iconic and economic motivation. *Language*, 59(4), 781-819.

Haiman, J. (1985). *Natural syntax: Iconicity and erosion*. Cambridge: Cambridge University Press.

Hammerström, H. (2015). The basic word order typology: An exhaustive study. Leipzig. www.eva.mpg.de/fileadmin/content_files/linguistics/conferences/2015-diversity-linguistics/Hammarstroem_slides.pdf

Haspelmath, M. (2008). Frequency vs. iconicity in explaining grammatical asymmetries. *Cognitive Linguistics*, 19(1), 1-33.

Haviland, J. B. (1998). Guugu Yimithirr cardinal directions. *Ethos*, 26(1), 25-47. https:// pdfs.semanticscholar.org/5cc7/a1d348c29a866a9b0cba99dea91a3a1fe986.pdf

Hinton, L., Nichols, J., & Ohala, J. (1994). Introduction: Sound symbolic processes. In L. Hinton, J. Nichols, & J. Ohala (Eds.), *Sound symbolism* (pp. 1-12). Cambridge: Cambridge University Press.

Hiraga, M. K. (1994). Diagrams and metaphors: Iconic aspects of language. *Journal of Pragmatics*, 22, 5-21.

Imai, M., & Kita, S. (2014). The sound symbolism bootstrapping hypothesis for language acquisition and language evolution. *Philosophical Transactions of the Royal Society B: Biological Sciences*, 369, 20130298.

Imai, M., Kita, S., Nagumo, M., & Okada, H. (2008). Sound symbolism facilitates early verb learning. *Cognition*, 109, 54-65.

Jakobson, R. (1960). Linguistics and poetics. In T. A. Sebeok (Ed.), *Style in language* (pp. 350-385). Cambridge, MA: MIT Press.

Jakobson, R. (1965). Quest for the essence of language. Diogenes, 51, 21-37. Reprinted in R. Jakobson (1971), *Selected writings II: Word and language* (pp. 345-359). The Hague: Mouton.

Kawahara, S., Kasuko, S., & Grady, J. (2015). Iconic inferences about personality from sounds and shapes. In M. K. Hiraga, W. J. Herlofsky, K. Shinohara, & K. Akita (Eds.), *Iconicity: East meets west* (pp. 57-69). Amsterdam and Philadelphia: John Benjamins.

Klima, E., & Bellugi, U. (1979). *The signs of language*. Cambridge: Cambridge University Press.

Köhler, W. (1929). *Gestalt psychology*. New York: Liveright Publishing Corporation.

Köhler, W. (1933). *Psychologische probleme*. Berlin: Springer.

Laing, C. E. (2014). A phonological analysis of onomatopoeia in early word production. *First Language*, 34(5), 387-405.

Laing, C. E. (2017). A perceptual advantage for onomatopoeia in early word learning: Evidence from eyetracking. *Journal of Experimental Child Psychology*, 161, 32-45.

Laing, C. E. (2019). A role for onomatopoeia in early language: Evidence from phonological development. *Language and Cognition*, 11, 173-187.

Lakoff, G. (1977). Linguistic gestalts. *Papers from the thirteenth regional meeting of the Chicago Linguistics Society* (pp. 236-287). Chicago: University of Chicago.

Lakoff, G. (2004). *Don't think of an elephant: Know your values and frame the debate*. White River

Junction, VT: Chelsea Green Publishing Company.

Lakoff, G., & Johnson, M. (1980). *Metaphors we live by*. Chicago: University of Chicago Press.

Langacker, R. W. (1991). *Foundations of cognitive grammar. Vol. II: Descriptive applications*. Stanford, CA: Stanford University Press.

Langacker, R. W. (2008). *Cognitive grammar: A basic introduction*. Oxford: Oxford University Press.

Lavner, F. (2016). *Off the top of Fred's head*. Morrisville: Lulu Press.

Linde, Ch., & Labov, W. (1975). Spatial networks as a site for the study of language and thought. *Language*, 51(4), 924-939.

Marchand, H. (1969). *The categories and types of present-day English word-formation: A synchronic and diachronic approach*. München: Beck.

Marttila, A. (2011). *A cross-linguistic study of lexical iconicity and its manifestation in bird names*. München: Lincom.

McCormick, K., Young, J. Y., List, S., & Nygaard, L. (2015). Sound to meaning mappings in the bouba-kiki effect. https://cogsci.mindmodeling.org/2015/papers/0273/paper0273.pdf

Metzger, W. (2006). *Laws of seeing*. Cambridge, MA: MIT Press, translated from Gesetze des Sehens by L. Spillmann, M. Wertheimer, & S. Lehar (1936).

Müller, W. G. (2000). Iconicity and rhetoric: A note on the iconic force of rhetorical figures in Shakespeare. In O. Fischer & M. Nänny (Eds.), *The motivated sign: Iconicity in language and literature 2* (pp. 305-322). Amsterdam and Philadelphia: John Benjamins.

Nänny, M., & Fischer, O. (1999). Introduction: Veni, vidi, vici. In O. Fischer & M. Nänny (Eds.), *The motivated sign: Iconicity in language and literature 2* (pp. 1-14). Amsterdam and Philadelphia: John Benjamins.

Nobile, L. (2015). Phonemes as images: An experimental inquiry into shape-sound symbolism applied to the distinctive features of French. In M. K. Hiraga, W. J. Herlofsky, K. Shinohara, & K. Akita (Eds.), *Iconicity: East meets west* (pp. 71-91). Amsterdam and Philadelphia: John Benjamins.

Occhino, C., Anible, B. Wilkinson, E., & Morford, J. P. (2017). Iconicity is in the eye of the beholder: How language experience affects perceived iconicity. *Gesture*, 16(1), 100-126.

Orwell, G. (1946). Politics and the English language. *Horizon*, 13(76): 252-265. www.orwell.ru/library/essays/politics/english/e_polit/

Panther, K.-U. (in print). Potential and communicative force in caused-motion constructions: What they entail and what they implicate.

Peirce, C. C. (1931-1958). *Collected writings* (8 vols.). Eds. C. Hartshorne, P. Weiss, & A. W. Burks. Cambridge, MA: Harvard University Press.

Pharies, D. A. (1985). *Charles C. Peirce and the linguistic sign*. Amsterdam and Philadelphia: John Benjamins.

Posner, R. (1986). Iconicity in syntax: The natural order of attributes. In P. Bouissac, M. Herzfeld,

& R. Posner(Eds.), *Iconicity: Essays on the nature of culture: Festschrift for Thomas A. Sebeok on his 65th birthday* (pp. 305-373). Tübingen: Stauffenburg.

Radden, G., & Dirven, R. (2007). *Cognitive English grammar*. Amsterdam and Philadelphia: John Benjamins.

Radden, G., & Matthis, E. (2002). Why similar to, but different from? In H. Cuyckens & G. Radden (Eds.), *Perspectives on prepositions* (pp. 231-255). Tübingen: Niemeyer.

Rhodes, R. (1994). Aural images. In L. Hinton, J. Nichols, & J. J. Ohala (Eds.), *Sound symbolism* (pp. 276-292). Cambridge: Cambridge University Press.

Sadowski, P. (2000). The sound as an echo to the sense: The iconicity of English gl- words. In O. Fischer & M. Nänny (Eds.), *The motivated sign: Iconicity in language and literature 2* (pp. 69-88). Amsterdam and Philadelphia: John Benjamins.

Saussure, F. de. ([1916] 2011). *Course in general linguistics*. Translated by W. Baskin, edited by P. Meisel & H. Saussy. New York, Toronto and London: McGraw-Hill.

Tai, J. H.-Y. (1985). Temporal sequence and Chinese word order. In J. Haiman (Ed.), *Iconicity in syntax* (pp. 49-72). Amsterdam and Philadelphia: John Benjamins.

Taub, S. F. (2001). *Language from the body: Iconicity and metaphor in American sign language*. Cambridge: Cambridge University Press.

Taylor, J. (2004). The ecology of constructions. In G. Radden & K.-U. Panther (Eds.), *Studies in linguistic motivation* (pp. 49-73). Berlin and New York: Mouton de Gruyter.

Thompson, S. A., & Koide, Y. (1987). Iconicity and 'indirect objects' in English. *Journal of Pragmatics*, 11(3): 399-406.

Ullmann, S. (1972). *Semantics: An introduction to the science of meaning*. Oxford: Basil Blackwell.

Vygotsky, L. S. (1987). *The collected works of L. S. Vygotsky. Vol. 1: Problems of general psychology*. New York and London: Plenum Press.

Waugh, L. R. (1993). Against arbitrariness: Imitation and motivation revived, with consequences for textual meaning. *Diacritics*, 22(2): 71-87.

Waugh, L. R. (1994). Degrees of iconicity in the lexicon. *Journal of Pragmatics*, 22, 55-70.

Wierzbicka, A. (1975). Why "kill" does not mean "cause to die": The semantics of action sentences. *Foundations of Language*, 13(4): 491-528.

〈제17장〉

Ariel, M. (2008). *Pragmatics and grammar*. Cambridge: Cambridge University Press.

Arnaud, A., & Lancelot, C. (1660). *Grammaire générale et raisonnée*. Paris: Pierre le Petit. https://gallica.bnf. fr/ark:/12148/bpt6k50416g

Au, E., Wan, W., & Chiu, C. (2013). The social and cultural context of cognition: A knowledge perspective. In S. Kreitler (Ed.), *Cognition and motivation: Forging an interdisciplinary perspective* (pp. 158-172). Cambridge: Cambridge University Press.

Ball, M. J., & Müller, N. (2010). *The Celtic languages*. London: Routledge.

Barber, C., Beal, J. C., & Shaw, P. H. (2009). *The English language: A historical introduction*. Cambridge University Press.

Bolinger, D. L. (1949). The sign is not arbitrary. *Boletín del Instituto Caro y Cuervo* (=Thesaurus), 5, 52-62.

Buchler, J. (Ed.). (1955). *Philosophical writings of Peirce*. New York: Dover Publications.

Chomsky, N. (1975). *Reflections on language*. New York: Pantheon Books.

Cooper, W. E., & Ross, J. R. (1975). World order. In R. E. Grossmann, L. J. San, & T. J. Vance (Eds.), *Papers from the parasession on functionalism* (pp. 63-111). Chicago: Chicago Linguistic Society.

Dingemanse, M., Blasi, D. M., Lupyan, G., Christiansen, M. H., & Monaghan, P. (2015). Arbitrariness, iconicity, and systematicity in language. *Trends in Cognitive Science*, 19(10), 603-615. http://dx.doi.org/org/10.1016/j.tics.2015.07.013

Dirven, R., Franck, R., & Pütz, M. (Eds.). (2003). *Cognitive models in language and thought: Ideology, metaphors and meaning*. Berlin: Mouton de Gruyter.

Friedrich, P. (2006). Maximizing ethnopoetics: Fine-tuning anthropological experience. In C. Jourdan & K. Tuite (Eds.), *Language, culture, and society: Key topics in linguistic anthropology* (pp. 207-228). Cambridge: Cambridge University Press.

Gibbs, R. (2005). *Embodiment and cognitive science*. Cambridge: Cambridge University Press.

Givón, T. (2001). *Syntax: An introduction* (Vols. 1-2). Amsterdam: John Benjamins.

Goldberg, A. (2006). *Constructions at work: The nature of generalization in language*. Oxford: Oxford University Press.

Grice, H. P. (1975). Logic and conversation. In P. Cole & J. L. Morgan (Eds.), *Speech acts* (pp. 41-58). New York: Academic Press.

Hawkins, J. (2004). *Efficiency and complexity in grammars*. Oxford: Oxford University Press.

Hewson, J. (1990). Un système où tout se tient: Origin and evolution of an idea. In H.-J. Niederehe & E. F. K. Koerner (Eds.), *History and historiography of linguistics* (Vol. 2, pp. 787-794). Amsterdam: John Benjamins.

Hiraga, M. K. (2005). *Metaphor and iconicity: A cognitive approach to analyzing texts*. Basingstoke: Palgrave Macmillan.

Hogg, R. M., & Fulk, R. D. (2011). *A grammar of Old English. Vol 2: Morphology*. Malden, MA: Wiley-Blackwell.

Horn, L. R. (1984). Toward a new taxonomy for pragmatic inference: Q- and R- based implicature. In D. Schiffrin (Ed.), *Meaning, form, and use in context* (pp. 11-42). Washington, DC: Georgetown University Press.

Jakobson, R. (1965). Quest for the essence of language. *Diogenes*, 13(51), 21-37.

Köhler, W. (1929). *Gestalt psychology*. New York: Liveright.

Kowalewski, H. (2015). Against arbitrariness: An alternative approach towards motivation of the sign. *Public Journal of Semiotics*, 6(2), 14-31. https://doi.org/10.37693/

pjos.2015.6.15179

Kreitler, S. (2013). Introduction. In S. Kreitler (Ed.), *Cognition and motivation: Forging an interdisciplinary perspective* (pp. 1-11). Cambridge: Cambridge University Press.

Lakoff. G. (1987). *Women, fire, and dangerous things: What categories reveal about the mind*. Chicago and London: University of Chicago Press.

Lakoff, G., & Johnson, M. (1980). *Metaphors we live by*. Chicago: University of Chicago Press.

Langacker, R. (2008). *Cognitive grammar: A basic introduction*. Oxford: Oxford University Press.

Langacker, R. (2011). Semantic motivation of the English auxiliary. In K.-U. Panther & G. Radden (Eds.), *Motivation in grammar and the lexicon* (Human Cognitive Processing 27) (pp. 29-47). Amsterdam: John Benjamins.

Lehmann, C. (2007). Motivation: Attempt at a systematization. In P. Gallmann, C. Lehmann, & R. Lühr (Eds.), *Sprachliche Variation: Zur Interdependenz von Inhalt und Ausdruck* (pp. 100-135). Tübingen: G. Narr.

Levinson, S. C. (1995). Three levels of meaning. In F. Palmer (Ed.), *Grammar and meaning* (pp. 90-115). Cambridge: Cambridge University Press.

Levinson, S. C. (2000). *Presumptive meanings: The theory of generalized conversational implicature*. Cambridge, MA: MIT Press.

Lincoln, A. (1863). Gettysburg address. Primary documents in American history. web guides: Virtual services digital reference section.http://loc.gov/rr/program/bib/ourdocs/Gettysburg.html

Littlemore, J. (2019). *Metaphors in the mind: Sources of variation in embodied metaphor*. Cambridge: Cambridge University Press.

Locke, J. (1690). *An essay concerning human understanding*. www.gutenberg.org/ebooks/10615, www.gutenberg. org/ebooks/10616

Lodge, A. (1998). Is French a logical language? In L. Bauer & P. Trudgill (Eds.), *Language myths* (pp. 23-31). London: Penguin Books.

Martinet, A. (1980). *Éléments de linguistique générale*. Paris: Arman Colin.

Menninger, K. (1969). *Number words and number systems: A cultural history of numbers*. Cambridge, MA: MIT Press.

Merrell, F. (2001). Charles Sanders Peirce's conception of the sign. In P. Cobley (Ed.), *The Routledge companion to semiotics and linguistics* (pp. 28-39). London and New York: Routledge.

Newmeyer, F. J. (1992). Iconicity and generative grammar. *Language*, 68, 756-796.

Newmeyer, F. J. (1994). A note on Chomsky on form and function. *Journal of Linguistics*, 30, 245-251.

Ochs Keenan, E. (1976). The universality of conversational postulates. *Language in Society*, 5, 67-80.

Osborn, P. G. (1927). *A concise law dictionary for students and practitioners*. London: Sweet &

Maxwell.

Panther, K.-U. (2013). Motivation in language. In S. Kreitler (Ed.), *Cognition and motivation: Forging an interdisciplinary perspective*. New York: Cambridge University Press.

Panther, K.-U. (2014). Metaphor and metonymy shaping grammar: The role of animal terms in expressive morphology and syntax. In G. Drożdż & A. Łyda (Eds.), *Extension and its limits* (pp. 10-38). Newcastle upon Tyne: Cambridge Scholars.

Panther, K.-U. (2016). How to encode and infer linguistic actions. *Chinese Semiotic Studies*, 2, 177-214.

Panther, K.-U., & Radden, G. (2011). Introduction: Reflections on motivation revisited. In K.-U. Panther & G. Radden (Eds.), *Motivation in grammar and the lexicon* (pp. 1-26). Amsterdam: John Benjamins.

Panther, K.-U., & Thornburg, L. L. (2012). Conceptualizing humans as animals in English verb particle constructions. *Language Value*, 4, 63-83.

Pfeifer, R., & Bongard. J. (2007). *How the body shapes the way we think: A new view of intelligence*. Cambridge, MA: MIT Press.

Radford, A. (1988). *Transformational grammar: A first course*. Cambridge: Cambridge University Press.

Rivarol, A. de (2014 [1784]). *De l'universalité de la langue française*. Paris: Flammarion.

Saussure, F. de (1995 [1916]). *Cours de linguistique générale*. Paris: Editions Pavot & Rivages.

Searle, J. (1972). Chomsky's revolution in linguistics. *New York Review of Books*, June 29, 1972. http://davidjamesbar.net/Logic/Readings/Entries/2013/1/29_Reading_for_Friday,_February_1st_files/Searle,%20Chomsky's%20Revolution%20in%20Lingustics.pdf

Sedley, D. (2003). *Plato's 'Cratylus'*. Cambridge: Cambridge University Press.

Sperber, D., & Wilson, D. (1995). *Relevance: Communication and cognition* (2nd ed.). Oxford: Blackwell.

Talmy, L. (2000). *Toward a cognitive semantics. Vol. 1: Concept structuring systems*. Cambridge, MA: MIT Press.

Taylor, J. (2004). The ecology of constructions. In G. Radden & K.-U. Panther (Eds.), *Studies in linguistic motivation* (Cognitive Linguistics Research 28) (pp. 49-73). Berlin and New York: Mouton de Gruyter.

Tomlin, R. S. (1986). *Basic word order: Functional principles*. London: Croom Helm.

Trask, R. L. (1999). *Language: The basics* (3rd ed.). London and New York: Routledge.

Wierzbicka, A. (1997). *Understanding cultures through their key words: English, Russian, Polish, German, and Japanese*. New York and Oxford: Oxford University Press.

Yu, N. (2015). Embodiment, culture, and language. In F. Sharifian (Ed.), *The Routledge handbook of language and culture* (pp. 229-239). London and New York: Routledge.

〈제18장〉

Aijmer, K. (1997). I think: An English modal particle. In T. Swan & O. Jansen Westvik (Eds.), *Modality in Germanic languages: Historical and comparative perspectives* (pp. 1-47). Berlin: Mouton de Gruyer.

Alba-Salas, J. (2019). Las colocaciones tipo venirle en voluntad: un patrón construccional desaparecido. *Boletín de Filología de La Universidad de Chile*, 54(2), 257-287. http://dx.doi.org/10.4067/S0718-93032019000200257

Andersen, H. (2010). From morphologization to demorphologization. In S. Luraghi & V. Bubenik (Eds.), *The Continuum companion to historical linguistics* (pp. 117-146). London: Continuum.

Anttila, R. (1989). *Historical and comparative linguistics*. Amsterdam: John Benjamins.

Beeching, K., & Detges, U. (2014). *Discourse functions at the left and right periphery: Crosslinguistic investigations of language use and language change*. Leiden: Brill.

Boye, K., & Harder, P. (2012). A usage-based theory of grammatical status and grammaticalization. *Language*, 88(1), 1-44. https://doi.org/10.1353/lan.2012.0020

Bravo, A. (2014). The Spanish auxiliary ir 'to go': From resultative motion verb to focus marker. In M. Devos & J. van der Wal (Eds.), *'COME' and 'GO' off the beaten grammaticalization path* (pp. 305-351). Berlin/Boston: Mouton de Gruyer.

Breban, T. (2014). What is secondary grammaticalization? Trying to see the wood for the trees in a confusion of interpretations. *Folia Linguistica*, 48(2), 469-502. https://doi.org/10.1515/flin.2014.016

Brinton, L. J. (2008). *The comment clause in English: Syntactic origins and pragmatic development*. Cambridge: Cambridge University Press.

Brinton, L. J., & Traugott, E. C. (2005). *Lexicalization and language change*. Cambridge: Cambridge University Press.

Bybee, J. L. (2003). Cognitive processes in grammaticalization. In M. Tomasello (Ed.), *The new psychology of language: Cognitive and functional approaches to language structure* (pp. 145-167). Mahwah, NJ: Lawrence Erlbaum Associates.

Bybee, J. L., Pagliuca, W., & Perkins, R. D. (1991). Back to the future. In E. Traugott & B. Heine (Eds.), *Approaches to grammaticalization*. Vol. II (pp. 16-58). Amsterdam: John Benjamins.

Coleman, R. (1971). The origin and development of Latin habeo infinitive. *The Classical Quarterly*, 21(1), 215-232. https://doi.org/10.1017/S0009838800028974

Coussé, E., Andersson, P., & Olofsson, J. (2018). *Grammaticalization meets construction grammar*. Amsterdam: John Benjamins.

Degand, L., & Evers-Vermeul, J. (2015). Grammaticalization or pragmaticalization of discourse markers. Journal of *Historical Pragmatics*, 16(1), 59-85. https://doi.org/10.1075/jhp.16.1.03deg

De Smet, H., & Fischer, O. (2017). The role of analogy in language change: Supporting constructions. In M. Hundt, S. Pfenninger, & S. Mollin (Eds.), *The changing English language: Psycholinguistic perspectives* (pp. 240-268). Cambridge: Cambrigde University Press.

Detges, U., & Waltereit, R. (2002). Grammaticalization vs. reanalysis: A semantic-pragmatic account of functional change in grammar. *Zeitschrift Für Sprachwissenschaft*, 21(2), 151-195. https://doi.org/10.1515/zfsw.2002.21.2.151

Diewald, G. (2002). A model for relevant types of contexts in grammaticalization. In I. Wischer & G. Diewald (Eds.), *New reflections on grammaticalizations* (pp. 103-120). Amsterdam/Philadelphia: John Benjamins.

Diewald, G. (2011). Grammaticalization and pragmaticalization. In H. Narrog & B. Heine (Eds.), *The Oxford handbook of grammaticalization* (pp. 450-461). Oxford: Oxford University Press.

Dostie, G. (2004). *Pragmaticalisation et marqueurs discursifs: analyse sémantique et traitement lexicographique*. Bruxelles: De Boeck Duculot.

Erman, B., & Kotsinas, U.-B. (1993). Pragmaticalization: The case of ba' and you know. *Studier i Modernsprakvetenskap*, 10, 76-93.

Evans, V., & Green, M. (2006). *Cognitive linguistics: An introduction*. Edinburgh: Edinburgh University Press.

Fillmore, C. J. (1988). The mechanisms of "construction grammar". In *Proceedings of the fourteenth annual meeting of the Berkeley Linguistics Society* (pp. 35-55). Berkeley, CA: Berkeley Linguistics Society.

Fillmore, C. J., & Kay, P. (1997). Berkeley construction grammar. www.icsi.berkeley.edu/~kay/B.C.g/lec02.html

Fillmore, C. J., Kay, P., & O'Connor, M. C. (1988). Regularity and idiomaticity in grammatical constructions. *Language*, 64, 501-538.

Fischer, O. (2007). *Morphosyntactic change: Functional and formal perspectives*. Oxford: Oxford University Press.

Fried, M. (2009). Construction grammar as a tool for diachronic analysis. *Constructions and Frames*, 1(2), 262-291. https://doi.org/10.1075/cf.1.2.04fri

Geis, M., & Zwicky, A. (1971). On invited inferences. *Linguistic Inquiry*, 2(4), 561-566.

Giacalone Ramat, A. (1998). Testing the boundaries of grammaticalization. In A. Giacalone Ramat & P. J. Hopper (Eds.), *The limits of grammaticalization* (pp. 107-127). Amsterdam: John Benjamins.

Givón, T. (1971). Historical syntax and synchronic morphology. *Chicago Linguistic Society Proceedings*, 7, 394-415.

Givón, T. (1991). The evolution of dependent clause morpho-syntax in Biblical Hebrew. In E. C. Traugott & B. Heine (Eds.), *Approaches to grammaticalization. Vol. 2: Types of grammatical markers* (pp. 257-310). Amsterdam: John Benjamins.

Goldberg, A. E. (2006). *Constructions at work: The nature of generalization in language*. Oxford: Oxford University Press.

Harder, P., & Boye, K. (2011). Grammaticalization and functional linguistics. In H. Narrog & B. Heine(Eds.), *The Oxford handbook of grammaticalization* (pp. 56-68). Oxford: Oxford University Press.

Haspelmath, M. (1998). Does grammaticalization need reanalysis? Studies in *Language*, 22, 315-351. https://doi.org/10.1075/sl.22.2.03has

Haspelmath, M. (1999). Why is grammaticalization irreversible? *Linguistics*, 37(6), 1043-1068. https://doi.org/10.1515/ling.37.6.1043

Haspelmath, M. (2004). On directionality in language change with particular reference to grammaticalization. In O. Fisher, M. Norde, & H. Perridon (Eds.), *Up and down the cline: The nature of grammaticalization* (pp. 17-44). Amsterdam: John Benjamins.

Heine, B. (2002). On the role of context in grammaticalization. In I. Wischer & G. Diewald (Eds.), *New reflections on grammaticalization* (pp. 83-101). Amsterdam/Philadelphia: John Benjamins.

Heine, B. (2003). Grammaticalization. In R. Janda & B. Joseph (Eds.), *The handbook of historical linguistics* (pp. 575-601). Oxford/ Malden: Blackwell.

Heine, B. (2013). On discourse markers: Grammaticalization, pragmaticalization, or something else? *Linguistics*, 51(6), 1205-1247. https://doi.org/10.1515/ling-2013-0048

Heine, B., Claudi, U., & Hünnemeyer, F. (1991). *Grammaticalization: A conceptual framework*. Chicago: University of Chicago Press.

Heine, B., & Kuteva, T. (2005). *Language contact and grammatical change*. Cambridge: Cambridge University Press.

Hilpert, M. (2013). *Constructional change in English: Developments in allomorphy, word formation and syntax*. Cambridge: Cambridge University Press.

Hilpert, M. (2018). Three open questions in diachronic construction grammar. In E. Coussé, P. Andersson, & J. Olofsson (Eds.), *Grammaticalization meets construction grammar* (pp. 21-39). Amsterdam/Philadelphia: John Benjamins.

Himmelmann, N. P. (2004). Lexicalization and grammaticization: Opposite or orthogonal? In W. Bisang, N. P. Himmelmann, & B. Wiemer (Eds.), *What makes grammaticalization? A look from its fringes and its components* (pp. 21-42). Berlin: Mouton de Gruyter.

Hoffmann, S. (2005). *Grammaticalization and English complex prepositions: A corpus-based study*. London/New York: Routledge.

Hopper, P. J. (1987). Emergent grammar. In J. Aske, N. Beery, L. Michaelis, & H. Filip(Eds.), *Papers of the Thirteenth Annual Meeting of the Berkeley Linguistics Society* (pp. 139-157). Berkeley: Berkeley Linguistic Society, University of California.

Hopper, P. J. (1991). On some principles of grammaticalization. In E. C. Traugott & B. Heine (Eds.), *Approaches to grammaticalization*. Vol. 1 (pp. 17-35). Amsterdam/Philadelphia: John

Benjamins.

Hopper, P. J., & Traugott, E. C. (1993). *Grammaticalization*. Cambridge: Cambridge University Press.

Hopper, P. J., & Traugott, E. C. (2003). *Grammaticalization* (2nd ed.). Cambridge: Cambridge University Press.

Keller, R. (1989). Invisible-hand theory and language evolution. *Lingua*, 77, 113-127. https://doi.org/10.1016/0024-3841(89)90011-9

Kuryłowicz, J. (1965). The evolution of grammatical categories. *Diogenes*, 55, 55-71. https://doi.org/10.1177/039219216501305105

Kuteva, T. (2001). *Auxiliation: An enquiry into the nature of grammaticalization*. Oxford: Oxford University Press.

Lass, R. (1990). How to do things with junk: Exaptation in language evolution. *Journal of Linguistics*, 26, 79-102.

Lehmann, C. (1985). Grammaticalization: Synchronic variation and diachronic change. *Lingua e Stile*, 20(3), 303-318.

Lehmann, C. (1989). Markedness and grammaticalization. In O. M. Tomić (Ed.), *Markedness in synchrony and diachrony* (pp. 175-190). Berlin: Mouton de Gruyter.

Loureda, Ó., & Pons Bordería, S. (Eds.). (2018). *New insights into the grammaticalization of discourse markers*. Leiden: Brill.

Matisoff, J. A. (1991). Areal and universal dimensions of grammaticalization in Lahu. In B. Heine & E. Traugott (Eds.), *Approaches to grammaticalization*. Vol. 2: Types of grammatical markers (pp. 383-453). Amsterdam: John Benjamins.

Meillet, A. (1912). L'évolution des formes grammaticales. Scientia (Rivista Di Scienza), 12(26). [Reprinted in Meillet, A. (1958). *Linguistique historique et linguistique générale*. Vol. I (pp. 199-210). Paris: Honoré Champion.]

Mithun, M. (2008). Borrowed rhetorical constructions as starting points for grammaticalization. In A. Bergs & G. Diewald (Eds.), *Constructions and language change* (pp. 196-230). Berlin: Walter de Gruyter.

Narrog, H., & Heine, B. (2011). *The Oxford handbook of grammaticalization*. Oxford: Oxford University Press.

Narrog, H., & Ohori, T. (2011). Grammaticalization in Japanese. In H. Narrog & B. Heine (Eds.), *The Oxford handbook of grammaticalization* (pp. 775-785). Oxford: Oxford University Press.

Noël, D. (2007). Diachronic construction grammar and grammaticalization theory. *Functions of Language*, 14(2), 177-202. https://doi.org/10.1075/fol.14.2.04noe

Norde, M. (2001). Deflexion as a counterdirectional factor in grammatical change. *Language Sciences*, 23(2), 231-264. 10.1016/S0388-0001(00)00022-X

Norde, M. (2009). *Degrammaticalization*. Oxford: Oxford University Press.

Norde, M., & Van de Velde, F. (2016). *Exaptation and language change*. Amsterdam: John Benjamins.

Palacios, A., & Pfänder, S. (Eds.). (2018). *Procesos de gramaticalización en situaciones de contacto. Special Issue* Revista Internacional de Lingüística Iberoamericana, 16(2). Madrid/Frankfurt: Iberoamericana-Vervuert.

Parrott, M. (2010). *Grammar for English language teachers* (2nd ed.). Cambridge: Cambridge University Press.

Rosemeyer, M., & Garachana, M. (2019). De la consecución a la contraexpectación: la construccionalización de lograr/conseguir+infinitivo. *Studies in Hispanic and Lusophone Linguistics*, 12(2), 383-422. https://doi.org/10.1515/shll-2019-2018

Rostila, J. (2004). Lexicalization as a way to grammaticalization. In F. Karlson (Ed.), *Proceedings of the 20th Scandinavian Conference of Linguistics*. Helsinki, January 7-9, 2004. www.researchgate.net/publication/252114306_LEXICALIZATION_AS_A_WAY_TO_GRAMMATICALIZATION

Smirnova, E. (2015). Constructionalization and constructional change: The role of context in the development of constructions. In J. Barðdal, E. Smirnova, L. Sommerer, & S. Gildea (Eds.), *Diachronic construction grammar* (pp. 81-106). Amsterdam: John Benjamins.

Stefanowitsch, A., & Gries, S. (2003). Collostructions: Investigating the interaction of words and constructions. *International Journal of Corpus Linguistics*, 8(2), 209-243. https://doi.org/10.1075/ijcl.8.2.03ste

Traugott, E. C. (1995). The role of the development of discourse markers in a theory of grammaticalization. Unpublished manuscript, University of Stanford, CA.

Traugott, E. C. (2002). From etymology to historical pragmatics. In D. Minkova & R. Stockwell (Eds.), *Studies in the history of the English language* (pp. 19-49). Berlin: Mouton de Gruyter.

Traugott, E. C. (2003). Constructions in grammaticalization. In B. D. Joseph & R. D. Janda (Eds.), *The handbook of historical linguistics* (pp. 624-647). Malden, MA: Blackwell Publishing Ltd.

Traugott, E. C. (2010). (Inter)subjectivity and (inter)subjectification: A reassessment. In K. Davidse, L. Vandelanotte, & H. Cuyckens (Eds.), *Subjectification, intersubjectification and grammaticalization* (pp. 29-71). Berlin: De Gruyter Mouton.

Traugott, E. C. (2015). Toward a coherent account of grammatical constructionalization. In J. Barðdal, E. Smirnova, L. Sommerer, & S. Gildea (Eds.), *Diachronic construction grammar* (pp. 51-79). Amsterdam: John Benjamins.

Traugott, E. C., & Dasher, R. B. (2002). *Regularity in semantic change*. Cambridge: Cambridge University Press.

Traugott, E. C., & Trousdale, G. (2013). *Constructionalization and constructional changes*. Oxford: Oxford University Press.

Van de Velde, F., & Norde, M. (2016). Exaptation: Taking stock of a controversial notion in linguistics. In M. Norde & F. Van de Velde (Eds.), *Exaptation and language change* (pp. 1-35). Amsterdam/Philadelphia: John Benjamins

van Gelderen, E. (2011). Grammaticalization and generative grammar: A difficult liaison. In H. Narrog & B. Heine (Eds.), *The Oxford handbook of grammaticalization* (pp. 43-55). Oxford: Oxford University Press.

Vicent, S., Darbaky, S., & Mettouchi, A. (2009). The grammaticalization of you know: From shared knowledge to control over the co-speaker. *English Text Construction*, 2(2), 209-227. https://doi.org/10.1075/etc.2.2.04vin

Wall, A., & Octavio de Toledo y Huerta, A. S. (2016). Exploring and recycling: Topichood and the evolution of Ibero-Romance articles. In M. Norde & F. Van de Velde (Eds.), *Exaptation and language change* (pp. 341-375). Amsterdam: John Benjamins.

Waltereit, R. (2011). Grammaticalization and discourse. In H. Narrog & B. Heine (Eds.), *The Oxford handbook of grammaticalization* (pp. 413-423). Oxford: Oxford University Press.

Winter-Froemel, E. (2014). Re(de)fining grammaticalization from a usage-based perspective: Discursive ambiguity in innovation scenarios. *Folia Linguistica*, 48(2), 503-556. https://doi.org/10.1515/flin.2014.017

〈제19장〉

Adamson, S. M. (2000). A lovely little example: Word order options and category shift in the premodifying string. In O. Fischer, A. Rosenbach, & D. Stein (Eds.), *Pathways of change: Grammaticalization in English* (pp. 39-66). Amsterdam: John Benjamins.

Ädel, A. (2014). "What I want you to remember is …": Audience orientation in monologic academic discourse. In L. Brems, L. Ghesquière, & F. van de Velde (Series Eds.), *Benjamins Current Topics: Vol. 72. Intersubjectivity and intersubjectification in grammar and discourse: Theoretical and descriptive advances* (pp. 101-127). Amsterdam: John Benjamins.

Beeching, K., Degand, L., Detges, U., Traugott, E. C., & Waltereit, R. (2009). Summary of the workshop on meaning in diachrony at the Conference of Meaning in Interaction (Unpublished manuscript). University of the West of England, Bristol, UK.

Breban, T. (2010). *English adjectives of comparison: Lexical and grammaticalized uses*. Berlin: De Gruyter Mouton.

Brems, L. (2011). *Layering of size and type noun constructions in English*. Berlin: De Gruyter Mouton.

Brems, L., Ghesquière L., & Van de Velde, F. (Series Eds.). (2014). *Benjamins Current Topics: Vol. 72. Intersubjectivity and intersubjectification in grammar and discourse: Theoretical and descriptive advances*. Amsterdam: John Benjamins.

Cornillie, B. (2008). On the grammaticalization and (inter)subjectivity of evidential (semi-) auxiliaries in Spanish. In E. Seoane & M. J. López-Couso (Eds.), *Theoretical and empirical issues in grammaticalization* (pp. 55-76). Amsterdam: John Benjamins.

Davidse, K., Vandelanotte, L., & Cuyckens, H. (Eds.). (2010). *Subjectification, intersubjectification and grammaticalization*. Berlin: De Gruyter Mouton.

Defour, T. (2008). The speaker's voice: A diachronic study on the use of well and now as pragmatic markers. *English Text Construction*, 1(1), 62-82.

Degand, L. (2011). Plaats en functie hangen samen dus. De vraag is hoe? *Nederlandse Taalkunde*, 16(3), 352-353.

Degand, L., & Fagard, B. (2012). Competing connectives in the causal domain: French car and parce que. *Journal of Pragmatics*, 44(2), 154-168.

De Smet, H., & Verstraete, J. (2006). Coming to terms with subjectivity. *Cognitive Linguistics*, 17(3), 365-392.

Diessel, H. (2006). Demonstratives, joint attention, and the emergence of grammar. *Cognitive Linguistics*, 17(4), 463-489.

Ghesquière, L. (2011). The directionality of (inter)subjectification processes in the English noun phrase: Pathways of change. Unpublished PhD dissertation, University of Leuven, Belgium.

Ghesquière, L., Brems, L., & Van de Velde, F. (2014). Intersubjectivity and intersubjectification: Typology and operationalization. In L. Brems, L. Ghesquière, & F. van de Velde (Series Eds.), *Benjamins Current Topics: Vol. 72. Intersubjectivity and intersubjectification in grammar and discourse: Theoretical and descriptive advances* (pp. 129-153). Amsterdam: John Benjamins.

Hunston, S., & Thompson, G. (Eds.). (2000). *Evaluation in text: Authorial stance and the construction of discourse*. Oxford: Oxford University Press.

Hyland, K. (2005). *Metadiscourse: Exploring interaction in writing*. London: Continuum.

Kimps, D. (2007). Declarative constant polarity tag questions: A data-driven analysis of their form, meaning and attitudinal uses. *Journal of Pragmatics*, 39(2), 270-291.

Langacker, R. W. (1991). *Foundations of cognitive grammar. Vol. 2: Descriptive application*. Stanford, CA: Stanford University Press.

López-Couso, M. J. (2010). Subjectification and intersubjectification. In A. H. Jucker & I. Taavitsainen (Eds.), *Historical pragmatics* (pp. 127-163). Berlin: De Gruyter Mouton.

Narrog, H. (2014). Beyond intersubjectification: Textual uses of modality and mood in subordinate clauses as part of speech-act orientation. In L. Brems, L. Ghesquière, & F. van de Velde (Series Eds.), *Benjamins Current Topics: Vol. 72. Intersubjectivity and intersubjectification in grammar and discourse: Theoretical and descriptive advances* (pp. 29-51). Amsterdam: John Benjamins.

Narrog, H., & Heine, B. (Eds.). (2018). *Grammaticalization from a typological perspective*. Oxford: Oxford University Press.

Nuyts, J. (2001a). *Epistemic modality, language, and conceptualization: A cognitive-pragmatic per-*

spective. Amsterdam: John Benjamins.

Nuyts, J. (2001b). Subjectivity as an evidential dimension in epistemic modal expressions. *Journal of Pragmatics*, 33(3), 383-400.

Nuyts, J. (2014). Notions of (inter)subjectivity. In L. Brems, L. Ghesquière, & F. van de Velde (Series Eds.), *Benjamins Current Topics: Vol. 72. Intersubjectivity and intersubjectification in grammar and discourse: Theoretical and descriptive advances* (pp. 53-76). Amsterdam: John Benjamins.

Ohala, J. J. (1983). Cross-language use of pitch: An ethological view. *Phonetica*, 40(1), 1-18.

Ohala, J. J. (1984). An ethological perspective on common cross-language utilization of F0 of voice. *Phonetica*, 41(1), 1-16.

Ohala, J. J. (1994). The frequency code underlies the sound-symbolic use of voice pitch. In L. Hinton, J. Nichols, & J. J. Ohala (Eds.), *Sound symbolism* (pp. 325-347). Cambridge: Cambridge University Press.

Rhee, S. (2010). Context-induced reinterpretation and (inter)subjectification: Cases of grammaticalization of sentence-final particles. Paper presented at International Conference on Grammaticalization and (Inter)subjectification (Gramis). Brussels, November 11-13, 2010.

Schiffrin, D. (1990). The management of a cooperative self during arguments: The role of opinions and stories. In A. D. Grimshaw (Ed.), *Conflict talk: Sociolinguistic investigations of arguments in conversations*. Cambridge: Cambridge University Press.

Sicca, L., & Izzo, F. (1995). *La gestione dei processi di Turnaround*. Un caso esemplare: La Pirelli S. P. A. Naples: Edizioni Scientifiche Italiane.

Thompson, G. (2014). Intersubjectivity in newspaper editorials: Construing the reader-in-the-text. In L. Brems, L. Ghesquière, & F. van de Velde (Series Eds.), *Benjamins Current Topics: Vol. 72. Intersubjectivity and intersubjectification in grammar and discourse: Theoretical and descriptive advances* (pp. 77-100). Amsterdam: John Benjamins.

Traugott, E. C. (1982). From propositional to textual and expressive meanings: Some semantic-pragmatic aspects of grammaticalization. In W. P. Lehmann & Y. Malkiel (Eds.), *Perspectives on historical linguistics* (pp. 245-271). Amsterdam: John Benjamins.

Traugott, E. C. (2003). From subjectification to intersubjectification. In R. Hickey (Ed.), *Motives for language change* (pp. 124-139). Cambridge: Cambridge University Press.

Traugott, E. C. (2010). (Inter)subjectivity and (inter)subjectification: A reassessment. In K. Davidse, L. Vandelanotte, & H. Cuyckens (Eds.), *Subjectification, intersubjectification and grammaticalization* (pp. 29-71). Berlin: De Gruyter Mouton.

Traugott, E. C. (2014). Intersubjectification and clause periphery. In L. Brems, L. Ghesquière, & F. van de Velde (Series Eds.), *Benjamins Current Topics: Vol. 72. Intersubjectivity and intersubjectification in grammar and discourse: Theoretical and descriptive advances* (pp. 7-27). Amsterdam: John Benjamins.

Traugott, E. C., & Dasher, R. B. (2002). *Regularity in semantic change*. Cambridge: Cambridge

University Press.

Van der Wouden, T., & Foolen, A. (2011). Pragmatische partikels in de rechterperiferie. *Nederlandse Taalkunde*, 16(3), 307-322.

Verhagen, A. (2005). *Constructions of intersubjectivity: Discourse, syntax, and cognition*. Oxford: Oxford University Press.

Verhagen, A. (2007). *Constructions of intersubjectivity: Discourse, syntax, and cognition* (2nd ed.). Oxford: Oxford University Press.

〈제20장〉

Anthonissen, L., De Wit, A., & Mortelmans, T. (2016). Aspect meets modality: A semantic analysis of the German 'am V sein' construction. *Journal of Germanic Linguistics*, 28, 1-30.

Anthonissen, L., De Wit, A., & Mortelmans, T. (2019). (Inter)subjective uses of the Dutch progressive constructions. *Linguistics*, 57, 1111-1159.

Bary, C. (2012). The Ancient Greek tragic aorist revisited. *Glotta*, 88, 31-53.

Brisard, F. (2002). The English present. In F. Brisard (Ed.), *Grounding: The epistemic footing of deixis and reference* (pp. 251-297). Berlin: Mouton de Gruyter.

Brisard, F. (2013). An account of English tense and aspect in Cognitive Grammar. In K. M. Jaszczolt & L. de Saussure (Eds.), *Time: Language, cognition, and reality* (pp. 210-235). Oxford: Oxford University Press.

Davidse, K. (2004). The interaction of quantification and identification in English determiners. In M. Achard & S. Kemmer (Eds.), *Language, culture and mind* (pp. 507-533). Stanford, CA: CSLI Publications.

De Wit, A. (2017). *The present perfective paradox across languages*. Oxford: Oxford University Press.

De Wit, A., & Brisard, F. (2014). A Cognitive Grammar account of the semantics of the English present progressive. *Journal of Linguistics*, 50, 49-90.

De Wit, A., Brisard, F., & Meeuwis, M. (2018). The epistemic import of aspectual constructions: The case of performatives. *Language and Cognition*, 10, 234-265.

De Wit, A., Petré, P., & Brisard, F. (2020). Standing out with the progressive. *Journal of Linguistics* [Special Issue *Beyond Time*], 56(3), 479-514.

Diewald, G. (1999). *Die Modalverben im Deutschen: Grammatikalisierung und Polyfunktionalität*. Tübingen: Niemeyer.

Donabédian-Demopoulos, A. (2012). Evidentiel et progressif: Quel statut grammatical pour la saillance prédicative? *Faits de Langues*, 39, 65-82.

Goldsmith, J., & Woisetschlaeger, E. (1982). The logic of the English progressive. *Linguistic Inquiry*, 13, 79-89.

Langacker, R. W. (1990). Subjectification. *Cognitive Linguistics*, 1, 5-38.

Langacker, R. W. (1991). *Foundations of Cognitive Grammar*. Vol. 2: *Descriptive application*.

Stanford, CA: Stanford University Press.
Langacker, R. W. (1999). *Grammar and conceptualization*. Berlin: Mouton de Gruyter.
Langacker, R. W. (2001). The English present tense. *English Language and Linguistics*, 5, 251-272.
Langacker, R. W. (2002a). Deixis and subjectivity. In F. Brisard (Ed.), *Grounding: The epistemic footing of deixis and reference* (pp. 1-28). Berlin: Mouton de Gruyter.
Langacker, R. W. (2002b). Remarks on the English grounding systems. In F. Brisard (Ed.), *Grounding: The epistemic footing of deixis and reference* (pp. 29-38). Berlin: Mouton de Gruyter.
Langacker, R. W. (2008). *Cognitive Grammar: A basic introduction*. Oxford: Oxford University Press.
Langacker, R. W. (2009). *Investigations in Cognitive Grammar*. Berlin: Mouton de Gruyter.
Langacker, R. W. (2011). The English present: Temporal coincidence vs. epistemic immediacy. In A. Patard & F. Brisard (Eds.), *Cognitive approaches to tense, aspect, and epistemic modality* (pp. 45-86). Amsterdam: John Benjamins.
Langacker, R. W. (2016). Baseline and elaboration. *Cognitive Linguistics*, 27, 405-439.
Langacker, R. W. (2017). Grounding, semantic functions, and absolute quantifiers. *English Text Construction*, 10, 233-248.
Ljung, M. (1980). *Reflections on the English progressive*. Gothenburg: Acta Universitatis Gothoburgensis.
Mortelmans, T. (2006). Langacker's subjectification and grounding: A more gradual view. In A. Athanasiadou, C. Canakis, & B. Cornillie (Eds.), *Subjectification: Various paths to subjectivity* (pp. 151-176). Berlin: Mouton de Gruyter.
Pelyvás, P. (2006). Subjectification in (expressions of) epistemic modality and the development of the grounding predication. In A. Athanasiadou, C. Canakis, & B. Cornillie (Eds.), *Subjectification: Various paths to subjectivity* (pp. 121-150). Berlin: Mouton de Gruyter.

〈제21장〉

Abdel-Raheem, A. (2018). Multimodal humor: Integrating blending model, relevance theory, and incongruity theory. *Multimodal Communication*, 7(1).
Antonopoulou, E. (2002). A cognitive approach to literary humor devices: Translating Raymond Chandler. *Translator*, 8(2), 235-257.
Antonopoulou, E., & Nikiforidou, K. (2009). Deconstructing verbal humour with construction grammar. In G. Brône & J. Vandaele (Eds.), *Cognitive poetics: Goals, gains and gaps* (pp. 289-314). Berlin: Mouton de Gruyter.
Antonopoulou, E., Nikiforidou, K., & Tsakona,V. (2015). Construction grammar and discoursal incongruity. In G. Brône, K. Feyaerts, & T. Veale (Eds.), *Cognitive linguistics and humor research* (pp. 13-48). Berlin: Mouton de Gruyter.

Attardo, S. (1997). The semantic foundations of cognitive theories of humor. *Humor. International Journal of Humor Research*, 10(4), 395-420.

Attardo, S. (2001). *Linguistic theories of humor*. Berlin: Mouton de Gruyter.

Attardo, S. (2002). Cognitive stylistics of humorous texts. In E. Semino & J. Culpeper (Eds.), *Cognitive stylistics: Language and cognition in text analysis* (pp. 231-250). Amsterdam: John Benjamins.

Attardo, S. (2006). Cognitive linguistics and humor. Humor. *International Journal of Humor Research*, 19(3), 341-362.

Attardo, S. (2007). On the GTVH and SSTH: Comments on Raskin's Interview. In D. Popa and S. Attardo (Eds.), *New approaches to the linguistics of humour* (pp. 226-229). Galati: Academica.

Attardo, S. (2015). Humorous metaphors. In G. Brône, K. Feyaerts, & T. Veale (Eds.), *Cognitive linguistics and humor research* (pp. 91-110). Berlin: Mouton de Gruyter.

Attardo, S. (2017). The General Theory of Verbal Humor. In S. Attardo (Ed.), *The Routledge handbook of language and humor* (pp. 126-142). New York: Routledge.

Attardo, S. (2018). Is smiling during humor so obvious? A cross-cultural comparison of smiling behavior in humorous sequences in American English and French interactions. *Intercultural Pragmatics*, 15(4), 563-591.

Attardo, S. (2020a). *The linguistics of humor: An introduction*. Oxford: Oxford University Press.

Attardo, S. (2020b). Scripts, frames, and other semantic objects. In S. Attardo (Ed.), *Script-based semantics: Foundations and applications. Essays in honor of Victor Raskin* (pp. 11-41). Berlin: Mouton de Gruyter.

Attardo, S., & Raskin, V. (1991). Script theory revis(it)ed: Joke similarity and joke representation model. *Humor: International Journal of Humor Research*, 4(3-4), 293-347.

Barcelona, A. (2003). The case for a metonymic basis of pragmatic inferencing: Evidence from jokes and funny anecdotes. In K.-U. Panther & L. Thornburg (Eds.), *Metonymy and pragmatic inferencing* (pp. 81-102). Amsterdam: John Benjamins.

Bergen, B., & Binsted, K. (2004). The cognitive linguistics of scalar humor. In Achard, M., & Kemmer, S. (Eds.), *Language, culture and mind* (pp. 79-92). Stanford, CA: CSLI.

Bergen, B., & Binsted, K. (2015). Embodied grammar and humor. In G. Brône, K. Feyaerts, & T. Veale (Eds.), *Cognitive linguistics and humor research* (pp. 49-67). Berlin: Mouton de Gruyter.

Brône, G. (2008). Hyper-and misunderstanding in interactional humor. *Journal of Pragmatics*, 40(12), 2027-2061.

Brône, G. (2012). Humor and irony in cognitive pragmatics. In H. Schmid (Ed.), *Cognitive pragmatics* (pp. 463-504). Berlin: Mouton de Gruyter.

Brône, G. (2017). Cognitive linguistics and humor research. In S. Attardo (Ed.), *The Routledge handbook of language and humor* (pp. 250-266). New York: Routledge.

Brône, G., & Coulson, S. (2010). Processing deliberate ambiguity in newspaper headlines: Double grounding. *Discourse Processes*, 47(3), 212-236.

Brône, G., Feyaerts, K., & Veale, T. (2006). Introduction: Cognitive linguistic approaches to humor. *Humor. International Journal of Humor Research*, 19(3), 203-228.

Chang, J., Zhang, M., Hitchman, G., Qiu, J., & Liu, Y. (2014). When you smile, you become happy: Evidence from resting state task-based fMRI. *Biological Psychology*, 103, 100-106.

Chen, H.-C., Chan, Y.-C., Dai, R.-H., Liao, Y.-J., & Tu, C.-H. (2017). Neurolinguistics of humor. In S. Attardo(Ed.), *The Routledge handbook of language and humor* (pp. 282-294). New York: Taylor & Francis.

Coulson, S. (1996). The Menendez Brothers Virus: Analogical mapping in blended spaces. In A. Goldberg(Ed.), *Conceptual structure, discourse, and language* (pp. 67-81). Palo Alto, CA: CSLI.

Coulson, S. (2001). *Semantic leaps. Frame-shifting and conceptual blending in meaning construction*. Cambridge: Cambridge University Press.

Coulson, S. (2015). Frame-shifting and frame semantics: Joke comprehension on the space structuring model. In G. Brône, K. Feyaerts, & T. Veale (Eds.), *Cognitive linguistics and humor research* (pp. 167-190). Berlin: Mouton de Gruyter.

Coulson, S., & Oakley, T. (2003). Metonymy and conceptual blending. In Panther, K.-U., & Thornburg, L. (Eds.), *Metonymy and pragmatic inferencing* (pp. 51-79). Amsterdam/Philadelphia: John Benjamins.

Dore, M. (2015) Metaphor, humor and characterisation in the TV comedy programme Friends. In G. Brône, K. Feyaerts, & T. Veale (Eds.), *Cognitive linguistics and humor research* (pp. 191-214). Berlin: Mouton de Gruyter.

Dynel, M. (2009). Creative metaphor is a birthday cake: Metaphor as the source of humour. *Metaphorik.de*, 17, 27-48.

Dynel, M. (2011). Blending the incongruity-resolution model and the conceptual integration theory: The case of blends in pictorial advertising. *International Review of Pragmatics*, 3(1), 59-83.

Dynel, M. (2018). Taking cognisance of cognitive linguistic research on humor. *Review of Cognitive Linguistics*, 16(1), 1-18.

Evans, V., & Green, M. (2006). *Cognitive linguistics: An introduction*. Edinburgh: Edinburgh University Press.

Fauconnier, G. (1994). *Mental spaces: Aspects of meaning construction in natural language*. Cambridge, MA: MIT Press.

Fauconnier, G. (1997). *Mappings in thought and language*. Cambridge: Cambridge University Press.

Fauconnier, G., & Turner, M. (2002). *The way we think*. New York: Basic Books.

Feyaerts, K. (2006) Towards a dynamic account of phraseological meaning: Creative variation in headlines and conversational humor. *International Journal of English Studies*, 6(1), 57-84.

Feyaerts, K., & Brône, G. (2002). Humor through "double grounding": Structural interaction of optimality principles. In A. Hougaard & S. N. Lund (Eds.), *The way we think* (Odense Working Papers in Language and Communication) (Vol. 23, pp. 313-336). Odense, Denmark: Syddansk Universitets Trykkeri.

Fillmore, C. J. (1985). Frames and the semantics of understanding. *Quaderni di semantica*, 6(2), 222-254.

Fónagy, I. (1982). He is only joking (joke, metaphor and language development). In F. Kiefer (Ed.), *Hungarian linguistics* (pp. 31-108). Amsterdam: John Benjamins.

Gallese, V. (2005). Embodied simulation: From neurons to phenomenal experience. *Phenomenology and the Cognitive Sciences*, 4(1), 23-48.

Gallese, V., & Lakoff, G. (2005). The brain's concepts: The role of the sensory-motor system in conceptual knowledge. *Cognitive Neuropsychology*, 22(3-4), 455-479.

Gibbs, R. W., Jr., Samermit, P., & Karzmark, C. R. (2018). Humor, irony, and the body. *Review of Cognitive Linguistics*, 16(1), 72-76.

Giora, R. (2003). *On our mind: Salience, context, and figurative language*. New York: Oxford University Press.

Gironzetti, E. (2017). Prosodic and multimodal markers of humor. In S. Attardo (Ed.), *The Routledge handbook of language and humor* (pp. 400-413). London and New York: Routledge.

Glenberg, A. M., Havas, D., Becker, R., & Rinck, M. (2005). Grounding language in bodily states. The case for emotion. In D. Pecker & R. A. Zwaan (Eds.), *Grounding cognition: The role of perception and action in memory, language, and thinking* (pp. 115-128). Cambridge: Cambridge University Press.

Goatly, A. (2012). *Meaning and humor*. Cambridge: Cambridge University Press.

Goldberg, A. E. (1995). *Constructions: A construction grammar approach to argument structure*. Chicago: University of Chicago Press.

Hamrick, P. (2007). Notes on some cognitive mechanisms of humor. In D. Popa & S. Attardo (Eds.), *New approaches to the linguistics of humor* (pp. 140-150). Galati: Academica.

Harris, R. A. (1993). *The linguistics wars*. Oxford: Oxford University Press.

Howell, T. (2007). Two cognitive approaches to humorous narratives. In. D. Popa & S. Attardo (Eds.), *New approaches to the linguistics of humor* (pp. 55-71). Galati: Academica.

Jablonska-Hood, J. (2015). *Conceptual blending theory of humor: Selected British comedy productions in focus*. Frankfurt am Mein: Peter Lang.

Kang, B. (2016). Metaphor and its humorousness: The case of nominal compounds in German. *Humor. International Journal of Humor Research*, 29(3), 359-380.

Kaspar, K., Jurisch, A., & Schneider, M. (2016). Embodied cognition and humor: The impact of weight sensations on humor experience and the moderating role of gender. *Current Psychology*, 35(3), 377-385.

Koestler, A. (1964). *The act of creation*. London: Hutchinson.

Krikmann, A. (2009). On the similarity and distinguishability of humor and figurative speech. *Trames*, 13(1), 14-40.

Kyratzis, S. (2003, July). Laughing metaphorically: Metaphor and humor in discourse. In 8th International Cognitive Linguistics Conference (pp. 20-25).

Lakoff, G., & Johnson, M. (1980). *Metaphors we live by*. Chicago: University of Chicago Press.

Langacker, R. W. (1987). *Foundations of cognitive grammar*. Vol. I. Stanford, CA: Stanford University Press.

Marín-Arrese, J. I. (2008). Cognition and culture in political cartoons. *Intercultural Pragmatics*, 5(1), 1-18.

Martin, R. A. (2007). *The psychology of humor: An integrative approach*. Amsterdam: Academic Press.

Meng, L., Huang, R., & Gu, J. (2013). A review of semantic similarity measures in WordNet. *International Journal of Hybrid Information Technology*, 6(1), 1-12.

Mihalcea, R., Corley, C., & Strapparava, C. (2006, July). Corpus-based and knowledge-based measures of text semantic similarity. *American Association for Artificial Intelligence* (Vol. 6, No. 2006, pp. 775-780).

Mohammad, S. M., & Hirst, G. (2012). Distributional measures of semantic distance: A survey. *arXiv preprint* arXiv:1203.1858.

Morrissey, M. M. (1989). Script theory for the analysis of humorous metaphors. In S. F. D. Hughes & V. Raskin (Eds.), *WHIMSY VII. Proceedings of the 1988 WHIM Conference*, held April 1-4, 1988 at Purdue University (pp. 124-125). West Lafayette, IN/Tempe, AZ: International Society for Humor Studies.

Müller, R. (2015). A metaphorical perspective on humor. In G. Brône, K. Feyaerts, & T. Veale (Eds.), *Cognitive linguistics and humor research* (pp. 111-128). Berlin: Mouton de Gruyter.

Oring, E. (2003). *Engaging humor*. Urbana: University of Illinois Press.

Osgood, C. E., Suci, G. J., & Tannenbaum, P. H. (1957). *The measurement of meaning*. Urbana: University of Illinois.

Piata, A. (2016). When metaphor becomes a joke: Metaphor journeys from political ads to internet memes. *Journal of Pragmatics*, 106, 39-56.

Piata, A. (2017). Book review: Brône G., Feyaerts, K. and Veale, T. (eds.) (2015). Cognitive linguistics and humor. Berlin: Mouton de Gruyter. 248 pp. *The European Journal of Humour Research*, 4(4), 126-130.

Pollio, H. R. (1996). Boundaries in humor and metaphor. In J. S. Mio & A. N. Katz (Eds.), *Metaphor: Implications and applications* (pp. 231-253). Mahwah, NJ: Lawrence Erlbaum.

Raskin, V. (1979). Semantic mechanisms of humor. *Proceedings of the Fifth Annual Meeting of the*

Berkeley Linguistics Society, 325-335.

Raskin, V. (1985). *Semantic mechanisms of humor*. Dordrecht: D. Reidel.

Ritchie, D. L. (2005). Frame-shifting in humor and irony. *Metaphor and Symbol*, 20(4), 275-294.

Ritchie, D. L. (2013). *Metaphor*. Cambridge: Cambridge University Press.

Ritchie, G. (2018). *The comprehension of jokes: A cognitive science framework*. New York: Routledge.

Rodden, F. (2018). The neurology and psychiatry of humor, smiling, and laughter. A tribute to Paul McGhee. Part II Neurological studies and brain imaging. *Humor: International Journal of Humor Research*, 31(2), 373-400.

Rosch, E., & Mervis, C. (1975). Family resemblances: Studies in the internal structure of categories. *Cognitive Psychology*, 7, 573-605.

Samermit, P., & Gibbs, R. (2016). Humor, the body, and cognitive linguistics. *Cognitive Linguistic Studies*, 3(1), 32-49.

Schilbach, L., Eickhoff, S. B., Mojzisch, A., & Vogeley, K. (2008). What's in a smile? Neural correlates of facial embodiment during social interaction. *Social Neuroscience*, 3(1), 37-50.

Schubert, C. (2018). Verbal humor in crime drama television: A cognitive- linguistic approach to popular TV series. In V. Werner (Ed.), *The language of pop culture* (pp. 162-183). New York: Routledge.

Semino, E. (2008). *Metaphor in discourse*. Cambridge: Cambridge University Press.

Strack, F., Martin, L. L., & Stepper, S. (1988). Inhibiting and facilitating conditions of the human smile: A nonobtrusive test of the facial feedback hypothesis. *Journal of Personality and Social Psychology*, 54(5), 768-777.

Tabacaru, S., & Feyaerts, K. (2016). The power of metonymy in humor: Stretching contiguous relation across the different layers of meaning. *European Journal of Humor Research*, 4(2), 1-18.

Veale, T. (2003, July). Metaphor and metonymy: The cognitive trump-cards of linguistic humour. Paper presented at the International Linguistic Cognitive Conference, La Rioja. http://afflatus.ucd.ie/papers/iclc2003.pdf.

Veale, T. (2008). Figure-ground duality in humor: A multi-modal perspective. *Lodz Papers in Pragmatics*, 4(1), 63-81.

Veale, T., Brône, G., & Feyaerts, K. (2015). Humour as the killer-app of language: A view from Cognitive Linguistics. In G. Brône, K. Feyaerts, & T. Veale (Eds.), *Cognitive linguistics and humor research* (pp. 1-11). Berlin: Mouton de Gruyter.

Veale, T., Feyaerts, K., & Brône, G. (2006). Cognitive mechanisms of adversarial humor. *Humor. International Journal of Humor Research*, 19(3), 305-338.

Veale, T., & Valitutti, A. (2017). Tweet dreams are made of this: Appropriate incongruity in the dreamwork of language. *Lingua*, 197, 141-153.

Vrticka, P., Black, J. M., & Reiss, A. L. (2013). The neural basis of humour processing. *Nature Re-*

views Neuroscience, 14(12), 860-868.
Wilson, N. L., & Gibbs, R. W., Jr. (2007). Real and imagined body movement primes metaphor comprehension. *Cognitive Science*, 31(4), 721-731.
Yus, F. (2016). *Humor and relevance*. Amsterdam: John Benjamins.

〈제22장〉

Auvray, M., & Spence, C. (2008). The multisensory perception of flavor. *Consciousness and Cognition*, 17(3), 1016-1031.
Barcelona, A. (2008). Metonymy is not just a lexical phenomenon: On the operation of metonymy in grammar and discourse. In C. Alm-Arvius, N.-L. Johannesson, & D. C. Minugh (Eds.), *Selected papers from the Stockholm 2008 Metaphor Festival* (pp. 3-42). Stockholm: Stockholm University Press.
Bruhn, M. J. (2011). Harmonious madness: The poetics of analogy at the limits of Blending Theory. *Poetics Today*, 32(4), 619-662.
Buck, C. D. (1949). *A dictionary of selected synonyms in the principal Indo-European languages: A contribution to the history of ideas*. Chicago: University of Chicago Press.
Cacciari, C. (2008). Crossing the senses in metaphorical language. In R. W. Gibbs, Jr. (Ed.), *The Cambridge handbook of metaphor and thought* (pp. 425-444). Cambridge: Cambridge University Press.
Calvert, G., Spence, C., & Stein, B. E. (Eds.). (2004). *The handbook of multisensory processes*. Cambridge, MA: MIT Press.
Chen, I.-H., Zhao, Q., Long, Y., Lu, Q., & Huang, C.-R. (2019). Mandarin Chinese modality exclusivity norms. *PloS One*, 14(2), e0211336.
Chersoni, E., Strik Lievers, F., & Huang, C.-R. (2019). Semantic distance and creativity in linguistic synaesthesia. In R. Otoguro, M. Komachi, & T. Ohkuma (Eds.), *Proceedings of the 33rd Pacific Asia Conference on Language, Information and Computation* (pp. 370-378). Tokyo: Waseda Institute for the Study of Language and Information.
Classen, C. (1993). *Worlds of sense: Exploring the senses in history and across cultures*. London and New York: Routledge.
Cytowic, R. E. (1998). *The man who tasted shapes*. Cambridge, MA: MIT Press.
Day, S. A. (1996). Synaesthesia and synaesthetic metaphors. *Psyche: An Interdisciplinary Journal of Research on Consciousness*, 2, 1-16.
De Felice, I. (2014). La sinestesia nella poesia latina. *Studi e saggi linguistici*, LII(1), 61-107.
De Salazar, D. (2019). *La sinestesia. Configurazioni retoriche intersensoriali*. Roma: Aracne.
Dirven, R. (1985). Metaphor as a basic means for extending the lexicon. In R. Dirven & W. Paprotté (Eds.), *The ubiquity of metaphor: Metaphor in language and thought* (pp. 85-119). Amsterdam: John Benjamins.
Dombi, E. (1970). An index of incompatibility for synaesthesia. *Revue roumaine de linguistique*,

XV(6), 571-577.

Dromard, G. (1908). Les transpositions sensorielles dans la langue littéraire. *Journal de psychologie, normale et pathologique*, 5, 492-507.

Engstrom, A. G. (1946). In defence of synaesthesia in literature. *Philological Quarterly*, 25, 1-19.

Huang, C.-R., & Xiong, J. (2019). Linguistic synaesthesia in Chinese. In C.-R. Huang, J.-S. Zhuo, & B. Meisterernst (Eds.), *Routledge handbook on Chinese applied linguistics*. London: Routledge.

Jo, C. (2019). A corpus-based analysis of synesthetic metaphors in Korean. *Linguistic Research*, 36(3), 459-483.

Lakoff, G., & Johnson, M. (1980). *Metaphors we live by*. Chicago: University of Chicago Press.

Lehrer, A. (1978). Structures of the lexicon and transfer of meaning. *Lingua*, 45(2), 95-123.

Levinson, S. C., & Majid, A. (2014). Differential ineffability and the senses. *Mind & Language*, 29(4), 407-427.

Lien, C. (1994). Synaesthetic words in the southern Min dialects: Their structure and change. In J. Li, C.-R. Huang, & J. C. C. Tang (Eds.), *Chinese languages and linguistics II: Historical linguistics* (pp. 421-451). Nankang: Academia Sinica.

Lynott, D., Connell, L., Brysbaert, M., Brand, J., & Carney, J. (2019). The Lancaster Sensorimotor Norms: Multidimensional measures of perceptual and action strength for 40,000 English words. *Behavior Research Methods*, 52(3), 1271-1291.

Majid, A., & Burenhult, N. (2014). Odors are expressible in language, as long as you speak the right language. *Cognition*, 130(2), 266-270.

Mancaş, M. (1962). La synesthésie dans la création artistique de M. Eminescu, T. Arghezi et M. Sadoveanu. *Cahiers de linguistique théorique et appliquée*, 1, 55-87.

Marks, L. E. (1990). Synaesthesia: Perception and metaphor. In F. Burwick, W. Pape, F. Burwick, & W. Pape(Eds.), *Aesthetic illusion* (pp. 28-40). Berlin and Boston: De Gruyter.

Marks, L. E. (2011). Synesthesia, then and now. Intellectica. *Revue de l'Association pour la Recherche Cognitive*, 55(1), 47-80.

Marotta, G. (2011). Perché i colori chiassosi non fanno chiasso? Vincoli semantici e sintattici sulle associazioni sinestetiche. *Archivio Glottologico Italiano*, XCVI(2), 195-220.

Marotta, G. (2012). Sinestesie tra vista, udito e dintorni: Un'analisi semantica distribuzionale. In M. Catricalà (Ed.), *Sinestesie e monoestesie: Prospettive a confronto* (pp. 19-51). Milano: Franco Angeli.

McGurk, H., & MacDonald, J. (1976). Hearing lips and seeing voices. *Nature*, 264, 746-748.

O'Malley, G. (1957). Literary synesthesia. *The Journal of Aesthetics and Art Criticism*, 15(4), 391-411.

Paradis, C. (2015). Conceptual spaces at work in sensory cognition: Domains, dimensions and distances. In F. Zenker & P. Gärdenfors (Eds.), *Applications of conceptual spaces* (pp. 33-55). Cham: Springer International Publishing.

Paradis, C., & Eeg-Olofsson, M. (2013). Describing sensory experience: The genre of wine reviews. *Metaphor and Symbol*, 28(1), 22-40.

Prandi, M. (2017). *Conceptual conflicts in metaphors and figurative language*. New York and London: Routledge.

Rakova, M. (2003). *The extent of the literal: Metaphor, polysemy and theories of concepts*. New York: Palgrave Macmillan.

Ramachandran, V. S., & Hubbard, E. M. (2001). Synaesthesia: A window into perception, thought and language. *Journal of Consciousness Studies*, 8(12), 3-34.

Reilly, J., Flurie, M., & Peelle, J. E. (2020). The English lexicon mirrors functional brain activation for a sensory hierarchy dominated by vision and audition: Point-counterpoint. *Journal of Neurolinguistics*, 55, 100895.

Ronga, I., Bazzanella, C., Rossi, F., & Iannetti, G. (2012). Linguistic synaesthesia, perceptual synaesthesia, and the interaction between multiple sensory modalities. *Pragmatics & Cognition*, 20(1), 135-167.

Rosiello, L. (1963). Le sinestesie nell'opera poetica di Montale. *Rendiconti*, 7.

Ruiz de Mendoza, F. J. (2020). Understanding figures of speech: Dependency relations and organizational patterns. *Language and Communication*, 71, 16-38.

San Roque, L., Kendrick, K. H., Norcliffe, E., Brown, P., Defina, R., Dingemanse, M.,··· Majid, A. (2015). Vision verbs dominate in conversation across cultures, but the ranking of non-visual verbs varies. *Cognitive Linguistics*, 26(1).

Sathian, K., & Ramachandran, V. S. (Eds.). (2019). *Multisensory perception: From laboratory to clinic*. San Diego: Elsevier.

Shen, Y. (1997). Cognitive constraints on poetic figures. *Cognitive Linguistics*, 8(1), 33-72.

Shen, Y., & Aisenman, R. (2008). 'Heard melodies are sweet, but those unheard are sweeter': Synaesthetic metaphors and cognition. *Language and Literature*, 17(2), 107-121.

Shen, Y., & Cohen, M. (1998). How come silence is sweet but sweetness is not silent: A cognitive account of directionality in poetic synaesthesia. *Language and Literature*, 7(2), 123-140.

Shen, Y., & Gil, D. (2008). Sweet fragrances from Indonesia: A universal principle governing directionality in synaesthetic metaphors. In J. Auracher & W. van Peer (Eds.), *New beginnings in literary studies* (pp. 49-70). Cambridge: Cambridge Scholars Publishing.

Shibuya, Y., Nozawa, H., & Kanamaru, T. (2007). Understanding synesthetic expressions: Vision and olfaction with the physiological = psychological model. In M. Plümacher & P. Holz (Eds.), *Speaking of colors and odors* (pp. 203-226). Amsterdam: John Benjamins.

Shinohara, K., & Nakayama, A. (2011). Modalities and directions in synaesthetic metaphors in Japanese. *Cognitive Studies*, 18(3), 491-507.

Stokes, D., & Biggs, S. (2014). The dominance of the visual. In D. Stokes, M. Matthen, & S. Biggs (Eds.), *Perception and its modalities* (pp. 350-378). Oxford: Oxford University Press.

Strik Lievers, F. (2015a). Synaesthesia: A corpus-based study of cross-modal directionality. *Func-*

tions of Language, 22(1), 69–95.

Strik Lievers, F. (2015b). Synesthésies: Croisements des sens entre langage et perception. *L'information grammaticale*, 146, 27–33.

Strik Lievers, F. (2016). Synaesthetic metaphors in translation. *Studi e saggi linguistici*, 54(1), 43–70.

Strik Lievers, F. (2017). Figures and the senses: Towards a definition of synaesthesia. *Review of Cognitive Linguistics*, 15(1), 83–101.

Strik Lievers, F. (2018). Synaesthesia and other figures. What the senses tell us about figurative language. In A. Baicchi, R. Digonnet, & J. L. Sandford (Eds.), *Sensory perceptions in language, embodiment and epistemology* (pp. 193–207). Cham: Springer International Publishing.

Strik Lievers, F., & De Felice, I. (2019). Metaphors and perception in the lexicon. A diachronic perspective. In L. Speed, C. O'Meara, L. San Roque, & A. Majid (Eds.), *Perception metaphors* (pp. 85–104). Amsterdam: John Benjamins.

Strik Lievers, F., & Huang, C.-R. (2016). A lexicon of perception for the identification of synaesthetic metaphors in corpora. *Proceedings of the 10th Language Resources and Evaluation Conference* (LREC), 2270–2277.

Strik Lievers, F., & Winter, B. (2018). Sensory language across lexical categories. *Lingua*, 204, 45–61.

Tornitore, T. (2000). Sinestesie. Proposta di definizione e classificazione. *Lingua e stile*, 2, 303–314.

Tsur, R. (2007). Issues in literary synaesthesia. *Style*, 41(1), 30–51.

Ullmann, S. (1945). Romanticism and synaesthesia: A comparative study of sense transfer in Keats and Byron. *Publications of the Modern Language Association of America*, 60(3), 811–827.

Ullmann, S. (1957). *The principles of semantics* (2nd ed.). Oxford: Blackwell.

Viberg, Å. (1983). The verbs of perception: A typological study. *Linguistics*, 21(1), 123–162.

Wang, W., & Akitani, H. (2014). 漢語「聞/嗅」義詞的現狀與歷史 [Synchronic distribution and diachronic development of words encoding "to smell" in Chinese]. *Language and Linguistics*, 15(5), 699–732.

Williams, J. M. (1976). Synaesthetic adjectives: A possible law of semantic change. *Language*, 52(2), 461–478.

Winter, B. (2016). Taste and smell words form an affectively loaded and emotionally flexible part of the English lexicon. Language, *Cognition and Neuroscience*, 31(8), 975–988.

Winter, B. (2019a). *Sensory linguistics. Language, perception and metaphor*. Amsterdam: John Benjamins.

Winter, B. (2019b). Synaesthetic metaphors are neither synaesthetic nor metaphorical. In L. J. Speed, C. O'Meara, L. San Roque, & A. Majid (Eds.), *Perception metaphors* (pp. 105–126). Amsterdam: John Benjamins.

Xiong, J., & Huang, C.-R. (2016). The synaesthetic and metaphorical uses of 味 wei 'taste' in Chinese Buddhist sutras. Presented at the PALIC-30, Seoul.

Xiong, J., & Huang, C.-R. (2018). Somewhere in COLDNESS lies Nibbāna: Lexical manifestations of COLDNESS. In J.-F. Hong, Q. Su, & J.-S. Wu (Eds.), *Chinese lexical semantics. CLSW 2018* (Vol. 11173, pp. 70-81). Cham: Springer International Publishing.

Yu, N. (2003). Synesthetic metaphor: A cognitive perspective. *Journal of Literary Semantics*, 32(1).

Zawisławska, M., Falkowska, M., & Ogrodniczuk, M. (2018). Verbal synaesthesia in the Polish corpus of synaesthetic metaphors. *LaMiCuS*, 2, 226-253.

Zhao, Q. (2020). *Embodied conceptualization or neural realization: A corpus-driven study of Mandarin synaesthetic adjectives*. Singapore: SpringerNature.

Zhao, Q., Huang, C.-R., & Ahrens, K. (2019). Directionality of linguistic synesthesia in Mandarin: A corpusbased study. *Lingua*, 232, 102744.

Zhao, Q., Huang, C.-R., & Long, Y. (2018). Synaesthesia in Chinese: A corpus-based study on gustatory adjectives in Mandarin. *Linguistics*, 56(5), 1167-1194.

Zhao, Q., Huang, C.-R., & Xiong, J. (2019). Linguistic synaesthesia, metaphor and cognition: The systematicity and significance of linguistic synaesthesia in Chinese. [In Chinese]. *Zhongguoyuwen* 中国语文, 2019(2), 240-253.

Zhong, Y. (2020). Sensory lexicon, sensory modalities and lexical categories in Mandarin Chinese. Unpublished PhD thesis, The Hong Kong Polytechnic University.

찾아보기

ㄴ

ㄷ

ㅅ

ㅇ

ㅈ